Conrad-Giese/Hlava/Ramm

Behindertenrecht in der Arbeitswelt

Conrad-Giese/Hlava/Ramm

Behindertenrecht in der Arbeitswelt

Gesetzessammlung mit Einleitungen und Übersichten

7., überarbeitete Auflage

2025/26

BUND VERLAG

Bibliographische Information der Deutschen Nationalbibliothek
Die deutsche Nationalbibliothek verzeichnet diese Publikation in der Deutschen Nationalbibliografie; detaillierte Daten sind im Internet über http://dnb.d-nb.de abrufbar.

7., überarbeitete Auflage 2025

Umschlag: Ute Weber, Geretsried
Satz: Dörlemann Satz, Lemförde
Druck: CPI books GmbH, Birkstraße 10, 25917 Leck

ISBN 978-3-7663-7478-3

kontakt@bund-verlag.de
www.bund-verlag.de

Vorwort

Die ersten fünf Jahre des derzeitigen Jahrzehnts waren geprägt von Krisen, Veränderungen und einer Schnelllebigkeit, die vorher in dieser Art vermutlich für die meisten Menschen nicht derart spürbar war.
Mit der dritten Reformstufe des **Bundesteilhabegesetzes (BTHG)** wurde zum 1.1.2020 die Eingliederungshilfe aus dem SGB XII in Teil 2 des SGB IX überführt und weiterentwickelt. Kurz darauf verbreitete sich weltweit ein bis dahin unbekanntes Virus, welches insbesondere die verschiedenen Gesundheitssysteme vor große Herausforderungen stellte. Als Reaktion auf die pandemische Lage gab es zahlreiche kurzfristige Gesetzesinitiativen, die insbesondere dazu dienten, die **Folgen der Corona-Pandemie** zu mildern und die Verbreitung des Virus zu verhindern bzw. zu verlangsamen (z.B. Regelungen zur Kurzarbeit, Ermöglichung virtueller Gremienbeschlüsse, Erweiterung des Kinderkrankengeldes).
Auch im Bereich des Teilhaberechts war der Gesetzgeber nicht untätig. Mit dem **Teilhabestärkungsgesetz**, das 2022 in Kraft trat, wurden u.a. einheitliche Zutrittsregelungen für Assistenzhunde geschaffen, das Budget für Ausbildung (§ 61a SGB IX) erweitert, Zugänge für Schuldner- und Suchtberatung sowie digitale Gesundheitsanwendungen (z.B. Apps mit medizinischem Nutzen) in den Leistungskatalog der medizinischen Rehabilitation aufgenommen. Darüber hinaus wurde in diesem Gesetz die nach Art. 26 Abs. 5 BTHG erforderliche Regelung zum leistungsberechtigten Personenkreis der Eingliederungshilfe (§ 99 SGB IX) ab dem 1.1.2023 normiert. Mit dem **Barrierefreiheitsstärkungsgesetz**, das am 28.6.2025 in Kraft tritt, werden zukünftig wichtige Vorgaben zur Barrierefreiheit bestimmter Produkte und Dienstleistungen getroffen.
Insbesondere die durch die **Corona-Pandemie** entstandene Ausnahmesituation hat nochmals deutlich gemacht, dass **Inklusion** von Menschen mit und ohne Behinderungen grundsätzlich alle Lebensbereiche betrifft, aber **wesentlich auch im Arbeitsleben stattfindet** bzw. erforderlich ist. Die Situation ist für nahezu alle Menschen mit Einschränkungen und Belastungen verbunden gewesen, an vielen Stellen aber insbesondere auch für Menschen mit verschiedenen Beeinträchtigungen, z.B. mangelhafte Barrierefreiheit im Homeoffice (z.B. technischer oder räumlicher Art) oder fehlende Tagesstruktur, weil Werkstätten für behinderte Menschen geschlossen hatten. Es wurde deutlich, dass das Bestehen bzw. die Einführung inklusiver Strukturen – auch ganz unabhängig von der coronabedingten Ausnahmesituation – weiter das Ziel sein und vorangetrieben werden muss. Weiterhin gilt: damit die gleichberechtigte Einbeziehung von Arbeitnehmerinnen und Arbeitnehmern mit einer Behinderung gelingt, sind **alle betrieblichen Akteure gefordert**. Eine unverzichtbare Unterstützung leisten hier die betrieblichen Interessenvertretungen. Hervorzuheben ist dabei die Rolle der Schwerbehindertenvertretungen, die für die Beschäftigten eine starke Unterstützung in der Krise und in dem Umgang mit dieser sind, aber auch darüber hinaus die betrieblichen Interessen von schwerbehinderten Beschäftigten im Blick behalten.

Vorwort

In dem vorliegenden Buch werden verschiedene **Gesetze, Verordnungen und andere Vorschriften aus dem Recht der Menschen mit Behinderungen im Hinblick auf die Arbeitswelt** dargestellt und erläutert. Der vorliegende Band soll insbesondere für die betriebliche Praxis, aber auch darüber hinaus eine kompakte Sammlung relevanter Rechtstexte bieten und damit bestehende Gesetzessammlungen wie die »Arbeits- und Sozialordnung« mit Fokus auf die Situation von Beschäftigten mit Behinderungen und ihren Vertretungen ergänzen. Neben Einführungen in die jeweiligen Regelungswerke werden Wege zur Rechtsdurchsetzung gezeigt. In einer **Rechtsprechungsübersicht** in Kapitel F wird gebündelt und übersichtlich auf ausgewählte aktuelle Rechtsprechung zu verschiedenen Themengebieten aus dem Bereich des Teilhaberechts hingewiesen.

Besondere Praxisrelevanz haben neben dem **SGB IX** die Vorschriften des Allgemeinen Gleichbehandlungsgesetzes (**AGG**) und das dort verankerte Verbot der Benachteiligung von Menschen mit Behinderungen. Gleichberechtigte Teilhabe am Arbeitsleben erfordert zudem umfassende **Barrierefreiheit**. Damit ist nicht nur ein rollstuhlgerechter Zugang zum Arbeitsplatz gemeint, sondern über bauliche Maßnahmen hinaus z. B. auch ein barrierefreies Intranet. Für Arbeitsstätten existieren hier besondere Vorschriften. Auch das Behindertengleichstellungsgesetz (**BGG**) bietet wertvolle Anknüpfungspunkte. Ergänzt werden die gesetzlichen Regelungen durch verschiedene Verordnungen (z. B. Arbeitsstättenverordnung, Schwerbehindertenausweisverordnung, Kraftfahrzeughilfeverordnung). Zudem werden Auszüge der **Gemeinsamen Empfehlungen »Prävention« und »Reha-Prozess«** abgedruckt, die Konkretisierungen zur Vermeidung von Gesundheitsbeeinträchtigungen sowie zur Gestaltung des Rehabilitationsverfahrens enthalten. Einen Bogen über alle Regelungen, die Menschen mit Behinderungen betreffen, spannt die **UN-Behindertenrechtskonvention**, die ebenfalls enthalten ist. Die Neuauflage aktualisiert die dargestellten Rechtstexte und einführenden Erläuterungen auf den Rechtsstand 1. 1. 2025.

Ergänzt werden die Gesetzestexte durch verschiedene **Übersichten** für einen schnellen Überblick zu den im vorliegenden Band enthaltenen Einführungen und damit in Zusammenhang stehenden rechtlichen Themen (z. B. Ablauf des BEM-Verfahrens oder Voraussetzungen für eine Erwerbsminderungsrente).

»Behindertenrecht in der Arbeitswelt« soll mit seinen Erläuterungen zu den verschiedenen Regelungen den Zugang zum Recht der Menschen erleichtern und als Hilfsmittel für den Umgang mit den aktuellen Änderungen im Teilhaberecht dienen.

Darüber hinaus hoffen wir, einen Beitrag zur Schärfung des Rechtsbewusstseins für eine bessere Teilhabe von Menschen mit Behinderungen am Arbeitsleben und in der Gesellschaft zu leisten und wünschen in diesem Sinne eine erfolgreiche Arbeit.

Die Verfasser:innen
Maren Conrad-Giese, Daniel Hlava und Diana Ramm

Autor:innenverzeichnis

Dr.in Maren Conrad-Giese
Dr. jur., Justitiarin des Landkreises Lüchow-Dannenberg

Prof. Dr. Daniel Hlava
Dr. jur., LL.M., Professor für Gesundheits- und Sozialrecht, Frankfurt University of Applied Sciences, Frankfurt/Main

Prof.in Dr.in Diana Ramm
Dr. rer. pol., Professorin für Gesundheit, Teilhabe und Inklusion, Fachhochschule Erfurt

Inhaltsübersicht

Inhaltsverzeichnis

Abkürzungsverzeichnis

a. A.	andere Auffassung
a. F.	alte Fassung
AGG	Allgemeines Gleichbehandlungsgesetz
ArbG	Arbeitsgericht
ArbGG	Arbeitsgerichtsgesetz
ArbStättV	Arbeitsstättenverordnung
Art.	Artikel
AsA	Assistierte Ausbildung
ASR	Technische Regel für Arbeitsstätten
ASTA	Ausschuss für Arbeitsstätten
AuR	Arbeit und Recht
BAG	Bundesarbeitsgericht
BetrVG	Betriebsverfassungsgesetz
BEM	Betriebliches Eingliederungsmanagement
BGB	Bürgerliches Gesetzbuch
BGBl	Bundesgesetzblatt
BGG	Behindertengleichstellungsgesetz
BGleiSV	Behindertengleichstellungsschlichtungsverordnung
BITV	Barrierefreie-Informationstechnik-Verordnung
BMAS	Bundesministerium für Arbeit und Soziales
BPersVG	Bundespersonalvertretungsgesetz
BSG	Bundessozialgericht
bspw.	beispielsweise
BT-Drs.	Bundestags-Drucksache
BTHG	Bundesteilhabegesetz
Buchst.	Buchstabe
BudgetV	Budgetverordnung
BVerwG	Bundesverwaltungsgericht
bzw.	beziehungsweise
e. V.	eingetragener Verein
EG	Europäische Gemeinschaft(en)
EinglHVO	Eingliederungshilfe-Verordnung
etc.	et cetera
EuGH	Europäischer Gerichtshof
f., ff.	folgend(e)
GdB	Grad der Behinderung
GdS	Grad der Schädigung
GE	Gemeinsame Empfehlung

GG	Grundgesetz
i. S. d.	im Sinne des
i. S. v.	im Sinne von
i. V. m.	in Verbindung mit
ICF	Internationale Klassifikation der Funktionsfähigkeit, Behinderung und Gesundheit
KfzHV	Kraftfahrzeughilfe-Verordnung
KHV	Kommunikationshilfeverordnung
KSchG	Kündigungsschutzgesetz
lit.	littera
LAG	Landesarbeitsgericht
LSG	Landessozialgericht
LTA	Leistungen zur Teilhabe am Arbeitsleben
m. w. N.	mit weiteren Nachweisen
n. F.	neue Fassung
Nr.	Nummer
OVG	Oberverwaltungsgericht
RehaAnglG	Rehabilitations-Angleichungsgesetz
SBV	Schwerbehindertenvertretung
SchwbAV	Schwerbehinderten-Ausgleichsabgabeverordnung
SchwbAwV	Schwerbehindertenausweisverordnung
SchwbG	Schwerbehindertengesetz
SchwbVWO	Wahlordnung Schwerbehindertenvertretungen
SGB	Sozialgesetzbuch
SGG	Sozialgerichtsgesetz
sog.	sogenannt(e)
u. a.	unter anderem; und andere
UAbs.	Unterabsatz
UNBehRübk	Übereinkommen über die Rechte von Menschen mit Behinderungen
UN.Doc.	Dokument der Vereinten Nationen
UN-BRK	UN-Behindertenrechtskonvention
VBD	Verordnung über barrierefreie Dokumente
VersMedV	Versorgungsmedizin-Verordnung
VG	Verwaltungsgericht
VGH	Verwaltungsgerichtshof

VMG	Versorgungsmedizinsche Grundsätze
VwGO	Verwaltungsgerichtsordnung
WfbM	Werkstatt für behinderte Menschen
WMVO	Werkstätten-Mitwirkungsverordnung
WVO	Werkstättenverordnung
z. B.	zum Beispiel

A. Sozialgesetzbuch Neuntes Buch (SGB IX)

I. Einführung: Das SGB IX nach der Reform durch das Bundesteilhabegesetz

1. Zielsetzung: Was will das Gesetz?

Das Ziel des Sozialgesetzbuchs (SGB) IX geht bereits aus dessen Titel »Rehabilitation und Teilhabe von Menschen mit Behinderungen« hervor. Nach § 1 Satz 1 SGB IX erhalten Menschen mit Behinderungen oder von Behinderung bedrohte Menschen Leistungen des SGB IX, um ihre Selbstbestimmung und ihre **volle, wirksame und gleichberechtigte Teilhabe** am Leben in der Gesellschaft zu fördern.[1] Was darunter konkret zu verstehen ist, wird vom Gesetz nicht definiert. Als Auslegungshilfe dient der in § 2 Abs. 1 Satz 1 SGB IX normierte Behinderungsbegriff. Danach sind Menschen mit Behinderungen Menschen, die in Wechselwirkung mit einstellungs- und umweltbedingten Barrieren an der Teilhabe in der Gesellschaft gehindert sind. Nach der Internationalen Klassifikation der Funktionsfähigkeit, Behinderung und Gesundheit (ICF) bedeutet Teilhabe das Einbezogensein in eine Lebenssituation. Die ICF bietet mit ihrem ganzheitlichen Ansatz eine Grundlage, um den gesetzlichen Begriff der Teilhabe zu konkretisieren und die Wechselwirkungen zwischen individuellen Beeinträchtigungen und Barrieren nachvollziehbar zu machen.

Ferner soll die Selbstbestimmung der Menschen mit Behinderungen und der von Behinderung bedrohten Menschen gestärkt werden. Durch Leistungen zur Teilhabe oder bestimmte Verfahrensgrundsätze (z.B. Wunsch- und Wahlrecht, § 8 SGB IX) soll eine möglichst **selbstständige und selbstbestimmte Lebensführung** ermöglicht werden. Dieser teilhabeorientierte und menschenwürdige Ansatz ist Ausdruck des Paradigmenwechsels von bevormundender Fürsorge hin zu einer **inklusiven Gesellschaft.**[2] Das SGB IX bezweckt außerdem, **Benachteiligungen zu vermeiden** oder ihnen entgegenzuwirken. Damit dient es der Umsetzung bzw. gesetzlichen Konkretisierung des verfassungsrechtlich geschützten Benachteiligungsverbots aus Art. 3 Abs. 3 Satz 2 Grundgesetz (GG).

Schließlich dient das SGB IX auch der **Umsetzung der UN-Behindertenrechtskonvention** (Übereinkommen der Vereinten Nationen über die Rechte von Menschen mit Behinderungen; UN-BRK).[3] Die UN-BRK ist am 26.3.2009 durch Ratifizierung in Deutschland in Kraft getreten. Sie enthält keine Sonderrechte für Menschen mit Behinderungen, sondern spezifiziert die ohnehin bestehenden Menschenrechte auf die besondere Situation von Menschen mit Behinderungen. Deutschland ist wie

---

1 Ausführlicher zu den verschiedenen Zielen des SGB IX: FKS-*Kohte*, Einleitung, Rn. 60ff.; Lachwitz/Schellhorn/Welti/*Lachwitz/Welti*, HK-SGB IX (4. Aufl.), Einführung, Rn. 52ff.

2 BT-Drs. 14/5074, S. 92; BT-Drs. 15/4575, S. 16f.

3 Ausführlicher in diesem Buch unter UN-Behindertenrechtskonvention.

andere Vertragsstaaten, die diesen völkerrechtlichen Vertrag ratifiziert haben, an die Vorgaben der Konvention gebunden. In der deutschen Rechtsordnung haben derartige völkerrechtliche Regelungen den Rang eines einfachen Bundesgesetzes (Art. 25 GG). Gleichwohl müssen die Vorgaben der Konvention durch nationales Recht umgesetzt und konkretisiert werden, da eine unmittelbare Wirkung der Konvention nur in einzelnen Fällen bejaht wird.[4]

Die genannten Ziele sind stets bei der Auslegung der Regelungen des SGB IX zu berücksichtigen. Im Mittelpunkt steht stets der Mensch mit Behinderung oder der von Behinderung bedrohte Mensch und sein individueller (Unterstützungs-) Bedarf.

2. Hintergrund: Wie kam es dazu?

Das »Sozialgesetzbuch Neuntes Buch (SGB IX) – Rehabilitation und Teilhabe behinderter Menschen« (seit dem 1.1.2018 »Sozialgesetzbuch Neuntes Buch – Rehabilitation und Teilhabe von Menschen mit Behinderungen«) wurde im Frühjahr 2001 beschlossen und trat nach Verkündung im Bundesgesetzblatt[5] zum 1.7.2001 in Kraft. Es löste damit das Rehabilitations-Angleichungsgesetz (RehaAnglG) sowie das Schwerbehindertengesetz (SchwbG) ab.[6] Mit dem SGB IX wurde bewusst das bestehende gegliederte System des Sozialrechts, in dem Sozialleistungen von verschiedenen Sozialleistungsträgern nach spezifischen Systemzusammenhängen erbracht werden, beibehalten. Die Vorschriften des SGB IX dienten daher insbesondere der **Koordinierung** bereits bestehender Regelungen im Zusammenhang mit Rehabilitation und Behinderung und enthielten nur sehr vereinzelt konkrete Leistungsansprüche (z.B. Arbeitsassistenz). So sollte die Unübersichtlichkeit des bis dahin bestehenden Rehabilitationsrechts beseitigt und die Zusammenarbeit der beteiligten Sozialleistungsträger z.B. durch Vorschriften zur Zuständigkeitsklärung (§ 14 SGB IX) verbessert werden. Das SGB IX nahm damit – ähnlich wie das SGB I, SGB IV und SGB X – eine bereichsübergreifende Funktion ein und bildete **eine Art Dach der Rehabilitation und Teilhabe.**[7]

Seit 2009 ist die **UN-BRK** in Deutschland geltendes Recht. Durch den Ausschuss der Vereinten Nationen für die Rechte von Menschen mit Behinderungen wird in regelmäßigen Abständen die Umsetzung in den Vertragsstaaten geprüft. Die erste Prüfung Deutschlands erfolgte im Frühjahr 2015. Die **»Abschließenden Bemerkungen über den ersten Staatenbericht Deutschlands«** (»*Concluding Observations*«) des Ausschusses vom 17.4.2015 enthielten zahlreiche Handlungs-

4 Angenommen wird eine unmittelbare Wirkung z.B. teilweise beim Diskriminierungsverbot (Art. 5 Abs. 2 UN-BRK i.V.m. speziellen Diskriminierungsverboten aus Art. 24 Abs. 1, Art. 25 Abs. 1 oder Art. 27 Abs. 1 lit. a UN-BRK; dazu auch Kreutz/Lachwitz/Trenk-Hinterberger/*Trenk-Hinterberger*, Die UN-Behindertenrechtskonvention in der Praxis, Einführung, Rn. 33, 35, Art. 19, Rn. 9.

5 BGBl. I 2001, S. 1046.

6 BGBl. I 2001, S. 1046f.; BT-Drs. 14/5074, S. 90.

7 BT-Drs. 14/5074, S. 92ff.; dazu auch ähnlich FKS-*Kohte*, Einleitung, Rn. 5ff.

empfehlungen zur weiteren Umsetzung der UN-BRK.[8] Die abschließenden Bemerkungen über den ersten Staatenbericht Deutschlands sind in den damals ohnehin laufenden Reformprozess der Eingliederungshilfe und des Behinderten- und Teilhaberechts eingeflossen. Laut Koalitionsvertrag »Deutschlands Zukunft gestalten« vom Dezember 2013 sollte die UN-BRK weiter umgesetzt werden.[9] Dazu sollte insbesondere die Eingliederungshilfe reformiert und ein **modernes Teilhaberecht** in einem Bundesteilhabegesetz entwickelt werden, ohne neue Ausgabendynamiken zu schaffen.[10] Nach einem breiten Beteiligungsprozess wurde das **Bundesteilhabegesetz** (BTHG) als Artikelgesetz am 1.12.2016 im Bundestag verabschiedet und trat (teilweise) am Tag nach der Verkündung, am 30.12.2016, in Kraft.[11]
Im kombinierten zweiten und dritten Berichtszyklus war Deutschland erneut verpflichtet, bis zum 1.10.2019 über den Stand der Verwirklichung der Rechte von Menschen mit Behinderungen zu berichten. Der Staatenbericht wurde im Juli 2019 vom Bundeskabinett verabschiedet. Der o.g. Ausschuss überprüfte und bewertete den Staatenbericht und hat des Weiteren seine Empfehlungen in einem erneuten Bericht zusammengefasst.[12] Der Bericht des Ausschusses hebt sowohl positive Entwicklungen als auch bestehende Herausforderungen in Deutschland hervor. Zu den Fortschritten zählen die Verabschiedung mehrerer Gesetze und Initiativen, wie das Barrierefreiheitsstärkungsgesetz (2021), das Gesetz zur Reform des Vormundschafts- und Betreuungsrechts (2021) sowie das Bundesteilhabegesetz (2016), die darauf abzielen, die Rechte von Menschen mit Behinderungen zu stärken. Trotz dieser Maßnahmen gibt es weiterhin Herausforderungen. Der Ausschuss kritisiert, dass in vielen Gesetzen auf Bundes- und Länderebene noch ein medizinisches Modell von Behinderung zugrunde gelegt wird, anstatt die Prinzipien der UN-Behindertenrechtskonvention zu berücksichtigen. Zudem wird die unzureichende Einbindung von Organisationen von Menschen mit Behinderungen in politische Entscheidungsprozesse bemängelt, ebenso wie der Mangel an einer systematischen Überprüfung bestehender Gesetze. Der Ausschuss empfiehlt daher, die Definition von Behinderung in allen Gesetzen an die Prinzipien der UN-Behindertenrechtskonvention anzupassen, Behindertenorganisationen stärker in Entscheidungsprozesse einzubinden und die Umsetzung der Konvention in allen Bundesländern konsequenter voranzutreiben. Der Bericht bietet damit eine detaillierte Analyse der Fortschritte und Herausforderungen Deutschlands bei der Umsetzung der UN-Behindertenrechtskonvention.

---

8 *Vereinte Nationen.* Ausschuss für die Rechte von Menschen mit Behinderungen, Abschließende Bemerkungen über den ersten Staatenbericht Deutschlands, 17.4.2015, UN-Doc. CRPD/C/DEU/CO/1.

9 *CDU/CSU/SPD*, Deutschlands Zukunft gestalten, Koalitionsvertrag, 18. Legislaturperiode, S. 77f.

10 BT-Drs. 18/9522, S. 190.

11 BGBl. I 2016, S. 3234.

12 *Vereinte Nationen.* Ausschuss für die Rechte von Menschen mit Behinderungen, Abschließende Bemerkungen zum kombinierten zweiten und dritten periodischen Bericht Deutschlands, 3.10.2023, UN-Doc. CRPD/C/DEU/CO/2-3.

3. Inhalt: Was wird geregelt?

a) Struktur

Mit dem BTHG gab es grundlegende Veränderungen des SGB IX und verschiedener, damit in Zusammenhang stehender Gesetze und Verordnungen (z. B. Eingliederungshilfe-Verordnung, SGB XII).
Das BTHG gab dem **SGB IX seine aktuelle Struktur:**
- **Teil 1** (§§ 1 bis 89 SGB IX)
- enthält allgemeine Regelungen für Menschen mit Behinderungen und von Behinderung bedrohte Menschen.
- **Teil 2** (§§ 90 bis 150a SGB IX)
- regelt das Recht der Eingliederungshilfe (vorher im SGB XII [Sozialhilfe, §§ 53 ff. SGB XII a. F.]). Mit dem Eingliederungshilferecht stellt das SGB IX ausdrücklich zumindest teilweise ein Leistungsgesetz dar (§ 7 Abs. 1 Satz 3 SGB IX).
- **Teil 3** (§§ 151 bis 241 SGB IX)
- hier finden sich die besonderen Regelungen zur Teilhabe schwerbehinderter Menschen (Schwerbehindertenrecht).

Die vier Reformstufen sind **vom 30. 12. 2016 bis zum 1. 1. 2023 in Kraft getreten.**
1. 1./1. 4. 2017: Reformstufe 1 (u. a. Änderungen im Schwerbehindertenrecht, Erhöhung Schonvermögen),
1. 1. 2018: Reformstufe 2 (u. a. Einführung SGB IX: Verfahrensrecht/Teil 1 und Schwerbehindertenrecht/Teil 2),
1. 1. 2020: Reformstufe 3 (u. a. Trennung der Fachleistungen der Eingliederungshilfe von existenzsichernden Leistungen),
1. 1. 2023: Reformstufe 4 (Änderung des leistungsberechtigten Personenkreises in der Eingliederungshilfe).

b) Teil 1: Regelungen für Menschen mit Behinderungen und von Behinderung bedrohte Menschen (§§ 1 bis 89 SGB IX)

Das SGB IX Teil 1 normiert die **allgemeinen, für alle Rehabilitationsträger geltenden Grundsätze und Verfahrensvorschriften**, wie die Zuständigkeitsklärung, die Bedarfsermittlung oder das Teilhabeplanverfahren. Die jeweiligen Leistungsansprüche ergeben sich – bis auf einzelne Ausnahmen – nicht aus dem SGB IX, sondern aus dem jeweiligen Leistungsgesetz der Rehabilitationsträger (z. B. SGB V, SGB VI). **Koordination und Kooperation** gehören damit zu den wesentlichen Aufgaben des Teil 1. Daneben gehören auch verschiedene Begriffsbestimmungen (z. B. der Behinderungsbegriff in § 2 SGB IX) zu den allgemeinen Regelungen des SGB IX.

aa) Behinderungsbegriff

Nach **§ 2 Abs. 1 Satz 1 SGB IX** sind Menschen mit Behinderungen Menschen, die körperliche, seelische, geistige oder Sinnesbeeinträchtigungen haben, die sie in Wechselwirkung mit einstellungs- und umweltbedingten Barrieren an der gleich-

berechtigten Teilhabe an der Gesellschaft mit hoher Wahrscheinlichkeit länger als sechs Monate hindern können. Eine solche Beeinträchtigung liegt nach Satz 2 vor, wenn der Körper- und Gesundheitszustand von dem für das Lebensalter typischen Zustand abweicht. Menschen sind von Behinderung bedroht, wenn eine solche Beeinträchtigung zu erwarten ist (§ 2 Abs. 1 Satz 3 SGB IX).
Mit dem BTHG wurde der Behinderungsbegriff an die Formulierung der UN-BRK (Präambel lit. e und Art. 1 Satz 2 UN-BRK) sowie an § 3 Behindertengleichstellungsgesetz des Bundes (BGG) angepasst. Die Sinnesbeeinträchtigungen wurden ausdrücklich mit in den Wortlaut aufgenommen. Der Wechselwirkungsansatz der UN-BRK und der ICF, also der Einfluss gesellschaftlicher und umweltbedingter Barrieren auf das Entstehen von Behinderungen, soll durch diese Formulierung zum Ausdruck gebracht werden. Der Behinderungsbegriff soll damit ein **dynamisches Verständnis von Behinderung** verdeutlichen, welches sich ständig weiterentwickelt und abhängig von gesellschaftlichen Entwicklungen sowie **ressourcen- und nicht defizitorientiert** ist. Die Zweistufigkeit des Behinderungsbegriffs bleibt weiterhin im SGB IX erhalten. Es bedarf zunächst einer körperlichen oder gesundheitlichen Beeinträchtigung, aus der dann eine Beeinträchtigung der Teilhabe resultiert.[13] Eine solche körperliche oder gesundheitliche Beeinträchtigung liegt nach Satz 2 vor, wenn der Körper- und Gesundheitszustand **vom für das Lebensalter typischen Zustand abweicht**. Impliziert wird damit eine vermeintliche alterstypische Norm, von der im Falle einer Behinderung nachteilig abgewichen wird.[14] Welche Beeinträchtigungen und gesundheitlichen Einschränkungen alterstypisch sind, wird nicht durch das Gesetz bestimmt. Pflegebedürftigkeit i. S. d. §§ 14, 15 SGB XI gilt laut Gesetzgeber ausdrücklich nicht als alterstypischer Zustand.[15] Pflegebedürftige Menschen können somit auch Menschen mit Behinderungen i. S. d. § 2 Abs. 1 SGB IX sein. Ebenso ist weiterhin eine Teilhabebeeinträchtigung von **mindestens sechs Monaten** für das Vorliegen einer Behinderung erforderlich. Die UN-BRK beschreibt das zeitliche Moment einer Teilhabebeeinträchtigung dagegen mit »langfristig«. Mit der Änderung des Behinderungsbegriffs ging mit dem BTHG auch die Änderung der Formulierung »behinderte Menschen« einher, die durch die Formulierung »Menschen mit Behinderungen« ersetzt wurde.[16] Insgesamt näherte sich damit der neue Behinderungsbegriff dem Verständnis der UN-BRK an, entspricht diesem aber nicht vollständig.[17] Spätestens bei der Auslegung nationaler

13 BT-Drs. 18/9522, S. 227.

14 Vgl. dazu z. B. Stellungnahme *Monitoring-Stelle UN-Behindertenrechtskonvention des DIMR* in: *Ausschuss für Arbeit und Soziales*, Ausschussdrs. 18(11)801, S. 224.

15 BT-Drs. 18/9522, S. 227.

16 BT-Drs. 18/7824, S. 21, 34; kritisch dazu *Frehe*, Beitrag D32–2015 unter *www.reha-recht.de*.

17 Vgl. auch die Stellungnahmen des *Deutschen Caritasverband e. V.*, des *Bundesverbands evangelische Behindertenhilfe e. V.*, der *Monitoring-Stelle UN-Behindertenrechtskonvention des DIMR* sowie des *AWO-Bundesverband e. V.* in: *Ausschuss für Arbeit und Soziales*, Ausschussdrs. 18(11)801, S. 20, 45, 73, 224, 327; *Frehe*, Forum D, Beitrag D32–2015 unter *www.reha-recht.de*; a. A. BT-Drs. 18/9522, S. 227.

Regelungen sind jedoch die Vorgaben der UN-BRK hinsichtlich des Behinderungsbegriffs, die nicht in § 2 Abs. 1 SGB IX enthalten sind, zu beachten.[18]
Beibehalten wurde die Differenzierung von einfacher Behinderung und **Schwerbehinderung**. Schwerbehindert im Sinne des SGB IX Teil 3 sind Menschen,

- bei denen ein Grad der Behinderung von wenigstens 50 vorliegt und
- die ihren Wohnsitz, ihren gewöhnlichen Aufenthalt oder ihre Beschäftigung auf einem Arbeitsplatz (Arbeitsplatz im Sinne des § 156 SGB IX) rechtmäßig im Geltungsbereich des SGB IX, also in Deutschland, haben (§ 2 Abs. 2 SGB IX).

Schwerbehinderten Menschen **gleichgestellt** sollen nach § 2 Abs. 3 SGB IX Menschen mit Behinderungen sein,

- bei denen ein Grad der Behinderung von weniger als 50, aber wenigstens 30 festgestellt wurde und
- bei denen die übrigen Voraussetzungen des Absatz 2 (Wohnsitz, Aufenthalt, Beschäftigung) vorliegen,

wenn sie infolge ihrer Behinderung ohne die Gleichstellung einen geeigneten Arbeitsplatz i. S. d. § 156 SGB IX nicht erlangen oder nicht behalten können.
Das Vorliegen einer Schwerbehinderung bzw. einer Gleichstellung ist Voraussetzung für die Anwendbarkeit der besonderen Regelungen zur Teilhabe schwerbehinderter Menschen (Schwerbehindertenrecht, SGB IX Teil 3, §§ 151 bis 241 SGB IX). Eine solche Unterscheidung in Menschen mit einfachen Behinderungen, Schwerbehinderte und diesen gleichgestellte Menschen gibt es weder im Unionsrecht noch in der UN-BRK.

bb) Leistungen zur Teilhabe: Leistungsgruppen

Nach § 1 Satz 1 SGB IX erhalten Menschen mit Behinderungen oder von Behinderung bedrohte Menschen Leistungen, um ihre Selbstbestimmung und ihre **volle, wirksame und gleichberechtigte Teilhabe** am Leben in der Gesellschaft zu fördern, Benachteiligungen zu vermeiden oder ihnen entgegenzuwirken. Diese Leistungen umfassen die notwendigen Sozialleistungen, um unabhängig von der Ursache der Behinderung diese abzuwenden, zu beseitigen, zu mindern, ihre Verschlimmerung zu verhüten oder ihre Folgen zu mildern (§ 4 Abs. 1 Nr. 1 SGB IX). Sie sollen außerdem Einschränkungen der Erwerbsfähigkeit oder Pflegebedürftigkeit vermeiden, überwinden, mindern oder eine Verschlimmerung verhüten; sie sollen den vorzeitigen Bezug anderer Sozialleistungen vermeiden oder laufende Sozialleistungen mindern (§ 4 Abs. 1 Nr. 2 SGB IX).
Leistungen zur Teilhabe sollen auch die Teilhabe am Arbeitsleben entsprechend den individuellen Neigungen und Fähigkeiten dauerhaft sichern (§ 4 Abs. 1 Nr. 3 SGB IX), die persönliche Entwicklung ganzheitlich fördern und die Teilhabe am Leben in der Gesellschaft sowie eine möglichst selbstständige und selbstbestimmte Lebensführung ermöglichen und erleichtern (§ 4 Abs. 1 Nr. 4 SGB IX). Dazu

18 BVerfG 23.3.2011 – 2 BvR 882/09, BVerfGE 128, 282, Rn. 52; BVerfG 14.10.2004 – 2 BvR 1481/04 (Görgülü), BVerfGE 111, 302; BSG 14.11.2013 – B 9 SB 84/12 B, juris; BSG 24.5.2012 – B 9 V 2/11 R, NVwZ-RR 2013, 110; *Welti u. a.*, Evaluation des BGG, Abschlussbericht, S. 437ff.; *Welti*, Beitrag D9–2012 unter *www.reha-recht.de*.

werden die Leistungen zur Teilhabe in fünf Leistungsgruppen eingeteilt. Nach § 5 SGB IX gibt es Leistungen zur medizinischen Rehabilitation (Nr. 1), Leistungen zur Teilhabe am Arbeitsleben (Nr. 2), unterhaltssichernde und andere ergänzende Leistungen (Nr. 3), Leistungen zur Teilhabe an Bildung (Nr. 4) sowie Leistungen zur sozialen Teilhabe (Nr. 5).

Die Leistungen zur **medizinischen Rehabilitation** ergeben sich aus den **§§ 42** bis **48 SGB IX**. Sie werden erbracht, um Behinderungen einschließlich chronischer Krankheit und Einschränkungen der Erwerbsfähigkeit und Pflegebedürftigkeit abzuwenden bzw. zu vermeiden, zu beseitigen bzw. zu überwinden, zu mindern, auszugleichen oder eine Verschlimmerung zu verhindern und einen vorzeitigen oder laufenden Bezug von Sozialleistungen zu verhüten oder zu mindern (§ 42 Abs. 1 SGB IX). Zu den Leistungen der medizinischen Rehabilitation von Menschen mit Behinderungen und von Behinderung bedrohten Menschen gehören insbesondere die **Behandlung durch Ärzte und Angehörige anderer Heilberufe** (§ 42 Abs. 2 Nr. 1 SGB IX), Leistungen der Früherkennung und Frühförderung (§ 42 Abs. 2 Nr. 2 SGB IX, § 46 SGB IX), **Arznei- und Verbandsmittel** (§ 42 Abs. 3 Nr. 1 SGB IX), Heilmittel (§ 42 Abs. 2 Nr. 4 SGB IX), **Psychotherapie** (§ 42 Abs. 2 Nr. 5 SGB IX), **Hilfsmittel** (§ 42 Abs. 2 Nr. 6 SGB IX, § 47 SGB IX), digitale Gesundheitsanwendungen (§ 42 Abs. 2 Nr. 6a SGB IX, § 47a SGB IX) **sowie Belastungserprobung und Arbeitstherapie** (§ 42 Abs. 2 Nr. 7 SGB IX).

Von besonderer praktischer Relevanz ist die **Stufenweise Wiedereingliederung** (§ 44 SGB IX).[19] Können arbeitsunfähige Leistungsberechtigte ihre bisherige Tätigkeit teilweise ausüben und können sie durch eine stufenweise Wiederaufnahme ihrer Tätigkeit voraussichtlich besser wieder in das Erwerbsleben eingegliedert werden, sollen die medizinischen und die sie ergänzenden Leistungen mit dieser Zielrichtung erbracht werden.

Leistungen zur Teilhabe am Arbeitsleben (LTA) werden erbracht, um die Erwerbsfähigkeit von Menschen mit Behinderungen oder von Behinderung bedrohten Menschen zu erhalten, zu verbessern, herzustellen oder wiederherzustellen und ihre Teilhabe am Arbeitsleben dauerhaft zu sichern (§ 49 Abs. 1 SGB IX). Geregelt werden sie in **§§ 49** bis **63 SGB IX**. Zu den LTA gehören insbesondere Leistungen, die bei der Erhaltung oder Erlangung eines Arbeitsplatzes helfen, individuell betrieblich qualifizieren, Information und Beratung bieten sowie lebenspraktische oder motorische Fähigkeiten trainieren. Zu den LTA gehören sowohl **Leistungen an Arbeitgeber** (§ 50 SGB IX, z. B. Eingliederungszuschüsse, Zuschüsse für Arbeitshilfen)[20] als auch an **Leistungsberechtigte** (z. B. notwendige Arbeitsassistenz nach § 49 Abs. 8 Nr. 3 SGB IX, behinderungsbedingt erforderliche Hilfsmittel nach § 49 Abs. 8 Nr. 4 SGB IX).

LTA, die nicht auf dem allgemeinen Arbeitsmarkt erbracht werden, werden in Einrichtungen der beruflichen Rehabilitation (Berufsbildungswerk, Berufsförderungs-

---

19 Weiterführend vgl. Deinert/Welti/Luik/Brockmann/*Brockmann/Winkler*, SWK-BR 2022, Stufenweise Wiedereingliederung.

20 Ausführlicher Deinert/Welti/Luik/Brockmann/*Luik*, SWK-BR 2022, Leistungen an Arbeitgeber.

werk, vergleichbare Einrichtungen, Werkstatt für behinderte Menschen [WfbM]) erbracht (§§ 51, 56 SGB IX).

Nach dem Kapitel 11 (§§ 64ff. SGB IX) werden **unterhaltssichernde und andere ergänzende Leistungen** erbracht. Dies können z. B. Beiträge und Beitragszuschüsse (§ 64 Abs. 1 Nr. 2 SGB IX), ärztlich verordneter Rehabilitationssport (§ 64 Abs. 1 Nr. 3 SGB IX), Krankengeld (§ 64 Abs. 1 Nr. 1 SGB IX, § 65 Abs. 1 Nr. 1 SGB IX) sowie die Übernahme von Reisekosten (§ 64 Abs. 1 Nr. 5 SGB IX, § 73 SGB IX) oder Betriebs- oder Haushaltshilfe und Kinderbetreuungskosten (§ 64 Abs. 1 Nr. 6 SGB IX, § 74 SGB IX) sein.

Die **Leistungen zur Teilhabe an Bildung** stellen seit dem BTHG eine eigene Leistungsgruppe dar. Bisher waren diese Leistungen der Teilhabe am Arbeitsleben oder der Teilhabe am Leben in der Gemeinschaft zugeordnet. Sie dienen der Umsetzung inklusiver Bildung und damit der Umsetzung des Art. 24 UN-BRK. Zur Teilhabe an Bildung werden unterstützende Leistungen erbracht, damit Menschen mit Behinderungen Bildungsangebote gleichberechtigt wahrnehmen können (**§ 75 Abs. 1 SGB IX**). Leistungen zur Bildung können z. B. Hilfen zur Schulbildung im Rahmen der Schulpflicht, aber auch **Hilfen zur schulischen Berufsausbildung** oder der **schulischen und hochschulischen beruflichen Weiterbildung** sein. Die konkreten Leistungsansprüche ergeben sich aus den jeweiligen Leistungsgesetzen, insbesondere aus der Gesetzlichen Unfallversicherung (§ 35 Abs. 2 SGB VII), der Kinder- und Jugendhilfe (§ 35a Abs. 3 SGB VIII i. V. m. § 112 SGB IX) sowie aus dem Recht der Eingliederungshilfe (§ 112 SGB IX).

Die **Leistungen zur sozialen Teilhabe** sind gegenüber den anderen Leistungsgruppen **nachrangig.** Sie werden nur dann erbracht, soweit sie nicht bereits als Leistungen anderer Leistungsgruppen (§ 5 Nr. 1 bis 4 SGB IX) nach den Kapiteln 9 bis 12 des Teil 1 des SGB IX erbracht werden (§ 76 Abs. 1 Satz 1 a. E. SGB IX). Welche Leistungen zur sozialen Teilhabe insbesondere in Betracht kommen, ergibt sich aus § 76 Abs. 2 SGB IX und wird in den §§ 77ff. SGB IX weiter konkretisiert. Mit dem BTHG hat es innerhalb des **offenen Leistungskatalogs** einige Änderungen gegeben. So gehören die Hilfen zum selbstbestimmten Leben in betreuten Wohnmöglichkeiten (§ 55 Abs. 2 Nr. 6 SGB IX a. F.) sowie die Hilfen zur Teilhabe am gemeinschaftlichen und kulturellen Leben (§§ 55 Abs. 2 Nr. 7, 58 SGB IX a. F.) nach den Änderungen durch das BTHG nicht mehr ausdrücklich zum Leistungskatalog, sondern gehen seitdem in den anderen aufgeführten Leistungen auf oder werden dem Lebensunterhalt zugeordnet.[21] Als neue Leistungstatbestände wurden die **Assistenzleistungen** (§§ 76 Abs. 2 Nr. 2, 78 SGB IX) sowie die **Leistungen zur Mobilität** (§§ 76 Abs. 2 Nr. 7, 83 SGB IX) eingeführt.

cc) Rehabilitationsträger

Erbracht werden die Leistungen zur Teilhabe von den **Rehabilitationsträgern** (§ 6 Abs. 1 SGB IX). Rehabilitationsträger sind die gesetzlichen Krankenkassen (Nr. 1), die Bundesagentur für Arbeit (Nr. 2), die Träger der gesetzlichen Unfallversicherung (Nr. 3), die Träger der gesetzlichen Rentenversicherung (Nr. 4), die Träger

21 BT-Drs. 18/9522, S. 261.

der Sozialen Entschädigung und der Träger der Soldatenentschädigung (Nr. 5), die Träger der öffentlichen Jugendhilfe (Nr. 6) sowie die Träger der Eingliederungshilfe (Nr. 7).

Den Rehabilitationsträgern werden in § 6 Abs. 1 Nr. 1 bis 7 SGB IX einzelne Leistungsgruppen zugeordnet, für die sie jeweils zuständig sein können (z. B. die gesetzliche Krankenkasse für Leistungen nach § 5 Nr. 1 und 3 SGB IX, also für Leistungen zur medizinischen Rehabilitation und für unterhaltssichernde und andere ergänzende Leistungen).

Die Zuordnung unterschiedlicher Leistungsgruppen ist **Ausdruck des gegliederten Systems** des Sozialrechts, in dem Leistungen durch verschiedene Sozialleistungsträger je **nach deren spezifischen Systemzusammenhängen erbracht** werden.[22]

dd) Koordination und Kooperation

Zu den wesentlichen Zielen des SGB IX gehört die **Koordination und Kooperation** der Rehabilitationsträger.[23] Bis auf den Teil 2 (Eingliederungshilferecht) stellt das SGB IX daher grundsätzlich kein Leistungsrecht, sondern vielmehr koordinierendes Recht dar (§ 7 Abs. 1 Satz 3 SGB IX). So richten sich die konkreten Leistungsvoraussetzungen der Leistungen zur Teilhabe nach den jeweiligen Leistungsgesetzen der Rehabilitationsträger, wie z. B. das SGB VI oder SGB VII (§ 7 Abs. 1 Satz 2 SGB IX). Daneben gelten die Vorschriften des SGB IX Teil 1 für die Leistungen zur Teilhabe, soweit sich aus den jeweiligen Leistungsgesetzen der Rehabilitationsträger nichts anderes ergibt (§ 7 Abs. 1 Satz 1 SGB IX). Davon abweichend gehen die Vorschriften der Kapitel 2 bis 4 des Teil 1 SGB IX (§§ 9 bis 24 SGB IX) den jeweiligen Leistungsgesetzen vor (§ 7 Abs. 2 Satz 1 SGB IX). Von den Regelungen in §§ 14 bis 24 SGB IX (Koordinierung der Leistungen) kann seit den Änderungen durch das BTHG auch nicht durch Landesrecht abgewichen werden (§ 7 Abs. 2 Satz 2 SGB IX).

Die allgemeine Zusammenarbeit der Rehabilitationsträger ergibt sich aus § 25 SGB IX. Welcher Rehabilitationsträger **im konkreten Einzelfall zuständig** ist, ergibt sich aus **§ 14 SGB IX**. Danach hat der Rehabilitationsträger, bei dem Leistungen zur Teilhabe beantragt werden, **innerhalb von zwei Wochen** festzustellen, ob er nach dem für ihn geltenden Leistungsgesetz zuständig sein kann. Ansonsten ist der Antrag weiterzuleiten. Für den Fall, dass auch der zweitangegangene Träger nicht zuständig ist, ist die Weiterleitung an einen dritten Rehabilitationsträger möglich (sog. »**Turbo-Klärung**«; § 14 Abs. 3 SGB IX).[24] Kommen parallel mehrere Teilhabeleistungen und zuständige Rehabilitationsträger in Betracht, hat der ursprünglich zuständige Rehabilitationsträger dem bzw. den anderen möglichen Träger(n) den Antrag ggf. teilweise zuzuleiten (»**Antragsplitting**«; § 15 Abs. 1 Satz 2 SGB IX). Insgesamt sollen die **Leistungen »wie aus einer Hand«** und lückenlos erbracht werden. § 15 Abs. 2 SGB IX regelt daher den Fall der sog. aufgedrängten

22 BT-Drs. 14/5074, S. 99f.

23 Dazu auch Deinert/Welti/Luik/Brockmann/*Ulrich*, SWK-BR 2022, Kooperation der Leistungsträger.

24 BT-Drs. 18/9522, S. 234.

Zuständigkeit und stellt sicher, dass der **Rehabilitationsbedarf** tatsächlich nach allen in Betracht kommenden Leistungsgesetzen **umfassend festgestellt** wird und nicht nur nach dem jeweiligen Leistungsrecht des leistenden Rehabilitationsträgers. Sind Aufwendungen fälschlicherweise entstanden, weil sich z. B. nachträglich die vorrangige Zuständigkeit eines anderen Rehabilitationsträgers herausstellt, sind diese Aufwendungen im Innenverhältnis nach § 16 SGB IX zu erstatten.

ee) Teilhabeplanverfahren

Grundsätzlich sind die Rehabilitationsträger verpflichtet, bei der Beantragung von Sozialleistungen **vorrangig die Erforderlichkeit von Leistungen zur Teilhabe zu prüfen** (§ 9 Abs. 1 SGB IX) und durch geeignete Maßnahmen sicherzustellen, dass ein **Rehabilitationsbedarf frühzeitig erkannt** und auf eine Antragstellung der Leistungsberechtigten hingewirkt wird (§ 12 Abs. 1 SGB IX). Stellt sich dabei heraus, dass Leistungen verschiedener Gruppen oder mehrerer Leistungsträger in Betracht kommen, haben die beteiligten Rehabilitationsträger in diesem konkreten Einzelfall zusammenzuarbeiten und die voraussichtlich erforderlichen Leistungen zur Teilhabe so zusammenzustellen, dass sie **nahtlos ineinandergreifen** (ausdrücklich § 19 Abs. 1 SGB IX). Zu diesem Zweck erstellt der leistende Rehabilitationsträger einen **schriftlichen Teilhabeplan**, in dem u. a. die zur individuellen Bedarfsermittlung eingesetzten Instrumente, gutachterliche Stellungnahmen und die erreichbaren Teilhabeziele dokumentiert werden (§ 19 Abs. 2 SGB IX).
Der Teilhabeplan ist damit die Grundlage für die trägerübergreifende Zusammenarbeit und Leistungserbringung.[25] Bei der Durchführung eines Teilhabeplanverfahrens kann eine **Teilhabekonferenz** durchgeführt werden (§ 20 SGB IX). Ziel des Teilhabeplans ist das nahtlose Ineinandergreifen der Leistungen sowie eine umfassende, zügige, wirksame, wirtschaftliche und dauerhafte Teilhabe. Aus diesem Grund ist der Plan im Laufe des Rehabilitationsprozesses regelmäßig **anzupassen** (§ 19 Abs. 3 Satz 1 SGB IX). Konkretisierungen zu den einzelnen Phasen des Rehabilitationsprozesses und insbesondere der Teilhabeplanung sind in der Gemeinsamen Empfehlung (GE) »Reha-Prozess« der Bundesarbeitsgemeinschaft für Rehabilitation (BAR) enthalten, die im Februar 2019 in überarbeiteter Fassung[26] erschienen ist. Wird eine Teilhabekonferenz durchgeführt, können neben den beteiligten Rehabilitationsträgern und dem bzw. der Leistungsberechtigten auf dessen bzw. deren Wunsch auch die in § 20 Abs. 3 SGB IX genannten Personen, Einrichtungen und Dienste oder weitere öffentliche Stellen wie Schulen oder Pflegekassen beteiligt werden (§ 22 SGB IX). Geht es um **Leistungen für schwerbehinderte Menschen, ist auch das Integrationsamt am Teilhabeplanverfahren zu beteiligen** (§ 22 Abs. 3 SGB IX).

---

25 Dazu auch *Schubert/Schian*, Teilhabeplanung und Gesamtplanung im BTHG: Grundzüge und offene Fragen, RP-Reha 4/2016, S. 35–41.

26 Download unter *https://www.bar-frankfurt.de/fileadmin/dateiliste/_publikationen/reha_vereinbarungen/gemeinsame_empfehlung/downloads/gemeinsame_empfehlung_reha_prozess.pdf.*

c) Teil 2: Besondere Leistungen zur selbstbestimmten Lebensführung für Menschen mit Behinderungen (Eingliederungshilferecht) (§§ 90 bis 150a SGB IX)

Das Recht der Eingliederungshilfe sollte mit dem BTHG **aus dem Fürsorgesystem der Sozialhilfe herausgeführt** und zu einem **modernen Teilhaberecht** weiterentwickelt werden.
Die bisherigen Regelungen der §§ 53 ff. **SGB XII** a. F. wurden schrittweise im Teil 2 des SGB IX teilweise übernommen, konkretisiert und ergänzt. Die Leistungen der Eingliederungshilfe umfassen Leistungen der medizinischen Rehabilitation, Leistungen zur Teilhabe am Arbeitsleben, zur Teilhabe an Bildung und zur Sozialen Teilhabe, wobei die Leistungen zur Sozialen Teilhabe den anderen Leistungsgruppen gegenüber nachrangig sind (§ 102 SGB IX).
Erbracht werden die Eingliederungshilfeleistungen als Sach-, Geld- oder Dienstleistung (§ 105 Abs. 1 SGB IX). Welche Leistungen konkret zu erbringen sind, richtet sich nach der **Besonderheit des Einzelfalls** (§ 104 SGB IX, Ausnahme: pauschale Geldleistung nach § 116 Abs. 1 SGB IX).
Gleichwohl enthalten die Regelungen offene und geschlossene Leistungskataloge. Zu den Leistungen der medizinischen Rehabilitation gehören insbesondere die in §§ 42 Abs. 2 und 3, 64 Abs. 1 Nr. 3 bis 6 SGB IX aufgeführten Leistungen, wie die Behandlung durch Ärzte, Arznei- und Verbandsmittel, Psychotherapie, Belastungserprobung oder Arbeitstherapie.
Leistungen der Eingliederungshilfe in Form von Leistungen zur beruflichen Teilhabe finden sich in § 111 SGB IX. Die Leistungen zur Beschäftigung umfassen dann Leistungen im Arbeitsbereich anerkannter WfbM nach den §§ 58, 62 SGB IX (Nr. 1), Leistungen bei anderen Leistungsanbietern nach §§ 60, 62 SGB IX (Nr. 2) sowie Leistungen bei privaten und öffentlichen Arbeitgeber:innen nach § 61 SGB IX (Nr. 3) sowie Leistungen für ein Budget für Ausbildung nach § 61a SGB IX (Nr. 4).
Als Leistungen zur Teilhabe an Bildung kommen Hilfen zur Schulbildung im Rahmen der allgemeinen Schulpflicht, aber auch Hilfen zur schulischen oder hochschulischen Ausbildung oder Weiterbildung für den Beruf (z. B. in Form eines Praktikums) in Betracht (§ 112 SGB IX).
Die Leistungen zur Sozialen Teilhabe sind als offener Leistungskatalog (§ 113 Abs. 2 SGB IX) ausgestaltet und schließen so insbesondere Leistungen für Wohnraum (Nr. 1), Assistenzleistungen (Nr. 2), Leistungen zum Erwerb und Erhalt praktischer Kenntnisse und Fähigkeiten (Nr. 5), Leistungen zur Mobilität (Nr. 7, § 114 SGB IX) und Hilfsmittel (Nr. 8) mit ein.

d) Teil 3: Besondere Regelungen zur Teilhabe schwerbehinderter Menschen (Schwerbehindertenrecht) (§§ 151 bis 241 SGB IX)

aa) Überblick

Im sog. Schwerbehindertenrecht sind die besonderen Regelungen zur Teilhabe schwerbehinderter Menschen verortet. Es bietet schwerbehinderten Menschen und diesen Gleichgestellten Rechte und Instrumente, um ihnen insbesondere die Teilhabe am Arbeitsleben zu ermöglichen bzw. zu sichern (Verfahren und Instrumente siehe unten).

Die Regelungen sind in verschiedene Kapitel gegliedert. Kapitel 1 definiert den geschützten Personenkreis. Das in Teil 3 geregelte Schwerbehindertenrecht **gilt für Schwerbehinderte und diesen gleichstellte Menschen mit Behinderungen** (§ 151 Abs. 1 SGB IX, zur Definition siehe oben). Daran schließen die Regelungen zur **Beschäftigungspflicht** der Arbeitgeber:innen (Kapitel 2) sowie sonstige Pflichten der Arbeitgeber:innen und Rechte der schwerbehinderten Menschen (Kapitel 3) an. So haben private und öffentliche Arbeitgeber:innen mit jahresdurchschnittlich monatlich mindestens 20 Arbeitsplätzen (im Sinne des § 156 SGB IX) auf wenigstens fünf Prozent der Arbeitsplätze schwerbehinderte Menschen zu beschäftigen. Dabei sind schwerbehinderte Frauen besonders zu berücksichtigen (§ 154 Abs. 1 SGB IX). Solange Arbeitgeber:innen die für sie vorgeschriebene Anzahl schwerbehinderter Menschen nicht beschäftigen, ist für jeden unbesetzten Pflichtarbeitsplatz für schwerbehinderte Menschen eine **Ausgleichsabgabe** zu entrichten (§ 160 Abs. 1 SGB IX). Die Zahlung der Ausgleichsabgabe hebt jedoch nicht die Pflicht zur Beschäftigung schwerbehinderter Menschen auf. Mit dem Gesetz zur Förderung eines inklusiven Arbeitsmarkts (BGBl. I 2023 Nr. 146) wurde eine vierte Staffel der Ausgleichsabgabe eingeführt, für Arbeitgeber:innen, die trotz Beschäftigungspflicht keinen schwerbehinderten Menschen beschäftigen. Sie ist erstmalig zum 31.3.2025 mit der Ausgleichsabgabe für 2024 zu zahlen. Es gibt Ausnahmen für kleinere Arbeitgeber:innen.

Im Weiteren sind u.a. der **besondere Kündigungsschutz** für schwerbehinderte Menschen (Kapitel 4), die Regelungen zu den Interessenvertretungen (Kapitel 5) und die Durchführung der besonderen Regelungen zur Teilhabe schwerbehinderter Menschen (Kapitel 6) normiert.

Zum besonderen Kündigungsschutz gehört u.a., dass Arbeitgeber:innen vor der Kündigung des Arbeitsverhältnisses eine Zustimmung des Integrationsamtes einholen müssen (§ 168 SGB IX) und die Kündigungsfrist mindestens vier Wochen beträgt (§ 169 SGB IX).

Das Schwerbehindertenrecht wird durch **folgende Verordnungen** ergänzt:

- Schwerbehinderten-Ausgleichsabgabeverordnung (SchwbAV)[27],
- **Wahlordnung Schwerbehindertenvertretungen** (SchwbVWO)[28],
- Schwerbehindertenausweisverordnung (SchwbAwV)[29],

27 Ausführlicher dazu siehe Schwerbehinderten-Ausgleichsabgabeverordnung.
28 Ausführlicher dazu siehe Wahlordnung Schwerbehindertenvertretungen.
29 Ausführlicher dazu siehe Schwerbehindertenausweisverordnung.

- Verordnung über Kraftfahrzeughilfe zur beruflichen Rehabilitation (Kraftfahrzeughilfe-Verordnung; KfzHV)[30],
- **Werkstättenverordnung** (WVO) und
- **Werkstätten-Mitwirkungsverordnung** (WMVO)[31].

bb) Einzelne Regelungen für Schwerbehindertenvertretungen

Im Rahmen des BTHG gab es verschiedene Neuerungen, um das ehrenamtliche Engagement der Schwerbehindertenvertretungen zu stärken.[32] Im Wesentlichen sind dabei die folgenden Regelungen zu nennen:

§ 178 Abs. 1 Satz 4, 5 SGB IX[33]
Die Anzahl der Stellvertreter:innen richtet sich nach der Anzahl der im Betrieb oder in der Dienststelle beschäftigten schwerbehinderten Menschen. Überschreitet die Zahl der schwerbehinderten Beschäftigten wiederholt den Schwellenwert von jeweils 100 Personen, kann ein zusätzliches stellvertretendes Mitglied zur Unterstützung der Vertrauensperson hinzugezogen werden. Wichtig ist dabei, bereits im Vorfeld sicherzustellen, dass ausreichend Stellvertreter:innen gewählt werden. Eine Begrenzung auf zwei Stellvertreter:innen besteht nicht mehr.

§ 178 Abs. 2 Satz 3 SGB IX
Arbeitgeber:innen haben die Schwerbehindertenvertretung **vor der Kündigung** eines schwerbehinderten Arbeitnehmers bzw. einer schwerbehinderten Arbeitnehmerin **unverzüglich und umfassend** darüber zu **unterrichten** und **vor einer Entscheidung anzuhören.**[34] Die getroffene Entscheidung ist der Schwerbehindertenvertretung unverzüglich mitzuteilen.[35]
Wird die Schwerbehindertenvertretung von den Arbeitgeber:innen nicht beteiligt, ist die Durchführung oder Vollziehung der Kündigung auszusetzen. Eine Kündigung ohne Beteiligung der Vertrauensperson ist damit unwirksam, § 178 Abs. 2 Satz 3 SGB IX. Zu beachten dabei ist, dass die Unwirksamkeit im Rahmen einer Kündigungsschutzklage innerhalb von **drei Wochen** vor dem Arbeitsgericht geltend gemacht werden muss, §§ 4 Satz 1, 7, 13 Abs. 1 Satz 2 Kündigungsschutzgesetz (KSchG).[36] Die Beteiligung der Schwerbehindertenvertretung ist innerhalb von

---

30 Ausführlicher dazu siehe Kraftfahrzeughilfe-Verordnung.

31 Ausführlicher dazu siehe Werkstätten-Mitwirkungsverordnung.

32 BT-Drs. 18/9522, S. 3. Dazu auch *Kohte/Liebsch*, Beitrag D54–2016 unter *www.reha-recht.de*.

33 Dazu auch Deinert/Welti/Luik/Brockmann/*Däubler*, SWK-BR 2022, Schwerbehindertenvertretung – Errichtung.

34 Ausführlicher zur Beteiligung der Schwerbehindertenvertretung und deren zeitlicher Abfolge: *Mühlmann*, NZA 14/2017, 884 (884ff.). Zu dem Zeitpunkt bis wann eine Beteiligung zu erfolgen hat, jüngst BAG 13.12.2018 – 2 AZR 378/18, BB 2019, 1337.

35 Ausführlicher dazu *Bayreuther*, NZA 2/2017, 87ff.

36 Dies gilt für die Fälle, in denen das Kündigungsschutzgesetz Anwendung findet (vgl. §§ 1, 23 KSchG), wobei dies bei Betrieben, in denen eine Schwerbehindertenvertretung eingerichtet ist, regelmäßig der Fall sein dürfte.

sieben Tagen nachzuholen und es ist dann endgültig zu entscheiden. Zur **Durchsetzung des Beteiligungsanspruchs** kann die Schwerbehindertenvertretung das **Arbeitsgericht** anrufen. Die Schwerbehindertenvertretung kann ggf. im Wege der einstweiligen Verfügung geltend machen, die Durchführung oder Vollziehung der Entscheidung auszusetzen bis die Beteiligung nachgeholt ist. Ein entsprechender Beschluss des Arbeitsgerichts kann wiederum Grundlage für eine gerichtliche Vollstreckung sein. Zuwiderhandlungen seitens der Arbeitgeber:innen können mit einer **Geldbuße** von bis zu 10 000 Euro geahndet werden, § 238 Abs. 1 u. 2 SGB IX.

§ 179 Abs. 4, 8 SGB IX

Die Vertrauenspersonen werden von ihrer beruflichen Tätigkeit ohne Minderung des Arbeitsentgelts oder der Dienstbezüge befreit, wenn und soweit es zur Durchführung ihrer Aufgaben erforderlich ist. In Betrieben oder Dienststellen, in denen in der Regel wenigstens 100 schwerbehinderte Menschen beschäftigt sind, hat die Vertrauensperson einen Anspruch darauf, auf ihren Wunsch hin freigestellt zu werden (§ 179 Abs. 4 Satz 1, 2 SGB IX).

Der Schulungsanspruch gilt für die Vertrauensperson, das mit der höchsten Stimmenzahl gewählte stellvertretende Mitglied sowie in Fällen des § 178 Abs. 1 Satz 5 SGB IX auch für das jeweils mit der nächsthöheren Stimmenzahl gewählte weitere stellvertretende Mitglied (§ 179 Abs. 4 Satz 3 SGB IX). Das bedeutet, dass dem bzw. der ersten Stellvertreter:in und allen herangezogenen Stellvertreter:innen die **Teilnahme an erforderlichen Schulungs- und Bildungsveranstaltungen**, soweit diese Kenntnisse für die Arbeit der Schwerbehindertenvertretung vermitteln, eingeräumt wird und sie dafür einen Freistellungsanspruch gegenüber den Arbeitgeber:innen haben. Voraussetzung ist jedoch, dass die vermittelten Kenntnisse für die Arbeit der Schwerbehindertenvertretung erforderlich sind. Dies ist insbesondere dann der Fall, wenn die vermittelten Kenntnisse notwendig sind, um aktuelle oder bevorstehende Aufgaben der Schwerbehindertenvertretung sachgerecht zu erfüllen.[37] Ob dies der Fall ist haben die Mitglieder der Schwerbehindertenvertretung zu beurteilen.[38] Die Kosten der Schulungs- und Bildungsveranstaltungen tragen die Arbeitgeber:innen (§ 179 Abs. 8 SGB IX).

Auch haben Schwerbehindertenvertretungen einen Anspruch auf **Unterstützung durch eine Bürokraft** (§ 179 Abs. 8 Satz 3 SGB IX).[39] Die Unterstützung muss erforderlich sein. Die Kosten für die Bürokraft tragen die Arbeitgeber:innen.

---

37 Vgl. LAG Sachsen-Anhalt 19.2.2014 – 4 TaBV 9/13, juris Rn. 152; angedeutet auch vom BAG 8.6.2016 – 7 ABR 39/14, juris Rn. 30; so auch *Palsherm*, SGb 07.17, 370 (371).

38 BAG 8.6.2016 – 7 ABR 39/14, juris Rn. 32.

39 Kritisch zu der im Gesetzgebungsverfahren geäußerten Idee, dass die Bürokraft des Betriebsrats »mitgenutzt« werden könnte *Palsherm*, SGb 07.17, 370 (372).

4. Rechtsdurchsetzung: Welche Wege gibt es?

Bei der Durchsetzung der Rechte aus dem SGB IX kommt es u.a. darauf an, um wessen Rechte es geht bzw. wer diese Rechte durchsetzen möchte.

a) Menschen mit Behinderungen

Die Entscheidung (Bewilligung oder Ablehnung) über Leistungen zur Teilhabe (z.B. Arbeitsassistenz) stellt regelmäßig einen Verwaltungsakt (§ 31 Satz 1 SGB X) dar. Der Verwaltungsakt ist für die Beteiligten bindend, soweit durch Gesetz nichts anderes bestimmt ist und wenn der passende Rechtsbehelf nicht bzw. erfolglos eingelegt wurde (§ 77 Sozialgerichtsgesetz [SGG]). Gegen Verwaltungsakte besteht die Möglichkeit des **Widerspruchs** (§§ 83ff. SGG) und der **gerichtlichen Überprüfung** (meist: Anfechtungs- oder Verpflichtungsklage [§ 54 Abs. 1 Satz 1 SGG] oder allg. Leistungsklage [§ 54 Abs. 5 SGG]). Zu beachten ist dabei, dass z.B. Widerspruch und Anfechtungsklage **gegen** die Zustimmung des Integrationsamtes zur **Kündigung** schwerbehinderter Menschen anders als im Normalfall (§ 86a Abs. 1 Satz 1 SGG) **keine aufschiebende Wirkung** haben (§ 171 Abs. 4 SGB IX).[40] Zu beachten ist außerdem, dass eine aufgrund der unterbliebenen Beteiligung der Schwerbehindertenvertretung unwirksame Kündigung innerhalb von drei Wochen vor dem Arbeitsgericht geltend zu machen ist, §§ 4 Satz 1, 7, 13 Abs. 1 Satz 2 KSchG.

b) Schwerbehindertenvertretung

Siehe die Ausführungen oben und unten.

c) Verbände

§ 85 SGB IX normiert ein besonderes **Klagerecht für Verbände**, die die Interessen von Menschen mit Behinderungen auf Bundes- oder Landesebene vertreten. Damit können diese Verbände in einem konkreten Fall an der Stelle eines Menschen mit Behinderung und mit dessen Einverständnis gegen eine Verletzung von Rechten aus dem SGB IX gerichtlich vorgehen (sog. Prozessstandschaft).[41] Darüber hinaus müssen alle Verfahrensvoraussetzungen vorliegen, die auch bei einem Rechtsschutzersuchen des Menschen mit Behinderung vorliegen müssten. Den Verbänden steht somit keine Klagemöglichkeit zur Verfügung, die weiter reicht als die Klagemöglichkeit des Betroffenen.[42] Ob auch eine Gewerkschaft ein Verband im Sinne von § 85 SGB IX ist und damit eine Klage erheben kann, hängt von ihrer Sat-

---

40 So z.B. auch im Fall eines Widerspruchs oder einer Anfechtungsklage gegen einen Verwaltungsakt, der den Übergang von Ansprüchen auf den Träger der Eingliederungshilfe bewirkt, § 141 Abs. 4 SGB IX. Ebenso entfalten weder Widerspruch noch Anfechtungsklage eines Arbeitgebers/einer Arbeitgeberin gegen einen Feststellungsbescheid des Integrationsamtes, der bei rückständigen Beträgen der Ausgleichsabgabe erlassen wird, aufschiebende Wirkung, § 160 Abs. 4 Satz 5 SGB IX.

41 Ausführlicher dazu *Hlava*, Beitrag A23–2012 unter *www.reha-recht.de*.

42 BT-Drs. 14/5074, S. 111.

zung ab. Im Ergebnis kann davon ausgegangen werden, dass die meisten Gewerkschaften klagebefugt sind.[43]

d) Leistungserbringer und Träger der Eingliederungshilfe

Der Träger der Eingliederungshilfe darf – bis auf einzelne Ausnahmen – Leistungen der Eingliederungshilfe, die durch Dritte (Leistungserbringer) erbracht werden, nur bewilligen, wenn mit diesen Leistungserbringern eine schriftliche Vereinbarung besteht (§ 123 SGB IX). Diese Vereinbarungen haben Inhalt, Umfang und Qualität (**Leistungsvereinbarung**) sowie die Vergütung der Leistung (**Vergütungsvereinbarung**) zu regeln (§ 125 SGB IX). Werden wegen Uneinigkeiten keine Vereinbarungen getroffen, kann die **Schiedsstelle** (§ 133 SGB IX) angerufen werden (§ 126 Abs. 2 SGB IX). Gegen die Entscheidung der Schiedsstelle ist der Rechtsweg zu den Sozialgerichten eröffnet (§ 126 Abs. 2 Satz 3 SGB IX). Eines Vorverfahrens (Widerspruchsverfahren) bedarf es dabei nicht (§ 126 Abs. 2 Satz 3 SGB IX). Klagegegner ist dabei nicht Schiedsstelle, sondern der jeweilige Verhandlungspartner (§ 126 Abs. 2 Satz 4 SGB IX).

5. Was ist für die betriebliche Praxis relevant?

a) Rechte, Aufgaben und Pflichten der Schwerbehindertenvertretung

Zur Wahrnehmung der Interessen der schwerbehinderten Menschen in einem Betrieb bzw. einer Dienststelle hat die Schwerbehindertenvertretung verschiedene Aufgaben, Rechte und Pflichten, die insbesondere gegenüber den jeweiligen Arbeitgeber:innen bestehen.[44]

aa) Beratung über die Besetzung von Stellen der betrieblichen Ausbildung (§ 155 Abs. 2 SGB IX)

§ 155 Abs. 2 SGB IX bestimmt, dass Arbeitgeber:innen einen angemessenen Anteil von Stellen zur beruflichen Bildung, insbesondere für Auszubildende, im Rahmen der Erfüllung der Beschäftigungspflicht **mit schwerbehinderten Menschen zu besetzen** haben. Hierüber ist mit dem zuständigen Betriebs- bzw. Personalrat und der Schwerbehindertenvertretung zu **beraten**.

---

43 *Köhler*, ZFSH/SGB 2010, S. 19, 25; Deinert/Welti/Luik/Brockmann/*Hlava*, SWK-BR 2022, Verbandsklage.

44 Vgl. auch Deinert/Welti/Luik/Brockmann/*Däubler*, SWK-BR 2022, Betriebsrat und schwerbehinderte Menschen, Schwerbehindertenvertretung – Überblick und Aufgaben; FKS/*Krämer*, SGB IX, § 178, Rn. 1 ff.

bb) Kontroll- und Überwachungsaufgaben (§ 178 Abs. 1 Satz 2 Nr. 1 SGB IX)

Die Schwerbehindertenvertretung wacht darüber, dass die geltenden Gesetze, Verordnungen, Tarifverträge, Betriebs- oder Dienstvereinbarungen und Verwaltungsanordnungen zugunsten schwerbehinderter Menschen eingehalten und durchgeführt werden und Arbeitgeber:innen die Pflichten nach §§ 154, 155 und 164 bis 167 SGB IX erfüllen. Die **Kontroll- und Überwachungsfunktion** bezieht sich im Weiteren auf alle Normen, die zugunsten der schwerbehinderten Menschen wirken, wenn sie mit der beruflichen Eingliederung im Zusammenhang stehen.

cc) Initiativrecht (§ 178 Abs. 1 Satz 2 Nr. 2 SGB IX)

Schwerbehindertenvertretungen **beantragen bei den zuständigen Stellen Maßnahmen**, die den schwerbehinderten Menschen dienen (insbesondere präventive Maßnahmen). Die Maßnahmen kann die Schwerbehindertenvertretung eigenständig, z. B. bei den Arbeitgeber:innen, beim Integrationsamt oder bei der Agentur für Arbeit beantragen. Es ist nicht notwendig, dass ein schwerbehinderter Mensch um eine solche Maßnahme gebeten hat. Maßnahmen können sich z. B. auf die berufliche Eingliederung und Beschäftigung von schwerbehinderten und gleichgestellten Menschen beziehen.

dd) Anregungen und Beschwerden (§ 178 Abs. 1 Satz 2 Nr. 3 SGB IX)

Die Schwerbehindertenvertretung nimmt **Anregungen und Beschwerden** von schwerbehinderten Menschen entgegen. Erscheinen diese berechtigt, wirken sie durch Verhandlung mit den Arbeitgeber:innen auf eine Erledigung hin. Die **Schwerbehindertenvertretung unterrichtet** die betroffene Person über den Stand und das Ergebnis der Verhandlungen.

ee) Unterrichtungspflicht der Arbeitgeber:innen (§ 178 Abs. 2 SGB IX)

Die Arbeitgeber:innen haben die Schwerbehindertenvertretung in allen **Angelegenheiten**, die einen einzelnen **schwerbehinderten Menschen** oder die **schwerbehinderten Menschen** als Gruppe berühren, **unverzüglich und umfassend zu unterrichten** und vor einer Entscheidung **anzuhören**. Die Arbeitgeber:innen haben der Schwerbehindertenvertretung die getroffene **Entscheidung unverzüglich mitzuteilen**. Die Schwerbehindertenvertretung hat das Recht auf **Beteiligung am Stellenbesetzungsverfahren** nach § 164 Abs. 1 SGB IX, ein Recht auf Einsicht in die entscheidungsrelevanten Teile der Bewerbungsunterlagen und zur Teilnahme an Vorstellungsgesprächen.

ff) Akteneinsicht (§ 178 Abs. 3 SGB IX)

Menschen mit Schwerbehinderung haben das Recht, bei Einsicht in die über sie geführte Personalakte beim bzw. bei der Arbeitgeber:in oder bei weiteren, den schwerbehinderten Arbeitnehmer bzw. die schwerbehinderte Arbeitnehmerin betreffenden Daten der Arbeitgeber:innen die **Schwerbehindertenvertretung hinzuzuziehen**. Die Schwerbehindertenvertretung unterliegt hinsichtlich des Inhalts der **Schweigepflicht**, es sei denn, der betroffene Arbeitnehmer bzw. die betroffene Arbeitnehmerin hat die Schwerbehindertenvertretung zur Interessenwahrung davon entbunden.

gg) Teilnahmerecht (§ 178 Abs. 4, 5, 6 u. 8 SGB IX)

Die Schwerbehindertenvertretung hat das Recht, **an allen Sitzungen des Betriebs- oder Personalrates und deren Ausschüssen sowie des Arbeitsschutzausschusses beratend teilzunehmen**. Sie wird **zu Besprechungen** nach § 74 Abs. 1 Betriebsverfassungsgesetz und § 66 Abs. 1 Bundespersonalvertretungsgesetz **hinzugezogen**. Sie kann im Weiteren an Betriebs- und Personalversammlungen in Betrieben und Dienststellen teilnehmen, für die sie als Schwerbehindertenvertretung zuständig ist, und hat dort ein Rederecht.
Die Schwerbehindertenvertretung hat auch das **Recht**, mindestens einmal im Kalenderjahr eine **Versammlung schwerbehinderter Menschen** im Betrieb oder in der Dienststelle **durchzuführen**.

hh) Unterstützung bei Anträgen (§ 178 Abs. 1 Satz 3 SGB IX)

Die Schwerbehindertenvertretung **unterstützt Beschäftigte bei Anträgen** an die zuständigen Behörden auf Feststellung einer Behinderung, deren Grades und einer Schwerbehinderung sowie bei Anträgen auf Gleichstellung an die Agentur für Arbeit.

b) Rechtsstellung der Vertrauenspersonen schwerbehinderter Menschen

Die persönliche Rechtsstellung der Vertrauenspersonen schwerbehinderter Menschen wird in § 179 SGB IX geregelt. Das Amt der Vertrauensperson der schwerbehinderten Menschen ist ein **Ehrenamt**. Sie dürfen **in der Ausübung** ihres Amtes **nicht behindert** sowie wegen ihres Amtes **nicht benachteiligt oder begünstigt** werden.[45] Das gilt auch für ihre berufliche Entwicklung. Das Behinderungsverbot gilt für die Arbeitgeber:innen, betriebliche Interessenvertreter:innen, Gewerkschaftsvertreter:innen und Behörden. Die Vertrauenspersonen haben gegenüber den Arbeitgeber:innen die gleiche persönliche Rechtsstellung, insbesondere den

45 Grundsätzlich zu den Arbeitsbedingungen der Schwerbehindertenvertretung: Deinert/Welti/Luik/Brockmann/*Däubler*, SWK-BR 2022, Schwerbehindertenvertretung – Arbeitsbedingungen.

gleichen Kündigungs-, Versetzungs- und Abordnungsschutz wie ein Mitglied des Betriebs- oder Personalrates. Sie werden **von ihrer beruflichen Tätigkeit ohne Minderung des Arbeitsentgelts oder der Dienstbezüge befreit,** wenn und **soweit** es zur Durchführung ihrer Aufgaben **erforderlich** ist. In Betrieben und Dienststellen, in denen mindestens 100 schwerbehinderte Menschen beschäftigt sind, wird die Vertrauensperson auf ihren Wunsch freigestellt.
Das Wahlverfahren der Schwerbehindertenvertretung ist entsprechend der Wahlordnung Schwerbehindertenvertretungen auszugestalten.[46]

c) Verfahren

aa) Inklusionsvereinbarungen

Inklusionsvereinbarungen[47] (§ 166 SGB IX) werden zwischen den Arbeitgeber:innen mit der Schwerbehindertenvertretung und dem Betriebs- bzw. Personalrat und in Zusammenarbeit mit dem Inklusionsbeauftragten der Arbeitgeber:innen (§ 181 SGB IX) getroffen.
Die Inklusionsvereinbarung enthält **Regelungen im Zusammenhang mit der Eingliederung schwerbehinderter Menschen** (Personalplanung, Arbeitsplatzgestaltung, Gestaltung des Arbeitsumfelds, Arbeitsorganisation, Arbeitszeit) und **Regelungen über die Durchführung in den Betrieben und Dienststellen**. In den Vereinbarungen können insbesondere Regelungen getroffen werden, die eine **angemessene Berücksichtigung** schwerbehinderter Menschen **bei der Besetzung** freier, freiwerdender oder neuer Stellen oder einer **anzustrebenden Beschäftigungsquote** betreffen. Das Initiativrecht liegt bei den Schwerbehindertenvertretungen unter Beteiligung des Betriebsrats. Zu Beginn sollte hinterfragt werden, welche Ziele für den Betrieb realistisch und erreichbar sind. Weitere Fragen, die im Rahmen der Entstehung einer Inklusionsvereinbarung geprüft werden sollten, finden sich in der Übersicht in Kapitel A.I.7.[48]
Arbeitgeber:innen oder die Schwerbehindertenvertretung können das Integrationsamt einladen, sich an den Verhandlungen über die Integrationsvereinbarung zu beteiligen.[49] Das **Integrationsamt** hat dabei eine Art **Moderatorenaufgabe** und soll insbesondere darauf hinwirken, dass unterschiedliche Auffassungen überwunden werden (§ 166 Abs. 1 Satz 5 SGB IX).

bb) Betriebliches Eingliederungsmanagement (BEM)

Schwerbehindertenvertretungen sind am Betrieblichen Eingliederungsmanagement (BEM) **zu beteiligen,** wenn es schwerbehinderte Menschen betrifft (§ 167 Abs. 2 Satz 1 SGB IX). Ein **BEM-Verfahren** ist von Arbeitgeber:innen einzuleiten,

---

46 Vgl. z.B. dazu *Kohte/Liebsch*, Wählbarkeit und Wahlwerbung, Beitrag B3-2018 unter *www.reha-recht.de*, 2018.

47 Bis 2018: Integrationsvereinbarungen. Bereits bestehende Integrationsvereinbarungen gelten ausdrücklich als Inklusionsvereinbarungen fort, § 241 Abs. 6 SGB IX.

48 Siehe dazu auch *Conrad-Giese*, PR 4/2022, S. 8ff.

49 Dazu auch *Palsherm*, SGb 07.17, 370 (374).

sofern **Beschäftigte innerhalb eines Jahres länger als sechs Wochen ununterbrochen oder wiederholt arbeitsunfähig** sind. Ziel ist es, gemeinsam mit der betroffenen Person und den Arbeitgeber:innen sowie mit der zuständigen Interessenvertretung im Sinne von § 176 SGB IX (z. B. Betriebsrat) – bei schwerbehinderten Menschen gemeinsam mit der Schwerbehindertenvertretung – zu klären, wie die **Arbeitsunfähigkeit möglichst überwunden** werden und mit welchen Leistungen oder Hilfen **erneuter Arbeitsunfähigkeit vorgebeugt** und der **Arbeitsplatz erhalten** werden kann.[50]
Das BEM-Verfahren **muss** von den Arbeitgeber:innen angeboten werden, ist aber von der **Zustimmung der betroffenen Person** abhängig. Die Inanspruchnahme durch die betroffene Person ist freiwillig.
Für die Ausgestaltung eines BEM sind Inklusionsvereinbarungen (§ 166 SGB IX) ein geeignetes Mittel. In der Inklusionsvereinbarung können das Verfahren und weitere mit dem BEM zusammenhängende Aspekte (z. B. Datenschutz) verbindlich vereinbart werden. **Schwerbehindertenvertretungen** haben insbesondere beim BEM eine **Schlüsselstellung.**[51] Eine Übersicht zum BEM-Verfahren findet sich in Kapitel A.I.7.

d) Instrumente zur Teilhabe am Arbeitsleben

aa) Budget für Arbeit

Das Budget für Arbeit (§ 61 SGB IX) steht Personen zur Verfügung, die Anspruch auf Leistungen im Arbeitsbereich einer WfbM nach § 58 SGB IX haben und denen von privaten oder öffentlichen Arbeitgeber:innen ein sozialversicherungspflichtiges Arbeitsverhältnis mit einer tarifvertraglichen oder ortsüblichen Entlohnung angeboten wird. Das Budget für Arbeit ist ein **Lohnkostenzuschuss** an Arbeitgeber:innen, um dauerhafte Leistungsminderung eines Beschäftigten mit Behinderung und eine ggf. im Einzelfall erforderliche Anleitung und Begleitung am Arbeitsplatz auszugleichen und zu finanzieren.[52] Bisher regelte § 61 Abs. 2 Satz 2 SGB IX, dass der Zuschuss bis zu 75 Prozent des von den Arbeitgeber:innen regelmäßig gezahlten Arbeitsentgelts beträgt, höchstens jedoch 40 Prozent der monatlichen Bezugsgröße nach § 18 SGB IV (= einheitliche, dynamische Referenzgröße im Bereich der Sozialversicherung). Diese Deckelung wurde mit dem Gesetz zur Förderung des inklusiven Arbeitsmarkts aufgehoben. Der Lohnkostenzuschuss beträgt bis zu 75 Prozent des vom Arbeitgebenden regelmäßig gezahlten Arbeitsentgelts. Durch die Aufhebung der Deckelung soll sichergestellt werden, dass auch bei einem Mindestlohn von 12,00 Euro der maximale Lohnkostenzuschuss gewährt werden kann, soweit dies im Einzelfall erforderlich ist.

50 Ausführlicher dazu Deinert/Welti/Luik/Brockmann/*Winkler*, SWK-BR 2022, Betriebliches Eingliederungsmanagement.
51 Vgl. BT-Drs. 18/9522, S. 315.
52 BT-Drs. 18/9522 S. 194; ausführlicher dazu und Diskussion um das Budget für Arbeit im Gesetzgebungsverfahren des BTHG *Nebe/Schimank*, Beitrag D47–2016 unter www.reha-recht.de; *Schimank*, Beitrag D60–2016 unter *www.reha-recht.de, 2016.*

Das Budget für Arbeit trägt dem heterogenen Personenkreis in WfbM Rechnung. Für Menschen mit Behinderungen, die sich für eine Förderung durch das Budget für Arbeit und damit für einen Wechsel aus der WfbM auf den allgemeinen Arbeitsmarkt entscheiden, besteht ein **Rückkehrrecht in die WfbM (§ 220 Abs. 3 SGB IX)**. Das Budget für Arbeit kann aber auch von leistungsberechtigten Personen in Anspruch genommen werden, die zuvor nicht in einer WfbM oder bei einem anderen Leistungsanbieter beschäftigt waren.[53] Mit dem Budget für Arbeit lassen sich nachhaltige Erfolge bei der Integration voll erwerbsgeminderter Menschen mit Behinderungen in den allgemeinen Arbeitsmarkt erzielen.[54]

bb) Budget für Ausbildung

Menschen mit Behinderungen, die Anspruch auf Leistungen im Eingangsverfahren und Berufsbildungsbereich nach § 57 SGB IX oder im Arbeitsbereich nach § 58 SGB IX haben, erhalten nach der Regelung in § 61a SGB IX ein **Budget für Ausbildung.**

Dieses Budget steht ihnen zur Verfügung, wenn sie von einem Arbeitgeber – privat oder öffentlich – einen sozialversicherungspflichtigen Ausbildungsplatz in einem anerkannten Beruf oder einem speziellen Ausbildungsgang nach § 66 Berufsbildungsgesetz oder § 42r Handwerksordnung angeboten bekommen. Voraussetzung ist, dass ein Ausbildungsvertrag abgeschlossen wird.

Das Budget für Ausbildung umfasst Leistungen der Ausbildungsvergütung, Unterstützung am Ausbildungsplatz und in der Berufsschule sowie erforderliche Fahrkosten. Wenn es wegen der Art oder Schwere der Behinderung nicht möglich ist, die Berufsschule in der Nähe des Ausbildungsplatzes zu besuchen, kann der schulische Teil der Ausbildung in einer Einrichtung der beruflichen Rehabilitation stattfinden. Auch hierfür werden die Kosten durch das Budget gedeckt, allerdings muss vorher eine Genehmigung durch den zuständigen Leistungsträger eingeholt werden.

Das Budget für Ausbildung wird so lange gewährt, wie es für den erfolgreichen Abschluss der Ausbildung notwendig ist. Es endet spätestens mit dem Abschluss der Ausbildung. Zeiten, in denen das Budget genutzt wird, werden auf Maßnahmen in WfbM angerechnet, falls die Ausbildung in der gleichen Fachrichtung weitergeführt wird.

Die Bundesagentur soll Menschen mit Behinderungen bei der Suche nach einem passenden Ausbildungsplatz unterstützen.

Das Budget für Arbeit ist somit eine Alternative zum Eingangsverfahren und Berufsbildungsbereich einer WfbM.

53 BT-Drs. 18/9522, S. 253.

54 BT-Drs. 18/9522, S. 194.

cc) Unterstützte Beschäftigung

§ 55 SGB IX regelt das Instrument der Unterstützten Beschäftigung.[55] Ziel der Unterstützten Beschäftigung ist es, Menschen mit Behinderungen und mit besonderem Unterstützungsbedarf eine angemessene, geeignete und sozialversicherungspflichtige Beschäftigung zu ermöglichen und zu erhalten. Nach der Gesetzesbegründung ist hierunter die »individuelle betriebliche Qualifizierung und Berufsbegleitung behinderter Menschen und mit besonderem Unterstützungsbedarf auf Arbeitsplätzen in Betrieben des allgemeinen Arbeitsmarktes«[56] zu verstehen.

Das Instrument richtet sich an **Jugendliche und Erwachsene**, die Unterstützung zur Eingliederung in das Berufsleben benötigen[57] bzw. Menschen mit Behinderungen, bei denen die LTA und die Leistungen an Arbeitgeber:innen (§§ 49, 50 SGB IX) nicht zu einer Eingliederung in den Arbeitsmarkt führen, bei denen aber eine Eingliederung auf den allgemeinen Arbeitsmarkt erreichbar erscheint.[58]

Menschen mit Behinderungen **erhalten Leistungen zur individuellen betrieblichen Qualifizierung**, um sie für geeignete betriebliche Tätigkeiten zu **erproben**, auf ein sozialversicherungspflichtiges Beschäftigungsverhältnis **vorzubereiten** und bei der Einarbeitung und Qualifizierung auf einem betrieblichen Arbeitsplatz zu **unterstützen** (§ 55 Abs. 2 SGB IX). Die Leistungen, die dabei erbracht werden, umfassen auch die **Vermittlung von berufsübergreifenden Lerninhalten und Schlüsselqualifikationen** sowie die **Weiterentwicklung der Persönlichkeit** des Menschen mit Behinderung.[59]

Menschen mit Behinderungen können auch Leistungen der Berufsbegleitung erhalten, um nach Beginn eines sozialversicherungspflichtigen Arbeitsverhältnisses die notwendige Unterstützung und Stabilisierung zu sichern sowie bei Bedarf Kriseninterventionen zu ermöglichen (§ 55 Abs. 3 SGB IX).

Die Unterstützte Beschäftigung kann von Integrationsfachdiensten oder anderen qualifizierten Trägern durchgeführt werden (§ 55 Abs. 5 SGB IX). Dabei dürfen nur Einrichtungen beauftragt werden, die die erforderliche Leistungsfähigkeit besitzen, um die individuellen Bedürfnisse der Menschen mit Behinderungen zu erfüllen.

Um die Qualitätsanforderungen weiter zu konkretisieren und weiterzuentwickeln (§ 55 Abs. 6 SGB IX), wurde die Gemeinsame Empfehlung zur Unterstützten Beschäftigung 2021 neu vereinbart. Ziel der Gemeinsamen Empfehlung ist ein einheitlich hohes Niveau der Leistungserbringung bei gleichzeitiger Vergleichbarkeit der Leistungsangebote.[60]

---

55 Vgl. auch BT-Drs. 16/10487; ausführlicher dazu *Kainz*, Beitrag B6–2012 unter *www.reha-recht.de, 2012.*

56 BT-Drs. 16/10487, S. 9.

57 Vgl. Knittel/*Knittel*, SGB IX, § 33 SGB IX, Rn. 66. Ausführlicher dazu *Waldenburger*, Beitrag A23–2018 unter *www.reha-recht.de*, 2018.

58 Vgl. Lachwitz/Schellhorn/Welti/*Bieritz-Harder*, HK-SGB IX, § 38a SGB IX, Rn. 3.

59 Ausführlich zu den Inhalten des § 55 SGB IX *Waldenburger*, Beitrag A22–2018 unter *www.reha-recht.de*, 2018.

60 Bundesarbeitsgemeinschaft für Rehabilitation (2021), Gemeinsame Empfehlung zur Unterstützten Beschäftigung, § 1, S. 7; abrufbar unter: *https://www.bar-frankfurt.de/fileadmin/dateiliste/_publikationen/reha_vereinbarungen/gemeinsame_empfehlung/downloads/gemeinsame_empfehlung_unterstuetzte_beschaeftigung.pdf.*

dd) Assistierte Ausbildung

Ziel der Assistierten Ausbildung (§§ 74 bis 75a SGB III) sind die Aufnahme einer Berufsausbildung und die Hinführung zum erfolgreichen Abschluss der betrieblichen Ausbildung (§ 74 Abs. 2 SGB III).
Die Maßnahme richtet sich an förderungsberechtigte **junge Menschen** und **deren Ausbildungsbetriebe**. Zielgruppe sind insbesondere diejenigen, die ohne Unterstützung keine Berufsausbildung beginnen oder fortsetzen können oder voraussichtlich Schwierigkeiten haben werden, ihre Ausbildung erfolgreich abzuschließen. Dies schließt auch junge Menschen ein, die nach der vorzeitigen Beendigung eines Ausbildungsverhältnisses Schwierigkeiten haben, eine neue Berufsausbildung aufzunehmen. Ebenso umfasst die Zielgruppe junge Menschen, die nach Abschluss einer Ausbildung mit Unterstützung der Assistierten Ausbildung Probleme haben, ein Arbeitsverhältnis zu begründen oder aufrechtzuerhalten. Förderungsberechtigt sind außerdem junge Menschen, die aufgrund persönlicher Gründe während einer Einstiegsqualifizierung zusätzliche Unterstützung benötigen (§ 74 Abs. 3 SGB III).
Die jungen Menschen werden individuell und kontinuierlich unterstützt sowie sozialpädagogisch begleitet (§ 74 Abs. 4 SGB III). §§ 75, 75a SGB III beinhalten die Regelungen zu den begleitenden Phasen der Assistierten Ausbildung bzw. zur Vorphase der Assistierten Ausbildung.
Die Bundesagentur für Arbeit hat für die Assistierte Ausbildung fachliche Weisungen herausgegeben.[61]
Den jungen Auszubildenden steht beim Träger der Assistierten Ausbildung über die gesamte Laufzeit der Förderung insbesondere eine feste Ausbildungsbegleitung zur Verfügung (§ 75 Abs. 4 SGB III).

ee) Arbeitsassistenz

Ein inzwischen etabliertes Instrument ist die Arbeitsassistenz, geregelt in § 49 Abs. 8 Satz 1 Nr. 3 SGB IX i.V.m. § 185 Abs. 5 SGB IX. Den (rechtlich unverbindlichen) Empfehlungen der Bundesarbeitsgemeinschaft der Integrationsämter und Hauptfürsorgestellen zufolge ist die Arbeitsassistenz die über die gelegentliche Handreichung hinausgehende, zeitlich wie tätigkeitsbezogene regelmäßig wiederkehrende Unterstützung von schwerbehinderten Menschen bei der Arbeitsausführung in Form einer von ihnen beauftragten Assistenzkraft im Rahmen der Erlangung oder Erhaltung eines Arbeitsplatzes auf dem allgemeinen Arbeitsmarkt.[62]
Die Arbeitsassistenz unterstützt den Assistenznehmer bzw. die Assistenznehmerin in Form von Hilfestellungen und einfachen Handreichungen, z.B. kopieren, Bücher umblättern, dolmetschen in Gebärdensprache, Unterstützung bei der Mobilität am Arbeitsplatz. Sie dient als behinderungsbedingte nachteilsausgleichende Kraft, die eigentliche Arbeitsleistung erbringt sie jedoch **nicht**.

---

61 Weisung 202407017 vom 31.7.2024 – Assistierte Ausbildung (AsA) nach §§ 74 – 75a SGB III – Fachliche Weisung für weiterentwickelte AsA mit Maßnahmebeginn ab 2024.

62 *BIH*, Arbeitsassistenz – ein wichtiger Baustein zur Teilhabe am Arbeitsleben, 2019, Nr. 2.1.

Voraussetzung für die Leistung ist, dass der schwerbehinderte Mensch in der Lage ist, die von ihm geschuldete Arbeitsleistung bzw. deren inhaltlich prägenden Kernbereich selbstständig zu erbringen. Darüber hinaus muss die Arbeitsassistenz notwendig sein. Davon ist auszugehen, wenn dem Assistenznehmer bzw. der Assistenznehmerin erst durch die Inanspruchnahme einer Arbeitsassistenz eine wettbewerbsfähige Erbringung der arbeitsvertraglich bzw. dienstrechtlich geschuldeten Tätigkeit möglich wird.
Durch eine gesetzliche Regelung wurde klargestellt, dass Integrationsämter bei der Arbeitsassistenz hinsichtlich der Höhe der Leistung kein Ermessen haben sollen, wenn die Notwendigkeit der Assistenz festgestellt wurde.

ff) Jobcoaching^{AP}

Seit dem 1.1.2024 steht das Jobcoaching am Arbeitsplatz (^{AP}) als weiteres Unterstützungsinstrument zur Teilhabe am Arbeitsleben zur Verfügung. Mit dem Gesetz zur Förderung eines inklusiven Arbeitsmarkts vom 6.6.2023 wurde das Jobcoaching^{AP}, welches vorher bereits im Rahmen der Unterstützten Beschäftigung (§ 55 SGB IX) möglich war, in § 49 Abs. 8 Satz 1 Nr. 2a SGB IX neu eingeführt. Das Jobcoaching^{AP} ist sinnvoll nach längerer Arbeitsunfähigkeit, bei Nachlassen von Arbeitsfähigkeiten, bei Veränderungen der Belastbarkeit, bei Veränderungen der betrieblichen Bedingungen, im Fall neuer Arbeitsaufgaben oder etwa beim drohenden Verlust des Arbeitsplatzes.
Das Jobcoaching^{AP} ist eine zeitlich begrenzte individuelle Anleitungs- und Unterstützungsleistung durch betriebsexterne Fachkräfte für Menschen mit Behinderungen am Arbeitsplatz. Das Jobcoaching^{AP} ist auf einen kürzeren Zeitraum angelegt als die Arbeitsassistenz, die in der Regel dauerhaft erbracht wird. Es dauert regelmäßig mehrere, bis zu zwölf Monate. Ziel des Jobcoaching^{AP} ist die Befähigung aller betrieblich Beteiligten (u. a. Beschäftigte, Führungskräfte), eigene Lösungen zu entwickeln.
Dazu kommen Jobcoaches mehrmals die Woche für etwa ein bis drei Stunden in den Betrieb und beraten und betreuen die Beteiligten.
Gegenstand ist ein Lern- und Entwicklungsprozess zu den betrieblichen Anforderungen, zur Gestaltung individueller Arbeitsinhalte und der gesamten Arbeitssituation. Daneben gibt es individuelle Ziele der konkreten Maßnahme bzw. der beteiligten Personen. Diese werden zu Beginn der Maßnahme vereinbart (z. B. verbessertes gegenseitiges Verständnis, Sicherung des Arbeitsplatzes, Erhöhung der Arbeitszufriedenheit des schwerbehinderten Menschen).
Das Jobcoaching^{AP} umfasst vier Phasen: Die Auftragsklärung und Planung, Selbstintegration, Intervention und Gestaltung sowie Stabilisierung und Abschluss, welcher der nachhaltigen Sicherung der Ergebnisse dient. Das Jobcoaching^{AP} kann innerhalb oder in Kombination mit anderen Unterstützungsangeboten (z. B. Begleitung durch den Integrationsfachdienst) oder einzeln durchgeführt werden.
Als Leistungsträger kommen die Träger der Leistungen zur Teilhabe am Arbeitsleben (§§ 5 Nr. 2, 6 Abs. 1 SGB IX) sowie das Integrationsamt, dort als begleitende Hilfe im Arbeitsleben (§ 185 Abs. 3 SGB IX), in Betracht. Als Grundlage für die

Ermessensausübung dient die Empfehlung der Bundesarbeitsgemeinschaft der Integrationsämter und Hauptfürsorgestellen.[63]

6. Weiterführende Literatur und Internetquellen

Bayreuther, Der neue Kündigungsschutz schwerbehinderter Arbeitnehmer nach § 95 II SGB IX, Neue Zeitschrift für Arbeitsrecht (NZA) 2/2017, S. 87–91

Bund Verlag, Informationsdienst »Schwerbehindertenrecht und Inklusion, Praxiswissen für Schwerbehindertenvertretung, Betriebs- und Personalrat« (erscheint monatlich), *www.bund-verlag.de*

Bundesagentur für Arbeit, Fachliche Weisungen Assistierte Ausbildung flexibel (AsA flex) Drittes Buch Sozialgesetzbuch – SGB III §§ 74 – 75a SGB III, Stand 10. 9. 2020, Stand: Juli 2019

Bundesarbeitsgemeinschaft der Integrationsämter und Hauptfürsorgestellen (BIH), Förderung des »Jobcoaching[AP]«, Stand: 14. 9. 2023

Bundesarbeitsgemeinschaft der Integrationsämter und Hauptfürsorgestellen (BIH), Arbeitsassistenz – ein wichtiger Baustein zur Teilhabe am Arbeitsleben, Stand: 13. 11. 2019

Conrad-Giese, Was Inklusionsvereinbarungen bewirken, Der Personalrat (PR) 4/2022, S. 7–11

Conrad-Giese/Eberhard/Feldes/Hindersmann/Koch/Ramm/Ritz, Tipps für die Vertretung von Menschen mit Behinderungen, Aufgaben – Rechte – Kompetenzen, 4. Aufl. 2023

Deinert/Welti/Luik/Brockmann (Hrsg.), StichwortKommentar Behindertenrecht, Arbeits- und Sozialrecht – Öffentliches Recht – Zivilrecht, 3. Aufl. 2022

Deutsche Vereinigung für Rehabilitation (DVfR), Diskussionsforum Rehabilitations- und Teilhaberecht – Reha-Recht, www.reha-recht.de

Feldes/Gilsbach/Jansen/Klabunde/Köhler/Künsemüller/Ramm/Ritz/Schmidt/Weidner, Praxis der Schwerbehindertenvertretung von A bis Z, Das Lexikon für die Interessenvertretung von Menschen mit Behinderungen, 8. Aufl. 2023

Feldes/Kohte/Stevens-Bartol (Hrsg.), SGB IX, Sozialgesetzbuch Neuntes Buch – Kommentar für die Praxis, 5. Aufl. 2023

Frehe, Überlegungen zur Reform des Behinderungsbegriffs, Diskussionsforum Rehabilitations- und Teilhaberecht, Beitrag D32–2015 unter *www.reha-recht.de*, 2016

Kainz, Unterstützte Beschäftigung nach § 38a SGB IX – eine Chance auf Teilhabe auf dem allgemeinen Arbeitsmarkt, Diskussionsforum Rehabilitations- und Teilhaberecht, Beitrag B6–2012 unter *www.reha-recht.de*, 2012

Knittel, SGB IX. Sozialgesetzbuch IX. Rehabilitation und Teilhabe behinderter Menschen und Allgemeines Gleichbehandlungsgesetz. Kommentar, 11. Aufl. 2017

---

63 *BIH*, Förderung eines »Jobcoaching[AP]«, 2023, abrufbar unter: *file:///C:/Users/UWE/Downloads/BIH-Empfehlung_Jobcoaching_final_barrierefrei_pdf-ua-1.pdf.*

Kohte/Liebsch, Die Stärkung der Schwerbehindertenvertretung im Bundesteilhabegesetz, Diskussionsforum Rehabilitations- und Teilhaberecht, Beitrag D54–2016 unter *www.reha-recht.de*, 2016

Köhler, Prozessführungsbefugnis und Klagerecht der Verbände behinderter Menschen nach SGB IX und Behindertengleichstellungsgesetz, ZFSH/SGB Sozialrecht in Deutschland und Europa, 2010, S. 19–28

Kreutz/Lachwitz/Trenk-Hinterberger, Die UN-Behindertenrechtskonvention in der Praxis, Erläuterungen der Regelung und Anwendungsgebiete, 2013

Mühlmann, Beteiligung der Schwerbehindertenvertretung bei Kündigungen durch den Arbeitgeber, Neue Zeitschrift für Arbeitsrecht (NZA) 14/2017, S. 884–889

Nebe/Schimank, Das Budget für Arbeit im Bundesteilhabegesetz; Teil 1: Darstellung der Entwicklung und kritische Betrachtung bis zu Befassung im Bundesrat, Diskussionsforum Rehabilitations- und Teilhaberecht, Beitrag D47–2016 unter *www.reha-recht.de*, 2016

Nebe/Waldenburger, Budget für Arbeit, Forschungsbericht, Landschaftsverband Rheinland (Hrsg.), 2014

Palsherm, Neuerungen im Schwerbehindertenrecht durch das Bundesteilhabegesetz, Die Sozialgerichtsbarkeit (SGb) 07.2017, S. 370–377

Schimank, Das Budget für Arbeit im Bundesteilhabegesetz – Teil 2: Öffentliche Anhörung und abschließende Beratung im Ausschuss für Arbeit und Soziales sowie 2. und 3. Lesung im Bundestag, Diskussionsforum Rehabilitations- und Teilhaberecht, Beitrag D60–2016 unter *www.reha-recht.de*, 2016

Schubert/Schian, Teilhabeplanung und Gesamtplanung im BTHG: Grundzüge und offene Fragen, Rechts & Praxis der Rehabilitation (RP-Reha) 4/2016, S. 35–41

Waldenburger, Unterstützte Beschäftigung nach § 55 SGB IX – Teil II: Die Vorschrift des § 55 SGB IX sowie die Phasen der individuellen betrieblichen Qualifizierung und der Berufsbegleitung im Überblick, Diskussionsforum Rehabilitations- und Teilhaberecht, Beitrag A22–2018 unter *www.reha-recht.de*, 2018

Waldenburger, Unterstützte Beschäftigung nach § 55 SGB IX – Teil III: Der leistungsberechtigte Personenkreis, Diskussionsforum Rehabilitations- und Teilhaberecht, Beitrag A23–2018 unter *www.reha-recht.de*, 2018

Welti/Groskreutz/Hlava/Rambausek/Ramm/Wenckebach, Evaluation des Behindertengleichstellungsgesetzes (BGG) im Auftrag des Bundesministeriums für Arbeit und Soziales, Abschlussbericht, 2014

Welti, Das Diskriminierungsverbot und die »angemessenen Vorkehrungen« in der BRK, Diskussionsforum Rehabilitations- und Teilhaberecht, Beitrag D9–2012 unter *www.reha-recht.de*, 2012

7. Übersichten zum SGB IX

Übersicht: Inklusionsvereinbarungen, § 166 SGB IX

- **Beteiligte:** SBV (zusammen mit Betriebsrat) und Arbeitgeber; mögliche Beteiligung des Integrationsamtes (Moderatorenrolle, insbesondere bei Konflikten)
- **Initiativrecht:** SBV
- **Sinn & Zweck:** Verbesserung von Inklusion im Betrieb/Unternehmen
- **Mögliche Regelungsinhalte:** §§ 166 Abs. 2 und 3, 154, 155, 167 SGB IX
- **Rechtliche Qualität:** mehrseitiger kollektivrechtlicher Vertrag eigener Art (LAG Hessen 17.1.2012 – 15 Sa 549/112 – zu früheren Integrationsvereinbarungen) → Gerichtliche Durchsetzung der Pflicht zum Abschluss einer Inklusionsvereinbarung (nicht bzgl. konkretem Inhalt), § 2a Abs. 1 Nr. 3a ArbGG

Übersicht: Inklusionsvereinbarungen, § 166 SGB IX

- **Betriebliche Ausgangssituation analysieren**
  - Was erwarten wir von der Vereinbarung?
- **Betriebliche Rahmenbedingungen von Integration und Prävention klären**
  - Welche Personalsituation liegt vor?
  - Werden bestehende gesetzliche Regelungen eingehalten?
  - Welcher Inklusionsbedarf besteht?
- **Schwerpunktziele auswählen**
  - Was soll erreicht werden?
  - Welche Maßnahmen führen zu spürbaren Verbesserungen?
- **Umsetzungsmaßnahmen festlegen**
  - Wie ist die Verhandlungsstrategie? Welche Ziele sind messbar?
  - Wie lange soll die Vereinbarung gelten? Wann/wie häufig soll die Umsetzung überprüft werden?
- **Überprüfung der Regelungen/ Dokumentation der Zielerreichung**
  - Wurden die Ziele erreicht und in welchem Umfang?
  - Welche Maßnahmen waren geeignet und welche weniger, was sind sinnvolle Alternativen?

Übersicht: Leistungen zur Teilhabe am Arbeitsleben (LTA), § 49 SGB IX (+ §§ aus dem Leistungsgesetz)

- **Ziel: dauerhafte Teilhabe am Arbeitsleben → Erwerbsfähigkeit erhalten, verbessern, herstellen oder wiederherstellen**
- Mögliche Leistungen:
  - Hilfen zur Erhaltung/Erlangung eines Arbeitsplatzes (inkl. Leistungen zur Aktivierung und beruflichen Eingliederung),
  - Berufsvorbereitung
  - Individuelle betriebliche Qualifizierung (Unterstützte Beschäftigung)
  - Berufliche Anpassung/Weiterbildung
  - Berufliche Ausbildung
  - Förderung der Aufnahme einer selbstständigen Tätigkeit
  - Medizinische, psychologische und pädagogische Hilfen
  - Sonstige Hilfen
  - …

Übersicht: Erwerbsminderungsrente

- **Voraussetzungen:**
  - Nichterreichen der Regelaltersgrenze
  - Volle oder teilweise Erwerbsminderung
    - Volle Erwerbsminderung: Leistungsvermögen auf dem allg. Arbeitsmarkt unter 3 Stunden/Tag oder teilweise Erwerbsminderung + verschlossener Teilzeitarbeitsmarkt
    - Teilweise Erwerbsminderung: Leistungsvermögen auf dem allg. Arbeitsmarkt 3 bis unter 6 Stunden/Tag
    - Beachte: Diagnosen allein sind nicht ausreichend. Es kommt auf die Auswirkungen auf die Erwerbsfähigkeit an!
  - Min. 36 Monate Pflichtbeiträge in den letzten 5 Jahren
    - oder vorzeitige Wartezeiterfüllung
    - Oder Anwartschaftserhaltung
  - Wartezeit: 5 Jahre
    - oder vorzeitige Wartezeiterfüllung
- **Eintrittsalter:** mit Abschlägen vor dem 62. Lebensjahr (0,3 % pro Monat, der vorzeitig in Rente gegangen wird, also max. 10,8 %); ohne Abschlag ab 65. Lebensjahr
- **Dynamische Hinzuverdienstgrenze:** seit dem 1.1.2025 gilt die Grenze von 39.322,50 Euro (teilweise Erwerbsminderung) bzw. 19.661,25 Euro (volle Erwerbsminderung). Hinzuverdienst ist nur im Rahmen des festgestellten verbliebenen Leistungsvermögen erlaubt, ansonsten kann der Rentenanspruch entfallen.

Übersicht: Altersrente für schwerbehinderte Menschen

- Voraussetzungen:
  - Grad der Behinderung von wenigstens 50
  - Wartezeit: 35 Jahre
- Eintrittsalter: mit Abschlägen ab dem 62. Lebensjahr (0,3 % pro Monat, der vorzeitig in Rente gegangen wird, also max. 10,8 %); ohne Abschlag ab 65. Lebensjahr (ab Jahrgang 1964, davor schrittweise Anhebung vom 63. auf 65. Lebensjahr).
- Die Schwerbehinderung muss zum Rentenbeginn vorliegen, ein späterer Wegfall ist unerheblich.
- Seit dem 1.1.2023 besteht keine Hinzuverdienstgrenze für vorgezogene Altersrente mehr.

Übersicht: Merkzeichen (§ 3 SchwbAwVO)

- G: erhebliche Gehbehinderung im Straßenverkehr
- aG: außergewöhnliche Gehbehinderung
- H: Hilflos
- Bl: Blind
- Gl: Gehörlos
- B: Berechtigt zur Mitnahme einer Begleitperson
- RF: Rundfunkbeitrags- und Telefongebührenermäßigung bzw. –befreiung
- 1. Kl.: Berechtigt zur Nutzung der 1. Klasse der DB
- TBl: taubblind

Übersicht: Nahtlosigkeitsregelung, § 145 SGB III

- Dient dazu, die Lücke zwischen Aussteuerung aus dem Krankengeld (§ 48 Abs. 1 SGB V) und Gewährung von Erwerbsminderungsrente zu schließen
- Voraussetzungen:
  - Grds. Anspruch auf ALG I
  - Minderung der Leistungsfähigkeit
  - Verminderte Erwerbsminderung (noch) nicht durch DRV festgestellt
  - Antrag (§ 145 Abs. 2 SGB III): Antrag (nach Aufforderung) auf Leistungen zur med. Reha oder LTA innerhalb eines Monats → = Antrag auf ALG I
    - sonst (Antrag wird nicht gestellt): ruhen des ALG I (bis Antragstellung)

Übersicht: Betriebliches Eingliederungsmanagement (BEM, § 167 Abs. 2 SGB IX)

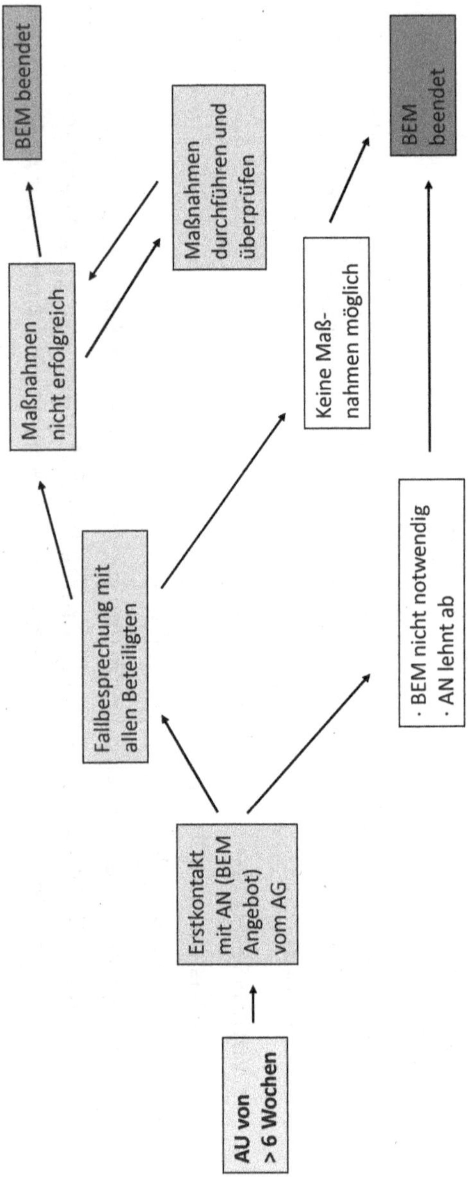

II. Gesetzestext Sozialgesetzbuch Neuntes Buch (SGB IX) – Rehabilitation und Teilhabe von Menschen mit Behinderungen

Vom 23. Dezember 2016 (BGBl. I S. 3234), zuletzt geändert durch Artikel 6 des Gesetzes vom 22. Dezember 2023 (BGBl. I 2023 I Nr. 412).

Inhaltsübersicht Seite

Kapitel 9 Einkommen und Vermögen

Kapitel 10 Statistik

Kapitel 11 Übergangs- und Schlussbestimmungen

Teil 3 Besondere Regelungen zur Teilhabe schwerbehinderter Menschen (Schwerbehindertenrecht)

Kapitel 1 Geschützter Personenkreis

Kapitel 2 Beschäftigungspflicht der Arbeitgeber

Kapitel 3 Sonstige Pflichten der Arbeitgeber; Rechte der schwerbehinderten Menschen

Kapitel 4 Kündigungsschutz

Kapitel 5 Betriebs-, Personal-, Richter-, Staatsanwalts- und Präsidialrat, Schwerbehindertenvertretung, Inklusionsbeauftragter des Arbeitgebers

Kapitel 6 Durchführung der besonderen Regelungen zur Teilhabe schwerbehinderter Menschen

Teil 1 Regelungen für Menschen mit Behinderungen und von Behinderung bedrohte Menschen

Kapitel 1 Allgemeine Vorschriften

§ 1 Selbstbestimmung und Teilhabe am Leben in der Gesellschaft

Menschen mit Behinderungen oder von Behinderung bedrohte Menschen erhalten Leistungen nach diesem Buch und den für die Rehabilitationsträger geltenden Leistungsgesetzen, um ihre Selbstbestimmung und ihre volle, wirksame und gleichberechtigte Teilhabe am Leben in der Gesellschaft zu fördern, Benachteiligungen zu vermeiden oder ihnen entgegenzuwirken. Dabei wird den besonderen Bedürfnissen von Frauen und Kindern mit Behinderungen und von Behinderung bedrohter Frauen und Kinder sowie Menschen mit seelischen Behinderungen oder von einer solchen Behinderung bedrohter Menschen Rechnung getragen.

§ 2 Begriffsbestimmungen

(1) Menschen mit Behinderungen sind Menschen, die körperliche, seelische, geistige oder Sinnesbeeinträchtigungen haben, die sie in Wechselwirkung mit einstellungs- und umweltbedingten Barrieren an der gleichberechtigten Teilhabe an der Gesellschaft mit hoher Wahrscheinlichkeit länger als sechs Monate hindern können. Eine Beeinträchtigung nach Satz 1 liegt vor, wenn der Körper- und Gesundheitszustand von dem für das Lebensalter typischen Zustand abweicht. Menschen sind von Behinderung bedroht, wenn eine Beeinträchtigung nach Satz 1 zu erwarten ist.

(2) Menschen sind im Sinne des Teils 3 schwerbehindert, wenn bei ihnen ein Grad der Behinderung von wenigstens 50 vorliegt und sie ihren Wohnsitz, ihren gewöhnlichen Aufenthalt oder ihre Beschäftigung auf einem Arbeitsplatz im Sinne des § 156 rechtmäßig im Geltungsbereich dieses Gesetzbuches haben.
(3) Schwerbehinderten Menschen gleichgestellt werden sollen Menschen mit Behinderungen mit einem Grad der Behinderung von weniger als 50, aber wenigstens 30, bei denen die übrigen Voraussetzungen des Absatzes 2 vorliegen, wenn sie infolge ihrer Behinderung ohne die Gleichstellung einen geeigneten Arbeitsplatz im Sinne des § 156 nicht erlangen oder nicht behalten können (gleichgestellte behinderte Menschen).

§ 3 Vorrang von Prävention

(1) Die Rehabilitationsträger und die Integrationsämter wirken bei der Aufklärung, Beratung, Auskunft und Ausführung von Leistungen im Sinne des Ersten Buches sowie im Rahmen der Zusammenarbeit mit den Arbeitgebern nach § 167 darauf hin, dass der Eintritt einer Behinderung einschließlich einer chronischen Krankheit vermieden wird.
(2) Die Rehabilitationsträger nach § 6 Absatz 1 Nummer 1 bis 4 und 6 und ihre Verbände wirken bei der Entwicklung und Umsetzung der Nationalen Präventionsstrategie nach den Bestimmungen der §§ 20d bis 20g des Fünften Buches mit, insbesondere mit der Zielsetzung der Vermeidung von Beeinträchtigungen bei der Teilhabe am Leben in der Gesellschaft.
(3) Bei der Erbringung von Leistungen für Personen, deren berufliche Eingliederung auf Grund gesundheitlicher Einschränkungen besonders erschwert ist, arbeiten die Krankenkassen mit der Bundesagentur für Arbeit und mit den kommunalen Trägern der Grundsicherung für Arbeitsuchende nach § 20a des Fünften Buches eng zusammen.

§ 4 Leistungen zur Teilhabe

(1) Die Leistungen zur Teilhabe umfassen die notwendigen Sozialleistungen, um unabhängig von der Ursache der Behinderung

1. die Behinderung abzuwenden, zu beseitigen, zu mindern, ihre Verschlimmerung zu verhüten oder ihre Folgen zu mildern,
2. Einschränkungen der Erwerbsfähigkeit oder Pflegebedürftigkeit zu vermeiden, zu überwinden, zu mindern oder eine Verschlimmerung zu verhüten sowie den vorzeitigen Bezug anderer Sozialleistungen zu vermeiden oder laufende Sozialleistungen zu mindern,
3. die Teilhabe am Arbeitsleben entsprechend den Neigungen und Fähigkeiten dauerhaft zu sichern oder
4. die persönliche Entwicklung ganzheitlich zu fördern und die Teilhabe am Leben in der Gesellschaft sowie eine möglichst selbständige und selbstbestimmte Lebensführung zu ermöglichen oder zu erleichtern.

(2) Die Leistungen zur Teilhabe werden zur Erreichung der in Absatz 1 genannten Ziele nach Maßgabe dieses Buches und der für die zuständigen Leistungsträger geltenden besonderen Vorschriften neben anderen Sozialleistungen erbracht. Die Leistungsträger erbringen die Leistungen im Rahmen der für sie geltenden Rechts-

vorschriften nach Lage des Einzelfalles so vollständig, umfassend und in gleicher Qualität, dass Leistungen eines anderen Trägers möglichst nicht erforderlich werden.

(3) Leistungen für Kinder mit Behinderungen oder von Behinderung bedrohte Kinder werden so geplant und gestaltet, dass nach Möglichkeit Kinder nicht von ihrem sozialen Umfeld getrennt und gemeinsam mit Kindern ohne Behinderungen betreut werden können. Dabei werden Kinder mit Behinderungen alters- und entwicklungsentsprechend an der Planung und Ausgestaltung der einzelnen Hilfen beteiligt und ihre Sorgeberechtigten intensiv in Planung und Gestaltung der Hilfen einbezogen.

(4) Leistungen für Mütter und Väter mit Behinderungen werden gewährt, um diese bei der Versorgung und Betreuung ihrer Kinder zu unterstützen.

§ 5 Leistungsgruppen

Zur Teilhabe am Leben in der Gesellschaft werden erbracht:

1. Leistungen zur medizinischen Rehabilitation,
2. Leistungen zur Teilhabe am Arbeitsleben,
3. unterhaltssichernde und andere ergänzende Leistungen,
4. Leistungen zur Teilhabe an Bildung und
5. Leistungen zur sozialen Teilhabe.

§ 6 Rehabilitationsträger

(1) Träger der Leistungen zur Teilhabe (Rehabilitationsträger) können sein:

1. die gesetzlichen Krankenkassen für Leistungen nach § 5 Nummer 1 und 3,
2. die Bundesagentur für Arbeit für Leistungen nach § 5 Nummer 2 und 3,
3. die Träger der gesetzlichen Unfallversicherung für Leistungen nach § 5 Nummer 1 bis 3 und 5; für Versicherte nach § 2 Absatz 1 Nummer 8 des Siebten Buches die für diese zuständigen Unfallversicherungsträger für Leistungen nach § 5 Nummer 1 bis 5,
4. die Träger der gesetzlichen Rentenversicherung für Leistungen nach § 5 Nummer 1 bis 3, der Träger der Alterssicherung der Landwirte für Leistungen nach § 5 Nummer 1 und 3,
5. die Träger der Sozialen Entschädigung und der Träger der Soldatenentschädigung für Leistungen nach § 5 Nummer 1 bis 5
6. die Träger der öffentlichen Jugendhilfe für Leistungen nach § 5 Nummer 1, 2, 4 und 5 sowie
7. die Träger der Eingliederungshilfe für Leistungen nach § 5 Nummer 1, 2, 4 und 5.

(2) Die Rehabilitationsträger nehmen ihre Aufgaben selbständig und eigenverantwortlich wahr.

§ 7 Vorbehalt abweichender Regelungen

(1) Die Vorschriften im Teil 1 gelten für die Leistungen zur Teilhabe, soweit sich aus den für den jeweiligen Rehabilitationsträger geltenden Leistungsgesetzen nichts Abweichendes ergibt. Die Zuständigkeit und die Voraussetzungen für die Leistungen zur Teilhabe richten sich nach den für den jeweiligen Rehabilitationsträger

geltenden Leistungsgesetzen. Das Recht der Eingliederungshilfe im Teil 2 ist ein Leistungsgesetz im Sinne der Sätze 1 und 2.
(2) Abweichend von Absatz 1 gehen die Vorschriften der Kapitel 2 bis 4 den für die jeweiligen Rehabilitationsträger geltenden Leistungsgesetzen vor. Von den Vorschriften in Kapitel 4 kann durch Landesrecht nicht abgewichen werden.

§ 8 Wunsch- und Wahlrecht der Leistungsberechtigten

(1) Bei der Entscheidung über die Leistungen und bei der Ausführung der Leistungen zur Teilhabe wird berechtigten Wünschen der Leistungsberechtigten entsprochen. Dabei wird auch auf die persönliche Lebenssituation, das Alter, das Geschlecht, die Familie sowie die religiösen und weltanschaulichen Bedürfnisse der Leistungsberechtigten Rücksicht genommen; im Übrigen gilt § 33 des Ersten Buches. Den besonderen Bedürfnissen von Müttern und Vätern mit Behinderungen bei der Erfüllung ihres Erziehungsauftrages sowie den besonderen Bedürfnissen von Kindern mit Behinderungen wird Rechnung getragen.
(2) Sachleistungen zur Teilhabe, die nicht in Rehabilitationseinrichtungen auszuführen sind, können auf Antrag der Leistungsberechtigten als Geldleistungen erbracht werden, wenn die Leistungen hierdurch voraussichtlich bei gleicher Wirksamkeit wirtschaftlich zumindest gleichwertig ausgeführt werden können. Für die Beurteilung der Wirksamkeit stellen die Leistungsberechtigten dem Rehabilitationsträger geeignete Unterlagen zur Verfügung. Der Rehabilitationsträger begründet durch Bescheid, wenn er den Wünschen des Leistungsberechtigten nach den Absätzen 1 und 2 nicht entspricht.
(3) Leistungen, Dienste und Einrichtungen lassen den Leistungsberechtigten möglichst viel Raum zu eigenverantwortlicher Gestaltung ihrer Lebensumstände und fördern ihre Selbstbestimmung.
(4) Die Leistungen zur Teilhabe bedürfen der Zustimmung der Leistungsberechtigten.

Kapitel 2 Einleitung der Rehabilitation von Amts wegen

§ 9 Vorrangige Prüfung von Leistungen zur Teilhabe

(1) Werden bei einem Rehabilitationsträger Sozialleistungen wegen oder unter Berücksichtigung einer Behinderung oder einer drohenden Behinderung beantragt oder erbracht, prüft dieser unabhängig von der Entscheidung über diese Leistungen, ob Leistungen zur Teilhabe voraussichtlich zur Erreichung der Ziele nach den §§ 1 und 4 erfolgreich sein können. Er prüft auch, ob hierfür weitere Rehabilitationsträger im Rahmen ihrer Zuständigkeit zur Koordinierung der Leistungen zu beteiligen sind. Werden Leistungen zur Teilhabe nach den Leistungsgesetzen nur auf Antrag erbracht, wirken die Rehabilitationsträger nach § 12 auf eine Antragstellung hin.
(2) Leistungen zur Teilhabe haben Vorrang vor Rentenleistungen, die bei erfolgreichen Leistungen zur Teilhabe nicht oder voraussichtlich erst zu einem späteren Zeitpunkt zu erbringen wären. Dies gilt während des Bezuges einer Rente entsprechend.

(3) Absatz 1 ist auch anzuwenden, um durch Leistungen zur Teilhabe Pflegebedürftigkeit zu vermeiden, zu überwinden, zu mindern oder eine Verschlimmerung zu verhüten. Die Aufgaben der Pflegekassen als Träger der sozialen Pflegeversicherung bei der Sicherung des Vorrangs von Rehabilitation vor Pflege nach den §§ 18a und 31 des Elften Buches bleiben unberührt.
(4) Absatz 1 gilt auch für die Jobcenter mit der Maßgabe, dass sie mögliche Rehabilitationsbedarfe erkennen und auf eine Antragstellung beim voraussichtlich zuständigen Rehabilitationsträger hinwirken sollen.

§ 10 Sicherung der Erwerbsfähigkeit

(1) Soweit es im Einzelfall geboten ist, prüft der zuständige Rehabilitationsträger gleichzeitig mit der Einleitung einer Leistung zur medizinischen Rehabilitation, während ihrer Ausführung und nach ihrem Abschluss, ob durch geeignete Leistungen zur Teilhabe am Arbeitsleben die Erwerbsfähigkeit von Menschen mit Behinderungen oder von Behinderung bedrohten Menschen erhalten, gebessert oder wiederhergestellt werden kann. Er beteiligt die Bundesagentur für Arbeit nach § 54.
(2) Wird während einer Leistung zur medizinischen Rehabilitation erkennbar, dass der bisherige Arbeitsplatz gefährdet ist, wird mit den Betroffenen sowie dem zuständigen Rehabilitationsträger unverzüglich geklärt, ob Leistungen zur Teilhabe am Arbeitsleben erforderlich sind.
(3) Bei der Prüfung nach den Absätzen 1 und 2 wird zur Klärung eines Hilfebedarfs nach Teil 3 auch das Integrationsamt beteiligt.
(4) Die Rehabilitationsträger haben in den Fällen nach den Absätzen 1 und 2 auf eine frühzeitige Antragstellung im Sinne von § 12 nach allen in Betracht kommenden Leistungsgesetzen hinzuwirken und den Antrag ungeachtet ihrer Zuständigkeit für Leistungen zur Teilhabe am Arbeitsleben entgegenzunehmen. Soweit es erforderlich ist, beteiligen sie unverzüglich die zuständigen Rehabilitationsträger zur Koordinierung der Leistungen nach Kapitel 4.
(5) Die Rehabilitationsträger wirken auch in den Fällen der Hinzuziehung durch Arbeitgeber infolge einer Arbeitsplatzgefährdung nach § 167 Absatz 2 Satz 4 auf eine frühzeitige Antragstellung auf Leistungen zur Teilhabe nach allen in Betracht kommenden Leistungsgesetzen hin. Absatz 4 Satz 2 gilt entsprechend.

§ 11 Förderung von Modellvorhaben zur Stärkung der Rehabilitation, Verordnungsermächtigung

(1) Das Bundesministerium für Arbeit und Soziales fördert im Rahmen der für diesen Zweck zur Verfügung stehenden Haushaltsmittel im Aufgabenbereich der Grundsicherung für Arbeitsuchende und der gesetzlichen Rentenversicherung Modellvorhaben, die den Vorrang von Leistungen zur Teilhabe nach § 9 und die Sicherung der Erwerbsfähigkeit nach § 10 unterstützen.
(2) Das Nähere regeln Förderrichtlinien des Bundesministeriums für Arbeit und Soziales. Die Förderdauer der Modellvorhaben beträgt fünf Jahre. Die Förderrichtlinien enthalten ein Datenschutzkonzept.
(3) Das Bundesministerium für Arbeit und Soziales kann durch Rechtsverordnung ohne Zustimmung des Bundesrates regeln, ob und inwieweit die Jobcenter nach § 6d des Zweiten Buches, die Bundesagentur für Arbeit und die Träger der

gesetzlichen Rentenversicherung bei der Durchführung eines Modellvorhabens nach Absatz 1 von den für sie geltenden Leistungsgesetzen sachlich und zeitlich begrenzt abweichen können.
(4) Die zuwendungsrechtliche und organisatorische Abwicklung der Modellvorhaben nach Absatz 1 erfolgt durch die Deutsche Rentenversicherung Knappschaft-Bahn-See unter der Aufsicht des Bundesministeriums für Arbeit und Soziales. Die Aufsicht erstreckt sich auch auf den Umfang und die Zweckmäßigkeit der Modellvorhaben. Die Ausgaben, welche der Deutschen Rentenversicherung Knappschaft-Bahn-See aus der Abwicklung der Modellvorhaben entstehen, werden aus den Haushaltsmitteln nach Absatz 1 vom Bund erstattet. Das Nähere ist durch Verwaltungsvereinbarung zu regeln.
(5) Das Bundesministerium für Arbeit und Soziales untersucht die Wirkungen der Modellvorhaben. Das Bundesministerium für Arbeit und Soziales kann Dritte mit diesen Untersuchungen beauftragen.

Kapitel 3 Erkennung und Ermittlung des Rehabilitationsbedarfs

§ 12 Maßnahmen zur Unterstützung der frühzeitigen Bedarfserkennung

(1) Die Rehabilitationsträger stellen durch geeignete Maßnahmen sicher, dass ein Rehabilitationsbedarf frühzeitig erkannt und auf eine Antragstellung der Leistungsberechtigten hingewirkt wird. Die Rehabilitationsträger unterstützen die frühzeitige Erkennung des Rehabilitationsbedarfs insbesondere durch die Bereitstellung und Vermittlung von geeigneten barrierefreien Informationsangeboten über
1. Inhalte und Ziele von Leistungen zur Teilhabe,
2. die Möglichkeit der Leistungsausführung als Persönliches Budget,
3. das Verfahren zur Inanspruchnahme von Leistungen zur Teilhabe und
4. Angebote der Beratung, einschließlich der ergänzenden unabhängigen Teilhabeberatung nach § 32.

Die Rehabilitationsträger benennen Ansprechstellen, die Informationsangebote nach Satz 2 an Leistungsberechtigte, an Arbeitgeber und an andere Rehabilitationsträger vermitteln. Für die Zusammenarbeit der Ansprechstellen gilt § 15 Absatz 3 des Ersten Buches entsprechend.
(2) Absatz 1 gilt auch für Jobcenter, für die Integrationsämter in Bezug auf Leistungen und sonstige Hilfen für schwerbehinderte Menschen nach Teil 3 und für die Pflegekassen als Träger der sozialen Pflegeversicherung nach dem Elften Buch.
(3) Die Rehabilitationsträger, Integrationsämter und Pflegekassen können die Informationsangebote durch ihre Verbände und Vereinigungen bereitstellen und vermitteln lassen. Die Jobcenter können die Informationsangebote durch die Bundesagentur für Arbeit bereitstellen und vermitteln lassen.

§ 13 Instrumente zur Ermittlung des Rehabilitationsbedarfs

(1) Zur einheitlichen und überprüfbaren Ermittlung des individuellen Rehabilitationsbedarfs verwenden die Rehabilitationsträger systematische Arbeitsprozesse und standardisierte Arbeitsmittel (Instrumente) nach den für sie geltenden Leistungsgesetzen. Die Instrumente sollen den von den Rehabilitationsträgern vereinbarten Grundsätzen für Instrumente zur Bedarfsermittlung nach § 26 Absatz 2

Nummer 7 entsprechen. Die Rehabilitationsträger können die Entwicklung von Instrumenten durch ihre Verbände und Vereinigungen wahrnehmen lassen oder Dritte mit der Entwicklung beauftragen.

(2) Die Instrumente nach Absatz 1 Satz 1 gewährleisten eine individuelle und funktionsbezogene Bedarfsermittlung und sichern die Dokumentation und Nachprüfbarkeit der Bedarfsermittlung, indem sie insbesondere erfassen,

1. ob eine Behinderung vorliegt oder einzutreten droht,
2. welche Auswirkung die Behinderung auf die Teilhabe der Leistungsberechtigten hat,
3. welche Ziele mit Leistungen zur Teilhabe erreicht werden sollen und
4. welche Leistungen im Rahmen einer Prognose zur Erreichung der Ziele voraussichtlich erfolgreich sind.

(3) Das Bundesministerium für Arbeit und Soziales untersucht die Wirkung der Instrumente nach Absatz 1 und veröffentlicht die Untersuchungsergebnisse bis zum 31. Dezember 2019.

(4) Auf Vorschlag der Rehabilitationsträger nach § 6 Absatz 1 Nummer 6 und 7 und mit Zustimmung der zuständigen obersten Landesbehörden kann das Bundesministerium für Arbeit und Soziales die von diesen Rehabilitationsträgern eingesetzten Instrumente im Sinne von Absatz 1 in die Untersuchung nach Absatz 3 einbeziehen.

Kapitel 4 Koordinierung der Leistungen

§ 14 Leistender Rehabilitationsträger

(1) Werden Leistungen zur Teilhabe beantragt, stellt der Rehabilitationsträger innerhalb von zwei Wochen nach Eingang des Antrages bei ihm fest, ob er nach dem für ihn geltenden Leistungsgesetz für die Leistung zuständig ist; bei den Krankenkassen umfasst die Prüfung auch die Leistungspflicht nach § 40 Absatz 4 des Fünften Buches. Stellt er bei der Prüfung fest, dass er für die Leistung insgesamt nicht zuständig ist, leitet er den Antrag unverzüglich dem nach seiner Auffassung zuständigen Rehabilitationsträger zu und unterrichtet hierüber den Antragsteller. Muss für eine solche Feststellung die Ursache der Behinderung geklärt werden und ist diese Klärung in der Frist nach Satz 1 nicht möglich, soll der Antrag unverzüglich dem Rehabilitationsträger zugeleitet werden, der die Leistung ohne Rücksicht auf die Ursache der Behinderung erbringt. Wird der Antrag bei der Bundesagentur für Arbeit gestellt, werden bei der Prüfung nach den Sätzen 1 und 2 keine Feststellungen nach § 11 Absatz 2a Nummer 1 des Sechsten Buches und § 22 Absatz 2 des Dritten Buches getroffen.

(2) Wird der Antrag nicht weitergeleitet, stellt der Rehabilitationsträger den Rehabilitationsbedarf anhand der Instrumente zur Bedarfsermittlung nach § 13 unverzüglich und umfassend fest und erbringt die Leistungen (leistender Rehabilitationsträger). Muss für diese Feststellung kein Gutachten eingeholt werden, entscheidet der leistende Rehabilitationsträger innerhalb von drei Wochen nach Antragseingang. Ist für die Feststellung des Rehabilitationsbedarfs ein Gutachten erforderlich, wird die Entscheidung innerhalb von zwei Wochen nach Vorliegen des Gutachtens getroffen. Wird der Antrag weitergeleitet, gelten die Sätze 1 bis 3 für den Rehabili-

tationsträger, an den der Antrag weitergeleitet worden ist, entsprechend; die Frist beginnt mit dem Antragseingang bei diesem Rehabilitationsträger. In den Fällen der Anforderung einer gutachterlichen Stellungnahme bei der Bundesagentur für Arbeit nach § 54 gilt Satz 3 entsprechend.

(3) Ist der Rehabilitationsträger, an den der Antrag nach Absatz 1 Satz 2 weitergeleitet worden ist, nach dem für ihn geltenden Leistungsgesetz für die Leistung insgesamt nicht zuständig, kann er den Antrag im Einvernehmen mit dem nach seiner Auffassung zuständigen Rehabilitationsträger an diesen weiterleiten, damit von diesem als leistendem Rehabilitationsträger über den Antrag innerhalb der bereits nach Absatz 2 Satz 4 laufenden Fristen entschieden wird und unterrichtet hierüber den Antragsteller.

(4) Die Absätze 1 bis 3 gelten sinngemäß, wenn der Rehabilitationsträger Leistungen von Amts wegen erbringt. Dabei tritt an die Stelle des Tages der Antragstellung der Tag der Kenntnis des voraussichtlichen Rehabilitationsbedarfs.

(5) Für die Weiterleitung des Antrages ist § 16 Absatz 2 Satz 1 des Ersten Buches nicht anzuwenden, wenn und soweit Leistungen zur Teilhabe bei einem Rehabilitationsträger beantragt werden.

§ 15 Leistungsverantwortung bei Mehrheit von Rehabilitationsträgern

(1) Stellt der leistende Rehabilitationsträger fest, dass der Antrag neben den nach seinem Leistungsgesetz zu erbringenden Leistungen weitere Leistungen zur Teilhabe umfasst, für die er nicht Rehabilitationsträger nach § 6 Absatz 1 sein kann, leitet er den Antrag insoweit unverzüglich dem nach seiner Auffassung zuständigen Rehabilitationsträger zu. Dieser entscheidet über die weiteren Leistungen nach den für ihn geltenden Leistungsgesetzen in eigener Zuständigkeit und unterrichtet hierüber den Antragsteller.

(2) Hält der leistende Rehabilitationsträger für die umfassende Feststellung des Rehabilitationsbedarfs nach § 14 Absatz 2 die Feststellungen weiterer Rehabilitationsträger für erforderlich und liegt kein Fall nach Absatz 1 vor, fordert er von diesen Rehabilitationsträgern die für den Teilhabeplan nach § 19 erforderlichen Feststellungen unverzüglich an und berät diese nach § 19 trägerübergreifend. Die Feststellungen binden den leistenden Rehabilitationsträger bei seiner Entscheidung über den Antrag, wenn sie innerhalb von zwei Wochen nach Anforderung oder im Fall der Begutachtung innerhalb von zwei Wochen nach Vorliegen des Gutachtens beim leistenden Rehabilitationsträger eingegangen sind. Anderenfalls stellt der leistende Rehabilitationsträger den Rehabilitationsbedarf nach allen in Betracht kommenden Leistungsgesetzen umfassend fest.

(3) Die Rehabilitationsträger bewilligen und erbringen die Leistungen nach den für sie jeweils geltenden Leistungsgesetzen im eigenen Namen, wenn im Teilhabeplan nach § 19 dokumentiert wurde, dass

1. die erforderlichen Feststellungen nach allen in Betracht kommenden Leistungsgesetzen von den zuständigen Rehabilitationsträgern getroffen wurden,
2. auf Grundlage des Teilhabeplans eine Leistungserbringung durch die nach den jeweiligen Leistungsgesetzen zuständigen Rehabilitationsträger sichergestellt ist und

3. die Leistungsberechtigten einer nach Zuständigkeiten getrennten Leistungsbewilligung und Leistungserbringung nicht aus wichtigem Grund widersprechen.

Anderenfalls entscheidet der leistende Rehabilitationsträger über den Antrag in den Fällen nach Absatz 2 und erbringt die Leistungen im eigenen Namen.

(4) In den Fällen der Beteiligung von Rehabilitationsträgern nach den Absätzen 1 bis 3 ist abweichend von § 14 Absatz 2 innerhalb von sechs Wochen nach Antragseingang zu entscheiden. Wird eine Teilhabeplankonferenz nach § 20 durchgeführt, ist innerhalb von zwei Monaten nach Antragseingang zu entscheiden. Die Antragsteller werden von dem leistenden Rehabilitationsträger über die Beteiligung von Rehabilitationsträgern sowie über die für die Entscheidung über den Antrag maßgeblichen Zuständigkeiten und Fristen unverzüglich unterrichtet.

§ 16 Erstattungsansprüche zwischen Rehabilitationsträgern

(1) Hat ein leistender Rehabilitationsträger nach § 14 Absatz 2 Satz 4 Leistungen erbracht, für die ein anderer Rehabilitationsträger insgesamt zuständig ist, erstattet der zuständige Rehabilitationsträger die Aufwendungen des leistenden Rehabilitationsträgers nach den für den leistenden Rehabilitationsträger geltenden Rechtsvorschriften.

(2) Hat ein leistender Rehabilitationsträger nach § 15 Absatz 3 Satz 2 Leistungen im eigenen Namen erbracht, für die ein beteiligter Rehabilitationsträger zuständig ist, erstattet der beteiligte Rehabilitationsträger die Aufwendungen des leistenden Rehabilitationsträgers nach den Rechtsvorschriften, die den nach § 15 Absatz 2 eingeholten Feststellungen zugrunde liegen. Hat ein beteiligter Rehabilitationsträger die angeforderten Feststellungen nicht oder nicht rechtzeitig nach § 15 Absatz 2 beigebracht, erstattet der beteiligte Rehabilitationsträger die Aufwendungen des leistenden Rehabilitationsträgers nach den Rechtsvorschriften, die der Leistungsbewilligung zugrunde liegen.

(3) Der Erstattungsanspruch nach den Absätzen 1 und 2 umfasst die nach den jeweiligen Leistungsgesetzen entstandenen Leistungsaufwendungen und eine Verwaltungskostenpauschale in Höhe von 5 Prozent der erstattungsfähigen Leistungsaufwendungen. Eine Erstattungspflicht nach Satz 1 besteht nicht, soweit Leistungen zu Unrecht von dem leistenden Rehabilitationsträger erbracht worden sind und er hierbei grob fahrlässig oder vorsätzlich gehandelt hat.

(4) Für unzuständige Rehabilitationsträger ist § 105 des Zehnten Buches nicht anzuwenden, wenn sie eine Leistung erbracht haben,

1. ohne den Antrag an den zuständigen Rehabilitationsträger nach § 14 Absatz 1 Satz 2 weiterzuleiten oder
2. ohne einen weiteren zuständigen Rehabilitationsträger nach § 15 zu beteiligen,

es sei denn, die Rehabilitationsträger vereinbaren Abweichendes. Hat ein Rehabilitationsträger von der Weiterleitung des Antrages abgesehen, weil zum Zeitpunkt der Prüfung nach § 14 Absatz 1 Satz 3 Anhaltspunkte für eine Zuständigkeit auf Grund der Ursache der Behinderung bestanden haben, bleibt § 105 des Zehnten Buches unberührt.

(5) Hat der leistende Rehabilitationsträger in den Fällen des § 18 Aufwendungen für selbstbeschaffte Leistungen nach dem Leistungsgesetz eines nach § 15 betei-

ligten Rehabilitationsträgers zu erstatten, kann er von dem beteiligten Rehabilitationsträger einen Ausgleich verlangen, soweit dieser durch die Erstattung nach § 18 Absatz 4 Satz 2 von seiner Leistungspflicht befreit wurde. Hat ein beteiligter Rehabilitationsträger den Eintritt der Erstattungspflicht für selbstbeschaffte Leistungen zu vertreten, umfasst der Ausgleich den gesamten Erstattungsbetrag abzüglich des Betrages, der sich aus der bei anderen Rehabilitationsträgern eingetretenen Leistungsbefreiung ergibt.
(6) Für den Erstattungsanspruch des Trägers der Eingliederungshilfe, der öffentlichen Jugendhilfe, der Sozialen Entschädigung und der Soldatenentschädigung gilt § 108 Absatz 2 des Zehnten Buches entsprechend.

§ 17 Begutachtung
(1) Ist für die Feststellung des Rehabilitationsbedarfs ein Gutachten erforderlich, beauftragt der leistende Rehabilitationsträger unverzüglich einen geeigneten Sachverständigen. Er benennt den Leistungsberechtigten in der Regel drei möglichst wohnortnahe Sachverständige, soweit nicht gesetzlich die Begutachtung durch einen sozialmedizinischen Dienst vorgesehen ist. Haben sich Leistungsberechtigte für einen benannten Sachverständigen entschieden, wird dem Wunsch Rechnung getragen.
(2) Der Sachverständige nimmt eine umfassende sozialmedizinische, bei Bedarf auch psychologische Begutachtung vor und erstellt das Gutachten innerhalb von zwei Wochen nach Auftragserteilung. Das Gutachten soll den von den Rehabilitationsträgern vereinbarten einheitlichen Grundsätzen zur Durchführung von Begutachtungen nach § 25 Absatz 1 Nummer 4 entsprechen. Die in dem Gutachten getroffenen Feststellungen zum Rehabilitationsbedarf werden den Entscheidungen der Rehabilitationsträger zugrunde gelegt. Die gesetzlichen Aufgaben der Gesundheitsämter, des Medizinischen Dienstes der Krankenversicherung nach § 275 des Fünften Buches und die gutachterliche Beteiligung der Bundesagentur für Arbeit nach § 54 bleiben unberührt.
(3) Hat der leistende Rehabilitationsträger nach § 15 weitere Rehabilitationsträger beteiligt, setzt er sich bei seiner Entscheidung über die Beauftragung eines geeigneten Sachverständigen mit den beteiligten Rehabilitationsträgern über Anlass, Ziel und Umfang der Begutachtung ins Benehmen. Die beteiligten Rehabilitationsträger informieren den leistenden Rehabilitationsträger unverzüglich über die Notwendigkeit der Einholung von Gutachten. Die in dem Gutachten getroffenen Feststellungen zum Rehabilitationsbedarf werden in den Teilhabeplan nach § 19 einbezogen. Absatz 2 Satz 3 gilt entsprechend.
(4) Die Rehabilitationsträger stellen sicher, dass sie Sachverständige beauftragen können, bei denen keine Zugangs- und Kommunikationsbarrieren bestehen.

§ 18 Erstattung selbstbeschaffter Leistungen
(1) Kann über den Antrag auf Leistungen zur Teilhabe nicht innerhalb einer Frist von zwei Monaten ab Antragseingang bei dem leistenden Rehabilitationsträger entschieden werden, teilt er den Leistungsberechtigten vor Ablauf der Frist die Gründe hierfür schriftlich mit (begründete Mitteilung).

(2) In der begründeten Mitteilung ist auf den Tag genau zu bestimmen, bis wann über den Antrag entschieden wird. In der begründeten Mitteilung kann der leistende Rehabilitationsträger die Frist von zwei Monaten nach Absatz 1 nur in folgendem Umfang verlängern:

1. um bis zu zwei Wochen zur Beauftragung eines Sachverständigen für die Begutachtung infolge einer nachweislich beschränkten Verfügbarkeit geeigneter Sachverständiger,
2. um bis zu vier Wochen, soweit von dem Sachverständigen die Notwendigkeit für einen solchen Zeitraum der Begutachtung schriftlich bestätigt wurde und
3. für die Dauer einer fehlenden Mitwirkung der Leistungsberechtigten, wenn und soweit den Leistungsberechtigten nach § 66 Absatz 3 des Ersten Buches schriftlich eine angemessene Frist zur Mitwirkung gesetzt wurde.

(3) Erfolgt keine begründete Mitteilung, gilt die beantragte Leistung nach Ablauf der Frist als genehmigt. Die beantragte Leistung gilt auch dann als genehmigt, wenn der in der Mitteilung bestimmte Zeitpunkt der Entscheidung über den Antrag ohne weitere begründete Mitteilung des Rehabilitationsträgers abgelaufen ist.

(4) Beschaffen sich Leistungsberechtigte eine als genehmigt geltende Leistung selbst, ist der leistende Rehabilitationsträger zur Erstattung der Aufwendungen für selbstbeschaffte Leistungen verpflichtet. Mit der Erstattung gilt der Anspruch der Leistungsberechtigten auf die Erbringung der selbstbeschafften Leistungen zur Teilhabe als erfüllt. Der Erstattungsanspruch umfasst auch die Zahlung von Abschlägen im Umfang fälliger Zahlungsverpflichtungen für selbstbeschaffte Leistungen.

(5) Die Erstattungspflicht besteht nicht,

1. wenn und soweit kein Anspruch auf Bewilligung der selbstbeschafften Leistungen bestanden hätte und
2. die Leistungsberechtigten dies wussten oder infolge grober Außerachtlassung der allgemeinen Sorgfalt nicht wussten.

(6) Konnte der Rehabilitationsträger eine unaufschiebbare Leistung nicht rechtzeitig erbringen oder hat er eine Leistung zu Unrecht abgelehnt und sind dadurch Leistungsberechtigten für die selbstbeschaffte Leistung Kosten entstanden, sind diese vom Rehabilitationsträger in der entstandenen Höhe zu erstatten, soweit die Leistung notwendig war. Der Anspruch auf Erstattung richtet sich gegen den Rehabilitationsträger, der zum Zeitpunkt der Selbstbeschaffung über den Antrag entschieden hat. Lag zum Zeitpunkt der Selbstbeschaffung noch keine Entscheidung vor, richtet sich der Anspruch gegen den leistenden Rehabilitationsträger.

(7) Die Absätze 1 bis 5 gelten nicht für die Träger der Eingliederungshilfe, der öffentlichen Jugendhilfe, der Sozialen Entschädigung, soweit dieser Leistungen zur Teilhabe nach § 62 Satz 1 Nummer 1 bis 3 des Vierzehnten Buches erbringt, sowie der Soldatenentschädigung, soweit dieser Leistungen nach den Kapiteln 4 und 5 des Soldatenentschädigungsgesetzes erbringt.

§ 19 Teilhabeplan

(1) Soweit Leistungen verschiedener Leistungsgruppen oder mehrerer Rehabilitationsträger erforderlich sind, ist der leistende Rehabilitationsträger dafür verantwortlich, dass er und die nach § 15 beteiligten Rehabilitationsträger im Benehmen

miteinander und in Abstimmung mit den Leistungsberechtigten die nach dem individuellen Bedarf voraussichtlich erforderlichen Leistungen hinsichtlich Ziel, Art und Umfang funktionsbezogen feststellen und schriftlich oder elektronisch so zusammenstellen, dass sie nahtlos ineinandergreifen. Soweit zum Zeitpunkt der Antragstellung nach § 14 Leistungen nach dem Zweiten Buch beantragt sind oder erbracht werden, beteiligt der leistende Rehabilitationsträger das zuständige Jobcenter wie in den Fällen nach Satz 1.

(2) Der leistende Rehabilitationsträger erstellt in den Fällen nach Absatz 1 einen Teilhabeplan innerhalb der für die Entscheidung über den Antrag maßgeblichen Frist. Der Teilhabeplan dokumentiert

1. den Tag des Antragseingangs beim leistenden Rehabilitationsträger und das Ergebnis der Zuständigkeitsklärung und Beteiligung nach den §§ 14 und 15,
2. die Feststellungen über den individuellen Rehabilitationsbedarf auf Grundlage der Bedarfsermittlung nach § 13,
3. die zur individuellen Bedarfsermittlung nach § 13 eingesetzten Instrumente,
4. die gutachterliche Stellungnahme der Bundesagentur für Arbeit nach § 54,
5. die Einbeziehung von Diensten und Einrichtungen bei der Leistungserbringung,
6. erreichbare und überprüfbare Teilhabeziele und deren Fortschreibung,
7. die Berücksichtigung des Wunsch- und Wahlrechts nach § 8, insbesondere im Hinblick auf die Ausführung von Leistungen durch ein Persönliches Budget,
8. die Dokumentation der einvernehmlichen, umfassenden und trägerübergreifenden Feststellung des Rehabilitationsbedarfs in den Fällen nach § 15 Absatz 3 Satz 1,
9. die Ergebnisse der Teilhabeplankonferenz nach § 20,
10. die Erkenntnisse aus den Mitteilungen der nach § 22 einbezogenen anderen öffentlichen Stellen,
11. die besonderen Belange pflegender Angehöriger bei der Erbringung von Leistungen der medizinischen Rehabilitation und
12. die Leistungen zur Eingliederung in Arbeit nach dem Zweiten Buch, soweit das Jobcenter nach Absatz 1 Satz 2 zu beteiligen ist.

Wenn Leistungsberechtigte die Erstellung eines Teilhabeplans wünschen und die Voraussetzungen nach Absatz 1 nicht vorliegen, ist Satz 2 entsprechend anzuwenden.

(3) Der Teilhabeplan wird entsprechend dem Verlauf der Rehabilitation angepasst und darauf ausgerichtet, den Leistungsberechtigten unter Berücksichtigung der Besonderheiten des Einzelfalles eine umfassende Teilhabe am Leben in der Gesellschaft zügig, wirksam, wirtschaftlich und auf Dauer zu ermöglichen. Dabei sichert der leistende Rehabilitationsträger durchgehend das Verfahren. Die Leistungsberechtigten können von dem leistenden Rehabilitationsträger Einsicht in den Teilhabeplan oder die Erteilung von Ablichtungen nach § 25 des Zehnten Buches verlangen.

(4) Die Rehabilitationsträger legen den Teilhabeplan bei der Entscheidung über den Antrag zugrunde. Die Begründung der Entscheidung über die beantragten Leistungen nach § 35 des Zehnten Buches soll erkennen lassen, inwieweit die

im Teilhabeplan enthaltenen Feststellungen bei der Entscheidung berücksichtigt wurden.

(5) Ein nach § 15 beteiligter Rehabilitationsträger kann das Verfahren nach den Absätzen 1 bis 3 anstelle des leistenden Rehabilitationsträgers durchführen, wenn die Rehabilitationsträger dies in Abstimmung mit den Leistungsberechtigten vereinbaren. Die Vorschriften über die Leistungsverantwortung der Rehabilitationsträger nach den §§ 14 und 15 bleiben hiervon unberührt.

(6) Setzen unterhaltssichernde Leistungen den Erhalt von anderen Leistungen zur Teilhabe voraus, gelten die Leistungen im Verhältnis zueinander nicht als Leistungen verschiedener Leistungsgruppen im Sinne von Absatz 1.

§ 20 Teilhabeplankonferenz

(1) Mit Zustimmung der Leistungsberechtigten kann der für die Durchführung des Teilhabeplanverfahrens nach § 19 verantwortliche Rehabilitationsträger zur gemeinsamen Beratung der Feststellungen zum Rehabilitationsbedarf eine Teilhabeplankonferenz durchführen. Die Leistungsberechtigten, die beteiligten Rehabilitationsträger und die Jobcenter können dem nach § 19 verantwortlichen Rehabilitationsträger die Durchführung einer Teilhabeplankonferenz vorschlagen. Von dem Vorschlag auf Durchführung einer Teilhabeplankonferenz kann nur abgewichen werden, wenn eine Einwilligung nach § 23 Absatz 2 nicht erteilt wurde oder Einvernehmen der beteiligten Leistungsträger besteht, dass

1. der zur Feststellung des Rehabilitationsbedarfs maßgebliche Sachverhalt schriftlich ermittelt werden kann oder
2. der Aufwand zur Durchführung nicht in einem angemessenen Verhältnis zum Umfang der beantragten Leistung steht.

(2) Wird von dem Vorschlag der Leistungsberechtigten auf Durchführung einer Teilhabeplankonferenz abgewichen, sind die Leistungsberechtigten über die dafür maßgeblichen Gründe zu informieren und hierzu anzuhören. Von dem Vorschlag der Leistungsberechtigten auf Durchführung einer Teilhabeplankonferenz kann nicht abgewichen werden, wenn Leistungen an Mütter und Väter mit Behinderungen bei der Versorgung und Betreuung ihrer Kinder beantragt wurden.

(3) An der Teilhabeplankonferenz nehmen Beteiligte nach § 12 des Zehnten Buches sowie auf Wunsch der Leistungsberechtigten die Bevollmächtigten und Beistände nach § 13 des Zehnten Buches sowie sonstige Vertrauenspersonen teil. Auf Wunsch oder mit Zustimmung der Leistungsberechtigten können Rehabilitationsdienste und Rehabilitationseinrichtungen sowie sonstige beteiligte Leistungserbringer an der Teilhabeplankonferenz teilnehmen. Vor der Durchführung einer Teilhabeplankonferenz sollen die Leistungsberechtigten auf die Angebote der ergänzenden unabhängigen Teilhabeberatung nach § 32 besonders hingewiesen werden.

(4) Wird eine Teilhabeplankonferenz nach Absatz 1 auf Wunsch und mit Zustimmung der Leistungsberechtigten eingeleitet, richtet sich die Frist zur Entscheidung über den Antrag nach § 15 Absatz 4.

§ 21 Besondere Anforderungen an das Teilhabeplanverfahren

Ist der Träger der Eingliederungshilfe der für die Durchführung des Teilhabeplanverfahrens verantwortliche Rehabilitationsträger, gelten für ihn die Vorschriften für die Gesamtplanung ergänzend; dabei ist das Gesamtplanverfahren ein Gegenstand des Teilhabeplanverfahrens. Ist der Träger der öffentlichen Jugendhilfe der für die Durchführung des Teilhabeplans verantwortliche Rehabilitationsträger, gelten für ihn die Vorschriften für den Hilfeplan nach den §§ 36, 36b und 37c des Achten Buches ergänzend. Ist der Träger der Sozialen Entschädigung der für die Durchführung des Teilhabeplanverfahrens verantwortliche Rehabilitationsträger, gelten für ihn die Vorschriften für das Fallmanagement nach § 30 des Vierzehnten Buches ergänzend. Ist der Träger der Soldatenentschädigung der für die Durchführung des Teilhabeplanverfahrens verantwortliche Rehabilitationsträger, gelten für ihn die Vorschriften für das Fallmanagement nach dem Soldatenentschädigungsgesetz ergänzend.

§ 22 Einbeziehung anderer öffentlicher Stellen

(1) Der für die Durchführung des Teilhabeplanverfahrens verantwortliche Rehabilitationsträger bezieht unter Berücksichtigung der Interessen der Leistungsberechtigten andere öffentliche Stellen in die Erstellung des Teilhabeplans in geeigneter Art und Weise ein, soweit dies zur Feststellung des Rehabilitationsbedarfs erforderlich ist.

(2) Bestehen im Einzelfall Anhaltspunkte für eine Pflegebedürftigkeit nach dem Elften Buch, wird die zuständige Pflegekasse mit Zustimmung des Leistungsberechtigten vom für die Durchführung des Teilhabeplanverfahrens verantwortlichen Rehabilitationsträger informiert und muss am Teilhabeplanverfahren beratend teilnehmen, soweit dies für den Rehabilitationsträger zur Feststellung des Rehabilitationsbedarfs erforderlich und nach den für die zuständige Pflegekasse geltenden Grundsätzen der Datenverwendung zulässig ist. Die §§ 18a und 31 des Elften Buches bleiben unberührt.

(3) Die Integrationsämter sind bei der Durchführung des Teilhabeplanverfahrens zu beteiligen, soweit sie Leistungen für schwerbehinderte Menschen nach Teil 3 erbringen. Das zuständige Integrationsamt kann das Teilhabeplanverfahren nach § 19 Absatz 5 anstelle des leistenden Rehabilitationsträgers durchführen, wenn die Rehabilitationsträger und das Integrationsamt sowie das nach § 19 Absatz 1 Satz 2 zu beteiligende Jobcenter dies in Abstimmung mit den Leistungsberechtigten vereinbaren.

(4) Bestehen im Einzelfall Anhaltspunkte für einen Betreuungsbedarf nach § 1814 Absatz 1 des Bürgerlichen Gesetzbuchs, wird die zuständige Betreuungsbehörde mit Zustimmung des Leistungsberechtigten vom, für die Durchführung des Teilhabeplanverfahrens verantwortlichen Rehabilitationsträger informiert. Der Betreuungsbehörde werden in diesen Fällen die Ergebnisse der bisherigen Ermittlungen und Gutachten mit dem Zweck mitgeteilt, dass diese dem Leistungsberechtigten andere Hilfen, bei denen kein Betreuer bestellt wird, vermitteln kann. Auf Vorschlag der Betreuungsbehörde kann sie mit Zustimmung des Leistungsberechtigten am Teilhabeplanverfahren beratend teilnehmen.

§ 23 Verantwortliche Stelle für den Sozialdatenschutz

(1) Der für die Durchführung des Teilhabeplanverfahrens verantwortliche Rehabilitationsträger ist bei der Erstellung des Teilhabeplans und bei der Durchführung

der Teilhabeplankonferenz Verantwortlicher für die Verarbeitung von Sozialdaten nach § 67 Absatz 4 des Zehnten Buches sowie Stelle im Sinne von § 35 Absatz 1 des Ersten Buches.

(2) Vor Durchführung einer Teilhabeplankonferenz hat der nach Absatz 1 Verantwortliche die Einwilligung der Leistungsberechtigten im Sinne von § 67b Absatz 2 des Zehnten Buches einzuholen, wenn und soweit anzunehmen ist, dass im Rahmen der Teilhabeplankonferenz Sozialdaten erhoben, verarbeitet oder genutzt werden, deren Erforderlichkeit für die Erstellung des Teilhabeplans zum Zeitpunkt der Durchführung der Teilhabeplankonferenz nicht abschließend bewertet werden kann. Nach Durchführung der Teilhabeplankonferenz ist die Speicherung, Veränderung, Nutzung, Übermittlung oder Einschränkung der Verarbeitung von Sozialdaten im Sinne von Satz 1 nur zulässig, soweit dies für die Erstellung des Teilhabeplans erforderlich ist.

(3) Die datenschutzrechtlichen Vorschriften des Ersten und des Zehnten Buches sowie der jeweiligen Leistungsgesetze der Rehabilitationsträger bleiben bei der Zuständigkeitsklärung und bei der Erstellung des Teilhabeplans unberührt.

§ 24 Vorläufige Leistungen

Die Bestimmungen dieses Kapitels lassen die Verpflichtung der Rehabilitationsträger zur Erbringung vorläufiger Leistungen nach den für sie jeweils geltenden Leistungsgesetzen unberührt. Vorläufig erbrachte Leistungen binden die Rehabilitationsträger nicht bei der Feststellung des Rehabilitationsbedarfs nach diesem Kapitel. Werden Leistungen zur Teilhabe beantragt, ist § 43 des Ersten Buches nicht anzuwenden.

Kapitel 5 Zusammenarbeit

§ 25 Zusammenarbeit der Rehabilitationsträger

(1) Im Rahmen der durch Gesetz, Rechtsverordnung oder allgemeine Verwaltungsvorschrift getroffenen Regelungen sind die Rehabilitationsträger verantwortlich, dass

1. die im Einzelfall erforderlichen Leistungen zur Teilhabe nahtlos, zügig sowie nach Gegenstand, Umfang und Ausführung einheitlich erbracht werden,
2. Abgrenzungsfragen einvernehmlich geklärt werden,
3. Beratung entsprechend den in den §§ 1 und 4 genannten Zielen geleistet wird,
4. Begutachtungen möglichst nach einheitlichen Grundsätzen durchgeführt werden,
5. Prävention entsprechend dem in § 3 Absatz 1 genannten Ziel geleistet wird sowie
6. die Rehabilitationsträger im Fall eines Zuständigkeitsübergangs rechtzeitig eingebunden werden.

(2) Die Rehabilitationsträger und ihre Verbände sollen zur gemeinsamen Wahrnehmung von Aufgaben zur Teilhabe von Menschen mit Behinderungen insbesondere regionale Arbeitsgemeinschaften bilden. § 88 Absatz 1 Satz 1 und Absatz 2 des Zehnten Buches gilt entsprechend.

§ 26 Gemeinsame Empfehlungen

(1) Die Rehabilitationsträger nach § 6 Absatz 1 Nummer 1 bis 5 vereinbaren zur Sicherung der Zusammenarbeit nach § 25 Absatz 1 gemeinsame Empfehlungen.

(2) Die Rehabilitationsträger nach § 6 Absatz 1 Nummer 1 bis 5 vereinbaren darüber hinaus gemeinsame Empfehlungen,

1. welche Maßnahmen nach § 3 geeignet sind, um den Eintritt einer Behinderung zu vermeiden,
2. in welchen Fällen und in welcher Weise rehabilitationsbedürftigen Menschen notwendige Leistungen zur Teilhabe angeboten werden, insbesondere, um eine durch eine Chronifizierung von Erkrankungen bedingte Behinderung zu verhindern,
3. über die einheitliche Ausgestaltung des Teilhabeplanverfahrens,
4. in welcher Weise die Bundesagentur für Arbeit nach § 54 zu beteiligen ist,
5. wie Leistungen zur Teilhabe nach den §§ 14 und 15 koordiniert werden,
6. in welcher Weise und in welchem Umfang Selbsthilfegruppen, -organisationen und -kontaktstellen, die sich die Prävention, Rehabilitation, Früherkennung und Bewältigung von Krankheiten und Behinderungen zum Ziel gesetzt haben, gefördert werden,
7. für Grundsätze der Instrumente zur Ermittlung des Rehabilitationsbedarfs nach § 13,
8. in welchen Fällen und in welcher Weise der behandelnde Hausarzt oder Facharzt und der Betriebs- oder Werksarzt in die Einleitung und Ausführung von Leistungen zur Teilhabe einzubinden sind,
9. zu einem Informationsaustausch mit Beschäftigten mit Behinderungen, Arbeitgebern und den in § 166 genannten Vertretungen zur möglichst frühzeitigen Erkennung des individuellen Bedarfs voraussichtlich erforderlicher Leistungen zur Teilhabe sowie
10. über ihre Zusammenarbeit mit Sozialdiensten und vergleichbaren Stellen.

(3) Bestehen für einen Rehabilitationsträger Rahmenempfehlungen auf Grund gesetzlicher Vorschriften und soll bei den gemeinsamen Empfehlungen von diesen abgewichen werden oder sollen die gemeinsamen Empfehlungen Gegenstände betreffen, die nach den gesetzlichen Vorschriften Gegenstand solcher Rahmenempfehlungen werden sollen, stellt der Rehabilitationsträger das Einvernehmen mit den jeweiligen Partnern der Rahmenempfehlungen sicher.

(4) Die Träger der Renten-, Kranken- und Unfallversicherung können sich bei der Vereinbarung der gemeinsamen Empfehlungen durch ihre Spitzenverbände vertreten lassen. Der Spitzenverband Bund der Krankenkassen schließt die gemeinsamen Empfehlungen auch als Spitzenverband Bund der Pflegekassen ab, soweit die Aufgaben der Pflegekassen von den gemeinsamen Empfehlungen berührt sind.

(5) An der Vorbereitung der gemeinsamen Empfehlungen werden die Träger der Eingliederungshilfe und der öffentlichen Jugendhilfe über die Bundesvereinigung der Kommunalen Spitzenverbände, die Bundesarbeitsgemeinschaft der überörtlichen Träger der Sozialhilfe, die Bundesarbeitsgemeinschaft der Landesjugendämter sowie die Integrationsämter in Bezug auf Leistungen und sonstige Hilfen für schwerbehinderte Menschen nach Teil 3 über die Bundesarbeitsgemeinschaft der Integrationsämter und Hauptfürsorgestellen beteiligt. Die Träger der Einglie-

derungshilfe und der öffentlichen Jugendhilfe orientieren sich bei der Wahrnehmung ihrer Aufgaben nach diesem Buch an den vereinbarten Empfehlungen oder können diesen beitreten.

(6) Die Verbände von Menschen mit Behinderungen einschließlich der Verbände der Freien Wohlfahrtspflege, der Selbsthilfegruppen und der Interessenvertretungen von Frauen mit Behinderungen sowie die für die Wahrnehmung der Interessen der ambulanten und stationären Rehabilitationseinrichtungen auf Bundesebene maßgeblichen Spitzenverbände werden an der Vorbereitung der gemeinsamen Empfehlungen beteiligt. Ihren Anliegen wird bei der Ausgestaltung der Empfehlungen nach Möglichkeit Rechnung getragen. Die Empfehlungen berücksichtigen auch die besonderen Bedürfnisse von Frauen und Kindern mit Behinderungen oder von Behinderung bedrohter Frauen und Kinder.

(7) Die beteiligten Rehabilitationsträger vereinbaren die gemeinsamen Empfehlungen im Rahmen der Bundesarbeitsgemeinschaft für Rehabilitation im Benehmen mit dem Bundesministerium für Arbeit und Soziales und den Ländern auf der Grundlage eines von ihnen innerhalb der Bundesarbeitsgemeinschaft vorbereiteten Vorschlags. Der oder die Bundesbeauftragte für den Datenschutz und die Informationsfreiheit wird beteiligt. Hat das Bundesministerium für Arbeit und Soziales zu einem Vorschlag aufgefordert, legt die Bundesarbeitsgemeinschaft für Rehabilitation den Vorschlag innerhalb von sechs Monaten vor. Dem Vorschlag wird gefolgt, wenn ihm berechtigte Interessen eines Rehabilitationsträgers nicht entgegenstehen. Einwände nach Satz 4 sind innerhalb von vier Wochen nach Vorlage des Vorschlags auszuräumen.

(8) Die Rehabilitationsträger teilen der Bundesarbeitsgemeinschaft für Rehabilitation alle zwei Jahre ihre Erfahrungen mit den gemeinsamen Empfehlungen mit, die Träger der Renten-, Kranken- und Unfallversicherung über ihre Spitzenverbände. Die Bundesarbeitsgemeinschaft für Rehabilitation stellt dem Bundesministerium für Arbeit und Soziales und den Ländern eine Zusammenfassung zur Verfügung.

(9) Die gemeinsamen Empfehlungen können durch die regional zuständigen Rehabilitationsträger konkretisiert werden.

§ 27 Verordnungsermächtigung

Vereinbaren die Rehabilitationsträger nicht innerhalb von sechs Monaten, nachdem das Bundesministerium für Arbeit und Soziales sie dazu aufgefordert hat, gemeinsame Empfehlungen nach § 26 oder ändern sie unzureichend gewordene Empfehlungen nicht innerhalb dieser Frist, kann das Bundesministerium für Arbeit und Soziales mit dem Ziel der Vereinheitlichung des Verwaltungsvollzugs in dem Anwendungsbereich der §§ 25 und 26 Regelungen durch Rechtsverordnung mit Zustimmung des Bundesrates erlassen. Richten sich die Regelungen nur an Rehabilitationsträger, die nicht der Landesaufsicht unterliegen, wird die Rechtsverordnung ohne Zustimmung des Bundesrates erlassen. Soweit sich die Regelungen an die Rehabilitationsträger nach § 6 Absatz 1 Nummer 1 richten, erlässt das Bundesministerium für Arbeit und Soziales die Rechtsverordnung im Einvernehmen mit dem Bundesministerium für Gesundheit.

Kapitel 6 Leistungsformen, Beratung

Abschnitt 1 Leistungsformen

§ 28 Ausführung von Leistungen

(1) Der zuständige Rehabilitationsträger kann Leistungen zur Teilhabe
1. allein oder gemeinsam mit anderen Leistungsträgern,
2. durch andere Leistungsträger oder
3. unter Inanspruchnahme von geeigneten, insbesondere auch freien und gemeinnützigen oder privaten Rehabilitationsdiensten und -einrichtungen nach § 36

ausführen. Der zuständige Rehabilitationsträger bleibt für die Ausführung der Leistungen verantwortlich. Satz 1 gilt insbesondere dann, wenn der Rehabilitationsträger die Leistung dadurch wirksamer oder wirtschaftlicher erbringen kann.

(2) Die Leistungen werden dem Verlauf der Rehabilitation angepasst und sind darauf ausgerichtet, den Leistungsberechtigten unter Berücksichtigung der Besonderheiten des Einzelfalles zügig, wirksam, wirtschaftlich und auf Dauer eine den Zielen der §§ 1 und 4 Absatz 1 entsprechende umfassende Teilhabe am Leben in der Gesellschaft zu ermöglichen.

§ 29 Persönliches Budget

(1) Auf Antrag der Leistungsberechtigten werden Leistungen zur Teilhabe durch die Leistungsform eines Persönlichen Budgets ausgeführt, um den Leistungsberechtigten in eigener Verantwortung ein möglichst selbstbestimmtes Leben zu ermöglichen. Bei der Ausführung des Persönlichen Budgets sind nach Maßgabe des individuell festgestellten Bedarfs die Rehabilitationsträger, die Pflegekassen und die Integrationsämter beteiligt. Das Persönliche Budget wird von den beteiligten Leistungsträgern trägerübergreifend als Komplexleistung erbracht. Das Persönliche Budget kann auch nicht trägerübergreifend von einem einzelnen Leistungsträger erbracht werden. Budgetfähig sind auch die neben den Leistungen nach Satz 1 erforderlichen Leistungen der Krankenkassen und der Pflegekassen, Leistungen der Träger der Unfallversicherung bei Pflegebedürftigkeit, Leistungen der Träger der Sozialen Entschädigung zur Krankenbehandlung, bei Pflegebedürftigkeit und zur Weiterführung des Haushalts, Leistungen des Trägers der Soldatenentschädigung zur medizinischen Versorgung und bei Pflegebedürftigkeit sowie Hilfe zur Pflege der Sozialhilfe, die sich auf alltägliche und regelmäßig wiederkehrende Bedarfe beziehen und als Geldleistungen oder durch Gutscheine erbracht werden können. An die Entscheidung sind die Leistungsberechtigten für die Dauer von sechs Monaten gebunden.

(2) Persönliche Budgets werden in der Regel als Geldleistung ausgeführt, bei laufenden Leistungen monatlich. In begründeten Fällen sind Gutscheine auszugeben. Mit der Auszahlung oder der Ausgabe von Gutscheinen an die Leistungsberechtigten gilt deren Anspruch gegen die beteiligten Leistungsträger insoweit als erfüllt. Das Bedarfsermittlungsverfahren für laufende Leistungen wird in der Regel im Abstand von zwei Jahren wiederholt. In begründeten Fällen kann davon abgewichen werden. Persönliche Budgets werden auf der Grundlage der nach Kapitel 4 getroffenen Feststellungen so bemessen, dass der individuell festgestellte Bedarf gedeckt

wird und die erforderliche Beratung und Unterstützung erfolgen kann. Dabei soll die Höhe des Persönlichen Budgets die Kosten aller bisher individuell festgestellten Leistungen nicht überschreiten, die ohne das Persönliche Budget zu erbringen sind. § 35a des Elften Buches bleibt unberührt.

(3) Werden Leistungen zur Teilhabe in der Leistungsform des Persönlichen Budgets beantragt, ist der nach § 14 leistende Rehabilitationsträger für die Durchführung des Verfahrens zuständig. Satz 1 findet entsprechend Anwendung auf die Pflegekassen und die Integrationsämter sowie auf die Träger der Sozialen Entschädigung und der Soldatenentschädigung, soweit diese Leistungen nach Absatz 1 Satz 5 erbringen. Enthält das Persönliche Budget Leistungen, für die der Leistungsträger nach den Sätzen 1 und 2 nicht Leistungsträger nach § 6 Absatz 1 sein kann, leitet er den Antrag insoweit unverzüglich dem nach seiner Auffassung zuständigen Leistungsträger nach § 15 zu.

(4) Der Leistungsträger nach Absatz 3 und die Leistungsberechtigten schließen zur Umsetzung des Persönlichen Budgets eine Zielvereinbarung ab. Sie enthält mindestens Regelungen über

1. die Ausrichtung der individuellen Förder- und Leistungsziele,
2. die Erforderlichkeit eines Nachweises zur Deckung des festgestellten individuellen Bedarfs,
3. die Qualitätssicherung sowie
4. die Höhe der Teil- und des Gesamtbudgets.

Satz 1 findet keine Anwendung, wenn allein Pflegekassen Leistungsträger nach Absatz 3 sind und sie das Persönliche Budget nach Absatz 1 Satz 4 erbringen. Die Beteiligten, die die Zielvereinbarung abgeschlossen haben, können diese aus wichtigem Grund mit sofortiger Wirkung schriftlich kündigen, wenn ihnen die Fortsetzung der Vereinbarung nicht zumutbar ist. Ein wichtiger Grund kann für die Leistungsberechtigten insbesondere in der persönlichen Lebenssituation liegen. Für den Leistungsträger kann ein wichtiger Grund dann vorliegen, wenn die Leistungsberechtigten die Vereinbarung, insbesondere hinsichtlich des Nachweises zur Bedarfsdeckung und der Qualitätssicherung nicht einhalten. Im Fall der Kündigung der Zielvereinbarung wird der Verwaltungsakt aufgehoben. Die Zielvereinbarung wird im Rahmen des Bedarfsermittlungsverfahrens für die Dauer des Bewilligungszeitraumes der Leistungen in Form des Persönlichen Budgets abgeschlossen.

§ 30 Verordnungsermächtigung

Das Bundesministerium für Arbeit und Soziales wird ermächtigt, im Einvernehmen mit dem Bundesministerium für Gesundheit durch Rechtsverordnung mit Zustimmung des Bundesrates Näheres zum Inhalt und zur Ausführung des Persönlichen Budgets, zum Verfahren sowie zur Zuständigkeit bei Beteiligung mehrerer Rehabilitationsträger zu regeln.

§ 31 Leistungsort

Sach- und Dienstleistungen können auch im Ausland erbracht werden, wenn sie dort bei zumindest gleicher Qualität und Wirksamkeit wirtschaftlicher ausgeführt werden können. Leistungen zur Teilhabe am Arbeitsleben können im grenznahen

Ausland auch ausgeführt werden, wenn sie für die Aufnahme oder Ausübung einer Beschäftigung oder selbständigen Tätigkeit erforderlich sind.

Abschnitt 2 Beratung

§ 32 Ergänzende unabhängige Teilhabeberatung; Verordnungsermächtigung

(1) Zur Stärkung der Selbstbestimmung von Menschen mit Behinderungen und von Behinderung bedrohter Menschen fördert das Bundesministerium für Arbeit und Soziales eine von Leistungsträgern und Leistungserbringern unabhängige ergänzende Beratung als niedrigschwelliges Angebot, das bereits im Vorfeld der Beantragung konkreter Leistungen zur Verfügung steht. Dieses Angebot besteht neben dem Anspruch auf Beratung durch die Rehabilitationsträger.
(2) Das ergänzende Angebot erstreckt sich auf die Information und Beratung über Rehabilitations- und Teilhabeleistungen nach diesem Buch. Die Rehabilitationsträger informieren im Rahmen der vorhandenen Beratungsstrukturen und ihrer Beratungspflicht über dieses ergänzende Angebot.
(3) Bei der Förderung von Beratungsangeboten ist die von Leistungsträgern und Leistungserbringern unabhängige ergänzende Beratung von Betroffenen für Betroffene besonders zu berücksichtigen.
(4) *weggefallen*
(5) *weggefallen*
(6) Die Bundesmittel für die Zuschüsse werden ab dem Jahr 2023 auf 65 Millionen Euro festgesetzt. Aus den Bundesmitteln sind insbesondere auch die Aufwendungen zu finanzieren, die für die Administration, die Vernetzung, die Qualitätssicherung und die Öffentlichkeitsarbeit der Beratungsangebote notwendig sind.
(7) Zuständige Behörde für die Umsetzung der ergänzenden unabhängigen Teilhabeberatung ist das Bundesministerium für Arbeit und Soziales. Es kann diese Aufgaben Dritten übertragen. Die Auswahl aus dem Kreis der Antragsteller erfolgt durch das Bundesministerium für Arbeit und Soziales im Benehmen mit den zuständigen obersten Landesbehörden. Das Bundesministerium für Arbeit und Soziales erlässt eine Rechtsverordnung ohne Zustimmung des Bundesrates, um die ergänzende unabhängige Teilhabeberatung nach dem Jahr 2022 auszugestalten und umzusetzen.

§ 33 Pflichten der Personensorgeberechtigten

Eltern, Vormünder, Pfleger und Betreuer, die bei den ihnen anvertrauten Personen Beeinträchtigungen (§ 2 Absatz 1) wahrnehmen oder durch die in § 34 genannten Personen hierauf hingewiesen werden, sollen im Rahmen ihres Erziehungs- oder Betreuungsauftrags diese Personen einer Beratungsstelle nach § 32 oder einer sonstigen Beratungsstelle für Rehabilitation zur Beratung über die geeigneten Leistungen zur Teilhabe vorstellen.

§ 34 Sicherung der Beratung von Menschen mit Behinderungen

(1) Die Beratung durch Ärzte, denen eine Person nach § 33 vorgestellt wird, erstreckt sich auf geeignete Leistungen zur Teilhabe. Dabei weisen sie auf die Möglichkeit der Beratung durch die Beratungsstellen der Rehabilitationsträger hin und

informieren über wohnortnahe Angebote zur Beratung nach § 32. Werdende Eltern werden außerdem auf den Beratungsanspruch bei den Schwangerschaftsberatungsstellen hingewiesen.

(2) Nehmen Hebammen, Entbindungspfleger, medizinisches Personal außer Ärzten, Lehrer, Sozialarbeiter, Jugendleiter und Erzieher bei der Ausübung ihres Berufs Behinderungen wahr, weisen sie die Personensorgeberechtigten auf die Behinderung und auf entsprechende Beratungsangebote nach § 32 hin.

(3) Nehmen medizinisches Personal außer Ärzten und Sozialarbeiter bei der Ausübung ihres Berufs Behinderungen bei volljährigen Personen wahr, empfehlen sie diesen Personen oder ihren bestellten Betreuern, eine Beratungsstelle für Rehabilitation oder eine ärztliche Beratung über geeignete Leistungen zur Teilhabe aufzusuchen.

§ 35 Landesärzte

(1) In den Ländern können Landesärzte bestellt werden, die über besondere Erfahrungen in der Hilfe für Menschen mit Behinderungen und von Behinderung bedrohte Menschen verfügen.

(2) Die Landesärzte haben insbesondere folgende Aufgaben:

1. Gutachten für die Landesbehörden, die für das Gesundheitswesen, die Sozialhilfe und Eingliederungshilfe zuständig sind, sowie für die zuständigen Träger der Sozialhilfe und Eingliederungshilfe in besonders schwierig gelagerten Einzelfällen oder in Fällen von grundsätzlicher Bedeutung zu erstatten,
2. die für das Gesundheitswesen zuständigen obersten Landesbehörden beim Erstellen von Konzeptionen, Situations- und Bedarfsanalysen und bei der Landesplanung zur Teilhabe von Menschen mit Behinderungen und von Behinderung bedrohter Menschen zu beraten und zu unterstützen sowie selbst entsprechende Initiativen zu ergreifen und
3. die für das Gesundheitswesen zuständigen Landesbehörden über Art und Ursachen von Behinderungen und notwendige Hilfen sowie über den Erfolg von Leistungen zur Teilhabe von Menschen mit Behinderungen und von Behinderung bedrohter Menschen regelmäßig zu unterrichten.

Kapitel 7 Struktur, Qualitätssicherung, Gewaltschutz und Verträge

§ 36 Rehabilitationsdienste und -einrichtungen

(1) Die Rehabilitationsträger wirken gemeinsam unter Beteiligung der Bundesregierung und der Landesregierungen darauf hin, dass die fachlich und regional erforderlichen Rehabilitationsdienste und -einrichtungen in ausreichender Anzahl und Qualität zur Verfügung stehen. Dabei achten die Rehabilitationsträger darauf, dass für eine ausreichende Anzahl von Rehabilitationsdiensten und -einrichtungen keine Zugangs- und Kommunikationsbarrieren bestehen. Die Verbände von Menschen mit Behinderungen einschließlich der Verbände der Freien Wohlfahrtspflege, der Selbsthilfegruppen und der Interessenvertretungen von Frauen mit Behinderungen sowie die für die Wahrnehmung der Interessen der ambulanten und stationären Rehabilitationseinrichtungen auf Bundesebene maßgeblichen Spitzenverbände werden beteiligt.

(2) Nehmen Rehabilitationsträger zur Ausführung von Leistungen Rehabilitationsdienste und -einrichtungen in Anspruch, erfolgt die Auswahl danach, wer die Leistung in der am besten geeigneten Form ausführt. Dabei werden Rehabilitationsdienste und -einrichtungen freier oder gemeinnütziger Träger entsprechend ihrer Bedeutung für die Rehabilitation und Teilhabe von Menschen mit Behinderungen berücksichtigt und die Vielfalt der Träger gewahrt sowie deren Selbständigkeit, Selbstverständnis und Unabhängigkeit beachtet. § 51 Absatz 1 Satz 2 Nummer 4 ist anzuwenden.
(3) Rehabilitationsträger können nach den für sie geltenden Rechtsvorschriften Rehabilitationsdienste oder -einrichtungen fördern, wenn dies zweckmäßig ist und die Arbeit dieser Dienste oder Einrichtungen in anderer Weise nicht sichergestellt werden kann.
(4) Rehabilitationsdienste und -einrichtungen mit gleicher Aufgabenstellung sollen Arbeitsgemeinschaften bilden.

§ 36a
(weggefallen)

§ 37 Qualitätssicherung, Zertifizierung
(1) Die Rehabilitationsträger nach § 6 Absatz 1 Nummer 1 bis 5 vereinbaren gemeinsame Empfehlungen zur Sicherung und Weiterentwicklung der Qualität der Leistungen, insbesondere zur barrierefreien Leistungserbringung, sowie für die Durchführung vergleichender Qualitätsanalysen als Grundlage für ein effektives Qualitätsmanagement der Leistungserbringer. § 26 Absatz 4 ist entsprechend anzuwenden. Die Rehabilitationsträger nach § 6 Absatz 1 Nummer 6 und 7 können den Empfehlungen beitreten.
(2) Die Erbringer von Leistungen stellen ein Qualitätsmanagement sicher, das durch zielgerichtete und systematische Verfahren und Maßnahmen die Qualität der Versorgung gewährleistet und kontinuierlich verbessert. Stationäre Rehabilitationseinrichtungen haben sich an dem Zertifizierungsverfahren nach Absatz 3 zu beteiligen.
(3) Die Spitzenverbände der Rehabilitationsträger nach § 6 Absatz 1 Nummer 1 und 3 bis 5 vereinbaren im Rahmen der Bundesarbeitsgemeinschaft für Rehabilitation grundsätzliche Anforderungen an ein einrichtungsinternes Qualitätsmanagement nach Absatz 2 Satz 1 sowie ein einheitliches, unabhängiges Zertifizierungsverfahren, mit dem die erfolgreiche Umsetzung des Qualitätsmanagements in regelmäßigen Abständen nachgewiesen wird. Den für die Wahrnehmung der Interessen der stationären Rehabilitationseinrichtungen auf Bundesebene maßgeblichen Spitzenverbänden sowie den Verbänden von Menschen mit Behinderungen einschließlich der Verbände der Freien Wohlfahrtspflege, der Selbsthilfegruppen und der Interessenvertretungen von Frauen mit Behinderungen ist Gelegenheit zur Stellungnahme zu geben. Stationäre Rehabilitationseinrichtungen sind nur dann als geeignet anzusehen, wenn sie zertifiziert sind.
(4) Die Rehabilitationsträger können mit den Einrichtungen, die für sie Leistungen erbringen, über Absatz 1 hinausgehende Anforderungen an die Qualität und das Qualitätsmanagement vereinbaren.

(5) In Rehabilitationseinrichtungen mit Vertretungen der Menschen mit Behinderungen sind die nach Absatz 3 Satz 1 zu erstellenden Nachweise über die Umsetzung des Qualitätsmanagements diesen Vertretungen zur Verfügung zu stellen.
(6) § 26 Absatz 3 ist entsprechend anzuwenden für Vereinbarungen auf Grund gesetzlicher Vorschriften für die Rehabilitationsträger.

§ 37a Gewaltschutz
(1) Die Leistungserbringer treffen geeignete Maßnahmen zum Schutz vor Gewalt für Menschen mit Behinderungen und von Behinderung bedrohte Menschen, insbesondere für Frauen und Kinder mit Behinderung und von Behinderung bedrohte Frauen und Kinder. Zu den geeigneten Maßnahmen nach Satz 1 gehören insbesondere die Entwicklung und Umsetzung eines auf die Einrichtung oder Dienstleistungen zugeschnittenen Gewaltschutzkonzepts.
(2) Die Rehabilitationsträger und die Integrationsämter wirken bei der Erfüllung ihrer gesetzlichen Aufgaben darauf hin, dass der Schutzauftrag nach Absatz 1 von den Leistungserbringern umgesetzt wird.

§ 38 Verträge mit Leistungserbringern
(1) Verträge mit Leistungserbringern müssen insbesondere folgende Regelungen über die Ausführung von Leistungen durch Rehabilitationsdienste und -einrichtungen, die nicht in der Trägerschaft eines Rehabilitationsträgers stehen, enthalten:
1. Qualitätsanforderungen an die Ausführung der Leistungen, das beteiligte Personal und die begleitenden Fachdienste,
2. die Übernahme von Grundsätzen der Rehabilitationsträger zur Vereinbarung von Vergütungen,
3. Rechte und Pflichten der Teilnehmer, soweit sich diese nicht bereits aus dem Rechtsverhältnis ergeben, das zwischen ihnen und dem Rehabilitationsträger besteht,
4. angemessene Mitwirkungsmöglichkeiten der Teilnehmer an der Ausführung der Leistungen,
5. Regelungen zur Geheimhaltung personenbezogener Daten,
6. Regelungen zur Beschäftigung eines angemessenen Anteils von Frauen mit Behinderungen, insbesondere Frauen mit Schwerbehinderungen sowie
7. das Angebot, Beratung durch den Träger der öffentlichen Jugendhilfe bei gewichtigen Anhaltspunkten für eine Kindeswohlgefährdung in Anspruch zu nehmen.

(2) Die Bezahlung tarifvertraglich vereinbarter Vergütungen sowie entsprechender Vergütungen nach kirchlichen Arbeitsrechtsregelungen kann bei Verträgen auf der Grundlage dieses Buches nicht als unwirtschaftlich abgelehnt werden. Auf Verlangen des Rehabilitationsträgers ist die Zahlung von Vergütungen nach Satz 1 nachzuweisen.
(3) Die Rehabilitationsträger wirken darauf hin, dass die Verträge nach einheitlichen Grundsätzen abgeschlossen werden. Dabei sind einheitliche Grundsätze der Wirksamkeit, Zweckmäßigkeit und Wirtschaftlichkeit zu berücksichtigten. Die Rehabilitationsträger können über den Inhalt der Verträge gemeinsame Empfehlungen nach § 26 vereinbaren. Mit den Arbeitsgemeinschaften der Rehabilitations-

dienste und -einrichtungen können sie Rahmenverträge schließen. Der oder die Bundesbeauftragte für den Datenschutz und die Informationsfreiheit wird beteiligt.
(4) Absatz 1 Nummer 1 und 3 bis 6 wird für eigene Einrichtungen der Rehabilitationsträger entsprechend angewendet.

Kapitel 8 Bundesarbeitsgemeinschaft für Rehabilitation

§ 39 Aufgaben

(1) Die Rehabilitationsträger nach § 6 Absatz 1 Nummer 1 bis 5 gestalten und organisieren die trägerübergreifende Zusammenarbeit zur einheitlichen personenzentrierten Gestaltung der Rehabilitation und der Leistungen zur Teilhabe im Rahmen einer Arbeitsgemeinschaft nach § 94 des Zehnten Buches. Sie trägt den Namen »Bundesarbeitsgemeinschaft für Rehabilitation«.
(2) Die Aufgaben der Bundesarbeitsgemeinschaft für Rehabilitation sind insbesondere
1. die Beobachtung der Zusammenarbeit der Rehabilitationsträger und die regelmäßige Auswertung und Bewertung der Zusammenarbeit; hierzu bedarf es
   a) der Erstellung von gemeinsamen Grundsätzen für die Erhebung von Daten, die der Aufbereitung und Bereitstellung von Statistiken über das Rehabilitationsgeschehen der Träger und ihrer Zusammenarbeit dienen,
   b) der Datenaufbereitung und Bereitstellung von Statistiken über das Rehabilitationsgeschehen der Träger und ihrer Zusammenarbeit und
   c) der Erhebung und Auswertung nicht personenbezogener Daten über Prozesse und Abläufe des Rehabilitationsgeschehens aus dem Aufgabenfeld der medizinischen und beruflichen Rehabilitation der Sozialversicherung mit Zustimmung des Bundesministeriums für Arbeit und Soziales,
2. die Erarbeitung von gemeinsamen Grundsätzen zur Bedarfserkennung, Bedarfsermittlung und Koordinierung von Rehabilitationsmaßnahmen und zur trägerübergreifenden Zusammenarbeit,
3. die Erarbeitung von gemeinsamen Empfehlungen zur Sicherung der Zusammenarbeit nach § 25,
4. die trägerübergreifende Fort- und Weiterbildung zur Unterstützung und Umsetzung trägerübergreifender Kooperation und Koordination,
5. die Erarbeitung trägerübergreifender Beratungsstandards und Förderung der Weitergabe von eigenen Lebenserfahrungen an andere Menschen mit Behinderungen durch die Beratungsmethode des Peer Counseling,
6. die Erarbeitung von Qualitätskriterien zur Sicherung der Struktur-, Prozess- und Ergebnisqualität im trägerübergreifenden Rehabilitationsgeschehen und Initiierung von deren Weiterentwicklung,
7. die Förderung der Partizipation Betroffener durch stärkere Einbindung von Selbsthilfe- und Selbstvertretungsorganisationen von Menschen mit Behinderungen in die konzeptionelle Arbeit der Bundesarbeitsgemeinschaft für Rehabilitation und deren Organe,
8. die Öffentlichkeitsarbeit zur Inklusion und Rehabilitation sowie
9. die Beobachtung und Bewertung der Forschung zur Rehabilitation sowie Durchführung trägerübergreifender Forschungsvorhaben.

§ 40 Rechtsaufsicht

Die Bundesarbeitsgemeinschaft für Rehabilitation untersteht der Rechtsaufsicht des Bundesministeriums für Arbeit und Soziales.

§ 41 Teilhabeverfahrensbericht

(1) Die Rehabilitationsträger nach § 6 Absatz 1 erfassen

1. die Anzahl der gestellten Anträge auf Leistungen zur Rehabilitation und Teilhabe differenziert nach Leistungsgruppen im Sinne von § 5 Nummer 1, 2, 4 und 5,
2. die Anzahl der Weiterleitungen nach § 14 Absatz 1 Satz 2,
3. in wie vielen Fällen
   a) die Zweiwochenfrist nach § 14 Absatz 1 Satz 1,
   b) die Dreiwochenfrist nach § 14 Absatz 2 Satz 2 sowie
   c) die Zweiwochenfrist nach § 14 Absatz 2 Satz 3
   nicht eingehalten wurde,
4. die durchschnittliche Zeitdauer zwischen Erteilung des Gutachtenauftrages in Fällen des § 14 Absatz 2 Satz 3 und der Vorlage des Gutachtens,
5. die durchschnittliche Zeitdauer zwischen Antragseingang beim leistenden Rehabilitationsträger und der Entscheidung nach den Merkmalen der Erledigung und der Bewilligung,
6. die Anzahl der Ablehnungen von Anträgen sowie der nicht vollständigen Bewilligung der beantragten Leistungen,
7. die durchschnittliche Zeitdauer zwischen dem Datum des Bewilligungsbescheides und dem Beginn der Leistungen mit und ohne Teilhabeplanung nach § 19, wobei in den Fällen, in denen die Leistung von einem Rehabilitationsträger nach § 6 Absatz 1 Nummer 1 erbracht wurde, das Merkmal »mit und ohne Teilhabeplanung nach § 19« nicht zu erfassen ist,
8. die Anzahl der trägerübergreifenden Teilhabeplanungen und Teilhabeplankonferenzen,
9. die Anzahl der nachträglichen Änderungen und Fortschreibungen der Teilhabepläne einschließlich der durchschnittlichen Geltungsdauer des Teilhabeplanes,
10. die Anzahl der Erstattungsverfahren nach § 16 Absatz 2 Satz 2,
11. die Anzahl der beantragten und bewilligten Leistungen in Form des Persönlichen Budgets,
12. die Anzahl der beantragten und bewilligten Leistungen in Form des trägerübergreifenden Persönlichen Budgets,
13. die Anzahl der Mitteilungen nach § 18 Absatz 1,
14. die Anzahl der Anträge auf Erstattung nach § 18 nach den Merkmalen »Bewilligung« oder »Ablehnung«,
15. die Anzahl der Rechtsbehelfe sowie der erfolgreichen Rechtsbehelfe aus Sicht der Leistungsberechtigten jeweils nach den Merkmalen »Widerspruch« und »Klage«,
16. die Anzahl der Leistungsberechtigten, die sechs Monate nach dem Ende der Maßnahme zur Teilhabe am Arbeitsleben eine sozialversicherungspflichtige

Beschäftigung aufgenommen haben, soweit die Maßnahme von einem Rehabilitationsträger nach § 6 Absatz 1 Nummer 2 bis 7 erbracht wurde.

(2) Die Rehabilitationsträger nach § 6 Absatz 1 Nummer 1 bis 5 melden jährlich die im Berichtsjahr nach Absatz 1 erfassten Angaben an ihre Spitzenverbände, die Rehabilitationsträger nach § 6 Absatz 1 Nummer 6 und 7 jeweils über ihre obersten Landesjugend- und Sozialbehörden, zur Weiterleitung an die Bundesarbeitsgemeinschaft für Rehabilitation in einem mit ihr technisch abgestimmten Datenformat. Die Bundesarbeitsgemeinschaft für Rehabilitation wertet die Angaben unter Beteiligung der Rehabilitationsträger aus und erstellt jährlich eine gemeinsame Übersicht. Die Erfassung der Angaben soll mit dem 1. Januar 2018 beginnen und ein Kalenderjahr umfassen. Der erste Bericht ist 2019 zu veröffentlichen.

(3) Der Bund erstattet der Bundesarbeitsgemeinschaft für Rehabilitation die notwendigen Aufwendungen für folgende Tätigkeiten:

1. die Bereitstellung von Daten,
2. die Datenaufarbeitung und
3. die Auswertungen über das Rehabilitationsgeschehen.

Kapitel 9 Leistungen zur medizinischen Rehabilitation

§ 42 Leistungen zur medizinischen Rehabilitation

(1) Zur medizinischen Rehabilitation von Menschen mit Behinderungen und von Behinderung bedrohter Menschen werden die erforderlichen Leistungen erbracht, um

1. Behinderungen einschließlich chronischer Krankheiten abzuwenden, zu beseitigen, zu mindern, auszugleichen, eine Verschlimmerung zu verhüten oder
2. Einschränkungen der Erwerbsfähigkeit und Pflegebedürftigkeit zu vermeiden, zu überwinden, zu mindern, eine Verschlimmerung zu verhindern sowie den vorzeitigen Bezug von laufenden Sozialleistungen zu verhüten oder laufende Sozialleistungen zu mindern.

(2) Leistungen zur medizinischen Rehabilitation umfassen insbesondere

1. Behandlung durch Ärzte, Zahnärzte und Angehörige anderer Heilberufe, soweit deren Leistungen unter ärztlicher Aufsicht oder auf ärztliche Anordnung ausgeführt werden, einschließlich der Anleitung, eigene Heilungskräfte zu entwickeln,
2. Früherkennung und Frühförderung für Kinder mit Behinderungen und von Behinderung bedrohte Kinder,
3. Arznei- und Verbandsmittel,
4. Heilmittel einschließlich physikalischer, Sprach- und Beschäftigungstherapie,
5. Psychotherapie als ärztliche und psychotherapeutische Behandlung,
6. Hilfsmittel,

6a. digitale Gesundheitsanwendungen sowie

7. Belastungserprobung und Arbeitstherapie.

(3) Bestandteil der Leistungen nach Absatz 1 sind auch medizinische, psychologische und pädagogische Hilfen, soweit diese Leistungen im Einzelfall erforderlich sind, um die in Absatz 1 genannten Ziele zu erreichen. Solche Leistungen sind insbesondere

1. Hilfen zur Unterstützung bei der Krankheits- und Behinderungsverarbeitung,
2. Hilfen zur Aktivierung von Selbsthilfepotentialen,
3. die Information und Beratung von Partnern und Angehörigen sowie von Vorgesetzten und Kollegen, wenn die Leistungsberechtigten dem zustimmen,
4. die Vermittlung von Kontakten zu örtlichen Selbsthilfe- und Beratungsmöglichkeiten,
5. Hilfen zur seelischen Stabilisierung und zur Förderung der sozialen Kompetenz, unter anderem durch Training sozialer und kommunikativer Fähigkeiten und im Umgang mit Krisensituationen,
6. das Training lebenspraktischer Fähigkeiten sowie
7. die Anleitung und Motivation zur Inanspruchnahme von Leistungen der medizinischen Rehabilitation.

§ 43 Krankenbehandlung und Rehabilitation

Die in § 42 Absatz 1 genannten Ziele und § 12 Absatz 1 und 3 sowie § 19 gelten auch bei Leistungen der Krankenbehandlung.

§ 44 Stufenweise Wiedereingliederung

Können arbeitsunfähige Leistungsberechtigte nach ärztlicher Feststellung ihre bisherige Tätigkeit teilweise ausüben und können sie durch eine stufenweise Wiederaufnahme ihrer Tätigkeit voraussichtlich besser wieder in das Erwerbsleben eingegliedert werden, sollen die medizinischen und die sie ergänzenden Leistungen mit dieser Zielrichtung erbracht werden.

§ 45 Förderung der Selbsthilfe

Selbsthilfegruppen, Selbsthilfeorganisationen und Selbsthilfekontaktstellen, die sich die Prävention, Rehabilitation, Früherkennung, Beratung, Behandlung und Bewältigung von Krankheiten und Behinderungen zum Ziel gesetzt haben, sollen nach einheitlichen Grundsätzen gefördert werden. Die Daten der Rehabilitationsträger über Art und Höhe der Förderung der Selbsthilfe fließen in den Bericht der Bundesarbeitsgemeinschaft für Rehabilitation nach § 41 ein.

§ 46 Früherkennung und Frühförderung

(1) Die medizinischen Leistungen zur Früherkennung und Frühförderung für Kinder mit Behinderungen und von Behinderung bedrohte Kinder nach § 42 Absatz 2 Nummer 2 umfassen auch

1. die medizinischen Leistungen der fachübergreifend arbeitenden Dienste und Einrichtungen sowie
2. nichtärztliche sozialpädiatrische, psychologische, heilpädagogische, psychosoziale Leistungen und die Beratung der Erziehungsberechtigten, auch in fachübergreifend arbeitenden Diensten und Einrichtungen, wenn sie unter ärztlicher Verantwortung erbracht werden und erforderlich sind, um eine drohende oder bereits eingetretene Behinderung zum frühestmöglichen Zeitpunkt zu erkennen und einen individuellen Behandlungsplan aufzustellen.

(2) Leistungen zur Früherkennung und Frühförderung für Kinder mit Behinderungen und von Behinderung bedrohte Kinder umfassen weiterhin nichtärzt-

liche therapeutische, psychologische, heilpädagogische, sonderpädagogische, psychosoziale Leistungen und die Beratung der Erziehungsberechtigten durch interdisziplinäre Frühförderstellen oder nach Landesrecht zugelassene Einrichtungen mit vergleichbarem interdisziplinärem Förder-, Behandlungs- und Beratungsspektrum. Die Leistungen sind erforderlich, wenn sie eine drohende oder bereits eingetretene Behinderung zum frühestmöglichen Zeitpunkt erkennen helfen oder die eingetretene Behinderung durch gezielte Förder- und Behandlungsmaßnahmen ausgleichen oder mildern.

(3) Leistungen nach Absatz 1 werden in Verbindung mit heilpädagogischen Leistungen nach § 79 als Komplexleistung erbracht. Die Komplexleistung umfasst auch Leistungen zur Sicherung der Interdisziplinarität. Maßnahmen zur Komplexleistung können gleichzeitig oder nacheinander sowie in unterschiedlicher und gegebenenfalls wechselnder Intensität ab Geburt bis zur Einschulung eines Kindes mit Behinderungen oder drohender Behinderung erfolgen.

(4) In den Landesrahmenvereinbarungen zwischen den beteiligten Rehabilitationsträgern und den Verbänden der Leistungserbringer wird Folgendes geregelt:

1. die Anforderungen an interdisziplinäre Frühförderstellen, nach Landesrecht zugelassene Einrichtungen mit vergleichbarem interdisziplinärem Förder-, Behandlungs- und Beratungsspektrum und sozialpädiatrische Zentren zu Mindeststandards, Berufsgruppen, Personalausstattung, sachlicher und räumlicher Ausstattung,
2. die Dokumentation und Qualitätssicherung,
3. der Ort der Leistungserbringung sowie
4. die Vereinbarung und Abrechnung der Entgelte für die als Komplexleistung nach Absatz 3 erbrachten Leistungen unter Berücksichtigung der Zuwendungen Dritter, insbesondere der Länder, für Leistungen nach der Verordnung zur Früherkennung und Frühförderung.

(5) Die Rehabilitationsträger schließen Vereinbarungen über die pauschalierte Aufteilung der nach Absatz 4 Nummer 4 vereinbarten Entgelte für Komplexleistungen auf der Grundlage der Leistungszuständigkeit nach Spezialisierung und Leistungsprofil des Dienstes oder der Einrichtung, insbesondere den vertretenen Fachdisziplinen und dem Diagnosespektrum der leistungsberechtigten Kinder. Regionale Gegebenheiten werden berücksichtigt. Der Anteil der Entgelte, der auf die für die Leistungen nach § 6 der Verordnung zur Früherkennung und Frühförderung jeweils zuständigen Träger entfällt, darf für Leistungen in interdisziplinären Frühförderstellen oder in nach Landesrecht zugelassenen Einrichtungen mit vergleichbarem interdisziplinärem Förder-, Behandlungs- und Beratungsspektrum 65 Prozent und in sozialpädiatrischen Zentren 20 Prozent nicht überschreiten. Landesrecht kann andere als pauschale Abrechnungen vorsehen.

(6) Kommen Landesrahmenvereinbarungen nach Absatz 4 bis zum 31. Juli 2019 nicht zustande, sollen die Landesregierungen Regelungen durch Rechtsverordnung entsprechend Absatz 4 Nummer 1 bis 3 treffen.

§ 47 Hilfsmittel

(1) Hilfsmittel (Körperersatzstücke sowie orthopädische und andere Hilfsmittel) nach § 42 Absatz 2 Nummer 6 umfassen die Hilfen, die von den Leistungsberech-

tigten getragen oder mitgeführt oder bei einem Wohnungswechsel mitgenommen werden können und unter Berücksichtigung der Umstände des Einzelfalles erforderlich sind, um

1. einer drohenden Behinderung vorzubeugen,
2. den Erfolg einer Heilbehandlung zu sichern oder
3. eine Behinderung bei der Befriedigung von Grundbedürfnissen des täglichen Lebens auszugleichen, soweit die Hilfsmittel nicht allgemeine Gebrauchsgegenstände des täglichen Lebens sind.

(2) Der Anspruch auf Hilfsmittel umfasst auch die notwendige Änderung, Instandhaltung, Ersatzbeschaffung sowie die Ausbildung im Gebrauch der Hilfsmittel. Der Rehabilitationsträger soll

1. vor einer Ersatzbeschaffung prüfen, ob eine Änderung oder Instandsetzung von bisher benutzten Hilfsmitteln wirtschaftlicher und gleich wirksam ist und
2. die Bewilligung der Hilfsmittel davon abhängig machen, dass die Leistungsberechtigten sich die Hilfsmittel anpassen oder sich in ihrem Gebrauch ausbilden lassen.

(3) Wählen Leistungsberechtigte ein geeignetes Hilfsmittel in einer aufwendigeren Ausführung als notwendig, tragen sie die Mehrkosten selbst.

(4) Hilfsmittel können auch leihweise überlassen werden. In diesem Fall gelten die Absätze 2 und 3 entsprechend.

§ 47a Digitale Gesundheitsanwendungen

(1) Digitale Gesundheitsanwendungen nach § 42 Absatz 2 Nummer 6a umfassen die in das Verzeichnis nach § 139e Absatz 1 des Fünften Buches aufgenommenen digitalen Gesundheitsanwendungen, sofern diese unter Berücksichtigung des Einzelfalles erforderlich sind, um

1. einer drohenden Behinderung vorzubeugen,
2. den Erfolg einer Heilbehandlung zu sichern oder
3. eine Behinderung bei der Befriedigung von Grundbedürfnissen des täglichen Lebens auszugleichen, sofern die digitalen Gesundheitsanwendungen nicht die Funktion von allgemeinen Gebrauchsgegenständen des täglichen Lebens übernehmen.

Digitale Gesundheitsanwendungen werden nur mit Zustimmung des Leistungsberechtigten erbracht.

(2) Wählen Leistungsberechtigte digitale Gesundheitsanwendungen, deren Funktion oder Anwendungsbereich über die Funktion und den Anwendungsbereich einer vergleichbaren in das Verzeichnis für digitale Gesundheitsanwendungen nach § 139e des Fünften Buches aufgenommenen digitalen Gesundheitsanwendung hinausgehen, so haben sie die Mehrkosten selbst zu tragen.

§ 48 Verordnungsermächtigungen

Das Bundesministerium für Arbeit und Soziales wird ermächtigt, im Einvernehmen mit dem Bundesministerium für Gesundheit durch Rechtsverordnung mit Zustimmung des Bundesrates Näheres zu regeln

1. zur Abgrenzung der in § 46 genannten Leistungen und der weiteren Leistungen dieser Dienste und Einrichtungen und

2. zur Auswahl der im Einzelfall geeigneten Hilfsmittel, insbesondere zum Verfahren, zur Eignungsprüfung, Dokumentation und leihweisen Überlassung der Hilfsmittel sowie zur Zusammenarbeit der anderen Rehabilitationsträger mit den orthopädischen Versorgungsstellen.

Kapitel 10 Leistungen zur Teilhabe am Arbeitsleben

§ 49 Leistungen zur Teilhabe am Arbeitsleben, Verordnungsermächtigung

(1) Zur Teilhabe am Arbeitsleben werden die erforderlichen Leistungen erbracht, um die Erwerbsfähigkeit von Menschen mit Behinderungen oder von Behinderung bedrohter Menschen entsprechend ihrer Leistungsfähigkeit zu erhalten, zu verbessern, herzustellen oder wiederherzustellen und ihre Teilhabe am Arbeitsleben möglichst auf Dauer zu sichern.

(2) Frauen mit Behinderungen werden gleiche Chancen im Erwerbsleben zugesichert, insbesondere durch in der beruflichen Zielsetzung geeignete, wohnortnahe und auch in Teilzeit nutzbare Angebote.

(3) Die Leistungen zur Teilhabe am Arbeitsleben umfassen insbesondere

1. Hilfen zur Erhaltung oder Erlangung eines Arbeitsplatzes einschließlich Leistungen zur Aktivierung und beruflichen Eingliederung,
2. eine Berufsvorbereitung einschließlich einer wegen der Behinderung erforderlichen Grundausbildung,
3. die individuelle betriebliche Qualifizierung im Rahmen Unterstützter Beschäftigung,
4. die berufliche Anpassung und Weiterbildung, auch soweit die Leistungen einen zur Teilnahme erforderlichen schulischen Abschluss einschließen,
5. die berufliche Ausbildung, auch soweit die Leistungen in einem zeitlich nicht überwiegenden Abschnitt schulisch durchgeführt werden,
6. die Förderung der Aufnahme einer selbständigen Tätigkeit durch die Rehabilitationsträger nach § 6 Absatz 1 Nummer 2 bis 5 und
7. sonstige Hilfen zur Förderung der Teilhabe am Arbeitsleben, um Menschen mit Behinderungen eine angemessene und geeignete Beschäftigung oder eine selbständige Tätigkeit zu ermöglichen und zu erhalten.

(4) Bei der Auswahl der Leistungen werden Eignung, Neigung, bisherige Tätigkeit sowie Lage und Entwicklung auf dem Arbeitsmarkt angemessen berücksichtigt. Soweit erforderlich, wird dabei die berufliche Eignung abgeklärt oder eine Arbeitserprobung durchgeführt; in diesem Fall werden die Kosten nach Absatz 7, Reisekosten nach § 73 sowie Haushaltshilfe und Kinderbetreuungskosten nach § 74 übernommen.

(5) Die Leistungen werden auch für Zeiten notwendiger Praktika erbracht.

(6) Die Leistungen umfassen auch medizinische, psychologische und pädagogische Hilfen, soweit diese Leistungen im Einzelfall erforderlich sind, um die in Absatz 1 genannten Ziele zu erreichen oder zu sichern und Krankheitsfolgen zu vermeiden, zu überwinden, zu mindern oder ihre Verschlimmerung zu verhüten. Leistungen sind insbesondere

1. Hilfen zur Unterstützung bei der Krankheits- und Behinderungsverarbeitung,
2. Hilfen zur Aktivierung von Selbsthilfepotentialen,

3. die Information und Beratung von Partnern und Angehörigen sowie von Vorgesetzten und Kollegen, wenn die Leistungsberechtigten dem zustimmen,
4. die Vermittlung von Kontakten zu örtlichen Selbsthilfe- und Beratungsmöglichkeiten,
5. Hilfen zur seelischen Stabilisierung und zur Förderung der sozialen Kompetenz, unter anderem durch Training sozialer und kommunikativer Fähigkeiten und im Umgang mit Krisensituationen,
6. das Training lebenspraktischer Fähigkeiten,
7. das Training motorischer Fähigkeiten,
8. die Anleitung und Motivation zur Inanspruchnahme von Leistungen zur Teilhabe am Arbeitsleben und
9. die Beteiligung von Integrationsfachdiensten im Rahmen ihrer Aufgabenstellung (§ 193).

(7) Zu den Leistungen gehört auch die Übernahme

1. der erforderlichen Kosten für Unterkunft und Verpflegung, wenn für die Ausführung einer Leistung eine Unterbringung außerhalb des eigenen oder des elterlichen Haushalts wegen Art oder Schwere der Behinderung oder zur Sicherung des Erfolges der Teilhabe am Arbeitsleben notwendig ist sowie
2. der erforderlichen Kosten, die mit der Ausführung einer Leistung in unmittelbarem Zusammenhang stehen, insbesondere für Lehrgangskosten, Prüfungsgebühren, Lernmittel, Leistungen zur Aktivierung und beruflichen Eingliederung.

(8) Leistungen nach Absatz 3 Nummer 1 und 7 umfassen auch

1. die Kraftfahrzeughilfe nach der Kraftfahrzeughilfe-Verordnung,
2. den Ausgleich für unvermeidbare Verdienstausfälle des Leistungsberechtigten oder einer erforderlichen Begleitperson wegen Fahrten der An- und Abreise zu einer Bildungsmaßnahme und zur Vorstellung bei einem Arbeitgeber, bei einem Träger oder einer Einrichtung für Menschen mit Behinderungen, durch die Rehabilitationsträger nach § 6 Absatz 1 Nummer 2 bis 5,

2a. die Kosten eines Jobcoachings,

3. die Kosten einer notwendigen Arbeitsassistenz für schwerbehinderte Menschen als Hilfe zur Erlangung eines Arbeitsplatzes,
4. die Kosten für Hilfsmittel, die wegen Art oder Schwere der Behinderung erforderlich sind
   a) zur Berufsausübung,
   b) zur Teilhabe an einer Leistung zur Teilhabe am Arbeitsleben
   c) zur Erhöhung der Sicherheit auf dem Weg vom und zum Arbeitsplatz oder
   d) zur Erhöhung der Sicherheit am Arbeitsplatz oder

   es sei denn, dass eine Verpflichtung des Arbeitgebers besteht oder solche Leistungen als medizinische Leistung erbracht werden können,
5. die Kosten technischer Arbeitshilfen, die wegen Art oder Schwere der Behinderung zur Berufsausübung erforderlich sind und
6. die Kosten der Beschaffung, der Ausstattung und der Erhaltung einer behinderungsgerechten Wohnung in angemessenem Umfang.

Die Leistung nach Satz 1 Nummer 3 wird für die Dauer von bis zu drei Jahren bewilligt und in Abstimmung mit dem Rehabilitationsträger nach § 6 Absatz 1

Nummer 1 bis 5 durch das Integrationsamt nach § 185 Absatz 5 ausgeführt. Der Rehabilitationsträger erstattet dem Integrationsamt seine Aufwendungen. Der Anspruch nach § 185 Absatz 5 bleibt unberührt.
(9) Die Bundesregierung kann durch Rechtsverordnung mit Zustimmung des Bundesrates Näheres über Voraussetzungen, Gegenstand und Umfang der Leistungen der Kraftfahrzeughilfe zur Teilhabe am Arbeitsleben regeln.

§ 50 Leistungen an Arbeitgeber
(1) Die Rehabilitationsträger nach § 6 Absatz 1 Nummer 2 bis 5 können Leistungen zur Teilhabe am Arbeitsleben auch an Arbeitgeber erbringen, insbesondere als
1. Ausbildungszuschüsse zur betrieblichen Ausführung von Bildungsleistungen,
2. Eingliederungszuschüsse,
3. Zuschüsse für Arbeitshilfen im Betrieb und
4. teilweise oder volle Kostenerstattung für eine befristete Probebeschäftigung.

(2) Die Leistungen können unter Bedingungen und Auflagen erbracht werden.
(3) Ausbildungszuschüsse nach Absatz 1 Nummer 1 können für die gesamte Dauer der Maßnahme geleistet werden. Die Ausbildungszuschüsse sollen bei Ausbildungsmaßnahmen die monatlichen Ausbildungsvergütungen nicht übersteigen, die von den Arbeitgebern im letzten Ausbildungsjahr gezahlt wurden.
(4) Eingliederungszuschüsse nach Absatz 1 Nummer 2 betragen höchstens 50 Prozent der vom Arbeitgeber regelmäßig gezahlten Entgelte, soweit sie die tariflichen Arbeitsentgelte oder, wenn eine tarifliche Regelung nicht besteht, die für vergleichbare Tätigkeiten ortsüblichen Arbeitsentgelte im Rahmen der Beitragsbemessungsgrenze in der Arbeitsförderung nicht übersteigen. Die Eingliederungszuschüsse sollen im Regelfall für höchstens ein Jahr gezahlt werden. Soweit es für die Teilhabe am Arbeitsleben erforderlich ist, können die Eingliederungszuschüsse um bis zu 20 Prozentpunkte höher festgelegt und bis zu einer Förderungshöchstdauer von zwei Jahren gezahlt werden. Werden die Eingliederungszuschüsse länger als ein Jahr gezahlt, sind sie um mindestens 10 Prozentpunkte zu vermindern, entsprechend der zu erwartenden Zunahme der Leistungsfähigkeit der Leistungsberechtigten und den abnehmenden Eingliederungserfordernissen gegenüber der bisherigen Förderungshöhe. Bei der Berechnung der Eingliederungszuschüsse nach Satz 1 wird auch der Anteil des Arbeitgebers am Gesamtsozialversicherungsbeitrag berücksichtigt. Eingliederungszuschüsse sind zurückzuzahlen, wenn die Arbeitsverhältnisse während des Förderungszeitraums oder innerhalb eines Zeitraums, der der Förderungsdauer entspricht, längstens jedoch von einem Jahr, nach dem Ende der Leistungen beendet werden. Der Eingliederungszuschuss muss nicht zurückgezahlt werden, wenn
1. die Leistungsberechtigten die Arbeitsverhältnisse durch Kündigung beenden oder das Mindestalter für den Bezug der gesetzlichen Altersrente erreicht haben oder
2. die Arbeitgeber berechtigt waren, aus wichtigem Grund ohne Einhaltung einer Kündigungsfrist oder aus Gründen, die in der Person oder dem Verhalten des Arbeitnehmers liegen, oder aus dringenden betrieblichen Erfordernissen, die einer Weiterbeschäftigung in diesem Betrieb entgegenstehen, zu kündigen.

Die Rückzahlung ist auf die Hälfte des Förderungsbetrages, höchstens aber den im letzten Jahr vor der Beendigung des Beschäftigungsverhältnisses gewährten Förderungsbetrag begrenzt; nicht geförderte Nachbeschäftigungszeiten werden anteilig berücksichtigt.

§ 51 Einrichtungen der beruflichen Rehabilitation

(1) Leistungen werden durch Berufsbildungswerke, Berufsförderungswerke und vergleichbare Einrichtungen der beruflichen Rehabilitation ausgeführt, wenn Art oder Schwere der Behinderung der Leistungsberechtigten oder die Sicherung des Erfolges die besonderen Hilfen dieser Einrichtungen erforderlich machen. Die Einrichtung muss

1. eine erfolgreiche Ausführung der Leistung erwarten lassen nach Dauer, Inhalt und Gestaltung der Leistungen, nach der Unterrichtsmethode, Ausbildung und Berufserfahrung der Leitung und der Lehrkräfte sowie nach der Ausgestaltung der Fachdienste,
2. angemessene Teilnahmebedingungen bieten und behinderungsgerecht sein, insbesondere auch die Beachtung der Erfordernisse des Arbeitsschutzes und der Unfallverhütung gewährleisten,
3. den Teilnehmenden und den von ihnen zu wählenden Vertretungen angemessene Mitwirkungsmöglichkeiten an der Ausführung der Leistungen bieten sowie
4. die Leistung nach den Grundsätzen der Wirtschaftlichkeit und Sparsamkeit, insbesondere zu angemessenen Vergütungssätzen, ausführen.

Die zuständigen Rehabilitationsträger vereinbaren hierüber gemeinsame Empfehlungen nach den §§ 26 und 37.

(2) Werden Leistungen zur beruflichen Ausbildung in Einrichtungen der beruflichen Rehabilitation ausgeführt, sollen die Einrichtungen bei Eignung der Leistungsberechtigten darauf hinwirken, dass diese Ausbildung teilweise auch in Betrieben und Dienststellen durchgeführt wird. Die Einrichtungen der beruflichen Rehabilitation unterstützen die Arbeitgeber bei der betrieblichen Ausbildung und bei der Betreuung der auszubildenden Jugendlichen mit Behinderungen.

§ 52 Rechtsstellung der Teilnehmenden

Werden Leistungen in Einrichtungen der beruflichen Rehabilitation ausgeführt, werden die Teilnehmenden nicht in den Betrieb der Einrichtungen eingegliedert. Sie sind keine Arbeitnehmer im Sinne des Betriebsverfassungsgesetzes und wählen zu ihrer Mitwirkung besondere Vertreter. Bei der Ausführung werden die arbeitsrechtlichen Grundsätze über den Persönlichkeitsschutz, die Haftungsbeschränkung sowie die gesetzlichen Vorschriften über den Arbeitsschutz, den Schutz vor Diskriminierungen in Beschäftigung und Beruf, den Erholungsurlaub und die Gleichberechtigung von Männern und Frauen entsprechend angewendet.

§ 53 Dauer von Leistungen

(1) Leistungen werden für die Zeit erbracht, die vorgeschrieben oder allgemein üblich ist, um das angestrebte Teilhabeziel zu erreichen. Eine Förderung kann darüber hinaus erfolgen, wenn besondere Umstände dies rechtfertigen.

(2) Leistungen zur beruflichen Weiterbildung sollen in der Regel bei ganztägigem Unterricht nicht länger als zwei Jahre dauern, es sei denn, dass das Teilhabeziel nur über eine länger andauernde Leistung erreicht werden kann oder die Eingliederungsaussichten nur durch eine länger andauernde Leistung wesentlich verbessert werden. Abweichend von Satz 1 erster Teilsatz sollen Leistungen zur beruflichen Weiterbildung, die zu einem Abschluss in einem allgemein anerkannten Ausbildungsberuf führen und für die eine allgemeine Ausbildungsdauer von mehr als zwei Jahren vorgeschrieben ist, nicht länger als zwei Drittel der üblichen Ausbildungszeit dauern.

§ 54 Beteiligung der Bundesagentur für Arbeit

Die Bundesagentur für Arbeit nimmt auf Anforderung eines anderen Rehabilitationsträgers gutachterlich Stellung zu Notwendigkeit, Art und Umfang von Leistungen unter Berücksichtigung arbeitsmarktlicher Zweckmäßigkeit. Dies gilt auch, wenn sich die Leistungsberechtigten in einem Krankenhaus oder einer Einrichtung der medizinischen oder der medizinisch-beruflichen Rehabilitation aufhalten.

§ 55 Unterstützte Beschäftigung

(1) Ziel der Unterstützten Beschäftigung ist es, Leistungsberechtigten mit besonderem Unterstützungsbedarf eine angemessene, geeignete und sozialversicherungspflichtige Beschäftigung zu ermöglichen und zu erhalten. Unterstützte Beschäftigung umfasst eine individuelle betriebliche Qualifizierung und bei Bedarf Berufsbegleitung.

(2) Leistungen zur individuellen betrieblichen Qualifizierung erhalten Menschen mit Behinderungen insbesondere, um sie für geeignete betriebliche Tätigkeiten zu erproben, auf ein sozialversicherungspflichtiges Beschäftigungsverhältnis vorzubereiten und bei der Einarbeitung und Qualifizierung auf einem betrieblichen Arbeitsplatz zu unterstützen. Die Leistungen umfassen auch die Vermittlung von berufsübergreifenden Lerninhalten und Schlüsselqualifikationen sowie die Weiterentwicklung der Persönlichkeit der Menschen mit Behinderungen. Die Leistungen werden vom zuständigen Rehabilitationsträger nach § 6 Absatz 1 Nummer 2 bis 5 für bis zu zwei Jahre erbracht, soweit sie wegen Art oder Schwere der Behinderung erforderlich sind. Sie können bis zu einer Dauer von weiteren zwölf Monaten verlängert werden, wenn auf Grund der Art oder Schwere der Behinderung der gewünschte nachhaltige Qualifizierungserfolg im Einzelfall nicht anders erreicht werden kann und hinreichend gewährleistet ist, dass eine weitere Qualifizierung zur Aufnahme einer sozialversicherungspflichtigen Beschäftigung führt.

(3) Leistungen der Berufsbegleitung erhalten Menschen mit Behinderungen insbesondere, um nach Begründung eines sozialversicherungspflichtigen Beschäftigungsverhältnisses die zu dessen Stabilisierung erforderliche Unterstützung und Krisenintervention zu gewährleisten. Die Leistungen werden bei Zuständigkeit eines Rehabilitationsträgers nach § 6 Absatz 1 Nummer 3 oder 5 von diesem, im Übrigen von dem Integrationsamt im Rahmen seiner Zuständigkeit erbracht, solange und soweit sie wegen Art oder Schwere der Behinderung zur Sicherung des Beschäftigungsverhältnisses erforderlich sind.

(4) Stellt der Rehabilitationsträger während der individuellen betrieblichen Qualifizierung fest, dass voraussichtlich eine anschließende Berufsbegleitung erforderlich ist, für die ein anderer Leistungsträger zuständig ist, beteiligt er diesen frühzeitig.
(5) Die Unterstützte Beschäftigung kann von Integrationsfachdiensten oder anderen Trägern durchgeführt werden. Mit der Durchführung kann nur beauftragt werden, wer über die erforderliche Leistungsfähigkeit verfügt, um seine Aufgaben entsprechend den individuellen Bedürfnissen der Menschen mit Behinderungen erfüllen zu können. Insbesondere müssen die Beauftragten

1. über Fachkräfte verfügen, die eine geeignete Berufsqualifikation, eine psychosoziale oder arbeitspädagogische Zusatzqualifikation und eine ausreichende Berufserfahrung besitzen,
2. in der Lage sein, den Menschen mit Behinderungen geeignete individuelle betriebliche Qualifizierungsplätze zur Verfügung zu stellen und ihre berufliche Eingliederung zu unterstützen,
3. über die erforderliche räumliche und sächliche Ausstattung verfügen sowie
4. ein System des Qualitätsmanagements im Sinne des § 37 Absatz 2 Satz 1 anwenden.

(6) Zur Konkretisierung und Weiterentwicklung der in Absatz 5 genannten Qualitätsanforderungen vereinbaren die Rehabilitationsträger nach § 6 Absatz 1 Nummer 2 bis 5 sowie die Bundesarbeitsgemeinschaft der Integrationsämter und Hauptfürsorgestellen im Rahmen der Bundesarbeitsgemeinschaft für Rehabilitation eine gemeinsame Empfehlung. Die gemeinsame Empfehlung kann auch Ausführungen zu möglichen Leistungsinhalten und zur Zusammenarbeit enthalten. § 26 Absatz 4, 6 und 7 sowie § 27 gelten entsprechend.

§ 56 Leistungen in Werkstätten für behinderte Menschen

Leistungen in anerkannten Werkstätten für behinderte Menschen (§ 219) werden erbracht, um die Leistungs- oder Erwerbsfähigkeit der Menschen mit Behinderungen zu erhalten, zu entwickeln, zu verbessern oder wiederherzustellen, die Persönlichkeit dieser Menschen weiterzuentwickeln und ihre Beschäftigung zu ermöglichen oder zu sichern.

§ 57 Leistungen im Eingangsverfahren und im Berufsbildungsbereich

(1) Leistungen im Eingangsverfahren und im Berufsbildungsbereich einer anerkannten Werkstatt für behinderte Menschen erhalten Menschen mit Behinderungen

1. im Eingangsverfahren zur Feststellung, ob die Werkstatt die geeignete Einrichtung für die Teilhabe des Menschen mit Behinderungen am Arbeitsleben ist sowie welche Bereiche der Werkstatt und welche Leistungen zur Teilhabe am Arbeitsleben für die Menschen mit Behinderungen in Betracht kommen, und um einen Eingliederungsplan zu erstellen;
2. im Berufsbildungsbereich, wenn die Leistungen erforderlich sind, um die Leistungs- oder Erwerbsfähigkeit des Menschen mit Behinderungen so weit wie möglich zu entwickeln, zu verbessern oder wiederherzustellen und erwartet werden kann, dass der Mensch mit Behinderungen nach Teilnahme an diesen

Leistungen in der Lage ist, wenigstens ein Mindestmaß wirtschaftlich verwertbarer Arbeitsleistung im Sinne des § 219 zu erbringen.

(2) Die Leistungen im Eingangsverfahren werden für drei Monate erbracht. Die Leistungsdauer kann auf bis zu vier Wochen verkürzt werden, wenn während des Eingangsverfahrens im Einzelfall festgestellt wird, dass eine kürzere Leistungsdauer ausreichend ist.

(3) Die Leistungen im Berufsbildungsbereich werden für zwei Jahre erbracht. Sie werden in der Regel zunächst für ein Jahr bewilligt. Sie werden für ein weiteres Jahr bewilligt, wenn auf Grund einer fachlichen Stellungnahme, die rechtzeitig vor Ablauf des Förderzeitraums nach Satz 2 abzugeben ist, angenommen wird, dass die Leistungsfähigkeit des Menschen mit Behinderungen weiterentwickelt oder wiedergewonnen werden kann.

(4) Zeiten der individuellen betrieblichen Qualifizierung im Rahmen einer Unterstützten Beschäftigung nach § 55 werden zur Hälfte auf die Dauer des Berufsbildungsbereichs angerechnet. Allerdings dürfen die Zeiten individueller betrieblicher Qualifizierung und die Zeiten des Berufsbildungsbereichs insgesamt nicht mehr als 36 Monate betragen.

§ 58 Leistungen im Arbeitsbereich

(1) Leistungen im Arbeitsbereich einer anerkannten Werkstatt für behinderte Menschen erhalten Menschen mit Behinderungen, bei denen wegen Art oder Schwere der Behinderung

1. eine Beschäftigung auf dem allgemeinen Arbeitsmarkt einschließlich einer Beschäftigung in einem Inklusionsbetrieb (§ 215) oder
2. eine Berufsvorbereitung, eine individuelle betriebliche Qualifizierung im Rahmen Unterstützter Beschäftigung, eine berufliche Anpassung und Weiterbildung oder eine berufliche Ausbildung (§ 49 Absatz 3 Nummer 2 bis 6)

nicht, noch nicht oder noch nicht wieder in Betracht kommt und die in der Lage sind, wenigstens ein Mindestmaß wirtschaftlich verwertbarer Arbeitsleistung zu erbringen. Leistungen im Arbeitsbereich werden im Anschluss an Leistungen im Berufsbildungsbereich (§ 57) oder an entsprechende Leistungen bei einem anderen Leistungsanbieter (§ 60) erbracht; hiervon kann abgewichen werden, wenn der Mensch mit Behinderungen bereits über die für die in Aussicht genommene Beschäftigung erforderliche Leistungsfähigkeit verfügt, die er durch eine Beschäftigung auf dem allgemeinen Arbeitsmarkt erworben hat. Die Leistungen sollen in der Regel längstens bis zum Ablauf des Monats erbracht werden, in dem das für die Regelaltersrente im Sinne des Sechsten Buches erforderliche Lebensalter erreicht wird.

(2) Die Leistungen im Arbeitsbereich sind gerichtet auf

1. die Aufnahme, Ausübung und Sicherung einer der Eignung und Neigung des Menschen mit Behinderungen entsprechenden Beschäftigung,
2. die Teilnahme an arbeitsbegleitenden Maßnahmen zur Erhaltung und Verbesserung der im Berufsbildungsbereich erworbenen Leistungsfähigkeit und zur Weiterentwicklung der Persönlichkeit sowie
3. die Förderung des Übergangs geeigneter Menschen mit Behinderungen auf den allgemeinen Arbeitsmarkt durch geeignete Maßnahmen.

(3) Die Werkstätten erhalten für die Leistungen nach Absatz 2 vom zuständigen Rehabilitationsträger angemessene Vergütungen, die den Grundsätzen der Wirtschaftlichkeit, Sparsamkeit und Leistungsfähigkeit entsprechen. Die Vergütungen berücksichtigen
1. alle für die Erfüllung der Aufgaben und der fachlichen Anforderungen der Werkstatt notwendigen Kosten sowie
2. die mit der wirtschaftlichen Betätigung der Werkstatt in Zusammenhang stehenden Kosten, soweit diese unter Berücksichtigung der besonderen Verhältnisse in der Werkstatt und der dort beschäftigten Menschen mit Behinderungen nach Art und Umfang über die in einem Wirtschaftsunternehmen üblicherweise entstehenden Kosten hinausgehen.

Können die Kosten der Werkstatt nach Satz 2 Nummer 2 im Einzelfall nicht ermittelt werden, kann eine Vergütungspauschale für diese werkstattspezifischen Kosten der wirtschaftlichen Betätigung der Werkstatt vereinbart werden.
(4) Bei der Ermittlung des Arbeitsergebnisses der Werkstatt nach § 12 Absatz 4 der Werkstättenverordnung werden die Auswirkungen der Vergütungen auf die Höhe des Arbeitsergebnisses dargestellt. Dabei wird getrennt ausgewiesen, ob sich durch die Vergütung Verluste oder Gewinne ergeben. Das Arbeitsergebnis der Werkstatt darf nicht zur Minderung der Vergütungen nach Absatz 3 verwendet werden.

§ 59 Arbeitsförderungsgeld
(1) Die Werkstätten für behinderte Menschen erhalten von dem zuständigen Rehabilitationsträger zur Auszahlung an die im Arbeitsbereich beschäftigten Menschen mit Behinderungen zusätzlich zu den Vergütungen nach § 58 Absatz 3 ein Arbeitsförderungsgeld. Das Arbeitsförderungsgeld beträgt monatlich 52 Euro für jeden im Arbeitsbereich beschäftigten Menschen mit Behinderungen, dessen Arbeitsentgelt zusammen mit dem Arbeitsförderungsgeld den Betrag von 351 Euro nicht übersteigt. Ist das Arbeitsentgelt höher als 299 Euro, beträgt das Arbeitsförderungsgeld monatlich den Differenzbetrag zwischen dem Arbeitsentgelt und 351 Euro.
(2) Das Arbeitsförderungsgeld bleibt bei Sozialleistungen, deren Zahlung von anderen Einkommen abhängig ist, als Einkommen unberücksichtigt.

§ 60 Andere Leistungsanbieter
(1) Menschen mit Behinderungen, die Anspruch auf Leistungen nach den §§ 57 und 58 haben, können diese auch bei einem anderen Leistungsanbieter in Anspruch nehmen.
(2) Die Vorschriften für Werkstätten für behinderte Menschen gelten mit folgenden Maßgaben für andere Leistungsanbieter:
1. sie bedürfen nicht der förmlichen Anerkennung,
2. sie müssen nicht über eine Mindestplatzzahl und die für die Erbringung der Leistungen in Werkstätten erforderliche räumliche und sächliche Ausstattung verfügen,
3. sie können ihr Angebot auf Leistungen nach § 57 oder § 58 oder Teile solcher Leistungen beschränken,

4. sie sind nicht verpflichtet, Menschen mit Behinderungen Leistungen nach § 57 oder § 58 zu erbringen, wenn und solange die Leistungsvoraussetzungen vorliegen,
5. eine dem Werkstattrat vergleichbare Vertretung wird ab fünf Wahlberechtigten gewählt. Sie besteht bei bis zu 20 Wahlberechtigten aus einem Mitglied,
6. eine Frauenbeauftragte wird ab fünf wahlberechtigten Frauen gewählt, eine Stellvertreterin ab 20 wahlberechtigten Frauen,
7. die Regelungen zur Anrechnung von Aufträgen auf die Ausgleichsabgabe und zur bevorzugten Vergabe von Aufträgen durch die öffentliche Hand sind nicht anzuwenden und
8. erbringen sie Leistungen nach den §§ 57 oder 58 ausschließlich in betrieblicher Form, soll ein besserer als der in § 9 Absatz 3 der Werkstättenverordnung für den Berufsbildungsbereich oder für den Arbeitsbereich in einer Werkstatt für behinderte Menschen festgelegte Personalschlüssel angewendet werden.

(3) Eine Verpflichtung des Leistungsträgers, Leistungen durch andere Leistungsanbieter zu ermöglichen, besteht nicht.

(4) Für das Rechtsverhältnis zwischen dem anderen Leistungsanbieter und dem Menschen mit Behinderungen gilt § 221 entsprechend.

§ 61 Budget für Arbeit

(1) Menschen mit Behinderungen, die Anspruch auf Leistungen nach § 58 haben und denen von einem privaten oder öffentlichen Arbeitgeber ein sozialversicherungspflichtiges Arbeitsverhältnis mit einer tarifvertraglichen oder ortsüblichen Entlohnung angeboten wird, erhalten mit Abschluss dieses Arbeitsvertrages als Leistungen zur Teilhabe am Arbeitsleben ein Budget für Arbeit.

(2) Das Budget für Arbeit umfasst einen Lohnkostenzuschuss an den Arbeitgeber zum Ausgleich der Leistungsminderung des Beschäftigten und die Aufwendungen für die wegen der Behinderung erforderliche Anleitung und Begleitung am Arbeitsplatz. Der Lohnkostenzuschuss beträgt bis zu 75 Prozent des vom Arbeitgeber regelmäßig gezahlten Arbeitsentgelts. Dauer und Umfang der Leistungen bestimmen sich nach den Umständen des Einzelfalles.

(3) Ein Lohnkostenzuschuss ist ausgeschlossen, wenn zu vermuten ist, dass der Arbeitgeber die Beendigung eines anderen Beschäftigungsverhältnisses veranlasst hat, um durch die ersatzweise Einstellung eines Menschen mit Behinderungen den Lohnkostenzuschuss zu erhalten.

(4) Die am Arbeitsplatz wegen der Behinderung erforderliche Anleitung und Begleitung kann von mehreren Leistungsberechtigten gemeinsam in Anspruch genommen werden.

(5) Eine Verpflichtung des Leistungsträgers, Leistungen zur Beschäftigung bei privaten oder öffentlichen Arbeitgebern zu ermöglichen, besteht nicht.

§ 61a Budget für Ausbildung

(1) Menschen mit Behinderungen, die Anspruch auf Leistungen nach § 57 oder § 58 haben und denen von einem privaten oder öffentlichen Arbeitgeber ein sozialversicherungspflichtiges Ausbildungsverhältnis in einem anerkannten Ausbildungsberuf oder in einem Ausbildungsgang nach § 66 des Berufsbildungsgeset-

zes oder § 42r der Handwerksordnung angeboten wird, erhalten mit Abschluss des Vertrages über dieses Ausbildungsverhältnis als Leistungen zur Teilhabe am Arbeitsleben ein Budget für Ausbildung.

(2) Das Budget für Ausbildung umfasst

1. die Erstattung der angemessenen Ausbildungsvergütung einschließlich des Anteils des Arbeitgebers am Gesamtsozialversicherungsbeitrag und des Beitrags zur Unfallversicherung nach Maßgabe des Siebten Buches,
2. die Aufwendungen für die wegen der Behinderung erforderliche Anleitung und Begleitung am Ausbildungsplatz und in der Berufsschule sowie,
3. die erforderlichen Fahrkosten.

Ist wegen Art oder Schwere der Behinderung der Besuch einer Berufsschule am Ort des Ausbildungsplatzes nicht möglich, so kann der schulische Teil der Ausbildung in Einrichtungen der beruflichen Rehabilitation erfolgen; die entstehenden Kosten werden ebenfalls vom Budget für Ausbildung gedeckt. Vor dem Abschluss einer Vereinbarung mit einer Einrichtung der beruflichen Rehabilitation ist dem zuständigen Leistungsträger das Angebot mit konkreten Angaben zu den entstehenden Kosten zur Bewilligung vorzulegen.

(3) Das Budget für Ausbildung wird erbracht, solange es erforderlich ist, längstens bis zum erfolgreichen Abschluss der Ausbildung. Zeiten eines Budgets für Ausbildung werden auf die Dauer des Eingangsverfahrens und des Berufsbildungsbereiches in Werkstätten für behinderte Menschen nach § 57 Absatz 2 und 3 angerechnet.

(4) Die wegen der Behinderung erforderliche Anleitung und Begleitung kann von mehreren Leistungsberechtigten gemeinsam in Anspruch genommen werden.

(5) Die Bundesagentur für Arbeit soll den Menschen mit Behinderungen bei der Suche nach einem geeigneten Ausbildungsplatz im Sinne von Absatz 1 unterstützen. Dies umfasst im Fall des Absatzes 2 Satz 2 auch die Unterstützung bei der Suche nach einer geeigneten Einrichtung der beruflichen Rehabilitation.

§ 62 Wahlrecht des Menschen mit Behinderungen

(1) Auf Wunsch des Menschen mit Behinderungen werden die Leistungen nach den §§ 57 und 58 von einer nach § 225 anerkannten Werkstatt für behinderte Menschen, von dieser zusammen mit einem oder mehreren anderen Leistungsanbietern oder von einem oder mehreren anderen Leistungsanbietern erbracht.

(2) Werden Teile einer Leistung im Verantwortungsbereich einer Werkstatt für behinderte Menschen oder eines anderen Leistungsanbieters erbracht, so bedarf die Leistungserbringung der Zustimmung des unmittelbar verantwortlichen Leistungsanbieters.

§ 63 Zuständigkeit nach den Leistungsgesetzen

(1) Die Leistungen im Eingangsverfahren und im Berufsbildungsbereich einer anerkannten Werkstatt für behinderte Menschen erbringen

1. die Bundesagentur für Arbeit, soweit nicht einer der in den Nummern 2 bis 4 genannten Träger zuständig ist,
2. die Träger der Unfallversicherung im Rahmen ihrer Zuständigkeit für durch Arbeitsunfälle Verletzte und von Berufskrankheiten Betroffene,

3. die Träger der Rentenversicherung unter den Voraussetzungen der §§ 11 bis 13 des Sechsten Buches
4. die Träger der Sozialen Entschädigung unter den Voraussetzungen der §§ 63 und 64 des Vierzehnten Buches
5. der Träger der Soldatenentschädigung unter den Voraussetzungen des Kapitels 4 des Soldatenentschädigungsgesetzes

(2) Die Leistungen im Arbeitsbereich einer anerkannten Werkstatt für behinderte Menschen erbringen

1. die Träger der Unfallversicherung im Rahmen ihrer Zuständigkeit für durch Arbeitsunfälle Verletzte und von Berufskrankheiten Betroffene,
2. die Träger der Sozialen Entschädigung unter den Voraussetzungen des § 63 des Vierzehnten Buches,

2a. der Träger der Soldatenentschädigung unter den Voraussetzungen des Kapitels 4 des Soldatenentschädigungsgesetzes,

3. die Träger der öffentlichen Jugendhilfe unter den Voraussetzungen des § 35a des Achten Buches und
4. im Übrigen die Träger der Eingliederungshilfe unter den Voraussetzungen des § 99.

(3) Absatz 1 gilt auch für die Leistungen zur beruflichen Bildung bei einem anderen Leistungsanbieter sowie für die Leistung des Budgets für Ausbildung an Menschen mit Behinderungen, die Anspruch auf Leistungen nach § 57 haben. Absatz 2 gilt auch für die Leistungen zur Beschäftigung bei einem anderen Leistungsanbieter, für die Leistung des Budgets für Ausbildung an Menschen mit Behinderungen, die Anspruch auf Leistungen nach § 58 haben und die keinen Anspruch auf Leistungen nach § 57 haben, sowie für die Leistung des Budgets für Arbeit.

Kapitel 11 Unterhaltssichernde und andere ergänzende Leistungen

§ 64 Ergänzende Leistungen

(1) Die Leistungen zur medizinischen Rehabilitation und zur Teilhabe am Arbeitsleben der in § 6 Absatz 1 Nummer 1 bis 5 genannten Rehabilitationsträger werden ergänzt durch

1. Krankengeld, Krankengeld der Sozialen Entschädigung, Krankengeld der Soldatenentschädigung, Verletztengeld, Übergangsgeld, Ausbildungsgeld oder Unterhaltsbeihilfe,
2. Beiträge und Beitragszuschüsse
   a) zur Krankenversicherung nach Maßgabe des Fünften Buches, des Zweiten Gesetzes über die Krankenversicherung der Landwirte sowie des Künstlersozialversicherungsgesetzes,
   b) zur Unfallversicherung nach Maßgabe des Siebten Buches,
   c) zur Rentenversicherung nach Maßgabe des Sechsten Buches sowie des Künstlersozialversicherungsgesetzes,
   d) zur Bundesagentur für Arbeit nach Maßgabe des Dritten Buches,
   e) zur Pflegeversicherung nach Maßgabe des Elften Buches,
3. ärztlich verordneten Rehabilitationssport in Gruppen unter ärztlicher Betreuung und Überwachung, einschließlich Übungen für behinderte oder von Be-

hinderung bedrohte Frauen und Mädchen, die der Stärkung des Selbstbewusstseins dienen,
4. ärztlich verordnetes Funktionstraining in Gruppen unter fachkundiger Anleitung und Überwachung,
5. Reisekosten sowie
6. Betriebs- oder Haushaltshilfe und Kinderbetreuungskosten.

(2) Ist der Schutz von Menschen mit Behinderungen bei Krankheit oder Pflege während der Teilnahme an Leistungen zur Teilhabe am Arbeitsleben nicht anderweitig sichergestellt, können die Beiträge für eine freiwillige Krankenversicherung ohne Anspruch auf Krankengeld und zur Pflegeversicherung bei einem Träger der gesetzlichen Kranken- oder Pflegeversicherung oder, wenn dort im Einzelfall ein Schutz nicht gewährleistet ist, die Beiträge zu einem privaten Krankenversicherungsunternehmen erbracht werden. Arbeitslose Teilnehmer an Leistungen zur medizinischen Rehabilitation können für die Dauer des Bezuges von Verletztengeld, Versorgungskrankengeld oder Übergangsgeld einen Zuschuss zu ihrem Beitrag für eine private Versicherung gegen Krankheit oder für die Pflegeversicherung erhalten. Der Zuschuss wird nach § 174 Absatz 2 des Dritten Buches berechnet.

§ 65 Leistungen zum Lebensunterhalt

(1) Im Zusammenhang mit Leistungen zur medizinischen Rehabilitation leisten
1. Krankengeld: die gesetzlichen Krankenkassen nach Maßgabe der §§ 44 und 46 bis 51 des Fünften Buches und des § 8 Absatz 2 in Verbindung mit den §§ 12 und 13 des Zweiten Gesetzes über die Krankenversicherung der Landwirte,
2. Verletztengeld: die Träger der Unfallversicherung nach Maßgabe der §§ 45 bis 48, 52 und 55 des Siebten Buches,
3. Übergangsgeld: die Träger der Rentenversicherung nach Maßgabe dieses Buches und der §§ 20 und 21 des Sechsten Buches,
4. die Träger der Sozialen Entschädigung Krankengeld der Sozialen Entschädigung nach Maßgabe des § 47 des Vierzehnten Buches,
5. Krankengeld der Soldatenentschädigung: der Träger der Soldatenentschädigung nach Maßgabe des § 19 des Soldatenentschädigungsgesetzes.

(2) Im Zusammenhang mit Leistungen zur Teilhabe am Arbeitsleben leisten Übergangsgeld
1. die Träger der Unfallversicherung nach Maßgabe dieses Buches und der §§ 49 bis 52 des Siebten Buches,
2. die Träger der Rentenversicherung nach Maßgabe dieses Buches und der §§ 20 und 21 des Sechsten Buches,
3. die Bundesagentur für Arbeit nach Maßgabe dieses Buches und der §§ 119 bis 121 des Dritten Buches,
4. die Träger der Sozialen Entschädigung nach Maßgabe dieses Buches und des § 64 des Vierzehnten Buches,
5. der Träger der Soldatenentschädigung nach Maßgabe dieses Buches und des § 30 des Soldatenentschädigungsgesetzes.

(3) Menschen mit Behinderungen oder von Behinderung bedrohte Menschen haben Anspruch auf Übergangsgeld wie bei Leistungen zur Teilhabe am Arbeitsleben für den Zeitraum, in dem die berufliche Eignung abgeklärt oder eine Arbeits-

erprobung durchgeführt wird (§ 49 Absatz 4 Satz 2) und sie wegen der Teilnahme an diesen Maßnahmen kein oder ein geringeres Arbeitsentgelt oder Arbeitseinkommen erzielen.

(4) Der Anspruch auf Übergangsgeld ruht, solange die Leistungsempfängerin einen Anspruch auf Mutterschaftsgeld hat; § 52 Nummer 2 des Siebten Buches bleibt unberührt.

(5) Während der Ausführung von Leistungen zur erstmaligen beruflichen Ausbildung von Menschen mit Behinderungen, berufsvorbereitenden Bildungsmaßnahmen und Leistungen zur individuellen betrieblichen Qualifizierung im Rahmen Unterstützter Beschäftigung sowie im Eingangsverfahren und im Berufsbildungsbereich von anerkannten Werkstätten für behinderte Menschen und anderen Leistungsanbietern leisten

1. die Bundesagentur für Arbeit Ausbildungsgeld nach Maßgabe der §§ 122 bis 126 des Dritten Buches und
2. die Träger der Sozialen Entschädigung Unterhaltsbeihilfe unter den Voraussetzungen des § 64 des Vierzehnten Buches.

(6) Das Krankengeld, das Krankengeld der Sozialen Entschädigung, das Krankengeld der Soldatenentschädigung, das Verletztengeld und das Übergangsgeld werden für Kalendertage gezahlt; wird die Leistung für einen ganzen Kalendermonat gezahlt, so wird dieser mit 30 Tagen angesetzt.

§ 66 Höhe und Berechnung des Übergangsgelds

(1) Der Berechnung des Übergangsgelds werden 80 Prozent des erzielten regelmäßigen Arbeitsentgelts und Arbeitseinkommens, soweit es der Beitragsberechnung unterliegt (Regelentgelt), zugrunde gelegt, höchstens jedoch das in entsprechender Anwendung des § 67 berechnete Nettoarbeitsentgelt; als Obergrenze gilt die für den Rehabilitationsträger jeweils geltende Beitragsbemessungsgrenze. Bei der Berechnung des Regelentgelts und des Nettoarbeitsentgelts werden die für die jeweilige Beitragsbemessung und Beitragstragung geltenden Besonderheiten des Übergangsbereichs nach § 20 Absatz 2 des Vierten Buches nicht berücksichtigt. Das Übergangsgeld beträgt

1. 75 Prozent der Berechnungsgrundlage für Leistungsempfänger,
   a) die mindestens ein Kind im Sinne des § 32 Absatz 1, 3 bis 5 des Einkommensteuergesetzes haben,
   b) die ein Stiefkind (§ 56 Absatz 2 Nummer 1 des Ersten Buches) in ihren Haushalt aufgenommen haben oder
   c) deren Ehegatten oder Lebenspartner, mit denen sie in häuslicher Gemeinschaft leben, eine Erwerbstätigkeit nicht ausüben können, weil sie die Leistungsempfänger pflegen oder selbst der Pflege bedürfen und keinen Anspruch auf Leistungen aus der Pflegeversicherung haben,
2. 68 Prozent der Berechnungsgrundlage für die übrigen Leistungsempfänger.

Leisten Träger der Sozialen Entschädigung nach dem Vierzehnten Buch Übergangsgeld, beträgt das Übergangsgeld 80 Prozent der Berechnungsgrundlage, wenn die Leistungsempfänger eine der Voraussetzungen von Satz 3 Nummer 1 erfüllen, und im Übrigen 70 Prozent der Berechnungsgrundlage. Die Höhe des Übergangsgeldes nach dem Soldatenentschädigungsgesetz richtet sich nach § 30 Absatz 2 des Soldatenentschädigungsgesetzes.

(2) Das Nettoarbeitsentgelt nach Absatz 1 Satz 1 berechnet sich, indem der Anteil am Nettoarbeitsentgelt, der sich aus dem kalendertäglichen Hinzurechnungsbetrag nach § 67 Absatz 1 Satz 6 ergibt, mit dem Prozentsatz angesetzt wird, der sich aus dem Verhältnis des kalendertäglichen Regelentgeltbetrages nach § 67 Absatz 1 Satz 1 bis 5 zu dem sich aus diesem Regelentgeltbetrag ergebenden Nettoarbeitsentgelt ergibt. Das kalendertägliche Übergangsgeld darf das kalendertägliche Nettoarbeitsentgelt, das sich aus dem Arbeitsentgelt nach § 67 Absatz 1 Satz 1 bis 5 ergibt, nicht übersteigen.

§ 67 Berechnung des Regelentgelts

(1) Für die Berechnung des Regelentgelts wird das von den Leistungsempfängern im letzten vor Beginn der Leistung oder einer vorangegangenen Arbeitsunfähigkeit abgerechneten Entgeltabrechnungszeitraum, mindestens das während der letzten abgerechneten vier Wochen (Bemessungszeitraum) erzielte und um einmalig gezahltes Arbeitsentgelt verminderte Arbeitsentgelt durch die Zahl der Stunden geteilt, für die es gezahlt wurde. Das Ergebnis wird mit der Zahl der sich aus dem Inhalt des Arbeitsverhältnisses ergebenden regelmäßigen wöchentlichen Arbeitsstunden vervielfacht und durch sieben geteilt. Ist das Arbeitsentgelt nach Monaten bemessen oder ist eine Berechnung des Regelentgelts nach den Sätzen 1 und 2 nicht möglich, gilt der 30. Teil des in dem letzten vor Beginn der Leistung abgerechneten Kalendermonat erzielten und um einmalig gezahltes Arbeitsentgelt verminderten Arbeitsentgelts als Regelentgelt. Wird mit einer Arbeitsleistung Arbeitsentgelt erzielt, das für Zeiten einer Freistellung vor oder nach dieser Arbeitsleistung fällig wird (Wertguthaben nach § 7b des Vierten Buches), ist für die Berechnung des Regelentgelts das im Bemessungszeitraum der Beitragsberechnung zugrunde liegende und um einmalig gezahltes Arbeitsentgelt verminderte Arbeitsentgelt maßgebend; Wertguthaben, die nicht nach einer Vereinbarung über flexible Arbeitszeitregelungen verwendet werden (§ 23b Absatz 2 des Vierten Buches), bleiben außer Betracht. Bei der Anwendung des Satzes 1 gilt als regelmäßige wöchentliche Arbeitszeit die Arbeitszeit, die dem gezahlten Arbeitsentgelt entspricht. Für die Berechnung des Regelentgelts wird der 360. Teil des einmalig gezahlten Arbeitsentgelts, das in den letzten zwölf Kalendermonaten vor Beginn der Leistung nach § 23a des Vierten Buches der Beitragsberechnung zugrunde gelegen hat, dem nach den Sätzen 1 bis 5 berechneten Arbeitsentgelt hinzugerechnet.

(2) Bei Teilarbeitslosigkeit ist für die Berechnung das Arbeitsentgelt maßgebend, das in der infolge der Teilarbeitslosigkeit nicht mehr ausgeübten Beschäftigung erzielt wurde.

(3) Für Leistungsempfänger, die Kurzarbeitergeld oder Qualifizierungsgeld bezogen haben, wird das regelmäßige Arbeitsentgelt zugrunde gelegt, das zuletzt vor dem Arbeitsausfall erzielt wurde.

(4) Das Regelentgelt wird bis zur Höhe der für den Rehabilitationsträger jeweils geltenden Leistungs- oder Beitragsbemessungsgrenze berücksichtigt, in der Rentenversicherung bis zur Höhe des der Beitragsbemessung zugrunde liegenden Entgelts.

(5) Für Leistungsempfänger, die im Inland nicht einkommensteuerpflichtig sind, werden für die Feststellung des entgangenen Nettoarbeitsentgelts die Steuern berücksichtigt, die bei einer Steuerpflicht im Inland durch Abzug vom Arbeitsentgelt erhoben würden.

§ 68 Berechnungsgrundlage in Sonderfällen

(1) Für die Berechnung des Übergangsgeldes während des Bezuges von Leistungen zur Teilhabe am Arbeitsleben werden 65 Prozent eines fiktiven Arbeitsentgelts zugrunde gelegt, wenn

1. die Berechnung nach den §§ 66, 67 und 69 zu einem geringeren Betrag führt,
2. Arbeitsentgelt oder Arbeitseinkommen nicht erzielt worden ist oder
3. der letzte Tag des Bemessungszeitraums bei Beginn der Leistungen länger als drei Jahre zurückliegt.

(2) Für die Festsetzung des fiktiven Arbeitsentgelts ist der Leistungsempfänger der Qualifikationsgruppe zuzuordnen, die seiner beruflichen Qualifikation entspricht. Dafür gilt folgende Zuordnung:

1. für eine Hochschul- oder Fachhochschulausbildung (Qualifikationsgruppe 1) ein Arbeitsentgelt in Höhe von einem Dreihundertstel der Bezugsgröße,
2. für einen Fachschulabschluss, den Nachweis über eine abgeschlossene Qualifikation als Meisterin oder Meister oder einen Abschluss in einer vergleichbaren Einrichtung (Qualifikationsgruppe 2) ein Arbeitsentgelt in Höhe von einem Dreihundertsechzigstel der Bezugsgröße,
3. für eine abgeschlossene Ausbildung in einem Ausbildungsberuf (Qualifikationsgruppe 3) ein Arbeitsentgelt in Höhe von einem Vierhundertfünfzigstel der Bezugsgröße und
4. bei einer fehlenden Ausbildung (Qualifikationsgruppe 4) ein Arbeitsentgelt in Höhe von einem Sechshundertstel der Bezugsgröße, mindestens jedoch ein Arbeitsentgelt in Höhe des Betrages, der sich ergibt, wenn der Mindestlohn je Zeitstunde nach § 1 Absatz 2 Satz 1 des Mindestlohngesetzes in Verbindung mit der auf der Grundlage des § 11 Absatz 1 Satz 1 des Mindestlohngesetzes jeweils erlassenen Verordnung mit einem Siebtel der tariflichen regelmäßigen wöchentlichen Arbeitszeit, die für Tarifbeschäftigte im öffentlichen Dienst des Bundes gilt, vervielfacht wird.

Maßgebend ist die Bezugsgröße, die für den Wohnsitz oder für den gewöhnlichen Aufenthaltsort der Leistungsempfänger im letzten Kalendermonat vor dem Beginn der Leistung gilt.

§ 69 Kontinuität der Bemessungsgrundlage

Haben Leistungsempfänger Krankengeld, Verletztengeld, Krankengeld der Sozialen Entschädigung, Krankengeld der Soldatenentschädigung oder Übergangsgeld bezogen und wird im Anschluss daran eine Leistung zur medizinischen Rehabilitation oder zur Teilhabe am Arbeitsleben ausgeführt, so wird bei der Berechnung der diese Leistungen ergänzenden Leistung zum Lebensunterhalt von dem bisher zugrunde gelegten Arbeitsentgelt ausgegangen; es gilt die für den Rehabilitationsträger jeweils geltende Beitragsbemessungsgrenze.

§ 70 Anpassung der Entgeltersatzleistungen

(1) Die Berechnungsgrundlage, die dem Krankengeld, dem Krankengeld der Sozialen Entschädigung, dem Krankengeld der Soldatenentschädigung, dem Verletztengeld und dem Übergangsgeld zugrunde liegt, wird jeweils nach Ablauf eines Jahres ab dem Ende des Bemessungszeitraums an die Entwicklung der Bruttoarbeitsentgelte angepasst und zwar entsprechend der Veränderung der Bruttolöhne und -gehälter je Arbeitnehmer (§ 68 Absatz 2 Satz 1 des Sechsten Buches) vom vorvergangenen zum vergangenen Kalenderjahr.
(2) Der Anpassungsfaktor wird errechnet, indem die Bruttolöhne und -gehälter je Arbeitnehmer für das vergangene Kalenderjahr durch die entsprechenden Bruttolöhne und -gehälter für das vorvergangene Kalenderjahr geteilt werden; § 68 Absatz 7 und § 121 Absatz 1 des Sechsten Buches gelten entsprechend.
(3) Eine Anpassung nach Absatz 1 erfolgt, wenn der nach Absatz 2 berechnete Anpassungsfaktor den Wert 1,0000 überschreitet.
(4) Das Bundesministerium für Arbeit und Soziales gibt jeweils zum 30. Juni eines Kalenderjahres den Anpassungsfaktor, der für die folgenden zwölf Monate maßgebend ist, im Bundesanzeiger bekannt.

§ 71 Weiterzahlung der Leistungen

(1) Sind nach Abschluss von Leistungen zur medizinischen Rehabilitation oder von Leistungen zur Teilhabe am Arbeitsleben weitere Leistungen zur Teilhabe am Arbeitsleben erforderlich, während derer dem Grunde nach Anspruch auf Übergangsgeld besteht, und können diese Leistungen aus Gründen, die die Leistungsempfänger nicht zu vertreten haben, nicht unmittelbar anschließend durchgeführt werden, werden das Verletztengeld, das Krankengeld der Sozialen Entschädigung, das Krankengeld der Soldatenentschädigung oder das Übergangsgeld für diese Zeit weitergezahlt. Voraussetzung für die Weiterzahlung ist, dass

1. die Leistungsempfänger arbeitsunfähig sind und keinen Anspruch auf Krankengeld mehr haben oder
2. den Leistungsempfängern eine zumutbare Beschäftigung aus Gründen, die sie nicht zu vertreten haben, nicht vermittelt werden kann.

(2) Leistungsempfänger haben die Verzögerung von Weiterzahlungen insbesondere dann zu vertreten, wenn sie zumutbare Angebote von Leistungen zur Teilhabe am Arbeitsleben nur deshalb ablehnen, weil die Leistungen in größerer Entfernung zu ihren Wohnorten angeboten werden. Für die Beurteilung der Zumutbarkeit ist § 140 Absatz 4 des Dritten Buches entsprechend anzuwenden.
(3) Können Leistungsempfänger Leistungen zur Teilhabe am Arbeitsleben allein aus gesundheitlichen Gründen nicht mehr, aber voraussichtlich wieder in Anspruch nehmen, werden Übergangsgeld und Unterhaltsbeihilfe bis zum Ende dieser Leistungen, höchstens bis zu sechs Wochen weitergezahlt.
(4) Sind die Leistungsempfänger im Anschluss an eine abgeschlossene Leistung zur Teilhabe am Arbeitsleben arbeitslos, werden Übergangsgeld und Unterhaltsbeihilfe während der Arbeitslosigkeit bis zu drei Monate weitergezahlt, wenn sie sich bei der Agentur für Arbeit arbeitslos gemeldet haben und einen Anspruch auf Arbeitslosengeld von mindestens drei Monaten nicht geltend machen können; die Anspruchsdauer von drei Monaten vermindert sich um die Anzahl von Tagen,

für die Leistungsempfänger im Anschluss an eine abgeschlossene Leistung zur Teilhabe am Arbeitsleben einen Anspruch auf Arbeitslosengeld geltend machen können. In diesem Fall beträgt das Übergangsgeld

1. 67 Prozent bei Leistungsempfängern, bei denen die Voraussetzungen des erhöhten Bemessungssatzes nach § 66 Absatz 1 Satz 3 Nummer 1 vorliegen und
2. 60 Prozent bei den übrigen Leistungsempfängern,

des sich aus § 66 Absatz 1 Satz 1 oder § 68 ergebenden Betrages.

(5) Ist im unmittelbaren Anschluss an Leistungen zur medizinischen Rehabilitation eine stufenweise Wiedereingliederung (§ 44) erforderlich, wird das Übergangsgeld bis zum Ende der Wiedereingliederung weitergezahlt.

§ 72 Einkommensanrechnung

(1) Auf das Übergangsgeld der Rehabilitationsträger nach § 6 Absatz 1 Nummer 2, 4 und 5 wird Folgendes angerechnet:

1. Erwerbseinkommen aus einer Beschäftigung oder einer während des Anspruchs auf Übergangsgeld ausgeübten Tätigkeit, das bei Beschäftigten um die gesetzlichen Abzüge und um einmalig gezahltes Arbeitsentgelt und bei sonstigen Leistungsempfängern um 20 Prozent zu vermindern ist,
2. Leistungen des Arbeitgebers zum Übergangsgeld, soweit sie zusammen mit dem Übergangsgeld das vor Beginn der Leistung erzielte, um die gesetzlichen Abzüge verminderte Arbeitsentgelt übersteigen,
3. Geldleistungen, die eine öffentlich-rechtliche Stelle im Zusammenhang mit einer Leistung zur medizinischen Rehabilitation oder einer Leistung zur Teilhabe am Arbeitsleben erbringt,
4. Renten wegen verminderter Erwerbsfähigkeit oder Verletztenrenten in Höhe des sich aus § 18a Absatz 3 Satz 1 Nummer 4 des Vierten Buches ergebenden Betrages, wenn sich die Minderung der Erwerbsfähigkeit auf die Höhe der Berechnungsgrundlage für das Übergangsgeld nicht ausgewirkt hat,
5. Renten wegen verminderter Erwerbsfähigkeit, die aus demselben Anlass wie die Leistungen zur Teilhabe erbracht werden, wenn durch die Anrechnung eine unbillige Doppelleistung vermieden wird,
6. Renten wegen Alters, die bei der Berechnung des Übergangsgeldes aus einem Teilarbeitsentgelt nicht berücksichtigt wurden,
7. Verletztengeld nach den Vorschriften des Siebten Buches und
8. vergleichbare Leistungen nach den Nummern 1 bis 7, die von einer Stelle außerhalb des Geltungsbereichs dieses Gesetzbuchs erbracht werden.

(2) Bei der Anrechnung von Verletztenrenten mit Kinderzulage und von Renten wegen verminderter Erwerbsfähigkeit mit Kinderzuschuss auf das Übergangsgeld bleibt ein Betrag in Höhe des Kindergeldes nach § 66 des Einkommensteuergesetzes oder § 6 des Bundeskindergeldgesetzes außer Ansatz.

(3) Wird ein Anspruch auf Leistungen, um die das Übergangsgeld nach Absatz 1 Nummer 3 zu kürzen wäre, nicht erfüllt, geht der Anspruch insoweit mit Zahlung des Übergangsgeldes auf den Rehabilitationsträger über; die §§ 104 und 115 des Zehnten Buches bleiben unberührt.

§ 73 Reisekosten

(1) Als Reisekosten werden die erforderlichen Fahr-, Verpflegungs- und Übernachtungskosten übernommen, die im Zusammenhang mit der Ausführung einer Leistung zur medizinischen Rehabilitation oder zur Teilhabe am Arbeitsleben stehen. Zu den Reisekosten gehören auch die Kosten

1. für besondere Beförderungsmittel, deren Inanspruchnahme wegen der Art oder Schwere der Behinderung erforderlich ist,
2. für eine wegen der Behinderung erforderliche Begleitperson einschließlich des für die Zeit der Begleitung entstehenden Verdienstausfalls,
3. für Kinder, deren Mitnahme an den Rehabilitationsort erforderlich ist, weil ihre anderweitige Betreuung nicht sichergestellt ist sowie
4. für den erforderlichen Gepäcktransport.

(2) Während der Ausführung von Leistungen zur Teilhabe am Arbeitsleben werden im Regelfall auch Reisekosten für zwei Familienheimfahrten je Monat übernommen. Anstelle der Kosten für die Familienheimfahrten können für Fahrten von Angehörigen vom Wohnort zum Aufenthaltsort der Leistungsempfänger und zurück Reisekosten übernommen werden.

(3) Reisekosten nach Absatz 2 werden auch im Zusammenhang mit Leistungen zur medizinischen Rehabilitation übernommen, wenn die Leistungen länger als acht Wochen erbracht werden.

(4) Fahrkosten werden in Höhe des Betrages zugrunde gelegt, der bei Benutzung eines regelmäßig verkehrenden öffentlichen Verkehrsmittels der niedrigsten Beförderungsklasse des zweckmäßigsten öffentlichen Verkehrsmittels zu zahlen ist, bei Benutzung sonstiger Verkehrsmittel in Höhe der Wegstreckenentschädigung nach § 5 Absatz 1 des Bundesreisekostengesetzes. Bei Fahrpreiserhöhungen, die nicht geringfügig sind, hat auf Antrag des Leistungsempfängers eine Anpassung der Fahrkostenentschädigung zu erfolgen, wenn die Maßnahme noch mindestens zwei weitere Monate andauert. Kosten für Pendelfahrten können nur bis zur Höhe des Betrages übernommen werden, der unter Berücksichtigung von Art und Schwere der Behinderung bei einer zumutbaren auswärtigen Unterbringung für Unterbringung und Verpflegung zu leisten wäre.

§ 74 Haushalts- oder Betriebshilfe und Kinderbetreuungskosten

(1) Haushaltshilfe wird geleistet, wenn

1. den Leistungsempfängern wegen der Ausführung einer Leistung zur medizinischen Rehabilitation oder einer Leistung zur Teilhabe am Arbeitsleben die Weiterführung des Haushalts nicht möglich ist,
2. eine andere im Haushalt lebende Person den Haushalt nicht weiterführen kann und
3. im Haushalt ein Kind lebt, das bei Beginn der Haushaltshilfe noch nicht zwölf Jahre alt ist oder wenn das Kind eine Behinderung hat und auf Hilfe angewiesen ist.

§ 38 Absatz 4 des Fünften Buches gilt entsprechend.

(2) Anstelle der Haushaltshilfe werden auf Antrag des Leistungsempfängers die Kosten für die Mitnahme oder für die anderweitige Unterbringung des Kindes bis

zur Höhe der Kosten der sonst zu erbringenden Haushaltshilfe übernommen, wenn die Unterbringung und Betreuung des Kindes in dieser Weise sichergestellt ist.

(3) Kosten für die Kinderbetreuung des Leistungsempfängers können bis zu einem Betrag von 160 Euro[1] je Kind und Monat übernommen werden, wenn die Kosten durch die Ausführung einer Leistung zur medizinischen Rehabilitation oder zur Teilhabe am Arbeitsleben unvermeidbar sind. Es werden neben den Leistungen zur Kinderbetreuung keine Leistungen nach den Absätzen 1 und 2 erbracht. Der in Satz 1 genannte Betrag erhöht sich entsprechend der Veränderung der Bezugsgröße nach § 18 Absatz 1 des Vierten Buches; § 160 Absatz 3 Satz 2 bis 5 gilt entsprechend.

(4) Abweichend von den Absätzen 1 bis 3 erbringen die landwirtschaftliche Alterskasse und die landwirtschaftliche Krankenkasse Betriebs- und Haushaltshilfe nach den §§ 10 und 36 des Gesetzes über die Alterssicherung der Landwirte und nach den §§ 9 und 10 des Zweiten Gesetzes über die Krankenversicherung der Landwirte, die landwirtschaftliche Berufsgenossenschaft für die bei ihr versicherten landwirtschaftlichen Unternehmer und im Unternehmen mitarbeitenden Ehegatten nach den §§ 54 und 55 des Siebten Buches.

Kapitel 12 Leistungen zur Teilhabe an Bildung

§ 75 Leistungen zur Teilhabe an Bildung

(1) Zur Teilhabe an Bildung werden unterstützende Leistungen erbracht, die erforderlich sind, damit Menschen mit Behinderungen Bildungsangebote gleichberechtigt wahrnehmen können.

(2) Die Leistungen umfassen insbesondere

1. Hilfen zur Schulbildung, insbesondere im Rahmen der Schulpflicht einschließlich der Vorbereitung hierzu,
2. Hilfen zur schulischen Berufsausbildung,
3. Hilfen zur Hochschulbildung und
4. Hilfen zur schulischen und hochschulischen beruflichen Weiterbildung.

Die Rehabilitationsträger nach § 6 Absatz 1 Nummer 3 erbringen ihre Leistungen unter den Voraussetzungen und im Umfang der Bestimmungen des Siebten Buches als Leistungen zur Teilhabe am Arbeitsleben oder zur Teilhabe am Leben in der Gemeinschaft.

Kapitel 13 Soziale Teilhabe

§ 76 Leistungen zur Sozialen Teilhabe

(1) Leistungen zur Sozialen Teilhabe werden erbracht, um eine gleichberechtigte Teilhabe am Leben in der Gemeinschaft zu ermöglichen oder zu erleichtern, soweit

---

1 Der Betrag wurde auf 180 Euro korrigiert gem. Bekanntmachung über die Anpassung der Ausgleichsabgabe (§ 160 Abs. 3 des Neunten Buches Sozialgesetzbuch [SGB IX]), der Eigenbeteiligung für die unentgeltliche Beförderung (§ 228 Abs. 2 Satz 2 SGB IX), der übernahmefähigen Kinderbetreuungskosten (§ 74 Abs. 3 Satz 3 SGB IX) und der Finanzierung der Werkstatträte Deutschland (§ 39 Abs. 4 Satz 1 der Werkstättenmitwirkungsverordnung) vom 19. November 2020 (BAnz AT 30.11.2020 B1).

sie nicht nach den Kapiteln 9 bis 12 erbracht werden. Hierzu gehört, Leistungsberechtigte zu einer möglichst selbstbestimmten und eigenverantwortlichen Lebensführung im eigenen Wohnraum sowie in ihrem Sozialraum zu befähigen oder sie hierbei zu unterstützen. Maßgeblich sind die Ermittlungen und Feststellungen nach den Kapiteln 3 und 4.

(2) Leistungen zur Sozialen Teilhabe sind insbesondere

1. Leistungen für Wohnraum,
2. Assistenzleistungen,
3. heilpädagogische Leistungen,
4. Leistungen zur Betreuung in einer Pflegefamilie,
5. Leistungen zum Erwerb und Erhalt praktischer Kenntnisse und Fähigkeiten,
6. Leistungen zur Förderung der Verständigung,
7. Leistungen zur Mobilität und
8. Hilfsmittel.

§ 77 Leistungen für Wohnraum

(1) Leistungen für Wohnraum werden erbracht, um Leistungsberechtigten zu Wohnraum zu verhelfen, der zur Führung eines möglichst selbstbestimmten, eigenverantwortlichen Lebens geeignet ist. Die Leistungen umfassen Leistungen für die Beschaffung, den Umbau, die Ausstattung und die Erhaltung von Wohnraum, der den besonderen Bedürfnissen von Menschen mit Behinderungen entspricht.

(2) Aufwendungen für Wohnraum oberhalb der Angemessenheitsgrenze nach § 42a des Zwölften Buches sind zu erstatten, soweit wegen des Umfangs von Assistenzleistungen ein gesteigerter Wohnraumbedarf besteht.

§ 78 Assistenzleistungen

(1) Zur selbstbestimmten und eigenständigen Bewältigung des Alltages einschließlich der Tagesstrukturierung werden Leistungen für Assistenz erbracht. Sie umfassen insbesondere Leistungen für die allgemeinen Erledigungen des Alltags wie die Haushaltsführung, die Gestaltung sozialer Beziehungen, die persönliche Lebensplanung, die Teilhabe am gemeinschaftlichen und kulturellen Leben, die Freizeitgestaltung einschließlich sportlicher Aktivitäten sowie die Sicherstellung der Wirksamkeit der ärztlichen und ärztlich verordneten Leistungen. Sie beinhalten die Verständigung mit der Umwelt in diesen Bereichen.

(2) Die Leistungsberechtigten entscheiden auf der Grundlage des Teilhabeplans nach § 19 über die konkrete Gestaltung der Leistungen hinsichtlich Ablauf, Ort und Zeitpunkt der Inanspruchnahme. Die Leistungen umfassen

1. die vollständige und teilweise Übernahme von Handlungen zur Alltagsbewältigung sowie die Begleitung der Leistungsberechtigten und
2. die Befähigung der Leistungsberechtigten zu einer eigenständigen Alltagsbewältigung.

Die Leistungen nach Nummer 2 werden von Fachkräften als qualifizierte Assistenz erbracht. Sie umfassen insbesondere die Anleitungen und Übungen in den Bereichen nach Absatz 1 Satz 2.

(3) Die Leistungen für Assistenz nach Absatz 1 umfassen auch Leistungen an Mütter und Väter mit Behinderungen bei der Versorgung und Betreuung ihrer Kinder.

(4) Sind mit der Assistenz nach Absatz 1 notwendige Fahrkosten oder weitere Aufwendungen des Assistenzgebers, die nach den Besonderheiten des Einzelfalles notwendig sind, verbunden, werden diese als ergänzende Leistungen erbracht.
(5) Leistungsberechtigten Personen, die ein Ehrenamt ausüben, sind angemessene Aufwendungen für eine notwendige Unterstützung zu erstatten, soweit die Unterstützung nicht zumutbar unentgeltlich erbracht werden kann. Die notwendige Unterstützung soll hierbei vorrangig im Rahmen familiärer, freundschaftlicher, nachbarschaftlicher oder ähnlich persönlicher Beziehungen erbracht werden.
(6) Leistungen zur Erreichbarkeit einer Ansprechperson unabhängig von einer konkreten Inanspruchnahme werden erbracht, soweit dies nach den Besonderheiten des Einzelfalles erforderlich ist.

§ 79 Heilpädagogische Leistungen

(1) Heilpädagogische Leistungen werden an noch nicht eingeschulte Kinder erbracht, wenn nach fachlicher Erkenntnis zu erwarten ist, dass hierdurch
1. eine drohende Behinderung abgewendet oder der fortschreitende Verlauf einer Behinderung verlangsamt wird oder
2. die Folgen einer Behinderung beseitigt oder gemildert werden können.

Heilpädagogische Leistungen werden immer an schwerstbehinderte und schwerstmehrfachbehinderte Kinder, die noch nicht eingeschult sind, erbracht.
(2) Heilpädagogische Leistungen umfassen alle Maßnahmen, die zur Entwicklung des Kindes und zur Entfaltung seiner Persönlichkeit beitragen, einschließlich der jeweils erforderlichen nichtärztlichen therapeutischen, psychologischen, sonderpädagogischen, psychosozialen Leistungen und der Beratung der Erziehungsberechtigten, soweit die Leistungen nicht von § 46 Absatz 1 erfasst sind.
(3) In Verbindung mit Leistungen zur Früherkennung und Frühförderung nach § 46 Absatz 3 werden heilpädagogische Leistungen als Komplexleistung erbracht. Die Vorschriften der Verordnung zur Früherkennung und Frühförderung behinderter und von Behinderung bedrohter Kinder finden Anwendung. In Verbindung mit schulvorbereitenden Maßnahmen der Schulträger werden die Leistungen ebenfalls als Komplexleistung erbracht.

§ 80 Leistungen zur Betreuung in einer Pflegefamilie

Leistungen zur Betreuung in einer Pflegefamilie werden erbracht, um Leistungsberechtigten die Betreuung in einer anderen Familie als der Herkunftsfamilie durch eine geeignete Pflegeperson zu ermöglichen. Bei minderjährigen Leistungsberechtigten bedarf die Pflegeperson der Erlaubnis nach § 44 des Achten Buches. Bei volljährigen Leistungsberechtigten gilt § 44 des Achten Buches entsprechend. Die Regelungen über Verträge mit Leistungserbringern bleiben unberührt.

§ 81 Leistungen zum Erwerb und Erhalt praktischer Kenntnisse und Fähigkeiten

Leistungen zum Erwerb und Erhalt praktischer Kenntnisse und Fähigkeiten werden erbracht, um Leistungsberechtigten die für sie erreichbare Teilhabe am Leben in der Gemeinschaft zu ermöglichen. Die Leistungen sind insbesondere darauf gerichtet, die Leistungsberechtigten in Fördergruppen und Schulungen oder ähnlichen Maßnahmen zur Vornahme lebenspraktischer Handlungen einschließlich hauswirtschaftlicher Tätigkeiten zu befähigen, sie auf die Teilhabe am Arbeitsleben vorzubereiten, ihre Sprache und Kommunikation zu verbessern und sie zu befähigen, sich ohne fremde Hilfe sicher im Verkehr zu bewegen. Die Leistungen umfassen auch die blindentechnische Grundausbildung.

§ 82 Leistungen zur Förderung der Verständigung

Leistungen zur Förderung der Verständigung werden erbracht, um Leistungsberechtigten mit Hör- und Sprachbehinderungen die Verständigung mit der Umwelt aus besonderem Anlass zu ermöglichen oder zu erleichtern. Die Leistungen umfassen insbesondere Hilfen durch Gebärdensprachdolmetscher und andere geeignete Kommunikationshilfen. § 17 Absatz 2 des Ersten Buches bleibt unberührt.

§ 83 Leistungen zur Mobilität

(1) Leistungen zur Mobilität umfassen
1. Leistungen zur Beförderung, insbesondere durch einen Beförderungsdienst, und
2. Leistungen für ein Kraftfahrzeug.

(2) Leistungen nach Absatz 1 erhalten Leistungsberechtigte nach § 2, denen die Nutzung öffentlicher Verkehrsmittel auf Grund der Art und Schwere ihrer Behinderung nicht zumutbar ist. Leistungen nach Absatz 1 Nummer 2 werden nur erbracht, wenn die Leistungsberechtigten das Kraftfahrzeug führen können oder gewährleistet ist, dass ein Dritter das Kraftfahrzeug für sie führt und Leistungen nach Absatz 1 Nummer 1 nicht zumutbar oder wirtschaftlich sind.

(3) Die Leistungen nach Absatz 1 Nummer 2 umfassen Leistungen
1. zur Beschaffung eines Kraftfahrzeugs,
2. für die erforderliche Zusatzausstattung,
3. zur Erlangung der Fahrerlaubnis,
4. zur Instandhaltung und
5. für die mit dem Betrieb des Kraftfahrzeugs verbundenen Kosten.

Die Bemessung der Leistungen orientiert sich an der Kraftfahrzeughilfe-Verordnung.

(4) Sind die Leistungsberechtigten minderjährig, umfassen die Leistungen nach Absatz 1 Nummer 2 den wegen der Behinderung erforderlichen Mehraufwand bei der Beschaffung des Kraftfahrzeugs sowie Leistungen nach Absatz 3 Nummer 2.

§ 84 Hilfsmittel

(1) Die Leistungen umfassen Hilfsmittel, die erforderlich sind, um eine durch die Behinderung bestehende Einschränkung einer gleichberechtigten Teilhabe am Leben in der Gemeinschaft auszugleichen. Hierzu gehören insbesondere barrierefreie Computer.

(2) Die Leistungen umfassen auch eine notwendige Unterweisung im Gebrauch der Hilfsmittel sowie deren notwendige Instandhaltung oder Änderung.

(3) Soweit es im Einzelfall erforderlich ist, werden Leistungen für eine Doppelausstattung erbracht.

Kapitel 14 Beteiligung der Verbände und Träger

§ 85 Klagerecht der Verbände

Werden Menschen mit Behinderungen in ihren Rechten nach diesem Buch verletzt, können an ihrer Stelle und mit ihrem Einverständnis Verbände klagen, die nach ihrer Satzung Menschen mit Behinderungen auf Bundes- oder Landesebene vertreten und nicht selbst am Prozess beteiligt sind. In diesem Fall müssen alle Verfahrensvoraussetzungen wie bei einem Rechtsschutzersuchen durch den Menschen mit Behinderungen selbst vorliegen.

§ 86 Beirat für die Teilhabe von Menschen mit Behinderungen

(1) Beim Bundesministerium für Arbeit und Soziales wird ein Beirat für die Teilhabe von Menschen mit Behinderungen gebildet, der das Bundesministerium für Arbeit und Soziales in Fragen der Teilhabe von Menschen mit Behinderungen berät und bei Aufgaben der Koordinierung unterstützt. Zu den Aufgaben des Beirats gehören insbesondere auch

1. die Unterstützung bei der Förderung von Rehabilitationseinrichtungen und die Mitwirkung bei der Vergabe der Mittel des Ausgleichsfonds sowie
2. die Anregung und Koordinierung von Maßnahmen zur Evaluierung der in diesem Buch getroffenen Regelungen im Rahmen der Rehabilitationsforschung und als forschungsbegleitender Ausschuss die Unterstützung des Bundesministeriums bei der Festlegung von Fragestellungen und Kriterien.

Das Bundesministerium für Arbeit und Soziales trifft Entscheidungen über die Vergabe der Mittel des Ausgleichsfonds nur auf Grund von Vorschlägen des Beirats.

(2) Der Beirat besteht aus 49 Mitgliedern. Von diesen beruft das Bundesministerium für Arbeit und Soziales

1. zwei Mitglieder auf Vorschlag der Gruppenvertreter der Arbeitnehmer im Verwaltungsrat der Bundesagentur für Arbeit,
2. zwei Mitglieder auf Vorschlag der Gruppenvertreter der Arbeitgeber im Verwaltungsrat der Bundesagentur für Arbeit,
3. sechs Mitglieder auf Vorschlag der Behindertenverbände, die nach der Zusammensetzung ihrer Mitglieder dazu berufen sind, Menschen mit Behinderungen auf Bundesebene zu vertreten,
4. 16 Mitglieder auf Vorschlag der Länder,
5. drei Mitglieder auf Vorschlag der Bundesvereinigung der kommunalen Spitzenverbände,
6. ein Mitglied auf Vorschlag der Bundesarbeitsgemeinschaft der Integrationsämter und Hauptfürsorgestellen,
7. ein Mitglied auf Vorschlag des Vorstands der Bundesagentur für Arbeit,
8. zwei Mitglieder auf Vorschlag des Spitzenverbandes Bund der Krankenkassen,
9. ein Mitglied auf Vorschlag der Spitzenvereinigungen der Träger der gesetzlichen Unfallversicherung,
10. drei Mitglieder auf Vorschlag der Deutschen Rentenversicherung Bund,
11. ein Mitglied auf Vorschlag der Bundesarbeitsgemeinschaft der überörtlichen Träger der Sozialhilfe,

12. ein Mitglied auf Vorschlag der Bundesarbeitsgemeinschaft der Freien Wohlfahrtspflege,
13. ein Mitglied auf Vorschlag der Bundesarbeitsgemeinschaft für Unterstützte Beschäftigung,
14. fünf Mitglieder auf Vorschlag der Arbeitsgemeinschaften der Einrichtungen der medizinischen Rehabilitation, der Berufsförderungswerke, der Berufsbildungswerke, der Werkstätten für behinderte Menschen und der Inklusionsbetriebe,
15. ein Mitglied auf Vorschlag der für die Wahrnehmung der Interessen der ambulanten und stationären Rehabilitationseinrichtungen auf Bundesebene maßgeblichen Spitzenverbände,
16. zwei Mitglieder auf Vorschlag der Kassenärztlichen Bundesvereinigung und der Bundesärztekammer und
17. ein Mitglied auf Vorschlag der Bundesarbeitsgemeinschaft für Rehabilitation.

Für jedes Mitglied ist ein stellvertretendes Mitglied zu berufen.

§ 87 Verfahren des Beirats

Der Beirat für die Teilhabe von Menschen mit Behinderungen wählt aus den ihm angehörenden Mitgliedern von Seiten der Arbeitnehmer, Arbeitgeber und Organisationen behinderter Menschen jeweils für die Dauer eines Jahres eine Vorsitzende oder einen Vorsitzenden und eine Stellvertreterin oder einen Stellvertreter. Im Übrigen gilt § 189 entsprechend.

§ 88 Berichte über die Lage von Menschen mit Behinderungen und die Entwicklung ihrer Teilhabe

(1) Die Bundesregierung berichtet den gesetzgebenden Körperschaften des Bundes einmal in der Legislaturperiode, mindestens jedoch alle vier Jahre, über die Lebenslagen der Menschen mit Behinderungen und der von Behinderung bedrohten Menschen sowie über die Entwicklung ihrer Teilhabe am Arbeitsleben und am Leben in der Gesellschaft. Die Berichterstattung zu den Lebenslagen umfasst Querschnittsthemen wie Gender Mainstreaming, Migration, Alter, Barrierefreiheit, Diskriminierung, Assistenzbedarf und Armut. Gegenstand des Berichts sind auch Forschungsergebnisse über Wirtschaftlichkeit und Wirksamkeit staatlicher Maßnahmen und der Leistungen der Rehabilitationsträger für die Zielgruppen des Berichts.

(2) Die Verbände der Menschen mit Behinderungen werden an der Weiterentwicklung des Berichtskonzeptes beteiligt.

§ 89 Verordnungsermächtigung

Das Bundesministerium für Arbeit und Soziales kann durch Rechtsverordnung mit Zustimmung des Bundesrates weitere Vorschriften über die Geschäftsführung und das Verfahren des Beirats nach § 87 erlassen.

Teil 2 Besondere Leistungen zur selbstbestimmten Lebensführung für Menschen mit Behinderungen (Eingliederungshilferecht)

Kapitel 1 Allgemeine Vorschriften

§ 90 Aufgabe der Eingliederungshilfe

(1) Aufgabe der Eingliederungshilfe ist es, Leistungsberechtigten eine individuelle Lebensführung zu ermöglichen, die der Würde des Menschen entspricht, und die volle, wirksame und gleichberechtigte Teilhabe am Leben in der Gesellschaft zu fördern. Die Leistung soll sie befähigen, ihre Lebensplanung und -führung möglichst selbstbestimmt und eigenverantwortlich wahrnehmen zu können.

(2) Besondere Aufgabe der medizinischen Rehabilitation ist es, eine Beeinträchtigung nach § 99 Absatz 1 abzuwenden, zu beseitigen, zu mindern, auszugleichen, eine Verschlimmerung zu verhüten oder die Leistungsberechtigten soweit wie möglich unabhängig von Pflege zu machen.

(3) Besondere Aufgabe der Teilhabe am Arbeitsleben ist es, die Aufnahme, Ausübung und Sicherung einer der Eignung und Neigung der Leistungsberechtigten entsprechenden Beschäftigung sowie die Weiterentwicklung ihrer Leistungsfähigkeit und Persönlichkeit zu fördern.

(4) Besondere Aufgabe der Teilhabe an Bildung ist es, Leistungsberechtigten eine ihren Fähigkeiten und Leistungen entsprechende Schulbildung und schulische und hochschulische Aus- und Weiterbildung für einen Beruf zur Förderung ihrer Teilhabe am Leben in der Gesellschaft zu ermöglichen.

(5) Besondere Aufgabe der Sozialen Teilhabe ist es, die gleichberechtigte Teilhabe am Leben in der Gemeinschaft zu ermöglichen oder zu erleichtern.

§ 91 Nachrang der Eingliederungshilfe

(1) Eingliederungshilfe erhält, wer die erforderliche Leistung nicht von anderen oder von Trägern anderer Sozialleistungen erhält.

(2) Verpflichtungen anderer, insbesondere der Träger anderer Sozialleistungen, bleiben unberührt. Leistungen anderer dürfen nicht deshalb versagt werden, weil dieser Teil entsprechende Leistungen vorsieht; dies gilt insbesondere bei einer gesetzlichen Verpflichtung der Träger anderer Sozialleistungen oder anderer Stellen, in ihrem Verantwortungsbereich die Verwirklichung der Rechte für Menschen mit Behinderungen zu gewährleisten oder zu fördern.

(3) Das Verhältnis der Leistungen der Pflegeversicherung und der Leistungen der Eingliederungshilfe bestimmt sich nach § 13 Absatz 3 des Elften Buches.

§ 92 Beitrag

Zu den Leistungen der Eingliederungshilfe ist nach Maßgabe des Kapitels 9 ein Beitrag aufzubringen.

§ 93 Verhältnis zu anderen Rechtsbereichen

(1) Die Vorschriften über die Leistungen zur Sicherung des Lebensunterhalts nach dem Zweiten Buch sowie über die Hilfe zum Lebensunterhalt und die Grundsicherung im Alter und bei Erwerbsminderung nach dem Zwölften Buch bleiben unberührt.

(2) Die Vorschriften über die Hilfe zur Überwindung besonderer sozialer Schwierigkeiten nach dem Achten Kapitel des Zwölften Buches, über die Altenhilfe nach § 71 des Zwölften Buches und über die Blindenhilfe nach § 72 des Zwölften Buches bleiben unberührt.
(3) Die Hilfen zur Gesundheit nach dem Zwölften Buch gehen den Leistungen der Eingliederungshilfe vor, wenn sie zur Beseitigung einer drohenden wesentlichen Behinderung nach § 99 Absatz 1 in Verbindung mit Absatz 2 geeignet sind.

§ 94 Aufgaben der Länder

(1) Die Länder bestimmen die für die Durchführung dieses Teils zuständigen Träger der Eingliederungshilfe.
(2) Bei der Bestimmung durch Landesrecht ist sicherzustellen, dass die Träger der Eingliederungshilfe nach ihrer Leistungsfähigkeit zur Erfüllung dieser Aufgaben geeignet sind. Sind in einem Land mehrere Träger der Eingliederungshilfe bestimmt worden, unterstützen die obersten Landessozialbehörden die Träger bei der Durchführung der Aufgaben nach diesem Teil. Dabei sollen sie insbesondere den Erfahrungsaustausch zwischen den Trägern sowie die Entwicklung und Durchführung von Instrumenten zur zielgerichteten Erbringung und Überprüfung von Leistungen und der Qualitätssicherung einschließlich der Wirksamkeit der Leistungen fördern.
(3) Die Länder haben auf flächendeckende, bedarfsdeckende, am Sozialraum orientierte und inklusiv ausgerichtete Angebote von Leistungsanbietern hinzuwirken und unterstützen die Träger der Eingliederungshilfe bei der Umsetzung ihres Sicherstellungsauftrages.
(4) Zur Förderung und Weiterentwicklung der Strukturen der Eingliederungshilfe bildet jedes Land eine Arbeitsgemeinschaft. Die Arbeitsgemeinschaften bestehen aus Vertretern des für die Eingliederungshilfe zuständigen Ministeriums, der Träger der Eingliederungshilfe, der Leistungserbringer sowie aus Vertretern der Verbände für Menschen mit Behinderungen. Die Landesregierungen werden ermächtigt, durch Rechtsverordnung das Nähere über die Zusammensetzung und das Verfahren zu bestimmen.
(5) Die Länder treffen sich regelmäßig unter Beteiligung des Bundes sowie der Träger der Eingliederungshilfe zur Evidenzbeobachtung und zu einem Erfahrungsaustausch. Die Verbände der Leistungserbringer sowie die Verbände für Menschen mit Behinderungen können hinzugezogen werden. Gegenstand der Evidenzbeobachtung und des Erfahrungsaustausches sind insbesondere

1. die Wirkung und Qualifizierung der Steuerungsinstrumente,
2. die Wirkungen der Regelungen zur Leistungsberechtigung nach § 99 sowie der neuen Leistungen und Leistungsstrukturen,
3. die Umsetzung des Wunsch- und Wahlrechtes nach § 104 Absatz 1 und 2,
4. die Wirkung der Koordinierung der Leistungen und der trägerübergreifenden Verfahren der Bedarfsermittlung und -feststellung und
5. die Auswirkungen des Beitrags.

Die Erkenntnisse sollen zur Weiterentwicklung der Eingliederungshilfe zusammengeführt werden.

§ 95 Sicherstellungsauftrag

Die Träger der Eingliederungshilfe haben im Rahmen ihrer Leistungsverpflichtung eine personenzentrierte Leistung für Leistungsberechtigte unabhängig vom Ort der Leistungserbringung sicherzustellen (Sicherstellungsauftrag), soweit dieser Teil nichts Abweichendes bestimmt. Sie schließen hierzu Vereinbarungen mit den Leistungsanbietern nach den Vorschriften des Kapitels 8 ab. Im Rahmen der Strukturplanung sind die Erkenntnisse aus der Gesamtplanung nach Kapitel 7 zu berücksichtigen.

§ 96 Zusammenarbeit

(1) Die Träger der Eingliederungshilfe arbeiten mit Leistungsanbietern und anderen Stellen, deren Aufgabe die Lebenssituation von Menschen mit Behinderungen betrifft, zusammen.

(2) Die Stellung der Kirchen und Religionsgesellschaften des öffentlichen Rechts sowie der Verbände der Freien Wohlfahrtspflege als Träger eigener sozialer Aufgaben und ihre Tätigkeit zur Erfüllung dieser Aufgaben werden durch diesen Teil nicht berührt.

(3) Ist die Beratung und Sicherung der gleichmäßigen, gemeinsamen oder ergänzenden Erbringung von Leistungen geboten, sollen zu diesem Zweck Arbeitsgemeinschaften gebildet werden.

(4) Sozialdaten dürfen im Rahmen der Zusammenarbeit nur verarbeitet werden, soweit dies zur Erfüllung von Aufgaben nach diesem Teil erforderlich ist oder durch Rechtsvorschriften des Sozialgesetzbuches angeordnet oder erlaubt ist.

§ 97 Fachkräfte

Bei der Durchführung der Aufgaben dieses Teils beschäftigen die Träger der Eingliederungshilfe eine dem Bedarf entsprechende Anzahl an Fachkräften aus unterschiedlichen Fachdisziplinen. Diese sollen

1. eine ihren Aufgaben entsprechende Ausbildung erhalten haben und insbesondere über umfassende Kenntnisse
   a) des Sozial- und Verwaltungsrechts,
   b) über Personen, die leistungsberechtigt im Sinne des § 99 Absatz 1 bis 3 sind, oder
   c) von Teilhabebedarfen und Teilhabebarrieren

   verfügen,
2. umfassende Kenntnisse über den regionalen Sozialraum und seine Möglichkeiten zur Durchführung von Leistungen der Eingliederungshilfe haben sowie
3. die Fähigkeit zur Kommunikation mit allen Beteiligten haben.

Soweit Mitarbeiter der Leistungsträger nicht oder nur zum Teil die Voraussetzungen erfüllen, ist ihnen Gelegenheit zur Fortbildung und zum Austausch mit Menschen mit Behinderungen zu geben. Die fachliche Fortbildung der Fachkräfte, die insbesondere die Durchführung der Aufgaben nach den §§ 106 und 117 umfasst, ist zu gewährleisten.

§ 98 Örtliche Zuständigkeit

(1) Für die Eingliederungshilfe örtlich zuständig ist der Träger der Eingliederungshilfe, in dessen Bereich die leistungsberechtigte Person ihren gewöhnlichen Aufenthalt zum Zeitpunkt der ersten Antragstellung nach § 108 Absatz 1 hat oder in den zwei Monaten vor den Leistungen einer Betreuung über Tag und Nacht zuletzt gehabt hatte. Bedarf es nach § 108 Absatz 2 keines Antrags, ist der Beginn des Verfahrens nach Kapitel 7 maßgeblich. Diese Zuständigkeit bleibt bis zur Beendigung des Leistungsbezuges bestehen. Sie ist neu festzustellen, wenn für einen zusammenhängenden Zeitraum von mindestens sechs Monaten keine Leistungen bezogen wurden. Eine Unterbrechung des Leistungsbezuges wegen stationärer Krankenhausbehandlung oder medizinischer Rehabilitation gilt nicht als Beendigung des Leistungsbezuges.

(2) Steht innerhalb von vier Wochen nicht fest, ob und wo der gewöhnliche Aufenthalt begründet worden ist, oder ist ein gewöhnlicher Aufenthalt nicht vorhanden oder nicht zu ermitteln, hat der für den tatsächlichen Aufenthalt zuständige Träger der Eingliederungshilfe über die Leistung unverzüglich zu entscheiden und sie vorläufig zu erbringen. Steht der gewöhnliche Aufenthalt in den Fällen des Satzes 1 fest, wird der Träger der Eingliederungshilfe nach Absatz 1 örtlich zuständig und hat dem nach Satz 1 leistenden Träger die Kosten zu erstatten. Ist ein gewöhnlicher Aufenthalt im Bundesgebiet nicht vorhanden oder nicht zu ermitteln, ist der Träger der Eingliederungshilfe örtlich zuständig, in dessen Bereich sich die leistungsberechtigte Person tatsächlich aufhält.

(3) Werden für ein Kind vom Zeitpunkt der Geburt an Leistungen nach diesem Teil des Buches über Tag und Nacht beantragt, tritt an die Stelle seines gewöhnlichen Aufenthalts der gewöhnliche Aufenthalt der Mutter.

(4) Als gewöhnlicher Aufenthalt im Sinne dieser Vorschrift gilt nicht der stationäre Aufenthalt oder der auf richterlich angeordneter Freiheitsentziehung beruhende Aufenthalt in einer Vollzugsanstalt. In diesen Fällen ist der Träger der Eingliederungshilfe örtlich zuständig, in dessen Bereich die leistungsberechtigte Person ihren gewöhnlichen Aufenthalt in den letzten zwei Monaten vor der Aufnahme zuletzt hatte.

(5) Bei Personen, die am 31. Dezember 2019 Leistungen nach dem Sechsten Kapitel des Zwölften Buches in der am 31. Dezember 2019 geltenden Fassung bezogen haben und auch ab dem 1. Januar 2020 Leistungen nach Teil 2 dieses Buches erhalten, ist der Träger der Eingliederungshilfe örtlich zuständig, dessen örtliche Zuständigkeit sich am 1. Januar 2020 im Einzelfall in entsprechender Anwendung von § 98 Absatz 1 Satz 1 oder Absatz 5 des Zwölften Buches oder in entsprechender Anwendung von § 98 Absatz 2 Satz 1 und 2 in Verbindung mit § 107 des Zwölften Buches ergeben würde. Absatz 1 Satz 3 bis 5 gilt entsprechend. Im Übrigen bleiben die Absätze 2 bis 4 unberührt.

Kapitel 2 Grundsätze der Leistungen

§ 99 Leistungsberechtigung, Verordnungsermächtigung

(1) Leistungen der Eingliederungshilfe erhalten Menschen mit Behinderungen im Sinne von § 2 Absatz 1 Satz 1 und 2, die wesentlich in der gleichberechtigten

Teilhabe an der Gesellschaft eingeschränkt sind (wesentliche Behinderung) oder von einer solchen wesentlichen Behinderung bedroht sind, wenn und solange nach der Besonderheit des Einzelfalles Aussicht besteht, dass die Aufgabe der Eingliederungshilfe nach § 90 erfüllt werden kann.

(2) Von einer wesentlichen Behinderung bedroht sind Menschen, bei denen der Eintritt einer wesentlichen Behinderung nach fachlicher Erkenntnis mit hoher Wahrscheinlichkeit zu erwarten ist.

(3) Menschen mit anderen geistigen, seelischen, körperlichen oder Sinnesbeeinträchtigungen, durch die sie in Wechselwirkung mit einstellungs- und umweltbedingten Barrieren in der gleichberechtigten Teilhabe an der Gesellschaft eingeschränkt sind, können Leistungen der Eingliederungshilfe erhalten.

(4) Die Bundesregierung kann durch Rechtsverordnung mit Zustimmung des Bundesrates Bestimmungen über die Konkretisierung der Leistungsberechtigung in der Eingliederungshilfe erlassen. Bis zum Inkrafttreten einer nach Satz 1 erlassenen Rechtsverordnung gelten die §§ 1 bis 3 der Eingliederungshilfe-Verordnung in der am 31. Dezember 2019 geltenden Fassung entsprechend.

§ 100 Eingliederungshilfe für Ausländer

(1) Ausländer, die sich im Inland tatsächlich aufhalten, können Leistungen nach diesem Teil erhalten, soweit dies im Einzelfall gerechtfertigt ist. Die Einschränkung auf Ermessensleistungen nach Satz 1 gilt nicht für Ausländer, die im Besitz einer Niederlassungserlaubnis oder eines befristeten Aufenthaltstitels sind und sich voraussichtlich dauerhaft im Bundesgebiet aufhalten. Andere Rechtsvorschriften, nach denen Leistungen der Eingliederungshilfe zu erbringen sind, bleiben unberührt.

(2) Leistungsberechtigte nach § 1 des Asylbewerberleistungsgesetzes erhalten keine Leistungen der Eingliederungshilfe.

(3) Ausländer, die eingereist sind, um Leistungen nach diesem Teil zu erlangen, haben keinen Anspruch auf Leistungen der Eingliederungshilfe.

§ 101 Eingliederungshilfe für Deutsche im Ausland

(1) Deutsche, die ihren gewöhnlichen Aufenthalt im Ausland haben, erhalten keine Leistungen der Eingliederungshilfe. Hiervon kann im Einzelfall nur abgewichen werden, soweit dies wegen einer außergewöhnlichen Notlage unabweisbar ist und zugleich nachgewiesen wird, dass eine Rückkehr in das Inland aus folgenden Gründen nicht möglich ist:

1. Pflege und Erziehung eines Kindes, das aus rechtlichen Gründen im Ausland bleiben muss,
2. längerfristige stationäre Betreuung in einer Einrichtung oder Schwere der Pflegebedürftigkeit oder
3. hoheitliche Gewalt.

(2) Leistungen der Eingliederungshilfe werden nicht erbracht, soweit sie von dem hierzu verpflichteten Aufenthaltsland oder von anderen erbracht werden oder zu erwarten sind.

(3) Art und Maß der Leistungserbringung sowie der Einsatz des Einkommens und Vermögens richten sich nach den besonderen Verhältnissen im Aufenthaltsland.

(4) Für die Leistung zuständig ist der Träger der Eingliederungshilfe, in dessen Bereich die antragstellende Person geboren ist. Liegt der Geburtsort im Ausland oder ist er nicht zu ermitteln, richtet sich die örtliche Zuständigkeit des Trägers der Eingliederungshilfe nach dem Geburtsort der Mutter der antragstellenden Person. Liegt dieser ebenfalls im Ausland oder ist er nicht zu ermitteln, richtet sich die örtliche Zuständigkeit des Trägers der Eingliederungshilfe nach dem Geburtsort des Vaters der antragstellenden Person. Liegt auch dieser im Ausland oder ist er nicht zu ermitteln, ist der Träger der Eingliederungshilfe örtlich zuständig, bei dem der Antrag eingeht.
(5) Die Träger der Eingliederungshilfe arbeiten mit den deutschen Dienststellen im Ausland zusammen.

§ 102 Leistungen der Eingliederungshilfe
(1) Die Leistungen der Eingliederungshilfe umfassen
1. Leistungen zur medizinischen Rehabilitation,
2. Leistungen zur Teilhabe am Arbeitsleben,
3. Leistungen zur Teilhabe an Bildung und
4. Leistungen zur Sozialen Teilhabe.
(2) Leistungen nach Absatz 1 Nummer 1 bis 3 gehen den Leistungen nach Absatz 1 Nummer 4 vor.

§ 103 Regelung für Menschen mit Behinderungen und Pflegebedarf
(1) Werden Leistungen der Eingliederungshilfe in Einrichtungen oder Räumlichkeiten im Sinne des § 43a des Elften Buches in Verbindung mit § 71 Absatz 4 des Elften Buches erbracht, umfasst die Leistung auch die Pflegeleistungen in diesen Einrichtungen oder Räumlichkeiten. Stellt der Leistungserbringer fest, dass der Mensch mit Behinderungen so pflegebedürftig ist, dass die Pflege in diesen Einrichtungen oder Räumlichkeiten nicht sichergestellt werden kann, vereinbaren der Träger der Eingliederungshilfe und die zuständige Pflegekasse mit dem Leistungserbringer, dass die Leistung bei einem anderen Leistungserbringer erbracht wird; dabei ist angemessenen Wünschen des Menschen mit Behinderungen Rechnung zu tragen. Die Entscheidung zur Vorbereitung der Vereinbarung nach Satz 2 erfolgt nach den Regelungen zur Gesamtplanung nach Kapitel 7.
(2) Werden Leistungen der Eingliederungshilfe außerhalb von Einrichtungen oder Räumlichkeiten im Sinne des § 43a des Elften Buches in Verbindung mit § 71 Absatz 4 des Elften Buches erbracht, umfasst die Leistung auch die Leistungen der häuslichen Pflege nach den §§ 64a bis 64f. 64i bis 64k und 66 des Zwölften Buches, solange die Teilhabeziele nach Maßgabe des Gesamtplanes (§ 121) erreicht werden können, es sei denn der Leistungsberechtigte hat vor Vollendung des für die Regelaltersrente im Sinne des Sechsten Buches erforderlichen Lebensjahres keine Leistungen der Eingliederungshilfe erhalten. Satz 1 gilt entsprechend in Fällen, in denen der Leistungsberechtigte vorübergehend Leistungen nach den §§ 64g und 64h des Zwölften Buches in Anspruch nimmt. Die Länder können durch Landesrecht bestimmen, dass der für die Leistungen der häuslichen Pflege zuständige Träger der Sozialhilfe die Kosten der vom Träger der Eingliederungshilfe erbrachten Leistungen der häuslichen Pflege zu erstatten hat.

§ 104 Leistungen nach der Besonderheit des Einzelfalles

(1) Die Leistungen der Eingliederungshilfe bestimmen sich nach der Besonderheit des Einzelfalles, insbesondere nach der Art des Bedarfes, den persönlichen Verhältnissen, dem Sozialraum und den eigenen Kräften und Mitteln; dabei ist auch die Wohnform zu würdigen. Sie werden so lange geleistet, wie die Teilhabeziele nach Maßgabe des Gesamtplanes (§ 121) erreichbar sind.

(2) Wünschen der Leistungsberechtigten, die sich auf die Gestaltung der Leistung richten, ist zu entsprechen, soweit sie angemessen sind. Die Wünsche der Leistungsberechtigten gelten nicht als angemessen,

1. wenn und soweit die Höhe der Kosten der gewünschten Leistung die Höhe der Kosten für eine vergleichbare Leistung von Leistungserbringern, mit denen eine Vereinbarung nach Kapitel 8 besteht, unverhältnismäßig übersteigt und
2. wenn der Bedarf nach der Besonderheit des Einzelfalles durch die vergleichbare Leistung gedeckt werden kann.

(3) Bei der Entscheidung nach Absatz 2 ist zunächst die Zumutbarkeit einer von den Wünschen des Leistungsberechtigten abweichenden Leistung zu prüfen. Dabei sind die persönlichen, familiären und örtlichen Umstände einschließlich der gewünschten Wohnform angemessen zu berücksichtigen. Kommt danach ein Wohnen außerhalb von besonderen Wohnformen in Betracht, ist dieser Wohnform der Vorzug zu geben, wenn dies von der leistungsberechtigten Person gewünscht wird. Soweit die leistungsberechtigte Person dies wünscht, sind in diesem Fall die im Zusammenhang mit dem Wohnen stehenden Assistenzleistungen nach § 113 Absatz 2 Nummer 2 im Bereich der Gestaltung sozialer Beziehungen und der persönlichen Lebensplanung nicht gemeinsam zu erbringen nach § 116 Absatz 2 Nummer 1. Bei Unzumutbarkeit einer abweichenden Leistungsgestaltung ist ein Kostenvergleich nicht vorzunehmen.

(4) Auf Wunsch der Leistungsberechtigten sollen die Leistungen der Eingliederungshilfe von einem Leistungsanbieter erbracht werden, der die Betreuung durch Geistliche ihres Bekenntnisses ermöglicht.

(5) Leistungen der Eingliederungshilfe für Leistungsberechtigte mit gewöhnlichem Aufenthalt in Deutschland können auch im Ausland erbracht werden, wenn dies im Interesse der Aufgabe der Eingliederungshilfe geboten ist, die Dauer der Leistungen durch den Auslandsaufenthalt nicht wesentlich verlängert wird und keine unvertretbaren Mehraufwendungen entstehen.

§ 105 Leistungsformen

(1) Die Leistungen der Eingliederungshilfe werden als Sach-, Geld- oder Dienstleistung erbracht.

(2) Zur Dienstleistung gehören insbesondere die Beratung und Unterstützung in Angelegenheiten der Leistungen der Eingliederungshilfe sowie in sonstigen sozialen Angelegenheiten.

(3) Leistungen zur Sozialen Teilhabe können mit Zustimmung der Leistungsberechtigten auch in Form einer pauschalen Geldleistung erbracht werden, soweit es dieser Teil vorsieht. Die Träger der Eingliederungshilfe regeln das Nähere zur Höhe und Ausgestaltung der Pauschalen.

(4) Die Leistungen der Eingliederungshilfe werden auf Antrag auch als Teil eines Persönlichen Budgets ausgeführt. Die Vorschrift zum Persönlichen Budget nach § 29 ist insoweit anzuwenden.

§ 106 Beratung und Unterstützung

(1) Zur Erfüllung der Aufgaben dieses Teils werden die Leistungsberechtigten, auf ihren Wunsch auch im Beisein einer Person ihres Vertrauens, vom Träger der Eingliederungshilfe beraten und, soweit erforderlich, unterstützt. Die Beratung erfolgt in einer für den Leistungsberechtigten wahrnehmbaren Form.

(2) Die Beratung umfasst insbesondere

1. die persönliche Situation des Leistungsberechtigten, den Bedarf, die eigenen Kräfte und Mittel sowie die mögliche Stärkung der Selbsthilfe zur Teilhabe am Leben in der Gemeinschaft einschließlich eines gesellschaftlichen Engagements,
2. die Leistungen der Eingliederungshilfe einschließlich des Zugangs zum Leistungssystem,
3. die Leistungen anderer Leistungsträger,
4. die Verwaltungsabläufe,
5. Hinweise auf Leistungsanbieter und andere Hilfemöglichkeiten im Sozialraum und auf Möglichkeiten zur Leistungserbringung,
6. Hinweise auf andere Beratungsangebote im Sozialraum,
7. eine gebotene Budgetberatung.

(3) Die Unterstützung umfasst insbesondere

1. Hilfe bei der Antragstellung,
2. Hilfe bei der Klärung weiterer zuständiger Leistungsträger,
3. das Hinwirken auf zeitnahe Entscheidungen und Leistungen der anderen Leistungsträger,
4. Hilfe bei der Erfüllung von Mitwirkungspflichten,
5. Hilfe bei der Inanspruchnahme von Leistungen,
6. die Vorbereitung von Möglichkeiten der Teilhabe am Leben in der Gemeinschaft einschließlich des gesellschaftlichen Engagements,
7. die Vorbereitung von Kontakten und Begleitung zu Leistungsanbietern und anderen Hilfemöglichkeiten,
8. Hilfe bei der Entscheidung über Leistungserbringer sowie bei der Aushandlung und dem Abschluss von Verträgen mit Leistungserbringern sowie
9. Hilfe bei der Erfüllung von Verpflichtungen aus der Zielvereinbarung und dem Bewilligungsbescheid.

(4) Die Leistungsberechtigten sind hinzuweisen auf die ergänzende unabhängige Teilhabeberatung nach § 32, auf die Beratung und Unterstützung von Verbänden der Freien Wohlfahrtspflege sowie von Angehörigen der rechtsberatenden Berufe und von sonstigen Stellen.

§ 107 Übertragung, Verpfändung oder Pfändung, Auswahlermessen

(1) Der Anspruch auf Leistungen der Eingliederungshilfe kann nicht übertragen, verpfändet oder gepfändet werden.

(2) Über Art und Maß der Leistungserbringung ist nach pflichtgemäßem Ermessen zu entscheiden, soweit das Ermessen nicht ausgeschlossen ist.

§ 108 Antragserfordernis
(1) Die Leistungen der Eingliederungshilfe nach diesem Teil werden auf Antrag erbracht. Die Leistungen werden frühestens ab dem Ersten des Monats der Antragstellung erbracht, wenn zu diesem Zeitpunkt die Voraussetzungen bereits vorlagen.
(2) Eines Antrages bedarf es nicht für Leistungen, deren Bedarf in dem Verfahren nach Kapitel 7 ermittelt worden ist.

Kapitel 3 Medizinische Rehabilitation

§ 109 Leistungen zur medizinischen Rehabilitation
(1) Leistungen zur medizinischen Rehabilitation sind insbesondere die in § 42 Absatz 2 und 3 und § 64 Absatz 1 Nummer 3 bis 6 genannten Leistungen.
(2) Die Leistungen zur medizinischen Rehabilitation entsprechen den Rehabilitationsleistungen der gesetzlichen Krankenversicherung.

§ 110 Leistungserbringung
(1) Leistungsberechtigte haben entsprechend den Bestimmungen der gesetzlichen Krankenversicherung die freie Wahl unter den Ärzten und Zahnärzten sowie unter den Krankenhäusern und Vorsorge- und Rehabilitationseinrichtungen.
(2) Bei der Erbringung von Leistungen zur medizinischen Rehabilitation sind die Regelungen, die für die gesetzlichen Krankenkassen nach dem Vierten Kapitel des Fünften Buches gelten, mit Ausnahme des Dritten Titels des Zweiten Abschnitts anzuwenden. Ärzte, Psychotherapeuten im Sinne des § 28 Absatz 3 Satz 1 des Fünften Buches und Zahnärzte haben für ihre Leistungen Anspruch auf die Vergütung, welche die Ortskrankenkasse, in deren Bereich der Arzt, Psychotherapeut oder der Zahnarzt niedergelassen ist, für ihre Mitglieder zahlt.
(3) Die Verpflichtungen, die sich für die Leistungserbringer aus den §§ 294, 294a, 295, 300 bis 302 des Fünften Buches ergeben, gelten auch für die Abrechnung von Leistungen zur medizinischen Rehabilitation mit dem Träger der Eingliederungshilfe. Die Vereinbarungen nach § 303 Absatz 1 sowie § 304 des Fünften Buches gelten für den Träger der Eingliederungshilfe entsprechend.

Kapitel 4 Teilhabe am Arbeitsleben

§ 111 Leistungen zur Beschäftigung
(1) Leistungen zur Beschäftigung umfassen
1. Leistungen im Arbeitsbereich anerkannter Werkstätten für behinderte Menschen nach den §§ 58 und 62,
2. Leistungen bei anderen Leistungsanbietern nach den §§ 60 und 62 sowie
3. Leistungen bei privaten und öffentlichen Arbeitgebern nach § 61 sowie
4. Leistungen für ein Budget für Ausbildung nach § 61a.

(2) Leistungen nach Absatz 1 umfassen auch Gegenstände und Hilfsmittel, die wegen der gesundheitlichen Beeinträchtigung zur Aufnahme oder Fortsetzung

der Beschäftigung erforderlich sind. Voraussetzung für eine Hilfsmittelversorgung ist, dass der Leistungsberechtigte das Hilfsmittel bedienen kann. Die Versorgung mit Hilfsmitteln schließt eine notwendige Unterweisung im Gebrauch und eine notwendige Instandhaltung oder Änderung ein. Die Ersatzbeschaffung des Hilfsmittels erfolgt, wenn sie infolge der körperlichen Entwicklung der Leistungsberechtigten notwendig ist oder wenn das Hilfsmittel aus anderen Gründen ungeeignet oder unbrauchbar geworden ist.

(3) Zu den Leistungen nach Absatz 1 Nummer 1 und 2 gehört auch das Arbeitsförderungsgeld nach § 59.

Kapitel 5 Teilhabe an Bildung

§ 112 Leistungen zur Teilhabe an Bildung

(1) Leistungen zur Teilhabe an Bildung umfassen

1. Hilfen zu einer Schulbildung, insbesondere im Rahmen der allgemeinen Schulpflicht und zum Besuch weiterführender Schulen einschließlich der Vorbereitung hierzu; die Bestimmungen über die Ermöglichung der Schulbildung im Rahmen der allgemeinen Schulpflicht bleiben unberührt, und
2. Hilfen zur schulischen oder hochschulischen Ausbildung oder Weiterbildung für einen Beruf.

Die Hilfen nach Satz 1 Nummer 1 schließen Leistungen zur Unterstützung schulischer Ganztagsangebote in der offenen Form ein, die im Einklang mit dem Bildungs- und Erziehungsauftrag der Schule stehen und unter deren Aufsicht und Verantwortung ausgeführt werden, an den stundenplanmäßigen Unterricht anknüpfen und in der Regel in den Räumlichkeiten der Schule oder in deren Umfeld durchgeführt werden. Hilfen nach Satz 1 Nummer 1 umfassen auch heilpädagogische und sonstige Maßnahmen, wenn die Maßnahmen erforderlich und geeignet sind, der leistungsberechtigten Person den Schulbesuch zu ermöglichen oder zu erleichtern. Hilfen zu einer schulischen oder hochschulischen Ausbildung nach Satz 1 Nummer 2 können erneut erbracht werden, wenn dies aus behinderungsbedingten Gründen erforderlich ist. Hilfen nach Satz 1 umfassen auch Gegenstände und Hilfsmittel, die wegen der gesundheitlichen Beeinträchtigung zur Teilhabe an Bildung erforderlich sind. Voraussetzung für eine Hilfsmittelversorgung ist, dass die leistungsberechtigte Person das Hilfsmittel bedienen kann. Die Versorgung mit Hilfsmitteln schließt eine notwendige Unterweisung im Gebrauch und eine notwendige Instandhaltung oder Änderung ein. Die Ersatzbeschaffung des Hilfsmittels erfolgt, wenn sie infolge der körperlichen Entwicklung der leistungsberechtigten Person notwendig ist oder wenn das Hilfsmittel aus anderen Gründen ungeeignet oder unbrauchbar geworden ist.

(2) Hilfen nach Absatz 1 Satz 1 Nummer 2 werden erbracht für eine schulische oder hochschulische berufliche Weiterbildung, die

1. in einem zeitlichen Zusammenhang an eine duale, schulische oder hochschulische Berufsausbildung anschließt,
2. in dieselbe fachliche Richtung weiterführt und
3. es dem Leistungsberechtigten ermöglicht, das von ihm angestrebte Berufsziel zu erreichen.

Hilfen für ein Masterstudium werden abweichend von Satz 1 Nummer 2 auch erbracht, wenn das Masterstudium auf ein zuvor abgeschlossenes Bachelorstudium aufbaut und dieses interdisziplinär ergänzt, ohne in dieselbe Fachrichtung weiterzuführen. Aus behinderungsbedingten oder aus anderen, nicht von der leistungsberechtigten Person beeinflussbaren gewichtigen Gründen kann von Satz 1 Nummer 1 abgewichen werden.

(3) Hilfen nach Absatz 1 Satz 1 Nummer 2 schließen folgende Hilfen ein:
1. Hilfen zur Teilnahme an Fernunterricht,
2. Hilfen zur Ableistung eines Praktikums, das für den Schul- oder Hochschulbesuch oder für die Berufszulassung erforderlich ist, und
3. Hilfen zur Teilnahme an Maßnahmen zur Vorbereitung auf die schulische oder hochschulische Ausbildung oder Weiterbildung für einen Beruf.

(4) Die in der Schule oder Hochschule wegen der Behinderung erforderliche Anleitung und Begleitung können an mehrere Leistungsberechtigte gemeinsam erbracht werden, soweit dies nach § 104 für die Leistungsberechtigten zumutbar ist und mit Leistungserbringern entsprechende Vereinbarungen bestehen. Die Leistungen nach Satz 1 sind auf Wunsch der Leistungsberechtigten gemeinsam zu erbringen.

Kapitel 6 Soziale Teilhabe

§ 113 Leistungen zur Sozialen Teilhabe

(1) Leistungen zur Sozialen Teilhabe werden erbracht, um eine gleichberechtigte Teilhabe am Leben in der Gemeinschaft zu ermöglichen oder zu erleichtern, soweit sie nicht nach den Kapiteln 3 bis 5 erbracht werden. Hierzu gehört, Leistungsberechtigte zu einer möglichst selbstbestimmten und eigenverantwortlichen Lebensführung im eigenen Wohnraum sowie in ihrem Sozialraum zu befähigen oder sie hierbei zu unterstützen. Maßgeblich sind die Ermittlungen und Feststellungen nach Kapitel 7.

(2) Leistungen zur Sozialen Teilhabe sind insbesondere
1. Leistungen für Wohnraum,
2. Assistenzleistungen,
3. heilpädagogische Leistungen,
4. Leistungen zur Betreuung in einer Pflegefamilie,
5. Leistungen zum Erwerb und Erhalt praktischer Kenntnisse und Fähigkeiten,
6. Leistungen zur Förderung der Verständigung,
7. Leistungen zur Mobilität,
8. Hilfsmittel,
9. Besuchsbeihilfen.

(3) Die Leistungen nach Absatz 2 Nummer 1 bis 8 bestimmen sich nach den §§ 77 bis 84, soweit sich aus diesem Teil nichts Abweichendes ergibt.

(4) Zur Ermöglichung der gemeinschaftlichen Mittagsverpflegung in der Verantwortung einer Werkstatt für behinderte Menschen, einem anderen Leistungsanbieter oder dem Leistungserbringer vergleichbarer anderer tagesstrukturierender Maßnahmen werden die erforderliche sächliche Ausstattung, die personelle

Ausstattung und die erforderlichen betriebsnotwendigen Anlagen des Leistungserbringers übernommen.

(5) In besonderen Wohnformen des § 42a Absatz 2 Satz 1 Nummer 2 und Satz 3 des Zwölften Buches werden Aufwendungen für Wohnraum oberhalb der Angemessenheitsgrenze nach § 42a Absatz 6 des Zwölften Buches übernommen, sofern dies wegen der besonderen Bedürfnisse des Menschen mit Behinderungen erforderlich ist. Kapitel 8 ist anzuwenden.

(6) Bei einer stationären Krankenhausbehandlung nach § 39 des Fünften Buches werden auch Leistungen für die Begleitung und Befähigung des Leistungsberechtigten durch vertraute Bezugspersonen zur Sicherstellung der Durchführung der Behandlung erbracht, soweit dies aufgrund des Vertrauensverhältnisses des Leistungsberechtigten zur Bezugsperson und aufgrund der behinderungsbedingten besonderen Bedürfnisse erforderlich ist. Vertraute Bezugspersonen im Sinne von Satz 1 sind Personen, die dem Leistungsberechtigten gegenüber im Alltag bereits Leistungen der Eingliederungshilfe insbesondere im Rahmen eines Rechtsverhältnisses mit einem Leistungserbringer im Sinne des Kapitels 8 erbringen. Die Leistungen umfassen Leistungen zur Verständigung und zur Unterstützung im Umgang mit Belastungssituationen als nichtmedizinische Nebenleistungen zur stationären Krankenhausbehandlung. Bei den Leistungen im Sinne von Satz 1 findet § 91 Absatz 1 und 2 gegenüber Kostenträgern von Leistungen zur Krankenbehandlung mit Ausnahme der Träger der Unfallversicherung keine Anwendung. § 17 Absatz 2 und 2a des Ersten Buches bleibt unberührt.

(7) Das Bundesministerium für Gesundheit und das Bundesministerium für Arbeit und Soziales evaluieren im Einvernehmen mit den Ländern die Wirkung einschließlich der finanziellen Auswirkungen der Regelungen in Absatz 6 und in § 44b des Fünften Buches. Die Ergebnisse sind bis zum 31. Dezember 2025 zu veröffentlichen. Die Einbeziehung Dritter in die Durchführung der Untersuchung erfolgt im Benehmen mit den zuständigen obersten Landesbehörden, soweit Auswirkungen auf das Sozialleistungssystem der Eingliederungshilfe untersucht werden.

§ 114 Leistungen zur Mobilität

Bei den Leistungen zur Mobilität nach § 113 Absatz 2 Nummer 7 gilt § 83 mit der Maßgabe, dass

1. die Leistungsberechtigten zusätzlich zu den in § 83 Absatz 2 genannten Voraussetzungen zur Teilhabe am Leben in der Gemeinschaft ständig auf die Nutzung eines Kraftfahrzeugs angewiesen sind und
2. abweichend von § 83 Absatz 3 Satz 2 die Vorschriften der §§ 6 und 8 der Kraftfahrzeughilfe-Verordnung nicht maßgeblich sind.

§ 115 Besuchsbeihilfen

Werden Leistungen bei einem oder mehreren Anbietern über Tag und Nacht erbracht, können den Leistungsberechtigten oder ihren Angehörigen zum gegenseitigen Besuch Beihilfen geleistet werden, soweit es im Einzelfall erforderlich ist.

§ 116 Pausschale Geldleistung, gemeinsame Inanspruchnahme

(1) Die Leistungen

1. zur Assistenz zur Übernahme von Handlungen zur Alltagsbewältigung sowie Begleitung der Leistungsberechtigten (§ 113 Absatz 2 Nummer 2 in Verbindung mit § 78 Absatz 2 Nummer 1 und Absatz 5),
2. zur Förderung der Verständigung (§ 113 Absatz 2 Nummer 6) und
3. zur Beförderung im Rahmen der Leistungen zur Mobilität (§ 113 Absatz 2 Nummer 7 in Verbindung mit § 83 Absatz 1 Nummer 1)

können mit Zustimmung der Leistungsberechtigten als pauschale Geldleistungen nach § 105 Absatz 3 erbracht werden. Die zuständigen Träger der Eingliederungshilfe regeln das Nähere zur Höhe und Ausgestaltung der pauschalen Geldleistungen sowie zur Leistungserbringung.

(2) Die Leistungen

1. zur Assistenz (§ 113 Absatz 2 Nummer 2),
2. zur Heilpädagogik (§ 113 Absatz 2 Nummer 3),
3. zum Erwerb und Erhalt praktischer Fähigkeiten und Kenntnisse (§ 113 Absatz 2 Nummer 5),
4. zur Förderung der Verständigung (§ 113 Absatz 2 Nummer 6),
5. zur Beförderung im Rahmen der Leistungen zur Mobilität (§ 113 Absatz 2 Nummer 7 in Verbindung mit § 83 Absatz 1 Nummer 1) und
6. zur Erreichbarkeit einer Ansprechperson unabhängig von einer konkreten Inanspruchnahme (§ 113 Absatz 2 Nummer 2 in Verbindung mit § 78 Absatz 6)

können an mehrere Leistungsberechtigte gemeinsam erbracht werden, soweit dies nach § 104 für die Leistungsberechtigten zumutbar ist und mit Leistungserbringern entsprechende Vereinbarungen bestehen. Maßgeblich sind die Ermittlungen und Feststellungen im Rahmen der Gesamtplanung nach Kapitel 7.

(3) Die Leistungen nach Absatz 2 sind auf Wunsch der Leistungsberechtigten gemeinsam zu erbringen, soweit die Teilhabeziele erreicht werden können.

Kapitel 7 Gesamtplanung

§ 117 Gesamtplanverfahren

(1) Das Gesamtplanverfahren ist nach folgenden Maßstäben durchzuführen:

1. Beteiligung des Leistungsberechtigten in allen Verfahrensschritten, beginnend mit der Beratung,
2. Dokumentation der Wünsche des Leistungsberechtigten zu Ziel und Art der Leistungen,
3. Beachtung der Kriterien
   a) transparent,
   b) trägerübergreifend,
   c) interdisziplinär,
   d) konsensorientiert,
   e) individuell,
   f) lebensweltbezogen,
   g) sozialraumorientiert und
   h) zielorientiert,

4. Ermittlung des individuellen Bedarfes,
5. Durchführung einer Gesamtplankonferenz,
6. Abstimmung der Leistungen nach Inhalt, Umfang und Dauer in einer Gesamtplankonferenz unter Beteiligung betroffener Leistungsträger.

(2) Am Gesamtplanverfahren wird auf Verlangen des Leistungsberechtigten eine Person seines Vertrauens beteiligt.

(3) Bestehen im Einzelfall Anhaltspunkte für eine Pflegebedürftigkeit nach dem Elften Buch, wird die zuständige Pflegekasse mit Zustimmung des Leistungsberechtigten vom Träger der Eingliederungshilfe informiert und muss am Gesamtplanverfahren beratend teilnehmen, soweit dies für den Träger der Eingliederungshilfe zur Feststellung der Leistungen nach den Kapiteln 3 bis 6 erforderlich ist. Bestehen im Einzelfall Anhaltspunkte, dass Leistungen der Hilfe zur Pflege nach dem Siebten Kapitel des Zwölften Buches erforderlich sind, so soll der Träger dieser Leistungen mit Zustimmung der Leistungsberechtigten informiert und am Gesamtplanverfahren beteiligt werden, soweit dies zur Feststellung der Leistungen nach den Kapiteln 3 bis 6 erforderlich ist.

(4) Bestehen im Einzelfall Anhaltspunkte für einen Bedarf an notwendigem Lebensunterhalt, ist der Träger dieser Leistungen mit Zustimmung des Leistungsberechtigten zu informieren und am Gesamtplanverfahren zu beteiligen, soweit dies zur Feststellung der Leistungen nach den Kapiteln 3 bis 6 erforderlich ist.

(5) § 22 Absatz 4 ist entsprechend anzuwenden, auch wenn ein Teilhabeplan nicht zu erstellen ist.

(6) Bei minderjährigen Leistungsberechtigten wird der nach § 86 des Achten Buches zuständige örtliche Träger der öffentlichen Jugendhilfe vom Träger der Eingliederungshilfe mit Zustimmung des Personensorgeberechtigten informiert und nimmt am Gesamtplanverfahren beratend teil, soweit dies zur Feststellung der Leistungen der Eingliederungshilfe nach den Kapiteln 3 bis 6 erforderlich ist. Hiervon kann in begründeten Ausnahmefällen abgesehen werden, insbesondere, wenn durch die Teilnahme des zuständigen örtlichen Trägers der öffentlichen Jugendhilfe das Gesamtplanverfahren verzögert würde.

§ 118 Instrumente der Bedarfsermittlung

(1) Der Träger der Eingliederungshilfe hat die Leistungen nach den Kapiteln 3 bis 6 unter Berücksichtigung der Wünsche des Leistungsberechtigten festzustellen. Die Ermittlung des individuellen Bedarfes des Leistungsberechtigten muss durch ein Instrument erfolgen, das sich an der Internationalen Klassifikation der Funktionsfähigkeit, Behinderung und Gesundheit orientiert. Das Instrument hat die Beschreibung einer nicht nur vorübergehenden Beeinträchtigung der Aktivität und Teilhabe in den folgenden Lebensbereichen vorzusehen:

1. Lernen und Wissensanwendung,
2. Allgemeine Aufgaben und Anforderungen,
3. Kommunikation,
4. Mobilität,
5. Selbstversorgung,
6. häusliches Leben,
7. interpersonelle Interaktionen und Beziehungen,

8. bedeutende Lebensbereiche und
9. Gemeinschafts-, soziales und staatsbürgerliches Leben.

(2) Die Landesregierungen werden ermächtigt, durch Rechtsverordnung das Nähere über das Instrument zur Bedarfsermittlung zu bestimmen.

§ 119 Gesamtplankonferenz

(1) Mit Zustimmung des Leistungsberechtigten kann der Träger der Eingliederungshilfe eine Gesamtplankonferenz durchführen, um die Leistungen für den Leistungsberechtigten nach den Kapiteln 3 bis 6 sicherzustellen. Die Leistungsberechtigten, die beteiligten Rehabilitationsträger und bei minderjährigen Leistungsberechtigten der nach § 86 des Achten Buches zuständige örtliche Träger der öffentlichen Jugendhilfe können dem nach § 15 verantwortlichen Träger der Eingliederungshilfe die Durchführung einer Gesamtplankonferenz vorschlagen. Den Vorschlag auf Durchführung einer Gesamtplankonferenz kann der Träger der Eingliederungshilfe ablehnen, wenn der maßgebliche Sachverhalt schriftlich ermittelt werden kann oder der Aufwand zur Durchführung nicht in einem angemessenen Verhältnis zum Umfang der beantragten Leistung steht.

(2) In einer Gesamtplankonferenz beraten der Träger der Eingliederungshilfe, der Leistungsberechtigte und beteiligte Leistungsträger gemeinsam auf der Grundlage des Ergebnisses der Bedarfsermittlung nach § 118 insbesondere über

1. die Stellungnahmen der beteiligten Leistungsträger und die gutachterliche Stellungnahme des Leistungserbringers bei Beendigung der Leistungen zur beruflichen Bildung nach § 57,
2. die Wünsche der Leistungsberechtigten nach § 104 Absatz 2 bis 4,
3. den Beratungs- und Unterstützungsbedarf nach § 106,
4. die Erbringung der Leistungen.

Soweit die Beratung über die Erbringung der Leistungen nach Nummer 4 den Lebensunterhalt betrifft, umfasst sie den Anteil des Regelsatzes nach § 27a Absatz 3 des Zwölften Buches, der den Leistungsberechtigten als Barmittel verbleibt.

(3) Ist der Träger der Eingliederungshilfe Leistungsverantwortlicher nach § 15, soll er die Gesamtplankonferenz mit einer Teilhabeplankonferenz nach § 20 verbinden. Ist der Träger der Eingliederungshilfe nicht Leistungsverantwortlicher nach § 15, soll er nach § 19 Absatz 5 den Leistungsberechtigten und den Rehabilitationsträgern anbieten, mit deren Einvernehmen das Verfahren anstelle des leistenden Rehabilitationsträgers durchzuführen.

(4) Beantragt eine leistungsberechtigte Mutter oder ein leistungsberechtigter Vater Leistungen zur Deckung von Bedarfen bei der Versorgung und Betreuung eines eigenen Kindes oder mehrerer eigener Kinder, so ist eine Gesamtplankonferenz mit Zustimmung des Leistungsberechtigten durchzuführen. Bestehen Anhaltspunkte dafür, dass diese Bedarfe durch Leistungen anderer Leistungsträger, durch das familiäre, freundschaftliche und nachbarschaftliche Umfeld oder ehrenamtlich gedeckt werden können, so informiert der Träger der Eingliederungshilfe mit Zustimmung der Leistungsberechtigten die als zuständig angesehenen Leistungsträger, die ehrenamtlich tätigen Stellen und Personen oder die jeweiligen Personen aus dem persönlichen Umfeld und beteiligt sie an der Gesamtplankonferenz.

§ 120 Feststellung der Leistungen

(1) Nach Abschluss der Gesamtplankonferenz stellen der Träger der Eingliederungshilfe und die beteiligten Leistungsträger ihre Leistungen nach den für sie geltenden Leistungsgesetzen innerhalb der Fristen nach den §§ 14 und 15 fest.

(2) Der Träger der Eingliederungshilfe erlässt auf Grundlage des Gesamtplanes nach § 121 den Verwaltungsakt über die festgestellte Leistung nach den Kapiteln 3 bis 6. Der Verwaltungsakt enthält mindestens die bewilligten Leistungen und die jeweiligen Leistungsvoraussetzungen. Die Feststellungen über die Leistungen sind für den Erlass des Verwaltungsaktes bindend. Ist eine Gesamtplankonferenz durchgeführt worden, sind deren Ergebnisse der Erstellung des Gesamtplanes zugrunde zu legen. Ist der Träger der Eingliederungshilfe Leistungsverantwortlicher nach § 15, sind die Feststellungen über die Leistungen für die Entscheidung nach § 15 Absatz 3 bindend.

(3) Wenn nach den Vorschriften zur Koordinierung der Leistungen nach Teil 1 Kapitel 4 ein anderer Rehabilitationsträger die Leistungsverantwortung trägt, bilden die im Rahmen der Gesamtplanung festgestellten Leistungen nach den Kapiteln 3 bis 6 die für den Teilhabeplan erforderlichen Feststellungen nach § 15 Absatz 2.

(4) In einem Eilfall erbringt der Träger der Eingliederungshilfe Leistungen der Eingliederungshilfe nach den Kapiteln 3 bis 6 vor Beginn der Gesamtplankonferenz vorläufig; der Umfang der vorläufigen Gesamtleistung bestimmt sich nach pflichtgemäßem Ermessen.

§ 121 Gesamtplan

(1) Der Träger der Eingliederungshilfe stellt unverzüglich nach der Feststellung der Leistungen einen Gesamtplan insbesondere zur Durchführung der einzelnen Leistungen oder einer Einzelleistung auf.

(2) Der Gesamtplan dient der Steuerung, Wirkungskontrolle und Dokumentation des Teilhabeprozesses. Er bedarf der Schriftform und soll regelmäßig, spätestens nach zwei Jahren, überprüft und fortgeschrieben werden.

(3) Bei der Aufstellung des Gesamtplanes wirkt der Träger der Eingliederungshilfe zusammen mit

1. dem Leistungsberechtigten,
2. einer Person seines Vertrauens und
3. dem im Einzelfall Beteiligten, insbesondere mit
   a) dem behandelnden Arzt,
   b) dem Gesundheitsamt,
   c) dem Landesarzt,
   d) dem Jugendamt und
   e) den Dienststellen der Bundesagentur für Arbeit.

(4) Der Gesamtplan enthält neben den Inhalten nach § 19 mindestens

1. die im Rahmen der Gesamtplanung eingesetzten Verfahren und Instrumente sowie die Maßstäbe und Kriterien der Wirkungskontrolle einschließlich des Überprüfungszeitpunkts,
2. die Aktivitäten der Leistungsberechtigten,

3. die Feststellungen über die verfügbaren und aktivierbaren Selbsthilferessourcen des Leistungsberechtigten sowie über Art, Inhalt, Umfang und Dauer der zu erbringenden Leistungen,
4. die Berücksichtigung des Wunsch- und Wahlrechts nach § 8 im Hinblick auf eine pauschale Geldleistung,
5. die Erkenntnisse aus vorliegenden sozialmedizinischen Gutachten,
6. das Ergebnis über die Beratung des Anteils des Regelsatzes nach § 27a Absatz 3 des Zwölften Buches, der den Leistungsberechtigten als Barmittel verbleibt, und
7. die Einschätzung, ob für den Fall einer stationären Krankenhausbehandlung die Begleitung und Befähigung des Leistungsberechtigten durch vertraute Bezugspersonen zur Sicherstellung der Durchführung der Behandlung erforderlich ist.

(5) Der Träger der Eingliederungshilfe stellt der leistungsberechtigten Person den Gesamtplan zur Verfügung.

§ 122 Teilhabezielvereinbarung

Der Träger der Eingliederungshilfe kann mit dem Leistungsberechtigten eine Teilhabezielvereinbarung zur Umsetzung der Mindestinhalte des Gesamtplanes oder von Teilen der Mindestinhalte des Gesamtplanes abschließen. Die Vereinbarung wird für die Dauer des Bewilligungszeitraumes der Leistungen der Eingliederungshilfe abgeschlossen, soweit sich aus ihr nichts Abweichendes ergibt. Bestehen Anhaltspunkte dafür, dass die Vereinbarungsziele nicht oder nicht mehr erreicht werden, hat der Träger der Eingliederungshilfe die Teilhabezielvereinbarung anzupassen. Die Kriterien nach § 117 Absatz 1 Nummer 3 gelten entsprechend.

Kapitel 8 Vertragsrecht

§ 123 Allgemeine Grundsätze

(1) Der Träger der Eingliederungshilfe darf Leistungen der Eingliederungshilfe mit Ausnahme der Leistungen nach § 113 Absatz 2 Nummer 2 in Verbindung mit § 78 Absatz 5 und § 116 Absatz 1 durch Dritte (Leistungserbringer) nur bewilligen, soweit eine schriftliche Vereinbarung zwischen dem Träger des Leistungserbringers und dem für den Ort der Leistungserbringung zuständigen Träger der Eingliederungshilfe besteht. Die Vereinbarung kann auch zwischen dem Träger der Eingliederungshilfe und dem Verband, dem der Leistungserbringer angehört, geschlossen werden, soweit der Verband eine entsprechende Vollmacht nachweist.

(2) Die Vereinbarungen sind für alle übrigen Träger der Eingliederungshilfe bindend. Die Vereinbarungen müssen den Grundsätzen der Wirtschaftlichkeit, Sparsamkeit und Leistungsfähigkeit entsprechen und dürfen das Maß des Notwendigen nicht überschreiten. Sie sind vor Beginn der jeweiligen Wirtschaftsperiode für einen zukünftigen Zeitraum abzuschließen (Vereinbarungszeitraum); nachträgliche Ausgleiche sind nicht zulässig. Die Ergebnisse der Vereinbarungen sind den Leistungsberechtigten in einer wahrnehmbaren Form zugänglich zu machen.

(3) Keine Leistungserbringer im Sinne dieses Kapitels sind

1. private und öffentliche Arbeitgeber gemäß § 61 oder § 61a sowie
2. Einrichtungen der beruflichen Rehabilitation, in denen der schulische Teil der Ausbildung nach § 61a Absatz 2 Satz 2 erfolgen kann.

(4) Besteht eine schriftliche Vereinbarung, so ist der Leistungserbringer, soweit er kein anderer Leistungsanbieter im Sinne des § 60 ist, im Rahmen des vereinbarten Leistungsangebotes verpflichtet, Leistungsberechtigte aufzunehmen und Leistungen der Eingliederungshilfe unter Beachtung der Inhalte des Gesamtplanes nach § 121 zu erbringen. Die Verpflichtung zur Leistungserbringung besteht auch in den Fällen des § 116 Absatz 2.

(5) Der Träger der Eingliederungshilfe darf die Leistungen durch Leistungserbringer, mit denen keine schriftliche Vereinbarung besteht, nur erbringen, soweit
1. dies nach der Besonderheit des Einzelfalles geboten ist,
2. der Leistungserbringer ein schriftliches Leistungsangebot vorlegt, das für den Inhalt einer Vereinbarung nach § 125 gilt,
3. der Leistungserbringer sich schriftlich verpflichtet, die Grundsätze der Wirtschaftlichkeit und Qualität der Leistungserbringung zu beachten,
4. der Leistungserbringer sich schriftlich verpflichtet, bei der Erbringung von Leistungen die Inhalte des Gesamtplanes nach § 121 zu beachten,
5. die Vergütung für die Erbringung der Leistungen nicht höher ist als die Vergütung, die der Träger der Eingliederungshilfe mit anderen Leistungserbringern für vergleichbare Leistungen vereinbart hat.

Die allgemeinen Grundsätze der Absätze 1 bis 3 und 5 sowie die Vorschriften zur Geeignetheit der Leistungserbringer (§ 124), zum Inhalt der Vergütung (§ 125), zur Verbindlichkeit der vereinbarten Vergütung (§ 127), zur Wirtschaftlichkeits- und Qualitätsprüfung (§ 128), zur Kürzung der Vergütung (§ 129) und zur außerordentlichen Kündigung der Vereinbarung (§ 130) gelten entsprechend.

(6) Der Leistungserbringer hat gegen den Träger der Eingliederungshilfe einen Anspruch auf Vergütung der gegenüber dem Leistungsberechtigten erbrachten Leistungen der Eingliederungshilfe.

§ 124 Geeignete Leistungserbringer

(1) Sind geeignete Leistungserbringer vorhanden, soll der Träger der Eingliederungshilfe zur Erfüllung seiner Aufgaben eigene Angebote nicht neu schaffen. Geeignet ist ein externer Leistungserbringer, der unter Sicherstellung der Grundsätze des § 104 die Leistungen wirtschaftlich und sparsam erbringen kann. Die durch den Leistungserbringer geforderte Vergütung ist wirtschaftlich angemessen, wenn sie im Vergleich mit der Vergütung vergleichbarer Leistungserbringer im unteren Drittel liegt (externer Vergleich). Liegt die geforderte Vergütung oberhalb des unteren Drittels, kann sie wirtschaftlich angemessen sein, sofern sie nachvollziehbar auf einem höheren Aufwand des Leistungserbringers beruht und wirtschaftlicher Betriebsführung entspricht. In den externen Vergleich sind die im Einzugsbereich tätigen Leistungserbringer einzubeziehen. Die Bezahlung tariflich vereinbarter Vergütungen sowie entsprechender Vergütungen nach kirchlichen Arbeitsrechtsregelungen kann dabei nicht als unwirtschaftlich abgelehnt werden, soweit die Vergütung aus diesem Grunde oberhalb des unteren Drittels liegt.

(2) Geeignete Leistungserbringer haben zur Erbringung der Leistungen der Eingliederungshilfe eine dem Leistungsangebot entsprechende Anzahl an Fach- und anderem Betreuungspersonal zu beschäftigen. Sie müssen über die Fähigkeit zur Kommunikation mit den Leistungsberechtigten in einer für die Leistungsberechtigten wahrnehmbaren Form verfügen und nach ihrer Persönlichkeit geeignet sein. Geeignete Leistungserbringer dürfen nur solche Personen beschäftigen oder ehrenamtliche Personen, die in Wahrnehmung ihrer Aufgaben Kontakt mit Leistungsberechtigten haben, mit Aufgaben betrauen, die nicht rechtskräftig wegen einer Straftat nach den §§ 171, 174 bis 174c, 176 bis 180a, 181a, 182 bis 184g, 184i bis 184l, 201a Absatz 3, §§ 225, 232 bis 233a, 234, 235 oder 236 des Strafgesetzbuchs verurteilt worden sind. Die Leistungserbringer sollen sich von Fach- und anderem Betreuungspersonal, die in Wahrnehmung ihrer Aufgaben Kontakt mit Leistungsberechtigten haben, vor deren Einstellung oder Aufnahme einer dauerhaften ehrenamtlichen Tätigkeit und in regelmäßigen Abständen ein Führungszeugnis nach § 30a Absatz 1 des Bundeszentralregistergesetzes vorlegen lassen. Nimmt der Leistungserbringer Einsicht in ein Führungszeugnis nach § 30a Absatz 1 des Bundeszentralregistergesetzes, so speichert er nur den Umstand der Einsichtnahme, das Datum des Führungszeugnisses und die Information, ob die das Führungszeugnis betreffende Person wegen einer in Satz 3 genannten Straftat rechtskräftig verurteilt worden ist. Der Leistungserbringer darf diese Daten nur verändern und nutzen, soweit dies zur Prüfung der Eignung einer Person erforderlich ist. Die Daten sind vor dem Zugriff Unbefugter zu schützen. Sie sind unverzüglich zu löschen, wenn im Anschluss an die Einsichtnahme keine Tätigkeit für den Leistungserbringer wahrgenommen wird. Sie sind spätestens drei Monate nach der letztmaligen Ausübung einer Tätigkeit für den Leistungserbringer zu löschen. Das Fachpersonal muss zusätzlich über eine abgeschlossene berufsspezifische Ausbildung und dem Leistungsangebot entsprechende Zusatzqualifikationen verfügen.
(3) Sind mehrere Leistungserbringer im gleichen Maße geeignet, so hat der Träger der Eingliederungshilfe Vereinbarungen vorrangig mit Leistungserbringern abzuschließen, deren Vergütung bei vergleichbarem Inhalt, Umfang und Qualität der Leistung nicht höher ist als die anderer Leistungserbringer.

§ 125 Inhalt der schriftlichen Vereinbarung

(1) In der schriftlichen Vereinbarung zwischen dem Träger der Eingliederungshilfe und dem Leistungserbringer sind zu regeln:

1. Inhalt, Umfang und Qualität einschließlich der Wirksamkeit der Leistungen der Eingliederungshilfe (Leistungsvereinbarung) und
2. die Vergütung der Leistungen der Eingliederungshilfe (Vergütungsvereinbarung).

(2) In die Leistungsvereinbarung sind als wesentliche Leistungsmerkmale mindestens aufzunehmen:

1. der zu betreuende Personenkreis,
2. die erforderliche sächliche Ausstattung,
3. Art, Umfang, Ziel und Qualität der Leistungen der Eingliederungshilfe,
4. die Festlegung der personellen Ausstattung,
5. die Qualifikation des Personals sowie

6. soweit erforderlich, die betriebsnotwendigen Anlagen des Leistungserbringers.

Soweit die Erbringung von Leistungen nach § 116 Absatz 2 zu vereinbaren ist, sind darüber hinaus die für die Leistungserbringung erforderlichen Strukturen zu berücksichtigen.

(3) Mit der Vergütungsvereinbarung werden unter Berücksichtigung der Leistungsmerkmale nach Absatz 2 Leistungspauschalen für die zu erbringenden Leistungen unter Beachtung der Grundsätze nach § 123 Absatz 2 festgelegt. Förderungen aus öffentlichen Mitteln sind anzurechnen. Die Leistungspauschalen sind nach Gruppen von Leistungsberechtigten mit vergleichbarem Bedarf oder Stundensätzen sowie für die gemeinsame Inanspruchnahme durch mehrere Leistungsberechtigte (§ 116 Absatz 2) zu kalkulieren. Abweichend von Satz 1 können andere geeignete Verfahren zur Vergütung und Abrechnung der Fachleistung unter Beteiligung der Interessenvertretungen der Menschen mit Behinderungen vereinbart werden.

(4) Die Vergütungsvereinbarungen mit Werkstätten für behinderte Menschen und anderen Leistungsanbietern berücksichtigen zusätzlich die mit der wirtschaftlichen Betätigung in Zusammenhang stehenden Kosten, soweit diese Kosten unter Berücksichtigung der besonderen Verhältnisse beim Leistungserbringer und der dort beschäftigten Menschen mit Behinderungen nach Art und Umfang über die in einem Wirtschaftsunternehmen üblicherweise entstehenden Kosten hinausgehen. Können die Kosten im Einzelfall nicht ermittelt werden, kann hierfür eine Vergütungspauschale vereinbart werden. Das Arbeitsergebnis des Leistungserbringers darf nicht dazu verwendet werden, die Vergütung des Trägers der Eingliederungshilfe zu mindern.

§ 126 Verfahren und Inkrafttreten der Vereinbarung

(1) Der Leistungserbringer oder der Träger der Eingliederungshilfe hat die jeweils andere Partei schriftlich zu Verhandlungen über den Abschluss einer Vereinbarung gemäß § 125 aufzufordern. Bei einer Aufforderung zum Abschluss einer Folgevereinbarung sind die Verhandlungsgegenstände zu benennen. Die Aufforderung durch den Leistungsträger kann an einen unbestimmten Kreis von Leistungserbringern gerichtet werden. Auf Verlangen einer Partei sind geeignete Nachweise zu den Verhandlungsgegenständen vorzulegen.

(2) Kommt es nicht innerhalb von drei Monaten, nachdem eine Partei zu Verhandlungen aufgefordert wurde, zu einer schriftlichen Vereinbarung, so kann jede Partei hinsichtlich der strittigen Punkte die Schiedsstelle nach § 133 anrufen. Die Schiedsstelle hat unverzüglich über die strittigen Punkte zu entscheiden. Gegen die Entscheidung der Schiedsstelle ist der Rechtsweg zu den Sozialgerichten gegeben, ohne dass es eines Vorverfahrens bedarf. Die Klage ist gegen den Verhandlungspartner und nicht gegen die Schiedsstelle zu richten.

(3) Vereinbarungen und Schiedsstellenentscheidungen treten zu dem darin bestimmten Zeitpunkt in Kraft. Wird ein Zeitpunkt nicht bestimmt, wird die Vereinbarung mit dem Tag ihres Abschlusses wirksam. Festsetzungen der Schiedsstelle werden, soweit keine Festlegung erfolgt ist, rückwirkend mit dem Tag wirksam, an dem der Antrag bei der Schiedsstelle eingegangen ist. Soweit in den Fällen des Satzes 3 während des Schiedsstellenverfahrens der Antrag geändert wurde, ist auf den

Tag abzustellen, an dem der geänderte Antrag bei der Schiedsstelle eingegangen ist. Ein jeweils vor diesem Zeitpunkt zurückwirkendes Vereinbaren oder Festsetzen von Vergütungen ist in den Fällen der Sätze 1 bis 4 nicht zulässig.

§ 127 Verbindlichkeit der vereinbarten Vergütung

(1) Mit der Zahlung der vereinbarten Vergütung gelten alle während des Vereinbarungszeitraumes entstandenen Ansprüche des Leistungserbringers auf Vergütung der Leistung der Eingliederungshilfe als abgegolten. Die im Einzelfall zu zahlende Vergütung bestimmt sich auf der Grundlage der jeweiligen Vereinbarung nach dem Betrag, der dem Leistungsberechtigten vom zuständigen Träger der Eingliederungshilfe bewilligt worden ist. Sind Leistungspauschalen nach Gruppen von Leistungsberechtigten kalkuliert (§ 125 Absatz 3 Satz 3), richtet sich die zu zahlende Vergütung nach der Gruppe, die dem Leistungsberechtigten vom zuständigen Träger der Eingliederungshilfe bewilligt wurde.

(2) Einer Erhöhung der Vergütung auf Grund von Investitionsmaßnahmen, die während des laufenden Vereinbarungszeitraumes getätigt werden, muss der Träger der Eingliederungshilfe zustimmen, soweit er der Maßnahme zuvor dem Grunde und der Höhe nach zugestimmt hat.

(3) Bei unvorhergesehenen wesentlichen Änderungen der Annahmen, die der Vergütungsvereinbarung oder der Entscheidung der Schiedsstelle über die Vergütung zugrunde lagen, ist die Vergütung auf Verlangen einer Vertragspartei für den laufenden Vereinbarungszeitraum neu zu verhandeln. Für eine Neuverhandlung gelten die Vorschriften zum Verfahren und Inkrafttreten (§ 126) entsprechend.

(4) Nach Ablauf des Vereinbarungszeitraumes gilt die vereinbarte oder durch die Schiedsstelle festgesetzte Vergütung bis zum Inkrafttreten einer neuen Vergütungsvereinbarung weiter.

§ 128 Wirtschaftlichkeits- und Qualitätsprüfung

(1) Soweit tatsächliche Anhaltspunkte dafür bestehen, dass ein Leistungserbringer seine vertraglichen oder gesetzlichen Pflichten nicht erfüllt, prüft der Träger der Eingliederungshilfe oder ein von diesem beauftragter Dritter die Wirtschaftlichkeit und Qualität einschließlich der Wirksamkeit der vereinbarten Leistungen des Leistungserbringers. Die Leistungserbringer sind verpflichtet, dem Träger der Eingliederungshilfe auf Verlangen die für die Prüfung erforderlichen Unterlagen vorzulegen und Auskünfte zu erteilen. Zur Vermeidung von Doppelprüfungen arbeiten die Träger der Eingliederungshilfe mit den Trägern der Sozialhilfe, mit den für die Heimaufsicht zuständigen Behörden sowie mit dem Medizinischen Dienst gemäß § 278 des Fünften Buches zusammen. Der Träger der Eingliederungshilfe ist berechtigt und auf Anforderung verpflichtet, den für die Heimaufsicht zuständigen Behörden die Daten über den Leistungserbringer sowie die Ergebnisse der Prüfungen mitzuteilen, soweit sie für die Zwecke der Prüfung durch den Empfänger erforderlich sind. Personenbezogene Daten sind vor der Datenübermittlung zu anonymisieren. Abweichend von Satz 5 dürfen personenbezogene Daten in nicht anonymisierter Form an die für die Heimaufsicht zuständigen Behörden übermittelt werden, soweit sie zu deren Aufgabenerfüllung erforderlich sind. Durch Landesrecht kann von der Einschränkung in Satz 1 erster Halbsatz abgewichen werden.

(2) Die Prüfung nach Absatz 1 kann ohne vorherige Ankündigung erfolgen und erstreckt sich auf Inhalt, Umfang, Wirtschaftlichkeit und Qualität einschließlich der Wirksamkeit der erbrachten Leistungen.
(3) Der Träger der Eingliederungshilfe hat den Leistungserbringer über das Ergebnis der Prüfung schriftlich zu unterrichten. Das Ergebnis der Prüfung ist dem Leistungsberechtigten in einer wahrnehmbaren Form zugänglich zu machen.

§ 129 Kürzung der Vergütung

(1) Hält ein Leistungserbringer seine gesetzlichen oder vertraglichen Verpflichtungen ganz oder teilweise nicht ein, ist die vereinbarte Vergütung für die Dauer der Pflichtverletzung entsprechend zu kürzen. Über die Höhe des Kürzungsbetrags ist zwischen den Vertragsparteien Einvernehmen herzustellen. Kommt eine Einigung nicht zustande, entscheidet auf Antrag einer Vertragspartei die Schiedsstelle. Für das Verfahren bei Entscheidungen durch die Schiedsstelle gilt § 126 Absatz 2 und 3 entsprechend.
(2) Der Kürzungsbetrag ist an den Träger der Eingliederungshilfe bis zu der Höhe zurückzuzahlen, in der die Leistung vom Träger der Eingliederungshilfe erbracht worden ist und im Übrigen an die Leistungsberechtigten zurückzuzahlen.
(3) Der Kürzungsbetrag kann nicht über die Vergütungen refinanziert werden. Darüber hinaus besteht hinsichtlich des Kürzungsbetrags kein Anspruch auf Nachverhandlung gemäß § 127 Absatz 3.

§ 130 Außerordentliche Kündigung der Vereinbarungen

Der Träger der Eingliederungshilfe kann die Vereinbarungen mit einem Leistungserbringer fristlos kündigen, wenn ihm ein Festhalten an den Vereinbarungen auf Grund einer groben Verletzung einer gesetzlichen oder vertraglichen Verpflichtung durch den Leistungserbringer nicht mehr zumutbar ist. Eine grobe Pflichtverletzung liegt insbesondere dann vor, wenn

1. Leistungsberechtigte infolge der Pflichtverletzung zu Schaden kommen,
2. gravierende Mängel bei der Leistungserbringung vorhanden sind,
3. dem Leistungserbringer nach heimrechtlichen Vorschriften die Betriebserlaubnis entzogen ist,
4. dem Leistungserbringer der Betrieb untersagt wird oder
5. der Leistungserbringer gegenüber dem Leistungsträger nicht erbrachte Leistungen abrechnet.

Die Kündigung bedarf der Schriftform. § 59 des Zehnten Buches gilt entsprechend.

§ 131 Rahmenverträge zur Erbringung von Leistungen

(1) Die Träger der Eingliederungshilfe schließen auf Landesebene mit den Vereinigungen der Leistungserbringer gemeinsam und einheitlich Rahmenverträge zu den schriftlichen Vereinbarungen nach § 125 ab. Die Rahmenverträge bestimmen

1. die nähere Abgrenzung der den Vergütungspauschalen und -beträgen nach § 125 Absatz 1 zugrunde zu legenden Kostenarten und -bestandteile sowie die Zusammensetzung der Investitionsbeträge nach § 125 Absatz 2,
2. den Inhalt und die Kriterien für die Ermittlung und Zusammensetzung der Leistungspauschalen, die Merkmale für die Bildung von Gruppen mit ver-

gleichbarem Bedarf nach § 125 Absatz 3 Satz 3 sowie die Zahl der zu bildenden Gruppen,
3. die Höhe der Leistungspauschale nach § 125 Absatz 3 Satz 1,
4. die Zuordnung der Kostenarten und -bestandteile nach § 125 Absatz 4 Satz 1,
5. die Festlegung von Personalrichtwerten oder anderen Methoden zur Festlegung der personellen Ausstattung,
6. die Grundsätze und Maßstäbe für die Wirtschaftlichkeit und Qualität einschließlich der Wirksamkeit der Leistungen sowie Inhalt und Verfahren zur Durchführung von Wirtschaftlichkeits- und Qualitätsprüfungen und
7. das Verfahren zum Abschluss von Vereinbarungen.

Für Leistungserbringer, die einer Kirche oder Religionsgemeinschaft des öffentlichen Rechts oder einem sonstigen freigemeinnützigen Träger zuzuordnen sind, können die Rahmenverträge auch von der Kirche oder Religionsgemeinschaft oder von dem Wohlfahrtsverband abgeschlossen werden, dem der Leistungserbringer angehört. In den Rahmenverträgen sollen die Merkmale und Besonderheiten der jeweiligen Leistungen berücksichtigt werden.

(2) Die durch Landesrecht bestimmten maßgeblichen Interessenvertretungen der Menschen mit Behinderungen wirken bei der Erarbeitung und Beschlussfassung der Rahmenverträge mit.

(3) Die Vereinigungen der Träger der Eingliederungshilfe und die Vereinigungen der Leistungserbringer vereinbaren gemeinsam und einheitlich Empfehlungen auf Bundesebene zum Inhalt der Rahmenverträge.

(4) Kommt es nicht innerhalb von sechs Monaten nach schriftlicher Aufforderung durch die Landesregierung zu einem Rahmenvertrag, so kann die Landesregierung die Inhalte durch Rechtsverordnung regeln.

§ 132 Abweichende Zielvereinbarungen

(1) Leistungsträger und Träger der Leistungserbringer können Zielvereinbarungen zur Erprobung neuer und zur Weiterentwicklung der bestehenden Leistungs- und Finanzierungsstrukturen abschließen.

(2) Die individuellen Leistungsansprüche der Leistungsberechtigten bleiben unberührt.

(3) Absatz 1 gilt nicht, soweit auch Leistungen nach dem Siebten Kapitel des Zwölften Buches gewährt werden.

§ 133 Schiedsstelle

(1) Für jedes Land oder für Teile eines Landes wird eine Schiedsstelle gebildet.

(2) Die Schiedsstelle besteht aus Vertretern der Leistungserbringer und Vertretern der Träger der Eingliederungshilfe in gleicher Zahl sowie einem unparteiischen Vorsitzenden.

(3) Die Vertreter der Leistungserbringer und deren Stellvertreter werden von den Vereinigungen der Leistungserbringer bestellt. Bei der Bestellung ist die Trägervielfalt zu beachten. Die Vertreter der Träger der Eingliederungshilfe und deren Stellvertreter werden von diesen bestellt. Der Vorsitzende und sein Stellvertreter werden von den beteiligten Organisationen gemeinsam bestellt. Kommt eine Einigung nicht zustande, werden sie durch Los bestimmt. Soweit die beteiligten Orga-

nisationen der Leistungserbringer oder die Träger der Eingliederungshilfe keinen Vertreter bestellen oder im Verfahren nach Satz 3 keine Kandidaten für das Amt des Vorsitzenden und des Stellvertreters benennen, bestellt die zuständige Landesbehörde auf Antrag eines der Beteiligten die Vertreter und benennt die Kandidaten für die Position des Vorsitzenden und seines Stellvertreters.

(4) Die Mitglieder der Schiedsstelle führen ihr Amt als Ehrenamt. Sie sind an Weisungen nicht gebunden. Jedes Mitglied hat eine Stimme. Die Entscheidungen werden mit der Mehrheit der Mitglieder getroffen. Ergibt sich keine Mehrheit, entscheidet die Stimme des Vorsitzenden.

(5) Die Landesregierungen werden ermächtigt, durch Rechtsverordnung das Nähere zu bestimmen über

1. die Zahl der Schiedsstellen,
2. die Zahl der Mitglieder und deren Bestellung,
3. die Amtsdauer und Amtsführung,
4. die Erstattung der baren Auslagen und die Entschädigung für den Zeitaufwand der Mitglieder der Schiedsstelle,
5. die Geschäftsführung,
6. das Verfahren,
7. die Erhebung und die Höhe der Gebühren,
8. die Verteilung der Kosten,
9. die Rechtsaufsicht sowie
10. die Beteiligung der Interessenvertretungen der Menschen mit Behinderungen.

§ 134 Sonderregelung zum Inhalt der Vereinbarungen zur Erbringung von Leistungen für minderjährige Leistungsberechtigte und in Sonderfällen

(1) In der schriftlichen Vereinbarung zur Erbringung von Leistungen für minderjährige Leistungsberechtigte zwischen dem Träger der Eingliederungshilfe und dem Leistungserbringer sind zu regeln:

1. Inhalt, Umfang und Qualität einschließlich der Wirksamkeit der Leistungen (Leistungsvereinbarung) sowie
2. die Vergütung der Leistung (Vergütungsvereinbarung).

(2) In die Leistungsvereinbarung sind als wesentliche Leistungsmerkmale insbesondere aufzunehmen:

1. die betriebsnotwendigen Anlagen des Leistungserbringers,
2. der zu betreuende Personenkreis,
3. Art, Ziel und Qualität der Leistung,
4. die Festlegung der personellen Ausstattung,
5. die Qualifikation des Personals sowie
6. die erforderliche sächliche Ausstattung.

(3) Die Vergütungsvereinbarung besteht mindestens aus

1. der Grundpauschale für Unterkunft und Verpflegung,
2. der Maßnahmepauschale sowie
3. einem Betrag für betriebsnotwendige Anlagen einschließlich ihrer Ausstattung (Investitionsbetrag).

Förderungen aus öffentlichen Mitteln sind anzurechnen. Die Maßnahmepauschale ist nach Gruppen für Leistungsberechtigte mit vergleichbarem Bedarf zu kalkulieren.

(4) Die Absätze 1 bis 3 finden auch Anwendung, wenn volljährige Leistungsberechtigte Leistungen zur Schulbildung nach § 112 Absatz 1 Nummer 1 sowie Leistungen zur schulischen Ausbildung für einen Beruf nach § 112 Absatz 1 Nummer 2 erhalten, soweit diese Leistungen in besonderen Ausbildungsstätten über Tag und Nacht für Menschen mit Behinderungen erbracht werden. Entsprechendes gilt bei anderen volljährigen Leistungsberechtigten, wenn

1. das Konzept des Leistungserbringers auf Minderjährige als zu betreuenden Personenkreis ausgerichtet ist,
2. der Leistungsberechtigte von diesem Leistungserbringer bereits Leistungen über Tag und Nacht auf Grundlage von Vereinbarungen nach den Absätzen 1 bis 3, § 78b des Achten Buches, § 75 Absatz 3 des Zwölften Buches in der am 31. Dezember 2019 geltenden Fassung oder nach Maßgabe des § 75 Absatz 4 des Zwölften Buches in der am 31. Dezember 2019 geltenden Fassung erhalten hat und
3. der Leistungsberechtigte nach Erreichen der Volljährigkeit für eine kurze Zeit, in der Regel nicht länger als bis zur Vollendung des 21. Lebensjahres, Leistungen von diesem Leistungserbringer weitererhält, mit denen insbesondere vor dem Erreichen der Volljährigkeit definierte Teilhabeziele erreicht werden sollen.

Kapitel 9 Einkommen und Vermögen

§ 135 Begriff des Einkommens

(1) Maßgeblich für die Ermittlung des Beitrages nach § 136 ist die Summe der Einkünfte des Vorvorjahres nach § 2 Absatz 2 des Einkommensteuergesetzes sowie bei Renteneinkünften die Bruttorente des Vorvorjahres.

(2) Wenn zum Zeitpunkt der Leistungsgewährung eine erhebliche Abweichung zu den Einkünften des Vorvorjahres besteht, sind die voraussichtlichen Jahreseinkünfte des laufenden Jahres im Sinne des Absatzes 1 zu ermitteln und zugrunde zu legen.

§ 136 Beitrag aus Einkommen zu den Aufwendungen

(1) Bei den Leistungen nach diesem Teil ist ein Beitrag zu den Aufwendungen aufzubringen, wenn das Einkommen im Sinne des § 135 der antragstellenden Person sowie bei minderjährigen Personen der im Haushalt lebenden Eltern oder des im Haushalt lebenden Elternteils die Beträge nach Absatz 2 übersteigt.

(2) Ein Beitrag zu den Aufwendungen ist aufzubringen, wenn das Einkommen im Sinne des § 135 überwiegend

1. aus einer sozialversicherungspflichtigen Beschäftigung oder selbständigen Tätigkeit erzielt wird und 85 Prozent der jährlichen Bezugsgröße nach § 18 Absatz 1 des Vierten Buches übersteigt oder

2. aus einer nicht sozialversicherungspflichtigen Beschäftigung erzielt wird und 75 Prozent der jährlichen Bezugsgröße nach § 18 Absatz 1 des Vierten Buches übersteigt oder
3. aus Renteneinkünften erzielt wird und 60 Prozent der jährlichen Bezugsgröße nach § 18 Absatz 1 des Vierten Buches übersteigt.

Wird das Einkommen im Sinne des § 135 überwiegend aus anderen Einkunftsarten erzielt, ist Satz 1 Nummer 2 entsprechend anzuwenden.

(3) Die Beträge nach Absatz 2 erhöhen sich für den nicht getrennt lebenden Ehegatten oder Lebenspartner, den Partner einer eheähnlichen oder lebenspartnerschaftsähnlichen Gemeinschaft um 15 Prozent sowie für jedes unterhaltsberechtigte Kind im Haushalt um 10 Prozent der jährlichen Bezugsgröße nach § 18 Absatz 1 des Vierten Buches.

(4) Übersteigt das Einkommen im Sinne des § 135 einer in Absatz 3 erster Halbsatz genannten Person den Betrag, der sich nach Absatz 2 ergibt, findet Absatz 3 keine Anwendung. In diesem Fall erhöhen sich für jedes unterhaltsberechtigte Kind im Haushalt die Beträge nach Absatz 2 um 5 Prozent der jährlichen Bezugsgröße nach § 18 Absatz 1 des Vierten Buches.

(5) Ist der Leistungsberechtigte minderjährig und lebt im Haushalt der Eltern, erhöht sich der Betrag nach Absatz 2 um 75 Prozent der jährlichen Bezugsgröße nach § 18 Absatz 1 des Vierten Buches für jeden Leistungsberechtigten. Die Absätze 3 und 4 sind nicht anzuwenden.

§ 137 Höhe des Beitrages zu den Aufwendungen

(1) Die antragstellende Person im Sinne des § 136 Absatz 1 hat aus dem Einkommen im Sinne des § 135 einen Beitrag zu den Aufwendungen nach Maßgabe der Absätze 2 und 3 aufzubringen.

(2) Wenn das Einkommen die Beträge nach § 136 Absatz 2 übersteigt, ist ein monatlicher Beitrag in Höhe von 2 Prozent des den Betrag nach § 136 Absatz 2 bis 5 übersteigenden Betrages als monatlicher Beitrag aufzubringen. Der nach Satz 1 als monatlicher Beitrag aufzubringende Betrag ist auf volle 10 Euro abzurunden.

(3) Der Beitrag ist von der zu erbringenden Leistung abzuziehen.

(4) Ist ein Beitrag von anderen Personen aufzubringen als dem Leistungsberechtigten und ist die Durchführung der Maßnahme der Eingliederungshilfeleistung ohne Entrichtung des Beitrages gefährdet, so kann im Einzelfall die erforderliche Leistung ohne Abzug nach Absatz 3 erbracht werden. Die in Satz 1 genannten Personen haben dem Träger der Eingliederungshilfe die Aufwendungen im Umfang des Beitrages zu ersetzen; mehrere Verpflichtete haften als Gesamtschuldner.

§ 138 Besondere Höhe des Beitrages zu den Aufwendungen

(1) Ein Beitrag ist nicht aufzubringen bei

1. heilpädagogischen Leistungen nach § 113 Absatz 2 Nummer 3,
2. Leistungen zur medizinischen Rehabilitation nach § 109,
3. Leistungen zur Teilhabe am Arbeitsleben nach § 111 Absatz 1,
4. Leistungen zur Teilhabe an Bildung nach § 112 Absatz 1 Nummer 1,
5. Leistungen zur schulischen oder hochschulischen Ausbildung oder Weiterbildung für einen Beruf nach § 112 Absatz 1 Nummer 2, soweit diese Leis-

tungen in besonderen Ausbildungsstätten über Tag und Nacht für Menschen mit Behinderungen erbracht werden,
6. Leistungen zum Erwerb und Erhalt praktischer Kenntnisse und Fähigkeiten nach § 113 Absatz 2 Nummer 5, soweit diese der Vorbereitung auf die Teilhabe am Arbeitsleben nach § 111 Absatz 1 dienen,
7. Leistungen nach § 113 Absatz 1, die noch nicht eingeschulten leistungsberechtigten Personen die für sie erreichbare Teilnahme am Leben in der Gemeinschaft ermöglichen sollen,
8. gleichzeitiger Gewährung von Leistungen zum Lebensunterhalt nach dem Zweiten oder Zwölften Buch oder nach § 27a des Bundesversorgungsgesetzes.

(2) Wenn ein Beitrag nach § 137 aufzubringen ist, ist für weitere Leistungen im gleichen Zeitraum oder weitere Leistungen an minderjährige Kinder im gleichen Haushalt nach diesem Teil kein weiterer Beitrag aufzubringen.

(3) Bei einmaligen Leistungen zur Beschaffung von Bedarfsgegenständen, deren Gebrauch für mindestens ein Jahr bestimmt ist, ist höchstens das Vierfache des monatlichen Beitrages einmalig aufzubringen.

(4) *weggefallen*

§ 139 Begriff des Vermögens

Zum Vermögen im Sinne dieses Teils gehört das gesamte verwertbare Vermögen. Die Leistungen nach diesem Teil dürfen nicht abhängig gemacht werden vom Einsatz oder von der Verwertung des Vermögens im Sinne des § 90 Absatz 2 Nummer 1 bis 8 und 10 des Zwölften Buches und eines Barvermögens oder sonstiger Geldwerte bis zu einem Betrag von 150 Prozent der jährlichen Bezugsgröße nach § 18 Absatz 1 des Vierten Buches. Die Eingliederungshilfe darf ferner nicht vom Einsatz oder von der Verwertung eines Vermögens abhängig gemacht werden, soweit dies für den, der das Vermögen einzusetzen hat, und für seine unterhaltsberechtigten Angehörigen eine Härte bedeuten würde.

§ 140 Einsatz des Vermögens

(1) Die antragstellende Person sowie bei minderjährigen Personen die im Haushalt lebenden Eltern oder ein Elternteil haben vor der Inanspruchnahme von Leistungen nach diesem Teil die erforderlichen Mittel aus ihrem Vermögen aufzubringen.

(2) Soweit für den Bedarf der nachfragenden Person Vermögen einzusetzen ist, jedoch der sofortige Verbrauch oder die sofortige Verwertung des Vermögens nicht möglich ist oder für die, die es einzusetzen hat, eine Härte bedeuten würde, soll die beantragte Leistung als Darlehen geleistet werden. Die Leistungserbringung kann davon abhängig gemacht werden, dass der Anspruch auf Rückzahlung dinglich oder in anderer Weise gesichert wird.

(3) Die in § 138 Absatz 1 genannten Leistungen sind ohne Berücksichtigung von vorhandenem Vermögen zu erbringen.

§ 141 Übergang von Ansprüchen

(1) Hat eine Person im Sinne von § 136 Absatz 1 oder der nicht getrennt lebende Ehegatte oder Lebenspartner für die antragstellende Person einen Anspruch gegen einen anderen, der kein Leistungsträger im Sinne des § 12 des Ersten Buches ist,

kann der Träger der Eingliederungshilfe durch schriftliche Anzeige an den anderen bewirken, dass dieser Anspruch bis zur Höhe seiner Aufwendungen auf ihn übergeht. Dies gilt nicht für bürgerlich-rechtliche Unterhaltsansprüche.
(2) Der Übergang des Anspruches darf nur insoweit bewirkt werden, als bei rechtzeitiger Leistung des anderen entweder die Leistung nicht erbracht worden wäre oder ein Beitrag aufzubringen wäre. Der Übergang ist nicht dadurch ausgeschlossen, dass der Anspruch nicht übertragen, verpfändet oder gepfändet werden kann.
(3) Die schriftliche Anzeige bewirkt den Übergang des Anspruches für die Zeit, für die der leistungsberechtigten Person die Leistung ohne Unterbrechung erbracht wird. Als Unterbrechung gilt ein Zeitraum von mehr als zwei Monaten.
(4) Widerspruch und Anfechtungsklage gegen den Verwaltungsakt, der den Übergang des Anspruches bewirkt, haben keine aufschiebende Wirkung. Die §§ 115 und 116 des Zehnten Buches gehen der Regelung des Absatzes 1 vor.

§ 142 Sonderregelungen für minderjährige Leistungsberechtigte und in Sonderfällen

(1) Minderjährigen Leistungsberechtigten und ihren Eltern oder einem Elternteil ist bei Leistungen im Sinne des § 138 Absatz 1 Nummer 1, 2, 4, 5 und 7 die Aufbringung der Mittel für die Kosten des Lebensunterhalts nur in Höhe der für den häuslichen Lebensunterhalt ersparten Aufwendungen zuzumuten, soweit Leistungen über Tag und Nacht oder über Tag erbracht werden.
(2) Sind Leistungen von einem oder mehreren Anbietern über Tag und Nacht oder über Tag oder für ärztliche oder ärztlich verordnete Maßnahmen erforderlich, sind die Leistungen, die der Vereinbarung nach § 134 Absatz 3 zugrunde liegen, durch den Träger der Eingliederungshilfe auch dann in vollem Umfang zu erbringen, wenn den minderjährigen Leistungsberechtigten und ihren Eltern oder einem Elternteil die Aufbringung der Mittel nach Absatz 1 zu einem Teil zuzumuten ist. In Höhe dieses Teils haben sie zu den Kosten der erbrachten Leistungen beizutragen; mehrere Verpflichtete haften als Gesamtschuldner.
(3) Die Absätze 1 und 2 gelten entsprechend für volljährige Leistungsberechtigte, wenn diese Leistungen erhalten, denen Vereinbarungen nach § 134 Absatz 4 zugrunde liegen. In diesem Fall ist den volljährigen Leistungsberechtigten die Aufbringung der Mittel für die Kosten des Lebensunterhalts nur in Höhe der für ihren häuslichen Lebensunterhalt ersparten Aufwendungen zuzumuten
(4) *weggefallen*

Kapitel 10 Statistik

§ 143 Bundesstatistik

Zur Beurteilung der Auswirkungen dieses Teils und zu seiner Fortentwicklung werden Erhebungen über
1. die Leistungsberechtigten und
2. die Ausgaben und Einnahmen der Träger der Eingliederungshilfe

als Bundesstatistik durchgeführt.

§ 144 Erhebungsmerkmale

(1) Erhebungsmerkmale bei den Erhebungen nach § 143 Nummer 1 sind für jeden Leistungsberechtigten

1. Geschlecht, Geburtsmonat und -jahr, Staatsangehörigkeit, Bundesland, Wohngemeinde und Gemeindeteil, Kennnummer des Trägers, mit anderen Leistungsberechtigten zusammenlebend, erbrachte Leistungsarten im Laufe und am Ende des Berichtsjahres,
2. die Höhe der Bedarfe für jede erbrachte Leistungsart, die Höhe des aufgebrachten Beitrags nach § 92, die Art des angerechneten Einkommens, Beginn und Ende der Leistungserbringung nach Monat und Jahr, die für mehrere Leistungsberechtigte erbrachte Leistung, die Leistung als pauschalierte Geldleistung, die Leistung durch ein Persönliches Budget sowie
3. gleichzeitiger Bezug von Leistungen nach dem Zweiten, Elften oder Zwölften Buch.

(2) Merkmale bei den Erhebungen nach Absatz 1 Nummer 1 und 2 nach der Art der Leistung sind insbesondere:

1. Leistung zur medizinischen Rehabilitation,
2. Leistung zur Beschäftigung im Arbeitsbereich anerkannter Werkstätten für behinderte Menschen,
3. Leistung zur Beschäftigung bei anderen Leistungsanbietern,
4. Leistung zur Beschäftigung bei privaten und öffentlichen Arbeitgebern,
5. Leistung zur Teilhabe an Bildung,
6. Leistung für Wohnraum,
7. Assistenzleistung nach § 113 Absatz 2 Nummer 2 in Verbindung mit § 78 Absatz 2 Nummer 1,
8. Assistenzleistung nach § 113 Absatz 2 Nummer 2 in Verbindung mit § 78 Absatz 2 Nummer 2,
9. heilpädagogische Leistung,
10. Leistung zum Erwerb praktischer Kenntnisse und Fähigkeiten,
11. Leistung zur Förderung der Verständigung,
12. Leistung für ein Kraftfahrzeug,
13. Leistung zur Beförderung insbesondere durch einen Beförderungsdienst,
14. Hilfsmittel im Rahmen der Sozialen Teilhabe und
15. Besuchsbeihilfen.

(3) Erhebungsmerkmale nach § 143 Nummer 2 sind das Bundesland, die Ausgaben gesamt nach der Art der Leistungen die Einnahmen gesamt und nach Einnahmearten sowie die Höhe der aufgebrachten Beiträge gesamt.

§ 145 Hilfsmerkmale

(1) Hilfsmerkmale sind

1. Name und Anschrift des Auskunftspflichtigen,
2. Name, Telefonnummer und E-Mail-Adresse der für eventuelle Rückfragen zur Verfügung stehenden Person,
3. für die Erhebung nach § 143 Nummer 1 die Kennnummer des Leistungsberechtigten.

(2) Die Kennnummern nach Absatz 1 Nummer 3 dienen der Prüfung der Richtigkeit der Statistik und der Fortschreibung der jeweils letzten Bestandserhebung. Sie enthalten keine Angaben über persönliche und sachliche Verhältnisse des Leistungsberechtigten und sind zum frühestmöglichen Zeitpunkt, spätestens nach Abschluss der wiederkehrenden Bestandserhebung, zu löschen.

§ 146 Periodizität und Berichtszeitraum

Die Erhebungen erfolgen jährlich für das abgelaufene Kalenderjahr.

§ 147 Auskunftspflicht

(1) Für die Erhebungen besteht Auskunftspflicht. Die Angaben nach § 145 Absatz 1 Nummer 2 und die Angaben zum Gemeindeteil nach § 144 Absatz 1 Nummer 1 sind freiwillig.
(2) Auskunftspflichtig sind die Träger der Eingliederungshilfe.

§ 148 Übermittlung, Veröffentlichung

(1) Die in sich schlüssigen und nach einheitlichen Standards formatierten Einzeldatensätze sind von den Auskunftspflichtigen elektronisch bis zum Ablauf von 40 Arbeitstagen nach Ende des jeweiligen Berichtszeitraums an das jeweilige statistische Landesamt zu übermitteln.
(2) An die fachlich zuständigen obersten Bundes- oder Landesbehörden dürfen für die Verwendung gegenüber den gesetzgebenden Körperschaften und für Zwecke der Planung, jedoch nicht für die Regelung von Einzelfällen, vom Statistischen Bundesamt und von den statistischen Ämtern der Länder Tabellen mit statistischen Ergebnissen übermittelt werden, auch soweit Tabellenfelder nur einen einzigen Fall ausweisen. Tabellen, die nur einen einzigen Fall ausweisen, dürfen nur dann übermittelt werden, wenn sie nicht differenzierter als auf Regierungsbezirksebene, bei Stadtstaaten auf Bezirksebene, aufbereitet sind.
(3) Die statistischen Ämter der Länder stellen dem Statistischen Bundesamt für Zusatzaufbereitungen des Bundes jährlich unverzüglich nach Aufbereitung der Bestandserhebung und der Erhebung im Laufe des Berichtsjahres die Einzelangaben aus der Erhebung zur Verfügung. Angaben zu den Hilfsmerkmalen nach § 145 dürfen nicht übermittelt werden.
(4) Die Ergebnisse der Bundesstatistik nach diesem Kapitel dürfen auf die einzelnen Gemeinden bezogen veröffentlicht werden.

Kapitel 11 Übergangs- und Schlussbestimmungen

§ 149 Übergangsregelung für ambulant Betreute

Für Personen, die Leistungen der Eingliederungshilfe für behinderte Menschen erhalten, deren Betreuung am 26. Juni 1996 durch von ihnen beschäftigte Personen oder ambulante Dienste sichergestellt wurde, gilt § 3a des Bundessozialhilfegesetzes in der am 26. Juni 1996 geltenden Fassung.

§ 150 Übergangsregelung zum Einsatz des Einkommens

Abweichend von Kapitel 9 sind bei der Festsetzung von Leistungen für Leistungsberechtigte, die am 31. Dezember 2019 Leistungen nach dem Sechsten Kapitel des Zwölften Buches in der Fassung vom 31. Dezember 2019 erhalten haben und von denen ein Einsatz des Einkommens über der Einkommensgrenze gemäß § 87 des Zwölften Buches in der Fassung vom 31. Dezember 2019 gefordert wurde, die am 31. Dezember 2019 geltenden Einkommensgrenzen nach dem Elften Kapitel des Zwölften Buches in der Fassung vom 31. Dezember 2019 zugrunde zu legen, solange der nach Kapitel 9 aufzubringende Beitrag höher ist als der Einkommenseinsatz nach dem am 31. Dezember 2019 geltenden Recht.

§ 150a Übergangsregelung für Ausländerinnen und Ausländer mit Aufenthaltstitel nach § 24 des Aufenthaltsgesetzes oder mit entsprechender Fiktionsbescheinigung

§ 100 Absatz 1 findet keine Anwendung, soweit Leistungsberechtigte nach § 18 des Asylbewerberleistungsgesetzes Leistungen nach dem Asylbewerberleistungsgesetz erhalten.

Teil 3 Besondere Regelungen zur Teilhabe schwerbehinderter Menschen (Schwerbehindertenrecht)

Kapitel 1 Geschützter Personenkreis

§ 151 Geltungsbereich

(1) Die Regelungen dieses Teils gelten für schwerbehinderte und diesen gleichgestellte behinderte Menschen.
(2) Die Gleichstellung behinderter Menschen mit schwerbehinderten Menschen (§ 2 Absatz 3) erfolgt auf Grund einer Feststellung nach § 152 auf Antrag des behinderten Menschen durch die Bundesagentur für Arbeit. Die Gleichstellung wird mit dem Tag des Eingangs des Antrags wirksam. Sie kann befristet werden.
(3) Auf gleichgestellte behinderte Menschen werden die besonderen Regelungen für schwerbehinderte Menschen mit Ausnahme des § 208 und des Kapitels 13 angewendet.
(4) Schwerbehinderten Menschen gleichgestellt sind auch behinderte Jugendliche und junge Erwachsene (§ 2 Absatz 1) während der Zeit ihrer Berufsausbildung in Betrieben und Dienststellen oder einer beruflichen Orientierung, auch wenn der Grad der Behinderung weniger als 30 beträgt oder ein Grad der Behinderung nicht festgestellt ist. Der Nachweis der Behinderung wird durch eine Stellungnahme der Agentur für Arbeit oder durch einen Bescheid über Leistungen zur Teilhabe am Arbeitsleben erbracht. Die Gleichstellung gilt nur für Leistungen des Integrationsamtes im Rahmen der beruflichen Orientierung und der Berufsausbildung im Sinne des § 185 Absatz 3 Nummer 2 Buchstabe c.

§ 152 Feststellung der Behinderung, Ausweise

(1) Auf Antrag des behinderten Menschen stellen die für die Durchführung des Vierzehnten Buches zuständigen Behörden das Vorliegen einer Behinderung und

den Grad der Behinderung zum Zeitpunkt der Antragstellung fest. Auf Antrag kann festgestellt werden, dass ein Grad der Behinderung oder gesundheitliche Merkmale bereits zu einem früheren Zeitpunkt vorgelegen haben, wenn dafür ein besonderes Interesse glaubhaft gemacht wird. Beantragt eine erwerbstätige Person die Feststellung der Eigenschaft als schwerbehinderter Mensch (§ 2 Absatz 2), gelten die in § 14 Absatz 2 Satz 2 und 3 sowie § 17 Absatz 1 Satz 1 und Absatz 2 Satz 1 genannten Fristen sowie § 60 Absatz 1 des Ersten Buches entsprechend. Die Auswirkungen auf die Teilhabe am Leben in der Gesellschaft werden als Grad der Behinderung nach Zehnergraden abgestuft festgestellt. Eine Feststellung ist nur zu treffen, wenn ein Grad der Behinderung von wenigstens 20 vorliegt. Durch Landesrecht kann die Zuständigkeit abweichend von Satz 1 geregelt werden

(2) Feststellungen nach Absatz 1 sind nicht zu treffen, wenn eine Feststellung über das Vorliegen einer Behinderung und den Grad einer auf ihr beruhenden Erwerbsminderung schon in einem Rentenbescheid, einer entsprechenden Verwaltungs- oder Gerichtsentscheidung oder einer vorläufigen Bescheinigung der für diese Entscheidungen zuständigen Dienststellen getroffen worden ist, es sei denn, dass der behinderte Mensch ein Interesse an anderweitiger Feststellung nach Absatz 1 glaubhaft macht. Eine Feststellung nach Satz 1 gilt zugleich als Feststellung des Grades der Behinderung.

(3) Liegen mehrere Beeinträchtigungen der Teilhabe am Leben in der Gesellschaft vor, so wird der Grad der Behinderung nach den Auswirkungen der Beeinträchtigungen in ihrer Gesamtheit unter Berücksichtigung ihrer wechselseitigen Beziehungen festgestellt. Für diese Entscheidung gilt Absatz 1, es sei denn, dass in einer Entscheidung nach Absatz 2 eine Gesamtbeurteilung bereits getroffen worden ist.

(4) Sind neben dem Vorliegen der Behinderung weitere gesundheitliche Merkmale Voraussetzung für die Inanspruchnahme von Nachteilsausgleichen, so treffen die zuständigen Behörden die erforderlichen Feststellungen im Verfahren nach Absatz 1.

(5) Auf Antrag des behinderten Menschen stellen die zuständigen Behörden auf Grund einer Feststellung der Behinderung einen Ausweis über die Eigenschaft als schwerbehinderter Mensch, den Grad der Behinderung sowie im Falle des Absatzes 4 über weitere gesundheitliche Merkmale aus. Der Ausweis dient dem Nachweis für die Inanspruchnahme von Leistungen und sonstigen Hilfen, die schwerbehinderten Menschen nach diesem Teil oder nach anderen Vorschriften zustehen. Die Gültigkeitsdauer des Ausweises soll befristet werden. Er wird eingezogen, sobald der gesetzliche Schutz schwerbehinderter Menschen erloschen ist. Der Ausweis wird berichtigt, sobald eine Neufeststellung unanfechtbar geworden ist.

§ 153 Verordnungsermächtigung

(1) Die Bundesregierung wird ermächtigt, durch Rechtsverordnung mit Zustimmung des Bundesrates nähere Vorschriften über die Gestaltung der Ausweise, ihre Gültigkeit und das Verwaltungsverfahren zu erlassen.

(2) Das Bundesministerium für Arbeit und Soziales wird ermächtigt, durch Rechtsverordnung mit Zustimmung des Bundesrates die Grundsätze aufzustellen, die für die Bewertung des Grades der Behinderung, die Kriterien für die Bewertung der Hilflosigkeit und die Voraussetzungen für die Vergabe von Merkzeichen maß-

gebend sind, die nach Bundesrecht im Schwerbehindertenausweis einzutragen sind.

§ 153a Sachverständigenbeirat, Verfahren

(1) Beim Bundesministerium für Arbeit und Soziales wird ein unabhängiger »Sachverständigenbeirat Versorgungsmedizinische Begutachtung« gebildet. Der Beirat berät das Bundesministerium für Arbeit und Soziales zu allen versorgungsärztlichen Angelegenheiten und bereitet die Fortentwicklung der in der Versorgungsmedizin-Verordnung enthaltenen Versorgungsmedizinischen Grundsätze vor, die bei der Begutachtung im Schwerbehindertenrecht und im Sozialen Entschädigungsrecht verbindlich anzuwenden sind. Dies geschieht teilhabeorientiert auf der Grundlage des aktuellen Standes der medizinischen Wissenschaft und der Medizintechnik unter Berücksichtigung versorgungsmedizinischer Erfordernisse.
(2) Für den Beirat benennen die Länder, der Deutsche Behindertenrat und das Bundesministerium für Arbeit und Soziales jeweils sieben Personen, darunter jeweils mindestens vier Ärztinnen und Ärzte, die versorgungsmedizinisch oder wissenschaftlich besonders qualifiziert sind. Eine der vom Bundesministerium für Arbeit und Soziales zu benennenden Personen ist ein Vertreter oder eine Vertreterin aus dem versorgungsmedizinischen ärztlich-gutachterlichen Bereich der Bundeswehr. Das Bundesministerium für Arbeit und Soziales beruft die benannten Personen als Mitglieder in den Beirat.
(3) Die Mitglieder des Beirates werden für die Dauer von vier Jahren berufen. Die Mitgliedschaft im Beirat ist ein persönliches Ehrenamt, das keine Vertretung zulässt. Die Mitglieder des Beirates unterliegen keinerlei Weisungen, üben ihre Tätigkeit unabhängig aus und sind nur ihrem Gewissen verantwortlich. Scheidet ein Mitglied aus, erfolgt für dieses Mitglied eine Neuberufung für den restlichen Zeitraum der Berufungsperiode. Der Beirat bestimmt durch Wahl aus seiner Mitte den Vorsitz sowie die Stellvertretung des Vorsitzes und gibt sich eine Geschäftsordnung. Die Geschäftsführung des Beirates wird vom Bundesministerium für Arbeit und Soziales ausgeübt, welches zu den Sitzungen einlädt und im Einvernehmen mit dem vorsitzenden Mitglied die Tagesordnung festlegt.
(4) Die Beschlüsse des Beirates werden mit einfacher Mehrheit der berufenen Mitglieder gefasst. Zu den Beratungen des Beirates können externe Sachverständige hinzugezogen werden. Es können Arbeitsgruppen gebildet werden.

Kapitel 2 Beschäftigungspflicht der Arbeitgeber

§ 154 Pflicht der Arbeitgeber zur Beschäftigung schwerbehinderter Menschen

(1) Private und öffentliche Arbeitgeber (Arbeitgeber) mit jahresdurchschnittlich monatlich mindestens 20 Arbeitsplätzen im Sinne des § 156 haben auf wenigstens 5 Prozent der Arbeitsplätze schwerbehinderte Menschen zu beschäftigen. Dabei sind schwerbehinderte Frauen besonders zu berücksichtigen. Abweichend von Satz 1 haben Arbeitgeber mit jahresdurchschnittlich monatlich weniger als 40 Arbeitsplätzen jahresdurchschnittlich je Monat einen schwerbehinderten Menschen, Arbeitgeber mit jahresdurchschnittlich monatlich weniger als 60 Arbeitsplätzen jahresdurchschnittlich je Monat zwei schwerbehinderte Menschen zu beschäftigen.

(2) Als öffentliche Arbeitgeber im Sinne dieses Teils gelten
1. jede oberste Bundesbehörde mit ihren nachgeordneten Dienststellen, das Bundespräsidialamt, die Verwaltungen des Deutschen Bundestages und des Bundesrates, das Bundesverfassungsgericht, die obersten Gerichtshöfe des Bundes, der Bundesgerichtshof jedoch zusammengefasst mit dem Generalbundesanwalt, sowie das Bundeseisenbahnvermögen,
2. jede oberste Landesbehörde und die Staats- und Präsidialkanzleien mit ihren nachgeordneten Dienststellen, die Verwaltungen der Landtage, die Rechnungshöfe (Rechnungskammern), die Organe der Verfassungsgerichtsbarkeit der Länder und jede sonstige Landesbehörde, zusammengefasst jedoch diejenigen Behörden, die eine gemeinsame Personalverwaltung haben,
3. jede sonstige Gebietskörperschaft und jeder Verband von Gebietskörperschaften,
4. jede sonstige Körperschaft, Anstalt oder Stiftung des öffentlichen Rechts.

§ 155 Beschäftigung besonderer Gruppen schwerbehinderter Menschen

(1) Im Rahmen der Erfüllung der Beschäftigungspflicht sind in angemessenem Umfang zu beschäftigen:
1. schwerbehinderte Menschen, die nach Art oder Schwere ihrer Behinderung im Arbeitsleben besonders betroffen sind, insbesondere solche,
   a) die zur Ausübung der Beschäftigung wegen ihrer Behinderung nicht nur vorübergehend einer besonderen Hilfskraft bedürfen oder
   b) deren Beschäftigung infolge ihrer Behinderung nicht nur vorübergehend mit außergewöhnlichen Aufwendungen für den Arbeitgeber verbunden ist oder
   c) die infolge ihrer Behinderung nicht nur vorübergehend offensichtlich nur eine wesentlich verminderte Arbeitsleistung erbringen können oder
   d) bei denen ein Grad der Behinderung von wenigstens 50 allein infolge geistiger oder seelischer Behinderung oder eines Anfallsleidens vorliegt oder
   e) die wegen Art oder Schwere der Behinderung keine abgeschlossene Berufsbildung im Sinne des Berufsbildungsgesetzes haben,
2. schwerbehinderte Menschen, die das 50. Lebensjahr vollendet haben.

(2) Arbeitgeber mit Stellen zur beruflichen Bildung, insbesondere für Auszubildende, haben im Rahmen der Erfüllung der Beschäftigungspflicht einen angemessenen Anteil dieser Stellen mit schwerbehinderten Menschen zu besetzen. Hierüber ist mit der zuständigen Interessenvertretung im Sinne des § 176 und der Schwerbehindertenvertretung zu beraten.

§ 156 Begriff des Arbeitsplatzes

(1) Arbeitsplätze im Sinne dieses Teils sind alle Stellen, auf denen Arbeitnehmerinnen und Arbeitnehmer, Beamtinnen und Beamte, Richterinnen und Richter sowie Auszubildende und andere zu ihrer beruflichen Bildung Eingestellte beschäftigt werden.

(2) Als Arbeitsplätze gelten nicht die Stellen, auf denen beschäftigt werden:
1. behinderte Menschen, die an Leistungen zur Teilhabe am Arbeitsleben nach § 49 Absatz 3 Nummer 4 in Betrieben oder Dienststellen teilnehmen,

2. Personen, deren Beschäftigung nicht in erster Linie ihrem Erwerb dient, sondern vorwiegend durch Beweggründe karitativer oder religiöser Art bestimmt ist, und Geistliche öffentlich-rechtlicher Religionsgemeinschaften,
3. Personen, deren Beschäftigung nicht in erster Linie ihrem Erwerb dient und die vorwiegend zu ihrer Heilung, Wiedereingewöhnung oder Erziehung erfolgt,
4. Personen, die an Arbeitsbeschaffungsmaßnahmen nach dem Dritten Buch teilnehmen,
5. Personen, die nach ständiger Übung in ihre Stellen gewählt werden,
6. Personen, deren Arbeits-, Dienst- oder sonstiges Beschäftigungsverhältnis wegen Wehr- oder Zivildienst, Elternzeit, unbezahlten Urlaubs, wegen Bezuges einer Rente auf Zeit oder bei Altersteilzeitarbeit in der Freistellungsphase (Verblockungsmodell) ruht, solange für sie eine Vertretung eingestellt ist.

(3) Als Arbeitsplätze gelten ferner nicht Stellen, die nach der Natur der Arbeit oder nach den zwischen den Parteien getroffenen Vereinbarungen nur auf die Dauer von höchstens acht Wochen besetzt sind, sowie Stellen, auf denen Beschäftigte weniger als 18 Stunden wöchentlich beschäftigt werden.

§ 157 Berechnung der Mindestzahl von Arbeitsplätzen und der Pflichtarbeitsplatzzahl

(1) Bei der Berechnung der Mindestzahl von Arbeitsplätzen und der Zahl der Arbeitsplätze, auf denen schwerbehinderte Menschen zu beschäftigen sind (§ 154), zählen Stellen, auf denen Auszubildende beschäftigt werden, nicht mit. Das Gleiche gilt für Stellen, auf denen Rechts- oder Studienreferendarinnen und -referendare beschäftigt werden, die einen Rechtsanspruch auf Einstellung haben.

(2) Bei der Berechnung sich ergebende Bruchteile von 0,5 und mehr sind aufzurunden, bei Arbeitgebern mit jahresdurchschnittlich weniger als 60 Arbeitsplätzen abzurunden.

§ 158 Anrechnung Beschäftigter auf die Zahl der Pflichtarbeitsplätze für schwerbehinderte Menschen

(1) Ein schwerbehinderter Mensch, der auf einem Arbeitsplatz im Sinne des § 156 Absatz 1 oder Absatz 2 Nummer 1 oder 4 beschäftigt wird, wird auf einen Pflichtarbeitsplatz für schwerbehinderte Menschen angerechnet.

(2) Ein schwerbehinderter Mensch, der in Teilzeitbeschäftigung kürzer als betriebsüblich, aber nicht weniger als 18 Stunden wöchentlich beschäftigt wird, wird auf einen Pflichtarbeitsplatz für schwerbehinderte Menschen angerechnet. Bei Herabsetzung der wöchentlichen Arbeitszeit auf weniger als 18 Stunden infolge von Altersteilzeit oder Teilzeitberufsausbildung gilt Satz 1 entsprechend. Wird ein schwerbehinderter Mensch weniger als 18 Stunden wöchentlich beschäftigt, lässt die Bundesagentur für Arbeit die Anrechnung auf einen dieser Pflichtarbeitsplätze zu, wenn die Teilzeitbeschäftigung wegen Art oder Schwere der Behinderung notwendig ist.

(3) Ein schwerbehinderter Mensch, der im Rahmen einer Maßnahme zur Förderung des Übergangs aus der Werkstatt für behinderte Menschen auf den allgemeinen Arbeitsmarkt (§ 5 Absatz 4 Satz 1 der Werkstättenverordnung) beschäftigt wird, wird auch für diese Zeit auf die Zahl der Pflichtarbeitsplätze angerechnet.

(4) Ein schwerbehinderter Arbeitgeber wird auf einen Pflichtarbeitsplatz für schwerbehinderte Menschen angerechnet.
(5) Der Inhaber eines Bergmannsversorgungsscheins wird, auch wenn er kein schwerbehinderter oder gleichgestellter behinderter Mensch im Sinne des § 2 Absatz 2 oder 3 ist, auf einen Pflichtarbeitsplatz angerechnet.

§ 159 Mehrfachanrechnung

(1) Die Bundesagentur für Arbeit kann die Anrechnung eines schwerbehinderten Menschen, besonders eines schwerbehinderten Menschen im Sinne des § 155 Absatz 1 auf mehr als einen Pflichtarbeitsplatz, höchstens drei Pflichtarbeitsplätze für schwerbehinderte Menschen zulassen, wenn dessen Teilhabe am Arbeitsleben auf besondere Schwierigkeiten stößt. Satz 1 gilt auch für schwerbehinderte Menschen im Anschluss an eine Beschäftigung in einer Werkstatt für behinderte Menschen und für teilzeitbeschäftigte schwerbehinderte Menschen im Sinne des § 158 Absatz 2.
(2) Ein schwerbehinderter Mensch, der beruflich ausgebildet wird, wird auf zwei Pflichtarbeitsplätze für schwerbehinderte Menschen angerechnet. Satz 1 gilt auch während der Zeit einer Ausbildung im Sinne des § 51 Absatz 2, die in einem Betrieb oder einer Dienststelle durchgeführt wird. Die Bundesagentur für Arbeit kann die Anrechnung auf drei Pflichtarbeitsplätze für schwerbehinderte Menschen zulassen, wenn die Vermittlung in eine berufliche Ausbildungsstelle wegen Art oder Schwere der Behinderung auf besondere Schwierigkeiten stößt. Bei Übernahme in ein Arbeits- oder Beschäftigungsverhältnis durch den ausbildenden oder einen anderen Arbeitgeber im Anschluss an eine abgeschlossene Ausbildung wird der schwerbehinderte Mensch im ersten Jahr der Beschäftigung auf zwei Pflichtarbeitsplätze angerechnet; Absatz 1 bleibt unberührt.
(2a) Ein schwerbehinderter Mensch, der unmittelbar vorher in einer Werkstatt für behinderte Menschen oder bei einem anderen Leistungsanbieter beschäftigt war oder ein Budget für Arbeit erhält, wird in den ersten zwei Jahren der Beschäftigung auf zwei Pflichtarbeitsplätze angerechnet; Absatz 1 bleibt unberührt.
(3) Bescheide über die Anrechnung eines schwerbehinderten Menschen auf mehr als drei Pflichtarbeitsplätze für schwerbehinderte Menschen, die vor dem 1. August 1986 erlassen worden sind, gelten fort.

§ 160 Ausgleichsabgabe

(1) Solange Arbeitgeber die vorgeschriebene Zahl schwerbehinderter Menschen nicht beschäftigen, entrichten sie für jeden unbesetzten Pflichtarbeitsplatz für schwerbehinderte Menschen eine Ausgleichsabgabe. Die Zahlung der Ausgleichsabgabe hebt die Pflicht zur Beschäftigung schwerbehinderter Menschen nicht auf. Die Ausgleichsabgabe wird auf der Grundlage einer jahresdurchschnittlichen Beschäftigungsquote ermittelt.
(2) Die Ausgleichsabgabe beträgt je unbesetztem Pflichtarbeitsplatz
1. 140 Euro bei einer jahresdurchschnittlichen Beschäftigungsquote von 3 Prozent bis weniger als dem geltenden Pflichtsatz,
2. 245 Euro bei einer jahresdurchschnittlichen Beschäftigungsquote von 2 Prozent bis weniger als 3 Prozent,

3. 360 Euro bei einer jahresdurchschnittlichen Beschäftigungsquote von mehr als 0 Prozent bis weniger als 2 Prozent,
4. 720 Euro bei einer jahresdurchschnittlichen Beschäftigungsquote von 0 Prozent.

Abweichend von Satz 1 beträgt die Ausgleichsabgabe je unbesetztem Pflichtarbeitsplatz für schwerbehinderte Menschen

1. für Arbeitgeber mit jahresdurchschnittlich weniger als 40 zu berücksichtigenden Arbeitsplätzen bei einer jahresdurchschnittlichen Beschäftigung von weniger als einem schwerbehinderten Menschen 140 Euro und bei einer jahresdurchschnittlichen Beschäftigung von null schwerbehinderten Menschen 210 Euro und
2. für Arbeitgeber mit jahresdurchschnittlich weniger als 60 zu berücksichtigenden Arbeitsplätzen bei einer jahresdurchschnittlichen Beschäftigung von weniger als zwei schwerbehinderten Menschen 140 Euro und bei einer jahresdurchschnittlichen Beschäftigung von weniger als einem schwerbehinderten Menschen 245 Euro und bei einer jahresdurchschnittlichen Beschäftigung von null schwerbehinderten Menschen 410 Euro.

(3) Die Ausgleichsabgabe erhöht sich entsprechend der Veränderung der Bezugsgröße nach § 18 Absatz 1 des Vierten Buches. Sie erhöht sich zum 1. Januar eines Kalenderjahres, wenn sich die Bezugsgröße seit der letzten Neubestimmung der Beträge der Ausgleichsabgabe um wenigstens 10 Prozent erhöht hat. Die Erhöhung der Ausgleichsabgabe erfolgt, indem der Faktor für die Veränderung der Bezugsgröße mit dem jeweiligen Betrag der Ausgleichsabgabe vervielfältigt wird. Die sich ergebenden Beträge sind auf den nächsten durch fünf teilbaren Betrag abzurunden. Das Bundesministerium für Arbeit und Soziales gibt den Erhöhungsbetrag und die sich nach Satz 3 ergebenden Beträge der Ausgleichsabgabe im Bundesanzeiger bekannt.

(4) Die Ausgleichsabgabe zahlt der Arbeitgeber jährlich zugleich mit der Erstattung der Anzeige nach § 163 Absatz 2 an das für seinen Sitz zuständige Integrationsamt. Ist ein Arbeitgeber mehr als drei Monate im Rückstand, erlässt das Integrationsamt einen Feststellungsbescheid über die rückständigen Beträge und zieht diese ein. Für rückständige Beträge der Ausgleichsabgabe erhebt das Integrationsamt nach dem 31. März Säumniszuschläge nach Maßgabe des § 24 Absatz 1 des Vierten Buches; für ihre Verwendung gilt Absatz 5 entsprechend. Das Integrationsamt kann in begründeten Ausnahmefällen von der Erhebung von Säumniszuschlägen absehen. Widerspruch und Anfechtungsklage gegen den Feststellungsbescheid haben keine aufschiebende Wirkung. Gegenüber privaten Arbeitgebern wird die Zwangsvollstreckung nach den Vorschriften über das Verwaltungszwangsverfahren durchgeführt. Bei öffentlichen Arbeitgebern wendet sich das Integrationsamt an die Aufsichtsbehörde, gegen deren Entscheidung es die Entscheidung der obersten Bundes- oder Landesbehörde anrufen kann. Die Ausgleichsabgabe wird nach Ablauf des Kalenderjahres, das auf den Eingang der Anzeige bei der Bundesagentur für Arbeit folgt, weder nachgefordert noch erstattet.

(5) Die Ausgleichsabgabe darf nur für besondere Leistungen zur Förderung der Teilhabe schwerbehinderter Menschen am Arbeitsleben einschließlich begleitender Hilfe im Arbeitsleben (§ 185 Absatz 1 Nummer 3) verwendet werden, soweit Mittel für denselben Zweck nicht von anderer Seite zu leisten sind oder geleistet

werden. Aus dem Aufkommen an Ausgleichsabgabe dürfen persönliche und sächliche Kosten der Verwaltung und Kosten des Verfahrens nicht bestritten werden. Das Integrationsamt gibt dem Beratenden Ausschuss für behinderte Menschen bei dem Integrationsamt (§ 186) auf dessen Verlangen eine Übersicht über die Verwendung der Ausgleichsabgabe.

(6) Die Integrationsämter leiten den in der Rechtsverordnung nach § 162 bestimmten Prozentsatz des Aufkommens an Ausgleichsabgabe an den Ausgleichsfonds (§ 161) weiter. Zwischen den Integrationsämtern wird ein Ausgleich herbeigeführt. Der auf das einzelne Integrationsamt entfallende Anteil am Aufkommen an Ausgleichsabgabe bemisst sich nach dem Mittelwert aus dem Verhältnis der Wohnbevölkerung im Zuständigkeitsbereich des Integrationsamtes zur Wohnbevölkerung im Geltungsbereich dieses Gesetzbuches und dem Verhältnis der Zahl der im Zuständigkeitsbereich des Integrationsamtes in den Betrieben und Dienststellen beschäftigungspflichtiger Arbeitgeber auf Arbeitsplätzen im Sinne des § 156 beschäftigten und der bei den Agenturen für Arbeit arbeitslos gemeldeten schwerbehinderten und diesen gleichgestellten behinderten Menschen zur entsprechenden Zahl der schwerbehinderten und diesen gleichgestellten behinderten Menschen im Geltungsbereich dieses Gesetzbuchs.

(7) Die bei den Integrationsämtern verbleibenden Mittel der Ausgleichsabgabe werden von diesen gesondert verwaltet. Die Rechnungslegung und die formelle Einrichtung der Rechnungen und Belege regeln sich nach den Bestimmungen, die für diese Stellen allgemein maßgebend sind.

(8) Für die Verpflichtung zur Entrichtung einer Ausgleichsabgabe (Absatz 1) gelten hinsichtlich der in § 154 Absatz 2 Nummer 1 genannten Stellen der Bund und hinsichtlich der in § 154 Absatz 2 Nummer 2 genannten Stellen das Land als ein Arbeitgeber.

§ 161 Ausgleichsfonds

(1) Zur besonderen Förderung der Einstellung und Beschäftigung schwerbehinderter Menschen auf Arbeitsplätzen und zur Förderung von Einrichtungen und Maßnahmen, die den Interessen mehrerer Länder auf dem Gebiet der Förderung der Teilhabe schwerbehinderter Menschen am Arbeitsleben dienen, ist beim Bundesministerium für Arbeit und Soziales als zweckgebundene Vermögensmasse ein Ausgleichsfonds für überregionale Vorhaben zur Teilhabe schwerbehinderter Menschen am Arbeitsleben gebildet. Das Bundesministerium für Arbeit und Soziales verwaltet den Ausgleichsfonds.

(2) Abweichend von § 160 Absatz 5 Satz 1 dürfen sich Vorhaben, die aus dem Ausgleichsfonds finanziert werden, auch auf die Förderung der Ausbildung von nicht schwerbehinderten Jugendlichen und jungen Erwachsenen erstrecken, wenn diese Personen Leistungen zur Teilhabe am Arbeitsleben erhalten.

(3) Abweichend von § 160 Absatz 5 Satz 2 werden bei Vorhaben, die aus dem Ausgleichsfonds gefördert werden, auch die dabei anfallenden Administrationskosten aus dem Ausgleichsfonds finanziert.

§ 162 Verordnungsermächtigungen

Die Bundesregierung wird ermächtigt, durch Rechtsverordnung mit Zustimmung des Bundesrates

1. die Pflichtquote nach § 154 Absatz 1 nach dem jeweiligen Bedarf an Arbeitsplätzen für schwerbehinderte Menschen zu ändern, jedoch auf höchstens 10 Prozent zu erhöhen oder bis auf 4 Prozent herabzusetzen; dabei kann die Pflichtquote für öffentliche Arbeitgeber höher festgesetzt werden als für private Arbeitgeber,
2. nähere Vorschriften über die Verwendung der Ausgleichsabgabe nach § 160 Absatz 5 und die Gestaltung des Ausgleichsfonds nach § 161, die Verwendung der Mittel durch ihn für die Förderung der Teilhabe schwerbehinderter Menschen am Arbeitsleben und das Vergabe- und Verwaltungsverfahren des Ausgleichsfonds zu erlassen,
3. in der Rechtsverordnung nach Nummer 2
   a) den Anteil des an den Ausgleichsfonds weiterzuleitenden Aufkommens an Ausgleichsabgabe entsprechend den erforderlichen Aufwendungen zur Erfüllung der Aufgaben des Ausgleichsfonds und der Integrationsämter sowie
   b) den Ausgleich zwischen den Integrationsämtern auf Vorschlag der Länder oder einer Mehrheit der Länder abweichend von § 160 Absatz 6 Satz 3

   zu regeln,
4. die Ausgleichsabgabe bei Arbeitgebern, die über weniger als 30 Arbeitsplätze verfügen, für einen bestimmten Zeitraum allgemein oder für einzelne Bundesländer herabzusetzen oder zu erlassen, wenn die Zahl der unbesetzten Pflichtarbeitsplätze für schwerbehinderte Menschen die Zahl der zu beschäftigenden schwerbehinderten Menschen so erheblich übersteigt, dass die Pflichtarbeitsplätze für schwerbehinderte Menschen dieser Arbeitgeber nicht in Anspruch genommen zu werden brauchen.

Kapitel 3 Sonstige Pflichten der Arbeitgeber; Rechte der schwerbehinderten Menschen

§ 163 Zusammenwirken der Arbeitgeber mit der Bundesagentur für Arbeit und den Integrationsämtern

(1) Die Arbeitgeber haben, gesondert für jeden Betrieb und jede Dienststelle, ein Verzeichnis der bei ihnen beschäftigten schwerbehinderten, ihnen gleichgestellten behinderten Menschen und sonstigen anrechnungsfähigen Personen laufend zu führen und dieses den Vertretern oder Vertreterinnen der Bundesagentur für Arbeit und des Integrationsamtes, die für den Sitz des Betriebes oder der Dienststelle zuständig sind, auf Verlangen vorzulegen.

(2) Die Arbeitgeber haben der für ihren Sitz zuständigen Agentur für Arbeit einmal jährlich bis spätestens zum 31. März für das vorangegangene Kalenderjahr, aufgegliedert nach Monaten, die Daten anzuzeigen, die zur Berechnung des Umfangs der Beschäftigungspflicht, zur Überwachung ihrer Erfüllung und der Ausgleichsabgabe notwendig sind. Der Anzeige sind das nach Absatz 1 geführte Verzeichnis sowie eine Kopie der Anzeige und des Verzeichnisses zur Weiterleitung an das für

ihren Sitz zuständige Integrationsamt beizufügen. Dem Betriebs-, Personal-, Richter-, Staatsanwalts- und Präsidialrat, der Schwerbehindertenvertretung und dem Inklusionsbeauftragten des Arbeitgebers ist je eine Kopie der Anzeige und des Verzeichnisses zu übermitteln.

(3) Zeigt ein Arbeitgeber die Daten bis zum 30. Juni nicht, nicht richtig oder nicht vollständig an, erlässt die Bundesagentur für Arbeit nach Prüfung in tatsächlicher sowie in rechtlicher Hinsicht einen Feststellungsbescheid über die zur Berechnung der Zahl der Pflichtarbeitsplätze für schwerbehinderte Menschen und der besetzten Arbeitsplätze notwendigen Daten.

(4) Die Arbeitgeber, die Arbeitsplätze für schwerbehinderte Menschen nicht zur Verfügung zu stellen haben, haben die Anzeige nur nach Aufforderung durch die Bundesagentur für Arbeit im Rahmen einer repräsentativen Teilerhebung zu erstatten, die mit dem Ziel der Erfassung der in Absatz 1 genannten Personengruppen, aufgegliedert nach Bundesländern, alle fünf Jahre durchgeführt wird.

(5) Die Arbeitgeber haben der Bundesagentur für Arbeit und dem Integrationsamt auf Verlangen die Auskünfte zu erteilen, die zur Durchführung der besonderen Regelungen zur Teilhabe schwerbehinderter und ihnen gleichgestellter behinderter Menschen am Arbeitsleben notwendig sind.

(6) Für das Verzeichnis und die Anzeige des Arbeitgebers sind die mit der Bundesarbeitsgemeinschaft der Integrationsämter und Hauptfürsorgestellen abgestimmten Vordrucke der Bundesagentur für Arbeit zu verwenden. Die Bundesagentur für Arbeit soll zur Durchführung des Anzeigeverfahrens in Abstimmung mit der Bundesarbeitsgemeinschaft ein elektronisches Übermittlungsverfahren zulassen.

(7) Die Arbeitgeber haben den Beauftragten der Bundesagentur für Arbeit und des Integrationsamtes auf Verlangen Einblick in ihren Betrieb oder ihre Dienststelle zu geben, soweit es im Interesse der schwerbehinderten Menschen erforderlich ist und Betriebs- oder Dienstgeheimnisse nicht gefährdet werden.

(8) Die Arbeitgeber haben die Vertrauenspersonen der schwerbehinderten Menschen (§ 177 Absatz 1 Satz 1 bis 3 und § 180 Absatz 1 bis 5) unverzüglich nach der Wahl und ihren Inklusionsbeauftragten für die Angelegenheiten der schwerbehinderten Menschen (§ 181 Satz 1) unverzüglich nach der Bestellung der für den Sitz des Betriebes oder der Dienststelle zuständigen Agentur für Arbeit und dem Integrationsamt zu benennen.

§ 164 Pflichten des Arbeitgebers und Rechte schwerbehinderter Menschen

(1) Die Arbeitgeber sind verpflichtet zu prüfen, ob freie Arbeitsplätze mit schwerbehinderten Menschen, insbesondere mit bei der Agentur für Arbeit arbeitslos oder arbeitsuchend gemeldeten schwerbehinderten Menschen, besetzt werden können. Sie nehmen frühzeitig Verbindung mit der Agentur für Arbeit auf. Die Bundesagentur für Arbeit oder ein Integrationsfachdienst schlägt den Arbeitgebern geeignete schwerbehinderte Menschen vor. Über die Vermittlungsvorschläge und vorliegende Bewerbungen von schwerbehinderten Menschen haben die Arbeitgeber die Schwerbehindertenvertretung und die in § 176 genannten Vertretungen unmittelbar nach Eingang zu unterrichten. Bei Bewerbungen schwerbehinderter Richterinnen und Richter wird der Präsidialrat unterrichtet und gehört, soweit dieser an der Ernennung zu beteiligen ist. Bei der Prüfung nach Satz 1

beteiligen die Arbeitgeber die Schwerbehindertenvertretung nach § 178 Absatz 2 und hören die in § 176 genannten Vertretungen an. Erfüllt der Arbeitgeber seine Beschäftigungspflicht nicht und ist die Schwerbehindertenvertretung oder eine in § 176 genannte Vertretung mit der beabsichtigten Entscheidung des Arbeitgebers nicht einverstanden, ist diese unter Darlegung der Gründe mit ihnen zu erörtern. Dabei wird der betroffene schwerbehinderte Mensch angehört. Alle Beteiligten sind vom Arbeitgeber über die getroffene Entscheidung unter Darlegung der Gründe unverzüglich zu unterrichten. Bei Bewerbungen schwerbehinderter Menschen ist die Schwerbehindertenvertretung nicht zu beteiligen, wenn der schwerbehinderte Mensch die Beteiligung der Schwerbehindertenvertretung ausdrücklich ablehnt.

(2) Arbeitgeber dürfen schwerbehinderte Beschäftigte nicht wegen ihrer Behinderung benachteiligen. Im Einzelnen gelten hierzu die Regelungen des Allgemeinen Gleichbehandlungsgesetzes.

(3) Die Arbeitgeber stellen durch geeignete Maßnahmen sicher, dass in ihren Betrieben und Dienststellen wenigstens die vorgeschriebene Zahl schwerbehinderter Menschen eine möglichst dauerhafte behinderungsgerechte Beschäftigung finden kann. Absatz 4 Satz 2 und 3 gilt entsprechend.

(4) Die schwerbehinderten Menschen haben gegenüber ihren Arbeitgebern Anspruch auf

1. Beschäftigung, bei der sie ihre Fähigkeiten und Kenntnisse möglichst voll verwerten und weiterentwickeln können,
2. bevorzugte Berücksichtigung bei innerbetrieblichen Maßnahmen der beruflichen Bildung zur Förderung ihres beruflichen Fortkommens,
3. Erleichterungen im zumutbaren Umfang zur Teilnahme an außerbetrieblichen Maßnahmen der beruflichen Bildung,
4. behinderungsgerechte Einrichtung und Unterhaltung der Arbeitsstätten einschließlich der Betriebsanlagen, Maschinen und Geräte sowie der Gestaltung der Arbeitsplätze, des Arbeitsumfelds, der Arbeitsorganisation und der Arbeitszeit, unter besonderer Berücksichtigung der Unfallgefahr,
5. Ausstattung ihres Arbeitsplatzes mit den erforderlichen technischen Arbeitshilfen

unter Berücksichtigung der Behinderung und ihrer Auswirkungen auf die Beschäftigung. Bei der Durchführung der Maßnahmen nach Satz 1 Nummer 1, 4 und 5 unterstützen die Bundesagentur für Arbeit und die Integrationsämter die Arbeitgeber unter Berücksichtigung der für die Beschäftigung wesentlichen Eigenschaften der schwerbehinderten Menschen. Ein Anspruch nach Satz 1 besteht nicht, soweit seine Erfüllung für den Arbeitgeber nicht zumutbar oder mit unverhältnismäßigen Aufwendungen verbunden wäre oder soweit die staatlichen oder berufsgenossenschaftlichen Arbeitsschutzvorschriften oder beamtenrechtliche Vorschriften entgegenstehen.

(5) Die Arbeitgeber fördern die Einrichtung von Teilzeitarbeitsplätzen. Sie werden dabei von den Integrationsämtern unterstützt. Schwerbehinderte Menschen haben einen Anspruch auf Teilzeitbeschäftigung, wenn die kürzere Arbeitszeit wegen Art oder Schwere der Behinderung notwendig ist; Absatz 4 Satz 3 gilt entsprechend.

§ 165 Besondere Pflichten der öffentlichen Arbeitgeber

Die Dienststellen der öffentlichen Arbeitgeber melden den Agenturen für Arbeit frühzeitig nach einer erfolglosen Prüfung zur internen Besetzung des Arbeitsplatzes frei werdende und neu zu besetzende sowie neue Arbeitsplätze (§ 156). Mit dieser Meldung gilt die Zustimmung zur Veröffentlichung der Stellenangebote als erteilt. Haben schwerbehinderte Menschen sich um einen solchen Arbeitsplatz beworben oder sind sie von der Bundesagentur für Arbeit oder einem von dieser beauftragten Integrationsfachdienst vorgeschlagen worden, werden sie zu einem Vorstellungsgespräch eingeladen. Eine Einladung ist entbehrlich, wenn die fachliche Eignung offensichtlich fehlt. Einer Inklusionsvereinbarung nach § 166 bedarf es nicht, wenn für die Dienststellen dem § 166 entsprechende Regelungen bereits bestehen und durchgeführt werden.

§ 166 Inklusionsvereinbarung

(1) Die Arbeitgeber treffen mit der Schwerbehindertenvertretung und den in § 176 genannten Vertretungen in Zusammenarbeit mit dem Inklusionsbeauftragten des Arbeitgebers (§ 181) eine verbindliche Inklusionsvereinbarung. Auf Antrag der Schwerbehindertenvertretung wird unter Beteiligung der in § 176 genannten Vertretungen hierüber verhandelt. Ist eine Schwerbehindertenvertretung nicht vorhanden, steht das Antragsrecht den in § 176 genannten Vertretungen zu. Der Arbeitgeber oder die Schwerbehindertenvertretung kann das Integrationsamt einladen, sich an den Verhandlungen über die Inklusionsvereinbarung zu beteiligen. Das Integrationsamt soll dabei insbesondere darauf hinwirken, dass unterschiedliche Auffassungen überwunden werden. Der Agentur für Arbeit und dem Integrationsamt, die für den Sitz des Arbeitgebers zuständig sind, wird die Vereinbarung übermittelt.

(2) Die Vereinbarung enthält Regelungen im Zusammenhang mit der Eingliederung schwerbehinderter Menschen, insbesondere zur Personalplanung, Arbeitsplatzgestaltung, Gestaltung des Arbeitsumfelds, Arbeitsorganisation, Arbeitszeit sowie Regelungen über die Durchführung in den Betrieben und Dienststellen. Dabei ist die gleichberechtigte Teilhabe schwerbehinderter Menschen am Arbeitsleben bei der Gestaltung von Arbeitsprozessen und Rahmenbedingungen von Anfang an zu berücksichtigen. Bei der Personalplanung werden besondere Regelungen zur Beschäftigung eines angemessenen Anteils von schwerbehinderten Frauen vorgesehen.

(3) In der Vereinbarung können insbesondere auch Regelungen getroffen werden

1. zur angemessenen Berücksichtigung schwerbehinderter Menschen bei der Besetzung freier, frei werdender oder neuer Stellen,
2. zu einer anzustrebenden Beschäftigungsquote, einschließlich eines angemessenen Anteils schwerbehinderter Frauen,
3. zu Teilzeitarbeit,
4. zur Ausbildung behinderter Jugendlicher,
5. zur Durchführung der betrieblichen Prävention (betriebliches Eingliederungsmanagement) und zur Gesundheitsförderung,
6. über die Hinzuziehung des Werks- oder Betriebsarztes auch für Beratungen über Leistungen zur Teilhabe sowie über besondere Hilfen im Arbeitsleben.

(4) In den Versammlungen schwerbehinderter Menschen berichtet der Arbeitgeber über alle Angelegenheiten im Zusammenhang mit der Eingliederung schwerbehinderter Menschen.

§ 167 Prävention

(1) Der Arbeitgeber schaltet bei Eintreten von personen-, verhaltens- oder betriebsbedingten Schwierigkeiten im Arbeits- oder sonstigen Beschäftigungsverhältnis, die zur Gefährdung dieses Verhältnisses führen können, möglichst frühzeitig die Schwerbehindertenvertretung und die in § 176 genannten Vertretungen sowie das Integrationsamt ein, um mit ihnen alle Möglichkeiten und alle zur Verfügung stehenden Hilfen zur Beratung und mögliche finanzielle Leistungen zu erörtern, mit denen die Schwierigkeiten beseitigt werden können und das Arbeits- oder sonstige Beschäftigungsverhältnis möglichst dauerhaft fortgesetzt werden kann.

(2) Sind Beschäftigte innerhalb eines Jahres länger als sechs Wochen ununterbrochen oder wiederholt arbeitsunfähig, klärt der Arbeitgeber mit der zuständigen Interessenvertretung im Sinne des § 176, bei schwerbehinderten Menschen außerdem mit der Schwerbehindertenvertretung, mit Zustimmung und Beteiligung der betroffenen Person die Möglichkeiten, wie die Arbeitsunfähigkeit möglichst überwunden werden und mit welchen Leistungen oder Hilfen erneuter Arbeitsunfähigkeit vorgebeugt und der Arbeitsplatz erhalten werden kann (betriebliches Eingliederungsmanagement). Beschäftigte können zusätzlich eine Vertrauensperson eigener Wahl hinzuziehen. Soweit erforderlich, wird der Werks- oder Betriebsarzt hinzugezogen. Die betroffene Person oder ihr gesetzlicher Vertreter ist zuvor auf die Ziele des betrieblichen Eingliederungsmanagements sowie auf Art und Umfang der hierfür erhobenen und verwendeten Daten hinzuweisen. Kommen Leistungen zur Teilhabe oder begleitende Hilfen im Arbeitsleben in Betracht, werden vom Arbeitgeber die Rehabilitationsträger oder bei schwerbehinderten Beschäftigten das Integrationsamt hinzugezogen. Diese wirken darauf hin, dass die erforderlichen Leistungen oder Hilfen unverzüglich beantragt und innerhalb der Frist des § 14 Absatz 2 Satz 2 erbracht werden. Die zuständige Interessenvertretung im Sinne des § 176, bei schwerbehinderten Menschen außerdem die Schwerbehindertenvertretung, können die Klärung verlangen. Sie wachen darüber, dass der Arbeitgeber die ihm nach dieser Vorschrift obliegenden Verpflichtungen erfüllt.

(3) Die Rehabilitationsträger und die Integrationsämter können Arbeitgeber, die ein betriebliches Eingliederungsmanagement einführen, durch Prämien oder einen Bonus fördern.

Kapitel 4 Kündigungsschutz

§ 168 Erfordernis der Zustimmung

Die Kündigung des Arbeitsverhältnisses eines schwerbehinderten Menschen durch den Arbeitgeber bedarf der vorherigen Zustimmung des Integrationsamtes.

§ 169 Kündigungsfrist
Die Kündigungsfrist beträgt mindestens vier Wochen.

§ 170 Antragsverfahren
(1) Die Zustimmung zur Kündigung beantragt der Arbeitgeber bei dem für den Sitz des Betriebes oder der Dienststelle zuständigen Integrationsamt schriftlich oder elektronisch. Der Begriff des Betriebes und der Begriff der Dienststelle im Sinne dieses Teils bestimmen sich nach dem Betriebsverfassungsgesetz und dem Personalvertretungsrecht.
(2) Das Integrationsamt holt eine Stellungnahme des Betriebsrates oder Personalrates und der Schwerbehindertenvertretung ein und hört den schwerbehinderten Menschen an.
(3) Das Integrationsamt wirkt in jeder Lage des Verfahrens auf eine gütliche Einigung hin.

§ 171 Entscheidung des Integrationsamtes
(1) Das Integrationsamt soll die Entscheidung, falls erforderlich, auf Grund mündlicher Verhandlung, innerhalb eines Monats vom Tag des Eingangs des Antrages an treffen.
(2) Die Entscheidung wird dem Arbeitgeber und dem schwerbehinderten Menschen zugestellt. Der Bundesagentur für Arbeit wird eine Abschrift der Entscheidung übersandt.
(3) Erteilt das Integrationsamt die Zustimmung zur Kündigung, kann der Arbeitgeber die Kündigung nur innerhalb eines Monats nach Zustellung erklären.
(4) Widerspruch und Anfechtungsklage gegen die Zustimmung des Integrationsamtes zur Kündigung haben keine aufschiebende Wirkung.
(5) In den Fällen des § 172 Absatz 1 Satz 1 und Absatz 3 gilt Absatz 1 mit der Maßgabe, dass die Entscheidung innerhalb eines Monats vom Tag des Eingangs des Antrages an zu treffen ist. Wird innerhalb dieser Frist eine Entscheidung nicht getroffen, gilt die Zustimmung als erteilt. Die Absätze 3 und 4 gelten entsprechend.

§ 172 Einschränkungen der Ermessensentscheidung
(1) Das Integrationsamt erteilt die Zustimmung bei Kündigungen in Betrieben und Dienststellen, die nicht nur vorübergehend eingestellt oder aufgelöst werden, wenn zwischen dem Tag der Kündigung und dem Tag, bis zu dem Gehalt oder Lohn gezahlt wird, mindestens drei Monate liegen. Unter der gleichen Voraussetzung soll es die Zustimmung auch bei Kündigungen in Betrieben und Dienststellen erteilen, die nicht nur vorübergehend wesentlich eingeschränkt werden, wenn die Gesamtzahl der weiterhin beschäftigten schwerbehinderten Menschen zur Erfüllung der Beschäftigungspflicht nach § 154 ausreicht. Die Sätze 1 und 2 gelten nicht, wenn eine Weiterbeschäftigung auf einem anderen Arbeitsplatz desselben Betriebes oder derselben Dienststelle oder auf einem freien Arbeitsplatz in einem anderen Betrieb oder einer anderen Dienststelle desselben Arbeitgebers mit Einverständnis des schwerbehinderten Menschen möglich und für den Arbeitgeber zumutbar ist.
(2) Das Integrationsamt soll die Zustimmung erteilen, wenn dem schwerbehinderten Menschen ein anderer angemessener und zumutbarer Arbeitsplatz gesichert ist.

(3) Ist das Insolvenzverfahren über das Vermögen des Arbeitgebers eröffnet, soll das Integrationsamt die Zustimmung erteilen, wenn

1. der schwerbehinderte Mensch in einem Interessenausgleich namentlich als einer der zu entlassenden Arbeitnehmer bezeichnet ist (§ 125 der Insolvenzordnung),
2. die Schwerbehindertenvertretung beim Zustandekommen des Interessenausgleichs gemäß § 178 Absatz 2 beteiligt worden ist,
3. der Anteil der nach dem Interessenausgleich zu entlassenden schwerbehinderten Menschen an der Zahl der beschäftigten schwerbehinderten Menschen nicht größer ist als der Anteil der zu entlassenden übrigen Arbeitnehmer an der Zahl der beschäftigten übrigen Arbeitnehmer und
4. die Gesamtzahl der schwerbehinderten Menschen, die nach dem Interessenausgleich bei dem Arbeitgeber verbleiben sollen, zur Erfüllung der Beschäftigungspflicht nach § 154 ausreicht.

§ 173 Ausnahmen

(1) Die Vorschriften dieses Kapitels gelten nicht für schwerbehinderte Menschen,

1. deren Arbeitsverhältnis zum Zeitpunkt des Zugangs der Kündigungserklärung ohne Unterbrechung noch nicht länger als sechs Monate besteht oder
2. die auf Stellen im Sinne des § 156 Absatz 2 Nummer 2 bis 5 beschäftigt werden oder
3. deren Arbeitsverhältnis durch Kündigung beendet wird, sofern sie
   a) das 58. Lebensjahr vollendet haben und Anspruch auf eine Abfindung, Entschädigung oder ähnliche Leistung auf Grund eines Sozialplanes haben oder
   b) Anspruch auf Knappschaftsausgleichsleistung nach dem Sechsten Buch oder auf Anpassungsgeld für entlassene Arbeitnehmer des Bergbaus haben.

Satz 1 Nummer 3 (Buchstabe a und b) finden Anwendung, wenn der Arbeitgeber ihnen die Kündigungsabsicht rechtzeitig mitgeteilt hat und sie der beabsichtigten Kündigung bis zu deren Ausspruch nicht widersprechen.

(2) Die Vorschriften dieses Kapitels finden ferner bei Entlassungen, die aus Witterungsgründen vorgenommen werden, keine Anwendung, sofern die Wiedereinstellung der schwerbehinderten Menschen bei Wiederaufnahme der Arbeit gewährleistet ist.

(3) Die Vorschriften dieses Kapitels finden ferner keine Anwendung, wenn zum Zeitpunkt der Kündigung die Eigenschaft als schwerbehinderter Mensch nicht nachgewiesen ist oder das Versorgungsamt nach Ablauf der Frist des § 152 Absatz 1 Satz 3 eine Feststellung wegen fehlender Mitwirkung nicht treffen konnte.

(4) Der Arbeitgeber zeigt Einstellungen auf Probe und die Beendigung von Arbeitsverhältnissen schwerbehinderter Menschen in den Fällen des Absatzes 1 Nummer 1 unabhängig von der Anzeigepflicht nach anderen Gesetzen dem Integrationsamt innerhalb von vier Tagen an.

§ 174 Außerordentliche Kündigung

(1) Die Vorschriften dieses Kapitels gelten mit Ausnahme von § 169 auch bei außerordentlicher Kündigung, soweit sich aus den folgenden Bestimmungen nichts Abweichendes ergibt.
(2) Die Zustimmung zur Kündigung kann nur innerhalb von zwei Wochen beantragt werden; maßgebend ist der Eingang des Antrages bei dem Integrationsamt. Die Frist beginnt mit dem Zeitpunkt, in dem der Arbeitgeber von den für die Kündigung maßgebenden Tatsachen Kenntnis erlangt.
(3) Das Integrationsamt trifft die Entscheidung innerhalb von zwei Wochen vom Tag des Eingangs des Antrages an. Wird innerhalb dieser Frist eine Entscheidung nicht getroffen, gilt die Zustimmung als erteilt.
(4) Das Integrationsamt soll die Zustimmung erteilen, wenn die Kündigung aus einem Grund erfolgt, der nicht im Zusammenhang mit der Behinderung steht.
(5) Die Kündigung kann auch nach Ablauf der Frist des § 626 Absatz 2 Satz 1 des Bürgerlichen Gesetzbuchs erfolgen, wenn sie unverzüglich nach Erteilung der Zustimmung erklärt wird.
(6) Schwerbehinderte Menschen, denen lediglich aus Anlass eines Streiks oder einer Aussperrung fristlos gekündigt worden ist, werden nach Beendigung des Streiks oder der Aussperrung wieder eingestellt.

§ 175 Erweiterter Beendigungsschutz

Die Beendigung des Arbeitsverhältnisses eines schwerbehinderten Menschen bedarf auch dann der vorherigen Zustimmung des Integrationsamtes, wenn sie im Falle des Eintritts einer teilweisen Erwerbsminderung, der Erwerbsminderung auf Zeit, der Berufsunfähigkeit oder der Erwerbsunfähigkeit auf Zeit ohne Kündigung erfolgt. Die Vorschriften dieses Kapitels über die Zustimmung zur ordentlichen Kündigung gelten entsprechend.

Kapitel 5 Betriebs-, Personal-, Richter-, Staatsanwalt- und Präsidialrat, Schwerbehindertenvertretung, Inklusionsbeauftragter des Arbeitgebers

§ 176 Aufgaben des Betriebs-, Personal-, Richter-, Staatsanwalts- und Präsidialrates

Betriebs-, Personal-, Richter-, Staatsanwalts- und Präsidialrat fördern die Eingliederung schwerbehinderter Menschen. Sie achten insbesondere darauf, dass die dem Arbeitgeber nach den §§ 154, 155 und 164 bis 167 obliegenden Verpflichtungen erfüllt werden; sie wirken auf die Wahl der Schwerbehindertenvertretung hin.

§ 177 Wahl und Amtszeit der Schwerbehindertenvertretung

(1) In Betrieben und Dienststellen, in denen wenigstens fünf schwerbehinderte Menschen nicht nur vorübergehend beschäftigt sind, werden eine Vertrauensperson und wenigstens ein stellvertretendes Mitglied gewählt, das die Vertrauensperson im Falle der Verhinderung vertritt. Ferner wählen bei Gerichten, denen mindestens fünf schwerbehinderte Richter oder Richterinnen angehören, diese einen Richter oder eine Richterin zu ihrer Schwerbehindertenvertretung. Satz 2

gilt entsprechend für Staatsanwälte oder Staatsanwältinnen, soweit für sie eine besondere Personalvertretung gebildet wird. Betriebe oder Dienststellen, die die Voraussetzungen des Satzes 1 nicht erfüllen, können für die Wahl mit räumlich nahe liegenden Betrieben des Arbeitgebers oder gleichstufigen Dienststellen derselben Verwaltung zusammengefasst werden; soweit erforderlich, können Gerichte unterschiedlicher Gerichtszweige und Stufen zusammengefasst werden. Über die Zusammenfassung entscheidet der Arbeitgeber im Benehmen mit dem für den Sitz der Betriebe oder Dienststellen einschließlich Gerichten zuständigen Integrationsamt.

(2) Wahlberechtigt sind alle in dem Betrieb oder der Dienststelle beschäftigten schwerbehinderten Menschen.

(3) Wählbar sind alle in dem Betrieb oder der Dienststelle nicht nur vorübergehend Beschäftigten, die am Wahltag das 18. Lebensjahr vollendet haben und dem Betrieb oder der Dienststelle seit sechs Monaten angehören; besteht der Betrieb oder die Dienststelle weniger als ein Jahr, so bedarf es für die Wählbarkeit nicht der sechsmonatigen Zugehörigkeit. Nicht wählbar ist, wer kraft Gesetzes dem Betriebs-, Personal-, Richter-, Staatsanwalts- oder Präsidialrat nicht angehören kann.

(4) In Dienststellen der Bundeswehr sind auch schwerbehinderte Soldatinnen und Soldaten wahlberechtigt und auch Soldatinnen und Soldaten wählbar.

(5) Die regelmäßigen Wahlen finden alle vier Jahre in der Zeit vom 1. Oktober bis 30. November statt. Außerhalb dieser Zeit finden Wahlen statt, wenn

1. das Amt der Schwerbehindertenvertretung vorzeitig erlischt und ein stellvertretendes Mitglied nicht nachrückt,
2. die Wahl mit Erfolg angefochten worden ist oder
3. eine Schwerbehindertenvertretung noch nicht gewählt ist.

Hat außerhalb des für die regelmäßigen Wahlen festgelegten Zeitraumes eine Wahl der Schwerbehindertenvertretung stattgefunden, wird die Schwerbehindertenvertretung in dem auf die Wahl folgenden nächsten Zeitraum der regelmäßigen Wahlen neu gewählt. Hat die Amtszeit der Schwerbehindertenvertretung zum Beginn des für die regelmäßigen Wahlen festgelegten Zeitraums noch nicht ein Jahr betragen, wird die Schwerbehindertenvertretung im übernächsten Zeitraum für regelmäßige Wahlen neu gewählt.

(6) Die Vertrauensperson und das stellvertretende Mitglied werden in geheimer und unmittelbarer Wahl nach den Grundsätzen der Mehrheitswahl gewählt. Im Übrigen sind die Vorschriften über die Wahlanfechtung, den Wahlschutz und die Wahlkosten bei der Wahl des Betriebs-, Personal-, Richter-, Staatsanwalts- oder Präsidialrates sinngemäß anzuwenden. In Betrieben und Dienststellen mit weniger als 50 wahlberechtigten schwerbehinderten Menschen wird die Vertrauensperson und das stellvertretende Mitglied im vereinfachten Wahlverfahren gewählt, sofern der Betrieb oder die Dienststelle nicht aus räumlich weit auseinanderliegenden Teilen besteht. Ist in einem Betrieb oder einer Dienststelle eine Schwerbehindertenvertretung nicht gewählt, so kann das für den Betrieb oder die Dienststelle zuständige Integrationsamt zu einer Versammlung schwerbehinderter Menschen zum Zwecke der Wahl eines Wahlvorstandes einladen.

(7) Die Amtszeit der Schwerbehindertenvertretung beträgt vier Jahre. Sie beginnt mit der Bekanntgabe des Wahlergebnisses oder, wenn die Amtszeit der bisherigen

Schwerbehindertenvertretung noch nicht beendet ist, mit deren Ablauf. Das Amt erlischt vorzeitig, wenn die Vertrauensperson es niederlegt, aus dem Arbeits-, Dienst- oder Richterverhältnis ausscheidet oder die Wählbarkeit verliert. Scheidet die Vertrauensperson vorzeitig aus dem Amt aus, rückt das mit der höchsten Stimmenzahl gewählte stellvertretende Mitglied für den Rest der Amtszeit nach; dies gilt für das stellvertretende Mitglied entsprechend. Auf Antrag eines Viertels der wahlberechtigten schwerbehinderten Menschen kann der Widerspruchsausschuss bei dem Integrationsamt (§ 202) das Erlöschen des Amtes einer Vertrauensperson wegen grober Verletzung ihrer Pflichten beschließen.

(8) In Betrieben gilt § 21a des Betriebsverfassungsgesetzes entsprechend.

§ 178 Aufgaben der Schwerbehindertenvertretung

(1) Die Schwerbehindertenvertretung fördert die Eingliederung schwerbehinderter Menschen in den Betrieb oder die Dienststelle, vertritt ihre Interessen in dem Betrieb oder der Dienststelle und steht ihnen beratend und helfend zur Seite. Sie erfüllt ihre Aufgaben insbesondere dadurch, dass sie

1. darüber wacht, dass die zugunsten schwerbehinderter Menschen geltenden Gesetze, Verordnungen, Tarifverträge, Betriebs- oder Dienstvereinbarungen und Verwaltungsanordnungen durchgeführt, insbesondere auch die dem Arbeitgeber nach den §§ 154, 155 und 164 bis 167 obliegenden Verpflichtungen erfüllt werden,
2. Maßnahmen, die den schwerbehinderten Menschen dienen, insbesondere auch präventive Maßnahmen, bei den zuständigen Stellen beantragt,
3. Anregungen und Beschwerden von schwerbehinderten Menschen entgegennimmt und, falls sie berechtigt erscheinen, durch Verhandlung mit dem Arbeitgeber auf eine Erledigung hinwirkt; sie unterrichtet die schwerbehinderten Menschen über den Stand und das Ergebnis der Verhandlungen.

Die Schwerbehindertenvertretung unterstützt Beschäftigte auch bei Anträgen an die nach § 152 Absatz 1 zuständigen Behörden auf Feststellung einer Behinderung, ihres Grades und einer Schwerbehinderung sowie bei Anträgen auf Gleichstellung an die Agentur für Arbeit. In Betrieben und Dienststellen mit in der Regel mehr als 100 beschäftigten schwerbehinderten Menschen kann sie nach Unterrichtung des Arbeitgebers das mit der höchsten Stimmenzahl gewählte stellvertretende Mitglied zu bestimmten Aufgaben heranziehen. Ab jeweils 100 weiteren beschäftigten schwerbehinderten Menschen kann jeweils auch das mit der nächsthöheren Stimmenzahl gewählte Mitglied herangezogen werden. Die Heranziehung zu bestimmten Aufgaben schließt die Abstimmung untereinander ein.

(2) Der Arbeitgeber hat die Schwerbehindertenvertretung in allen Angelegenheiten, die einen einzelnen oder die schwerbehinderten Menschen als Gruppe berühren, unverzüglich und umfassend zu unterrichten und vor einer Entscheidung anzuhören; er hat ihr die getroffene Entscheidung unverzüglich mitzuteilen. Die Durchführung oder Vollziehung einer ohne Beteiligung nach Satz 1 getroffenen Entscheidung ist auszusetzen, die Beteiligung ist innerhalb von sieben Tagen nachzuholen; sodann ist endgültig zu entscheiden. Die Kündigung eines schwerbehinderten Menschen, die der Arbeitgeber ohne eine Beteiligung nach Satz 1 ausspricht, ist unwirksam. Die Schwerbehindertenvertretung hat das Recht auf Beteiligung am

Verfahren nach § 164 Absatz 1 und beim Vorliegen von Vermittlungsvorschlägen der Bundesagentur für Arbeit nach § 164 Absatz 1 oder von Bewerbungen schwerbehinderter Menschen das Recht auf Einsicht in die entscheidungsrelevanten Teile der Bewerbungsunterlagen und Teilnahme an Vorstellungsgesprächen.

(3) Der schwerbehinderte Mensch hat das Recht, bei Einsicht in die über ihn geführte Personalakte oder ihn betreffende Daten des Arbeitgebers die Schwerbehindertenvertretung hinzuzuziehen. Die Schwerbehindertenvertretung bewahrt über den Inhalt der Daten Stillschweigen, soweit sie der schwerbehinderte Mensch nicht von dieser Verpflichtung entbunden hat.

(4) Die Schwerbehindertenvertretung hat das Recht, an allen Sitzungen des Betriebs-, Personal-, Richter-, Staatsanwalts- oder Präsidialrates und deren Ausschüssen sowie des Arbeitsschutzausschusses beratend teilzunehmen; sie kann beantragen, Angelegenheiten, die einzelne oder die schwerbehinderten Menschen als Gruppe besonders betreffen, auf die Tagesordnung der nächsten Sitzung zu setzen. Erachtet sie einen Beschluss des Betriebs-, Personal-, Richter-, Staatsanwalts- oder Präsidialrates als eine erhebliche Beeinträchtigung wichtiger Interessen schwerbehinderter Menschen oder ist sie entgegen Absatz 2 Satz 1 nicht beteiligt worden, wird auf ihren Antrag der Beschluss für die Dauer von einer Woche vom Zeitpunkt der Beschlussfassung an ausgesetzt; die Vorschriften des Betriebsverfassungsgesetzes und des Personalvertretungsrechts über die Aussetzung von Beschlüssen gelten entsprechend. Durch die Aussetzung wird eine Frist nicht verlängert. In den Fällen des § 21e Absatz 1 und 3 des Gerichtsverfassungsgesetzes ist die Schwerbehindertenvertretung, außer in Eilfällen, auf Antrag einer betroffenen schwerbehinderten Richterin oder eines schwerbehinderten Richters vor dem Präsidium des Gerichtes zu hören.

(5) Die Schwerbehindertenvertretung wird zu Besprechungen nach § 74 Absatz 1 des Betriebsverfassungsgesetzes, § 65 des Bundespersonalvertretungsgesetzes sowie den entsprechenden Vorschriften des sonstigen Personalvertretungsrechts zwischen dem Arbeitgeber und den in Absatz 4 genannten Vertretungen hinzugezogen.

(6) Die Schwerbehindertenvertretung hat das Recht, mindestens einmal im Kalenderjahr eine Versammlung schwerbehinderter Menschen im Betrieb oder in der Dienststelle durchzuführen. Die für Betriebs- und Personalversammlungen geltenden Vorschriften finden entsprechende Anwendung.

(7) Sind in einer Angelegenheit sowohl die Schwerbehindertenvertretung der Richter und Richterinnen als auch die Schwerbehindertenvertretung der übrigen Bediensteten beteiligt, so handeln sie gemeinsam.

(8) Die Schwerbehindertenvertretung kann an Betriebs- und Personalversammlungen in Betrieben und Dienststellen teilnehmen, für die sie als Schwerbehindertenvertretung zuständig ist, und hat dort ein Rederecht, auch wenn die Mitglieder der Schwerbehindertenvertretung nicht Angehörige des Betriebes oder der Dienststelle sind.

§ 179 Persönliche Rechte und Pflichten der Vertrauenspersonen der schwerbehinderten Menschen

(1) Die Vertrauenspersonen führen ihr Amt unentgeltlich als Ehrenamt.

(2) Die Vertrauenspersonen dürfen in der Ausübung ihres Amtes nicht behindert oder wegen ihres Amtes nicht benachteiligt oder begünstigt werden; dies gilt auch für ihre berufliche Entwicklung.

(3) Die Vertrauenspersonen besitzen gegenüber dem Arbeitgeber die gleiche persönliche Rechtsstellung, insbesondere den gleichen Kündigungs-, Versetzungs- und Abordnungsschutz, wie ein Mitglied des Betriebs-, Personal-, Staatsanwalts- oder Richterrates. Das stellvertretende Mitglied besitzt während der Dauer der Vertretung und der Heranziehung nach § 178 Absatz 1 Satz 4 und 5 die gleiche persönliche Rechtsstellung wie die Vertrauensperson, im Übrigen die gleiche Rechtsstellung wie Ersatzmitglieder der in Satz 1 genannten Vertretungen.

(4) Die Vertrauenspersonen werden von ihrer beruflichen Tätigkeit ohne Minderung des Arbeitsentgelts oder der Dienstbezüge befreit, wenn und soweit es zur Durchführung ihrer Aufgaben erforderlich ist. Sind in den Betrieben und Dienststellen in der Regel wenigstens 100 schwerbehinderte Menschen beschäftigt, wird die Vertrauensperson auf ihren Wunsch freigestellt; weitergehende Vereinbarungen sind zulässig. Satz 1 gilt entsprechend für die Teilnahme der Vertrauensperson und des mit der höchsten Stimmenzahl gewählten stellvertretenden Mitglieds sowie in den Fällen des § 178 Absatz 1 Satz 5 auch des jeweils mit der nächsthöheren Stimmenzahl gewählten weiteren stellvertretenden Mitglieds an Schulungs- und Bildungsveranstaltungen, soweit diese Kenntnisse vermitteln, die für die Arbeit der Schwerbehindertenvertretung erforderlich sind.

(5) Freigestellte Vertrauenspersonen dürfen von inner- oder außerbetrieblichen Maßnahmen der Berufsförderung nicht ausgeschlossen werden. Innerhalb eines Jahres nach Beendigung ihrer Freistellung ist ihnen im Rahmen der Möglichkeiten des Betriebes oder der Dienststelle Gelegenheit zu geben, eine wegen der Freistellung unterbliebene berufliche Entwicklung in dem Betrieb oder der Dienststelle nachzuholen. Für Vertrauenspersonen, die drei volle aufeinander folgende Amtszeiten freigestellt waren, erhöht sich der genannte Zeitraum auf zwei Jahre.

(6) Zum Ausgleich für ihre Tätigkeit, die aus betriebsbedingten oder dienstlichen Gründen außerhalb der Arbeitszeit durchzuführen ist, haben die Vertrauenspersonen Anspruch auf entsprechende Arbeits- oder Dienstbefreiung unter Fortzahlung des Arbeitsentgelts oder der Dienstbezüge.

(7) Die Vertrauenspersonen sind verpflichtet,

1. ihnen wegen ihres Amtes anvertraute oder sonst bekannt gewordene fremde Geheimnisse, namentlich zum persönlichen Lebensbereich gehörende Geheimnisse, nicht zu offenbaren und
2. ihnen wegen ihres Amtes bekannt gewordene und vom Arbeitgeber ausdrücklich als geheimhaltungsbedürftig bezeichnete Betriebs- oder Geschäftsgeheimnisse nicht zu offenbaren und nicht zu verwerten.

Diese Pflichten gelten auch nach dem Ausscheiden aus dem Amt. Sie gelten nicht gegenüber der Bundesagentur für Arbeit, den Integrationsämtern und den Rehabilitationsträgern, soweit deren Aufgaben den schwerbehinderten Menschen gegenüber es erfordern, gegenüber den Vertrauenspersonen in den Stufenvertretungen

(§ 180) sowie gegenüber den in § 79 Absatz 1 des Betriebsverfassungsgesetzes und den in den entsprechenden Vorschriften des Personalvertretungsrechts genannten Vertretungen, Personen und Stellen.

(8) Die durch die Tätigkeit der Schwerbehindertenvertretung entstehenden Kosten trägt der Arbeitgeber; für öffentliche Arbeitgeber gelten die Kostenregelungen für Personalvertretungen entsprechend. Das Gleiche gilt für die durch die Teilnahme der stellvertretenden Mitglieder an Schulungs- und Bildungsveranstaltungen nach Absatz 4 Satz 3 entstehenden Kosten. Satz 1 umfasst auch eine Bürokraft für die Schwerbehindertenvertretung in erforderlichem Umfang.

(9) Die Räume und der Geschäftsbedarf, die der Arbeitgeber dem Betriebs-, Personal-, Richter-, Staatsanwalts- oder Präsidialrat für dessen Sitzungen, Sprechstunden und laufende Geschäftsführung zur Verfügung stellt, stehen für die gleichen Zwecke auch der Schwerbehindertenvertretung zur Verfügung, soweit ihr hierfür nicht eigene Räume und sächliche Mittel zur Verfügung gestellt werden.

§ 180 Konzern-, Gesamt-, Bezirks- und Hauptschwerbehindertenvertretung

(1) Ist für mehrere Betriebe eines Arbeitgebers ein Gesamtbetriebsrat oder für den Geschäftsbereich mehrerer Dienststellen ein Gesamtpersonalrat errichtet, wählen die Schwerbehindertenvertretungen der einzelnen Betriebe oder Dienststellen eine Gesamtschwerbehindertenvertretung. Ist eine Schwerbehindertenvertretung nur in einem der Betriebe oder in einer der Dienststellen gewählt, nimmt sie die Rechte und Pflichten der Gesamtschwerbehindertenvertretung wahr.

(2) Ist für mehrere Unternehmen ein Konzernbetriebsrat errichtet, wählen die Gesamtschwerbehindertenvertretungen eine Konzernschwerbehindertenvertretung. Besteht ein Konzernunternehmen nur aus einem Betrieb, für den eine Schwerbehindertenvertretung gewählt ist, hat sie das Wahlrecht wie eine Gesamtschwerbehindertenvertretung.

(3) Für den Geschäftsbereich mehrstufiger Verwaltungen, bei denen ein Bezirks- oder Hauptpersonalrat gebildet ist, gilt Absatz 1 sinngemäß mit der Maßgabe, dass bei den Mittelbehörden von deren Schwerbehindertenvertretung und den Schwerbehindertenvertretungen der nachgeordneten Dienststellen eine Bezirksschwerbehindertenvertretung zu wählen ist. Bei den obersten Dienstbehörden ist von deren Schwerbehindertenvertretung und den Bezirksschwerbehindertenvertretungen des Geschäftsbereichs eine Hauptschwerbehindertenvertretung zu wählen; ist die Zahl der Bezirksschwerbehindertenvertretungen niedriger als zehn, sind auch die Schwerbehindertenvertretungen der nachgeordneten Dienststellen wahlberechtigt.

(4) Für Gerichte eines Zweiges der Gerichtsbarkeit, für die ein Bezirks- oder Hauptrichterrat gebildet ist, gilt Absatz 3 entsprechend. Sind in einem Zweig der Gerichtsbarkeit bei den Gerichten der Länder mehrere Schwerbehindertenvertretungen nach § 177 zu wählen und ist in diesem Zweig kein Hauptrichterrat gebildet, ist in entsprechender Anwendung von Absatz 3 eine Hauptschwerbehindertenvertretung zu wählen. Die Hauptschwerbehindertenvertretung nimmt die Aufgabe der Schwerbehindertenvertretung gegenüber dem Präsidialrat wahr.

(5) Für jede Vertrauensperson, die nach den Absätzen 1 bis 4 neu zu wählen ist, wird wenigstens ein stellvertretendes Mitglied gewählt.

(6) Die Gesamtschwerbehindertenvertretung vertritt die Interessen der schwerbehinderten Menschen in Angelegenheiten, die das Gesamtunternehmen oder mehrere Betriebe oder Dienststellen des Arbeitgebers betreffen und von den Schwerbehindertenvertretungen der einzelnen Betriebe oder Dienststellen nicht geregelt werden können, sowie die Interessen der schwerbehinderten Menschen, die in einem Betrieb oder einer Dienststelle tätig sind, für die eine Schwerbehindertenvertretung nicht gewählt ist; dies umfasst auch Verhandlungen und den Abschluss entsprechender Inklusionsvereinbarungen. Satz 1 gilt entsprechend für die Konzern-, Bezirks- und Hauptschwerbehindertenvertretung sowie für die Schwerbehindertenvertretung der obersten Dienstbehörde, wenn bei einer mehrstufigen Verwaltung Stufenvertretungen nicht gewählt sind. Die nach Satz 2 zuständige Schwerbehindertenvertretung ist auch in persönlichen Angelegenheiten schwerbehinderter Menschen, über die eine übergeordnete Dienststelle entscheidet, zuständig; sie gibt der Schwerbehindertenvertretung der Dienststelle, die den schwerbehinderten Menschen beschäftigt, Gelegenheit zur Äußerung. Satz 3 gilt nicht in den Fällen, in denen der Personalrat der Beschäftigungsbehörde zu beteiligen ist.
(7) § 177 Absatz 3 bis 8, § 178 Absatz 1 Satz 4 und 5, Absatz 2, 4, 5 und 7 und § 179 gelten entsprechend, § 177 Absatz 5 mit der Maßgabe, dass die Wahl der Gesamt- und Bezirksschwerbehindertenvertretungen in der Zeit vom 1. Dezember bis 31. Januar, die der Konzern- und Hauptschwerbehindertenvertretungen in der Zeit vom 1. Februar bis 31. März stattfindet, § 177 Absatz 6 mit der Maßgabe, dass bei den Wahlen zu überörtlichen Vertretungen der zweite Halbsatz des Satzes 3 nicht gilt.
(8) § 178 Absatz 6 gilt für die Durchführung von Versammlungen der Vertrauens- und der Bezirksvertrauenspersonen durch die Gesamt-, Bezirks- oder Hauptschwerbehindertenvertretung entsprechend.

§ 181 Inklusionsbeauftragter des Arbeitgebers

Der Arbeitgeber bestellt einen Inklusionsbeauftragten, der ihn in Angelegenheiten schwerbehinderter Menschen verantwortlich vertritt; falls erforderlich, können mehrere Inklusionsbeauftragte bestellt werden. Der Inklusionsbeauftragte soll nach Möglichkeit selbst ein schwerbehinderter Mensch sein. Der Inklusionsbeauftragte achtet vor allem darauf, dass dem Arbeitgeber obliegende Verpflichtungen erfüllt werden.

§ 182 Zusammenarbeit

(1) Arbeitgeber, Inklusionsbeauftragter des Arbeitgebers, Schwerbehindertenvertretung und Betriebs-, Personal-, Richter-, Staatsanwalts- oder Präsidialrat arbeiten zur Teilhabe schwerbehinderter Menschen am Arbeitsleben in dem Betrieb oder der Dienststelle eng zusammen.
(2) Die in Absatz 1 genannten Personen und Vertretungen, die mit der Durchführung dieses Teils beauftragten Stellen und die Rehabilitationsträger unterstützen sich gegenseitig bei der Erfüllung ihrer Aufgaben. Vertrauensperson und Inklusionsbeauftragter des Arbeitgebers sind Verbindungspersonen zur Bundesagentur für Arbeit und zu dem Integrationsamt.

§ 183 Verordnungsermächtigung

Die Bundesregierung wird ermächtigt, durch Rechtsverordnung mit Zustimmung des Bundesrates nähere Vorschriften über die Vorbereitung und Durchführung der Wahl der Schwerbehindertenvertretung und ihrer Stufenvertretungen zu erlassen.

Kapitel 6 Durchführung der besonderen Regelungen zur Teilhabe schwerbehinderter Menschen

§ 184 Zusammenarbeit der Integrationsämter und der Bundesagentur für Arbeit

(1) Soweit die besonderen Regelungen zur Teilhabe schwerbehinderter Menschen am Arbeitsleben nicht durch freie Entschließung der Arbeitgeber erfüllt werden, werden sie

1. in den Ländern von dem Amt für die Sicherung der Integration schwerbehinderter Menschen im Arbeitsleben (Integrationsamt) und
2. von der Bundesagentur für Arbeit

in enger Zusammenarbeit durchgeführt.

(2) Die den Rehabilitationsträgern nach den geltenden Vorschriften obliegenden Aufgaben bleiben unberührt.

§ 185 Aufgaben des Integrationsamtes

(1) Das Integrationsamt hat folgende Aufgaben:

1. die Erhebung und Verwendung der Ausgleichsabgabe,
2. den Kündigungsschutz,
3. die begleitende Hilfe im Arbeitsleben,
4. die zeitweilige Entziehung der besonderen Hilfen für schwerbehinderte Menschen (§ 200).

Die Integrationsämter werden so ausgestattet, dass sie ihre Aufgaben umfassend und qualifiziert erfüllen können. Hierfür wird besonders geschultes Personal mit Fachkenntnissen des Schwerbehindertenrechts eingesetzt.

(2) Die begleitende Hilfe im Arbeitsleben wird in enger Zusammenarbeit mit der Bundesagentur für Arbeit und den übrigen Rehabilitationsträgern durchgeführt. Sie soll dahingehend wirken, dass die schwerbehinderten Menschen in ihrer sozialen Stellung nicht absinken, auf Arbeitsplätzen beschäftigt werden, auf denen sie ihre Fähigkeiten und Kenntnisse voll verwerten und weiterentwickeln können sowie durch Leistungen der Rehabilitationsträger und Maßnahmen der Arbeitgeber befähigt werden, sich am Arbeitsplatz und im Wettbewerb mit nichtbehinderten Menschen zu behaupten. Dabei gelten als Arbeitsplätze auch Stellen, auf denen Beschäftigte befristet oder als Teilzeitbeschäftigte in einem Umfang von mindestens 15 Stunden, in Inklusionsbetrieben mindestens zwölf Stunden wöchentlich beschäftigt werden. Die begleitende Hilfe im Arbeitsleben umfasst auch die nach den Umständen des Einzelfalles notwendige psychosoziale Betreuung schwerbehinderter Menschen. Das Integrationsamt kann bei der Durchführung der begleitenden Hilfen im Arbeitsleben Integrationsfachdienste einschließlich psychosozialer Dienste freier gemeinnütziger Einrichtungen und Organisationen beteiligen. Das Integrationsamt soll außerdem darauf Einfluss nehmen, dass Schwierigkeiten im

Arbeitsleben verhindert oder beseitigt werden; es führt hierzu auch Schulungs- und Bildungsmaßnahmen für Vertrauenspersonen, Inklusionsbeauftragte der Arbeitgeber, Betriebs-, Personal-, Richter-, Staatsanwalts- und Präsidialräte durch. Das Integrationsamt benennt in enger Abstimmung mit den Beteiligten des örtlichen Arbeitsmarktes Ansprechpartner, die in Handwerks- sowie in Industrie- und Handelskammern für die Arbeitgeber zur Verfügung stehen, um sie über Funktion und Aufgaben der Integrationsfachdienste aufzuklären, über Möglichkeiten der begleitenden Hilfe im Arbeitsleben zu informieren und Kontakt zum Integrationsfachdienst herzustellen.

(3) Das Integrationsamt kann im Rahmen seiner Zuständigkeit für die begleitende Hilfe im Arbeitsleben aus den ihm zur Verfügung stehenden Mitteln auch Geldleistungen erbringen, insbesondere

1. an schwerbehinderte Menschen
   a) für technische Arbeitshilfen,
   b) zum Erreichen des Arbeitsplatzes,
   c) zur Gründung und Erhaltung einer selbständigen beruflichen Existenz,
   d) zur Beschaffung, Ausstattung und Erhaltung einer behinderungsgerechten Wohnung,
   e) zur Teilnahme an Maßnahmen zur Erhaltung und Erweiterung beruflicher Kenntnisse und Fertigkeiten und
   f) in besonderen Lebenslagen,
2. an Arbeitgeber
   a) zur behinderungsgerechten Einrichtung von Arbeits- und Ausbildungsplätzen für schwerbehinderte Menschen,
   b) für Zuschüsse zu Gebühren, insbesondere Prüfungsgebühren, bei der Berufsausbildung besonders betroffener schwerbehinderter Jugendlicher und junger Erwachsener,
   c) für Prämien und Zuschüsse zu den Kosten der Berufsausbildung behinderter Jugendlicher und junger Erwachsener, die für die Zeit der Berufsausbildung schwerbehinderten Menschen nach § 151 Absatz 4 gleichgestellt worden sind,
   d) für Prämien zur Einführung eines betrieblichen Eingliederungsmanagements und
   e) für außergewöhnliche Belastungen, die mit der Beschäftigung schwerbehinderter Menschen im Sinne des § 155 Absatz 1 Nummer 1 Buchstabe a bis d, von schwerbehinderten Menschen im Anschluss an eine Beschäftigung in einer anerkannten Werkstatt für behinderte Menschen oder im Sinne des § 158 Absatz 2 verbunden sind, vor allem, wenn ohne diese Leistungen das Beschäftigungsverhältnis gefährdet würde,
3. an Träger von Integrationsfachdiensten einschließlich psychosozialer Dienste freier gemeinnütziger Einrichtungen und Organisationen sowie an Träger von Inklusionsbetrieben,
4. zur Durchführung von Aufklärungs-, Schulungs- und Bildungsmaßnahmen,
5. nachrangig zur beruflichen Orientierung,
6. zur Deckung eines Teils der Aufwendungen für ein Budget für Arbeit oder eines Teils der Aufwendungen für ein Budget für Ausbildung.

(4) Schwerbehinderte Menschen haben im Rahmen der Zuständigkeit des Integrationsamtes aus den ihm aus der Ausgleichsabgabe zur Verfügung stehenden Mitteln Anspruch auf Übernahme der Kosten einer Berufsbegleitung nach § 55 Absatz 3.

(5) Schwerbehinderte Menschen haben im Rahmen der Zuständigkeit des Integrationsamtes für die begleitende Hilfe im Arbeitsleben aus den ihm aus der Ausgleichsabgabe zur Verfügung stehenden Mitteln Anspruch auf Übernahme der Kosten einer notwendigen Arbeitsassistenz. Der Anspruch richtet sich auf die Übernahme der vollen Kosten, die für eine als notwendig festgestellte Arbeitsassistenz entstehen.

(6) Verpflichtungen anderer werden durch die Absätze 3 bis 5 nicht berührt. Leistungen der Rehabilitationsträger nach § 6 Absatz 1 Nummer 1 bis 5 dürfen, auch wenn auf sie ein Rechtsanspruch nicht besteht, nicht deshalb versagt werden, weil nach den besonderen Regelungen für schwerbehinderte Menschen entsprechende Leistungen vorgesehen sind; eine Aufstockung durch Leistungen des Integrationsamtes findet nicht statt.

(7) Die §§ 14, 15 Absatz 1, die §§ 16 und 17 gelten sinngemäß, wenn bei dem Integrationsamt eine Leistung zur Teilhabe am Arbeitsleben beantragt wird. Das Gleiche gilt, wenn ein Antrag bei einem Rehabilitationsträger gestellt und der Antrag von diesem nach § 16 Absatz 2 des Ersten Buches an das Integrationsamt weitergeleitet worden ist. Ist die unverzügliche Erbringung einer Leistung zur Teilhabe am Arbeitsleben erforderlich, so kann das Integrationsamt die Leistung vorläufig erbringen. Hat das Integrationsamt eine Leistung erbracht, für die ein anderer Träger zuständig ist, so erstattet dieser die auf die Leistung entfallenden Aufwendungen.

(8) Auf Antrag führt das Integrationsamt seine Leistungen zur begleitenden Hilfe im Arbeitsleben als Persönliches Budget aus. § 29 gilt entsprechend.

(9) Ein Antrag auf eine Leistung, auf die ein Anspruch besteht (Absätze 4 und 5), gilt sechs Wochen nach Eingang als genehmigt, wenn

1. das Integrationsamt bis dahin nicht über den Antrag entschieden hat und
2. die beantragte Leistung nach Art und Umfang im Antrag genau bezeichnet ist.

§ 185a Einheitliche Ansprechstellen für Arbeitgeber

(1) Einheitliche Ansprechstellen für Arbeitgeber informieren, beraten und unterstützen Arbeitgeber bei der Ausbildung, Einstellung und Beschäftigung von schwerbehinderten Menschen.

(2) Die Einheitlichen Ansprechstellen für Arbeitgeber werden als begleitende Hilfe im Arbeitsleben aus Mitteln der Ausgleichsabgabe finanziert. Sie haben die Aufgabe,

1. Arbeitgeber anzusprechen und diese für die Ausbildung, Einstellung und Beschäftigung von schwerbehinderten Menschen zu sensibilisieren,
2. Arbeitgebern als trägerunabhängiger Lotse bei Fragen zur Ausbildung, Einstellung, Berufsbegleitung und Beschäftigungssicherung von schwerbehinderten Menschen zur Verfügung zu stehen und
3. Arbeitgeber bei der Stellung von Anträgen bei den zuständigen Leistungsträgern zu unterstützen.

(3) Die Einheitlichen Ansprechstellen für Arbeitgeber sind flächendeckend einzurichten. Sie sind trägerunabhängig.

(4) Die Einheitlichen Ansprechstellen für Arbeitgeber sollen
1. für Arbeitgeber schnell zu erreichen sein,
2. über fachlich qualifiziertes Personal verfügen, das mit den Regelungen zur Teilhabe schwerbehinderter Menschen sowie der Beratung von Arbeitgebern und ihren Bedürfnissen vertraut ist, sowie
3. in der Region gut vernetzt sein.

(5) Die Integrationsämter beauftragen die Integrationsfachdienste oder andere geeignete Träger, als Einheitliche Ansprechstellen für Arbeitgeber tätig zu werden. Die Integrationsämter wirken darauf hin, dass die Einheitlichen Ansprechstellen für Arbeitgeber flächendeckend zur Verfügung stehen und mit Dritten, die aufgrund ihres fachlichen Hintergrunds über eine besondere Betriebsnähe verfügen, zusammenarbeiten.

§ 186 Beratender Ausschuss für behinderte Menschen bei dem Integrationsamt

(1) Bei jedem Integrationsamt wird ein Beratender Ausschuss für behinderte Menschen gebildet, der die Teilhabe der behinderten Menschen am Arbeitsleben fördert, das Integrationsamt bei der Durchführung der besonderen Regelungen für schwerbehinderte Menschen zur Teilhabe am Arbeitsleben unterstützt und bei der Vergabe der Mittel der Ausgleichsabgabe mitwirkt. Soweit die Mittel der Ausgleichsabgabe zur institutionellen Förderung verwendet werden, macht der Beratende Ausschuss Vorschläge für die Entscheidungen des Integrationsamtes.

(2) Der Ausschuss besteht aus zehn Mitgliedern, und zwar aus
1. zwei Mitgliedern, die die Arbeitnehmerinnen und Arbeitnehmer vertreten,
2. zwei Mitgliedern, die die privaten und öffentlichen Arbeitgeber vertreten,
3. vier Mitgliedern, die die Organisationen behinderter Menschen vertreten,
4. einem Mitglied, das das jeweilige Land vertritt,
5. einem Mitglied, das die Bundesagentur für Arbeit vertritt.

(3) Für jedes Mitglied ist eine Stellvertreterin oder ein Stellvertreter zu berufen. Mitglieder und Stellvertreterinnen oder Stellvertreter sollen im Bezirk des Integrationsamtes ihren Wohnsitz haben.

(4) Das Integrationsamt beruft auf Vorschlag
1. der Gewerkschaften des jeweiligen Landes zwei Mitglieder,
2. der Arbeitgeberverbände des jeweiligen Landes ein Mitglied,
3. der zuständigen obersten Landesbehörde oder der von ihr bestimmten Behörde ein Mitglied,
4. der Organisationen behinderter Menschen des jeweiligen Landes, die nach der Zusammensetzung ihrer Mitglieder dazu berufen sind, die behinderten Menschen in ihrer Gesamtheit zu vertreten, vier Mitglieder.

Die zuständige oberste Landesbehörde oder die von ihr bestimmte Behörde und die Bundesagentur für Arbeit berufen je ein Mitglied.

§ 187 Aufgaben der Bundesagentur für Arbeit

(1) Die Bundesagentur für Arbeit hat folgende Aufgaben:

1. die Berufsberatung, Ausbildungsvermittlung und Arbeitsvermittlung schwerbehinderter Menschen einschließlich der Vermittlung von in Werkstätten für behinderte Menschen Beschäftigten auf den allgemeinen Arbeitsmarkt,
2. die Beratung der Arbeitgeber bei der Besetzung von Ausbildungs- und Arbeitsplätzen mit schwerbehinderten Menschen,
3. die Förderung der Teilhabe schwerbehinderter Menschen am Arbeitsleben auf dem allgemeinen Arbeitsmarkt, insbesondere von schwerbehinderten Menschen,
   a) die wegen Art oder Schwere ihrer Behinderung oder sonstiger Umstände im Arbeitsleben besonders betroffen sind (§ 155 Absatz 1),
   b) die langzeitarbeitslos im Sinne des § 18 des Dritten Buches sind,
   c) die im Anschluss an eine Beschäftigung in einer anerkannten Werkstatt für behinderte Menschen, bei einem anderen Leistungsanbieter (§ 60) oder einem Inklusionsbetrieb eingestellt werden,
   d) die als Teilzeitbeschäftigte eingestellt werden oder
   e) die zur Aus- oder Weiterbildung eingestellt werden,
4. im Rahmen von Arbeitsbeschaffungsmaßnahmen die besondere Förderung schwerbehinderter Menschen,
5. die Gleichstellung, deren Widerruf und Rücknahme,
6. die Durchführung des Anzeigeverfahrens (§ 163 Absatz 2 und 4),
7. die Überwachung der Erfüllung der Beschäftigungspflicht,
8. die Zulassung der Anrechnung und der Mehrfachanrechnung (§ 158 Absatz 2, § 159 Absatz 1 und 2),
9. die Erfassung der Werkstätten für behinderte Menschen, ihre Anerkennung und die Aufhebung der Anerkennung.

(2) Die Bundesagentur für Arbeit übermittelt dem Bundesministerium für Arbeit und Soziales jährlich die Ergebnisse ihrer Förderung der Teilhabe schwerbehinderter Menschen am Arbeitsleben auf dem allgemeinen Arbeitsmarkt nach dessen näherer Bestimmung und fachlicher Weisung. Zu den Ergebnissen gehören Angaben über die Zahl der geförderten Arbeitgeber und schwerbehinderten Menschen, die insgesamt aufgewandten Mittel und die durchschnittlichen Förderungsbeträge. Die Bundesagentur für Arbeit veröffentlicht diese Ergebnisse.

(3) Die Bundesagentur für Arbeit führt befristete überregionale und regionale Arbeitsmarktprogramme zum Abbau der Arbeitslosigkeit schwerbehinderter Menschen, besonderer Gruppen schwerbehinderter Menschen, insbesondere schwerbehinderter Frauen, sowie zur Förderung des Ausbildungsplatzangebots für schwerbehinderte Menschen durch, die ihr durch Verwaltungsvereinbarung gemäß § 368 Absatz 3 Satz 2 und Absatz 4 des Dritten Buches unter Zuweisung der entsprechenden Mittel übertragen werden. Über den Abschluss von Verwaltungsvereinbarungen mit den Ländern ist das Bundesministerium für Arbeit und Soziales zu unterrichten.

(4) Die Bundesagentur für Arbeit richtet zur Durchführung der ihr in diesem Teil und der ihr im Dritten Buch zur Teilhabe behinderter und schwerbehinderter Menschen am Arbeitsleben übertragenen Aufgaben in allen Agenturen für Arbeit

besondere Stellen ein; bei der personellen Ausstattung dieser Stellen trägt sie dem besonderen Aufwand bei der Beratung und Vermittlung des zu betreuenden Personenkreises sowie bei der Durchführung der sonstigen Aufgaben nach Absatz 1 Rechnung.

(5) Im Rahmen der Beratung der Arbeitgeber nach Absatz 1 Nummer 2 hat die Bundesagentur für Arbeit

1. dem Arbeitgeber zur Besetzung von Arbeitsplätzen geeignete arbeitslose oder arbeitssuchende schwerbehinderte Menschen unter Darlegung der Leistungsfähigkeit und der Auswirkungen der jeweiligen Behinderung auf die angebotene Stelle vorzuschlagen,
2. ihre Fördermöglichkeiten aufzuzeigen, soweit möglich und erforderlich, auch die entsprechenden Hilfen der Rehabilitationsträger und der begleitenden Hilfe im Arbeitsleben durch die Integrationsämter.

§ 188 Beratender Ausschuss für behinderte Menschen bei der Bundesagentur für Arbeit

(1) Bei der Zentrale der Bundesagentur für Arbeit wird ein Beratender Ausschuss für behinderte Menschen gebildet, der die Teilhabe der behinderten Menschen am Arbeitsleben durch Vorschläge fördert und die Bundesagentur für Arbeit bei der Durchführung der in diesem Teil und im Dritten Buch zur Teilhabe behinderter und schwerbehinderter Menschen am Arbeitsleben übertragenen Aufgaben unterstützt.

(2) Der Ausschuss besteht aus elf Mitgliedern, und zwar aus

1. zwei Mitgliedern, die die Arbeitnehmerinnen und Arbeitnehmer vertreten,
2. zwei Mitgliedern, die die privaten und öffentlichen Arbeitgeber vertreten,
3. fünf Mitgliedern, die die Organisationen behinderter Menschen vertreten,
4. einem Mitglied, das die Integrationsämter vertritt,
5. einem Mitglied, das das Bundesministerium für Arbeit und Soziales vertritt.

(3) Für jedes Mitglied ist eine Stellvertreterin oder ein Stellvertreter zu berufen.

(4) Der Vorstand der Bundesagentur für Arbeit beruft die Mitglieder, die Arbeitnehmer und Arbeitgeber vertreten, auf Vorschlag ihrer Gruppenvertreter im Verwaltungsrat der Bundesagentur für Arbeit. Er beruft auf Vorschlag der Organisationen behinderter Menschen, die nach der Zusammensetzung ihrer Mitglieder dazu berufen sind, die behinderten Menschen in ihrer Gesamtheit auf Bundesebene zu vertreten, die Mitglieder, die Organisationen der behinderten Menschen vertreten. Auf Vorschlag der Bundesarbeitsgemeinschaft der Integrationsämter und Hauptfürsorgestellen beruft er das Mitglied, das die Integrationsämter vertritt, und auf Vorschlag des Bundesministeriums für Arbeit und Soziales das Mitglied, das dieses vertritt.

§ 189 Gemeinsame Vorschriften

(1) Die Beratenden Ausschüsse für behinderte Menschen (§§ 186, 188) wählen aus den ihnen angehörenden Mitgliedern von Seiten der Arbeitnehmer, Arbeitgeber oder Organisationen behinderter Menschen jeweils für die Dauer eines Jahres eine Vorsitzende oder einen Vorsitzenden und eine Stellvertreterin oder einen Stellvertreter. Die Gewählten dürfen nicht derselben Gruppe angehören. Die Gruppen

stellen in regelmäßig jährlich wechselnder Reihenfolge die Vorsitzende oder den Vorsitzenden und die Stellvertreterin oder den Stellvertreter. Die Reihenfolge wird durch die Beendigung der Amtszeit der Mitglieder nicht unterbrochen. Scheidet die Vorsitzende oder der Vorsitzende oder die Stellvertreterin oder der Stellvertreter aus, wird sie oder er neu gewählt.
(2) Die Beratenden Ausschüsse für behinderte Menschen sind beschlussfähig, wenn wenigstens die Hälfte der Mitglieder anwesend ist. Die Beschlüsse und Entscheidungen werden mit einfacher Stimmenmehrheit getroffen.
(3) Die Mitglieder der Beratenden Ausschüsse für behinderte Menschen üben ihre Tätigkeit ehrenamtlich aus. Ihre Amtszeit beträgt vier Jahre.

§ 190 Übertragung von Aufgaben

(1) Die Landesregierung oder die von ihr bestimmte Stelle kann die Verlängerung der Gültigkeitsdauer der Ausweise nach § 152 Absatz 5, für die eine Feststellung nach § 152 Absatz 1 nicht zu treffen ist, auf andere Behörden übertragen. Im Übrigen kann sie andere Behörden zur Aushändigung der Ausweise heranziehen.
(2) Die Landesregierung oder die von ihr bestimmte Stelle kann Aufgaben und Befugnisse des Integrationsamtes nach diesem Teil auf örtliche Fürsorgestellen übertragen oder die Heranziehung örtlicher Fürsorgestellen zur Durchführung der den Integrationsämtern obliegenden Aufgaben bestimmen.

§ 191 Verordnungsermächtigung

Die Bundesregierung wird ermächtigt, durch Rechtsverordnung mit Zustimmung des Bundesrates das Nähere über die Voraussetzungen des Anspruchs nach § 49 Absatz 8 Nummer 3 und § 185 Absatz 5 sowie über die Dauer und Ausführung der Leistungen zu regeln.

Kapitel 7 Integrationsfachdienste

§ 192 Begriff und Personenkreis

(1) Integrationsfachdienste sind Dienste Dritter, die bei der Durchführung der Maßnahmen zur Teilhabe schwerbehinderter Menschen am Arbeitsleben beteiligt werden.
(2) Schwerbehinderte Menschen im Sinne des Absatzes 1 sind insbesondere
1. schwerbehinderte Menschen mit einem besonderen Bedarf an arbeitsbegleitender Betreuung,
2. schwerbehinderte Menschen, die nach zielgerichteter Vorbereitung durch die Werkstatt für behinderte Menschen am Arbeitsleben auf dem allgemeinen Arbeitsmarkt teilhaben sollen und dabei auf aufwendige, personalintensive, individuelle arbeitsbegleitende Hilfen angewiesen sind sowie
3. schwerbehinderte Schulabgänger, die für die Aufnahme einer Beschäftigung auf dem allgemeinen Arbeitsmarkt auf die Unterstützung eines Integrationsfachdienstes angewiesen sind.

(3) Ein besonderer Bedarf an arbeits- und berufsbegleitender Betreuung ist insbesondere gegeben bei schwerbehinderten Menschen mit geistiger oder seelischer Behinderung oder mit einer schweren Körper-, Sinnes- oder Mehrfachbehin-

derung, die sich im Arbeitsleben besonders nachteilig auswirkt und allein oder zusammen mit weiteren vermittlungshemmenden Umständen (Alter, Langzeitarbeitslosigkeit, unzureichende Qualifikation, Leistungsminderung) die Teilhabe am Arbeitsleben auf dem allgemeinen Arbeitsmarkt erschwert.
(4) Der Integrationsfachdienst kann im Rahmen der Aufgabenstellung nach Absatz 1 auch zur beruflichen Eingliederung von behinderten Menschen, die nicht schwerbehindert sind, tätig werden. Hierbei wird den besonderen Bedürfnissen seelisch behinderter oder von einer seelischen Behinderung bedrohter Menschen Rechnung getragen.

§ 193 Aufgaben

(1) Die Integrationsfachdienste können zur Teilhabe schwerbehinderter Menschen am Arbeitsleben (Aufnahme, Ausübung und Sicherung einer möglichst dauerhaften Beschäftigung) beteiligt werden, indem sie

1. die schwerbehinderten Menschen beraten, unterstützen und auf geeignete Arbeitsplätze vermitteln,
2. die Arbeitgeber informieren, beraten und ihnen Hilfe leisten.

(2) Zu den Aufgaben des Integrationsfachdienstes gehört es,

1. die Fähigkeiten der zugewiesenen schwerbehinderten Menschen zu bewerten und einzuschätzen und dabei ein individuelles Fähigkeits-, Leistungs- und Interessenprofil zur Vorbereitung auf den allgemeinen Arbeitsmarkt in enger Kooperation mit den schwerbehinderten Menschen, dem Auftraggeber und der abgebenden Einrichtung der schulischen oder beruflichen Bildung oder Rehabilitation zu erarbeiten,
2. die Bundesagentur für Arbeit auf deren Anforderung bei der Berufsorientierung und Berufsberatung in den Schulen einschließlich der auf jeden einzelnen Jugendlichen bezogenen Dokumentation der Ergebnisse zu unterstützen,
3. die betriebliche Ausbildung schwerbehinderter, insbesondere seelisch und lernbehinderter, Jugendlicher zu begleiten,
4. geeignete Arbeitsplätze (§ 156) auf dem allgemeinen Arbeitsmarkt zu erschließen,
5. die schwerbehinderten Menschen auf die vorgesehenen Arbeitsplätze vorzubereiten,
6. die schwerbehinderten Menschen, solange erforderlich, am Arbeitsplatz oder beim Training der berufspraktischen Fähigkeiten am konkreten Arbeitsplatz zu begleiten,
7. mit Zustimmung des schwerbehinderten Menschen die Mitarbeiter im Betrieb oder in der Dienststelle über Art und Auswirkungen der Behinderung und über entsprechende Verhaltensregeln zu informieren und zu beraten,
8. eine Nachbetreuung, Krisenintervention oder psychosoziale Betreuung durchzuführen sowie
9. als Einheitliche Ansprechstellen für Arbeitgeber zur Verfügung zu stehen, über die Leistungen für die Arbeitgeber zu informieren und für die Arbeitgeber diese Leistungen abzuklären,

10. in Zusammenarbeit mit den Rehabilitationsträgern und den Integrationsämtern die für den schwerbehinderten Menschen benötigten Leistungen zu klären und bei der Beantragung zu unterstützen.

§ 194 Beauftragung und Verantwortlichkeit

(1) Die Integrationsfachdienste werden im Auftrag der Integrationsämter oder der Rehabilitationsträger tätig. Diese bleiben für die Ausführung der Leistung verantwortlich.

(2) Im Auftrag legt der Auftraggeber in Abstimmung mit dem Integrationsfachdienst Art, Umfang und Dauer des im Einzelfall notwendigen Einsatzes des Integrationsfachdienstes sowie das Entgelt fest.

(3) Der Integrationsfachdienst arbeitet insbesondere mit

1. den zuständigen Stellen der Bundesagentur für Arbeit,
2. dem Integrationsamt,
3. dem zuständigen Rehabilitationsträger, insbesondere den Berufshelfern der gesetzlichen Unfallversicherung,
4. dem Arbeitgeber, der Schwerbehindertenvertretung und den anderen betrieblichen Interessenvertretungen,
5. der abgebenden Einrichtung der schulischen oder beruflichen Bildung oder Rehabilitation mit ihren begleitenden Diensten und internen Integrationsfachkräften oder -diensten zur Unterstützung von Teilnehmenden an Leistungen zur Teilhabe am Arbeitsleben,
6. den Handwerks-, den Industrie- und Handelskammern sowie den berufsständigen Organisationen,
7. wenn notwendig, auch mit anderen Stellen und Personen,

eng zusammen.

(4) Näheres zur Beauftragung, Zusammenarbeit, fachlichen Leitung, Aufsicht sowie zur Qualitätssicherung und Ergebnisbeobachtung wird zwischen dem Auftraggeber und dem Träger des Integrationsfachdienstes vertraglich geregelt. Die Vereinbarungen sollen im Interesse finanzieller Planungssicherheit auf eine Dauer von mindestens drei Jahren abgeschlossen werden.

(5) Die Integrationsämter wirken darauf hin, dass die berufsbegleitenden und psychosozialen Dienste bei den von ihnen beauftragten Integrationsfachdiensten konzentriert werden.

§ 195 Fachliche Anforderungen

(1) Die Integrationsfachdienste müssen

1. nach der personellen, räumlichen und sächlichen Ausstattung in der Lage sein, ihre gesetzlichen Aufgaben wahrzunehmen,
2. über Erfahrungen mit dem zu unterstützenden Personenkreis (§ 192 Absatz 2) verfügen,
3. mit Fachkräften ausgestattet sein, die über eine geeignete Berufsqualifikation, eine psychosoziale oder arbeitspädagogische Zusatzqualifikation und ausreichende Berufserfahrung verfügen, sowie
4. rechtlich oder organisatorisch und wirtschaftlich eigenständig sein.

(2) Der Personalbedarf eines Integrationsfachdienstes richtet sich nach den konkreten Bedürfnissen unter Berücksichtigung der Zahl der Betreuungs- und Beratungsfälle, des durchschnittlichen Betreuungs- und Beratungsaufwands, der Größe des regionalen Einzugsbereichs und der Zahl der zu beratenden Arbeitgeber. Den besonderen Bedürfnissen besonderer Gruppen schwerbehinderter Menschen, insbesondere schwerbehinderter Frauen, und der Notwendigkeit einer psychosozialen Betreuung soll durch eine Differenzierung innerhalb des Integrationsfachdienstes Rechnung getragen werden.
(3) Bei der Stellenbesetzung des Integrationsfachdienstes werden schwerbehinderte Menschen bevorzugt berücksichtigt. Dabei wird ein angemessener Anteil der Stellen mit schwerbehinderten Frauen besetzt.

§ 196 Finanzielle Leistungen

(1) Die Inanspruchnahme von Integrationsfachdiensten wird vom Auftraggeber vergütet. Die Vergütung für die Inanspruchnahme von Integrationsfachdiensten kann bei Beauftragung durch das Integrationsamt aus Mitteln der Ausgleichsabgabe erbracht werden.
(2) Die Bezahlung tarifvertraglich vereinbarter Vergütungen sowie entsprechender Vergütungen nach kirchlichen Arbeitsrechtsregelungen kann bei der Beauftragung von Integrationsfachdiensten nicht als unwirtschaftlich abgelehnt werden.
(3) Die Bundesarbeitsgemeinschaft der Integrationsämter und Hauptfürsorgestellen vereinbart mit den Rehabilitationsträgern nach § 6 Absatz 1 Nummer 2 bis 5 unter Beteiligung der maßgeblichen Verbände, darunter der Bundesarbeitsgemeinschaft, in der sich die Integrationsfachdienste zusammengeschlossen haben, eine gemeinsame Empfehlung zur Inanspruchnahme der Integrationsfachdienste durch die Rehabilitationsträger, zur Zusammenarbeit und zur Finanzierung der Kosten, die dem Integrationsfachdienst bei der Wahrnehmung der Aufgaben der Rehabilitationsträger entstehen. § 26 Absatz 7 und 8 gilt entsprechend.

§ 197 Ergebnisbeobachtung

(1) Der Integrationsfachdienst dokumentiert Verlauf und Ergebnis der jeweiligen Bemühungen um die Förderung der Teilhabe am Arbeitsleben. Er erstellt jährlich eine zusammenfassende Darstellung der Ergebnisse und legt diese den Auftraggebern nach deren näherer gemeinsamer Maßgabe vor. Diese Zusammenstellung soll insbesondere geschlechtsdifferenzierte Angaben enthalten zu

1. den Zu- und Abgängen an Betreuungsfällen im Kalenderjahr,
2. dem Bestand an Betreuungsfällen,
3. der Zahl der abgeschlossenen Fälle, differenziert nach Aufnahme einer Ausbildung, einer befristeten oder unbefristeten Beschäftigung, einer Beschäftigung in einem Integrationsprojekt oder in einer Werkstatt für behinderte Menschen.

(2) Der Integrationsfachdienst dokumentiert auch die Ergebnisse seiner Bemühungen zur Unterstützung der Bundesagentur für Arbeit und die Begleitung der betrieblichen Ausbildung nach § 193 Absatz 2 Nummer 2 und 3 unter Einbeziehung geschlechtsdifferenzierter Daten und Besonderheiten sowie der Art der Behinderung.

§ 198 Verordnungsermächtigung

(1) Das Bundesministerium für Arbeit und Soziales wird ermächtigt, durch Rechtsverordnung mit Zustimmung des Bundesrates das Nähere über den Begriff und die Aufgaben des Integrationsfachdienstes, die für sie geltenden fachlichen Anforderungen und die finanziellen Leistungen zu regeln.
(2) Vereinbaren die Bundesarbeitsgemeinschaft der Integrationsämter und Hauptfürsorgestellen und die Rehabilitationsträger nicht innerhalb von sechs Monaten, nachdem das Bundesministerium für Arbeit und Soziales sie dazu aufgefordert hat, eine gemeinsame Empfehlung nach § 196 Absatz 3 oder ändern sie die unzureichend gewordene Empfehlung nicht innerhalb dieser Frist, kann das Bundesministerium für Arbeit und Soziales Regelungen durch Rechtsverordnung mit Zustimmung des Bundesrates erlassen.

Kapitel 8 Beendigung der Anwendung der besonderen Regelungen zur Teilhabe schwerbehinderter und gleichgestellter behinderter Menschen

§ 199 Beendigung der Anwendung der besonderen Regelungen zur Teilhabe schwerbehinderter Menschen

(1) Die besonderen Regelungen für schwerbehinderte Menschen werden nicht angewendet nach dem Wegfall der Voraussetzungen nach § 2 Absatz 2; wenn sich der Grad der Behinderung auf weniger als 50 verringert, jedoch erst am Ende des dritten Kalendermonats nach Eintritt der Unanfechtbarkeit des die Verringerung feststellenden Bescheides.
(2) Die besonderen Regelungen für gleichgestellte behinderte Menschen werden nach dem Widerruf oder der Rücknahme der Gleichstellung nicht mehr angewendet. Der Widerruf der Gleichstellung ist zulässig, wenn die Voraussetzungen nach § 2 Absatz 3 in Verbindung mit § 151 Absatz 2 weggefallen sind. Er wird erst am Ende des dritten Kalendermonats nach Eintritt seiner Unanfechtbarkeit wirksam.
(3) Bis zur Beendigung der Anwendung der besonderen Regelungen für schwerbehinderte Menschen und ihnen gleichgestellte behinderte Menschen werden die behinderten Menschen dem Arbeitgeber auf die Zahl der Pflichtarbeitsplätze für schwerbehinderte Menschen angerechnet.

§ 200 Entziehung der besonderen Hilfen für schwerbehinderte Menschen

(1) Einem schwerbehinderten Menschen, der einen zumutbaren Arbeitsplatz ohne berechtigten Grund zurückweist oder aufgibt oder sich ohne berechtigten Grund weigert, an einer Maßnahme zur Teilhabe am Arbeitsleben teilzunehmen, oder sonst durch sein Verhalten seine Teilhabe am Arbeitsleben schuldhaft vereitelt, kann das Integrationsamt im Benehmen mit der Bundesagentur für Arbeit die besonderen Hilfen für schwerbehinderte Menschen zeitweilig entziehen. Dies gilt auch für gleichgestellte behinderte Menschen.
(2) Vor der Entscheidung über die Entziehung wird der schwerbehinderte Mensch gehört. In der Entscheidung wird die Frist bestimmt, für die sie gilt. Die Frist läuft vom Tag der Entscheidung an und beträgt nicht mehr als sechs Monate. Die Entscheidung wird dem schwerbehinderten Menschen bekannt gegeben.

Kapitel 9 Widerspruchsverfahren

§ 201 Widerspruch

(1) Den Widerspruchsbescheid nach § 73 der Verwaltungsgerichtsordnung erlässt bei Verwaltungsakten der Integrationsämter und bei Verwaltungsakten der örtlichen Fürsorgestellen (§ 190 Absatz 2) der Widerspruchsausschuss bei dem Integrationsamt (§ 202). Des Vorverfahrens bedarf es auch, wenn den Verwaltungsakt ein Integrationsamt erlassen hat, das bei einer obersten Landesbehörde besteht.
(2) Den Widerspruchsbescheid nach § 85 des Sozialgerichtsgesetzes erlässt bei Verwaltungsakten, welche die Bundesagentur für Arbeit auf Grund dieses Teils erlässt, der Widerspruchsausschuss der Bundesagentur für Arbeit.

§ 202 Widerspruchsausschuss bei dem Integrationsamt

(1) Bei jedem Integrationsamt besteht ein Widerspruchsausschuss aus sieben Mitgliedern, und zwar aus zwei Mitgliedern, die schwerbehinderte Arbeitnehmer oder Arbeitnehmerinnen sind, zwei Mitgliedern, die Arbeitgeber sind, einem Mitglied, das das Integrationsamt vertritt, einem Mitglied, das die Bundesagentur für Arbeit vertritt, einer Vertrauensperson schwerbehinderter Menschen.
(2) Für jedes Mitglied wird ein Stellvertreter oder eine Stellvertreterin berufen.
(3) Das Integrationsamt beruft auf Vorschlag der Organisationen behinderter Menschen des jeweiligen Landes die Mitglieder, die Arbeitnehmer sind, auf Vorschlag der jeweils für das Land zuständigen Arbeitgeberverbände die Mitglieder, die Arbeitgeber sind, sowie die Vertrauensperson. Die zuständige oberste Landesbehörde oder die von ihr bestimmte Behörde beruft das Mitglied, das das Integrationsamt vertritt. Die Bundesagentur für Arbeit beruft das Mitglied, das sie vertritt. Entsprechendes gilt für die Berufung des Stellvertreters oder der Stellvertreterin des jeweiligen Mitglieds.
(4) In Kündigungsangelegenheiten schwerbehinderter Menschen, die bei einer Dienststelle oder in einem Betrieb beschäftigt sind, der zum Geschäftsbereich des Bundesministeriums der Verteidigung gehört, treten an die Stelle der Mitglieder, die Arbeitgeber sind, Angehörige des öffentlichen Dienstes. Dem Integrationsamt werden ein Mitglied und sein Stellvertreter oder seine Stellvertreterin von den von der Bundesregierung bestimmten Bundesbehörden benannt. Eines der Mitglieder, die schwerbehinderte Arbeitnehmer oder Arbeitnehmerinnen sind, muss dem öffentlichen Dienst angehören.
(5) Die Amtszeit der Mitglieder der Widerspruchsausschüsse beträgt vier Jahre. Die Mitglieder der Ausschüsse üben ihre Tätigkeit unentgeltlich aus.

§ 203 Widerspruchsausschüsse der Bundesagentur für Arbeit

(1) Die Bundesagentur für Arbeit richtet Widerspruchsausschüsse ein, die aus sieben Mitgliedern bestehen, und zwar aus zwei Mitgliedern, die schwerbehinderte Arbeitnehmer oder Arbeitnehmerinnen sind, zwei Mitgliedern, die Arbeitgeber sind, einem Mitglied, das das Integrationsamt vertritt, einem Mitglied, das die Bundesagentur für Arbeit vertritt, einer Vertrauensperson schwerbehinderter Menschen.
(2) Für jedes Mitglied wird ein Stellvertreter oder eine Stellvertreterin berufen.

(3) Die Bundesagentur für Arbeit beruft
1. die Mitglieder, die Arbeitnehmer oder Arbeitnehmerinnen sind, auf Vorschlag der jeweils zuständigen Organisationen behinderter Menschen, der im Benehmen mit den jeweils zuständigen Gewerkschaften, die für die Vertretung der Arbeitnehmerinteressen wesentliche Bedeutung haben, gemacht wird,
2. die Mitglieder, die Arbeitgeber sind, auf Vorschlag der jeweils zuständigen Arbeitgeberverbände, soweit sie für die Vertretung von Arbeitgeberinteressen wesentliche Bedeutung haben, sowie
3. das Mitglied, das die Bundesagentur für Arbeit vertritt, und
4. die Vertrauensperson.

Die zuständige oberste Landesbehörde oder die von ihr bestimmte Behörde beruft das Mitglied, das das Integrationsamt vertritt. Entsprechendes gilt für die Berufung des Stellvertreters oder der Stellvertreterin des jeweiligen Mitglieds.
(4) § 202 Absatz 5 gilt entsprechend.

§ 204 Verfahrensvorschriften

(1) Für den Widerspruchsausschuss bei dem Integrationsamt (§ 202) und die Widerspruchsausschüsse bei der Bundesagentur für Arbeit (§ 203) gilt § 189 Absatz 1 und 2 entsprechend.
(2) Im Widerspruchsverfahren nach Kapitel 4 werden der Arbeitgeber und der schwerbehinderte Mensch vor der Entscheidung gehört; in den übrigen Fällen verbleibt es bei der Anhörung des Widerspruchsführers.
(3) Die Mitglieder der Ausschüsse können wegen Besorgnis der Befangenheit abgelehnt werden. Über die Ablehnung entscheidet der Ausschuss, dem das Mitglied angehört.

Kapitel 10 Sonstige Vorschriften

§ 205 Vorrang der schwerbehinderten Menschen

Verpflichtungen zur bevorzugten Einstellung und Beschäftigung bestimmter Personenkreise nach anderen Gesetzen entbinden den Arbeitgeber nicht von der Verpflichtung zur Beschäftigung schwerbehinderter Menschen nach den besonderen Regelungen für schwerbehinderte Menschen.

§ 206 Arbeitsentgelt und Dienstbezüge

(1) Bei der Bemessung des Arbeitsentgelts und der Dienstbezüge aus einem bestehenden Beschäftigungsverhältnis werden Renten und vergleichbare Leistungen, die wegen der Behinderung bezogen werden, nicht berücksichtigt. Die völlige oder teilweise Anrechnung dieser Leistungen auf das Arbeitsentgelt oder die Dienstbezüge ist unzulässig.
(2) Absatz 1 gilt nicht für Zeiträume, in denen die Beschäftigung tatsächlich nicht ausgeübt wird und die Vorschriften über die Zahlung der Rente oder der vergleichbaren Leistung eine Anrechnung oder ein Ruhen vorsehen, wenn Arbeitsentgelt oder Dienstbezüge gezahlt werden.

§ 207 Mehrarbeit
Schwerbehinderte Menschen werden auf ihr Verlangen von Mehrarbeit freigestellt.

§ 208 Zusatzurlaub
(1) Schwerbehinderte Menschen haben Anspruch auf einen bezahlten zusätzlichen Urlaub von fünf Arbeitstagen im Urlaubsjahr; verteilt sich die regelmäßige Arbeitszeit des schwerbehinderten Menschen auf mehr oder weniger als fünf Arbeitstage in der Kalenderwoche, erhöht oder vermindert sich der Zusatzurlaub entsprechend. Soweit tarifliche, betriebliche oder sonstige Urlaubsregelungen für schwerbehinderte Menschen einen längeren Zusatzurlaub vorsehen, bleiben sie unberührt.
(2) Besteht die Schwerbehinderteneigenschaft nicht während des gesamten Kalenderjahres, so hat der schwerbehinderte Mensch für jeden vollen Monat der im Beschäftigungsverhältnis vorliegenden Schwerbehinderteneigenschaft einen Anspruch auf ein Zwölftel des Zusatzurlaubs nach Absatz 1 Satz 1. Bruchteile von Urlaubstagen, die mindestens einen halben Tag ergeben, sind auf volle Urlaubstage aufzurunden. Der so ermittelte Zusatzurlaub ist dem Erholungsurlaub hinzuzurechnen und kann bei einem nicht im ganzen Kalenderjahr bestehenden Beschäftigungsverhältnis nicht erneut gemindert werden.
(3) Wird die Eigenschaft als schwerbehinderter Mensch nach § 152 Absatz 1 und 2 rückwirkend festgestellt, finden auch für die Übertragbarkeit des Zusatzurlaubs in das nächste Kalenderjahr die dem Beschäftigungsverhältnis zugrunde liegenden urlaubsrechtlichen Regelungen Anwendung.

§ 209 Nachteilsausgleich
(1) Die Vorschriften über Hilfen für behinderte Menschen zum Ausgleich behinderungsbedingter Nachteile oder Mehraufwendungen (Nachteilsausgleich) werden so gestaltet, dass sie unabhängig von der Ursache der Behinderung der Art oder Schwere der Behinderung Rechnung tragen.
(2) Nachteilsausgleiche, die auf Grund bisher geltender Rechtsvorschriften erfolgen, bleiben unberührt.

§ 210 Beschäftigung schwerbehinderter Menschen in Heimarbeit
(1) Schwerbehinderte Menschen, die in Heimarbeit beschäftigt oder diesen gleichgestellt sind (§ 1 Absatz 1 und 2 des Heimarbeitsgesetzes) und in der Hauptsache für den gleichen Auftraggeber arbeiten, werden auf die Arbeitsplätze für schwerbehinderte Menschen dieses Auftraggebers angerechnet.
(2) Für in Heimarbeit beschäftigte und diesen gleichgestellte schwerbehinderte Menschen wird die in § 29 Absatz 2 des Heimarbeitsgesetzes festgelegte Kündigungsfrist von zwei Wochen auf vier Wochen erhöht; die Vorschrift des § 29 Absatz 7 des Heimarbeitsgesetzes ist sinngemäß anzuwenden. Der besondere Kündigungsschutz schwerbehinderter Menschen im Sinne des Kapitels 4 gilt auch für die in Satz 1 genannten Personen.
(3) Die Bezahlung des zusätzlichen Urlaubs der in Heimarbeit beschäftigten oder diesen gleichgestellten schwerbehinderten Menschen erfolgt nach den für die Bezahlung ihres sonstigen Urlaubs geltenden Berechnungsgrundsätzen. Sofern eine

besondere Regelung nicht besteht, erhalten die schwerbehinderten Menschen als zusätzliches Urlaubsgeld 2 Prozent des in der Zeit vom 1. Mai des vergangenen bis zum 30. April des laufenden Jahres verdienten Arbeitsentgelts ausschließlich der Unkostenzuschläge.

(4) Schwerbehinderte Menschen, die als fremde Hilfskräfte eines Hausgewerbetreibenden oder eines Gleichgestellten beschäftigt werden (§ 2 Absatz 6 des Heimarbeitsgesetzes) können auf Antrag eines Auftraggebers auch auf dessen Pflichtarbeitsplätze für schwerbehinderte Menschen angerechnet werden, wenn der Arbeitgeber in der Hauptsache für diesen Auftraggeber arbeitet. Wird einem schwerbehinderten Menschen im Sinne des Satzes 1, dessen Anrechnung die Bundesagentur für Arbeit zugelassen hat, durch seinen Arbeitgeber gekündigt, weil der Auftraggeber die Zuteilung von Arbeit eingestellt oder die regelmäßige Arbeitsmenge erheblich herabgesetzt hat, erstattet der Auftraggeber dem Arbeitgeber die Aufwendungen für die Zahlung des regelmäßigen Arbeitsverdienstes an den schwerbehinderten Menschen bis zur rechtmäßigen Beendigung seines Arbeitsverhältnisses.

(5) Werden fremde Hilfskräfte eines Hausgewerbetreibenden oder eines Gleichgestellten (§ 2 Absatz 6 des Heimarbeitsgesetzes) einem Auftraggeber gemäß Absatz 4 auf seine Arbeitsplätze für schwerbehinderte Menschen angerechnet, erstattet der Auftraggeber die dem Arbeitgeber nach Absatz 3 entstehenden Aufwendungen.

(6) Die den Arbeitgeber nach § 163 Absatz 1 und 5 treffenden Verpflichtungen gelten auch für Personen, die Heimarbeit ausgeben.

§ 211 Schwerbehinderte Beamtinnen und Beamte, Richterinnen und Richter, Soldatinnen und Soldaten

(1) Die besonderen Vorschriften und Grundsätze für die Besetzung der Beamtenstellen sind unbeschadet der Geltung dieses Teils auch für schwerbehinderte Beamtinnen und Beamte so zu gestalten, dass die Einstellung und Beschäftigung schwerbehinderter Menschen gefördert und ein angemessener Anteil schwerbehinderter Menschen unter den Beamten und Beamtinnen erreicht wird.

(2) Absatz 1 gilt für Richterinnen und Richter entsprechend.

(3) Für die persönliche Rechtsstellung schwerbehinderter Soldatinnen und Soldaten gelten die §§ 2, 152, 176 bis 182, 199 Absatz 1 sowie die §§ 206, 208, 209 und 228 bis 230. Im Übrigen gelten für Soldatinnen und Soldaten die Vorschriften über die persönliche Rechtsstellung der schwerbehinderten Menschen, soweit sie mit den Besonderheiten des Dienstverhältnisses vereinbar sind.

§ 212 Unabhängige Tätigkeit

Soweit zur Ausübung einer unabhängigen Tätigkeit eine Zulassung erforderlich ist, soll schwerbehinderten Menschen, die eine Zulassung beantragen, bei fachlicher Eignung und Erfüllung der sonstigen gesetzlichen Voraussetzungen die Zulassung bevorzugt erteilt werden.

§ 213 Geheimhaltungspflicht

(1) Die Beschäftigten der Integrationsämter, der Bundesagentur für Arbeit, der Rehabilitationsträger sowie der von diesen Stellen beauftragten Integrationsfach-

dienste und die Mitglieder der Ausschüsse und des Beirates für die Teilhabe von Menschen mit Behinderungen (§ 86) und ihre Stellvertreterinnen oder Stellvertreter sowie zur Durchführung ihrer Aufgaben hinzugezogene Sachverständige sind verpflichtet,

1. über ihnen wegen ihres Amtes oder Auftrages bekannt gewordene persönliche Verhältnisse und Angelegenheiten von Beschäftigten auf Arbeitsplätzen für schwerbehinderte Menschen, die ihrer Bedeutung oder ihrem Inhalt nach einer vertraulichen Behandlung bedürfen, Stillschweigen zu bewahren und
2. ihnen wegen ihres Amtes oder Auftrages bekannt gewordene und vom Arbeitgeber ausdrücklich als geheimhaltungsbedürftig bezeichnete Betriebs- oder Geschäftsgeheimnisse nicht zu offenbaren und nicht zu verwerten.

(2) Diese Pflichten gelten auch nach dem Ausscheiden aus dem Amt oder nach Beendigung des Auftrages. Sie gelten nicht gegenüber der Bundesagentur für Arbeit, den Integrationsämtern und den Rehabilitationsträgern, soweit deren Aufgaben gegenüber schwerbehinderten Menschen es erfordern, gegenüber der Schwerbehindertenvertretung sowie gegenüber den in § 79 Absatz 1 des Betriebsverfassungsgesetzes und den in den entsprechenden Vorschriften des Personalvertretungsrechts genannten Vertretungen, Personen und Stellen.

§ 214 Statistik

(1) Über schwerbehinderte Menschen wird alle zwei Jahre eine Bundesstatistik durchgeführt. Sie umfasst die folgenden Erhebungsmerkmale:

1. die Zahl der schwerbehinderten Menschen mit gültigem Ausweis,
2. die schwerbehinderten Menschen nach Geburtsjahr, Geschlecht, Staatsangehörigkeit und Wohnort,
3. Art, Ursache und Grad der Behinderung.

(2) Hilfsmerkmale sind:

1. Name, Anschrift, Telefonnummer und Adresse für elektronische Post der nach Absatz 3 Satz 2 auskunftspflichtigen Behörden,
2. Name und Kontaktdaten der für Rückfragen zur Verfügung stehenden Personen,
3. die Signiernummern für das Versorgungsamt und für das Berichtsland.

(3) Für die Erhebung besteht Auskunftspflicht. Auskunftspflichtig sind die nach § 152 Absatz 1 und 5 zuständigen Behörden. Die Angaben zu Absatz 2 Nummer 2 sind freiwillig.

Kapitel 11 Inklusionsbetriebe

§ 215 Begriff und Personenkreis

(1) Inklusionsbetriebe sind rechtlich und wirtschaftlich selbständige Unternehmen oder unternehmensinterne oder von öffentlichen Arbeitgebern im Sinne des § 154 Absatz 2 geführte Betriebe oder Abteilungen zur Beschäftigung schwerbehinderter Menschen auf dem allgemeinen Arbeitsmarkt, deren Teilhabe an einer sonstigen Beschäftigung auf dem allgemeinen Arbeitsmarkt auf Grund von Art oder Schwere der Behinderung oder wegen sonstiger Umstände voraussichtlich

trotz Ausschöpfens aller Fördermöglichkeiten und des Einsatzes von Integrationsfachdiensten auf besondere Schwierigkeiten stößt.

(2) Schwerbehinderte Menschen nach Absatz 1 sind insbesondere

1. schwerbehinderte Menschen mit geistiger oder seelischer Behinderung oder mit einer schweren Körper-, Sinnes- oder Mehrfachbehinderung, die sich im Arbeitsleben besonders nachteilig auswirkt und allein oder zusammen mit weiteren vermittlungshemmenden Umständen die Teilhabe am allgemeinen Arbeitsmarkt außerhalb eines Inklusionsbetriebes erschwert oder verhindert,
2. schwerbehinderte Menschen, die nach zielgerichteter Vorbereitung in einer Werkstatt für behinderte Menschen oder in einer psychiatrischen Einrichtung für den Übergang in einen Betrieb oder eine Dienststelle auf dem allgemeinen Arbeitsmarkt in Betracht kommen und auf diesen Übergang vorbereitet werden sollen,
3. schwerbehinderte Menschen nach Beendigung einer schulischen Bildung, die nur dann Aussicht auf eine Beschäftigung auf dem allgemeinen Arbeitsmarkt haben, wenn sie zuvor in einem Inklusionsbetrieb an berufsvorbereitenden Bildungsmaßnahmen teilnehmen und dort beschäftigt und weiterqualifiziert werden, sowie
4. schwerbehinderte Menschen, die langzeitarbeitslos im Sinne des § 18 des Dritten Buches sind.

(3) Inklusionsbetriebe beschäftigen mindestens 30 Prozent schwerbehinderte Menschen im Sinne von Absatz 1. Der Anteil der schwerbehinderten Menschen soll in der Regel 50 Prozent nicht übersteigen.

(4) Auf die Quoten nach Absatz 3 wird auch die Anzahl der psychisch kranken beschäftigten Menschen angerechnet, die behindert oder von Behinderung bedroht sind und deren Teilhabe an einer sonstigen Beschäftigung auf dem allgemeinen Arbeitsmarkt auf Grund von Art oder Schwere der Behinderung oder wegen sonstiger Umstände auf besondere Schwierigkeiten stößt.

§ 216 Aufgaben

Die Inklusionsbetriebe bieten den schwerbehinderten Menschen Beschäftigung, Maßnahmen der betrieblichen Gesundheitsförderung und arbeitsbegleitende Betreuung an, soweit erforderlich auch Maßnahmen der beruflichen Weiterbildung oder Gelegenheit zur Teilnahme an entsprechenden außerbetrieblichen Maßnahmen sowie geeignete Maßnahmen zur Vorbereitung auf eine Beschäftigung in einem Inklusionsbetrieb. Satz 1 gilt entsprechend für psychisch kranke Menschen im Sinne des § 215 Absatz 4.

§ 217 Finanzielle Leistungen

(1) Inklusionsbetriebe können aus Mitteln der Ausgleichsabgabe Leistungen für Aufbau, Erweiterung, Modernisierung und Ausstattung einschließlich einer betriebswirtschaftlichen Beratung und für besonderen Aufwand erhalten.

(2) Die Finanzierung von Leistungen nach § 216 Satz 2 erfolgt durch den zuständigen Rehabilitationsträger.

§ 218 Verordnungsermächtigung

Das Bundesministerium für Arbeit und Soziales wird ermächtigt, durch Rechtsverordnung mit Zustimmung des Bundesrates das Nähere über den Begriff und die Aufgaben der Inklusionsbetriebe, die für sie geltenden fachlichen Anforderungen, die Aufnahmevoraussetzungen und die finanziellen Leistungen zu regeln.

Kapitel 12 Werkstätten für behinderte Menschen

§ 219 Begriff und Aufgaben der Werkstatt für behinderte Menschen

(1) Die Werkstatt für behinderte Menschen ist eine Einrichtung zur Teilhabe behinderter Menschen am Arbeitsleben im Sinne des Kapitels 10 des Teils 1 und zur Eingliederung in das Arbeitsleben. Sie hat denjenigen behinderten Menschen, die wegen Art oder Schwere der Behinderung nicht, noch nicht oder noch nicht wieder auf dem allgemeinen Arbeitsmarkt beschäftigt werden können,

1. eine angemessene berufliche Bildung und eine Beschäftigung zu einem ihrer Leistung angemessenen Arbeitsentgelt aus dem Arbeitsergebnis anzubieten und
2. zu ermöglichen, ihre Leistungs- oder Erwerbsfähigkeit zu erhalten, zu entwickeln, zu erhöhen oder wiederzugewinnen und dabei ihre Persönlichkeit weiterzuentwickeln.

Sie fördert den Übergang geeigneter Personen auf den allgemeinen Arbeitsmarkt durch geeignete Maßnahmen. Sie verfügt über ein möglichst breites Angebot an Berufsbildungs- und Arbeitsplätzen sowie über qualifiziertes Personal und einen begleitenden Dienst. Zum Angebot an Berufsbildungs- und Arbeitsplätzen gehören ausgelagerte Plätze auf dem allgemeinen Arbeitsmarkt. Die ausgelagerten Arbeitsplätze werden zum Zwecke des Übergangs und als dauerhaft ausgelagerte Plätze angeboten.

(2) Die Werkstatt steht allen behinderten Menschen im Sinne des Absatzes 1 unabhängig von Art oder Schwere der Behinderung offen, sofern erwartet werden kann, dass sie spätestens nach Teilnahme an Maßnahmen im Berufsbildungsbereich wenigstens ein Mindestmaß wirtschaftlich verwertbarer Arbeitsleistung erbringen werden. Dies ist nicht der Fall bei behinderten Menschen, bei denen trotz einer der Behinderung angemessenen Betreuung eine erhebliche Selbst- oder Fremdgefährdung zu erwarten ist oder das Ausmaß der erforderlichen Betreuung und Pflege die Teilnahme an Maßnahmen im Berufsbildungsbereich oder sonstige Umstände ein Mindestmaß wirtschaftlich verwertbarer Arbeitsleistung im Arbeitsbereich dauerhaft nicht zulassen.

(3) Behinderte Menschen, die die Voraussetzungen für eine Beschäftigung in einer Werkstatt nicht erfüllen, sollen in Einrichtungen oder Gruppen betreut und gefördert werden, die der Werkstatt angegliedert sind. Die Betreuung und Förderung kann auch gemeinsam mit den Werkstattbeschäftigten in der Werkstatt erfolgen. Die Betreuung und Förderung soll auch Angebote zur Orientierung auf Beschäftigung enthalten.

§ 220 Aufnahme in die Werkstätten für behinderte Menschen

(1) Anerkannte Werkstätten nehmen diejenigen behinderten Menschen aus ihrem Einzugsgebiet auf, die die Aufnahmevoraussetzungen gemäß § 219 Absatz 2 erfüllen, wenn Leistungen durch die Rehabilitationsträger gewährleistet sind; die Möglichkeit zur Aufnahme in eine andere anerkannte Werkstatt nach Maßgabe des § 104 oder entsprechender Regelungen bleibt unberührt. Die Aufnahme erfolgt unabhängig von

1. der Ursache der Behinderung,
2. der Art der Behinderung, wenn in dem Einzugsgebiet keine besondere Werkstatt für behinderte Menschen für diese Behinderungsart vorhanden ist, und
3. der Schwere der Behinderung, der Minderung der Leistungsfähigkeit und einem besonderen Bedarf an Förderung, begleitender Betreuung oder Pflege.

(2) Behinderte Menschen werden in der Werkstatt beschäftigt, solange die Aufnahmevoraussetzungen nach Absatz 1 vorliegen.

(3) Leistungsberechtigte Menschen mit Behinderungen, die aus einer Werkstatt für behinderte Menschen auf den allgemeinen Arbeitsmarkt übergegangen sind oder bei einem anderen Leistungsanbieter oder mit Hilfe des Budgets für Arbeit oder des Budgets für Ausbildung am Arbeitsleben teilnehmen, haben einen Anspruch auf Aufnahme in eine Werkstatt für behinderte Menschen.

§ 221 Rechtsstellung und Arbeitsentgelt behinderter Menschen

(1) Behinderte Menschen im Arbeitsbereich anerkannter Werkstätten stehen, wenn sie nicht Arbeitnehmer sind, zu den Werkstätten in einem arbeitnehmerähnlichen Rechtsverhältnis, soweit sich aus dem zugrunde liegenden Sozialleistungsverhältnis nichts anderes ergibt.

(2) Die Werkstätten zahlen aus ihrem Arbeitsergebnis an die im Arbeitsbereich beschäftigten behinderten Menschen ein Arbeitsentgelt, das sich aus einem Grundbetrag in Höhe des Ausbildungsgeldes, das die Bundesagentur für Arbeit nach den für sie geltenden Vorschriften behinderten Menschen im Berufsbildungsbereich leistet, und einem leistungsangemessenen Steigerungsbetrag zusammensetzt. Der Steigerungsbetrag bemisst sich nach der individuellen Arbeitsleistung der behinderten Menschen, insbesondere unter Berücksichtigung von Arbeitsmenge und Arbeitsgüte.

(3) Der Inhalt des arbeitnehmerähnlichen Rechtsverhältnisses wird unter Berücksichtigung des zwischen den behinderten Menschen und dem Rehabilitationsträger bestehenden Sozialleistungsverhältnisses durch Werkstattverträge zwischen den behinderten Menschen und dem Träger der Werkstatt näher geregelt.

(4) Hinsichtlich der Rechtsstellung der Teilnehmer an Maßnahmen im Eingangsverfahren und im Berufsbildungsbereich gilt § 52 entsprechend.

(5) Ist ein volljähriger behinderter Mensch gemäß Absatz 1 in den Arbeitsbereich einer anerkannten Werkstatt für behinderte Menschen im Sinne des § 219 aufgenommen worden und war er zu diesem Zeitpunkt geschäftsunfähig, so gilt der von ihm geschlossene Werkstattvertrag in Ansehung einer bereits bewirkten Leistung und deren Gegenleistung, soweit diese in einem angemessenen Verhältnis zueinander stehen, als wirksam.

(6) War der volljährige behinderte Mensch bei Abschluss eines Werkstattvertrages geschäftsunfähig, so kann der Träger einer Werkstatt das Werkstattverhältnis nur unter den Voraussetzungen für gelöst erklären, unter denen ein wirksamer Vertrag seitens des Trägers einer Werkstatt gekündigt werden kann.
(7) Die Lösungserklärung durch den Träger einer Werkstatt bedarf der schriftlichen Form und ist zu begründen.

§ 222 Mitbestimmung, Mitwirkung, Frauenbeauftragte

(1) Die in § 221 Absatz 1 genannten behinderten Menschen bestimmen und wirken unabhängig von ihrer Geschäftsfähigkeit durch Werkstatträte in den ihre Interessen berührenden Angelegenheiten der Werkstatt mit. Die Werkstatträte berücksichtigen die Interessen der im Eingangsverfahren und im Berufsbildungsbereich der Werkstätten tätigen behinderten Menschen in angemessener und geeigneter Weise, solange für diese eine Vertretung nach § 52 nicht besteht.
(2) Ein Werkstattrat wird in Werkstätten gewählt; er setzt sich aus mindestens drei Mitgliedern zusammen.
(3) Wahlberechtigt zum Werkstattrat sind alle in § 221 Absatz 1 genannten behinderten Menschen; von ihnen sind die behinderten Menschen wählbar, die am Wahltag seit mindestens sechs Monaten in der Werkstatt beschäftigt sind.
(4) Die Werkstätten für behinderte Menschen unterrichten die Personen, die behinderte Menschen gesetzlich vertreten oder mit ihrer Betreuung beauftragt sind, einmal im Kalenderjahr in einer Eltern- und Betreuerversammlung in angemessener Weise über die Angelegenheiten der Werkstatt, auf die sich die Mitwirkung erstreckt, und hören sie dazu an. In den Werkstätten kann im Einvernehmen mit dem Träger der Werkstatt ein Eltern- und Betreuerbeirat errichtet werden, der die Werkstatt und den Werkstattrat bei ihrer Arbeit berät und durch Vorschläge und Stellungnahmen unterstützt.
(5) Behinderte Frauen im Sinne des § 221 Absatz 1 wählen in jeder Werkstatt eine Frauenbeauftragte und eine Stellvertreterin. In Werkstätten mit mehr als 700 wahlberechtigten Frauen wird eine zweite Stellvertreterin gewählt, in Werkstätten mit mehr als 1000 wahlberechtigten Frauen werden bis zu drei Stellvertreterinnen gewählt.

§ 223 Anrechnung von Aufträgen auf die Ausgleichsabgabe

(1) Arbeitgeber, die durch Aufträge an anerkannte Werkstätten für behinderte Menschen zur Beschäftigung behinderter Menschen beitragen, können 50 Prozent des auf die Arbeitsleistung der Werkstatt entfallenden Rechnungsbetrages solcher Aufträge (Gesamtrechnungsbetrag abzüglich Materialkosten) auf die Ausgleichsabgabe anrechnen. Dabei wird die Arbeitsleistung des Fachpersonals zur Arbeits- und Berufsförderung berücksichtigt, nicht hingegen die Arbeitsleistung sonstiger nichtbehinderter Arbeitnehmerinnen und Arbeitnehmer. Bei Weiterveräußerung von Erzeugnissen anderer anerkannter Werkstätten für behinderte Menschen wird die von diesen erbrachte Arbeitsleistung berücksichtigt. Die Werkstätten bestätigen das Vorliegen der Anrechnungsvoraussetzungen in der Rechnung.
(2) Voraussetzung für die Anrechnung ist, dass

1. die Aufträge innerhalb des Jahres, in dem die Verpflichtung zur Zahlung der Ausgleichsabgabe entsteht, von der Werkstatt für behinderte Menschen ausgeführt und vom Auftraggeber bis spätestens 31. März des Folgejahres vergütet werden und
2. es sich nicht um Aufträge handelt, die Träger einer Gesamteinrichtung an Werkstätten für behinderte Menschen vergeben, die rechtlich unselbständige Teile dieser Einrichtung sind.

(3) Bei der Vergabe von Aufträgen an Zusammenschlüsse anerkannter Werkstätten für behinderte Menschen gilt Absatz 2 entsprechend.

§ 224 Vergabe von Aufträgen durch die öffentliche Hand

(1) Aufträge der öffentlichen Hand, die von anerkannten Werkstätten für behinderte Menschen ausgeführt werden können, werden bevorzugt diesen Werkstätten angeboten; zudem können Werkstätten für behinderte Menschen nach Maßgabe der allgemeinen Verwaltungsvorschriften nach Satz 2 beim Zuschlag und den Zuschlagskriterien bevorzugt werden. Die Bundesregierung erlässt mit Zustimmung des Bundesrates allgemeine Verwaltungsvorschriften zur Vergabe von Aufträgen durch die öffentliche Hand.

(2) Absatz 1 gilt auch für Inklusionsbetriebe.

§ 225 Anerkennungsverfahren

Werkstätten für behinderte Menschen, die eine Vergünstigung im Sinne dieses Kapitels in Anspruch nehmen wollen, bedürfen der Anerkennung. Die Entscheidung über die Anerkennung trifft auf Antrag die Bundesagentur für Arbeit im Einvernehmen mit dem Träger der Eingliederungshilfe. Die Bundesagentur für Arbeit führt ein Verzeichnis der anerkannten Werkstätten für behinderte Menschen. In dieses Verzeichnis werden auch Zusammenschlüsse anerkannter Werkstätten für behinderte Menschen aufgenommen.

§ 226 Blindenwerkstätten

Die §§ 223 und 224 sind auch zugunsten von auf Grund des Blindenwarenvertriebsgesetzes anerkannten Blindenwerkstätten anzuwenden.

§ 227 Verordnungsermächtigungen

(1) Die Bundesregierung bestimmt durch Rechtsverordnung mit Zustimmung des Bundesrates das Nähere über den Begriff und die Aufgaben der Werkstatt für behinderte Menschen, die Aufnahmevoraussetzungen, die fachlichen Anforderungen, insbesondere hinsichtlich der Wirtschaftsführung, sowie des Begriffs und der Verwendung des Arbeitsergebnisses sowie das Verfahren zur Anerkennung als Werkstatt für behinderte Menschen.

(2) Das Bundesministerium für Arbeit und Soziales bestimmt durch Rechtsverordnung mit Zustimmung des Bundesrates im Einzelnen die Errichtung, Zusammensetzung und Aufgaben des Werkstattrats, die Fragen, auf die sich Mitbestimmung und Mitwirkung erstrecken, einschließlich Art und Umfang der Mitbestimmung und Mitwirkung, die Vorbereitung und Durchführung der Wahl, einschließlich der Wahlberechtigung und der Wählbarkeit, die Amtszeit sowie die

Geschäftsführung des Werkstattrats einschließlich des Erlasses einer Geschäftsordnung und der persönlichen Rechte und Pflichten der Mitglieder des Werkstattrats und der Kostentragung. In der Rechtsverordnung werden auch Art und Umfang der Beteiligung von Frauenbeauftragten, die Vorbereitung und Durchführung der Wahl einschließlich der Wahlberechtigung und der Wählbarkeit, die Amtszeit, die persönlichen Rechte und die Pflichten der Frauenbeauftragten und ihrer Stellvertreterinnen sowie die Kostentragung geregelt. Die Rechtsverordnung kann darüber hinaus bestimmen, dass die in ihr getroffenen Regelungen keine Anwendung auf Religionsgemeinschaften und ihre Einrichtungen finden, soweit sie eigene gleichwertige Regelungen getroffen haben.

Kapitel 13 Unentgeltliche Beförderung schwerbehinderter Menschen im öffentlichen Personenverkehr

§ 228 Unentgeltliche Beförderung, Anspruch auf Erstattung der Fahrgeldausfälle

(1) Schwerbehinderte Menschen, die infolge ihrer Behinderung in ihrer Bewegungsfähigkeit im Straßenverkehr erheblich beeinträchtigt oder hilflos oder gehörlos sind, werden von Unternehmern, die öffentlichen Personenverkehr betreiben, gegen Vorzeigen eines entsprechend gekennzeichneten Ausweises nach § 152 Absatz 5 im Nahverkehr im Sinne des § 230 Absatz 1 unentgeltlich befördert; die unentgeltliche Beförderung verpflichtet zur Zahlung eines tarifmäßigen Zuschlages bei der Benutzung zuschlagpflichtiger Züge des Nahverkehrs. Voraussetzung ist, dass der Ausweis mit einer gültigen Wertmarke versehen ist.

(2) Die Wertmarke wird gegen Entrichtung eines Betrages von *80 Euro* für ein Jahr oder *40 Euro*[2] für ein halbes Jahr ausgegeben. Der Betrag erhöht sich in entsprechender Anwendung des § 160 Absatz 3 jeweils zu dem Zeitpunkt, zu dem die nächste Neubestimmung der Beträge der Ausgleichsabgabe erfolgt. Liegt dieser Zeitpunkt innerhalb der Gültigkeitsdauer einer bereits ausgegebenen Wertmarke, ist der höhere Betrag erst im Zusammenhang mit der Ausgabe der darauffolgenden Wertmarke zu entrichten. Abweichend von § 160 Absatz 3 Satz 4 sind die sich ergebenden Beträge auf den nächsten vollen Eurobetrag aufzurunden. Das Bundesministerium für Arbeit und Soziales gibt den Erhöhungsbetrag und die sich nach entsprechender Anwendung des § 160 Absatz 3 Satz 3 ergebenden Beträge im Bundesanzeiger bekannt.

(3) Wird die für ein Jahr ausgegebene Wertmarke vor Ablauf eines halben Jahres ihrer Gültigkeitsdauer zurückgegeben, wird auf Antrag die Hälfte der Gebühr erstattet. Entsprechendes gilt für den Fall, dass der schwerbehinderte Mensch vor

---

2 Die Beträge wurden korrigiert auf 91 Euro und 46 Euro gem. Bekanntmachung über die Ausgleichsabgabe (§ 160 Absatz 3 des Neunten Buches Sozialgesetzbuch [SGB IX]), der Eigenbeteiligung für die unentgeltliche Beförderung (§ 228 Absatz 2 Satz 2 SGB IX), der übernahmefähigen Kinderbetreuungskosten (§ 74 Absatz 3 Satz 3 SGB IX) und der Finanzierung der Werkstatträte Deutschland (§ 39 Absatz 4 Satz 1 der Werkstätten-Mitwirkungsverordnung) vom 19.11.2020, BAnz 30.11.2020 B 1.

Ablauf eines halben Jahres der Gültigkeitsdauer der für ein Jahr ausgegebenen Wertmarke verstirbt.

(4) Auf Antrag wird eine für ein Jahr gültige Wertmarke, ohne dass der Betrag nach Absatz 2 in seiner jeweiligen Höhe zu entrichten ist, an schwerbehinderte Menschen ausgegeben,

1. die blind im Sinne des § 72 Absatz 5 des Zwölften Buches oder entsprechender Vorschriften oder hilflos im Sinne des § 33b des Einkommensteuergesetzes oder entsprechender Vorschriften sind oder
2. die Leistungen zur Sicherung des Lebensunterhalts nach dem Zweiten Buch oder für den Lebensunterhalt laufende Leistungen nach dem Dritten und Vierten Kapitel des Zwölften Buches, dem Achten oder dem Vierzehnten Buch erhalten oder
3. die am 1. Oktober 1979 die Voraussetzungen nach § 2 Absatz 1 Nummer 1 bis 4 und Absatz 3 des Gesetzes über die unentgeltliche Beförderung von Kriegs- und Wehrdienstbeschädigten sowie von anderen Behinderten im Nahverkehr vom 27. August 1965 (BGBl. I S. 978), das zuletzt durch Artikel 41 des Zuständigkeitsanpassungs-Gesetzes vom 18. März 1975 (BGBl. I S. 705) geändert worden ist, erfüllten, solange ein Grad der Schädigungsfolgen von mindestens 70 festgestellt ist oder von mindestens 50 festgestellt ist und sie infolge der Schädigung erheblich gehbehindert sind; das Gleiche gilt für schwerbehinderte Menschen, die diese Voraussetzungen am 1. Oktober 1979 nur deshalb nicht erfüllt haben, weil sie ihren Wohnsitz oder ihren gewöhnlichen Aufenthalt zu diesem Zeitpunkt in dem in Artikel 3 des Einigungsvertrages genannten Gebiet hatten.

(5) Die Wertmarke wird nicht ausgegeben, solange eine Kraftfahrzeugsteuerermäßigung nach § 3a Absatz 2 des Kraftfahrzeugsteuergesetzes in Anspruch genommen wird. Die Ausgabe der Wertmarken erfolgt auf Antrag durch die nach § 152 Absatz 5 zuständigen Behörden. Die Landesregierung oder die von ihr bestimmte Stelle kann die Aufgaben nach den Absätzen 2 bis 4 ganz oder teilweise auf andere Behörden übertragen. Für Streitigkeiten in Zusammenhang mit der Ausgabe der Wertmarke gilt § 51 Absatz 1 Nummer 7 des Sozialgerichtsgesetzes entsprechend.

(6) Absatz 1 gilt im Nah- und Fernverkehr im Sinne des § 230, ohne dass die Voraussetzung des Absatzes 1 Satz 2 erfüllt sein muss, für die Beförderung

1. einer Begleitperson eines schwerbehinderten Menschen im Sinne des Absatzes 1, wenn die Berechtigung zur Mitnahme einer Begleitperson nachgewiesen und dies im Ausweis des schwerbehinderten Menschen eingetragen ist, und
2. des Handgepäcks, eines mitgeführten Krankenfahrstuhles, soweit die Beschaffenheit des Verkehrsmittels dies zulässt, sonstiger orthopädischer Hilfsmittel und eines Führhundes; das Gleiche gilt für einen Hund, den ein schwerbehinderter Mensch mitführt, in dessen Ausweis die Berechtigung zur Mitnahme einer Begleitperson nachgewiesen ist, sowie für einen nach § 12e Absatz 4 des Behindertengleichstellungsgesetzes gekennzeichneten Assistenzhund.

(7) Die durch die unentgeltliche Beförderung nach den Absätzen 1 bis 6 entstehenden Fahrgeldausfälle werden nach Maßgabe der §§ 231 bis 233 erstattet. Die Erstattungen sind aus dem Anwendungsbereich der Verordnung (EG) Nr. 1370/2007 des Europäischen Parlaments und des Rates vom 23. Oktober 2007 über öffentliche

Personenverkehrsdienste auf Schiene und Straße und zur Aufhebung der Verordnungen (EWG) Nr. 1191/69 und (EWG) Nr. 1107/70 des Rates (ABl. L 315 vom 3.12.2007, S. 1) ausgenommen.

§ 229 Persönliche Voraussetzungen

(1) In seiner Bewegungsfähigkeit im Straßenverkehr erheblich beeinträchtigt ist, wer infolge einer Einschränkung des Gehvermögens (auch durch innere Leiden oder infolge von Anfällen oder von Störungen der Orientierungsfähigkeit) nicht ohne erhebliche Schwierigkeiten oder nicht ohne Gefahren für sich oder andere Wegstrecken im Ortsverkehr zurückzulegen vermag, die üblicherweise noch zu Fuß zurückgelegt werden. Der Nachweis der erheblichen Beeinträchtigung in der Bewegungsfähigkeit im Straßenverkehr kann bei schwerbehinderten Menschen mit einem Grad der Behinderung von wenigstens 80 nur mit einem Ausweis mit halbseitigem orangefarbenem Flächenaufdruck und eingetragenem Merkzeichen »G« geführt werden, dessen Gültigkeit frühestens mit dem 1. April 1984 beginnt, oder auf dem ein entsprechender Änderungsvermerk eingetragen ist.

(2) Zur Mitnahme einer Begleitperson sind schwerbehinderte Menschen berechtigt, die bei der Benutzung von öffentlichen Verkehrsmitteln infolge ihrer Behinderung regelmäßig auf Hilfe angewiesen sind. Die Feststellung bedeutet nicht, dass die schwerbehinderte Person, wenn sie nicht in Begleitung ist, eine Gefahr für sich oder für andere darstellt.

(3) Schwerbehinderte Menschen mit außergewöhnlicher Gehbehinderung sind Personen mit einer erheblichen mobilitätsbezogenen Teilhabebeeinträchtigung, die einem Grad der Behinderung von mindestens 80 entspricht. Eine erhebliche mobilitätsbezogene Teilhabebeeinträchtigung liegt vor, wenn sich die schwerbehinderten Menschen wegen der Schwere ihrer Beeinträchtigung dauernd nur mit fremder Hilfe oder mit großer Anstrengung außerhalb ihres Kraftfahrzeuges bewegen können. Hierzu zählen insbesondere schwerbehinderte Menschen, die auf Grund der Beeinträchtigung der Gehfähigkeit und Fortbewegung – dauerhaft auch für sehr kurze Entfernungen – aus medizinischer Notwendigkeit auf die Verwendung eines Rollstuhls angewiesen sind. Verschiedenste Gesundheitsstörungen (insbesondere Störungen bewegungsbezogener, neuromuskulärer oder mentaler Funktionen, Störungen des kardiovaskulären oder Atmungssystems) können die Gehfähigkeit erheblich beeinträchtigen. Diese sind als außergewöhnliche Gehbehinderung anzusehen, wenn nach versorgungsärztlicher Feststellung die Auswirkung der Gesundheitsstörungen sowie deren Kombination auf die Gehfähigkeit dauerhaft so schwer ist, dass sie der unter Satz 1 genannten Beeinträchtigung gleich kommt.

§ 230 Nah- und Fernverkehr

(1) Nahverkehr im Sinne dieses Gesetzes ist der öffentliche Personenverkehr mit

1. Straßenbahnen und Obussen im Sinne des Personenbeförderungsgesetzes,
2. Kraftfahrzeugen im Linienverkehr nach den §§ 42 und 43 des Personenbeförderungsgesetzes auf Linien, bei denen die Mehrzahl der Beförderungen eine Strecke von 50 Kilometern nicht übersteigt, es sei denn, dass bei den Verkehrsformen nach § 43 des Personenbeförderungsgesetzes die Genehmigungs-

behörde auf die Einhaltung der Vorschriften über die Beförderungsentgelte gemäß § 45 Absatz 3 des Personenbeförderungsgesetzes ganz oder teilweise verzichtet hat,
3. S-Bahnen in der 2. Wagenklasse,
4. Eisenbahnen in der 2. Wagenklasse in Zügen und auf Strecken und Streckenabschnitten, die in ein von mehreren Unternehmern gebildetes, mit den unter Nummer 1, 2 oder 7 genannten Verkehrsmitteln zusammenhängendes Liniennetz mit einheitlichen oder verbundenen Beförderungsentgelten einbezogen sind,
5. Eisenbahnen des Bundes in der 2. Wagenklasse in Zügen, die überwiegend dazu bestimmt sind, die Verkehrsnachfrage im Nahverkehr zu befriedigen (Züge des Nahverkehrs),
6. sonstigen Eisenbahnen des öffentlichen Verkehrs im Sinne von § 2 Absatz 1 und § 3 Absatz 1 des Allgemeinen Eisenbahngesetzes in der 2. Wagenklasse auf Strecken, bei denen die Mehrzahl der Beförderungen eine Strecke von 50 Kilometern nicht überschreitet,
7. Wasserfahrzeugen im Linien-, Fähr- und Übersetzverkehr, wenn dieser der Beförderung von Personen im Orts- und Nachbarschaftsbereich dient und Ausgangs- und Endpunkt innerhalb dieses Bereiches liegen; Nachbarschaftsbereich ist der Raum zwischen benachbarten Gemeinden, die, ohne unmittelbar aneinander grenzen zu müssen, durch einen stetigen, mehr als einmal am Tag durchgeführten Verkehr wirtschaftlich und verkehrsmäßig verbunden sind.

(2) Fernverkehr im Sinne dieses Gesetzes ist der öffentliche Personenverkehr mit
1. Kraftfahrzeugen im Linienverkehr nach § 42a Satz 1 des Personenbeförderungsgesetzes,
2. Eisenbahnen, ausgenommen der Sonderzugverkehr,
3. Wasserfahrzeugen im Fähr- und Übersetzverkehr, sofern keine Häfen außerhalb des Geltungsbereiches dieses Buches angelaufen werden, soweit der Verkehr nicht Nahverkehr im Sinne des Absatzes 1 ist.

(3) Die Unternehmer, die öffentlichen Personenverkehr betreiben, weisen im öffentlichen Personenverkehr nach Absatz 1 Nummer 2, 5, 6 und 7 im Fahrplan besonders darauf hin, inwieweit eine Pflicht zur unentgeltlichen Beförderung nach § 228 Absatz 1 nicht besteht.

§ 231 Erstattung der Fahrgeldausfälle im Nahverkehr

(1) Die Fahrgeldausfälle im Nahverkehr werden nach einem Prozentsatz der von den Unternehmern oder den Nahverkehrsorganisationen im Sinne des § 233 Absatz 2 nachgewiesenen Fahrgeldeinnahmen im Nahverkehr erstattet.

(2) Fahrgeldeinnahmen im Sinne dieses Kapitels sind alle Erträge aus dem Fahrkartenverkauf. Sie umfassen auch Erträge aus der Beförderung von Handgepäck, Krankenfahrstühlen, sonstigen orthopädischen Hilfsmitteln, Tieren sowie aus erhöhten Beförderungsentgelten.

(3) Werden in einem von mehreren Unternehmern gebildeten zusammenhängenden Liniennetz mit einheitlichen oder verbundenen Beförderungsentgelten die Erträge aus dem Fahrkartenverkauf zusammengefasst und dem einzelnen Unter-

nehmer anteilmäßig nach einem vereinbarten Verteilungsschlüssel zugewiesen, so ist der zugewiesene Anteil Ertrag im Sinne des Absatzes 2.

(4) Der Prozentsatz im Sinne des Absatzes 1 wird für jedes Land von der Landesregierung oder der von ihr bestimmten Behörde für jeweils ein Jahr bekannt gemacht. Bei der Berechnung des Prozentsatzes ist von folgenden Zahlen auszugehen:

1. der Zahl der in dem Land in dem betreffenden Kalenderjahr ausgegebenen Wertmarken und der Hälfte der in dem Land am Jahresende in Umlauf befindlichen gültigen Ausweise im Sinne des § 228 Absatz 1 von schwerbehinderten Menschen, die das sechste Lebensjahr vollendet haben und bei denen die Berechtigung zur Mitnahme einer Begleitperson im Ausweis eingetragen ist; Wertmarken mit einer Gültigkeitsdauer von einem halben Jahr und Wertmarken für ein Jahr, die vor Ablauf eines halben Jahres ihrer Gültigkeitsdauer zurückgegeben werden, werden zur Hälfte gezählt,
2. der in den jährlichen Veröffentlichungen des Statistischen Bundesamtes zum Ende des Vorjahres nachgewiesenen Zahl der Wohnbevölkerung in dem Land abzüglich der Zahl der Kinder, die das sechste Lebensjahr noch nicht vollendet haben, und der Zahlen nach Nummer 1.

Der Prozentsatz ist nach folgender Formel zu berechnen:

$$\frac{\textbf{nach Nummer 1 errechnete Zahl}}{\textbf{nach Nummer 2 errechnete Zahl}} \times \mathbf{100}$$

Bei der Festsetzung des Prozentsatzes sich ergebende Bruchteile von 0,005 und mehr werden auf ganze Hundertstel aufgerundet, im Übrigen abgerundet.

(5) Weist ein Unternehmen durch Verkehrszählung nach, dass das Verhältnis zwischen den nach diesem Kapitel unentgeltlich beförderten Fahrgästen und den sonstigen Fahrgästen den nach Absatz 4 festgesetzten Prozentsatz um mindestens ein Drittel übersteigt, wird neben dem sich aus der Berechnung nach Absatz 4 ergebenden Erstattungsbetrag auf Antrag der nachgewiesene, über dem Drittel liegende Anteil erstattet. Die Länder können durch Rechtsverordnung bestimmen, dass die Verkehrszählung durch Dritte auf Kosten des Unternehmens zu erfolgen hat.

(6) Absatz 5 gilt nicht in Fällen des § 233 Absatz 2.

§ 232 Erstattung der Fahrgeldausfälle im Fernverkehr

(1) Die Fahrgeldausfälle im Fernverkehr werden nach einem Prozentsatz der von den Unternehmern nachgewiesenen Fahrgeldeinnahmen im Fernverkehr erstattet.

(2) Der maßgebende Prozentsatz wird vom Bundesministerium für Arbeit und Soziales im Einvernehmen mit dem Bundesministerium der Finanzen und dem Bundesministerium für Verkehr und digitale Infrastruktur für jeweils zwei Jahre bekannt gemacht. Bei der Berechnung des Prozentsatzes ist von folgenden, für das letzte Jahr vor Beginn des Zweijahreszeitraumes vorliegenden Zahlen auszugehen:

1. der Zahl der im Geltungsbereich dieses Gesetzes am Jahresende in Umlauf befindlichen gültigen Ausweise nach § 228 Absatz 1, auf denen die Berechtigung zur Mitnahme einer Begleitperson eingetragen ist, abzüglich 25 Prozent,
2. der in den jährlichen Veröffentlichungen des Statistischen Bundesamtes zum Jahresende nachgewiesenen Zahl der Wohnbevölkerung im Geltungsbereich dieses Gesetzes abzüglich der Zahl der Kinder, die das vierte Lebensjahr noch nicht vollendet haben, und der nach Nummer 1 ermittelten Zahl.

Der Prozentsatz ist nach folgender Formel zu berechnen:

$$\frac{\textbf{nach Nummer 1 errechnete Zahl}}{\textbf{nach Nummer 2 errechnete Zahl}} \times 100$$

§ 231 Absatz 4 letzter Satz gilt entsprechend.

§ 233 Erstattungsverfahren

(1) Die Fahrgeldausfälle werden auf Antrag des Unternehmers erstattet. Bei einem von mehreren Unternehmern gebildeten zusammenhängenden Liniennetz mit einheitlichen oder verbundenen Beförderungsentgelten können die Anträge auch von einer Gemeinschaftseinrichtung dieser Unternehmer für ihre Mitglieder gestellt werden. Der Antrag ist innerhalb von drei Jahren nach Ablauf des Abrechnungsjahres zu stellen, und zwar für den Nahverkehr nach § 234 Satz 1 Nummer 1 und für den Fernverkehr an das Bundesverwaltungsamt, für den übrigen Nahverkehr bei den in Absatz 4 bestimmten Behörden.

(2) Haben sich in einem Bundesland mehrere Aufgabenträger des öffentlichen Personennahverkehrs auf lokaler oder regionaler Ebene zu Verkehrsverbünden zusammengeschlossen und erhalten die im Zuständigkeitsbereich dieser Aufgabenträger öffentlichen Personennahverkehr betreibenden Verkehrsunternehmen für ihre Leistungen ein mit diesen Aufgabenträgern vereinbartes Entgelt (Bruttoprinzip), können anstelle der antrags- und erstattungsberechtigten Verkehrsunternehmen auch die Nahverkehrsorganisationen Antrag auf Erstattung der in ihrem jeweiligen Gebiet entstandenen Fahrgeldausfälle stellen, sofern die Verkehrsunternehmen hierzu ihr Einvernehmen erteilt haben.

(3) Die Unternehmer oder die Nahverkehrsorganisationen im Sinne des Absatzes 2 erhalten auf Antrag Vorauszahlungen für das laufende Kalenderjahr in Höhe von insgesamt 80 Prozent des zuletzt für ein Jahr festgesetzten Erstattungsbetrages. Die Vorauszahlungen werden je zur Hälfte am 15. Juli und am 15. November gezahlt. Der Antrag auf Vorauszahlungen gilt zugleich als Antrag im Sinne des Absatzes 1. Die Vorauszahlungen sind zurückzuzahlen, wenn Unterlagen, die für die Berechnung der Erstattung erforderlich sind, nicht bis zum 31. Dezember des dritten auf die Vorauszahlung folgenden Kalenderjahres vorgelegt sind. In begründeten Ausnahmefällen kann die Rückforderung der Vorauszahlungen ausgesetzt werden.

(4) Die Landesregierung oder die von ihr bestimmte Stelle legt die Behörden fest, die über die Anträge auf Erstattung und Vorauszahlung entscheiden und die auf den Bund und das Land entfallenden Beträge auszahlen. § 11 Absatz 2 bis 4 des Personenbeförderungsgesetzes gilt entsprechend.

(5) Erstreckt sich der Nahverkehr auf das Gebiet mehrerer Länder, entscheiden die nach Landesrecht zuständigen Landesbehörden dieser Länder darüber, welcher Teil der Fahrgeldeinnahmen jeweils auf den Bereich ihres Landes entfällt.

(6) Die Unternehmen im Sinne des § 234 Satz 1 Nummer 1 legen ihren Anträgen an das Bundesverwaltungsamt den Anteil der nachgewiesenen Fahrgeldeinnahmen im Nahverkehr zugrunde, der auf den Bereich des jeweiligen Landes entfällt; für den Nahverkehr von Eisenbahnen des Bundes im Sinne des § 230 Absatz 1 Satz 1 Nummer 5 bestimmt sich dieser Teil nach dem Anteil der Zugkilometer, die von einer Eisenbahn des Bundes mit Zügen des Nahverkehrs im jeweiligen Land erbracht werden.

(7) Hinsichtlich der Erstattungen gemäß § 231 für den Nahverkehr nach § 234 Satz 1 Nummer 1 und gemäß § 232 sowie der entsprechenden Vorauszahlungen nach Absatz 3 wird dieses Kapitel in bundeseigener Verwaltung ausgeführt. Die Verwaltungsaufgaben des Bundes erledigt das Bundesverwaltungsamt nach fachlichen Weisungen des Bundesministeriums für Arbeit und Soziales in eigener Zuständigkeit.
(8) Für das Erstattungsverfahren gelten das Verwaltungsverfahrensgesetz und die entsprechenden Gesetze der Länder. Bei Streitigkeiten über die Erstattungen und die Vorauszahlungen ist der Verwaltungsrechtsweg gegeben.

§ 234 Kostentragung

Der Bund trägt die Aufwendungen für die unentgeltliche Beförderung
1. im Nahverkehr, soweit Unternehmen, die sich überwiegend in der Hand des Bundes oder eines mehrheitlich dem Bund gehörenden Unternehmens befinden (auch in Verkehrsverbünden), erstattungsberechtigte Unternehmer sind sowie
2. im Fernverkehr für die Begleitperson und die mitgeführten Gegenstände im Sinne des § 228 Absatz 6.

Die Länder tragen die Aufwendungen für die unentgeltliche Beförderung im übrigen Nahverkehr.

§ 235 Einnahmen aus Wertmarken

Von den durch die Ausgabe der Wertmarken erzielten jährlichen Einnahmen erhält der Bund einen Anteil von 27 Prozent. Dieser ist unter Berücksichtigung der in der Zeit vom 1. Januar bis 30. Juni eines Kalenderjahres eingegangenen Einnahmen zum 15. Juli und unter Berücksichtigung der vom 1. Juli bis 31. Dezember eines Kalenderjahres eingegangenen Einnahmen zum 15. Januar des darauffolgenden Kalenderjahres an den Bund abzuführen.

§ 236 Erfassung der Ausweise

Die für die Ausstellung der Ausweise nach § 152 Absatz 5 zuständigen Behörden erfassen
1. die am Jahresende im Umlauf befindlichen gültigen Ausweise, getrennt nach Art und besonderen Eintragungen,
2. die im Kalenderjahr ausgegebenen Wertmarken, unterteilt nach der jeweiligen Gültigkeitsdauer und die daraus erzielten Einnahmen

als Grundlage für die nach § 231 Absatz 4 Satz 2 Nummer 1 und § 232 Absatz 2 Satz 2 Nummer 1 zu ermittelnde Zahl der Ausweise und Wertmarken. Die zuständigen obersten Landesbehörden teilen dem Bundesministerium für Arbeit und Soziales das Ergebnis der Erfassung nach Satz 1 spätestens bis zum 31. März des Jahres mit, in dem die Prozentsätze festzusetzen sind.

§ 237 Verordnungsermächtigungen

(1) Die Bundesregierung wird ermächtigt, in der Rechtsverordnung auf Grund des § 153 Absatz 1 nähere Vorschriften über die Gestaltung der Wertmarken, ihre Verbindung mit dem Ausweis und Vermerke über ihre Gültigkeitsdauer zu erlassen.

(2) Das Bundesministerium für Arbeit und Soziales und das Bundesministerium für Verkehr und digitale Infrastruktur werden ermächtigt, durch Rechtsverordnung festzulegen, welche Zuggattungen von Eisenbahnen des Bundes zu den Zügen des Nahverkehrs im Sinne des § 230 Absatz 1 Nummer 5 und zu den zuschlagpflichtigen Zügen des Nahverkehrs im Sinne des § 228 Absatz 1 Satz 1 zweiter Halbsatz zählen.

Kapitel 14 Straf-, Bußgeld- und Schlussvorschriften

§ 237a Strafvorschriften

(1) Mit Freiheitsstrafe bis zu zwei Jahren oder mit Geldstrafe wird bestraft, wer entgegen § 179 Absatz 7 Satz 1 Nummer 2, auch in Verbindung mit Satz 2 oder § 180 Absatz 7, ein Betriebs- oder Geschäftsgeheimnis verwertet.
(2) Die Tat wird nur auf Antrag verfolgt.

§ 237b Strafvorschriften

(1) Mit Freiheitsstrafe bis zu einem Jahr oder mit Geldstrafe wird bestraft, wer entgegen § 179 Absatz 7 Satz 1, auch in Verbindung mit Satz 2 oder § 180 Absatz 7, ein dort genanntes Geheimnis offenbart.
(2) Handelt der Täter gegen Entgelt oder in der Absicht, sich oder einen anderen zu bereichern oder einen anderen zu schädigen, so ist die Strafe Freiheitsstrafe bis zu zwei Jahren oder Geldstrafe.
(3) Die Tat wird nur auf Antrag verfolgt.

§ 238 Bußgeldvorschriften

(1) Ordnungswidrig handelt, wer vorsätzlich oder fahrlässig
1. (weggefallen),
2. entgegen § 163 Absatz 1 ein Verzeichnis nicht, nicht richtig, nicht vollständig oder nicht in der vorgeschriebenen Weise führt oder nicht oder nicht rechtzeitig vorlegt,
3. entgegen § 163 Absatz 2 Satz 1 oder Absatz 4 eine Anzeige nicht, nicht richtig, nicht vollständig, nicht in der vorgeschriebenen Weise oder nicht rechtzeitig erstattet,
4. entgegen § 163 Absatz 5 eine Auskunft nicht, nicht richtig, nicht vollständig oder nicht rechtzeitig erteilt,
5. entgegen § 163 Absatz 7 Einblick in den Betrieb oder die Dienststelle nicht oder nicht rechtzeitig gibt,
6. entgegen § 163 Absatz 8 eine dort bezeichnete Person nicht oder nicht rechtzeitig benennt,
7. entgegen § 164 Absatz 1 Satz 4 oder 9 eine dort bezeichnete Vertretung oder einen Beteiligten nicht, nicht richtig, nicht vollständig oder nicht rechtzeitig unterrichtet oder
8. entgegen § 178 Absatz 2 Satz 1 erster Halbsatz die Schwerbehindertenvertretung nicht, nicht richtig, nicht vollständig oder nicht rechtzeitig unterrichtet oder nicht oder nicht rechtzeitig anhört.

(2) Die Ordnungswidrigkeit kann mit einer Geldbuße bis zu zehntausend Euro geahndet werden.
(3) Verwaltungsbehörde im Sinne des § 36 Absatz 1 Nummer 1 des Gesetzes über Ordnungswidrigkeiten ist die Bundesagentur für Arbeit.
(4) Die Geldbußen fließen in die Kasse der Verwaltungsbehörde, die den Bußgeldbescheid erlassen hat. § 66 des Zehnten Buches gilt entsprechend.
(5) Die nach Absatz 4 Satz 1 zuständige Kasse trägt abweichend von § 105 Absatz 2 des Gesetzes über Ordnungswidrigkeiten die notwendigen Auslagen. Sie ist auch ersatzpflichtig im Sinne des § 110 Absatz 4 des Gesetzes über Ordnungswidrigkeiten.

§ 239 Stadtstaatenklausel

(1) Der Senat der Freien und Hansestadt Hamburg wird ermächtigt, die Schwerbehindertenvertretung für Angelegenheiten, die mehrere oder alle Dienststellen betreffen, in der Weise zu regeln, dass die Schwerbehindertenvertretungen aller Dienststellen eine Gesamtschwerbehindertenvertretung wählen. Für die Wahl gilt § 177 Absatz 2, 3, 6 und 7 entsprechend.
(2) § 180 Absatz 6 Satz 1 gilt entsprechend.

§ 240 Sonderregelung für den Bundesnachrichtendienst und den Militärischen Abschirmdienst

(1) Für den Bundesnachrichtendienst gilt dieses Gesetz mit folgenden Abweichungen:

1. Der Bundesnachrichtendienst gilt vorbehaltlich der Nummer 3 als einheitliche Dienststelle.
2. Für den Bundesnachrichtendienst gelten die Pflichten zur Vorlage des nach § 163 Absatz 1 zu führenden Verzeichnisses, zur Anzeige nach § 163 Absatz 2 und zur Gewährung von Einblick nach § 163 Absatz 7 nicht. Die Anzeigepflicht nach § 173 Absatz 4 gilt nur für die Beendigung von Probearbeitsverhältnissen.
3. Als Dienststelle im Sinne des Kapitels 5 gelten auch Teile und Stellen des Bundesnachrichtendienstes, die nicht zu seiner Zentrale gehören. § 177 Absatz 1 Satz 4 und 5 sowie § 180 sind nicht anzuwenden. In den Fällen des § 180 Absatz 6 ist die Schwerbehindertenvertretung der Zentrale des Bundesnachrichtendienstes zuständig. Im Falle des § 177 Absatz 6 Satz 4 lädt der Leiter oder die Leiterin der Dienststelle ein. Die Schwerbehindertenvertretung ist in den Fällen nicht zu beteiligen, in denen die Beteiligung der Personalvertretung nach dem Bundespersonalvertretungsgesetz ausgeschlossen ist. Der Leiter oder die Leiterin des Bundesnachrichtendienstes kann anordnen, dass die Schwerbehindertenvertretung nicht zu beteiligen ist, Unterlagen nicht vorgelegt oder Auskünfte nicht erteilt werden dürfen, wenn und soweit dies aus besonderen nachrichtendienstlichen Gründen geboten ist. Die Rechte und Pflichten der Schwerbehindertenvertretung ruhen, wenn die Rechte und Pflichten der Personalvertretung ruhen. § 179 Absatz 7 Satz 3 ist nach Maßgabe der Sicherheitsbestimmungen des Bundesnachrichtendienstes anzuwenden. § 182 Absatz 2 gilt nur für die in § 182 Absatz 1 genannten Personen und Vertretungen der Zentrale des Bundesnachrichtendienstes.

4. Im Widerspruchsausschuss bei dem Integrationsamt (§ 202) und in den Widerspruchsausschüssen bei der Bundesagentur für Arbeit (§ 203) treten in Angelegenheiten schwerbehinderter Menschen, die beim Bundesnachrichtendienst beschäftigt sind, an die Stelle der Mitglieder, die Arbeitnehmer oder Arbeitnehmerinnen und Arbeitgeber sind (§ 202 Absatz 1 und § 203 Absatz 1), Angehörige des Bundesnachrichtendienstes, an die Stelle der Schwerbehindertenvertretung die Schwerbehindertenvertretung der Zentrale des Bundesnachrichtendienstes. Sie werden dem Integrationsamt und der Bundesagentur für Arbeit vom Leiter oder von der Leiterin des Bundesnachrichtendienstes benannt. Die Mitglieder der Ausschüsse müssen nach den dafür geltenden Bestimmungen ermächtigt sein, Kenntnis von Verschlusssachen des in Betracht kommenden Geheimhaltungsgrades zu erhalten.
5. Über Rechtsstreitigkeiten, die auf Grund dieses Buches im Geschäftsbereich des Bundesnachrichtendienstes entstehen, entscheidet im ersten und letzten Rechtszug der oberste Gerichtshof des zuständigen Gerichtszweiges.

(2) Der Militärische Abschirmdienst mit seinem Geschäftsbereich gilt als einheitliche Dienststelle.

§ 241 Übergangsregelung

(1) Abweichend von § 154 Absatz 1 beträgt die Pflichtquote für die in § 154 Absatz 2 Nummer 1 und 4 genannten öffentlichen Arbeitgeber des Bundes weiterhin 6 Prozent, wenn sie am 31. Oktober 1999 auf mindestens 6 Prozent der Arbeitsplätze schwerbehinderte Menschen beschäftigt hatten.

(2) Eine auf Grund des Schwerbehindertengesetzes getroffene bindende Feststellung über das Vorliegen einer Behinderung, eines Grades der Behinderung und das Vorliegen weiterer gesundheitlicher Merkmale gelten als Feststellungen nach diesem Buch.

(3) Die nach § 56 Absatz 2 des Schwerbehindertengesetzes erlassenen allgemeinen Richtlinien sind bis zum Erlass von allgemeinen Verwaltungsvorschriften nach § 224 weiter anzuwenden, auch auf Inklusionsbetriebe.

(4) Auf Erstattungen nach Kapitel 13 dieses Teils ist § 231 für bis zum 31. Dezember 2004 entstandene Fahrgeldausfälle in der bis zu diesem Zeitpunkt geltenden Fassung anzuwenden.

(5) Soweit noch keine Verordnung nach § 153 Absatz 2 erlassen ist, gelten die Maßstäbe des § 30 Absatz 1 des Bundesversorgungsgesetzes und der auf Grund des § 30 Absatz 16 des Bundesversorgungsgesetzes erlassenen Rechtsverordnungen entsprechend.

(6) Bestehende Integrationsvereinbarungen im Sinne des § 83 in der bis zum 30. Dezember 2016 geltenden Fassung gelten als Inklusionsvereinbarungen fort.

(7) Die nach § 22 in der am 31. Dezember 2017 geltenden Fassung bis zu diesem Zeitpunkt errichteten gemeinsamen Servicestellen bestehen längstens bis zum 31. Dezember 2018. Für die Aufgaben der nach Satz 1 im Jahr 2018 bestehenden gemeinsamen Servicestellen gilt § 22 in der am 31. Dezember 2017 geltenden Fassung entsprechend.

(8) Bis zum 31. Dezember 2019 treten an die Stelle der Träger der Eingliederungshilfe als Rehabilitationsträger im Sinne dieses Buches die Träger der Sozialhilfe

nach § 3 des Zwölften Buches, soweit sie zur Erbringung von Leistungen der Eingliederungshilfe für Menschen mit Behinderungen nach § 8 Nummer 4 des Zwölften Buches bestimmt sind.

(9) Das Inkrafttreten der bei einer Beschäftigungsquote von 0 Prozent zu zahlenden Ausgleichsabgabe gilt nicht als Neubestimmung der Ausgleichsabgabe im Sinne des § 160 Absatz 3 Satz 2.

(10) (weggefallen)

III. Verordnungen zum SGB IX

1. Wahlordnung Schwerbehindertenvertretungen (SchwbVWO)

a) Einführung

Die Wahlordnung regelt die Einzelheiten zur Wahl der Schwerbehindertenvertretung und der Stufenvertretungen (Gesamt-, Bezirks-, Haupt- und Konzernschwerbehindertenvertretung). Es gelten die Grundsätze der Mehrheitswahl. Die Vertrauensperson und die stellvertretenden Mitglieder werden in geheimer und unmittelbarer Wahl gewählt.
Es wird zwischen dem vereinfachten und dem förmlichen Wahlverfahren unterschieden (Wahl der Schwerbehindertenvertretung). Das vereinfachte Wahlverfahren (§§ 18ff. SchwbVWO) ist durchzuführen, wenn der Betrieb bzw. die Dienststelle nicht aus räumlich weit auseinanderliegenden Teilen besteht und dort weniger als 50 Wahlberechtigte beschäftigt werden (§ 177 Abs. 6 Satz 3 SGB IX i. V. m. § 18 SchwbVWO). Die Wahl findet in diesen Fällen auf einer Wahlversammlung der wahlberechtigten schwerbehinderten Menschen statt.
Für das förmliche Wahlverfahren trifft die Wahlordnung detaillierte Regelungen zur Sicherstellung eines fairen, geheimen Wahlvorgangs. Die SchwbVWO enthält dafür zum einen genaue Vorschriften zur Vorbereitung der Wahl, insbesondere zur Bestellung eines Wahlvorstandes, zur Wählerliste und zu den Wahlvorschlägen. Zum anderen befasst sie sich mit der Wahldurchführung, etwa der Stimmabgabe, der Feststellung des Wahlergebnisses und der Bekanntgabe der Gewählten.
Der Wahlvorstand legt die Anzahl der zu wählenden stellvertretenden Mitglieder fest (§ 2 Abs. 3 SchwbVWO). Dabei hat er auch die Anzahl der schwerbehinderten und ihnen gleichgestellten Beschäftigten zu berücksichtigen. Es empfiehlt sich, grundsätzlich immer mindestens 2 stellvertretende Mitglieder wählen zu lassen. In größeren Betrieben ist zusätzlich mindestens 1 stellvertretendes Mitglied je 100 schwerbehinderten und ihnen gleichgestellten Beschäftigten zu wählen (bei 1300 betroffenen Beschäftigten mindestens 13 stellvertretende Mitglieder).
Eine Besonderheit ist die immer stattfindende Persönlichkeitswahl. Es gibt keine Listenwahl wie bei den Betriebs- oder Personalratswahlen. Die Wahlvorschläge benötigen aber 1/20 an Stützunterschriften. Alle gültigen Wahlvorschläge werden anschließend in alphabetischer Reihenfolge auf dem Stimmzettel aufgeführt.
Sowohl im förmlichen als auch im vereinfachten Wahlverfahren werden die Vertrauensperson und die Stellvertreter in getrennten Wahlgängen ermittelt.
Bei der Wahl der Stufenvertretungen (Konzern-, Gesamt-, Bezirks- und Hauptschwerbehindertenvertretungen) liegt die Besonderheit gegenüber den Stufenvertretungen beim Betriebsrat darin, dass auch Personen gewählt werden können, die zuvor nicht als Vertrauensperson (SBV) gewählt worden sind. Hierdurch entsteht eine besondere Informationspflicht, da alle Beschäftigten, die auch zur SBV-Wahl das passive Wahlrecht besitzen, durch eine Vertrauensperson als Wahlbewerber vorgeschlagen werden können. Somit besteht die Option, die Arbeit in der Stufenvertretung an eine weitere Person durch Wahl zu delegieren und einer Ämterhäu-

fung vorzubeugen. Die Stufenvertretungen könne seit der Reform des SGB IX im vereinfachten Wahlverfahren durchgeführt werden, obwohl eine räumliche Nähe oftmals nicht gegeben ist.

b) Verordnungstext

Vom 23. April 1990 (BGBl. I S. 811), geändert durch die Erste Verordnung zur Änderung der Wahlordnung der Schwerbehindertenvertretungen vom 18. März 2022 (BGBl. I S. 477).

Inhaltsübersicht Seite

Erster Teil Wahl der Schwerbehindertenvertretung in Betrieben und Dienststellen

Erster Abschnitt Vorbereitung der Wahl

§ 1 Bestellung des Wahlvorstandes

(1) Spätestens acht Wochen vor Ablauf ihrer Amtszeit bestellt die Schwerbehindertenvertretung einen Wahlvorstand aus drei volljährigen in dem Betrieb oder der Dienststelle Beschäftigten und einen oder eine von ihnen als Vorsitzenden oder Vorsitzende.

(2) Ist in dem Betrieb oder der Dienststelle eine Schwerbehindertenvertretung nicht vorhanden, werden der Wahlvorstand und dessen Vorsitzender oder Vorsitzende in einer Versammlung der schwerbehinderten und diesen gleichgestellten behinderten Menschen (Wahlberechtigte) gewählt. Zu dieser Versammlung können drei Wahlberechtigte oder der Betriebs- oder Personalrat einladen. Das Recht des Integrationsamtes, zu einer solchen Versammlung einzuladen (§ 177 Absatz 6 Satz 4 des Neunten Buches Sozialgesetzbuch), bleibt unberührt.

§ 2 Aufgaben des Wahlvorstandes

(1) Der Wahlvorstand bereitet die Wahl vor und führt sie durch. Er kann volljährige in dem Betrieb oder der Dienststelle Beschäftigte als Wahlhelfer oder Wahlhelferin zu seiner Unterstützung bei der Durchführung der Stimmabgabe und bei der Stimmenzählung bestellen.

(2) Die Beschlüsse des Wahlvorstandes werden mit einfacher Stimmenmehrheit seiner Mitglieder gefasst. Über jede Sitzung des Wahlvorstandes ist eine Niederschrift aufzunehmen, die mindestens den Wortlaut der gefassten Beschlüsse enthält. Die Niederschrift ist von dem Vorsitzenden oder der Vorsitzenden und einem weiteren Mitglied des Wahlvorstandes zu unterzeichnen.

(3) Der Wahlvorstand hat die Wahl unverzüglich einzuleiten; sie soll innerhalb von sechs Wochen, spätestens jedoch eine Woche vor dem Tage stattfinden, an dem die Amtszeit der Schwerbehindertenvertretung abläuft.

(4) Der Wahlvorstand beschließt nach Erörterung mit der Schwerbehindertenvertretung, dem Betriebs- oder Personalrat und dem Arbeitgeber, wie viele stell-

vertretende Mitglieder der Schwerbehindertenvertretung in dem Betrieb oder der Dienststelle zu wählen sind.

(5) Der Wahlvorstand soll dafür sorgen, dass ausländische Wahlberechtigte rechtzeitig über das Wahlverfahren, die Aufstellung der Liste der Wahlberechtigten, die Wahlvorschläge, den Wahlvorgang und die Stimmabgabe in geeigneter Weise unterrichtet werden.

(6) Der Arbeitgeber unterstützt den Wahlvorstand bei der Erfüllung seiner Aufgaben. Er gibt ihm insbesondere alle für die Anfertigung der Liste der Wahlberechtigten erforderlichen Auskünfte und stellt die notwendigen Unterlagen zur Verfügung.

§ 3 Liste der Wahlberechtigten

(1) Der Wahlvorstand stellt eine Liste der Wahlberechtigten auf. Die Wahlberechtigten sollen mit Familienname, Vorname, erforderlichenfalls Geburtsdatum sowie Betrieb oder Dienststelle in alphabetischer Reihenfolge aufgeführt werden.

(2) Die Liste der Wahlberechtigten oder eine Abschrift ist unverzüglich nach Einleitung der Wahl bis zum Abschluss der Stimmabgabe an geeigneter Stelle zur Einsicht auszulegen.

§ 4 Einspruch gegen die Liste der Wahlberechtigten

(1) Wer wahlberechtigt oder in dem Betrieb oder der Dienststelle beschäftigt ist und ein berechtigtes Interesse an einer ordnungsgemäßen Wahl glaubhaft macht, kann innerhalb von zwei Wochen nach Erlass des Wahlausschreibens beim Wahlvorstand schriftlich Einspruch gegen die Richtigkeit der Liste der Wahlberechtigten einlegen.

(2) Über Einsprüche nach Absatz 1 entscheidet der Wahlvorstand unverzüglich. Hält er den Einspruch für begründet, berichtigt er die Liste der Wahlberechtigten. Der Person, die den Einspruch eingelegt hat, wird die Entscheidung des Wahlvorstandes unverzüglich mitgeteilt; die Entscheidung muss ihr spätestens am Tag vor dem Beginn der Stimmabgabe zugehen.

(3) Nach Ablauf der Einspruchsfrist soll der Wahlvorstand die Liste der Wahlberechtigten nochmals auf ihre Vollständigkeit hin überprüfen. Im übrigen kann nach Ablauf der Einspruchsfrist die Liste der Wahlberechtigten nur bei Schreibfehlern, offenbaren Unrichtigkeiten, in Erledigung rechtzeitig eingelegter Einsprüche oder bei Eintritt oder Ausscheiden eines Wahlberechtigten bis zum Tage vor dem Beginn der Stimmabgabe berichtigt oder ergänzt werden.

§ 5 Wahlausschreiben

(1) Spätestens sechs Wochen vor dem Wahltage erlässt der Wahlvorstand ein Wahlausschreiben, das von dem oder der Vorsitzenden und mindestens einem weiteren Mitglied des Wahlvorstandes zu unterschreiben ist. Es muss enthalten:

1. das Datum seines Erlasses,
2. die Namen der Mitglieder des Wahlvorstandes,
3. die Voraussetzungen der Wählbarkeit zur Schwerbehindertenvertretung
4. den Hinweis, wo und wann die Liste der Wahlberechtigten und diese Verordnung zur Einsicht ausliegen,

5. den Hinweis, dass nur wählen kann, wer in die Liste der Wahlberechtigten eingetragen ist und dass Einsprüche gegen die Richtigkeit der Liste der Wahlberechtigten nur vor Ablauf von zwei Wochen seit dem Erlaß des Wahlausschreibens beim Wahlvorstand schriftlich eingelegt werden können; der letzte Tag der Frist ist anzugeben,
6. die Zahl der zu wählenden stellvertretenden Mitglieder,
7. den Hinweis, dass Schwerbehindertenvertretung und stellvertretende Mitglieder in zwei getrennten Wahlgängen gewählt werden und dass sich aus den Wahlvorschlägen ergeben muss, wer als Schwerbehindertenvertretung und wer als stellvertretende Mitglieder vorgeschlagen wird,
8. den Hinweis, dass Wahlberechtigte sowohl einen Wahlvorschlag für die Wahl der Schwerbehindertenvertretung als auch für die Wahl des stellvertretenden Mitglieds unterzeichnen können und dass ein Bewerber oder eine Bewerberin sowohl als Schwerbehindertenvertretung als auch als stellvertretendes Mitglied vorgeschlagen werden kann,
9. die Aufforderung, Wahlvorschläge innerhalb von zwei Wochen nach Erlass des Wahlausschreibens beim Wahlvorstand einzureichen; der letzte Tag der Frist ist anzugeben,
10. die Mindestzahl von Wahlberechtigten, von denen ein Wahlvorschlag unterzeichnet sein muss (§ 6 Abs. 2 Satz 1),
11. den Hinweis, dass die Stimmabgabe an die Wahlvorschläge gebunden ist und dass nur solche Wahlvorschläge berücksichtigt werden dürfen, die fristgerecht (Nummer 9) eingereicht sind,
12. die Bestimmung des Ortes, an dem die Wahlvorschläge bis zum Abschluss der Stimmabgabe durch Aushang oder in sonst geeigneter Weise bekanntgegeben werden,
13. Ort, Tag und Zeit der Stimmabgabe,
14. den Hinweis auf die Möglichkeit der schriftlichen Stimmabgabe (§ 11 Abs. 1), falls der Wahlvorstand nicht die schriftliche Stimmabgabe beschlossen hat (§ 11 Abs. 2),
15. den Ort und die Zeit der Stimmauszählung und der Sitzung des Wahlvorstandes, in der das Wahlergebnis abschließend festgestellt wird,
16. den Ort, an dem Einsprüche, Wahlvorschläge und sonstige Erklärungen gegenüber dem Wahlvorstand abzugeben sind (Anschrift des Wahlvorstandes).

(2) Eine Abschrift oder ein Abdruck des Wahlausschreibens ist vom Tage seines Erlasses bis zum Wahltag an einer oder mehreren geeigneten, den Wahlberechtigten zugänglichen Stellen vom Wahlvorstand auszuhängen und in gut lesbarem Zustand zu erhalten.

§ 6 Wahlvorschläge

(1) Die Wahlberechtigten können innerhalb von zwei Wochen seit Erlass des Wahlausschreibens schriftliche Vorschläge beim Wahlvorstand einreichen. Es können ein Bewerber oder eine Bewerberin als Schwerbehindertenvertretung und ein Bewerber oder eine Bewerberin als stellvertretendes Mitglied vorgeschlagen werden. Hat der Wahlvorstand die Wahl mehrerer stellvertretender Mitglieder beschlossen, können entsprechend viele Bewerber oder Bewerberinnen dafür benannt werden.

Ein Bewerber oder Bewerberin kann sowohl als Schwerbehindertenvertretung als auch als stellvertretendes Mitglied vorgeschlagen werden.
(2) Jeder Wahlvorschlag muss von einem Zwanzigstel der Wahlberechtigten, mindestens jedoch von drei Wahlberechtigten unterzeichnet sein. Familienname, Vorname, Geburtsdatum, Art der Beschäftigung sowie erforderlichenfalls Betrieb oder Dienststelle der Bewerber oder Bewerberinnen sind anzugeben. Dem Wahlvorschlag ist die schriftliche Zustimmung der Bewerber oder Bewerberinnen beizufügen.
(3) Eine Person, die sich bewirbt, kann nur auf einem Wahlvorschlag benannt werden, es sei denn, sie ist in einem Wahlvorschlag als Schwerbehindertenvertretung und in einem anderen Wahlvorschlag als stellvertretendes Mitglied benannt. Der Wahlvorstand fordert eine Person, die mit ihrer schriftlichen Zustimmung auf mehreren Wahlvorschlägen für dasselbe Amt benannt ist, auf, innerhalb von drei Arbeitstagen zu erklären, auf welchem der Wahlvorschläge sie benannt bleiben will. Wird diese Erklärung nicht fristgerecht abgegeben, wird der Bewerber oder die Bewerberin von sämtlichen Wahlvorschlägen gestrichen.
(4) Die Unterschrift eines Wahlberechtigten zählt nur auf einem Wahlvorschlag. Der Wahlvorstand hat einen Wahlberechtigten, der mehrere Wahlvorschläge unterzeichnet hat, schriftlich gegen Empfangsbestätigung aufzufordern, binnen drei Arbeitstagen seit dem Zugang der Aufforderung zu erklären, welche Unterschrift er aufrechterhält. Gibt der Wahlberechtigte diese Erklärung nicht fristgerecht ab, zählt seine Unterschrift auf keinem Wahlvorschlag.

§ 7 Nachfrist für Wahlvorschläge

(1) Ist nach Ablauf der in § 6 Abs. 1 genannten Frist kein gültiger Wahlvorschlag für die Wahl der Schwerbehindertenvertretung eingegangen, hat dies der Wahlvorstand sofort in der gleichen Weise bekanntzumachen wie das Wahlausschreiben und eine Nachfrist von einer Woche für die Einreichung von Wahlvorschlägen zu setzen. In der Bekanntmachung ist darauf hinzuweisen, dass die Wahl nur stattfinden kann, wenn innerhalb der Nachfrist mindestens ein gültiger Wahlvorschlag eingereicht wird.
(2) Gehen innerhalb der Nachfrist gültige Wahlvorschläge für die Wahl der Schwerbehindertenvertretung nicht ein, hat der Wahlvorstand sofort bekanntzumachen, dass die Wahl nicht stattfindet.
(3) Absatz 1 Satz 1 gilt entsprechend, wenn für die Wahl der stellvertretenden Mitglieder kein gültiger Wahlvorschlag eingeht oder wenn die Zahl der für dieses Amt gültig vorgeschlagenen Bewerber oder Bewerberinnen nicht der vom Wahlvorstand beschlossenen Zahl der stellvertretenden Mitglieder entspricht.

§ 8 Bekanntmachung der Bewerber und Bewerberinnen

Der Wahlvorstand macht spätestens eine Woche vor Beginn der Stimmabgabe die Namen der Bewerber und Bewerberinnen aus gültigen Wahlvorschlägen in alphabetischer Reihenfolge, getrennt nach Bewerbungen für die Schwerbehindertenvertretung und als stellvertretendes Mitglied, bis zum Abschluss der Stimmabgabe in gleicher Weise bekannt wie das Wahlausschreiben.

Zweiter Abschnitt Durchführung der Wahl

§ 9 Stimmabgabe

(1) Wer wahlberechtigt ist, kann seine Stimme nur für eine Person abgeben, die rechtswirksam als Bewerber oder Bewerberin vorgeschlagen ist.
(2) Das Wahlrecht wird durch Abgabe eines Stimmzettels in einem Wahlumschlag ausgeübt. Auf dem Stimmzettel sind die Personen, die sich für das Amt der Schwerbehindertenvertretung und als stellvertretendes Mitglied bewerben, getrennt in alphabetischer Reihenfolge unter Angabe von Familienname, Vorname, Geburtsdatum und Art der Beschäftigung aufgeführt. Die Stimmzettel müssen sämtlich die gleiche Größe, Farbe, Beschaffenheit und Beschriftung haben. Das gleiche gilt für die Wahlumschläge.
(3) Werden mehrere stellvertretende Mitglieder gewählt, soll der Stimmzettel einen Hinweis darauf enthalten, wie viele Bewerber oder Bewerberinnen im Höchstfall angekreuzt werden dürfen.
(4) Bei der Stimmabgabe wird durch Ankreuzen an der im Stimmzettel jeweils vorgesehenen Stelle die von dem Wählenden gewählte Person für das Amt der Schwerbehindertenvertretung und der Stellvertretung gekennzeichnet. Werden mehrere stellvertretende Mitglieder gewählt, können Bewerber oder Bewerberinnen in entsprechender Anzahl angekreuzt werden.
(5) Stimmzettel, auf denen mehr als die zulässige Anzahl der Bewerber und Bewerberinnen angekreuzt oder die mit einem besonderen Merkmal versehen sind oder aus denen sich der Wille des Wählers oder der Wählerin nicht zweifelsfrei ergibt, sind ungültig.

§ 10 Wahlvorgang

(1) Der Wahlvorstand hat geeignete Vorkehrungen für die unbeobachtete Kennzeichnung der Stimmzettel im Wahlraum zu treffen und für die Bereitstellung einer Wahlurne oder mehrerer Wahlurnen zu sorgen. Die Wahlurne muss vom Wahlvorstand verschlossen und so eingerichtet sein, dass die eingeworfenen Wahlumschläge nicht herausgenommen werden können, ohne dass die Urne geöffnet wird.
(2) Während der Wahl müssen immer mindestens zwei Mitglieder des Wahlvorstandes im Wahlraum anwesend sein; sind Wahlhelfer oder Wahlhelferinnen bestellt (§ 2 Abs. 1 Satz 2), genügt die Anwesenheit eines Mitgliedes des Wahlvorstandes und eines Wahlhelfers oder einer Wahlhelferin.
(3) Der Wähler oder die Wählerin händigt den Wahlumschlag, in den der Stimmzettel eingelegt ist, dem mit der Entgegennahme der Wahlumschläge betrauten Mitglied des Wahlvorstandes aus, wobei der Name des Wählers oder der Wählerin angegeben wird. Der Wahlumschlag ist in Gegenwart des Wählers oder der Wählerin in die Wahlurne einzuwerfen, nachdem die Stimmabgabe in der Liste der Wahlberechtigten vermerkt worden ist.
(4) Wer infolge seiner Behinderung bei der Stimmabgabe beeinträchtigt ist, bestimmt eine Person, die ihm bei der Stimmabgabe behilflich sein soll, und teilt dies dem Wahlvorstand mit. Personen, die sich bei der Wahl bewerben, Mitglieder des Wahlvorstandes sowie Wahlhelfer und Wahlhelferinnen dürfen nicht als Person nach Satz 1 bestimmt werden. Die Hilfeleistung beschränkt sich auf die Erfüllung

der Wünsche des Wählers oder der Wählerin zur Stimmabgabe; die nach Satz 1 bestimmte Person darf gemeinsam mit dem Wähler oder der Wählerin die Wahlzelle aufsuchen. Die nach Satz 1 bestimmte Person ist zur Geheimhaltung der Kenntnisse verpflichtet, die sie bei der Hilfeleistung von der Wahl einer anderen Person erlangt hat. Die Sätze 1 bis 4 gelten entsprechend für des Lesens unkundige Wähler und Wählerinnen.

(5) Nach Abschluss der Wahl ist die Wahlurne zu versiegeln, wenn die Stimmenzählung nicht unmittelbar nach Beendigung der Wahl durchgeführt wird.

§ 11 Schriftliche Stimmabgabe

(1) Der Wahlvorstand übergibt oder übersendet den Wahlberechtigten, die an der persönlichen Stimmabgabe verhindert sind, auf deren Verlangen

1. das Wahlausschreiben,
2. den Stimmzettel und den Wahlumschlag,
3. eine vorgedruckte Erklärung, die der Wähler oder die Wählerin abgibt,
4. einen größeren Freiumschlag, der die Anschrift des Wahlvorstandes und als Absender Namen und Anschrift der wahlberechtigten Person sowie den Vermerk »Schriftliche Stimmabgabe« trägt.

In der Erklärung nach Nummer 3 versichert der Wähler oder die Wählerin gegenüber dem Wahlvorstand, dass er oder sie den Stimmzettel persönlich gekennzeichnet hat oder unter den Voraussetzungen des § 10 Abs. 4 durch eine andere Person hat kennzeichnen lassen. Der Wahlvorstand soll zusätzlich zu den Unterlagen nach den Nummern 1 bis 4 ein Merkblatt über die schriftliche Stimmabgabe übersenden oder übergeben. Er vermerkt die Übergabe oder Übersendung der Unterlagen in der Liste der Wahlberechtigten.

(2) Der Wahlvorstand kann die schriftliche Stimmabgabe beschließen. Für diesen Fall sind die in Absatz 1 bezeichneten Unterlagen den Wahlberechtigten unaufgefordert zu übersenden.

(3) Die Stimmabgabe erfolgt in der Weise, dass der Wähler oder die Wählerin

1. den Stimmzettel unbeobachtet persönlich kennzeichnet und in den Wahlumschlag einlegt,
2. die vorgedruckte Erklärung unter Angabe des Ortes und des Datums unterschreibt und
3. den Wahlumschlag und die unterschriebene, vorgedruckte Erklärung in dem Freiumschlag verschließt und diesen so rechtzeitig an den Wahlvorstand absendet oder übergibt, dass er vor Abschluss der Wahl vorliegt.

Der Wähler oder die Wählerin kann unter den Voraussetzungen des § 10 Abs. 4 die in den Nummern 1 bis 3 bezeichneten Tätigkeiten durch eine andere Person verrichten lassen.

§ 12 Behandlung der schriftlich abgegebenen Stimmen

(1) Unmittelbar vor Abschluss der Wahl öffnet der Wahlvorstand in öffentlicher Sitzung die bis zu diesem Zeitpunkt eingegangenen Freiumschläge und entnimmt ihnen die Wahlumschläge sowie die vorgedruckten Erklärungen. Ist die schriftliche Stimmabgabe ordnungsgemäß erfolgt (§ 11), legt der Wahlvorstand die Wahl-

umschläge nach Vermerk der Stimmabgabe in der Liste der Wahlberechtigten ungeöffnet in die Wahlurne.
(2) Verspätet eingehende Freiumschläge hat der Wahlvorstand mit einem Vermerk über den Zeitpunkt des Eingangs ungeöffnet zu den Wahlunterlagen zu nehmen. Sie sind einen Monat nach Bekanntgabe des Wahlergebnisses ungeöffnet zu vernichten, wenn die Wahl nicht angefochten ist.

§ 13 Feststellung des Wahlergebnisses

(1) Unverzüglich nach Abschluss der Wahl nimmt der Wahlvorstand öffentlich die Auszählung der Stimmen vor und stellt das Ergebnis fest.
(2) Gewählt für das Amt der Schwerbehindertenvertretung oder als stellvertretendes Mitglied ist der Bewerber oder die Bewerberin, der oder die jeweils die meisten Stimmen erhalten hat. Bei Stimmengleichheit entscheidet das Los.
(3) Werden mehrere stellvertretende Mitglieder gewählt, ist als zweites stellvertretendes Mitglied der Bewerber oder die Bewerberin mit der zweithöchsten Stimmenzahl gewählt. Entsprechendes gilt für die Wahl weiterer stellvertretender Mitglieder. Für die Wahl und die Reihenfolge stellvertretender Mitglieder gilt Absatz 2 Satz 2 entsprechend.
(4) Der Wahlvorstand fertigt eine Niederschrift des Wahlergebnisses, die von dem oder der Vorsitzenden sowie mindestens einem weiteren Mitglied des Wahlvorstandes unterschrieben wird. Die Niederschrift muss die Zahl der abgegebenen gültigen und ungültigen Stimmzettel, die auf jeden Bewerber und jede Bewerberin entfallenen Stimmenzahlen sowie die Namen der gewählten Bewerber und Bewerberinnen enthalten.

§ 14 Benachrichtigung der Gewählten und Annahme der Wahl

(1) Der Wahlvorstand benachrichtigt die für das Amt der Schwerbehindertenvertretung oder als stellvertretendes Mitglied Gewählten unverzüglich schriftlich gegen Empfangsbestätigung von ihrer Wahl. Erklärt eine gewählte Person nicht innerhalb von drei Arbeitstagen nach Zugang der Benachrichtigung dem Wahlvorstand ihre Ablehnung der Wahl, ist diese angenommen.
(2) Wird eine Wahl abgelehnt, tritt an die Stelle der Person, die abgelehnt hat, der Bewerber oder die Bewerberin für das Amt der Schwerbehindertenvertretung oder als stellvertretendes Mitglied mit der nächsthöheren Stimmenzahl. Satz 1 gilt für die Wahl mehrerer stellvertretender Mitglieder mit der Maßgabe, dass jeweils der Bewerber oder die Bewerberin mit der nächsthöheren Stimmenzahl nachrückt.

§ 15 Bekanntmachung der Gewählten

Sobald die Namen der Personen, die das Amt der Schwerbehindertenvertretung oder des stellvertretenden Mitglieds innehaben, endgültig feststehen, hat der Wahlvorstand sie durch zweiwöchigen Aushang in gleicher Weise wie das Wahlausschreiben bekanntzumachen (§ 5 Abs. 2) sowie unverzüglich dem Arbeitgeber und dem Betriebs- oder Personalrat mitzuteilen.

§ 16 Aufbewahrung der Wahlunterlagen

Die Wahlunterlagen, insbesondere die Niederschriften, Bekanntmachungen und Stimmzettel, werden von der Schwerbehindertenvertretung mindestens bis zur Beendigung der Wahlperiode aufbewahrt.

§ 17 Nachwahl des stellvertretenden Mitglieds

Scheidet das einzige stellvertretende Mitglied aus oder ist ein stellvertretendes Mitglied noch nicht gewählt, bestellt die Schwerbehindertenvertretung unverzüglich einen Wahlvorstand. Der Wahlvorstand hat die Wahl eines oder mehrerer Stellvertreter für den Rest der Amtszeit der Schwerbehindertenvertretung unverzüglich einzuleiten. Im übrigen gelten die §§ 1 bis 16 entsprechend.

Dritter Abschnitt Vereinfachtes Wahlverfahren

§ 18 Voraussetzungen

Besteht der Betrieb oder die Dienststelle nicht aus räumlich weiter auseinanderliegenden Teilen und sind dort weniger als fünfzig Wahlberechtigte beschäftigt, ist die Schwerbehindertenvertretung in einem vereinfachten Wahlverfahren nach Maßgabe der folgenden Vorschriften zu wählen.

§ 19 Vorbereitung der Wahl

(1) Spätestens drei Wochen vor Ablauf ihrer Amtszeit lädt die Schwerbehindertenvertretung die Wahlberechtigten durch Aushang oder sonst in geeigneter Weise zur Wahlversammlung ein.

(2) Ist in dem Betrieb oder der Dienststelle eine Schwerbehindertenvertretung nicht vorhanden, können drei Wahlberechtigte, der Betriebs- oder Personalrat oder das Integrationsamt zur Wahlversammlung einladen.

§ 20 Durchführung der Wahl

(1) Die Wahlversammlung wird von einer Person geleitet, die mit einfacher Stimmenmehrheit gewählt wird (Wahlleitung). Die Wahlversammlung kann zur Unterstützung der Wahlleitung Wahlhelfer oder Wahlhelferinnen bestimmen.

(2) Die Wahlversammlung beschließt mit einfacher Stimmenmehrheit, wie viele stellvertretende Mitglieder zu wählen sind. Die Schwerbehindertenvertretung und ein oder mehrere stellvertretende Mitglieder werden in getrennten Wahlgängen gewählt; mehrere stellvertretende Mitglieder werden in einem gemeinsamen Wahlgang gewählt. Jeder Person, die wahlberechtigt ist, kann Personen zur Wahl der Schwerbehindertenvertretung und ihrer stellvertretenden Mitglieder vorschlagen.

(3) Das Wahlrecht wird durch Abgabe eines Stimmzettels in einem Wahlumschlag ausgeübt. Auf dem Stimmzettel sind von der Wahlleitung die vorgeschlagenen Personen in alphabetischer Reihenfolge unter Angabe von Familienname und Vorname aufzuführen; die Stimmzettel und Wahlumschläge müssen sämtlich die gleiche Größe, Farbe, Beschaffenheit und Beschriftung haben. Die Wahlleitung verteilt die Stimmzettel und trifft Vorkehrungen, dass die Wähler und Wählerinnen ihre Stimme unbeobachtet abgeben können; § 9 Abs. 4 gilt entsprechend. Der Wähler oder die Wählerin übergibt den Wahlumschlag, in den der Stimmzettel eingelegt

ist, der Wahlleitung. Diese legt den Wahlumschlag in Gegenwart des Wählers oder der Wählerin ungeöffnet in einen dafür bestimmten Behälter und hält den Namen des Wählers oder der Wählerin in einer Liste fest. Unverzüglich nach Beendigung der Wahlhandlung zählt er öffentlich die Stimmen aus und stellt das Ergebnis fest.
(4) § 13 Abs. 2 und 3 sowie die §§ 14 bis 16 gelten entsprechend.
(5) Die Wahlversammlung der Schwerbehindertenvertretung kann im vereinfachten Wahlverfahren mittels Video- und Telefonkonferenz erfolgen, wenn sichergestellt ist, dass Dritte vom Inhalt der Sitzung keine Kenntnis nehmen können. Eine Aufzeichnung ist unzulässig. Für die Ausübung des Wahlrechts durch Stimmabgabe bei der Wahl der Schwerbehindertenvertretung und ihrer stellvertretenden Mitglieder gilt § 11 entsprechend.

§ 21 Nachwahl des stellvertretenden Mitglieds

Scheidet das einzige stellvertretende Mitglied aus oder ist ein stellvertretendes Mitglied noch nicht gewählt, lädt die Schwerbehindertenvertretung die Wahlberechtigten unverzüglich zur Wahlversammlung zur Wahl eines oder mehrerer stellvertretender Mitglieder ein. Im übrigen gelten die §§ 18 bis 20 entsprechend.

Zweiter Teil Wahl der Konzern-, Gesamt-, Bezirks- und Hauptschwerbehindertenvertretung in Betrieben und Dienststellen

§ 22 Wahlverfahren

(1) Konzern-, Gesamt-, Bezirks- und Hauptschwerbehindertenvertretung werden durch schriftliche Stimmabgabe gewählt (§§ 11, 12). Im übrigen sind § 1 Abs. 1, §§ 2 bis 5, 7 bis 10 und 13 bis 17 sinngemäß anzuwenden. § 1 Abs. 2 findet sinngemäß mit der Maßgabe Anwendung, dass sich die Wahlberechtigten auch in sonst geeigneter Weise über die Bestellung eines Wahlvorstandes einigen können. § 6 findet sinngemäß mit der Maßgabe Anwendung, dass bei weniger als fünf Wahlberechtigten die Unterzeichnung eines Wahlvorschlages durch einen Wahlberechtigten ausreicht.
(2) Bei nur zwei Wahlberechtigten bestimmen diese im beiderseitigen Einvernehmen abweichend von Absatz 1 die Konzern-, Gesamt-, Bezirks- oder Hauptschwerbehindertenvertretung. Kommt eine Einigung nicht zustande, entscheidet das Los.
(3) Sofern rechtzeitig vor Ablauf der Amtszeit der Konzern-, Gesamt-, Bezirks- oder Hauptschwerbehindertenvertretung eine Versammlung nach § 180 Absatz 8 des Neunten Buches Sozialgesetzbuch stattfindet, kann die Wahl abweichend von Absatz 1 im Rahmen dieser Versammlung durchgeführt werden. § 20 findet entsprechende Anwendung.

Dritter Teil Wahl der Schwerbehindertenvertretung, Bezirks- und Hauptschwerbehindertenvertretung der schwerbehinderten Staatsanwälte und Staatsanwältinnen

§ 23 Wahlverfahren

Für die Wahl der Schwerbehindertenvertretung, der Bezirks- und Hauptschwerbehindertenvertretung der schwerbehinderten Staatsanwälte und Staatsanwältinnen in den Fällen des § 177 Absatz 1 Satz 3 des Neunten Buches Sozialgesetzbuch gelten die Vorschriften des Ersten und Zweiten Teils entsprechend.

Vierter Teil Wahl der Schwerbehindertenvertretung, Bezirks- und Hauptschwerbehindertenvertretung der schwerbehinderten Richter und Richterinnen

§ 24 Vorbereitung der Wahl der Schwerbehindertenvertretung der Richter und Richterinnen

(1) Spätestens acht Wochen vor Ablauf ihrer Amtszeit lädt die Schwerbehindertenvertretung der schwerbehinderten Richter und Richterinnen die Wahlberechtigten schriftlich oder durch Aushang zu einer Wahlversammlung ein. Die Einladung muss folgende Angaben enthalten:

1. die Voraussetzungen der Wählbarkeit zur Schwerbehindertenvertretung
2. den Hinweis über eine für Zwecke der Wahl erfolgte Zusammenfassung von Gerichten,
3. den Hinweis, wo und wann die Liste der Wahlberechtigten und diese Verordnung zur Einsicht ausliegen,
4. Ort, Tag und Zeit der Wahlversammlung.

(2) Ist in dem Gericht eine Schwerbehindertenvertretung der schwerbehinderten Richter und Richterinnen nicht vorhanden, laden drei wahlberechtigte Richter und Richterinnen, der Richterrat oder der Präsidialrat zu der Wahlversammlung ein. Das Recht des Integrationsamtes, zu einer solchen Versammlung einzuladen (§ 177 Absatz 6 Satz 4 des Neunten Buches Sozialgesetzbuch), bleibt unberührt.

§ 25 Durchführung der Wahl

(1) Die Wahlversammlung beschließt unter dem Vorsitz des oder der lebensältesten Wahlberechtigten das Wahlverfahren und die Anzahl der stellvertretenden Mitglieder der Schwerbehindertenvertretung.

(2) Die Leitung der Wahlversammlung hat die Gewählten unverzüglich von ihrer Wahl zu benachrichtigen. § 14 Abs. 1 Satz 2 und Abs. 2 sowie die §§ 15 und 16 gelten entsprechend.

§ 26 Nachwahl des stellvertretenden Mitglieds

Scheidet das einzige stellvertretende Mitglied vorzeitig aus dem Amt aus oder ist ein stellvertretendes Mitglied noch nicht gewählt, lädt die Schwerbehindertenvertretung der schwerbehinderten Richter und Richterinnen unverzüglich zur Wahlversammlung zur Wahl eines oder mehrerer stellvertretender Mitglieder für den Rest ihrer Amtszeit ein. Im übrigen gelten die §§ 24 und 25 entsprechend.

§ 27 Wahl der Bezirks- und Hauptschwerbehindertenvertretung der schwerbehinderten Richter und Richterinnen

Für die Wahl der Bezirks- und Hauptschwerbehindertenvertretung der schwerbehinderten Richter und Richterinnen gelten die §§ 24 bis 26 entsprechend.

Fünfter Teil Schlußvorschriften

§ 28 ***(weggefallen)***

§ 29 (Inkrafttreten)

2. Schwerbehinderten-Ausgleichsabgabeverordnung (SchwbAV)

a) Einführung

Die Schwerbehinderten-Ausgleichsabgabeverordnung (SchwbAV) vom 28. März 1988 enthält nähere Vorschriften über die Verwendung der Ausgleichsabgabe und der Mittel aus dem Ausgleichsfonds. Die Verordnung wurde auf der Grundlage des heutigen § 162 SGB IX erlassen und zuletzt durch das Gesetz zur Förderung eines inklusiven Arbeitsmarkts mit Wirkung ab 1. 1. 2024 geändert.

Arbeitgeber mit im Durchschnitt mindestens 20 Arbeitsplätzen sind nach § 154 SGB IX dazu verpflichtet, auf mindestens 5 % der Arbeitsplätze schwerbehinderte Menschen zu beschäftigen. Bei kleineren Betrieben bzw. Dienststellen gibt es die Erleichterung, dass bei bis zu 39 Arbeitsplätzen ein und bei 40 bis 59 Arbeitsplätzen zwei schwerbehinderte Menschen zu beschäftigen sind. Erfüllt ein Arbeitgeber seine **Pflichtquote** nicht, muss er eine **Ausgleichsabgabe an das Integrationsamt** zahlen. Seine Beschäftigungspflicht bleibt aber trotzdem weiter bestehen (§ 160 Abs. 1 Satz 2 SGB IX). Er kann sich also nicht durch die Zahlung der Ausgleichsabgabe von seiner Pflicht »freikaufen«, schwerbehinderte Menschen zu beschäftigen. Stattdessen soll die Ausgleichsabgabe einen finanziellen Anreiz bieten, die Beschäftigungspflicht zu erfüllen (Antriebsfunktion) und zugleich einen gewissen Ausgleich gegenüber denjenigen Arbeitgebern herstellen, die ihre Pflicht erfüllen und daher ggf. höhere Lasten zu tragen haben (Ausgleichsfunktion). Die Ausgleichabgabe muss auch dann gezahlt werden, wenn sich der Arbeitgeber zwar darum bemüht hat, die Pflichtquote zu erreichen, aber keinen geeigneten schwerbehinderten Bewerber finden konnte. Auf ein Verschulden des Arbeitgebers kommt es also nicht an.[1]

Die Ausgleichsabgabe darf nur für besondere Leistungen zur Teilhabe schwerbehinderter Menschen am Arbeitsleben verwendet werden, einschließlich begleitender Hilfe im Arbeitsleben (§ 185 Abs. 1 Nr. 3 SGB IX).

Die **Höhe** der Ausgleichsabgabe richtet sich nach § 160 Abs. 2 SGB IX. Sie wurde inzwischen ab dem Jahr 2025 (gegenüber den in Abs. 2 stehenden Werten) erhöht.[2] Die gestaffelte Ausgleichsabgabe beträgt seitdem für jeden Pflichtarbeitsplatz, der nicht mit einem schwerbehinderten Menschen besetzt wurde,

---

1 *Kohlrausch* in: Feldes/Kohte/Stevens-Bartol, SGB IX, 5. Aufl. 2023, § 160 Rn. 15.

2 Bekanntmachung über die Anpassung der Ausgleichsabgabe, der Eigenbeteiligung für die unentgeltliche Beförderung, der übernahmefähigen Kinderbetreuungskosten und der Finanzierung der beiden Interessenvertretungen in Werkstätten für behinderte Menschen auf Bundesebene vom 2. Dezember 2024 (BAnz AT 11. 12. 2024 B2).

- 155 Euro bei einer Beschäftigungsquote von 3 % bis weniger als 5 %,
- 275 Euro bei einer Beschäftigungsquote von 2 % bis weniger als 3 %,
- 405 Euro bei einer Beschäftigungsquote von mehr als 0 % bis weniger als 2 %,
- 815 Euro bei einer Beschäftigungsquote von 0 %

(jeweils bezogen auf den Jahresdurchschnitt).

Von dieser Regel gibt es **Abweichungen für kleinere Betriebe bzw. Dienststellen.** So müssen Arbeitgeber

- mit bis zu 39 Arbeitsplätzen, die weniger als einen schwerbehinderten Menschen beschäftigen, 155 Euro zahlen bzw. bei null schwerbehinderten Beschäftigten 235 Euro,
- mit 40 bis 59 Arbeitsplätzen und zugleich weniger als zwei schwerbehinderten Beschäftigten 155 Euro, bei weniger als einem schwerbehinderten Beschäftigten 275 Euro und null schwerbehinderten Beschäftigten 465 Euro.

Wie sich die Pflichtarbeitsplätze berechnen und wer hierauf angerechnet werden kann, ergibt sich aus §§ 154 ff. SGB IX. Vergibt der Arbeitgeber Aufträge an eine Werkstatt für behinderte Menschen, kann ein Teil der Kosten für diesen Auftrag auf die Ausgleichsabgabe angerechnet werden, sodass der Arbeitgeber weniger bezahlen muss (§ 223 SGB IX).

Die Integrationsämter leiten 18 % der erhaltenen Ausgleichsabgabe an den Ausgleichsfonds weiter, die restlichen 82 % verbleiben bei ihnen (§ 36 Abs. 1 SchwbAV). Der Ausgleichsfonds ist eine beim BMAS gebildete zweckgerichtete Vermögensmasse für überregionale Vorhaben zur Teilhabe schwerbehinderter Menschen am Arbeitsleben. Die finanziellen Mittel aus dem Ausgleichsfonds sind in erster Linie dafür einzusetzen, die Eingliederung schwerbehinderter Menschen in den allgemeinen Arbeitsmarkt zu erleichtern. Konkret sind sie gemäß § 41 SchwbAV zu verwenden für

- Maßnahmen der Bundesagentur für Arbeit, wie insbesondere Eingliederungszuschüsse und Zuschüsse zur Ausbildungsvergütung (hierfür werden 16 % der Ausgleichsabgabe aufgewendet), die damit inklusionswilligen Arbeitgebern zugutekommen;
- überregionale Programme, die für einen begrenzten Zeitraum angelegt sind, um Arbeitslosigkeit schwerbehinderter Menschen abzubauen oder Ausbildungsplätze aufzubauen;
- überregionale Modellvorhaben zur Weiterentwicklung der Teilhabe, z. B. durch Betriebliches Eingliederungsmanagement;
- Entwicklung technischer Arbeitshilfen;
- Aufklärungs-, Fortbildungs- und Forschungsmaßnahmen mit überregionaler Bedeutung.

b) Verordnungstext

Vom 28. März 1988 (BGBl. I S. 484), zuletzt geändert durch Artikel 1 der Verordnung vom 24. November 2023 (BGBl. 2023 I Nr. 323).

Inhaltsübersicht

Erster Abschnitt *(weggefallen)*

§§ 1 bis 13
(weggefallen)

Zweiter Abschnitt Förderung der Teilhabe schwerbehinderter Menschen am Arbeitsleben aus Mitteln der Ausgleichsabgabe durch die Integrationsämter

§ 14 Verwendungszwecke

(1) Die Integrationsämter haben die ihnen zur Verfügung stehenden Mittel der Ausgleichsabgabe einschließlich der Zinsen, der Tilgungsbeträge aus Darlehen, der zurückgezahlten Zuschüsse sowie der unverbrauchten Mittel des Vorjahres zu verwenden für folgende Leistungen:

1. Leistungen zur Förderung des Arbeits- und Ausbildungsplatzangebots für schwerbehinderte Menschen,
2. Leistungen zur begleitenden Hilfe im Arbeitsleben, einschließlich der Durchführung von Aufklärungs-, Schulungs- und Bildungsmaßnahmen sowie der Information, Beratung und Unterstützung von Arbeitgebern (Einheitliche Ansprechstellen für Arbeitgeber),
3. *(weggefallen)*
4. Leistungen zur Durchführung von Forschungs- und Modellvorhaben auf dem Gebiet der Teilhabe schwerbehinderter Menschen am Arbeitsleben, sofern ihnen ausschließlich oder überwiegend regionale Bedeutung zukommt oder beim Bundesministerium für Arbeit und Soziales beantragte Mittel aus dem Ausgleichsfonds nicht erbracht werden konnten,

5. Maßnahmen der beruflichen Orientierung und
6. Leistungen zur Deckung eines Teils der Aufwendungen für ein Budget für Arbeit oder für ein Budget für Ausbildung.

(2) Die Mittel der Ausgleichsabgabe sind vorrangig für die Förderung nach Absatz 1 Nr. 1 und 2 zu verwenden.

(3) Die Integrationsämter können sich an der Förderung von Vorhaben nach § 41 Absatz 1 Nummer 4 bis 6 durch den Ausgleichsfonds beteiligen.

1. Unterabschnitt Leistungen zur Förderung des Arbeits- und Ausbildungsplatzangebots für schwerbehinderte Menschen

§ 15 Leistungen an Arbeitgeber zur Schaffung von Arbeits- und Ausbildungsplätzen für schwerbehinderte Menschen

(1) Arbeitgeber können Darlehen oder Zuschüsse bis zur vollen Höhe der entstehenden notwendigen Kosten zu den Aufwendungen für folgende Maßnahmen erhalten:

1. die Schaffung neuer geeigneter, erforderlichenfalls behinderungsgerecht ausgestatteter Arbeitsplätze in Betrieben oder Dienststellen für schwerbehinderte Menschen,
   a) die ohne Beschäftigungspflicht oder über die Beschäftigungspflicht hinaus (§ 154 des Neunten Buches Sozialgesetzbuch) eingestellt werden sollen,
   b) die im Rahmen der Erfüllung der besonderen Beschäftigungspflicht gegenüber im Arbeits- und Berufsleben besonders betroffenen schwerbehinderten Menschen (§ 154 Absatz 1 Satz 2 und § 155 des Neunten Buches Sozialgesetzbuch) eingestellt werden sollen,
   c) die nach einer längerfristigen Arbeitslosigkeit von mehr als 12 Monaten eingestellt werden sollen,
   d) die im Anschluß an eine Beschäftigung in einer anerkannten Werkstatt für behinderte Menschen eingestellt werden sollen oder
   e) die zur Durchführung von Maßnahmen der besonderen Fürsorge und Förderung nach § 164 Absatz 3 Satz 1, Absatz 4 Satz 1 Nummer 1, 4 und 5 und Absatz 5 Satz 1 des Neunten Buches Sozialgesetzbuch auf einen neu zu schaffenden Arbeitsplatz umgesetzt werden sollen oder deren Beschäftigungsverhältnis ohne Umsetzung auf einen neu zu schaffenden Arbeitsplatz enden würde,
2. die Schaffung neuer geeigneter, erforderlichenfalls behinderungsgerecht ausgestatteter Ausbildungsplätze und Plätze zur sonstigen beruflichen Bildung für schwerbehinderte Menschen, insbesondere zur Teilnahme an Leistungen zur Teilhabe am Arbeitsleben nach § 49 Absatz 3 Nummer 4 des Neunten Buches Sozialgesetzbuch, in Betrieben oder Dienststellen,

wenn gewährleistet wird, daß die geförderten Plätze für einen nach Lage des Einzelfalles zu bestimmenden langfristigen Zeitraum schwerbehinderten Menschen vorbehalten bleiben. Leistungen können auch zu den Aufwendungen erbracht werden, die durch die Ausbildung schwerbehinderter Menschen im Gebrauch der nach Satz 1 geförderten Gegenstände entstehen.

(2) Leistungen sollen nur erbracht werden, wenn sich der Arbeitgeber in einem angemessenen Verhältnis an den Gesamtkosten beteiligt. Sie können nur erbracht werden, soweit Mittel für denselben Zweck nicht von anderer Seite zu erbringen sind oder erbracht werden. Art und Höhe der Leistung bestimmen sich nach den Umständen des Einzelfalles. Darlehen sollen mit jährlich 10 vom Hundert getilgt werden; von der Tilgung kann im Jahr der Auszahlung und dem darauf folgenden Kalenderjahr abgesehen werden. Auch von der Verzinsung kann abgesehen werden.
(3) Die behinderungsgerechte Ausstattung von Arbeits- und Ausbildungsplätzen und die Einrichtung von Teilzeitarbeitsplätzen können, wenn Leistungen nach Absatz 1 nicht erbracht werden, nach den Vorschriften über die begleitende Hilfe im Arbeitsleben (§ 26) gefördert werden.

§ 16 Arbeitsmarktprogramme für schwerbehinderte Menschen
Die Integrationsämter können der Bundesagentur für Arbeit Mittel der Ausgleichsabgabe zur Durchführung befristeter regionaler Arbeitsmarktprogramme gemäß § 187 Absatz 3 des Neunten Buches Sozialgesetzbuch zuweisen.

2. Unterabschnitt Leistungen zur begleitenden Hilfe im Arbeitsleben

§ 17 Leistungsarten
(1) Leistungen zur begleitenden Hilfe im Arbeitsleben können erbracht werden
1. an schwerbehinderte Menschen
   a) für technische Arbeitshilfen (§ 19),
   b) zum Erreichen des Arbeitsplatzes (§ 20),
   c) zur Gründung und Erhaltung einer selbständigen beruflichen Existenz (§ 21),
   d) zur Beschaffung, Ausstattung und Erhaltung einer behinderungsgerechten Wohnung (§ 22),
   e) *(weggefallen)*
   f) zur Teilnahme an Maßnahmen zur Erhaltung und Erweiterung beruflicher Kenntnisse und Fertigkeiten (§ 24) und
   g) in besonderen Lebenslagen (§ 25),
2. an Arbeitgeber
   a) zur behinderungsgerechten Einrichtung von Arbeits- und Ausbildungsplätzen für schwerbehinderte Menschen (§ 26),
   b) für Zuschüsse zu den Gebühren bei der Berufsausbildung besonders betroffener schwerbehinderter Jugendlicher und junger Erwachsener (§ 26a),
   c) für Prämien und Zuschüsse zu den Kosten der Berufsausbildung behinderter Jugendlicher und junger Erwachsener (§ 26b),
   d) für Prämien zur Einführung eines betrieblichen Eingliederungsmanagements (§ 26c) und
   e) bei außergewöhnlichen Belastungen (§ 27),
3. an Träger von Integrationsfachdiensten zu den Kosten ihrer Inanspruchnahme (§ 27a) einschließlich freier gemeinnütziger Einrichtungen und Organisatio-

nen zu den Kosten einer psychosozialen Betreuung schwerbehinderter Menschen (§ 28) sowie an Träger von Inklusionsbetrieben (§ 28a),
4. zur Durchführung von Aufklärungs-, Schulungs- und Bildungsmaßnahmen (§ 29).

Daneben können solche Leistungen unter besonderen Umständen an Träger sonstiger Maßnahmen erbracht werden, die dazu dienen und geeignet sind, die Teilhabe schwerbehinderter Menschen am Arbeitsleben auf dem allgemeinen Arbeitsmarkt (Aufnahme, Ausübung oder Sicherung einer möglichst dauerhaften Beschäftigung) zu ermöglichen, zu erleichtern oder zu sichern.

(1a) Schwerbehinderte Menschen haben im Rahmen der Zuständigkeit des Integrationsamtes für die begleitende Hilfe im Arbeitsleben aus den ihm aus der Ausgleichsabgabe zur Verfügung stehenden Mitteln Anspruch auf Übernahme der Kosten einer notwendigen Arbeitsassistenz.

(1b) Schwerbehinderte Menschen haben im Rahmen der Zuständigkeit des Integrationsamtes aus den ihm aus der Ausgleichsabgabe zur Verfügung stehenden Mitteln Anspruch auf Übernahme der Kosten einer Berufsbegleitung nach § 55 Absatz 3 des Neunten Buches Sozialgesetzbuch.

(2) Andere als die in Absatz 1 bis 1b genannten Leistungen, die der Teilhabe schwerbehinderter Menschen am Arbeitsleben nicht oder nur mittelbar dienen, können nicht erbracht werden. Insbesondere können medizinische Maßnahmen sowie Urlaubs- und Freizeitmaßnahmen nicht gefördert werden.

§ 18 Leistungsvoraussetzungen

(1) Leistungen nach § 17 Abs. 1 bis 1b dürfen nur erbracht werden, soweit Leistungen für denselben Zweck nicht von einem Rehabilitationsträger, vom Arbeitgeber oder von anderer Seite zu erbringen sind oder, auch wenn auf sie ein Rechtsanspruch nicht besteht, erbracht werden. Der Nachrang der Träger der Sozialhilfe gemäß § 2 des Zwölften Buches Sozialgesetzbuch und das Verbot der Aufstockung von Leistungen der Rehabilitationsträger durch Leistungen der Integrationsämter (§ 185 Absatz 6 Satz 2 letzter Halbsatz des Neunten Buches Sozialgesetzbuch) und die Möglichkeit der Integrationsämter, Leistungen der begleitenden Hilfe im Arbeitsleben vorläufig zu erbringen (§ 185 Absatz 7 Satz 3 des Neunten Buches Sozialgesetzbuch), bleiben unberührt.

(2) Leistungen an schwerbehinderte Menschen zur begleitenden Hilfe im Arbeitsleben können erbracht werden,
1. wenn die Teilhabe am Arbeitsleben auf dem allgemeinen Arbeitsmarkt unter Berücksichtigung von Art oder Schwere der Behinderung auf besondere Schwierigkeiten stößt und durch die Leistungen ermöglicht, erleichtert oder gesichert werden kann und
2. wenn es dem schwerbehinderten Menschen wegen des behinderungsbedingten Bedarfs nicht zuzumuten ist, die erforderlichen Mittel selbst aufzubringen. In den übrigen Fällen sind seine Einkommensverhältnisse zu berücksichtigen.

(3) Die Leistungen können als einmalige oder laufende Leistungen erbracht werden. Laufende Leistungen können in der Regel nur befristet erbracht werden. Leistungen können wiederholt erbracht werden.

I. Leistungen an schwerbehinderte Menschen

§ 19 Technische Arbeitshilfen

Für die Beschaffung technischer Arbeitshilfen, ihre Wartung, Instandsetzung und die Ausbildung des schwerbehinderten Menschen im Gebrauch können die Kosten bis zur vollen Höhe übernommen werden. Gleiches gilt für die Ersatzbeschaffung und die Beschaffung zur Anpassung an die technische Weiterentwicklung.

§ 20 Hilfen zum Erreichen des Arbeitsplatzes

Schwerbehinderte Menschen können Leistungen zum Erreichen des Arbeitsplatzes nach Maßgabe der Kraftfahrzeughilfe-Verordnung vom 28. September 1987 (BGBl. I S. 2251) erhalten.

§ 21 Hilfen zur Gründung und Erhaltung einer selbständigen beruflichen Existenz

(1) Schwerbehinderte Menschen können Darlehen oder Zinszuschüsse zur Gründung und zur Erhaltung einer selbständigen beruflichen Existenz erhalten, wenn

1. sie die erforderlichen persönlichen und fachlichen Voraussetzungen für die Ausübung der Tätigkeit erfüllen,
2. sie ihren Lebensunterhalt durch die Tätigkeit voraussichtlich auf Dauer im wesentlichen sicherstellen können und
3. die Tätigkeit unter Berücksichtigung von Lage und Entwicklung des Arbeitsmarkts zweckmäßig ist.

(2) Darlehen sollen mit jährlich 10 vom Hundert getilgt werden. Von der Tilgung kann im Jahr der Auszahlung und dem darauffolgenden Kalenderjahr abgesehen werden. Satz 2 gilt, wenn Darlehen verzinslich gegeben werden, für die Verzinsung.

(3) Sonstige Leistungen zur Deckung von Kosten des laufenden Betriebs können nicht erbracht werden.

(4) Die §§ 17 bis 20 und die §§ 22 bis § 27 sind zugunsten von schwerbehinderten Menschen, die eine selbständige Tätigkeit ausüben oder aufzunehmen beabsichtigen, entsprechend anzuwenden.

§ 22 Hilfen zur Beschaffung, Ausstattung und Erhaltung einer behinderungsgerechten Wohnung

(1) Schwerbehinderte Menschen können Leistungen erhalten

1. zur Beschaffung von behinderungsgerechtem Wohnraum im Sinne des § 16 des Wohnraumförderungsgesetzes,
2. zur Anpassung von Wohnraum und seiner Ausstattung an die besonderen behinderungsbedingten Bedürfnisse und
3. zum Umzug in eine behinderungsgerechte oder erheblich verkehrsgünstiger zum Arbeitsplatz gelegene Wohnung.

(2) Leistungen können als Zuschüsse, Zinszuschüsse oder Darlehen erbracht werden. Höhe, Tilgung und Verzinsung bestimmen sich nach den Umständen des Einzelfalls.

(3) Leistungen von anderer Seite sind nur insoweit anzurechnen, als sie schwerbehinderten Menschen für denselben Zweck wegen der Behinderung zu erbringen sind oder erbracht werden.

§ 23 *(weggefallen)*

§ 24 Hilfen zur Teilnahme an Maßnahmen zur Erhaltung und Erweiterung beruflicher Kenntnisse und Fertigkeiten

Schwerbehinderte Menschen, die an inner- oder außerbetrieblichen Maßnahmen der beruflichen Bildung zur Erhaltung und Erweiterung ihrer beruflichen Kenntnisse und Fertigkeiten oder zur Anpassung an die technische Entwicklung teilnehmen, vor allem an besonderen Fortbildungs- und Anpassungsmaßnahmen, die nach Art, Umfang und Dauer den Bedürfnissen dieser schwerbehinderten Menschen entsprechen, können Zuschüsse bis zur Höhe der ihnen durch die Teilnahme an diesen Maßnahmen entstehenden Aufwendungen erhalten. Hilfen können auch zum beruflichen Aufstieg erbracht werden.

§ 25 Hilfen in besonderen Lebenslagen

Andere Leistungen zur begleitenden Hilfe im Arbeitsleben als die in den §§ 19 bis 24 geregelten Leistungen können an schwerbehinderte Menschen erbracht werden, wenn und soweit sie unter Berücksichtigung von Art oder Schwere der Behinderung erforderlich sind, um die Teilhabe am Arbeitsleben auf dem allgemeinen Arbeitsmarkt zu ermöglichen, zu erleichtern oder zu sichern.

II. Leistungen an Arbeitgeber

§ 26 Leistungen zur behinderungsgerechten Einrichtung von Arbeits- und Ausbildungsplätzen für schwerbehinderte Menschen

(1) Arbeitgeber können Darlehen oder Zuschüsse bis zur vollen Höhe der entstehenden notwendigen Kosten für folgende Maßnahmen erhalten:

1. die behinderungsgerechte Einrichtung und Unterhaltung der Arbeitsstätten einschließlich der Betriebsanlagen, Maschinen und Geräte,
2. die Einrichtung von Teilzeitarbeitsplätzen für schwerbehinderte Menschen, insbesondere wenn eine Teilzeitbeschäftigung mit einer Dauer auch von weniger als 18 Stunden, wenigstens aber 15 Stunden, wöchentlich wegen Art oder Schwere der Behinderung notwendig ist,
3. die Ausstattung von Arbeits- oder Ausbildungsplätzen mit notwendigen technischen Arbeitshilfen, deren Wartung und Instandsetzung sowie die Ausbildung des schwerbehinderten Menschen im Gebrauch der nach den Nummern 1 bis 3 geförderten Gegenstände,
4. sonstige Maßnahmen, durch die eine möglichst dauerhafte behinderungsgerechte Beschäftigung schwerbehinderter Menschen in Betrieben oder Dienststellen ermöglicht, erleichtert oder gesichert werden kann.

Gleiches gilt für Ersatzbeschaffungen oder Beschaffungen zur Anpassung an die technische Weiterentwicklung.

(2) Art und Höhe der Leistung bestimmen sich nach den Umständen des Einzelfalls, insbesondere unter Berücksichtigung, ob eine Verpflichtung des Arbeitgebers zur Durchführung von Maßnahmen nach Absatz 1 gemäß § 164 Absatz 3 Satz 1, Absatz 4 Satz 1 Nummer 4 und 5 und Absatz 5 Satz 1 des Neunten Buches Sozialgesetzbuch besteht und erfüllt wird sowie ob schwerbehinderte Menschen ohne Beschäftigungspflicht oder über die Beschäftigungspflicht hinaus (§ 154 des Neunten Buches Sozialgesetzbuch) oder im Rahmen der Erfüllung der besonderen Beschäftigungspflicht gegenüber bei der Teilhabe am Arbeitsleben besonders betroffenen schwerbehinderten Menschen (§ 154 Absatz 1 Satz 2 und § 155 des Neunten Buches Sozialgesetzbuch) beschäftigt werden.
(3) § 15 Abs. 2 Satz 1 und 2 gilt entsprechend.

§ 26a Zuschüsse zu den Gebühren bei der Berufsausbildung besonders betroffener schwerbehinderter Jugendlicher und junger Erwachsener

Arbeitgeber, die ohne Beschäftigungspflicht (§ 154 Absatz 1 des Neunten Buches Sozialgesetzbuch) besonders betroffene schwerbehinderte Menschen zur Berufsausbildung einstellen, können Zuschüsse zu den Gebühren, insbesondere Prüfungsgebühren bei der Berufsausbildung, erhalten.

§ 26b Prämien und Zuschüsse zu den Kosten der Berufsausbildung behinderter Jugendlicher und junger Erwachsener

Arbeitgeber können Prämien und Zuschüsse zu den Kosten der Berufsausbildung behinderter Jugendlicher und junger Erwachsener erhalten, die für die Zeit der Berufsausbildung schwerbehinderten Menschen nach § 151 Absatz 4 des Neunten Buches Sozialgesetzbuch gleichgestellt sind.

§ 26c Prämien zur Einführung eines betrieblichen Eingliederungsmanagements

Arbeitgeber können zur Einführung eines betrieblichen Eingliederungsmanagements Prämien erhalten.

§ 27 Leistungen bei außergewöhnlichen Belastungen

(1) Arbeitgeber können Zuschüsse zur Abgeltung außergewöhnlicher Belastungen erhalten, die mit der Beschäftigung eines schwerbehinderten Menschen verbunden sind, der nach Art oder Schwere seiner Behinderung im Arbeits- und Berufsleben besonders betroffen ist (§ 155 Absatz 1 Nummer 1 Buchstabe a bis d des Neunten Buches Sozialgesetzbuch) oder im Anschluss an eine Beschäftigung in einer anerkannten Werkstatt für behinderte Menschen oder bei einem anderen Leistungsanbieter im Sinne des § 60 des Neunten Buches Sozialgesetzbuch oder in Teilzeit (§ 158 Absatz 2 des Neunten Buches Sozialgesetzbuch) beschäftigt wird, vor allem, wenn ohne diese Leistungen das Beschäftigungsverhältnis gefährdet würde. Leistungen nach Satz 1 können auch in Probebeschäftigungen und Praktika erbracht werden, die ein in einer Werkstatt für behinderte Menschen beschäftigter schwerbehinderter Mensch im Rahmen von Maßnahmen zur Förderung des Übergangs auf den allgemeinen Arbeitsmarkt (§ 5 Abs. 4 der Werkstättenverordnung) absolviert, wenn die dem Arbeitgeber entstehenden außergewöhnlichen Belastungen

nicht durch die in dieser Zeit erbrachten Leistungen der Rehabilitationsträger abgedeckt werden.

(2) Außergewöhnliche Belastungen sind überdurchschnittlich hohe finanzielle Aufwendungen oder sonstige Belastungen, die einem Arbeitgeber bei der Beschäftigung eines schwerbehinderten Menschen auch nach Ausschöpfung aller Möglichkeiten entstehen und für die die Kosten zu tragen für den Arbeitgeber nach Art oder Höhe unzumutbar ist.

(3) Für die Zuschüsse zu notwendigen Kosten nach Absatz 2 gilt § 26 Abs. 2 entsprechend.

(4) Die Dauer des Zuschusses bestimmt sich nach den Umständen des Einzelfalls.

III. Sonstige Leistungen

§ 27a Leistungen an Integrationsfachdienste

(1) Träger von Integrationsfachdiensten im Sinne des Kapitels 7 des Teils 3 des Neunten Buches Sozialgesetzbuch können Leistungen nach § 196 des Neunten Buches Sozialgesetzbuch zu den durch ihre Inanspruchnahme entstehenden notwendigen Kosten erhalten.

(2) Die Länder legen dem Bundesministerium für Arbeit und Soziales jährlich zum 30. Juni einen Bericht über die Beauftragung der Integrationsfachdienste oder anderer geeigneter Träger als Einheitliche Ansprechstellen für Arbeitgeber vor. Sie berichten auch über deren Aktivitäten in diesem Zusammenhang sowie über die Verwendung der Mittel, die ab dem 30. Juni 2022 nach § 36 nicht mehr an den Ausgleichsfonds abzuführen sind, für diesen Zweck. Der Bericht kann auch gesammelt durch die Bundesarbeitsgemeinschaft der Integrationsämter und Hauptfürsorgestellen erfolgen.

§ 28 Leistungen zur Durchführung der psychosozialen Betreuung schwerbehinderter Menschen

(1) Freie gemeinnützige Träger psychosozialer Dienste, die das Integrationsamt an der Durchführung der ihr obliegenden Aufgabe der im Einzelfall erforderlichen psychosozialen Betreuung schwerbehinderter Menschen unter Fortbestand ihrer Verantwortlichkeit beteiligt, können Leistungen zu den daraus entstehenden notwendigen Kosten erhalten.

(2) Leistungen nach Absatz 1 setzen voraus, daß

1. der psychosoziale Dienst nach seiner personellen, räumlichen und sächlichen Ausstattung zur Durchführung von Maßnahmen der psychosozialen Betreuung geeignet ist, insbesondere mit Fachkräften ausgestattet ist, die über eine geeignete Berufsqualifikation, eine psychosoziale Zusatzqualifikation und ausreichende Berufserfahrung verfügen, und
2. die Maßnahmen
   a) nach Art, Umfang und Dauer auf die Aufnahme, Ausübung oder Sicherung einer möglichst dauerhaften Beschäftigung schwerbehinderter Menschen auf dem allgemeinen Arbeitsmarkt ausgerichtet und dafür geeignet sind,
   b) nach den Grundsätzen der Wirtschaftlichkeit und Sparsamkeit durchgeführt werden, insbesondere die Kosten angemessen sind, und

c) aufgrund einer Vereinbarung zwischen dem Integrationsamt und dem Träger des psychosozialen Dienstes durchgeführt werden.

Leistungen können gleichermaßen für Maßnahmen für schwerbehinderte Menschen erbracht werden, die diesen Dienst unter bestimmten, in der Vereinbarung näher zu regelnden Voraussetzungen im Einvernehmen mit dem Integrationsamt unmittelbar in Anspruch nehmen.

(3) Leistungen sollen in der Regel bis zur vollen Höhe der notwendigen Kosten erbracht werden, die aus der Beteiligung an den im Einzelfall erforderlichen Maßnahmen entstehen. Das Nähere über die Höhe der zu übernehmenden Kosten, ihre Erfassung, Darstellung und Abrechnung bestimmt sich nach der Vereinbarung zwischen dem Integrationsamt und dem Träger des psychosozialen Dienstes gemäß Absatz 2 Satz 1 Nr. 2 Buchstabe c.

§ 28a Leistungen an Inklusionsbetriebe

Inklusionsbetriebe im Sinne des Kapitels 11 des Teils 3 des Neunten Buches Sozialgesetzbuch können Leistungen für Aufbau, Erweiterung, Modernisierung und Ausstattung einschließlich einer betriebswirtschaftlichen Beratung und besonderen Aufwand erhalten.

§ 29 Leistungen zur Durchführung von Aufklärungs-, Schulungs- und Bildungsmaßnahmen

(1) Die Durchführung von Schulungs- und Bildungsmaßnahmen für Vertrauenspersonen schwerbehinderter Menschen, Beauftragte der Arbeitgeber, Betriebs-, Personal-, Richter-, Staatsanwalts- und Präsidialräte sowie die Mitglieder der Stufenvertretungen wird gefördert, wenn es sich um Veranstaltungen der Integrationsämter im Sinne des § 185 Absatz 2 Satz 6 des Neunten Buches Sozialgesetzbuch handelt. Die Durchführung von Maßnahmen im Sinne des Satzes 1 durch andere Träger kann gefördert werden, wenn die Maßnahmen erforderlich und die Integrationsämter an ihrer inhaltlichen Gestaltung maßgeblich beteiligt sind.

(2) Aufklärungsmaßnahmen sowie Schulungs- und Bildungsmaßnahmen für andere als in Absatz 1 genannte Personen, die die Teilhabe schwerbehinderter Menschen am Arbeitsleben zum Gegenstand haben, können gefördert werden. Dies gilt auch für die Qualifizierung des nach § 185 Absatz 1 des Neunten Buches Sozialgesetzbuch einzusetzenden Personals sowie für notwendige Informationsschriften und -veranstaltungen über Rechte, Pflichten, Leistungen und sonstige Eingliederungshilfen sowie Nachteilsausgleiche nach dem Neunten Buch Sozialgesetzbuch und anderen Vorschriften.

3. Unterabschnitt *(weggefallen)*

§§ 30 bis 34 ***(weggefallen)***

Dritter Abschnitt Ausgleichsfonds

1. Unterabschnitt Gestaltung des Ausgleichsfonds

§ 35 Rechtsform

Der Ausgleichsfonds für überregionale Vorhaben zur Teilhabe schwerbehinderter Menschen am Arbeitsleben (Ausgleichsfonds) ist ein nicht rechtsfähiges Sondervermögen des Bundes mit eigener Wirtschafts- und Rechnungsführung. Er ist von den übrigen Vermögen des Bundes, seinen Rechten und Verbindlichkeiten getrennt zu halten. Für Verbindlichkeiten, die das Bundesministerium für Arbeit und Soziales als Verwalter des Ausgleichsfonds eingeht, haftet nur der Ausgleichsfonds; der Ausgleichsfonds haftet nicht für die sonstigen Verbindlichkeiten des Bundes.

§ 36 Weiterleitung der Mittel an den Ausgleichsfonds

Die Integrationsämter leiten zum 30. Juni eines jeden Jahres 18 vom Hundert des im Zeitraum vom 1. Juni des vorangegangenen Jahres bis zum 31. Mai des Jahres eingegangenen Aufkommens an Ausgleichsabgabe an den Ausgleichsfonds weiter. Sie teilen dem Bundesministerium für Arbeit und Soziales zum 30. Juni eines jeden Jahres das Aufkommen an Ausgleichsabgabe für das vorangegangene Kalenderjahr auf der Grundlage des bis zum 31. Mai des Jahres tatsächlich an die Integrationsämter gezahlten Aufkommens mit. Sie teilen zum 31. Januar eines jeden Jahres das Aufkommen an Ausgleichsabgabe für das vorvergangene Kalenderjahr dem Bundesministerium für Arbeit und Soziales mit. Abweichend von Satz 1 leiten die Integrationsämter zum 30. Juni 2020 10 Prozent des im Zeitraum vom 1. Juni 2019 bis zum 31. Mai 2020 eingegangenen Aufkommens an Ausgleichsabgabe und zum 30. Juni 2021 10 Prozent des im Zeitraum vom 1. Juni 2020 bis zum 31. Mai 2021 eingegangenen Aufkommens an Ausgleichsabgabe an den Ausgleichsfonds weiter.

§ 37 Anwendung der Vorschriften der Bundeshaushaltsordnung

Für den Ausgleichsfonds gelten die Bundeshaushaltsordnung sowie die zu ihrer Ergänzung und Durchführung erlassenen Vorschriften entsprechend, soweit die Vorschriften dieser Verordnung nichts anderes bestimmen.

§ 38 Aufstellung eines Wirtschaftsplans

(1) Für jedes Kalenderjahr (Wirtschaftsjahr) ist ein Wirtschaftsplan aufzustellen.

(2) Der Wirtschaftsplan enthält alle im Wirtschaftsjahr

1. zu erwartenden Einnahmen
2. voraussichtlich zu leistenden Ausgaben und
3. voraussichtlich benötigten Verpflichtungsermächtigungen.

Zinsen, Tilgungsbeträge aus Darlehen, zurückgezahlte Zuschüsse sowie unverbrauchte Mittel des Vorjahres fließen dem Ausgleichsfonds als Einnahmen zu.

(3) Der Wirtschaftsplan ist in Einnahmen und Ausgaben auszugleichen.

(4) Die Ausgaben sind gegenseitig deckungsfähig.
(5) Die Ausgaben sind übertragbar.

§ 39 Feststellung des Wirtschaftsplans

Das Bundesministerium für Arbeit und Soziales stellt im Benehmen mit dem Bundesministerium der Finanzen und im Einvernehmen mit dem Beirat für die Teilhabe behinderter Menschen (Beirat) den Wirtschaftsplan fest. § 1 der Bundeshaushaltsordnung findet keine Anwendung.

§ 40 Ausführung des Wirtschaftsplans

(1) Bei der Vergabe der Mittel des Ausgleichsfonds sind die jeweils gültigen Allgemeinen Nebenbestimmungen für Zuwendungen des Bundes zugrunde zu legen. Von ihnen kann im Einvernehmen mit dem Bundesministerium der Finanzen abgewichen werden.

(2) Verpflichtungen, die in Folgejahren zu Ausgaben führen, dürfen nur eingegangen werden, wenn die Finanzierung der Ausgaben durch das Aufkommen an Ausgleichsabgabe gesichert ist.

(3) Überschreitungen der Ausgabeansätze sind nur zulässig, wenn
1. hierfür ein unvorhergesehenes und unabweisbares Bedürfnis besteht und
2. entsprechende Einnahmeerhöhungen vorliegen.

Außerplanmäßige Ausgaben sind nur zulässig, wenn
1. hierfür ein unvorhergesehenes und unabweisbares Bedürfnis besteht und
2. Beträge in gleicher Höhe bei anderen Ausgabeansätzen eingespart werden oder entsprechende Einnahmeerhöhungen vorliegen.

Die Entscheidung hierüber trifft das Bundesministerium für Arbeit und Soziales im Benehmen mit dem Bundesministerium der Finanzen und im Einvernehmen mit dem Beirat.

(4) Bis zur bestimmungsmäßigen Verwendung sind die Ausgabemittel verzinslich anzulegen.

2. Unterabschnitt Förderung der Teilhabe schwerbehinderter Menschen am Arbeitsleben aus Mitteln des Ausgleichsfonds

§ 41 Verwendungszwecke

(1) Die Mittel aus dem Ausgleichsfonds sind zu verwenden für
1. Zuweisungen an die Bundesagentur für Arbeit zur besonderen Förderung der Teilhabe schwerbehinderter Menschen am Arbeitsleben, insbesondere durch Eingliederungszuschüsse und Zuschüsse zur Ausbildungsvergütung nach dem Dritten Buch Sozialgesetzbuch, und zwar ab 2009 jährlich in Höhe von 16 vom Hundert des Aufkommens an Ausgleichsabgabe,
2. befristete überregionale Programme zum Abbau der Arbeitslosigkeit schwerbehinderter Menschen, besonderer Gruppen von schwerbehinderten Menschen (§ 155 des Neunten Buches Sozialgesetzbuch) oder schwerbehinderter Frauen sowie zur Förderung des Ausbildungsplatzangebots für schwerbehinderte Menschen,
3. *(weggefallen)*,

4. überregionale Modellvorhaben zur Weiterentwicklung der Förderung der Teilhabe schwerbehinderter Menschen am Arbeitsleben, insbesondere durch betriebliches Eingliederungsmanagement, und der Förderung der Ausbildung schwerbehinderter Jugendlicher,
5. die Entwicklung technischer Arbeitshilfen und
6. Aufklärungs-, Fortbildungs- und Forschungsmaßnahmen auf dem Gebiet der Teilhabe schwerbehinderter Menschen am Arbeitsleben, sofern diesen Maßnahmen überregionale Bedeutung zukommt.

(2) Die Mittel des Ausgleichsfonds sind vorrangig für die Eingliederung schwerbehinderter Menschen in den allgemeinen Arbeitsmarkt zu verwenden.

(3) Der Ausgleichsfonds kann sich an der Förderung von Forschungs- und Modellvorhaben durch die Integrationsämter nach § 14 Abs. 1 Nr. 4 beteiligen, sofern diese Vorhaben auch für andere Länder oder den Bund von Bedeutung sein können.

(4) *(weggefallen)*

3. Unterabschnitt Verfahren zur Vergabe der Mittel des Ausgleichsfonds

§ 42 Anmeldeverfahren und Anträge

Leistungen aus dem Ausgleichsfonds sind vom Träger der Maßnahme beim Bundesministerium für Arbeit und Soziales zu beantragen, in den Fällen des § 41 Abs. 1 Nr. 3 nach vorheriger Abstimmung mit dem Land, in dem der Integrationsbetrieb oder die Integrationsabteilung oder die Einrichtung ihren Sitz hat oder haben soll. Das Bundesministerium für Arbeit und Soziales leitet die Anträge mit seiner Stellungnahme dem Beirat zu.

§ 43 Vorschlagsrecht des Beirats

(1) Der Beirat nimmt zu den Anträgen Stellung. Die Stellungnahme hat einen Vorschlag zu enthalten, ob, in welcher Art und Höhe sowie unter welchen Bedingungen und Auflagen Mittel des Ausgleichsfonds vergeben werden sollen.

(2) Der Beirat kann unabhängig vom Vorliegen oder in Abwandlung eines schriftlichen oder elektronischen Antrags Vorhaben zur Förderung vorschlagen.

§ 44 Entscheidung

(1) Das Bundesministerium für Arbeit und Soziales entscheidet über die Anträge aufgrund der Vorschläge des Beirats durch schriftlichen oder elektronischen Bescheid.

(2) Der Beirat ist über die getroffene Entscheidung zu unterrichten.

§ 45 Vorhaben des Bundesministeriums für Arbeit und Soziales

Für Vorhaben des Bundesministeriums für Arbeit und Soziales, die dem Beirat zur Stellungnahme zuzuleiten sind, gelten die §§ 43 und 44 entsprechend.

Vierter Abschnitt Schlußvorschriften

§ 46 Übergangsvorschrift

Leistungen zur Förderung von Einrichtungen, die vor dem 1. Januar 2024 beantragt worden sind, können weiter erbracht werden. Die §§ 30 bis 34 und 41 Absatz 4 in der bis zum 31. Dezember 2023 geltenden Fassung sind auf diese Leistungen weiter anzuwenden.

§ 47 Inkrafttreten, Außerkrafttreten

Diese Verordnung tritt am Tage nach der Verkündung in Kraft.

3. Werkstätten-Mitwirkungsverordnung (WMVO)

a) Einführung

Die Werkstätten-Mitwirkungsverordnung ist die Entsprechung zum Betriebsverfassungsgesetz für Personen, die Leistungen nach § 58 SGB IX erhalten und in Werkstätten für behinderte Menschen (WfbM) beschäftigt sind. Werkstattbeschäftigte haben nach § 221 SGB IX grundsätzlich ein arbeitnehmerähnliches Rechtsverhältnis zur Werkstatt. Diese Personen werden nicht durch den Betriebsrat vertreten, sondern durch einen eigenständig zu bildenden Werkstattrat. Bereits seit der Änderung des SchwbG im Jahr 1996 ist dieses Gremium vom Gesetzgeber vorgesehen. Eine weitere Formalisierung der Aufgaben erfolgte mit der Einführung des SGB IX und findet sich in § 222 SGB IX.[3] Auf der Grundlage der Verordnungsermächtigung in § 227 SGB IX hat das Bundesministerium für Arbeit und Soziales mit Zustimmung des Bundesrates detaillierte Regelungen zur Errichtung, Zusammensetzung sowie den Aufgaben des Werkstattrats in der WMVO erlassen. Ebenfalls sind in § 5 der Verordnung die Fragen, auf die sich Mitbestimmung und Mitwirkung erstrecken, abschließend geregelt. Die Verordnung regelt zudem im Abschnitt 2 die Vorbereitung und Durchführung der Wahl des Rates, einschließlich der Wahlberechtigung und der Wählbarkeit. Mit Wirkung zum 19. 3. 2022 wurde § 21 WMVO um den Absatz 6, der nun die Möglichkeit der Briefwahl vorsieht, ergänzt. Dies war vorübergehend durch eine Sonderregelung aufgrund der Corona-Pandemie bereits möglich geworden. Die Amtszeit des Werkstattrats beträgt vier Jahre und die letzten regelmäßigen Wahlen fanden in der Zeit vom 1. Oktober bis 30. November 2021 statt. Im Jahr 2025 werden die nächsten Räte gewählt.
Der Abschnitt 4 der Verordnung (§§ 31–39 WMVO) regelt die Geschäftsführung und die Formalien der Sitzungen. Ebenfalls sind die persönlichen Rechte und Pflichten der Mitglieder des Werkstattrats (§ 37 WMVO) und der Kostentragung durch die Werkstatt (§ 39 WMVO) geregelt.
Mit dem Bundesteilhabegesetz wurde auch die WMVO reformiert. Ziel war es, die Werkstatträte in ihrer Position und ihren Rechten zu stärken. Vergleicht man die

3 Dazu ausführlich *Veit u. a.*: Die Werkstätten-Mitwirkungsverordnung nach Inkrafttreten des BTHG – Eine Bestandsaufnahme – Teil I: Ausgangssituation und Weiterentwicklung der WMVO; Beitrag B5–2020, unter *www.reha-recht.de*; 7. 10. 2020.

Befugnisse der Betriebsräte mit denen der Werkstatträte, so ist der Umfang der Mitbestimmungsmöglichkeiten deutlich eingeschränkter.[4]

b) Verordnungstext

Vom 25. Juni 2001 (BGBl. I S. 1297), zuletzt geändert durch Artikel 1 der Verordnung vom 19. Juni 2023 (BGBl. 2023 I Nr. 158).

Inhaltsübersicht

---

4 Umfassend zu den Neuregelungen vgl. *Schachler/Schreiner:* Mitbestimmung light? Die Reform der Werkstätten-Mitwirkungsverordnung durch das Bundesteilhabegesetz – Teil I: Mitbestimmungsrechte und Ressourcenstärkung; *Veit u. a.*: Die Werkstätten-Mitwirkungsverordnung nach Inkrafttreten des BTHG – Eine Bestandsaufnahme – Teil II: Ausgewählte Rechts- und Praxisfragen; Beitrag B6–2020, unter *www.reha-recht.de*; 12.10.2020; Beitrag B2–2017 unter *www.reha-recht.de*; 26.4.2017 und Teil II: Frauenbeauftragte und kirchenrechtliche Verordnungen; Beitrag B3–2017 unter *www.reha-recht.de*; 28.4.2017.

Abschnitt 1 Anwendungsbereich, Errichtung, Zusammensetzung und Aufgaben des Werkstattrats

§ 1 Anwendungsbereich

(1) Diese Verordnung gilt für die Mitbestimmung und die Mitwirkung der in § 221 Absatz 1 des Neunten Buches Sozialgesetzbuch genannten Menschen mit Behinderungen (Werkstattbeschäftigte) in Werkstattangelegenheiten und die Interessenvertretung der in Werkstätten beschäftigten behinderten Frauen durch Frauenbeauftragte.

(2) Diese Verordnung findet keine Anwendung auf Religionsgemeinschaften und ihre Einrichtungen, soweit sie eigene gleichwertige Regelungen getroffen haben.

§ 2 Errichtung von Werkstatträten

(1) Ein Werkstattrat wird in Werkstätten gewählt.

(2) Rechte und Pflichten der Werkstatt sind solche des Trägers der Werkstatt.

§ 3 Zahl der Mitglieder des Werkstattrats

(1) Der Werkstattrat besteht in Werkstätten mit in der Regel
1. bis zu 200 Wahlberechtigten aus drei Mitgliedern,
2. 201 bis 400 Wahlberechtigten aus fünf Mitgliedern,
3. 401 bis 700 Wahlberechtigten aus sieben Mitgliedern,
4. 701 bis 1000 Wahlberechtigten aus neuen Mitgliedern,
5. 1001 bis 1500 Wahlberechtigten aus elf Mitgliedern,
6. mehr als 1500 Wahlberechtigten aus 13 Mitgliedern.

(2) Die Geschlechter sollen entsprechend ihrem zahlenmäßigen Verhältnis vertreten sein.

§ 4 Allgemeine Aufgaben des Werkstattrats

(1) Der Werkstattrat hat folgende allgemeine Aufgaben:
1. darüber zu wachen, dass die zugunsten der Werkstattbeschäftigten geltenden Gesetze, Verordnungen, Unfallverhütungsvorschriften und mit der Werkstatt getroffenen Vereinbarungen durchgeführt werden, vor allem, dass
   a) die auf das besondere arbeitnehmerähnliche Rechtsverhältnis zwischen den Werkstattbeschäftigten und der Werkstatt anzuwendenden arbeitsrechtlichen Vorschriften und Grundsätze, insbesondere über Beschäftigungszeit einschließlich Teilzeitbeschäftigung sowie der Erholungspausen und Zeiten der Teilnahme an Maßnahmen zur Erhaltung und Erhöhung der Leistungsfähigkeit und zur Weiterentwicklung der Persönlichkeit des Werkstattbeschäftigten, Urlaub, Entgeltfortzahlung im Krankheitsfall, Entgeltzahlung an Feiertagen, Mutterschutz, Elternzeit, Persönlichkeitsschutz und Haftungsbeschränkung,
   b) die in dem besonderen arbeitnehmerähnlichen Rechtsverhältnis aufgrund der Fürsorgepflicht geltenden Mitwirkungs- und Beschwerderechte und
   c) die Werkstattverträge

   von der Werkstatt beachtet werden;
2. Maßnahmen, die dem Betrieb der Werkstatt und den Werkstattbeschäftigten dienen, bei der Werkstatt zu beantragen;
3. Anregungen und Beschwerden von Werkstattbeschäftigten entgegenzunehmen und, falls sie berechtigt erscheinen, durch Verhandlungen mit der Werkstatt auf eine Erledigung hinzuwirken; er hat die betreffenden Werkstattbeschäftigten über den Stand und das Ergebnis der Verhandlungen zu unterrichten.

Dabei hat er vor allem die Interessen besonders betreuungs- und förderungsbedürftiger Werkstattbeschäftigter zu wahren und die Durchsetzung der tatsächlichen Gleichstellung von Frauen und Männern zu fördern.

(2) Werden in Absatz 1 Nr. 1 genannte Angelegenheiten zwischen der Werkstatt und einem oder einer Werkstattbeschäftigten erörtert, so nimmt auf dessen oder deren Wunsch ein Mitglied des Werkstattrats an der Erörterung teil. Es ist verpflichtet, über Inhalt und Gegenstand der Erörterung Stillschweigen zu bewahren, soweit es von dem oder der Werkstattbeschäftigten im Einzelfall nicht von dieser Verpflichtung entbunden wird.

(3) Der Werkstattrat berücksichtigt die Interessen der im Eingangsverfahren und im Berufsbildungsbereich tätigen behinderten Menschen in angemessener und ge-

eigneter Weise, solange für diese eine Vertretung nach § 52 des Neunten Buches Sozialgesetzbuch nicht besteht.

§ 5 Mitwirkung und Mitbestimmung

(1) Der Werkstattrat hat in folgenden Angelegenheiten ein Mitwirkungsrecht:

1. Darstellung und Verwendung des Arbeitsergebnisses, insbesondere Höhe der Grund- und Steigerungsbeträge, unter Darlegung der dafür maßgeblichen wirtschaftlichen und finanziellen Verhältnisse auch in leichter Sprache,
2. Regelungen über die Verhütung von Arbeitsunfällen und Berufskrankheiten sowie über den Gesundheitsschutz im Rahmen der gesetzlichen Vorschriften oder der Unfallverhütungsvorschriften,
3. Weiterentwicklung der Persönlichkeit und Förderung des Übergangs auf den allgemeinen Arbeitsmarkt,
4. Gestaltung von Arbeitsplätzen, Arbeitskleidung, Arbeitsablauf und Arbeitsumgebung, Einführung neuer Arbeitsverfahren,
5. dauerhafte Umsetzung Beschäftigter im Arbeitsbereich auf einen anderen Arbeitsplatz, wenn die Betroffenen eine Mitwirkung des Werkstattrates wünschen,
6. Planung von Neu-, Um- und Erweiterungsbauten sowie neuer technischer Anlagen, Einschränkung, Stilllegung oder Verlegung der Werkstatt oder wesentlicher Teile der Werkstatt, grundlegende Änderungen der Werkstattorganisation und des Werkstattzwecks.

(2) Der Werkstattrat hat in folgenden Angelegenheiten ein Mitbestimmungsrecht:

1. Ordnung und Verhalten der Werkstattbeschäftigten im Arbeitsbereich einschließlich Aufstellung und Änderung einer Werkstattordnung,
2. Beginn und Ende der täglichen Arbeitszeit, Pausen, Zeiten für die Erhaltung und Erhöhung der Leistungsfähigkeit und zur Weiterentwicklung der Persönlichkeit, Verteilung der Arbeitszeit auf die einzelnen Wochentage und die damit zusammenhängende Regelung des Fahrdienstes, vorübergehende Verkürzung oder Verlängerung der üblichen Arbeitszeit,
3. Arbeitsentgelte, insbesondere Aufstellung und Änderung von Entlohnungsgrundsätzen, Festsetzung der Steigerungsbeträge und vergleichbarer leistungsbezogener Entgelte, Zeit, Ort und Art der Auszahlung sowie Gestaltung der Arbeitsentgeltbescheinigungen,
4. Grundsätze für den Urlaubsplan,
5. Verpflegung,
6. Einführung und Anwendung technischer Einrichtungen, die dazu bestimmt sind, das Verhalten oder die Leistung der Werkstattbeschäftigten zu überwachen,
7. Grundsätze für die Fort- und Weiterbildung,
8. Gestaltung von Sanitär- und Aufenthaltsräumen und
9. Soziale Aktivitäten der Werkstattbeschäftigten.

(3) Die Werkstatt hat den Werkstattrat in den Angelegenheiten, in denen er ein Mitwirkungsrecht oder ein Mitbestimmungsrecht hat, vor Durchführung der Maßnahme rechtzeitig, umfassend und in angemessener Weise zu unterrichten und

anzuhören. Beide Seiten haben auf ein Einvernehmen hinzuwirken. Lässt sich Einvernehmen nicht herstellen, kann jede Seite die Vermittlungsstelle anrufen.

(4) In Angelegenheiten der Mitwirkung nach Absatz 1 entscheidet die Werkstatt unter Berücksichtigung des Einigungsvorschlages endgültig.

(5) Kommt in Angelegenheiten der Mitbestimmung nach Absatz 2 keine Einigung zustande und handelt es sich nicht um Angelegenheiten, die nur einheitlich für Arbeitnehmer und Werkstattbeschäftigte geregelt werden können und die Gegenstand einer Vereinbarung mit dem Betriebs- oder Personalrat oder einer sonstigen Mitarbeitervertretung sind oder sein sollen, entscheidet die Vermittlungsstelle endgültig.

(6) Soweit Angelegenheiten im Sinne von Absatz 1 oder 2 nur einheitlich für Arbeitnehmer oder Werkstattbeschäftigte geregelt werden können und soweit sie Gegenstand einer Vereinbarung mit dem Betriebs- oder Personalrat oder einer sonstigen Mitarbeitervertretung sind oder sein sollen, haben die Beteiligten auf eine einvernehmliche Regelung hinzuwirken. Die ergänzende Vereinbarung besonderer behindertenspezifischer Regelungen zwischen Werkstattrat und Werkstatt bleiben unberührt. Unberührt bleiben auch weitergehende, einvernehmlich vereinbarte Formen der Beteiligung in den Angelegenheiten des Absatzes 1.

§ 6 Vermittlungsstelle

(1) Die Vermittlungsstelle besteht aus einem oder einer unparteiischen, in Werkstattangelegenheiten erfahrenen Vorsitzenden, auf den oder die sich Werkstatt und Werkstattrat einigen müssen, und aus je einem von der Werkstatt und vom Werkstattrat benannten Beisitzer oder einer Beisitzerin. Kommt eine Einigung nicht zustande, so schlagen die Werkstatt und der Werkstattrat je eine Person als Vorsitzenden oder Vorsitzende vor; durch Los wird entschieden, wer als Vorsitzender oder Vorsitzende tätig wird.

(2) Die Vermittlungsstelle hat unverzüglich tätig zu werden. Sie entscheidet nach mündlicher Beratung mit Stimmenmehrheit. Die Beschlüsse der Vermittlungsstelle sind schriftlich niederzulegen und von dem Vorsitzenden oder der Vorsitzenden zu unterschreiben oder in elektronischer Form niederzulegen und von dem Vorsitzenden oder der Vorsitzenden mit seiner oder ihrer qualifizierten elektronischen Signatur zu versehen. Werkstatt und Werkstattrat können weitere Einzelheiten des Verfahrens vor der Vermittlungsstelle vereinbaren.

(3) Der Einigungsvorschlag der Vermittlungsstelle ersetzt in den Angelegenheiten nach § 5 Absatz 1 sowie in den Angelegenheiten nach § 5 Absatz 2, die nur einheitlich für Arbeitnehmer und Werkstattbeschäftigte geregelt werden können, nicht die Entscheidung der Werkstatt. Bis dahin ist die Durchführung der Maßnahme auszusetzen. Das gilt auch in den Fällen des § 5 Absatz 5 und 6. Fasst die Vermittlungsstelle in den Angelegenheiten nach § 5 Absatz 1 innerhalb von zwölf Tagen keinen Beschluss für einen Einigungsvorschlag, gilt die Entscheidung der Werkstatt.

§ 7 Unterrichtungsrechte des Werkstattrats

(1) Der Werkstattrat ist in folgenden Angelegenheiten zu unterrichten:
1. Beendigung des arbeitnehmerähnlichen Rechtsverhältnisses zur Werkstatt, Versetzungen und Umsetzungen,

2. Verlauf und Ergebnis der Eltern- und Betreuerversammlung,
3. Einstellung, Versetzung und Umsetzung des Fachpersonals (Angehörige der begleitenden Dienste und die Fachkräfte zur Arbeits- und Berufsförderung) und des sonstigen Personals der Werkstatt.

(2) Die Werkstatt hat den Werkstattrat in den Angelegenheiten, in denen er ein Unterrichtungsrecht hat, rechtzeitig und umfassend unter Vorlage der erforderlichen Unterlagen zu unterrichten. Die in den Fällen des Absatzes 1 Nr. 1 einzuholende Stellungnahme des Fachausschusses und die in diesem Rahmen erfolgende Anhörung des oder der Werkstattbeschäftigten bleiben unberührt.

§ 8 Zusammenarbeit

(1) Die Werkstatt, ihr Betriebs- oder Personalrat oder ihre sonstige Mitarbeitervertretung, die Schwerbehindertenvertretung, die Vertretung der Teilnehmer an Maßnahmen im Eingangsverfahren und im Berufsbildungsbereich nach § 52 des Neunten Buches Sozialgesetzbuch, ein nach § 222 Abs. 4 Satz 2 des Neunten Buches Sozialgesetzbuch errichteter Eltern- und Betreuerbeirat, die Frauenbeauftragte und der Werkstattrat arbeiten im Interesse der Werkstattbeschäftigten vertrauensvoll zusammen. Die Werkstatt, die Frauenbeauftragte und der Werkstattrat können hierbei die Unterstützung der in der Werkstatt vertretenen Behindertenverbände und Gewerkschaften sowie der Verbände, denen die Werkstatt angehört, in Anspruch nehmen.

(2) Werkstatt und Werkstattrat sollen in der Regel einmal im Monat zu einer Besprechung zusammentreten. Sie haben über strittige Fragen mit dem ernsten Willen zur Einigung zu verhandeln und Vorschläge für die Beilegung von Meinungsverschiedenheiten zu machen.

§ 9 Werkstattversammlung

Der Werkstattrat führt mindestens einmal im Kalenderjahr eine Versammlung der Werkstattbeschäftigten durch. Die in der Werkstatt für Versammlungen der Arbeitnehmer geltenden Vorschriften finden entsprechende Anwendung; Teil- sowie Abteilungsversammlungen sind zulässig. Der Werkstattrat kann im Einvernehmen mit der Werkstatt in Werkstattangelegenheiten erfahrene Personen sowie behinderte Menschen, die an Maßnahmen im Eingangsverfahren oder im Berufsbildungsbereich teilnehmen, einladen.

Abschnitt 2 Wahl des Werkstattrats

Unterabschnitt 1 Wahlberechtigung und Wählbarkeit; Zeitpunkt der Wahlen

§ 10 Wahlberechtigung

Wahlberechtigt sind alle Werkstattbeschäftigten, soweit sie keine Arbeitnehmer sind.

§ 11 Wählbarkeit

Wählbar sind alle Wahlberechtigten, die am Wahltag seit mindestens sechs Monaten in der Werkstatt beschäftigt sind. Zeiten des Eingangsverfahrens und der Teilnahme an Maßnahmen im Berufsbildungsbereich werden angerechnet.

§ 12 Zeitpunkt der Wahlen zum Werkstattrat

(1) Die regelmäßigen Wahlen zum Werkstattrat finden alle vier Jahre in der Zeit vom 1. Oktober bis 30. November statt, erstmals im Jahre 2001. Außerhalb dieser Zeit finden Wahlen statt, wenn

1. die Gesamtzahl der Mitglieder nach Eintreten sämtlicher Ersatzmitglieder unter die vorgeschriebene Zahl der Werkstattratmitglieder gesunken ist,
2. der Werkstattrat mit der Mehrheit seiner Mitglieder seinen Rücktritt beschlossen hat,
3. die Wahl des Werkstattrats mit Erfolg angefochten worden ist oder
4. ein Werkstattrat noch nicht gewählt ist.

(2) Hat außerhalb des für die regelmäßigen Wahlen festgelegten Zeitraumes eine Wahl zum Werkstattrat stattgefunden, so ist er in dem auf die Wahl folgenden nächsten Zeitraum der regelmäßigen Wahlen neu zu wählen. Hat die Amtszeit des Werkstattrats zu Beginn des für die nächsten regelmäßigen Wahlen festgelegten Zeitraumes noch nicht ein Jahr betragen, ist der Werkstattrat in dem übernächsten Zeitraum der regelmäßigen Wahlen neu zu wählen.

Unterabschnitt 2 Vorbereitung der Wahl

§ 13 Bestellung des Wahlvorstandes

(1) Spätestens zehn Wochen vor Ablauf seiner Amtszeit bestellt der Werkstattrat einen Wahlvorstand aus drei Wahlberechtigten oder sonstigen der Werkstatt angehörenden Personen und einen oder eine von ihnen als Vorsitzenden oder Vorsitzende. Dem Wahlvorstand muss mindestens eine wahlberechtigte Frau angehören.
(2) Ist in der Werkstatt ein Werkstattrat nicht vorhanden, werden der Wahlvorstand und dessen Vorsitzender oder Vorsitzende in einer Versammlung der Wahlberechtigten gewählt. Die Werkstatt fördert die Wahl; sie hat zu dieser Versammlung einzuladen. Unabhängig davon können drei Wahlberechtigte einladen.

§ 14 Aufgaben des Wahlvorstandes

(1) Der Wahlvorstand bereitet die Wahl vor und führt sie durch. Die Werkstatt hat dem Wahlvorstand auf dessen Wunsch aus den Angehörigen des Fachpersonals eine Person seines Vertrauens zur Verfügung zu stellen, die ihn bei der Vorbereitung und Durchführung der Wahl unterstützt. Der Wahlvorstand kann in der Werkstatt Beschäftigte als Wahlhelfer oder Wahlhelferinnen zu seiner Unterstützung bei der Durchführung der Stimmabgabe und bei der Stimmenzählung bestellen. Die Mitglieder des Wahlvorstandes, die Vertrauensperson und die Wahlhelfer und Wahlhelferinnen haben die gleichen persönlichen Rechte und Pflichten wie die Mitglieder des Werkstattrats (§ 37). Die Vertrauensperson nimmt ihre Aufgabe unabhängig von Weisungen der Werkstatt wahr.

(2) Die Beschlüsse des Wahlvorstandes werden mit Stimmenmehrheit seiner Mitglieder gefasst. Über jede Sitzung des Wahlvorstandes ist eine Niederschrift aufzunehmen, die mindestens den Wortlaut der gefassten Beschlüsse enthält. Die Niederschrift ist von dem Vorsitzenden oder der Vorsitzenden und einem weiteren Mitglied des Wahlvorstandes oder der Vertrauensperson zu unterzeichnen.
(3) Der Wahlvorstand hat die Wahl unverzüglich einzuleiten; sie soll spätestens eine Woche vor dem Tag stattfinden, an dem die Amtszeit des Werkstattrats abläuft.
(4) Die Werkstatt unterstützt den Wahlvorstand bei der Erfüllung seiner Aufgaben. Sie gibt ihm insbesondere alle für die Anfertigung der Liste der Wahlberechtigten erforderlichen Auskünfte und stellt die notwendigen Unterlagen zur Verfügung.

§ 15 Erstellung der Liste der Wahlberechtigten

Der Wahlvorstand stellt eine Liste der Wahlberechtigten auf. Die Wahlberechtigten sollen mit dem Familiennamen und dem Vornamen, erforderlichenfalls dem Geburtsdatum, in alphabetischer Reihenfolge aufgeführt werden.

§ 16 Bekanntmachung der Liste der Wahlberechtigten

Die Liste der Wahlberechtigten oder eine Abschrift ist unverzüglich nach Einleitung der Wahl bis zum Abschluss der Stimmabgabe an geeigneter Stelle zur Einsicht auszulegen.

§ 17 Einspruch gegen die Liste der Wahlberechtigten

(1) Wahlberechtigte und sonstige Beschäftigte, die ein berechtigtes Interesse an einer ordnungsgemäßen Wahl glaubhaft machen, können innerhalb von zwei Wochen seit Erlass des Wahlausschreibens (§ 18) beim Wahlvorstand Einspruch gegen die Richtigkeit der Liste der Wahlberechtigten einlegen.
(2) Über Einsprüche nach Absatz 1 entscheidet der Wahlvorstand unverzüglich. Hält er den Einspruch für begründet, berichtigt er die Liste der Wahlberechtigten. Der Person, die den Einspruch eingelegt hat, wird die Entscheidung unverzüglich mitgeteilt; die Entscheidung muss ihr spätestens am Tag vor der Stimmabgabe zugehen.
(3) Nach Ablauf der Einspruchsfrist soll der Wahlvorstand die Liste der Wahlberechtigten nochmals auf ihre Vollständigkeit hin überprüfen. Im Übrigen kann nach Ablauf der Einspruchsfrist die Liste der Wahlberechtigten nur bei Schreibfehlern, offenbaren Unrichtigkeiten, in Erledigung rechtzeitig eingelegter Einsprüche oder bei Eintritt oder Ausscheiden eines Wahlberechtigten oder einer Wahlberechtigten bis zum Tage vor dem Beginn der Stimmabgabe berichtigt oder ergänzt werden.

§ 18 Wahlausschreiben

(1) Spätestens sechs Wochen vor dem Wahltag erlässt der Wahlvorstand ein Wahlausschreiben, das von dem oder der Vorsitzenden und mindestens einem weiteren Mitglied des Wahlvorstandes zu unterschreiben ist. Es muss enthalten:
1. das Datum seines Erlasses,
2. die Namen und Fotos der Mitglieder des Wahlvorstandes,
3. die Voraussetzungen der Wählbarkeit zum Werkstattrat,

4. den Hinweis, wo und wann die Liste der Wahlberechtigten und diese Verordnung zur Einsicht ausliegen,
5. den Hinweis, dass nur wählen kann, wer in die Liste der Wahlberechtigten eingetragen ist, und dass Einsprüche gegen die Liste der Wahlberechtigten nur vor Ablauf von zwei Wochen seit dem Erlass des Wahlausschreibens beim Wahlvorstand schriftlich oder zur Niederschrift eingelegt werden können; der letzte Tag der Frist ist anzugeben,
6. die Aufforderung, Wahlvorschläge innerhalb von zwei Wochen nach Erlass des Wahlausschreibens beim Wahlvorstand einzureichen; der letzte Tag der Frist ist anzugeben,
7. die Mindestzahl von Wahlberechtigten, von denen ein Wahlvorschlag unterstützt werden muss (§ 19 Satz 2),
8. den Hinweis, dass die Stimmabgabe an die Wahlvorschläge gebunden ist und dass nur solche Wahlvorschläge berücksichtigt werden dürfen, die fristgerecht (Nummer 6) eingereicht sind,
9. die Bestimmung des Ortes, an dem die Wahlvorschläge bis zum Abschluss der Stimmabgabe durch Aushang oder in sonst geeigneter Weise bekannt gegeben werden,
10. Ort, Tag und Zeit der Stimmabgabe,
11. den Ort und die Zeit der Stimmauszählung und der Sitzung des Wahlvorstandes, in der das Wahlergebnis abschließend festgestellt wird,
12. den Ort, an dem Einsprüche, Wahlvorschläge und sonstige Erklärungen gegenüber dem Wahlvorstand abzugeben sind.

(2) Eine Abschrift oder ein Abdruck des Wahlausschreibens ist vom Tag seines Erlasses bis zum Wahltag an einer oder mehreren geeigneten, den Wahlberechtigten zugänglichen Stellen vom Wahlvorstand auszuhängen.

§ 19 Wahlvorschläge

Die Wahlberechtigten können innerhalb von zwei Wochen seit Erlass des Wahlausschreibens Vorschläge beim Wahlvorstand einreichen. Jeder Wahlvorschlag muss von mindestens drei Wahlberechtigten unterstützt werden. Der Wahlvorschlag bedarf der Zustimmung des Vorgeschlagenen oder der Vorgeschlagenen. Der Wahlvorstand entscheidet über die Zulassung zur Wahl.

§ 20 Bekanntmachung der Bewerber und Bewerberinnen

Spätestens eine Woche vor Beginn der Stimmabgabe und bis zum Abschluss der Stimmabgabe macht der Wahlvorstand die Namen und Fotos oder anderes Bildmaterial der Bewerber und Bewerberinnen aus zugelassenen Wahlvorschlägen in alphabetischer Reihenfolge in gleicher Weise bekannt wie das Wahlausschreiben (§ 18 Abs. 2).

Unterabschnitt 3 Durchführung der Wahl

§ 21 Stimmabgabe

(1) Der Werkstattrat wird in geheimer und unmittelbarer Wahl nach den Grundsätzen der Mehrheitswahl gewählt.

(2) Wer wahlberechtigt ist, kann seine Stimme nur für rechtswirksam vorgeschlagene Bewerber oder Bewerberinnen abgeben. Jeder Wahlberechtigte und jede Wahlberechtigte hat so viele Stimmen, wie Mitglieder des Werkstattrats gewählt werden. Der Stimmzettel muss einen Hinweis darauf enthalten, wie viele Bewerber im Höchstfall gewählt werden dürfen. Für jeden Bewerber oder jede Bewerberin kann nur eine Stimme abgegeben werden.
(3) Das Wahlrecht wird durch Abgabe eines Stimmzettels in einem Wahlumschlag ausgeübt. Auf dem Stimmzettel sind die Bewerber in alphabetischer Reihenfolge unter Angabe von Familienname und Vorname, erforderlichenfalls des Geburtsdatums, sowie mit Foto oder anderem Bildmaterial aufzuführen. Die Stimmzettel müssen sämtlich die gleiche Größe, Farbe, Beschaffenheit und Beschriftung haben. Das Gleiche gilt für die Wahlumschläge.
(4) Bei der Stimmabgabe wird durch Ankreuzen an der im Stimmzettel jeweils vorgesehenen Stelle die von dem Wählenden oder von der Wählenden gewählte Person gekennzeichnet. Stimmzettel, auf denen mehr als die zulässige Anzahl der Bewerber oder Bewerberinnen gekennzeichnet ist oder aus denen sich der Wille des Wählenden oder der Wählenden nicht zweifelsfrei ergibt, sind ungültig.
(5) Ist für mehr als die Hälfte der Wahlberechtigten infolge ihrer Behinderung eine Stimmabgabe durch Abgabe eines Stimmzettels nach den Absätzen 3 und 4 überwiegend nicht möglich, kann der Wahlvorstand eine andere Form der Ausübung des Wahlrechts beschließen.
(6) Der Wahlvorstand kann beschließen, dass die Wahl auch als Briefwahl durchgeführt wird.

§ 22 Wahlvorgang

(1) Der Wahlvorstand hat geeignete Vorkehrungen für die unbeobachtete Kennzeichnung der Stimmzettel im Wahlraum zu treffen und für die Bereitstellung einer Wahlurne zu sorgen. Die Wahlurne muss vom Wahlvorstand verschlossen und so eingerichtet sein, dass die eingeworfenen Stimmzettel nicht herausgenommen werden können, ohne dass die Urne geöffnet wird.
(2) Während der Wahl müssen immer mindestens zwei Mitglieder des Wahlvorstandes im Wahlraum anwesend sein. Sind Wahlhelfer oder Wahlhelferinnen bestellt (§ 14 Abs. 1 Satz 3), genügt die Anwesenheit eines Mitgliedes des Wahlvorstandes und eines Wahlhelfers oder einer Wahlhelferin.
(3) Der gekennzeichnete und in den Wahlumschlag gelegte Stimmzettel ist in die hierfür bereitgestellte Wahlurne einzuwerfen, nachdem die Stimmabgabe von einem Mitglied des Wahlvorstandes oder einem Wahlhelfer oder einer Wahlhelferin in der Liste der Wahlberechtigten vermerkt worden ist.
(4) Wer infolge seiner Behinderung bei der Stimmabgabe beeinträchtigt ist, bestimmt eine Person seines Vertrauens, die ihm bei der Stimmabgabe behilflich sein soll, und teilt dies dem Wahlvorstand mit. Personen, die sich bei der Wahl bewerben, Mitglieder des Wahlvorstandes, Vertrauenspersonen im Sinne des § 14 Abs. 1 Satz 2 sowie Wahlhelfer und Wahlhelferinnen dürfen nicht zur Hilfeleistung herangezogen werden. Die Hilfeleistung beschränkt sich auf die Erfüllung der Wünsche des Wählers oder der Wählerin zur Stimmabgabe; die Vertrauensperson darf gemeinsam mit dem Wähler oder der Wählerin die Wahlkabine aufsuchen.

Die Vertrauensperson ist zur Geheimhaltung der Kenntnisse von der Wahl einer anderen Person verpflichtet, die sie bei der Hilfeleistung erlangt hat. Die Sätze 1 bis 4 gelten entsprechend für Wähler und Wählerinnen, die des Lesens unkundig sind.
(5) Nach Abschluss der Wahl ist die Wahlurne zu versiegeln, wenn die Stimmenauszählung nicht unmittelbar nach der Beendigung der Wahl durchgeführt wird.

§ 23 Feststellung des Wahlergebnisses

(1) Unverzüglich nach Abschluss der Wahl nimmt der Wahlvorstand öffentlich die Auszählung der Stimmen vor und stellt das Ergebnis fest.
(2) Gewählt sind die Bewerber und Bewerberinnen, die die meisten Stimmen erhalten haben. Bei Stimmengleichheit entscheidet das Los.
(3) Der Wahlvorstand fertigt über das Ergebnis eine Niederschrift, die von dem Vorsitzenden oder der Vorsitzenden und mindestens einem weiteren Mitglied des Wahlvorstandes unterschrieben wird. Die Niederschrift muss die Zahl der abgegebenen gültigen und ungültigen Stimmzettel, die auf jeden Bewerber oder jede Bewerberin entfallenen Stimmenzahlen sowie die Namen der gewählten Bewerber und Bewerberinnen enthalten.

§ 24 Benachrichtigung der Gewählten und Annahme der Wahl

(1) Der Wahlvorstand benachrichtigt die zum Werkstattrat Gewählten unverzüglich von ihrer Wahl. Erklärt eine gewählte Person nicht innerhalb von drei Arbeitstagen nach Zugang der Benachrichtigung dem Wahlvorstand ihre Ablehnung der Wahl, ist sie angenommen.
(2) Lehnt eine gewählte Person die Wahl ab, tritt an ihre Stelle der Bewerber oder die Bewerberin mit der nächsthöchsten Stimmenzahl.

§ 25 Bekanntmachung der Gewählten

Sobald die Namen der Mitglieder des Werkstattrats endgültig feststehen, macht der Wahlvorstand sie durch zweiwöchigen Aushang in gleicher Weise wie das Wahlausschreiben bekannt (§ 18 Abs. 2) und teilt sie unverzüglich der Werkstatt mit.

§ 26 Aufbewahrung der Wahlunterlagen

Die Wahlunterlagen, insbesondere die Niederschriften, Bekanntmachungen und Stimmzettel, werden vom Werkstattrat mindestens bis zum Ende der Wahlperiode aufbewahrt.

§ 27 Wahlanfechtung

(1) Die Wahl kann beim Arbeitsgericht angefochten werden, wenn gegen wesentliche Vorschriften über das Wahlrecht, die Wählbarkeit oder das Wahlverfahren verstoßen worden ist und eine Berichtigung nicht erfolgt ist, es sei denn, dass durch den Verstoß das Wahlergebnis nicht geändert oder beeinflusst werden konnte.
(2) Zur Anfechtung berechtigt sind mindestens drei Wahlberechtigte oder die Werkstatt. Die Wahlanfechtung ist nur binnen einer Frist von zwei Wochen, vom Tag der Bekanntgabe des Wahlergebnisses an gerechnet, zulässig.

§ 28 Wahlschutz und Wahlkosten

(1) Niemand darf die Wahl des Werkstattrats behindern. Insbesondere dürfen Werkstattbeschäftigte in der Ausübung des aktiven und passiven Wahlrechts nicht beschränkt werden.

(2) Niemand darf die Wahl des Werkstattrats durch Zufügung oder Androhung von Nachteilen oder durch Gewährung oder Versprechen von Vorteilen beeinflussen.

(3) Die Kosten der Wahl trägt die Werkstatt. Versäumnis von Beschäftigungszeit, die zur Ausübung des Wahlrechts, zur Betätigung im Wahlvorstand oder zur Tätigkeit als Wahlhelfer oder Wahlhelferin erforderlich ist, berechtigt die Werkstatt nicht zur Minderung des Arbeitsentgeltes. Die Ausübung der genannten Tätigkeiten steht der Beschäftigung als Werkstattbeschäftigter gleich.

Abschnitt 3 Amtszeit des Werkstattrats

§ 29 Amtszeit des Werkstattrats

Die regelmäßige Amtszeit des Werkstattrats beträgt vier Jahre. Die Amtszeit beginnt mit der Bekanntgabe des Wahlergebnisses oder, wenn die Amtszeit des bisherigen Werkstattrats noch nicht beendet ist, mit deren Ablauf. Die Amtszeit des außerhalb des regelmäßigen Wahlzeitraumes gewählten Werkstattrats endet mit der Bekanntgabe des Wahlergebnisses des nach § 12 Abs. 2 neu gewählten Werkstattrats, spätestens jedoch am 30. November des maßgebenden Wahljahres. Im Falle des § 12 Abs. 1 Satz 2 Nr. 1 und 2 endet die Amtszeit des bestehenden Werkstattrats mit der Bekanntgabe des Wahlergebnisses des neu gewählten Werkstattrats.

§ 30 Erlöschen der Mitgliedschaft im Werkstattrat; Ersatzmitglieder

(1) Die Mitgliedschaft im Werkstattrat erlischt durch

1. Ablauf der Amtszeit,
2. Niederlegung des Amtes,
3. Ausscheiden aus der Werkstatt,
4. Beendigung des arbeitnehmerähnlichen Rechtsverhältnisses.

(2) Scheidet ein Mitglied aus dem Werkstattrat aus, so rückt ein Ersatzmitglied nach. Dies gilt entsprechend für die Stellvertretung eines zeitweilig verhinderten Mitgliedes des Werkstattrats.

(3) Die Ersatzmitglieder werden der Reihe nach aus den nicht gewählten Bewerbern und Bewerberinnen der Vorschlagsliste entnommen. Die Reihenfolge bestimmt sich nach der Höhe der erreichten Stimmenzahlen. Bei Stimmengleichheit entscheidet das Los.

Abschnitt 4 Geschäftsführung des Werkstattrats

§ 31 Vorsitz des Werkstattrats

(1) Der Werkstattrat wählt aus seiner Mitte den Vorsitzenden oder die Vorsitzende und die ihn oder sie vertretende Person.

(2) Der Vorsitzende oder die Vorsitzende oder im Falle der Verhinderung die ihn oder sie vertretende Person vertritt den Werkstattrat im Rahmen der von diesem

gefassten Beschlüsse. Zur Entgegennahme von Erklärungen, die dem Werkstattrat gegenüber abzugeben sind, ist der Vorsitzende oder die Vorsitzende oder im Falle der Verhinderung die ihn oder sie vertretende Person berechtigt.

§ 32 Einberufung der Sitzungen

(1) Innerhalb einer Woche nach dem Wahltag beruft der Vorsitzende oder die Vorsitzende des Wahlvorstandes den neu gewählten Werkstattrat zu der nach § 31 Abs. 1 vorgeschriebenen Wahl ein und leitet die Sitzung.
(2) Die weiteren Sitzungen beruft der Vorsitzende oder die Vorsitzende des Werkstattrats ein, setzt die Tagesordnung fest und leitet die Verhandlung. Der Vorsitzende oder die Vorsitzende hat die Mitglieder des Werkstattrats und die Frauenbeauftragte rechtzeitig unter Mitteilung der Tagesordnung zu laden.
(3) Der Vorsitzende oder die Vorsitzende hat eine Sitzung einzuberufen und den Gegenstand, dessen Beratung beantragt wird, auf die Tagesordnung zu setzen, wenn dies von der Werkstatt beantragt wird.
(4) Die Werkstatt nimmt an den Sitzungen, die auf ihr Verlangen anberaumt sind, und an den Sitzungen, zu denen sie ausdrücklich eingeladen worden ist, teil.

§ 33 Sitzungen des Werkstattrats

(1) Die Sitzungen des Werkstattrats finden in der Regel während der Beschäftigungszeit statt. Der Werkstattrat hat bei der Ansetzung der Sitzungen auf die Arbeitsabläufe in der Werkstatt Rücksicht zu nehmen. Die Werkstatt ist vom Zeitpunkt der Sitzung vorher zu verständigen. Die Sitzungen des Werkstattrats sind nicht öffentlich. Sie finden als Präsenzsitzung statt.
(1a) Abweichend von Absatz 1 Satz 5 kann die Teilnahme an einer Sitzung des Werkstattrats mittels Video- und Telefonkonferenz erfolgen, wenn

1. die Voraussetzungen für eine solche Teilnahme in der Geschäftsordnung unter Sicherung des Vorrangs der Präsenzsitzung festgelegt sind,
2. nicht mindestens ein Viertel der Mitglieder des Werkstattrats binnen einer von dem Vorsitzenden oder der Vorsitzenden zu bestimmenden Frist diesem oder dieser gegenüber widerspricht und
3. sichergestellt ist, dass Dritte vom Inhalt der Sitzung keine Kenntnis nehmen können.

Eine Aufzeichnung der Sitzung ist unzulässig.
(1b) Erfolgt die Sitzung des Werkstattrats mit der zusätzlichen Möglichkeit der Teilnahme mittels Video- und Telefonkonferenz, gilt auch eine Teilnahme vor Ort als erforderlich.
(2) Der Werkstattrat kann die Vertrauensperson (§ 39 Abs. 3) und, wenn und soweit er es für erforderlich hält, ein Mitglied des Betriebs- oder Personalrats oder einer sonstigen Mitarbeitervertretung, eine Schreibkraft oder, nach näherer Vereinbarung mit der Werkstatt, einen Beauftragten oder eine Beauftragte einer in der Werkstatt vertretenen Gewerkschaft auf Antrag eines Viertels der Mitglieder des Werkstattrats, einen Vertreter oder eine Vertreterin eines Verbandes im Sinne des § 8 Abs. 1 oder sonstige Dritte zu seinen Sitzungen hinzuziehen. Für sie gelten die Geheimhaltungspflicht sowie die Offenbarungs- und Verwertungsverbote gemäß § 37 Abs. 6 entsprechend.

§ 34 Beschlüsse des Werkstattrats

(1) Die Beschlüsse des Werkstattrats werden mit der Mehrheit der Stimmen der anwesenden Mitglieder gefasst. Mitglieder des Werkstattrats, die mittels Video- und Telefonkonferenz an der Beschlussfassung teilnehmen, gelten als anwesend. Bei Stimmengleichheit ist ein Antrag abgelehnt.

(2) Der Werkstattrat ist beschlussfähig, wenn mindestens die Hälfte seiner Mitglieder an der Beschlussfassung teilnimmt; Stellvertretung durch Ersatzmitglieder ist zulässig.

§ 35 Sitzungsniederschrift

Über die Sitzungen des Werkstattrats ist eine Sitzungsniederschrift aufzunehmen, die mindestens den Wortlaut der Beschlüsse und die Stimmenmehrheit, mit der sie gefasst wurden, enthält. Die Niederschrift ist von dem Vorsitzenden oder von der Vorsitzenden und einem weiteren Mitglied oder der Vertrauensperson (§ 39 Abs. 3) zu unterzeichnen. Ihr ist eine Anwesenheitsliste beizufügen. Nimmt ein Mitglied des Werkstattrats mittels Video- und Telefonkonferenz an der Sitzung teil, so hat es seine Teilnahme gegenüber dem Vorsitzenden oder der Vorsitzenden in Textform zu bestätigen. Die Bestätigung ist der Niederschrift beizufügen. Hat die Werkstatt an der Sitzung teilgenommen, so ist ihr der entsprechende Teil der Niederschrift abschriftlich auszuhändigen.

§ 36 Geschäftsordnung des Werkstattrats

Der Werkstattrat kann sich für seine Arbeit eine schriftliche Geschäftsordnung geben, in der weitere Bestimmungen über die Geschäftsführung getroffen werden.

§ 37 Persönliche Rechte und Pflichten der Mitglieder des Werkstattrats

(1) Die Mitglieder des Werkstattrats führen ihr Amt unentgeltlich als Ehrenamt.

(2) Sie dürfen in der Ausübung ihres Amtes nicht behindert oder wegen ihres Amtes nicht benachteiligt oder begünstigt werden; dies gilt auch für ihre berufliche Entwicklung.

(3) Sie sind von ihrer Tätigkeit ohne Minderung des Arbeitsentgeltes zu befreien, wenn und soweit es zur Durchführung ihrer Aufgaben erforderlich ist. Die Werkstattratstätigkeit steht der Werkstattbeschäftigung gleich. In Werkstätten mit wenigstens 200 Wahlberechtigten ist der Vorsitzende oder die Vorsitzende des Werkstattrats auf Verlangen von der Tätigkeit freizustellen, in Werkstätten mit mehr als 700 Wahlberechtigten auch die Stellvertretung. Die Befreiung nach den Sätzen 1 und 3 erstreckt sich nicht auf Maßnahmen nach § 5 Abs. 3 der Werkstättenverordnung.

(4) Absatz 3 Satz 1 gilt entsprechend für die Teilnahme an Schulungs- und Bildungsveranstaltungen, soweit diese Kenntnisse vermitteln, die für die Arbeit des Werkstattrats erforderlich sind. Unbeschadet von Satz 1 hat jedes Mitglied des Werkstattrats während seiner regelmäßigen Amtszeit Anspruch auf Freistellung ohne Minderung des Arbeitsentgeltes für insgesamt 15 Tage zur Teilnahme an solchen Schulungs- und Bildungsveranstaltungen; der Anspruch erhöht sich für Werkstattbeschäftigte, die erstmals das Amt eines Mitgliedes des Werkstattrats übernehmen, auf 20 Tage.

(5) Bei Streitigkeiten in Angelegenheiten der Absätze 3 und 4 kann die Vermittlungsstelle angerufen werden. § 6 Abs. 2 und 3 gilt entsprechend. Der Rechtsweg zu den Arbeitsgerichten bleibt unberührt.

(6) Die Mitglieder des Werkstattrats sind verpflichtet,

1. über ihnen wegen ihres Amtes bekannt gewordene persönliche Verhältnisse und Angelegenheiten von Werkstattbeschäftigten, die ihrer Bedeutung oder ihrem Inhalt nach einer vertraulichen Behandlung bedürfen, Stillschweigen zu bewahren und
2. ihnen wegen ihres Amtes bekannt gewordene und von der Werkstatt ausdrücklich als geheimhaltungsbedürftig bezeichnete Betriebs- und Geschäftsgeheimnisse nicht zu offenbaren und nicht zu verwerten.

Die Pflichten gelten auch nach dem Ausscheiden aus dem Amt. Sie gelten nicht gegenüber den Mitgliedern des Werkstattrats und der Vertrauensperson (§ 39 Abs. 3) sowie im Verfahren vor der Vermittlungsstelle.

§ 38 Sprechstunden

(1) Der Werkstattrat kann während der Beschäftigungszeit Sprechstunden einrichten. Zeit und Ort sind mit der Werkstatt zu vereinbaren.

(2) Versäumnis von Beschäftigungszeit, die zum Besuch der Sprechstunden oder durch sonstige Inanspruchnahme des Werkstattrats erforderlich ist, berechtigt die Werkstatt nicht zur Minderung des Arbeitsentgeltes der Werkstattbeschäftigten. Diese Zeit steht der Werkstattbeschäftigung gleich.

§ 39 Kosten und Sachaufwand des Werkstattrats

(1) Die durch die Tätigkeit des Werkstattrats entstehenden Kosten trägt die Werkstatt. Das Gleiche gilt für die Kosten, die durch die Teilnahme an Schulungs- und Bildungsveranstaltungen nach § 37 Absatz 4 oder durch die Interessenvertretung auf Landesebene entstehen.

(2) Für die Sitzungen, die Sprechstunden und die laufende Geschäftsführung hat die Werkstatt in erforderlichem Umfang Räume, sächliche Mittel und eine Bürokraft zur Verfügung zu stellen.

(3) Die Werkstatt hat dem Werkstattrat auf dessen Wunsch eine Person seines Vertrauens zur Verfügung zu stellen, die ihn bei seiner Tätigkeit unterstützt. Die Vertrauensperson nimmt ihre Aufgabe unabhängig von Weisungen der Werkstatt wahr. Die Werkstatt hat sie bei der Erfüllung ihrer Aufgabe zu fördern. Für die Vertrauensperson gilt § 37 entsprechend.

(4) Die Kosten, die durch die Interessenvertretung der Werkstatträte auf Bundesebene entstehen, trägt der nach § 63 Absatz 2 des Neunten Buches Sozialgesetzbuch zuständige Träger. Dieser überweist jeweils zum 1. Februar eines jeden Jahres 1,81 Euro für jeden Werkstattbeschäftigten, der sich am 1. Januar dieses Jahres in seiner Zuständigkeit befindet, an die Interessenvertretung der Werkstatträte auf Bundesebene. Gleichzeitig unterrichtet er die Interessenvertretung über die Berechnungsgrundlagen seiner Zahlung. Die Interessenvertretung der Werkstatträte auf Bundesebene leitet jährlich zum 30. Juni jedem zuständigen Träger einen Bericht über die Verwendung der im Vorjahr insgesamt erhaltenen Mittel zu. Sie erörtert diese Berichte auf Verlangen mit den zuständigen Trägern oder deren

überregionaler Vertretung. Der Betrag nach Satz 2 erhöht sich in entsprechender Anwendung des § 160 Absatz 3 Satz 1 bis 3 des Neunten Buches Sozialgesetzbuch jeweils zu dem Zeitpunkt, zu dem die nächste Neubestimmung der Beträge der Ausgleichsabgabe erfolgt. Die sich ergebenden Beträge sind auf zwei Nachkommastellen kaufmännisch zu runden. Das Bundesministerium für Arbeit und Soziales gibt den Erhöhungsbetrag und die sich nach Satz 7 ergebenden Beträge im Bundesanzeiger bekannt.

Abschnitt 4a Frauenbeauftragte und Stellvertreterinnen

§ 39a Aufgaben und Rechtsstellung

(1) Die Frauenbeauftragte vertritt die Interessen der in der Werkstatt beschäftigten behinderten Frauen gegenüber der Werkstattleitung, insbesondere in den Bereichen Gleichstellung von Frauen und Männern, Vereinbarkeit von Familie und Beschäftigung sowie Schutz vor körperlicher, sexueller und psychischer Belästigung oder Gewalt. Werkstattleitung und Frauenbeauftragte sollen in der Regel einmal im Monat zu einer Besprechung zusammentreten.

(2) Über Maßnahmen, die Auswirkungen in den in Absatz 1 genannten Bereichen haben können, unterrichtet die Werkstattleitung die Frauenbeauftragte rechtzeitig, umfassend und in angemessener Weise. Beide Seiten erörtern diese Maßnahmen mit dem Ziel des Einvernehmens. Lässt sich ein Einvernehmen nicht herstellen, kann jede Seite die Vermittlungsstelle anrufen. Die Werkstatt entscheidet unter Berücksichtigung des Einigungsvorschlages endgültig.

(3) Die Frauenbeauftragte hat das Recht, an den Sitzungen des Werkstattrates und an den Werkstattversammlungen (§ 9) teilzunehmen und dort zu sprechen.

(4) Die Stellvertreterinnen vertreten die Frauenbeauftragte im Verhinderungsfall. Darüber hinaus kann die Frauenbeauftragte ihre Stellvertreterinnen zu bestimmten Aufgaben heranziehen.

(5) Die Frauenbeauftragte und ihre Stellvertreterinnen sind von ihrer Tätigkeit ohne Minderung des Arbeitsentgeltes zu befreien, wenn und soweit es zur Durchführung ihrer Aufgaben erforderlich ist. Die Tätigkeit steht der Werkstattbeschäftigung gleich. In Werkstätten mit mehr als 200 wahlberechtigten Frauen ist die Frauenbeauftragte auf Verlangen von der Tätigkeit freizustellen, in Werkstätten mit mehr als 700 wahlberechtigten Frauen auch die erste Stellvertreterin. Die Befreiung nach den Sätzen 1 und 3 erstreckt sich nicht auf Maßnahmen nach § 5 Absatz 3 der Werkstättenverordnung. Im Übrigen gelten § 37 Absatz 1 und 2, 4 bis 6 sowie die §§ 38 und 39 Absatz 1 bis 3 für die Frauenbeauftragte und die Stellvertreterinnen entsprechend.

(6) Die Kosten, die durch die Interessenvertretung der Frauenbeauftragten auf Bundesebene entstehen, trägt der nach § 63 Absatz 2 des Neunten Buches Sozialgesetzbuch zuständige Träger. Dieser überweist jeweils zum 1. Februar eines jeden Jahres 1,81 Euro für jeden Werkstattbeschäftigten, der sich am 1. Januar dieses Jahres in seiner Zuständigkeit befindet, an die Interessenvertretung der Frauenbeauftragten auf Bundesebene. Gleichzeitig unterrichtet er die Interessenvertretung über die Berechnungsgrundlagen seiner Zahlung. Die Interessenvertretung der Frauenbeauftragten auf Bundesebene leitet jährlich zum 30. Juni jedem zu-

ständigen Träger einen Bericht über die Verwendung der im Vorjahr insgesamt erhaltenen Mittel zu. Sie erörtert diese Berichte auf Verlangen mit den zuständigen Trägern oder deren überregionaler Vertretung. Der Betrag nach Satz 2 erhöht sich in entsprechender Anwendung des § 160 Absatz 3 Satz 1 bis 3 des Neunten Buches Sozialgesetzbuch jeweils zu dem Zeitpunkt, zu dem die nächste Neubestimmung der Beträge der Ausgleichsabgabe erfolgt. Die sich ergebenden Beträge sind auf zwei Nachkommastellen kaufmännisch zu runden. Das Bundesministerium für Arbeit und Soziales gibt den Erhöhungsbetrag und die sich nach Satz 7 ergebenden Beträge im Bundesanzeiger bekannt.

§ 39b Wahlen und Amtszeit

(1) Die Wahlen der Frauenbeauftragten und der Stellvertreterinnen sollen zusammen mit den Wahlen zum Werkstattrat stattfinden. Wahlberechtigt sind alle Frauen, die auch zum Werkstattrat wählen dürfen (§ 10). Wählbar sind alle Frauen, die auch in den Werkstattrat gewählt werden können (§ 11).
(2) Wird zeitgleich der Werkstattrat gewählt, soll der Wahlvorstand für die Wahl des Werkstattrates auch die Wahl der Frauenbeauftragten und ihrer Stellvertreterinnen vorbereiten und durchführen. Anderenfalls beruft die Werkstatt eine Versammlung der wahlberechtigten Frauen ein, in der ein Wahlvorstand und dessen Vorsitzende gewählt werden. Auch drei wahlberechtigte Frauen können zu dieser Versammlung einladen. Für die Vorbereitung und Durchführung der Wahl gelten die §§ 14 bis 28 entsprechend.
(3) Für die Amtszeit der Frauenbeauftragten und ihrer Stellvertreterinnen gilt § 29 entsprechend. Das Amt der Frauenbeauftragten und ihrer Stellvertreterinnen erlischt mit Ablauf der Amtszeit, Niederlegung des Amtes, Ausscheiden aus der Werkstatt, Beendigung des arbeitnehmerähnlichen Rechtsverhältnisses oder erfolgreicher Wahlanfechtung.

§ 39c Vorzeitiges Ausscheiden

(1) Scheidet die Frauenbeauftragte vor dem Ablauf der Amtszeit aus dem Amt aus, wird die erste Stellvertreterin zur Frauenbeauftragten.
(2) Scheidet eine Stellvertreterin vorzeitig aus ihrem Amt aus, rückt die nächste Stellvertreterin beziehungsweise aus der Vorschlagsliste die Bewerberin mit der nächsthöheren Stimmenzahl nach. Bei Stimmengleichheit entscheidet das Los.
(3) Können die Ämter der Frauenbeauftragten und der Stellvertreterinnen aus der Vorschlagsliste nicht mehr besetzt werden, erfolgt eine außerplanmäßige Wahl der Frauenbeauftragten und der Stellvertreterinnen.
(4) Hat außerhalb des für die regelmäßigen Wahlen festgelegten Zeitraumes eine Wahl zu den Ämtern der Frauenbeauftragten und ihrer Stellvertreterinnen stattgefunden, so sind sie in dem auf die Wahl folgenden nächsten Zeitraum der regelmäßigen Wahlen neu zu wählen. Hat die Amtszeit zu Beginn des für die nächsten regelmäßigen Wahlen festgelegten Zeitraumes noch nicht ein Jahr betragen, sind die Frauenbeauftragte und ihre Stellvertreterinnen in dem übernächsten Zeitraum der regelmäßigen Wahlen neu zu wählen.

Abschnitt 5 Schlussvorschriften

§ 40 Amtszeit der bestehenden Werkstatträte

Die Amtszeit der zum Zeitpunkt des Inkrafttretens dieser Verordnung bereits bestehenden Werkstatträte endet am Tag der Bekanntgabe des Wahlergebnisses der erstmaligen regelmäßigen Wahl eines Werkstattrats nach den Bestimmungen dieser Verordnung, spätestens jedoch am 30. November 2001. § 13 gilt entsprechend.

§ 40a *(weggefallen)*

§ 40b *(weggefallen)*

§ 41 Inkrafttreten

Diese Verordnung tritt am 1. Juli 2001 in Kraft.

4. Werkstättenverordnung (WVO)

a) Einführung

Die Werkstättenverordnung (WVO) regelt den Aufbau und die Organisation der Werkstatt für behinderte Menschen (WfbM) und das Anerkennungsverfahren als Werkstatt. Die Verordnung stammt aus dem Jahr 1980 und wurde auf der Grundlage des damaligen Schwerbehindertengesetzes erlassen. Die Verordnungsermächtigung findet sich nun in § 227 Abs. 1 SGB IX für den Erlass der WVO durch die Bundesregierung mit Zustimmung des Bundesrates.
Im Jahr 2022 gab es bundesweit rund 272 780 Plätze für Menschen mit Behinderungen in einer WfbM.[5] Im Vergleich zum Vorjahr sind damit 3465 Personen weniger in WfbM beschäftigt gewesen. Die WVO regelt die einheitliche Gestaltung der WfbM und die dortige Erbringung der Leistung gemäß den §§ 56 ff. SGB IX. Mit dem BTHG erfolgte die Anpassung des § 14 WVO zur Beachtung der Regelungen zur Mitbestimmung und Mitwirkung durch die Werkstatträte sowie den Frauenbeauftragten. Der § 2 Abs. 1a WVO wurde ergänzt und nimmt Bezug auf das Teilhabeplanverfahren nach den §§ 19 bis 23 SGB IX. Wenn das Teilhabeplanverfahren durchgeführt worden ist, ist der Fachausschuss der Werkstatt ausdrücklich nicht mehr zu beteiligen.

Aufbau der Verordnung

Die WVO besteht aus 21 Paragrafen und gliedert sich in drei Abschnitte. Im ersten Abschnitt (§§ 1–16) sind die fachlichen Anforderungen an die Werkstatt für Menschen mit Behinderungen konkretisiert. Im zweiten Abschnitt ist das Verfahren zur Anerkennung als Werkstatt für behinderte Menschen geregelt. Im dritten Abschnitt ist das Inkrafttreten geregelt.

5 Vgl. *Bundesarbeitsgemeinschaft der überörtlichen Träger der Sozialhilfe und der Eingliederungshilfe (BAGüS)*, Kennzahlenvergleich Eingliederungshilfe 2024, *https://www.lwl.org/spur-download/bag/Bericht_2024_final.pdf*.

Die WVO sieht vor, dass eine WfbM in der Regel mindestens 120 Plätze für behinderte Mitarbeiter haben soll (§ 7 Abs. 1 WVO) und ein wirtschaftliches Arbeitsergebnis anzustreben hat (§ 12 Abs. 3 WVO). Die Werksstatt gliedert sich einerseits in den Berufsbildungsbereich nach § 4, in dem Maßnahmen zur Verbesserung der Teilhabe am Arbeitsleben angeboten werden und andererseits in den Arbeitsbereich nach § 5. Dort soll ein breites Angebot an Arbeitsplätzen vorgehalten werden, um den unterschiedlichen Bedarfen der Menschen mit Behinderung gerecht zu werden.

Die Werkstatt muss in ihrem Einzugsgebiet alle Menschen mit Behinderungen aufnehmen (§ 1 Abs. 1 WVO), um eine ortsnahe Förderung zu ermöglichen. Innerhalb eines in der Regel dreimonatigen Eingangsverfahrens soll festgestellt werden, ob die Werkstatt die geeignete Einrichtung zur Teilhabe am Arbeitsleben für die betroffene Person ist (§ 3 Abs. 1 WVO). Generell sind alle Menschen mit Behinderung aufzunehmen. Ausnahme bilden Menschen, die einer überdurchschnittlichen Pflege bedürfen, oder von denen eine erhebliche Selbst- oder Fremdgefährdung ausgeht (§ 219 Abs. 2 SGB IX).

Die Maßnahmen in der WfbM sollen darauf gerichtet sein, den Übergang auf den allgemeinen Arbeitsmarkt zu fördern (§ 5 Abs. 4 WVO, § 219 Abs. 1 Satz 3 SGB IX). Gemäß § 221 Abs. 1 SGB IX stehen die behinderten Menschen im Arbeitsbereich in einem »arbeitnehmerähnlichen« Rechtsverhältnis zur Werkstatt und erhalten ein Arbeitsentgelt. Das Mindestlohngesetz soll jedoch nach der Rechtsprechung nicht auf behinderte Menschen, die in einer WfbM beschäftigt sind, anwendbar sein.[6] Vorgaben zum Werkstattvertrag regelt § 13 WVO. Für Rechtsstreitigkeiten aus dem Rechtsverhältnis mit der WfbM sind die Arbeitsgerichte zuständig (§§ 2 Abs. 1 Nr. 10 ArbGG).

Ebenfalls besteht die Verpflichtung für die Werkstatt, eine angemessene Mitwirkung und Mitbestimmung zu ermöglichen (§ 14 WVO). Das Verfahren dazu ist gesondert in der Werkstätten-Mitwirkungsverordnung (siehe unter A.III.3.) geregelt.

b) Verordnungstext

Vom 13. August 1980 (BGBl. I S. 1365), zuletzt geändert durch Artikel 13 des Gesetzes vom 2. Juni 2021 (BGBl. I S. 1387).

Inhaltsübersicht

6 LAG Schleswig-Holstein 11.1.2016.

Erster Abschnitt Fachliche Anforderungen an die Werkstatt für behinderte Menschen

§ 1 Grundsatz der einheitlichen Werkstatt

(1) Die Werkstatt für behinderte Menschen (Werkstatt) hat zur Erfüllung ihrer gesetzlichen Aufgaben die Voraussetzungen dafür zu schaffen, daß sie die behinderten Menschen im Sinne des § 219 Absatz 2 des Neunten Buches Sozialgesetzbuch aus ihrem Einzugsgebiet aufnehmen kann.

(2) Der unterschiedlichen Art der Behinderung und ihren Auswirkungen soll innerhalb der Werkstatt durch geeignete Maßnahmen, insbesondere durch Bildung besonderer Gruppen im Berufsbildungs- und Arbeitsbereich, Rechnung getragen werden.

§ 2 Fachausschuß

(1) Bei jeder Werkstatt ist ein Fachausschuß zu bilden. Ihm gehören in gleicher Zahl an

1. Vertreter der Werkstatt,
2. Vertreter der Bundesagentur für Arbeit,
3. Vertreter des nach Landesrecht bestimmten Trägers der Eingliederungshilfe.

Kommt die Zuständigkeit eines anderen Rehabilitationsträgers zur Erbringung von Leistungen zur Teilhabe am Arbeitsleben und ergänzende Leistungen in Betracht, soll der Fachausschuß zur Mitwirkung an der Stellungnahme auch Vertreter dieses Trägers hinzuziehen. Er kann auch andere Personen zur Beratung hinzuziehen und soll, soweit erforderlich, Sachverständige hören.

(1a) Ein Tätigwerden des Fachausschusses unterbleibt, soweit ein Teilhabeplanverfahren nach den §§ 19 bis 23 des Neunten Buches Sozialgesetzbuch durchgeführt wird. Dies gilt entsprechend, wenn ein Gesamtplanverfahren durchgeführt wird.

(2) Der Fachausschuss gibt vor der Aufnahme des behinderten Menschen in die Werkstatt gegenüber dem im Falle einer Aufnahme zuständigen Rehabilitationsträger eine Stellungnahme ab, ob der behinderte Mensch für seine Teilhabe am Arbeitsleben und zu seiner Eingliederung in das Arbeitsleben Leistungen einer Werkstatt für behinderte Menschen benötigt oder ob andere Leistungen zur Teilhabe am Arbeitsleben in Betracht kommen, insbesondere Leistungen der Unterstützten Beschäftigung nach § 55 des Neunten Buches Sozialgesetzbuch.

§ 3 Eingangsverfahren

(1) Die Werkstatt führt im Benehmen mit dem zuständigen Rehabilitationsträger Eingangsverfahren durch. Aufgabe des Eingangsverfahrens ist es festzustellen, ob die Werkstatt die geeignete Einrichtung zur Teilhabe behinderter Menschen am Arbeitsleben und zur Eingliederung in das Arbeitsleben im Sinne des § 219 des Neunten Buches Sozialgesetzbuch ist, sowie welche Bereiche der Werkstatt und welche Leistungen zur Teilhabe am Arbeitsleben und ergänzende Leistungen oder Leistungen zur Eingliederung in das Arbeitsleben in Betracht kommen und einen Eingliederungsplan zu erstellen.
(2) Das Eingangsverfahren dauert drei Monate. Es kann auf eine Dauer von bis zu vier Wochen verkürzt werden, wenn während des Eingangsverfahrens im Einzelfall festgestellt wird, dass eine kürzere Dauer ausreichend ist.
(3) Zum Abschluß des Eingangsverfahrens gibt der Fachausschuß auf Vorschlag des Trägers der Werkstatt und nach Anhörung des behinderten Menschen, gegebenenfalls auch seines gesetzlichen Vertreters, unter Würdigung aller Umstände des Einzelfalles, insbesondere der Persönlichkeit des behinderten Menschen und seines Verhaltens während des Eingangsverfahrens, eine Stellungnahme gemäß Absatz 1 gegenüber dem zuständigen Rehabilitationsträger ab.
(4) Kommt der Fachausschuß zu dem Ergebnis, daß die Werkstatt für behinderte Menschen nicht geeignet ist, soll er zugleich eine Empfehlung aussprechen, welche andere Einrichtung oder sonstige Maßnahmen und welche anderen Leistungen zur Teilhabe für den behinderten Menschen in Betracht kommen. Er soll sich auch dazu äußern, nach welcher Zeit eine Wiederholung des Eingangsverfahrens zweckmäßig ist und welche Maßnahmen und welche anderen Leistungen zur Teilhabe in der Zwischenzeit durchgeführt werden sollen.

§ 4 Berufsbildungsbereich

(1) Die Werkstatt führt im Benehmen mit dem im Berufsbildungsbereich und dem im Arbeitsbereich zuständigen Rehabilitationsträger Maßnahmen im Berufsbildungsbereich (Einzelmaßnahmen und Lehrgänge) zur Verbesserung der Teilhabe am Arbeitsleben unter Einschluss angemessener Maßnahmen zur Weiterentwicklung der Persönlichkeit des behinderten Menschen durch. Sie fördert die behinderten Menschen so, dass sie spätestens nach Teilnahme an Maßnahmen des Berufsbildungsbereichs in der Lage sind, wenigstens ein Mindestmaß wirtschaftlich verwertbarer Arbeitsleistung im Sinne des § 219 Absatz 2 des Neunten Buches Sozialgesetzbuch zu erbringen.
(2) Das Angebot an Leistungen zur Teilhabe am Arbeitsleben soll möglichst breit sein, um Art und Schwere der Behinderung, der unterschiedlichen Leistungs-

fähigkeit, Entwicklungsmöglichkeit sowie Eignung und Neigung der behinderten Menschen soweit wie möglich Rechnung zu tragen.
(3) Die Lehrgänge sind in einen Grund- und einen Aufbaukurs von in der Regel je zwölfmonatiger Dauer zu gliedern.
(4) Im Grundkurs sollen Fertigkeiten und Grundkenntnisse verschiedener Arbeitsabläufe vermittelt werden, darunter manuelle Fertigkeiten im Umgang mit verschiedenen Werkstoffen und Werkzeugen und Grundkenntnisse über Werkstoffe und Werkzeuge. Zugleich sollen das Selbstwertgefühl des behinderten Menschen und die Entwicklung des Sozial- und Arbeitsverhaltens gefördert sowie Schwerpunkte der Eignung und Neigung festgestellt werden.
(5) Im Aufbaukurs sollen Fertigkeiten mit höherem Schwierigkeitsgrad, insbesondere im Umgang mit Maschinen, und vertiefte Kenntnisse über Werkstoffe und Werkzeuge vermittelt sowie die Fähigkeit zu größerer Ausdauer und Belastung und zur Umstellung auf unterschiedliche Beschäftigungen im Arbeitsbereich geübt werden.
(6) Rechtzeitig vor Beendigung einer Maßnahme im Sinne des Absatzes 1 Satz 1 hat der Fachausschuss gegenüber dem zuständigen Rehabilitationsträger eine Stellungnahme dazu abzugeben, ob

1. die Teilnahme an einer anderen oder weiterführenden beruflichen Bildungsmaßnahme oder
2. eine Wiederholung der Maßnahme im Berufsbildungsbereich oder
3. eine Beschäftigung im Arbeitsbereich der Werkstatt oder auf dem allgemeinen Arbeitsmarkt einschließlich einem Inklusionsbetrieb (§ 215 des Neunten Buches Sozialgesetzbuch)

zweckmäßig erscheint. Das gleiche gilt im Falle des vorzeitigen Abbruchs oder Wechsels der Maßnahme im Berufsbildungsbereich sowie des Ausscheidens aus der Werkstatt. Hat der zuständige Rehabilitationsträger die Leistungen für ein Jahr bewilligt (57 Absatz 3 Satz 2 des Neunten Buches Sozialgesetzbuch), gibt der Fachausschuss ihm gegenüber rechtzeitig vor Ablauf dieses Jahres auch eine fachliche Stellungnahme dazu ab, ob die Leistungen für ein weiteres Jahr bewilligt werden sollen (§ 57 Absatz 3 Satz 3 des Neunten Buches Sozialgesetzbuch). Im übrigen gilt § 3 Abs. 3 entsprechend.

§ 5 Arbeitsbereich

(1) Die Werkstatt soll über ein möglichst breites Angebot an Arbeitsplätzen verfügen, um Art und Schwere der Behinderung, der unterschiedlichen Leistungsfähigkeit, Entwicklungsmöglichkeit sowie Eignung und Neigung der behinderten Menschen soweit wie möglich Rechnung zu tragen.
(2) Die Arbeitsplätze sollen in ihrer Ausstattung soweit wie möglich denjenigen auf dem allgemeinen Arbeitsmarkt entsprechen. Bei der Gestaltung der Plätze und der Arbeitsabläufe sind die besonderen Bedürfnisse der behinderten Menschen soweit wie möglich zu berücksichtigen, um sie in die Lage zu versetzen, wirtschaftlich verwertbare Arbeitsleistungen zu erbringen. Die Erfordernisse zur Vorbereitung für eine Vermittlung auf den allgemeinen Arbeitsmarkt sind zu beachten.

(3) Zur Erhaltung und Erhöhung der im Berufsbildungsbereich erworbenen Leistungsfähigkeit und zur Weiterentwicklung der Persönlichkeit des behinderten Menschen sind arbeitsbegleitend geeignete Maßnahmen durchzuführen.
(4) Der Übergang von behinderten Menschen auf den allgemeinen Arbeitsmarkt ist durch geeignete Maßnahmen zu fördern, insbesondere auch durch die Einrichtung einer Übergangsgruppe mit besonderen Förderangeboten, Entwicklung individueller Förderpläne sowie Ermöglichung von Trainingsmaßnahmen, Betriebspraktika und durch eine zeitweise Beschäftigung auf ausgelagerten Arbeitsplätzen. Dabei hat die Werkstatt die notwendige arbeitsbegleitende Betreuung in der Übergangsphase sicherzustellen und darauf hinzuwirken, daß der zuständige Rehabilitationsträger seine Leistungen und nach dem Ausscheiden des behinderten Menschen aus der Werkstatt das Integrationsamt, gegebenenfalls unter Beteiligung eines Integrationsfachdienstes, die begleitende Hilfe im Arbeits- und Berufsleben erbringen. Die Werkstatt hat die Bundesagentur für Arbeit bei der Durchführung der vorbereitenden Maßnahmen in die Bemühungen zur Vermittlung auf den allgemeinen Arbeitsmarkt einzubeziehen.
(5) Der Fachausschuss wird bei der Planung und Durchführung von Maßnahmen nach den Absätzen 3 und 4 beteiligt. Er gibt auf Vorschlag des Trägers der Werkstatt oder des zuständigen Rehabilitationsträgers in regelmäßigen Abständen, wenigstens einmal jährlich, gegenüber dem zuständigen Rehabilitationsträger eine Stellungnahme dazu ab, welche behinderten Menschen für einen Übergang auf den allgemeinen Arbeitsmarkt in Betracht kommen und welche übergangsfördernden Maßnahmen dazu erforderlich sind. Im Übrigen gilt § 3 Abs. 3 entsprechend.

§ 6 Beschäftigungszeit

(1) Die Werkstatt hat sicherzustellen, daß die behinderten Menschen im Berufsbildungs- und Arbeitsbereich wenigstens 35 und höchstens 40 Stunden wöchentlich beschäftigt werden können. Die Stundenzahlen umfassen Erholungspausen und Zeiten der Teilnahme an Maßnahmen im Sinne des § 5 Abs. 3.
(2) Einzelnen behinderten Menschen ist eine kürzere Beschäftigungszeit zu ermöglichen, wenn es wegen Art oder Schwere der Behinderung oder zur Erfüllung des Erziehungsauftrages notwendig erscheint.

§ 7 Größe der Werkstatt

(1) Die Werkstatt soll in der Regel über mindestens 120 Plätze verfügen.
(2) Die Mindestzahl nach Absatz 1 gilt als erfüllt, wenn der Werkstattverbund im Sinne des § 15, dem die Werkstatt angehört, über diese Zahl von Plätzen verfügt.

§ 8 Bauliche Gestaltung, Ausstattung, Standort

(1) Die bauliche Gestaltung und die Ausstattung der Werkstatt müssen der Aufgabenstellung der Werkstatt als einer Einrichtung zur Teilhabe behinderter Menschen am Arbeitsleben und zur Eingliederung in das Arbeitsleben und den in § 219 des Neunten Buches Sozialgesetzbuch und im Ersten Abschnitt dieser Verordnung gestellten Anforderungen Rechnung tragen. Die Erfordernisse des Arbeitsschutzes und der Unfallverhütung sowie zur Vermeidung baulicher und technischer Hindernisse sind zu beachten.

(2) Bei der Wahl des Standorts ist auf die Einbindung in die regionale Wirtschafts- und Beschäftigungsstruktur Rücksicht zu nehmen.
(3) Das Einzugsgebiet muß so bemessen sein, daß die Werkstatt für die behinderten Menschen mit öffentlichen oder sonstigen Verkehrsmitteln in zumutbarer Zeit erreichbar ist.
(4) Die Werkstatt hat im Benehmen mit den zuständigen Rehabilitationsträgern, soweit erforderlich, einen Fahrdienst zu organisieren.

§ 9 Werkstattleiter, Fachpersonal zur Arbeits- und Berufsförderung

(1) Die Werkstatt muß über die Fachkräfte verfügen, die erforderlich sind, um ihre Aufgaben entsprechend den jeweiligen Bedürfnissen der behinderten Menschen, insbesondere unter Berücksichtigung der Notwendigkeit einer individuellen Förderung von behinderten Menschen, erfüllen zu können.
(2) Der Werkstattleiter soll in der Regel über einen Fachhochschulabschluß im kaufmännischen oder technischen Bereich oder einen gleichwertigen Bildungsstand, über ausreichende Berufserfahrung und eine sonderpädagogische Zusatzqualifikation verfügen. Entsprechende Berufsqualifikationen aus dem sozialen Bereich reichen aus, wenn die zur Leitung einer Werkstatt erforderlichen Kenntnisse und Fähigkeiten im kaufmännischen und technischen Bereich anderweitig erworben worden sind. Die sonderpädagogische Zusatzqualifikation kann in angemessener Zeit durch Teilnahme an geeigneten Fortbildungsmaßnahmen nachgeholt werden.
(3) Die Zahl der Fachkräfte zur Arbeits- und Berufsförderung im Berufsbildungs- und Arbeitsbereich richtet sich nach der Zahl und der Zusammensetzung der behinderten Menschen sowie der Art der Beschäftigung und der technischen Ausstattung des Arbeitsbereichs. Das Zahlenverhältnis von Fachkräften zu behinderten Menschen soll im Berufsbildungsbereich 1:6, im Arbeitsbereich 1:12 betragen. Die Fachkräfte sollen in der Regel Facharbeiter, Gesellen oder Meister mit einer mindestens zweijährigen Berufserfahrung in Industrie oder Handwerk sein; sie müssen pädagogisch geeignet sein und über eine sonderpädagogische Zusatzqualifikation verfügen. Entsprechende Berufsqualifikationen aus dem pädagogischen oder sozialen Bereich reichen aus, wenn die für eine Tätigkeit als Fachkraft erforderlichen sonstigen Kenntnisse und Fähigkeiten für den Berufsbildungs- und Arbeitsbereich anderweitig erworben worden sind. Absatz 2 Satz 3 gilt entsprechend.
(4) Zur Durchführung des Eingangsverfahrens sollen Fachkräfte des Berufsbildungsbereichs und der begleitenden Dienste eingesetzt werden, sofern der zuständige Rehabilitationsträger keine höheren Anforderungen stellt.

§ 10 Begleitende Dienste

(1) Die Werkstatt muß zur pädagogischen, sozialen und medizinischen Betreuung der behinderten Menschen über begleitende Dienste verfügen, die den Bedürfnissen der behinderten Menschen gerecht werden. Eine erforderliche psychologische Betreuung ist sicherzustellen. § 9 Abs. 1 gilt entsprechend.
(2) Für je 120 behinderte Menschen sollen in der Regel ein Sozialpädagoge oder ein Sozialarbeiter zur Verfügung stehen, darüber hinaus im Einvernehmen mit den

zuständigen Rehabilitationsträgern pflegerische, therapeutische und nach Art und Schwere der Behinderung sonst erforderliche Fachkräfte.
(3) Die besondere ärztliche Betreuung der behinderten Menschen in der Werkstatt und die medizinische Beratung des Fachpersonals der Werkstatt durch einen Arzt, der möglichst auch die an einen Betriebsarzt zu stellenden Anforderungen erfüllen soll, müssen vertraglich sichergestellt sein.

§ 11 Fortbildung
Die Werkstatt hat dem Fachpersonal nach den §§ 9 und 10 Gelegenheit zur Teilnahme an Fortbildungsmaßnahmen zu geben.

§ 12 Wirtschaftsführung
(1) Die Werkstatt muß nach betriebswirtschaftlichen Grundsätzen organisiert sein. Sie hat nach kaufmännischen Grundsätzen Bücher zu führen und eine Betriebsabrechnung in Form einer Kostenstellenrechnung zu erstellen. Sie soll einen Jahresabschluß erstellen. Zusätzlich sind das Arbeitsergebnis, seine Zusammensetzung im Einzelnen gemäß Absatz 4 und seine Verwendung auszuweisen. Die Buchführung, die Betriebsabrechnung und der Jahresabschluß einschließlich der Ermittlung des Arbeitsergebnisses, seine Zusammensetzung im Einzelnen gemäß Absatz 4 und seiner Verwendung sind in angemessenen Zeitabständen in der Regel von einer Person zu prüfen, die als Prüfer bei durch Bundesgesetz vorgeschriebenen Prüfungen des Jahresabschlusses (Abschlußprüfer) juristischer Personen zugelassen ist. Weitergehende handelsrechtliche und abweichende haushaltsrechtliche Vorschriften über Rechnungs-, Buchführungs- und Aufzeichnungspflichten sowie Prüfungspflichten bleiben unberührt. Über den zu verwendenden Kontenrahmen, die Gliederung des Jahresabschlusses, die Kostenstellenrechnung und die Zeitabstände zwischen den Prüfungen der Rechnungslegung ist mit den zuständigen Rehabilitationsträgern Einvernehmen herzustellen.
(2) Die Werkstatt muß über einen Organisations- und Stellenplan mit einer Funktionsbeschreibung des Personals verfügen.
(3) Die Werkstatt muß wirtschaftliche Arbeitsergebnisse anstreben, um an die im Arbeitsbereich beschäftigten behinderten Menschen ein ihrer Leistung angemessenes Arbeitsentgelt im Sinne des § 219 Absatz 1 Satz 2 und § 221 des Neunten Buches Sozialgesetzbuch zahlen zu können.
(4) Arbeitsergebnis im Sinne des § 221 des Neunten Buches und der Vorschriften dieser Verordnung ist die Differenz aus den Erträgen und den notwendigen Kosten des laufenden Betriebs im Arbeitsbereich der Werkstatt. Die Erträge setzen sich zusammen aus den Umsatzerlösen, Zins- und sonstigen Erträgen aus der wirtschaftlichen Tätigkeit und den von den Rehabilitationsträgern erbrachten Kostensätzen. Notwendige Kosten des laufenden Betriebs sind die Kosten nach § 58 Absatz 3 Satz 2 und 3 des Neunten Buches Sozialgesetzbuch im Rahmen der getroffenen Vereinbarungen sowie die mit der wirtschaftlichen Betätigung der Werkstatt in Zusammenhang stehenden notwendigen Kosten, die auch in einem Wirtschaftsunternehmen üblicherweise entstehen und infolgedessen nach § 58 Absatz 3 des Neunten Buches Sozialgesetzbuch von den Rehabilitationsträgern nicht übernommen werden, nicht hingegen die Kosten für die Arbeitsentgelte nach § 221 Absatz 2

des Neunten Buches Sozialgesetzbuch und das Arbeitsförderungsgeld nach § 59 des Neunten Buches Sozialgesetzbuch.

(5) Das Arbeitsergebnis darf nur für Zwecke der Werkstatt verwendet werden, und zwar für

1. die Zahlung der Arbeitsentgelte nach § 221 Absatz 2 des Neunten Buches Sozialgesetzbuch, in der Regel im Umfang von mindestens 70 vom Hundert des Arbeitsergebnisses,
2. die Bildung einer zum Ausgleich von Ertragsschwankungen notwendigen Rücklage, höchstens eines Betrages, der zur Zahlung der Arbeitsentgelte nach § 221 des Neunten Buches Sozialgesetzbuch für sechs Monate erforderlich ist,
3. Ersatz- und Modernisierungsinvestitionen in der Werkstatt, soweit diese Kosten nicht aus den Rücklagen auf Grund von Abschreibung des Anlagevermögens für solche Investitionen, aus Leistungen der Rehabilitationsträger oder aus sonstigen Einnahmen zu decken sind oder gedeckt werden. Kosten für die Schaffung und Ausstattung neuer Werk- und Wohnstättenplätze dürfen aus dem Arbeitsergebnis nicht bestritten werden.

Abweichende handelsrechtliche Vorschriften über die Bildung von Rücklagen bleiben unberührt.

(6) Die Werkstatt legt die Ermittlung des Arbeitsergebnisses nach Absatz 4 und dessen Verwendung nach Absatz 5 gegenüber den beiden Anerkennungsbehörden nach § 225 Satz 2 des Neunten Buches Sozialgesetzbuch auf deren Verlangen offen. Diese sind berechtigt, die Angaben durch Einsicht in die nach Absatz 1 zu führenden Unterlagen zu überprüfen.

§ 13 Abschluß von schriftlichen Verträgen

(1) Die Werkstätten haben mit den im Arbeitsbereich beschäftigten behinderten Menschen, soweit auf sie die für einen Arbeitsvertrag geltenden Rechtsvorschriften oder Rechtsgrundsätze nicht anwendbar sind, Werkstattverträge in schriftlicher Form abzuschließen, in denen das arbeitnehmerähnliche Rechtsverhältnis zwischen der Werkstatt und dem behinderten Menschen näher geregelt wird. Über die Vereinbarungen sind die zuständigen Rehabilitationsträger zu unterrichten.

(2) In den Verträgen nach Absatz 1 ist auch die Zahlung des Arbeitsentgelts im Sinne des § 219 Absatz 1 Satz 2 und § 221 des Neunten Buches Sozialgesetzbuch an die im Arbeitsbereich beschäftigten behinderten Menschen aus dem Arbeitsergebnis näher zu regeln.

(3) (weggefallen)

§ 14 Mitbestimmung, Mitwirkung, Frauenbeauftragte

Die Werkstatt hat den Menschen mit Behinderungen im Sinne des § 13 Absatz 1 Satz 1 eine angemessene Mitbestimmung und Mitwirkung durch Werkstatträte sowie den Frauenbeauftragten eine angemessene Interessenvertretung zu ermöglichen

§ 15 Werkstattverbund

(1) Mehrere Werkstätten desselben Trägers oder verschiedener Träger innerhalb eines Einzugsgebietes im Sinne des § 8 Abs. 3 oder mit räumlich zusammenhän-

genden Einzugsgebieten können zur Erfüllung der Aufgaben einer Werkstatt und der an sie gestellten Anforderungen eine Zusammenarbeit vertraglich vereinbaren (Werkstattverbund).
(2) Ein Werkstattverbund ist anzustreben, wenn im Einzugsgebiet einer Werkstatt zusätzlich eine besondere Werkstatt im Sinne des § 220 Absatz 1 Satz 2 Nummer 2 des Neunten Buches Sozialgesetzbuch für behinderte Menschen mit einer bestimmten Art der Behinderung vorhanden ist

§ 16 Formen der Werkstatt

Die Werkstatt kann eine teilstationäre Einrichtung oder ein organisatorisch selbständiger Teil einer stationären Einrichtung (Anstalt, Heim oder gleichartige Einrichtung) oder eines Unternehmens sein.

Zweiter Abschnitt Verfahren zur Anerkennung als Werkstatt für behinderte Menschen

§ 17 Anerkennungsfähige Einrichtungen

(1) Als Werkstätten können nur solche Einrichtungen anerkannt werden, die die im § 219 des Neunten Buches Sozialgesetzbuch und im Ersten Abschnitt dieser Verordnung gestellten Anforderungen erfüllen. Von Anforderungen, die nicht zwingend vorgeschrieben sind, sind Ausnahmen zuzulassen, wenn ein besonderer sachlicher Grund im Einzelfall eine Abweichung rechtfertigt.
(2) Als Werkstätten können auch solche Einrichtungen anerkannt werden, die Teil eines Werkstattverbundes sind und die Anforderungen nach Absatz 1 nicht voll erfüllen, wenn der Werkstattverbund die Anforderungen erfüllt.
(3) Werkstätten im Aufbau, die die Anforderungen nach Absatz 1 noch nicht voll erfüllen, aber bereit und in der Lage sind, die Anforderungen in einer vertretbaren Anlaufzeit zu erfüllen, können unter Auflagen befristet anerkannt werden. Abweichend von § 7 genügt es, wenn im Zeitpunkt der Entscheidung über den Antrag auf Anerkennung wenigstens 60 Plätze vorhanden sind, sofern gewährleistet ist, daß die Werkstatt im Endausbau, spätestens nach 5 Jahren, die Voraussetzungen des § 7 erfüllt.

§ 18 Antrag

(1) Die Anerkennung ist vom Träger der Werkstatt schriftlich oder elektronisch zu beantragen. Der Antragsteller hat nachzuweisen, daß die Voraussetzungen für die Anerkennung vorliegen.
(2) Die Entscheidung über den Antrag ergeht schriftlich oder elektronisch. Eine Entscheidung soll innerhalb von 3 Monaten seit Antragstellung getroffen werden.
(3) Die Anerkennung erfolgt mit der Auflage, im Geschäftsverkehr auf die Anerkennung als Werkstatt für behinderte Menschen hinzuweisen.

Dritter Abschnitt Schlußvorschriften

§ 19 *(weggefallen)*

§ 20 *(weggefallen)*

§ 21 Inkrafttreten
Diese Verordnung tritt am Tage nach der Verkündung in Kraft.

5. Verordnung über Kraftfahrzeughilfe zur beruflichen Rehabilitation (Kraftfahrzeughilfe-Verordnung – KfzHV)

a) Einführung

Die »Verordnung über die Kraftfahrzeughilfe zur beruflichen Rehabilitation« (Kraftfahrzeughilfe-Verordnung, KfzHV) wurde am 28.9.1987 auf Grundlage des damaligen (heute nicht mehr existierenden) § 9 Abs. 2 RehaAnglG erlassen (BGBl. I S. 2251). Die KfzHV ergänzt die **Leistungen zur Teilhabe am Arbeitsleben** (LTA) (§§ 49ff. SGB IX) und stellt dabei eine wichtige **Mobilitätshilfe** dar. Nach § 49 Abs. 8 Satz 1 Nr. 1 i.V.m. Abs. 3 Nr. 1 u. 7 SGB IX gehört daher die Kraftfahrzeughilfe mit zum Leistungskatalog der LTA. Als Träger der Kraftfahrzeughilfe kommen die gesetzliche Unfallversicherung (§ 6 Abs. 1 Nr. 3 SGB IX), die gesetzliche Rentenversicherung (§ 6 Abs. 1 Nr. 4 SGB IX), die Träger der Sozialen Entschädigung und der Soldatenentschädigung (§ 6 Abs. 1 Nr. 5 SGB IX), die Bundesagentur für Arbeit (§ 6 Abs. 1 Nr. 2 SGB IX) sowie die Träger der begleitenden Hilfe im Arbeits- und Berufsleben (Integrationsämter, § 185 Abs. 1 Satz 1 Nr. 3 SGB IX) in Betracht.
Die Kraftfahrzeughilfe umfasst nach § 2 Abs. 1 KfzHV Leistungen

- zur **Beschaffung** eines Kraftfahrzeugs (Kfz) (Nr. 1),
- für eine **behinderungsbedingte Zusatzausstattung** (Nr. 2),
- zur Erlangung einer **Fahrerlaubnis** (Nr. 3) und
- in besonderen Härtefällen für **Beförderungsdienste** (§ 9 Abs. 1 Satz 2 KfzHV).

Die Leistungen werden sowohl als **Komplettförderung** oder als **Zuschuss** und in besonderen Einzelfällen auch als Darlehen gewährt. Abhängig ist die Höhe von den Einkommensverhältnissen des Menschen mit Behinderung. Die Höchstförderung wurde im Rahmen des Teilhabestärkungsgesetzes auf 22000 Euro erhöht (§ 5 Abs. 1 KfzHV). Nicht zur Kraftfahrzeughilfe gehören Aufwendungen, die auch für Menschen ohne Behinderung bei der Benutzung und Unterhaltung eines Kfz anfallen, z.B. Reparaturkosten, Betriebs- und Unterhaltskosten, Mietkosten für einen Stellplatz.
Leistungen nach der KfzHV erhalten Menschen mit Behinderungen, wenn sie wegen Art oder Schwere ihrer Behinderung nicht nur vorübergehend auf die Benutzung eines Kfz **zur Erreichung des Arbeits- oder Ausbildungsortes** oder des **Ortes einer sonstigen Leistung der beruflichen Bildung** angewiesen sind und durch Kfz-Hilfe die Teilhabe am Arbeitsleben sichergestellt werden kann, vgl. § 3 Abs. 1 Nr. 1 KfzHV. Diese persönlichen Voraussetzungen sind erfüllt, wenn der

Arbeits- oder Ausbildungsplatz nicht oder nicht zumutbar zu Fuß, mit öffentlichen Verkehrsmitteln oder anderweitig (z. B. mit einer Mitfahrgelegenheit oder dem Fahrrad) erreicht werden kann, wobei stets die Umstände des Einzelfalls zu beachten sind.
Nach § 10 Satz 1 KfzHV sollen die Leistungen vorab beantragt werden. Die Entscheidung des Leistungsträgers muss vor Abschluss des Kaufvertrages in der Regel jedoch nicht abgewartet werden, der Leistungsträger muss aber so rechtzeitig informiert werden, dass er seine Ermessensentscheidung pflichtgemäß treffen kann. Bei Leistungen zur Überprüfung und Wiederherstellung der behinderungsbedingten Zusatzausstattung ist der Antrag spätestens innerhalb eines Monats nach Rechnungstellung zu stellen, vgl. § 10 Satz 2 KfzHV.

b) Verordnungstext

Vom 28. September 1987 (BGBl. I S. 2251), zuletzt geändert durch Artikel 51 des Gesetzes vom 20. August 2021 (BGBl. I 3932).

Inhaltsübersicht

§ 1 Grundsatz

Kraftfahrzeughilfe zur Teilhabe behinderter Menschen am Arbeitsleben richtet sich bei den Trägern der gesetzlichen Unfallversicherung, der gesetzlichen Rentenversicherung, der Sozialen Entschädigung, der Soldatenentschädigung und der Bundesagentur für Arbeit sowie den Trägern der begleitenden Hilfe im Arbeits- und Berufsleben nach dieser Verordnung.

§ 2 Leistungen

(1) Die Kraftfahrzeughilfe umfaßt Leistungen
1. zur Beschaffung eines Kraftfahrzeugs,
2. für eine behinderungsbedingte Zusatzausstattung,
3. zur Erlangung einer Fahrerlaubnis.

(2) Die Leistungen werden als Zuschüsse und nach Maßgabe des § 9 als Darlehen erbracht.

§ 3 Persönliche Voraussetzungen

(1) Die Leistungen setzen voraus, daß

1. der behinderte Mensch infolge seiner Behinderung nicht nur vorübergehend auf die Benutzung eines Kraftfahrzeugs angewiesen ist, um seinen Arbeits- oder Ausbildungsort oder den Ort einer sonstigen Leistung der beruflichen Bildung zu erreichen, und
2. der behinderte Mensch ein Kraftfahrzeug führen kann oder gewährleistet ist, daß ein Dritter das Kraftfahrzeug für ihn führt.

(2) Absatz 1 gilt auch für in Heimarbeit Beschäftigte im Sinne des § 12 Abs. 2 des Vierten Buches Sozialgesetzbuch, wenn das Kraftfahrzeug wegen Art oder Schwere der Behinderung notwendig ist, um beim Auftraggeber die Ware abzuholen oder die Arbeitsergebnisse abzuliefern.

(3) Ist der behinderte Mensch zur Berufsausübung im Rahmen eines Arbeitsverhältnisses nicht nur vorübergehend auf ein Kraftfahrzeug angewiesen, wird Kraftfahrzeughilfe geleistet, wenn infolge seiner Behinderung nur auf diese Weise die Teilhabe am Arbeitsleben dauerhaft gesichert werden kann und die Übernahme der Kosten durch den Arbeitgeber nicht üblich oder nicht zumutbar ist.

(4) Sofern nach den für den Träger geltenden besonderen Vorschriften Kraftfahrzeughilfe für behinderte Menschen, die nicht Arbeitnehmer sind, in Betracht kommt, sind die Absätze 1 und 3 entsprechend anzuwenden.

§ 4 Hilfe zur Beschaffung eines Kraftfahrzeugs

(1) Hilfe zur Beschaffung eines Kraftfahrzeugs setzt voraus, daß der behinderte Mensch nicht über ein Kraftfahrzeug verfügt, das die Voraussetzungen nach Absatz 2 erfüllt und dessen weitere Benutzung ihm zumutbar ist.

(2) Das Kraftfahrzeug muß nach Größe und Ausstattung den Anforderungen entsprechen, die sich im Einzelfall aus der Behinderung ergeben und, soweit erforderlich, eine behinderungsbedingte Zusatzausstattung ohne unverhältnismäßigen Mehraufwand ermöglichen.

(3) Die Beschaffung eines Gebrauchtwagens kann gefördert werden, wenn er die Voraussetzungen nach Absatz 2 erfüllt und sein Verkehrswert mindestens 50 vom Hundert des seinerzeitigen Neuwagenpreises beträgt.

§ 5 Bemessungsbetrag

(1) Die Beschaffung eines Kraftfahrzeugs wird bis zu einem Betrag in Höhe des Kaufpreises, höchstens jedoch bis zu einem Betrag von 22 000 Euro gefördert. Die Kosten einer behinderungsbedingten Zusatzausstattung bleiben bei der Ermittlung unberücksichtigt.

(2) Abweichend von Absatz 1 Satz 1 wird im Einzelfall ein höherer Betrag zugrundegelegt, wenn Art oder Schwere der Behinderung ein Kraftfahrzeug mit höherem Kaufpreis zwingend erfordert.

(3) Zuschüsse öffentlich-rechtlicher Stellen zu dem Kraftfahrzeug, auf die ein vorrangiger Anspruch besteht oder die vorrangig nach pflichtgemäßem Ermessen zu

leisten sind, und der Verkehrswert eines Altwagens sind von dem Betrag nach Absatz 1 oder 2 abzusetzen.

§ 6 Art und Höhe der Förderung

(1) Hilfe zur Beschaffung eines Kraftfahrzeugs wird in der Regel als Zuschuß geleistet. Der Zuschuß richtet sich nach dem Einkommen des behinderten Menschen nach Maßgabe der folgenden Tabelle:

Einkommen	**Zuschuß**
bis zu v. H. der monatlichen Bezugsgröße nach § 18 Abs. 1 des Vierten Buches Sozialgesetzbuch	in v. H. des Bemessungsbetrags nach § 5
40	100
45	88
50	76
55	64
60	52
65	40
70	28
75	16

Die Beträge nach Satz 2 sind jeweils auf volle 5 Euro aufzurunden.

(2) Von dem Einkommen des behinderten Menschen ist für jeden von ihm unterhaltenen Familienangehörigen ein Betrag von 12 vom Hundert der monatlichen Bezugsgröße nach § 18 Abs. 1 des Vierten Buches Sozialgesetzbuch abzusetzen; Absatz 1 Satz 3 gilt entsprechend.

(3) Einkommen im Sinne der Absätze 1 und 2 sind das monatliche Netto-Arbeitsentgelt, Netto-Arbeitseinkommen und vergleichbare Lohnersatzleistungen des behinderten Menschen. Die Ermittlung des Einkommens richtet sich nach den für den zuständigen Träger maßgeblichen Regelungen.

(4) Die Absätze 1 bis 3 gelten auch für die Hilfe zur erneuten Beschaffung eines Kraftfahrzeugs. Die Hilfe soll nicht vor Ablauf von fünf Jahren seit der Beschaffung des zuletzt geförderten Fahrzeugs geleistet werden.

§ 7 Behinderungsbedingte Zusatzausstattung

Für eine Zusatzausstattung, die wegen der Behinderung erforderlich ist, ihren Einbau, ihre technische Überprüfung und die Wiederherstellung ihrer technischen Funktionsfähigkeit werden die Kosten in vollem Umfang übernommen. Dies gilt auch für eine Zusatzausstattung, die wegen der Behinderung eines Dritten erforderlich ist, der für den behinderten Menschen das Kraftfahrzeug führt (§ 3 Abs. 1 Nr. 2). Zuschüsse öffentlich-rechtlicher Stellen, auf die ein vorrangiger Anspruch besteht oder die vorrangig nach pflichtgemäßem Ermessen zu leisten sind, sind anzurechnen.

§ 8 Fahrerlaubnis

(1) Zu den Kosten, die für die Erlangung einer Fahrerlaubnis notwendig sind, wird ein Zuschuß geleistet. Er beläuft sich bei behinderten Menschen mit einem Einkommen (§ 6 Abs. 3)

1. bis 40 vom Hundert der monatlichen Bezugsgröße nach § 18 Abs. 1 des Vierten Buches Sozialgesetzbuch (monatliche Bezugsgröße) auf die volle Höhe,
2. bis zu 55 vom Hundert der monatlichen Bezugsgröße auf zwei Drittel,
3. bis zu 75 vom Hundert der monatlichen Bezugsgröße auf ein Drittel

der entstehenden notwendigen Kosten; § 6 Abs. 1 Satz 3 und Abs. 2 gilt entsprechend. Zuschüsse öffentlich-rechtlicher Stellen für den Erwerb der Fahrerlaubnis, auf die ein vorrangiger Anspruch besteht oder die vorrangig nach pflichtgemäßem Ermessen zu leisten sind, sind anzurechnen.

(2) Kosten für behinderungsbedingte Untersuchungen, Ergänzungsprüfungen und Eintragungen in vorhandene Führerscheine werden in vollem Umfang übernommen.

§ 9 Leistungen in besonderen Härtefällen

(1) Zur Vermeidung besonderer Härten können Leistungen auch abweichend von § 2 Abs. 1, §§ 6 und 8 Abs. 1 erbracht werden, soweit dies

1. notwendig ist, um Leistungen der Kraftfahrzeughilfe von seiten eines anderen Leistungsträgers nicht erforderlich werden zu lassen, oder
2. unter den Voraussetzungen des § 3 zur Aufnahme oder Fortsetzung einer beruflichen Tätigkeit unumgänglich ist.

Im Rahmen von Satz 1 Nr. 2 kann auch ein Zuschuß für die Beförderung des behinderten Menschen, insbesondere durch Beförderungsdienste, geleistet werden, wenn

1. der behinderte Mensch ein Kraftfahrzeug nicht selbst führen kann und auch nicht gewährleistet ist, daß ein Dritter das Kraftfahrzeug für ihn führt (§ 3 Abs. 1 Nr. 2), oder
2. die Übernahme der Beförderungskosten anstelle von Kraftfahrzeughilfen wirtschaftlicher und für den behinderten Menschen zumutbar ist;

dabei ist zu berücksichtigen, was der behinderte Mensch als Kraftfahrzeughalter bei Anwendung des § 6 für die Anschaffung und die berufliche Nutzung des Kraftfahrzeugs aus eigenen Mitteln aufzubringen hätte.

(2) Leistungen nach Absatz 1 Satz 1 können als Darlehen erbracht werden, wenn die dort genannten Ziele auch durch ein Darlehen erreicht werden können; das Darlehen darf zusammen mit einem Zuschuß nach § 6 den nach § 5 maßgebenden Bemessungsbetrag nicht übersteigen. Das Darlehen ist unverzinslich und spätestens innerhalb von fünf Jahren zu tilgen; es können bis zu zwei tilgungsfreie Jahre eingeräumt werden. Auf die Rückzahlung des Darlehens kann unter den in Absatz 1 Satz 1 genannten Voraussetzungen verzichtet werden.

§ 10 Antragstellung

Leistungen sollen vor dem Abschluß eines Kaufvertrages über das Kraftfahrzeug und die behinderungsbedingte Zusatzausstattung sowie vor Beginn einer nach § 8 zu fördernden Leistung beantragt werden. Leistungen zur technischen Überprüfung und Wiederherstellung der technischen Funktionsfähigkeit einer behinderungsbedingten Zusatzausstattung sind spätestens innerhalb eines Monats nach Rechnungstellung zu beantragen.

§ 11 ***(weggefallen)***

§ 12 ***(weggefallen)***

§ 13 Übergangsvorschriften

(1) Auf Geschädigte im Sinne des Vierzehnten Buches Sozialgesetzbuch und der Gesetze, die das Vierzehnte Buch Sozialgesetzbuch für entsprechend anwendbar erklären, die vor Inkrafttreten dieser Verordnung Hilfe zur Beschaffung eines Kraftfahrzeugs im Rahmen der Teilhabe am Arbeitsleben erhalten haben, sind die bisher geltenden Bestimmungen weiterhin anzuwenden, wenn sie günstiger sind und der Beschädigte es beantragt. Gleiches gilt für geschädigte Personen nach dem Soldatenentschädigungsgesetz.

(2) Über Leistungen, die bei Inkrafttreten dieser Verordnung bereits beantragt sind, ist nach den bisher geltenden Bestimmungen zu entscheiden, wenn sie für den behinderten Menschen günstiger sind.

(3) *(weggefallen)*

§ 14 Inkrafttreten

Diese Verordnung tritt am 1. Oktober 1987 in Kraft.

6. Schwerbehindertenausweisverordnung (SchwbAwV)

a) Einführung

Die Schwerbehindertenausweisverordnung (SchwbAwV) von 1981 wurde durch Bekanntmachung vom 25.7.1991 neugefasst und zuletzt durch das Bundesteilhabegesetz geändert. **Die Verordnung legt fest, wie ein Schwerbehindertenausweis aussieht und was dort eingetragen wird.**

Der Ausweis dient gegenüber dem Arbeitgeber, dem Integrationsamt, der Bundesagentur für Arbeit und anderen Sozialleistungsträgern, dem Finanzamt, der Straßenverkehrsbehörde und weiteren Stellen als Nachweis, dass sein Inhaber Leistungen und andere Hilfen für schwerbehinderte Menschen nach dem SGB IX, aber auch nach anderen Vorschriften in Anspruch nehmen kann. Eine Schwerbehinderung liegt bei einem Grad der Behinderung (GdB) von mindestens 50 vor (§ 2 Abs. 2 SGB IX). Für Sozialleistungen, die sich nur allgemein auf eine Behinderung beziehen (ohne speziell die Schwerbehinderung zu benennen), ist die formale Feststellung eines GdB aber keine Anspruchsvoraussetzung, da eine Behinderung auch unabhängig hiervon vorliegen kann.[7]

---

7 Vgl. auch *Weber* in: Feldes/Kohte/Stevens-Bartol, SGB IX, 5. Aufl. 2023, § 152 Rn. 1.

Ausgestellt wird der Ausweis vom Versorgungsamt bzw. der nach Landesrecht zuständigen Behörde. In ihm werden der GdB und mögliche Merkzeichen eingetragen, die in einem Feststellungsverfahren auf der Grundlage der Versorgungsmedizin-Verordnung anerkannt wurden. Nach § 3 SchwbAwV sind auf der Rückseite des Ausweises folgende Merkzeichen einzutragen, wenn der schwerbehinderte Mensch die entsprechenden Voraussetzungen[8] dafür erfüllt:

- **Merkzeichen aG (außergewöhnlich gehbehindert** i. S. v. § 229 Abs. 3 SGB IX)
- **Merkzeichen H (hilflos** i. S. v. § 33b Einkommensteuergesetz oder entsprechender Vorschriften)
- **Merkzeichen Bl (blind** i. S. d. § 72 Abs. 5 SGB XII oder entsprechender Vorschriften)
- **Merkzeichen Gl (gehörlos** i. S. d. § 228 SGB IX)
- **Merkzeichen B** (Berechtigt zur Mitnahme einer Begleitperson)
- **Merkzeichen RF** (Erfüllung der landesrechtlich festgelegten gesundheitlichen Voraussetzungen für die **Befreiung von der Rundfunkgebührenpflicht**)
- **Merkzeichen 1. Kl.** (Erfüllen der tariflich festgelegten gesundheitlichen Voraussetzungen für die Benutzung der **1. Wagenklasse** mit Fahrausweis der 2. Wagenklasse **im Eisenbahnverkehr**)
- **Merkzeichen G (Bewegungsfähigkeit im Straßenverkehr erheblich beeinträchtigt** i. S. d. § 229 Abs. 1 Satz 1 SGB IX oder entsprechender Vorschriften)
- **Merkzeichen TBl** (bei einem GdB von mindestens 70 wegen einer Störung der Hörfunktion und einen GdB von 100 wegen einer Störung des Sehvermögens, d. h. »**taubblind**«)

Wenn der schwerbehinderte Mensch bei der Nutzung öffentlicher Verkehrsmittel auf eine **Begleitperson** angewiesen ist (§ 229 Abs. 2 SGB IX), dann wird auf der Vorderseite des Ausweises das **Merkzeichen B** eingetragen (§ 3 Abs. 2 SchwbAwV). Ferner wird im Ausweis die Zugehörigkeit zu einer sog. »Sondergruppe« als Merkzeichen in den Ausweis eingetragen, wenn gleichzeitig ein Grad der Schädigungsfolgen von mindestens 50 vorliegt. Dabei handelt es sich nach § 2 SchwbAwV um das **Merkzeichen EB** (entschädigungsberechtigt), wenn der Betroffene als Opfer nationalsozialistischer Verfolgung eine Entschädigung nach § 28 BEG erhält. Das **Merkzeichen VB** (versorgungsberechtigt) wird vergeben, wenn ein Versorgungsanspruch auf der Grundlage anderer Bundesgesetze als dem BVG bzw. dem SGB XIV besteht. »**Kriegsbeschädigt**« wird bei einem Anspruch nach dem BVG bzw. nun nach dem § 21 SGB XIV eingetragen. Bei diesen weiteren Merkmalen sind daneben noch weitere Voraussetzungen zu erfüllen.

b) Verordnungstext

Vom 25. Juli 1991 (BGBl. I S. 1739), zuletzt geändert durch Artikel 52 des Gesetzes vom 20. August 2021 (BGBl. I, S. 3932).

---

8 Zu den gesundheitlichen Voraussetzungen der Merkzeichen und allgemein zum Schwerbehindertenausweis siehe *Ritz/Richter* in: Deinert/Welti/Luik/Brockmann, Stichwortkommentar Behindertenrecht, Ausweis, 3. Aufl. 2022.

Inhaltsübersicht

Erster Abschnitt Ausweis für schwerbehinderte Menschen

§ 1 Gestaltung des Ausweises

(1) Der Ausweis im Sinne des § 152 Absatz 5 des Neunten Buches Sozialgesetzbuch über die Eigenschaft als schwerbehinderter Mensch, den Grad der Behinderung und weitere gesundheitliche Merkmale, die Voraussetzung für die Inanspruchnahme von Rechten und Nachteilsausgleichen nach dem Neunten Buch Sozialgesetzbuch oder nach anderen Vorschriften sind, wird nach dem in der Anlage zu dieser Verordnung abgedruckten Muster 1 ausgestellt. Der Ausweis ist mit einem fälschungssicheren Aufdruck in der Grundfarbe grün versehen.

(2) Der Ausweis für schwerbehinderte Menschen, die das Recht auf unentgeltliche Beförderung im öffentlichen Personenverkehr in Anspruch nehmen können, ist durch einen halbseitigen orangefarbenen Flächenaufdruck gekennzeichnet.

(3) Der Ausweis für schwerbehinderte Menschen, die zu einer der in § 234 Satz 1 Nummer 2 des Neunten Buches Sozialgesetzbuch genannten Gruppen gehören, ist nach § 2 zu kennzeichnen.

(4) Der Ausweis für schwerbehinderte Menschen mit weiteren gesundheitlichen Merkmalen im Sinne des Absatzes 1 ist durch Merkzeichen nach § 3 zu kennzeichnen.

(5) Der Ausweis ist als Identifikationskarte nach dem in der Anlage zu dieser Verordnung abgedruckten Muster auszustellen.

§ 2 Zugehörigkeit zu Sondergruppen

(1) Im Ausweis ist die Bezeichnung »Kriegsbeschädigt« einzutragen, wenn der schwerbehinderte Mensch wegen eines Grades der Schädigungsfolgen von mindestens 50 Anspruch auf Versorgung nach dem Bundesversorgungsgesetz in der am 31. Dezember 2023 geltenden Fassung oder nach § 21 des Vierzehnten Buches Sozialgesetzbuch hat.

(2) Im Ausweis sind folgende Merkzeichen einzutragen:

1. VB
   a) wenn der schwerbehinderte Mensch wegen eines Grades der Schädigungsfolgen von mindestens 50 Anspruch auf Leistungen nach anderen Bundesgesetzen in entsprechender Anwendung
      aa) der Vorschriften des Vierzehnten Buches Sozialgesetzbuch oder
      bb) des Bundesversorgungsgesetzes in der bis zum 31. Dezember 2023 geltenden Fassung oder
   b) wenn der Grad der Schädigungsfolgen wegen des Zusammentreffens mehrerer Ansprüche auf folgende Leistungen in seiner Gesamtheit mindestens 50 beträgt und weder die Bezeichnung »kriegsbeschädigt« noch das Merkzeichen »EB« einzutragen ist:
      aa) auf Leistungen nach dem Vierzehnten Buch Sozialgesetzbuch,
      bb) auf Leistungen nach dem Bundesversorgungsgesetz in der bis zum 31. Dezember 2023 geltenden Fassung,
      cc) auf Leistungen nach Bundesgesetzen in entsprechender Anwendung der Vorschriften des Bundesversorgungsgesetzes in der bis zum 31. Dezember 2023 geltenden Fassung oder
      dd) auf Leistungen nach dem Bundesentschädigungsgesetz,)
   c) wenn der schwerbehinderte Mensch wegen eines Grades der Schädigungsfolgen von mindestens 50 Anspruch auf Leistungen nach dem Soldatenentschädigungsgesetz,
2. EB
   wenn der schwerbehinderte Mensch wegen eines Grades der Schädigungsfolgen von mindestens 50 Entschädigung nach § 28 des Bundesentschädigungsgesetzes erhält.

Beim Zusammentreffen der Voraussetzungen für die Eintragung der Bezeichnung nach Absatz 1 und des Merkzeichens nach Satz 1 Nr. 2 ist die Bezeichnung »Kriegsbeschädigt« einzutragen, es sei denn, der schwerbehinderte Mensch beantragt die Eintragung des Merkzeichens »EB«.

§ 3 Weitere Merkzeichen

(1) Im Ausweis sind auf der Rückseite folgende Merkzeichen einzutragen:
1. aG wenn der schwerbehinderte Mensch außergewöhnlich gehbehindert im Sinne des § 229 Absatz 3 des Neunten Buches Sozialgesetzbuch ist,
2. H wenn der schwerbehinderte Mensch hilflos im Sinne des § 33b des Einkommensteuergesetzes oder entsprechender Vorschriften ist,
3. Bl wenn der schwerbehinderte Mensch blind im Sinne des § 72 Abs. 5 des Zwölften Buches Sozialgesetzbuch oder entsprechender Vorschriften ist,
4. Gl wenn der schwerbehinderte Mensch gehörlos im Sinne des § 228 des Neunten Buches Sozialgesetzbuch ist,
5. RF wenn der schwerbehinderte Mensch die landesrechtlich festgelegten gesundheitlichen Voraussetzungen für die Befreiung von der Rundfunkgebührenpflicht erfüllt,
6. 1. Kl. wenn der schwerbehinderte Mensch die im Verkehr mit Eisenbahnen tariflich festgelegten gesundheitlichen Voraussetzungen für die Benutzung der 1. Wagenklasse mit Fahrausweis der 2. Wagenklasse erfüllt,

7. G wenn der schwerbehinderte Mensch in seiner Bewegungsfähigkeit im Straßenverkehr erheblich beeinträchtigt im Sinne des § 229 Absatz 1 Satz 1 des Neunten Buches Sozialgesetzbuch oder entsprechender Vorschriften ist,
8. TBl wenn der schwerbehinderte Mensch wegen einer Störung der Hörfunktion mindestens einen Grad der Behinderung von 70 und wegen einer Störung des Sehvermögens einen Grad der Behinderung von 100 hat.

(2) Ist der schwerbehinderte Mensch zur Mitnahme einer Begleitperson im Sinne des § 229 Absatz 2 des Neunten Buches Sozialgesetzbuch berechtigt, sind auf der Vorderseite des Ausweises das Merkzeichen »B« und der Satz »Die Berechtigung zur Mitnahme einer Begleitperson ist nachgewiesen« einzutragen.

§ 3a Beiblatt

(1) Zum Ausweis für schwerbehinderte Menschen, die das Recht auf unentgeltliche Beförderung im öffentlichen Personenverkehr in Anspruch nehmen können, ist auf Antrag ein Beiblatt nach dem in der Anlage zu dieser Verordnung abgedruckten Muster 2 in der Grundfarbe weiß auszustellen. Das Beiblatt ist Bestandteil des Ausweises und nur zusammen mit dem Ausweis gültig.

(2) Schwerbehinderte Menschen, die das Recht auf unentgeltliche Beförderung in Anspruch nehmen wollen, erhalten auf Antrag ein Beiblatt, das mit einer Wertmarke nach dem in der Anlage zu dieser Verordnung abgedruckten Muster 3 versehen ist. Die Wertmarke enthält ein bundeseinheitliches Hologramm. Auf die Wertmarke werden eingetragen das Jahr und der Monat, von dem an die Wertmarke gültig ist, sowie das Jahr und der Monat, in dem ihre Gültigkeit abläuft. Sofern in Fällen des § 228 Absatz 2 Satz 1 des Neunten Buches Sozialgesetzbuch der Antragsteller zum Gültigkeitsbeginn keine Angaben macht, wird der auf den Eingang des Antrages und die Entrichtung der Eigenbeteiligung folgende Monat auf der Wertmarke eingetragen. Spätestens mit Ablauf der Gültigkeitsdauer der Wertmarke wird das Beiblatt ungültig.

(3) Schwerbehinderte Menschen, die an Stelle der unentgeltlichen Beförderung die Kraftfahrzeugsteuerermäßigung in Anspruch nehmen wollen, erhalten auf Antrag ein Beiblatt ohne Wertmarke. Die Gültigkeitsdauer des Beiblattes entspricht der des Ausweises.

(4) Schwerbehinderte Menschen, die zunächst die Kraftfahrzeugsteuerermäßigung in Anspruch genommen haben und statt dessen die unentgeltliche Beförderung in Anspruch nehmen wollen, haben das Beiblatt (Absatz 3) bei Stellung des Antrags auf ein Beiblatt mit Wertmarke (Absatz 2) zurückzugeben. Entsprechendes gilt, wenn schwerbehinderte Menschen vor Ablauf der Gültigkeitsdauer der Wertmarke an Stelle der unentgeltlichen Beförderung die Kraftfahrzeugsteuerermäßigung in Anspruch nehmen wollen. In diesem Fall ist das Datum der Rückgabe (Eingang beim Versorgungsamt) auf das Beiblatt nach Absatz 3 einzutragen.

(5) *(weggefallen)*

§ 4 Sonstige Eintragungen

(1) Die Eintragung von Sondervermerken zum Nachweis von weiteren Voraussetzungen für die Inanspruchnahme von Rechten und Nachteilsausgleichen, die

schwerbehinderten Menschen nach landesrechtlichen Vorschriften zustehen, ist zulässig.
(2) Die Eintragung von Merkzeichen oder sonstigen Vermerken, die in dieser Verordnung (§§ 2, 3, 4 Abs. 1 und § 5 Abs. 3) nicht vorgesehen sind, ist unzulässig.

§ 5 Lichtbild

(1) Der Ausweis ist mit einem Bild des schwerbehinderten Menschen zu versehen, wenn dieser das 10. Lebensjahr vollendet hat. Hierzu hat der schwerbehinderte Mensch ein Passbild beizubringen.
(2) Bei schwerbehinderten Menschen, die das Haus nicht oder nur mit Hilfe eines Krankenwagens verlassen können, ist der Ausweis auf Antrag ohne Lichtbild auszustellen.
(3) In Ausweisen ohne Lichtbild ist in dem für das Lichtbild vorgesehenen Raum der Vermerk »Ohne Lichtbild gültig« einzutragen.

§ 6 Gültigkeitsdauer

(1) Auf der Rückseite des Ausweises ist als Beginn der Gültigkeit des Ausweises einzutragen:
1. in den Fällen des § 152 Absatz 1 und 4 des Neunten Buches Sozialgesetzbuch der Tag des Eingangs des Antrags auf Feststellung nach diesen Vorschriften,
2. in den Fällen des § 152 Absatz 2 des Neunten Buches Sozialgesetzbuch der Tag des Eingangs des Antrags auf Ausstellung des Ausweises nach § 152 Absatz 5 des Neunten Buches Sozialgesetzbuch.

(2) Die Gültigkeit des Ausweises ist für die Dauer von längstens 5 Jahren vom Monat der Ausstellung an zu befristen. In den Fällen, in denen eine Neufeststellung wegen einer wesentlichen Änderung in den gesundheitlichen Verhältnissen, die für die Feststellung maßgebend gewesen sind, nicht zu erwarten ist, kann der Ausweis unbefristet ausgestellt werden.
(3) Für schwerbehinderte Menschen unter 10 Jahren ist die Gültigkeitsdauer des Ausweises bis längstens zum Ende des Kalendermonats zu befristen, in dem das 10. Lebensjahr vollendet wird.
(4) Für schwerbehinderte Menschen im Alter zwischen 10 und 15 Jahren ist die Gültigkeitsdauer des Ausweises bis längstens zum Ende des Kalendermonats zu befristen, in dem das 20. Lebensjahr vollendet wird.
(5) Bei nichtdeutschen schwerbehinderten Menschen, deren Aufenthaltstitel, Aufenthaltsgestattung oder Arbeitserlaubnis befristet ist, ist die Gültigkeitsdauer des Ausweises längstens bis zum Ablauf des Monats der Frist zu befristen.
(6) *(weggefallen)*
(7) Der Kalendermonat und das Kalenderjahr, bis zu deren Ende der Ausweis gültig sein soll, sind auf der Vorderseite des Ausweises einzutragen.

§ 7 Verwaltungsverfahren

(weggefallen)

Zweiter Abschnitt Ausweis für sonstige Personen zur unentgeltlichen Beförderung im öffentlichen Personenverkehr

§ 8 Ausweis für sonstige freifahrtberechtigte Personen

(1) Der Ausweis für Personen im Sinne des Artikels 2 Abs. 1 des Gesetzes über die unentgeltliche Beförderung Schwerbehinderter im öffentlichen Personenverkehr vom 9. Juli 1979 (BGBl. I S. 989), soweit sie nicht schwerbehinderte Menschen im Sinne des § 2 Abs. 2 des Neunten Buches Sozialgesetzbuch sind, wird nach dem in der Anlage zu dieser Verordnung abgedruckten Muster 4 ausgestellt. Der Ausweis ist mit einem fälschungssicheren Aufdruck in der Grundfarbe grün versehen und durch einen halbseitigen orangefarbenen Flächenaufdruck gekennzeichnet. Zusammen mit dem Ausweis ist ein Beiblatt auszustellen, das mit einer Wertmarke nach dem in der Anlage zu dieser Verordnung abgedruckten Muster 3 versehen ist.
(2) Für die Ausstellung des Ausweises nach Absatz 1 gelten die Vorschriften des § 1 Absatz 3 und 5, § 2, § 3 Absatz 1 Nummer 6 und Absatz 2, § 4 Absatz 2, § 5 und § 6 Absatz 2, 3, 4 und 7 sowie des § 7 entsprechend, soweit sich aus Artikel 2 Abs. 2 und 3 des Gesetzes über die unentgeltliche Beförderung Schwerbehinderter im öffentlichen Personenverkehr nichts Besonderes ergibt.

Dritter Abschnitt Übergangsregelung

§ 9 Übergangsregelung

Bis zum 31. Dezember 2014 ausgestellte Ausweise, die keine Identifikationskarten nach § 1 Absatz 5 sind, bleiben bis zum Ablauf ihrer Gültigkeitsdauer gültig, es sei denn, sie sind einzuziehen. Sie können gegen eine Identifikationskarte umgetauscht werden. Ausgestellte Beiblätter bleiben bis zum Ablauf ihrer Gültigkeit gültig.

7. Versorgungsmedizin-Verordnung (VersMedV)

a) Einführung

Die Versorgungsmedizin-Verordnung (VersMedV) ist die zentrale Verordnung im Rahmen der Feststellung einer Behinderung und so in Erweiterung von einem Grad der Behinderung (GdB).
Wird ein Antrag auf Feststellung der Behinderung gestellt, fordert die zuständige Behörde (z. B. Versorgungsamt, kreisfreie Stadt) ggf. Unterlagen von behandelnden Ärzt:innen und Einrichtungen an oder beauftragt eine:n Gutachter:in, um die vorliegende Beeinträchtigung der Funktionsfähigkeit (in Orientierung an die »Internationale Klassifikation der Funktionsfähigkeit, Behinderung und Gesundheit«) festzustellen. Dazu zählen die Körperfunktionen (physiologische und psychologische Prozesse), die Körperstrukturen (z. B. Organe oder Gliedmaßen), die Aktivitäten (die Fähigkeit, Aufgaben oder Handlungen auszuführen) sowie die Teilhabe (Partizipation), die das Einbezogensein in Lebenssituationen beschreibt. Die VersMedV bildet den Maßstab für die Auswertung der gutachterlichen Unterlagen in diesem Verfahren.

Die VersMedV ist seit dem 1.1.2009 in Kraft.[9] Teil A beinhaltet die Allgemeinen Grundsätze für die Bewertung (z. B. Ermittlung eines Gesamt-GdB). Teil B legt dagegen konkret fest, welcher Funktionsbeeinträchtigung welcher Grad (abgestuft in Zehnergraden) bei welcher Beeinträchtigung zuzuerkennen ist. Teilweise werden hier Beurteilungsspielräume eingeräumt (z. B. 30–40), teilweise nicht. Teil C enthält Regelungen zur Begutachtung im sozialen Entschädigungsrecht und Teil D Ausführungen zu den Merkzeichen G, B und Gl.
Seit der gescheiterten geplanten 6. Änderungsverordnung (vgl. Vorauflagen dieser Textsammlung) wurde mit dem Gesetz zur Förderung eines inklusiven Arbeitsmarkts vom 6.6.2023 § 153a SGB IX eingeführt. Dieser regelt die Einrichtung eines unabhängigen Sachverständigenbeirats Versorgungsmedizinische Begutachtung beim Bundesministerium für Arbeit und Soziales. Der Beirat berät das Ministerium in allen versorgungsärztlichen Angelegenheiten und unterstützt die Weiterentwicklung der in der VersMedV enthaltenen Versorgungsmedizinischen Grundsätze. Die Arbeit des Beirats erfolgt teilhabeorientiert und basiert auf dem aktuellen Stand der medizinischen Wissenschaft und Medizintechnik, unter Berücksichtigung der versorgungsmedizinischen Erfordernisse. Der Beirat setzt sich aus jeweils sieben Vertreter:innen der Länder, des Deutschen Behindertenrats sowie des Bundesministeriums für Arbeit und Soziales zusammen.
Derzeit arbeitet der Sachverständigenbeirat an der Neuausrichtung der VersMedV, um sie den heutigen Anforderungen und wissenschaftlichen Erkenntnissen entsprechend weiterzuentwickeln.

b) Verordnungstext

Vom 10. Dezember 2008 (BGBl. I S. 2412), zuletzt geändert durch Artikel 2 der Verordnung vom 19. Juni 2023 (BGBl. 2023 I Nr. 158).

Inhaltsübersicht Seite

§ 1 Zweck der Verordnung

Diese Verordnung regelt die medizinischen Grundsätze und Kriterien, die bei der ärztlichen Begutachtung nach Teil 3 des Neunten Buches Sozialgesetzbuch und nach dem Vierzehnten Buch Sozialgesetzbuch anzuwenden sind, sowie das dafür maßgebende Verfahren.

§ 2 Anlage »Versorgungsmedizinische Grundsätze«

Die in § 1 genannten Grundsätze und Kriterien sind in der Anlage zu dieser Verordnung als deren Bestandteil festgelegt.

---

9 Vorher galten die sog. »Anhaltspunkte für die ärztliche Gutachtertätigkeit (AGP)«.

Die Anlage »Versorgungsmedizinische Grundsätze« wird als Anlageband zu dieser Ausgabe des Bundesgesetzblatts ausgegeben. Abonnenten des Bundesgesetzblatts Teil I wird der Anlageband auf Anforderung gemäß den Bezugsbedingungen des Verlags übersandt.

§ 3 (weggefallen)

§ 4 (weggefallen)

§ 5 Inkrafttreten
Diese Verordnung tritt am 1. Januar 2009 in Kraft.

c) Anlage zu § 2 der Versorgungsmedizin-Verordnung

aa) Teil A: Allgemeine Grundsätze

Inhaltsübersicht

Vorbemerkung
Wenn mit dem Grad der Behinderung und dem Grad der Schädigungsfolgen das Maß für die Beeinträchtigung der Teilhabe am Leben in der Gemeinschaft gemeint ist, wird einheitlich die Abkürzung GdS benutzt.

1. Schädigungsfolgen

a) Als Schädigungsfolge wird im sozialen Entschädigungsrecht jede Gesundheitsstörung bezeichnet, die in ursächlichem Zusammenhang mit einer Schädigung steht, die nach dem entsprechenden Gesetz zu berücksichtigen ist.
b) Die Auswirkungen der Schädigungsfolge werden mit dem Grad der Schädigungsfolgen (GdS) bemessen.
c) Zu den Schädigungsfolgen gehören auch Abweichungen vom Gesundheitszustand, die keinen GdS bedingen (z. B. funktionell bedeutungslose Narben, Verlust von Zähnen).

2. Grad der Schädigungsfolgen (GdS), Grad der Behinderung (GdB)

a) GdS und GdB werden nach gleichen Grundsätzen bemessen. Beide Begriffe unterscheiden sich lediglich dadurch, dass der GdS nur auf die Schädigungsfolgen (also kausal) und der GdB auf alle Gesundheitsstörungen unabhängig von ihrer Ursache (also final) bezogen ist. Beide Begriffe haben die Auswirkungen von Funktionsbeeinträchtigungen in allen Lebensbereichen und nicht nur die Einschränkungen im allgemeinen Erwerbsleben zum Inhalt. GdS und GdB sind ein Maß für die körperlichen, geistigen, seelischen und sozialen Auswirkungen einer Funktionsbeeinträchtigung aufgrund eines Gesundheitsschadens.

b) Aus dem GdB und aus dem GdS ist nicht auf das Ausmaß der Leistungsfähigkeit zu schließen. GdB und GdS sind grundsätzlich unabhängig vom ausgeübten oder angestrebten Beruf zu beurteilen, es sei denn, dass bei Begutachtungen im sozialen Entschädigungsrecht ein besonderes berufliches Betroffensein berücksichtigt werden muss.

c) GdB und GdS setzen stets eine Regelwidrigkeit gegenüber dem für das Lebensalter typischen Zustand voraus. Dies ist insbesondere bei Kindern und alten Menschen zu beachten. Physiologische Veränderungen im Alter sind bei der Beurteilung des GdB und GdS nicht zu berücksichtigen. Als solche Veränderungen sind die körperlichen und psychischen Leistungseinschränkungen anzusehen, die sich im Alter regelhaft entwickeln, d. h. für das Alter nach ihrer Art und ihrem Umfangtypisch sind. Demgegenüber sind pathologische Veränderungen, d. h. Gesundheitsstörungen, die nicht regelmäßig und nicht nur im Alter beobachtet werden können, bei der Beurteilung des GdB und GdS zu berücksichtigen, auch dann, wenn sie erstmalig im höheren Alter auftreten oder als »Alterskrankheiten« (z. B. »Altersdiabetes«, »Altersstar«) bezeichnet werden.

d) Die in der GdS-Tabelle aufgeführten Werte sind aus langer Erfahrung gewonnen und stellenaltersunabhängige (auch trainingsunabhängige) Mittelwerte dar. Je nach Einzelfall kann von den Tabellenwerten mit einer die besonderen Gegebenheiten darstellenden Begründung abgewichen werden.

e) Da der GdS seiner Natur nach nur annähernd bestimmt werden kann, sind beim GdS nur Zehnerwerteanzugeben. Dabei sollen im Allgemeinen die folgenden Funktionssysteme zusammenfassend beurteilt werden: Gehirn einschließlich Psyche; Augen; Ohren; Atmung; Herz-Kreislauf; Verdauung; Harnorgane; Geschlechtsapparat; Haut; Blut einschließlich blutbildendes Gewebe und Immunsystem; innere Sekretion und Stoffwechsel; Arme; Beine; Rumpf. Die sehr wenigen in der GdS-Tabelle noch enthaltenen Fünfergrade sind alle auf ganz eng umschriebene Gesundheitsstörungen bezogen, die selten allein und sehr selten genau in dieser Form und Ausprägung vorliegen.

f) Der GdS setzt eine nicht nur vorübergehende und damit eine über einen Zeitraum von mehr als sechs Monaten sich erstreckende Gesundheitsstörung voraus. Dementsprechend ist bei abklingenden Gesundheitsstörungen der Wert festzusetzen, der dem über sechs Monate hinaus verbliebenen- oder voraussichtlich verbleibenden Schaden entspricht. Schwankungen im Gesundheitszustand bei längerem Leidensverlauf ist mit einem Durchschnittswert Rechnung zu tragen. Dies bedeutet: Wenn bei einem Leiden der Verlauf durch sich wiederholende Besserungen und Verschlechterungen des Gesundheitszustandes geprägt ist (Beispiele: chronische Bronchitis, Hautkrankheiten, Anfallsleiden), können die zeitweiligen Verschlechterungen – aufgrund der anhaltenden Auswirkungen auf die gesamte Lebensführung – nicht als vorübergehende Gesundheitsstörungen betrachtet werden. Dementsprechend muss in solchen Fällen bei der GdB- und GdS-Beurteilung von dem »durchschnittlichen« Ausmaß der Beeinträchtigung ausgegangen werden.

g) Stirbt ein Antragsteller oder eine Antragstellerin innerhalb von sechs Monaten nach Eintritt einer Gesundheitsstörung, so ist für diese Gesundheitsstörung der GdS anzusetzen, der nach ärztlicher Erfahrung nach Ablauf von sechs Monaten nach Eintritt der Gesundheitsstörung zu erwarten gewesen wäre. Fallen Eintritt der Gesundheitsstörung und Tod jedoch zusammen, kann ein GdS nicht angenommen werden. Eintritt der Gesundheitsstörung und Tod fallen nicht nur zusammen, wenn beide Ereignisse im selben Augenblick eintreten. Dies ist vielmehr auch dann der Fall, wenn die Gesundheitsstörung in so rascher Entwicklung zum Tode führt, dass der Eintritt der Gesundheitsstörung und des Todes einen untrennbaren Vorgang darstellen.

h) Gesundheitsstörungen, die erst in der Zukunft zu erwarten sind, sind beim GdS nicht zu berücksichtigen. Die Notwendigkeit des Abwartens einer Heilungsbewährung stellt eine andere Situation dar; während der Zeit dieser Heilungsbewährung ist ein höherer GdS gerechtfertigt, als er sich aus dem festgestellten Schaden ergibt.

i) Bei der Beurteilung des GdS sind auch seelische Begleiterscheinungen und Schmerzen zu beachten. Die in der GdS-Tabelle niedergelegten Sätze berücksichtigen bereits die üblichen seelischen Begleiterscheinungen (z. B. bei Entstellung des Gesichts, Verlust der weiblichen Brust). Sind die seelischen Begleiterscheinungen erheblich höher als aufgrund der organischen Veränderungen zu erwarten wäre, so ist ein höherer GdS gerechtfertigt. Vergleichsmaßstab ist nicht der behinderte Mensch, der überhaupt nicht oder kaum unter seinem Körperschaden leidet, sondern die allgemeine ärztliche Erfahrung hinsichtlich der regelhaften Auswirkungen. Außergewöhnliche seelische Begleiterscheinungen sind anzunehmen, wenn anhaltende psychoreaktive Störungen in einer solchen Ausprägung vorliegen, dass eine spezielle ärztliche Behandlung dieser Störungen – z. B. eine Psychotherapie – erforderlich ist.

j) Ähnliches gilt für die Berücksichtigung von Schmerzen. Die in der GdS-Tabelle angegebenen Werte schließen die üblicherweise vorhandenen Schmerzen mit ein und berücksichtigen auch erfahrungsgemäß besonders schmerzhafte Zustände. Ist nach Ort und Ausmaß der pathologischen Veränderungen eine über das übliche Maß hinausgehende Schmerzhaftigkeit nachgewiesen, die eine ärztliche Behandlung erfordert, können höhere Werte angesetzt werden. Das kommt zum Beispiel bei Kausalgien und bei stark ausgeprägten Stumpfbeschwerden nach Amputationen(Stumpfnervenschmerzen, Phantomschmerzen) in Betracht. Ein Phantomgefühl allein bedingt keinen GdS.

3. Gesamt-GdS

a) Liegen mehrere Funktionsbeeinträchtigungen vor, so sind zwar Einzel-GdS anzugeben; bei der Ermittlung des Gesamt-GdS durch alle Funktionsbeeinträchtigungen dürfen jedoch die einzelnen Werte nicht addiert werden. Auch andere

Rechenmethoden sind für die Bildung eines Gesamt-GdS ungeeignet. Maßgebend sind die Auswirkungen der einzelnen Funktionsbeeinträchtigungen in ihrer Gesamtheit unter Berücksichtigung ihrer wechselseitigen Beziehungen zueinander.

b) Bei der Gesamtwürdigung der verschiedenen Funktionsbeeinträchtigungen sind unter Berücksichtigung aller sozialmedizinischen Erfahrungen Vergleiche mit Gesundheitsschäden anzustellen, zu denen in der Tabelle feste GdS-Werte angegeben sind.

c) Bei der Beurteilung des Gesamt-GdS ist in der Regel von der Funktionsbeeinträchtigung auszugehen, die den höchsten Einzel-GdS bedingt, und dann im Hinblick auf alle weiteren Funktionsbeeinträchtigungen zu prüfen, ob und inwieweit hierdurch das Ausmaß der Behinderung größer wird, ob also wegen der weiteren Funktionsbeeinträchtigungen dem ersten GdS 10 oder 20 oder mehr Punkte hinzuzufügen sind, um der Behinderung insgesamt gerecht zu werden.

d) Um die Auswirkungen der Funktionsbeeinträchtigungen in ihrer Gesamtheit unter Berücksichtigung ihrer wechselseitigen Beziehungen zueinander beurteilen zu können, muss aus der ärztlichen Gesamtschau heraus beachtet werden, dass die Beziehungen der Funktionsbeeinträchtigungen zueinander unterschiedlich sein können:

   aa) Die Auswirkungen der einzelnen Funktionsbeeinträchtigungen können voneinander unabhängig sein und damit ganz verschiedene Bereiche im Ablauf des täglichen Lebensbetreffen.

   bb) Eine Funktionsbeeinträchtigung kann sich auf eine andere besonders nachteilig auswirken. Dies ist vor allem der Fall, wenn Funktionsbeeinträchtigungen an paarigen Gliedmaßen oder Organen – also z. B. an beiden Armen oder beiden Beinen oder beiden Nieren oder beiden Augen – vorliegen.

   cc) Die Auswirkungen von Funktionsbeeinträchtigungen können sich überschneiden.

   dd) Die Auswirkungen einer Funktionsbeeinträchtigung werden durch eine hinzutretende Gesundheitsstörung nicht verstärkt.

   ee) Von Ausnahmefällen (z. B. hochgradige Schwerhörigkeit eines Ohres bei schwerer beidseitiger Einschränkung der Sehfähigkeit) abgesehen, führen zusätzliche leichte Gesundheitsstörungen, die nur einen GdS von 10 bedingen, nicht zu einer Zunahme des Ausmaßes der Gesamtbeeinträchtigung, auch nicht, wenn mehrere derartige leichte Gesundheitsstörungen nebeneinander bestehen. Auch bei leichten Funktionsbeeinträchtigungen mit einem GdS von 20 ist es vielfach nicht gerechtfertigt, auf eine wesentliche Zunahme des Ausmaßes der Behinderung zu schließen.

4. Hilflosigkeit

a) *(weggefallen)*

b) Hilflos sind diejenigen, die infolge von Gesundheitsstörungen – nach dem Neunten Buch Sozialgesetzbuch (SGB I X) und dem Einkommensteuergesetz »nicht nur vorübergehend« – für eine Reihe von häufig und regelmäßig wiederkehrenden Verrichtungen zur Sicherung ihrer persönlichen Existenz im Ablauf eines jeden Tages fremder Hilfe dauernd bedürfen. Diese Voraussetzungen sind auch erfüllt, wenn die Hilfe in Form einer Überwachung oder einer Anleitung zu den genannten Verrichtungen erforderlich ist oder wenn die Hilfe zwar nicht dauernd geleistet werden muss, jedoch eine ständige Bereitschaft zur Hilfeleistung erforderlich ist.

c) Häufig und regelmäßig wiederkehrende Verrichtungen zur Sicherung der persönlichen Existenz im Ablauf eines jeden Tages sind insbesondere An- und Auskleiden, Nahrungsaufnahme, Körperpflege, Verrichten der Notdurft. Außerdem sind notwendige körperliche Bewegung, geistige Anregung und Möglichkeiten zur Kommunikation zu berücksichtigen. Hilflosigkeit liegt im oben genannten Sinne auch dann vor, wenn ein psychisch oder geistig behinderter Mensch zwar bei zahlreichen Verrichtungen des täglichen Lebens der Hilfe nicht unmittelbar bedarf, er diese Verrichtungen aber infolge einer Antriebsschwäche ohne ständige Überwachung nicht vornähme. Die ständige Bereitschaft ist z. B. anzunehmen, wenn Hilfe häufig und plötzlich wegen akuter Lebensgefahrnotwendig ist.

d) Der Umfang der notwendigen Hilfe bei den häufig und regelmäßig wiederkehrenden Verrichtungen muss erheblich sein. Dies ist der Fall, wenn die Hilfe dauernd für zahlreiche Verrichtungen, die häufig und regelmäßig wiederkehren, benötigt wird. Einzelne Verrichtungen, selbst wenn sielebensnotwendig sind und im täglichen Lebensablauf wiederholt vorgenommen werden, genügen nicht (z. B. Hilfe beim Anziehen einzelner Bekleidungsstücke, notwendige Begleitung bei Reisen und Spaziergängen, Hilfe im Straßenverkehr, einfache Wund- oder Heilbehandlung, Hilfe bei Heimdialyse ohne Notwendigkeit weiterer Hilfeleistung). Verrichtungen, die mit der Pflege der Person nichtunmittelbar zusammenhängen (z. B. im Bereich der hauswirtschaftlichen Versorgung) müssen außer Betracht bleiben.

e) Bei einer Reihe schwerer Behinderungen, die aufgrund ihrer Art und besonderen Auswirkungen regelhaft Hilfeleistungen in erheblichem Umfang erfordern, kann im Allgemeinen ohne nähere Prüfung angenommen werden, dass die Voraussetzungen für das Vorliegen von Hilflosigkeit erfüllt sind. Dies gilt stets
   aa) bei Blindheit und hochgradiger Sehbehinderung,
   bb) Querschnittslähmung und anderen Behinderungen, die auf Dauer und ständig – auch innerhalb des Wohnraums – die Benutzung eines Rollstuhls erfordern,

f) in der Regel auch
   aa) bei Hirnschäden, Anfallsleiden, geistiger Behinderung und Psychosen, wenn diese Behinderungen allein einen GdS von 100 bedingen,
   bb) Verlust von zwei oder mehr Gliedmaßen, ausgenommen Unterschenkel- oder Fußamputation beiderseits. (Als Verlust einer Gliedmaße gilt der Verlust mindestens der ganzen Hand oder desganzen Fußes).

g) Führt eine Behinderung zu dauerndem Krankenlager, so sind stets auch die Voraussetzungen für die Annahme von Hilflosigkeit erfüllt. Dauerndes Krankenlager setzt nicht voraus, dass der behinderte Mensch das Bett überhaupt nicht verlassen kann.

h) Stirbt ein behinderter Mensch innerhalb von sechs Monaten nach Eintritt einer Gesundheitsstörung, so ist die Frage der Hilflosigkeit analog Nummer 2 Buchstabe g zu beurteilen.

5. Besonderheiten der Beurteilung der Hilflosigkeit bei Kindern und Jugendlichen

a) Bei der Beurteilung der Hilflosigkeit bei Kindern und Jugendlichen sind nicht nur die bei der Hilflosigkeit genannten »Verrichtungen« zu beachten. Auch die Anleitung zu diesen »Verrichtungen«, die Förderung der körperlichen und geistigen Entwicklung (z. B. durch Anleitung im Gebrauch der Gliedmaßen oder durch Hilfen zum Erfassen der Umwelt und zum Erlernen der Sprache) sowie die notwendige Überwachung gehören zu den Hilfeleistungen, die für die Frage der Hilflosigkeit von Bedeutung sind.

b) Stets ist nur der Teil der Hilfsbedürftigkeit zu berücksichtigen, der wegen der Behinderung den Umfang der Hilfsbedürftigkeit eines gesunden gleichaltrigen Kindes überschreitet. Der Umfang der wegen der Behinderungen notwendigen zusätzlichen Hilfeleistungen muss erheblich sein. Bereits im ersten Lebensjahr können infolge der Behinderung Hilfeleistungen in solchem Umfang erforderlich sein, dass dadurch die Voraussetzungen für die Annahme von Hilflosigkeit erfüllt sind.

c) Die Besonderheiten des Kindesalters führen dazu, dass zwischen dem Ausmaß der Behinderung und dem Umfang der wegen der Behinderung erforderlichen Hilfeleistungen nicht immer eine Korrelation besteht, so dass – anders als bei Erwachsenen – auch schon bei niedrigerem GdS Hilflosigkeit vorliegenkann.

d) Bei angeborenen oder im Kindesalter aufgetretenen Behinderungen ist im Einzelnen folgendes zu beachten:

   aa) Bei geistiger Behinderung kommt häufig auch bei einem GdS unter 100 – und dann in der Regel bis zur Vollendung des 18. Lebensjahres – Hilflosigkeit in Betracht, insbesondere wenn das Kind wegen gestörten Verhaltens ständiger Überwachung bedarf. Hilflosigkeit kann auch schon im Säuglingsalter angenommen werden, z. B. durch Nachweis eines schweren Hirnschadens.

   bb) Bei tief greifenden Entwicklungsstörungen, die für sich allein einen GdS von mindestens 50 bedingen, und bei anderen gleich schweren, im Kindesalter beginnenden Verhaltens- und emotionalen Störungen mit lang andauernden erheblichen Einordnungsschwierigkeiten ist regelhaft Hilflosigkeit bis zum 18. Lebensjahr anzunehmen.

   cc) Bei hirnorganischen Anfallsleiden ist häufiger als bei Erwachsenen auch bei einem GdS unter 100 unter Berücksichtigung der Anfallsart, Anfallsfrequenz und eventueller Verhaltensauffälligkeiten die Annahme von Hilflosigkeit gerechtfertigt.

   dd) Bei sehbehinderten Kindern und Jugendlichen mit Einschränkungen des Sehvermögens, die für sich allein einen GdS von wenigstens 80 bedingen, ist bis zur Vollendung des 18. Lebensjahres Hilflosigkeit anzunehmen.

   ee) Bei Taubheit und an Taubheit grenzender Schwerhörigkeit ist Hilflosigkeit ab Beginn der Frühförderung und dann – insbesondere wegen des in dieser Zeit erhöhten Kommunikationsbedarfs – in der Regel bis zur Beendigung der Ausbildung anzunehmen. Zur Ausbildung zählen in diesem Zusammenhang: der Schul-, Fachschul- und Hochschulbesuch, eine berufliche Erstausbildung und Weiterbildung sowie vergleichbare Maßnahmen der beruflichen Bildung.

ff) Bei Lippen-Kiefer-Gaumenspalte und kompletter Gaumensegelspalte ist bis zum Abschluss der Erstbehandlung (in der Regel ein Jahr nach der Operation) Hilflosigkeit anzunehmen. Die Kinder benötigen während dieser Zeit in hohem Maße Hilfeleistungen, die weit über diejenigen eines gesunden gleichaltrigen Kindes hinausgehen, vor allem bei der Nahrungsaufnahme (gestörte Atmung, Gefahr des Verschluckens), bei der Reinigung der Mundhöhle und des Nasen-Rachenraumes, beim Spracherwerb sowie bei der Überwachung beim Spielen.

gg) Beim Bronchialasthma schweren Grades ist Hilflosigkeit in der Regel bis zur Vollendung des 16. Lebensjahres anzunehmen.

hh) Bei angeborenen oder in der Kindheit erworbenen Herzschäden ist bei einer schweren Leistungsbeeinträchtigung entsprechend den in Teil B Nummer 9.1.1 angegebenen Gruppen 3 und 4 Hilflosigkeit anzunehmen, und zwar bis zu einer Besserung der Leistungsfähigkeit (z. B. durch Operation), längstens bis zur Vollendung des 16. Lebensjahres.

ii) Bei Behandlung mit künstlicher Niere ist Hilflosigkeit bis zur Vollendung des 16. Lebensjahres anzunehmen. Bei einer Niereninsuffizienz, die für sich allein einen GdS von 100 bedingt, sind Hilfeleistungen in ähnlichem Umfang erforderlich, sodass auch hier bis zur Vollendung des 16. Lebensjahres die Annahme von Hilflosigkeit begründet ist.

jj) Beim Diabetes mellitus ist Hilflosigkeit bis zur Vollendung des 16. Lebensjahres anzunehmen.

kk) Bei Phenylketonurie ist Hilflosigkeit ab Diagnosestellung – in der Regel bis zum 14. Lebensjahr – anzunehmen. Über das 14. Lebensjahr hinaus kommt Hilflosigkeit in der Regel nur noch dann in Betracht, wenn gleichzeitig eine relevante Beeinträchtigung der geistigen Entwicklung vorliegt.

ll) Bei der Mukoviszidose ist bei der Notwendigkeit umfangreicher Betreuungsmaßnahmen – im Allgemeinen bis zur Vollendung des 16. Lebensjahres – Hilflosigkeit anzunehmen. Das ist immer der Fall bei Mukoviszidose, die für sich allein einen GdS von wenigstens 50 bedingt(siehe Teil B Nummer 15.5). Nach Vollendung des 16. Lebensjahres kommt Hilflosigkeit bei schweren und schwersten Einschränkungen bis zur Vollendung des 18. Lebensjahres in Betracht.

mm) Bei malignen Erkrankungen (z. B. akute Leukämie) ist Hilflosigkeit für die Dauer der zytostatischen Intensiv-Therapie anzunehmen.

nn) Bei angeborenen, erworbenen oder therapieinduzierten schweren Immundefekten ist Hilflosigkeit für die Dauer des Immunmangels, der eine ständige Überwachung wegen der Infektionsgefahr erforderlich macht, anzunehmen.

oo) Bei der Hämophilie ist bei Notwendigkeit der Substitutionsbehandlung – und damit schon bei einer Restaktivität von antihämophilem Globulin von 5 % und darunter – stets bis zur Vollendung des 6. Lebensjahres, darüber hinaus häufig je nach Blutungsneigung (zwei oder mehr ausgeprägte Gelenkblutungen pro Jahr) und Reifegrad auch noch weitere Jahre, Hilflosigkeit anzunehmen.

pp) Bei der juvenilen chronischen Polyarthritis ist Hilflosigkeit anzunehmen, solange die Gelenksituation eine ständige Überwachung oder andauernd Hilfestellungen beim Gebrauch der betroffenen Gliedmaßen sowie Anleitungen zu Bewegungsübungen erfordert, in der Regel bis zur Vollendung des 16. Lebensjahres. Bei der systemischen Verlaufsform (Still-Syndrom) und anderen systemischen Bindegewebskrankheiten (z. B. Lupus erythematodes, Sharp-Syndrom, Dermatomyositis) ist für die Dauer des aktiven Stadiums Hilflosigkeit anzunehmen.

qq) Bei der Osteogenesis imperfecta ist die Hilflosigkeit nicht nur von den Funktionseinschränkungen der Gliedmaßen sondern auch von der Häufigkeit der Knochenbrüche abhängig. In der Regel bedingen zwei oder mehr Knochenbrüche pro Jahr Hilflosigkeit. Hilflosigkeit aufgrund einer solchen Bruchneigung ist solange anzunehmen, bis ein Zeitraum von zwei Jahren ohne Auftreten von Knochenbrüchen abgelaufen ist, längstens jedoch bis zur Vollendung des 16. Lebensjahres.

rr) Bei klinisch gesicherter Typ-I-Allergie gegen schwer vermeidbare Allergene (z. B. bestimmte Nahrungsmittel), bei der aus dem bisherigen Verlauf auf die Gefahr lebensbedrohlicher anaphylaktischer Schocks zu schließen ist, ist Hilflosigkeit – in der Regel bis zum Ende des 12. Lebensjahres – anzunehmen.

ss) Bei der Zöliakie kommt Hilflosigkeit nur ausnahmsweise in Betracht. Der Umfang der notwendigen Hilfeleistungen bei der Zöliakie ist regelmäßig wesentlich geringer als etwa bei Kindern mit Phenylketonurie oder mit Diabetes mellitus.

e) Wenn bei Kindern und Jugendlichen Hilflosigkeit festgestellt worden ist, muss bei der Beurteilung der Frage einer wesentlichen Änderung der Verhältnisse Folgendes beachtet werden: Die Voraussetzungen für die Annahme von Hilflosigkeit können nicht nur infolge einer Besserung der Gesundheitsstörungen entfallen, sondern auch dadurch, dass behinderte Jugendliche infolge des Reifungsprozesses – etwa nach Abschluss der Pubertät – ausreichend gelernt haben, die wegen der Behinderung erforderlichen Maßnahmen selbstständig und eigenverantwortlich durchzuführen, die vorher von Hilfspersonen geleistet oder überwacht werden mussten.

6. Blindheit und hochgradige Sehbehinderung

a) Blind ist ein behinderter Mensch, dem das Augenlicht vollständig fehlt. Als blind ist auch ein behinderter Mensch anzusehen, dessen Sehschärfe auf keinem Auge und auch nicht beidäugig mehr als 0,02 (1/50) beträgt oder wenn andere Störungen des Sehvermögens von einem solchen Schweregrad vorliegen, dass sie dieser Beeinträchtigung der Sehschärfe gleichzustellen sind.

b) Eine der Herabsetzung der Sehschärfe auf 0,02 (1/50) oder weniger gleich zusetzende Sehbehinderung liegt nach den Richtlinien der Deutschen Ophthalmologischen Gesellschaft beifolgenden Fallgruppen vor:
   aa) bei einer Einengung des Gesichtsfeldes, wenn bei einer Sehschärfe von 0,033 (1/30) oderweniger die Grenze des Restgesichtsfeldes in keiner Richtung mehr als 30° vom Zentrumentfernt ist, wobei Gesichtsfeldreste jenseits von 50° unberücksichtigt bleiben,
   bb) bei einer Einengung des Gesichtsfeldes, wenn bei einer Sehschärfe von 0,05 (1/20) oderweniger die Grenze des Restgesichtsfeldes in keiner Richtung mehr als 15° vom Zentrumentfernt ist, wobei Gesichtsfeldreste jenseits von 50° unberücksichtigt bleiben,
   cc) bei einer Einengung des Gesichtsfeldes, wenn bei einer Sehschärfe von 0,1 (1/10) oder weniger die Grenze des Restgesichtsfeldes in keiner Richtung mehr als 7,5° vom Zentrum entfernt ist, wobei Gesichtsfeldreste jenseits von 50° unberücksichtigt bleiben,
   dd) bei einer Einengung des Gesichtsfeldes, auch bei normaler Sehschärfe, wenn die Grenze der Gesichtsfeldinsel in keiner Richtung mehr als 5° vom Zentrum entfernt ist, wobei Gesichtsfeldreste jenseits von 50° unberücksichtigt bleiben,
   ee) bei großen Skotomen im zentralen Gesichtsfeldbereich, wenn die Sehschärfe nicht mehr als 0,1 (1/10) beträgt und im 50°-Gesichtsfeld unterhalb des horizontalen Meridians mehr als die Hälfte ausgefallen ist,
   ff) bei homonymen Hemianopsien, wenn die Sehschärfe nicht mehr als 0,1 (1/10) beträgt und das erhaltene Gesichtsfeld in der Horizontalen nicht mehr als 30° Durchmesser besitzt,
   gg) bei bitemporalen oder binasalen Hemianopsien, wenn die Sehschärfe nicht mehr als 0,1 (1/10)beträgt und kein Binokularsehen besteht.

c) Blind ist auch ein behinderter Mensch mit einem nachgewiesenen vollständigen Ausfall der Sehrinde (Rindenblindheit), nicht aber mit einer visuellen Agnosie oder anderen gnostischen Störungen.

d) Für die Feststellung von Hilflosigkeit ist im Übrigen zu prüfen, ob eine hochgradige Sehbehinderung vorliegt. Hochgradig in seiner Sehfähigkeit behindert ist ein Mensch, dessen Sehschärfe auf keinem Auge und auch nicht beidäugig mehr als 0,05 (1/20) beträgt oder wenn andere hinsichtlich des Schweregrades gleich zusetzende Störungen der Sehfunktion vorliegen. Dies ist der Fall, wenn die Einschränkung des Sehvermögens einen GdS von 100 bedingt und noch keine Blindheit vorliegt.

7. Wesentliche Änderung der Verhältnisse

a) Eine wesentliche Änderung im Ausmaß der Schädigungsfolgen oder der Behinderung liegt nur vor, wenn der veränderte Gesundheitszustand mehr als sechs Monate angehalten hat oder voraussichtlich anhalten wird und die Änderung des GdS wenigstens 10 beträgt. Eine wesentliche Änderung ist auch gegeben, wenn die entscheidenden Voraussetzungen für weitere Leistungen im sozialen Entschädigungsrecht oder für Nachteilsausgleiche für behinderte Menschen erfüllt werden oder entfallen sind.

b) Nach Ablauf der Heilungsbewährung ist auch bei gleichbleibenden Symptomen eine Neubewertung des GdS zulässig, weil der Ablauf der Heilungsbewährung eine wesentliche Änderung der Verhältnisse darstellt.
c) Bei Beurteilungen im sozialen Entschädigungsrecht ist bei einer Zunahme des Leidensumfangszusätzlich zu prüfen, ob die Weiterentwicklung noch Folge einer Schädigung ist. Auch bei gleichbleibendem Erscheinungsbild kann eine wesentliche Änderung der gesundheitlichen Verhältnisse vorliegen, wenn sich die schädigungsbedingte Störung, die dem Erscheinungsbild zunächst zugrunde lag, gebessert oder ganz zurückgebildet hat, das Leidensbild jedoch aufgrund neuer Ursachen bestehen geblieben ist (»Verschiebung der Wesensgrundlage«).

bb) Teil B: GdS-Tabelle

Inhaltsübersicht

1. Allgemeine Hinweise zur GdS-Tabelle

a) Die nachstehend genannten GdS sind Anhaltswerte. Es ist unerlässlich, alle die Teilhabe beeinträchtigenden körperlichen, geistigen und seelischen Störungen im Einzelfall zu berücksichtigen. Die Beurteilungsspannen tragen den Besonderheiten des Einzelfalles Rechnung.
b) Bei Gesundheitsstörungen, die in der Tabelle nicht aufgeführt sind, ist der GdS in Analogie zu vergleichbaren Gesundheitsstörungen zu beurteilen.
c) Eine Heilungsbewährung ist abzuwarten nach Transplantationen innerer Organe und nach der Behandlung von Krankheiten, bei denen dies in der Tabelle vorgegeben ist. Dazu gehören vor allen bösartige Geschwulstkrankheiten. Für die häufigsten und wichtigsten solcher Krankheiten sind im Folgenden Anhaltswerte für den GdS angegeben. Sie sind auf den Zustand nach operativer

oder anderweitiger Beseitigung der Geschwulst bezogen. Der Zeitraum des Abwartens einer Heilungsbewährung beträgt in der Regel fünf Jahre; kürzere Zeiträume werden in der Tabelle vermerkt. Maßgeblicher Bezugspunkt für den Beginn der Heilungsbewährung ist der Zeitpunkt, an dem die Geschwulst durch Operation oder andere Primärtherapie als beseitigt angesehen werden kann; eine zusätzliche adjuvante Therapie hat keinen Einfluss auf den Beginn der Heilungsbewährung. Der aufgeführte GdS bezieht den regelhaft verbleibenden Organ- oder Gliedmaßenschaden ein. Außergewöhnliche Folgen oder Begleiterscheinungen der Behandlung – z. B. lang dauernde schwere Auswirkungen einer wiederholten Chemotherapie – sind zu berücksichtigen. Bei den im Folgenden nicht genannten malignen Geschwulstkrankheiten ist von folgenden Grundsätzen auszugehen: Bis zum Ablauf der Heilungsbewährung – in der Regel bis zum Ablauf des fünften Jahres nach der Geschwulstbeseitigung – ist in den Fällen, in denen der verbliebene Organ- oder Gliedmaßenschaden für sich allein keinen GdS von wenigstens 50 bedingt, im allgemeinen nach Geschwulstbeseitigung im Frühstadium ein GdS von 50 und nach Geschwulstbeseitigung in höheren Stadien ein GdS von 80 angemessen. Bedingen der verbliebene Körperschaden oder die Therapiefolgen einen GdS von 50 oder mehr, ist der bis zum Ablauf der Heilungsbewährung anzusetzende GdS entsprechend höher zu bewerten.

d) Ein Carcinoma in situ (Cis) rechtfertigt grundsätzlich kein Abwarten einer Heilungsbewährung. Ausgenommen hiervon sind das Carcinoma in situ der Harnblase und das Carcinoma in situ der Brustdrüse (intraduktales und lobuläres Carcinoma in situ), bei denen wegen klinischer Besonderheiten bei Vorliegen o. g. Voraussetzungen das Abwarten einer Heilungsbewährung begründet ist.

2. Kopf und Gesicht

2.1 Narben nach Warzenfortsatzaufmeißelung	0
Einfache Schädelbrüche ohne Komplikationen im Heilverlauf	0
Kleinere Knochenlücken, Substanzverluste (auch größere gedeckte) am knöchernen Schädel	0–10
Schädelnarben am Hirnschädel mit erheblichem Verlust von Knochenmasse ohne Funktionsstörung des Gehirns (einschließlich entstellender Wirkung)	30
Hierzu gehören insbesondere alle traumatisch entstandenen erheblichen (nicht gedeckten) Substanzverluste am Hirnschädel, die auch das innere Knochenblatt betreffen.	
Einfache Gesichtsentstellung	
nur wenig störend	10
sonst	20–30
Hochgradige Entstellung des Gesichts	50
2.2 Sensibilitätsstörungen im Gesichtsbereich	
leicht	0–10
ausgeprägt, den oralen Bereich einschließend	20–30

Gesichtsneuralgien (z. B. Trigeminusneuralgie)	
leicht (seltene, leichte Schmerzen)	0–10
mittelgradig (häufigere, leichte bis mittelgradige Schmerzen, schon durch geringe Reize auslösbar)	20–40
schwer (häufige, mehrmals im Monat auftretende starke Schmerzen bzw. Schmerzattacken)	50–60
besonders schwer (starker Dauerschmerz oder Schmerzattacken mehrmals wöchentlich)	70–80
2.3 Echte Migräne	
je nach Häufigkeit und Dauer der Anfälle und Ausprägung der Begleiterscheinungen.	
leichte Verlaufsform (Anfälle durchschnittlich einmal monatlich)	0–10
mittelgradige Verlaufsform (häufigere Anfälle, jeweils einen oder mehrere Tage anhaltend)	20–40
schwere Verlaufsform (lang andauernde Anfälle mit stark ausgeprägten Begleiterscheinungen, Anfallspausen von nur wenigen Tagen)	50–60
2.4 Periphere Fazialisparese	
einseitig	
kosmetisch nur wenig störende Restparese	0–10
ausgeprägtere Restparese oder Kontrakturen	20–30
komplette Lähmung oder ausgeprägte Kontraktur	40
beidseitig komplette Lähmung	50

3. Nervensystem und Psyche

3.1 Hirnschäden

a) Ein Hirnschaden ist nachgewiesen, wenn Symptome einer organischen Veränderung des Gehirns – nach Verletzung oder Krankheit nach dem Abklingen der akuten Phase – festgestellt worden sind. Wenn bei späteren Untersuchungen keine hirnorganischen Funktionsstörungen und Leistungsbeeinträchtigungen mehr zu erkennen sind beträgt der GdS dann – auch unter Einschluss geringer z. B. vegetativer Beschwerden – 20; nach offenen Hirnverletzungen nicht unter 30.

b) Bestimmend für die Beurteilung des GdS ist das Ausmaß der bleibenden Ausfallserscheinungen. Dabei sind der neurologische Befund, die Ausfallserscheinungen im psychischen Bereich unter Würdigung der prämorbiden Persönlichkeit und ggf. das Auftreten von zerebralen Anfällen zu beachten. Bei der Mannigfaltigkeit der Folgezustände von Hirnschädigungen kommt ein GdS zwischen 20 und 100 in Betracht.

c) Bei Kindern ist zu berücksichtigen, dass sich die Auswirkungen eines Hirnschadens abhängig vom Reifungsprozess sehr verschieden (Besserung oder

Verschlechterung) entwickeln können, so dass in der Regel Nachprüfungen in Abständen von wenigen Jahren angezeigt sind.

d) Bei einem mit Ventil versorgten Hydrozephalus ist ein GdS von wenigstens 30 anzusetzen.

e) Nicht nur vorübergehende vegetative Störungen nach Gehirnerschütterung (reversible und morphologisch nicht nachweisbare Funktionsstörung des Gesamthirns) rechtfertigen im ersten Jahr nach dem Unfall einen GdS von 10 bis 20.

Bei der folgenden GdS-Tabelle der Hirnschäden soll die unter Nummer 3.1.1 genannte Gesamtbewertung im Vordergrund stehen. Die unter Nummer 3.1.2 angeführten isoliert vorkommenden bzw. führenden Syndrome stellen eine ergänzende Hilfe zur Beurteilung dar.

3.1.1 Grundsätze der Gesamtbewertung von Hirnschäden

Hirnschäden mit geringer Leistungsbeeinträchtigung	30–40
Hirnschäden mit mittelschwerer Leistungsbeeinträchtigung	50–60
Hirnschäden mit schwerer Leistungsbeeinträchtigung	70–100

3.1.2 Bewertung von Hirnschäden mit isoliert vorkommenden bzw. führenden Syndromen
(bei Begutachtungen im sozialen Entschädigungsrecht auch zur Feststellung der Schwerstbeschädigtenzulage)

Hirnschäden mit psychischen Störungen	
leicht (im Alltag sich gering auswirkend)	30–40
mittelgradig (im Alltag sich deutlich auswirkend)	50–60
schwer	70–100
Zentrale vegetative Störungen als Ausdruck eines Hirndauerschadens (z. B. Störungen des Schlaf-Wach-Rhythmus, der Vasomotorenregulation oder der Schweißregulation)	
leicht	30
mittelgradig, auch mit vereinzelten synkopalen Anfällen	40
mit häufigeren Anfällen oder erheblichen Auswirkungen auf den Allgemeinzustand	50
Koordinations- und Gleichgewichtsstörungen (spino-) zerebellarer Ursache je nach dem Ausmaß der Störung der Ziel- und Feinmotorik einschließlich der Schwierigkeiten beim Gehen und Stehen (siehe hierzu auch bei Hör- und Gleichgewichtsorgan)	30–100
Hirnschäden mit kognitiven Leistungsstörungen (z. B. Aphasie, Apraxie, Agnosie)	
leicht (z. B. Restaphasie)	30–40
mittelgradig (z. B. Aphasie mit deutlicher bis sehr ausgeprägter Kommunikationsstörung)	50–80
schwer (z. B. globale Aphasie)	90–100
Zerebral bedingte Teillähmungen und Lähmungen	
leichte Restlähmungen und Tonusstörungen der Gliedmaßen	30

bei ausgeprägteren Teillähmungen und vollständigen Lähmungen ist der GdS aus Vergleichen mit dem GdS bei Gliedmaßenverlusten, peripheren Lähmungen und anderen Funktionseinbußen der Gliedmaßen abzuleiten. vollständige Lähmung von Arm und Bein (Hemiplegie)	100
Parkinson-Syndrom	
ein- oder beidseitig, geringe Störung der Bewegungsabläufe, keine Gleichgewichtsstörung, geringe Verlangsamung	30–40
deutliche Störung der Bewegungsabläufe, Gleichgewichtsstörungen, Unsicherheit beim Umdrehen, stärkere Verlangsamung	50–70
schwere Störung der Bewegungsabläufe bis zur Immobilität	80–100

Andere extrapyramidale Syndrome – auch mit Hyperkinesen – sind analog nach Art und Umfang der gestörten Bewegungsabläufe und der Möglichkeit ihrer Unterdrückung zu bewerten; bei lokalisierten Störungen (z. B. Torticollis spasmodicus) sind niedrigere GdS als bei generalisierten (z. B. choreatische Syndrome) in Betracht zu ziehen.

Epileptische Anfälle

je nach Art, Schwere, Häufigkeit und tageszeitlicher Verteilung

sehr selten (generalisierte [große] und komplex-fokale Anfälle mit Pausen von mehr als einem Jahr; kleine und einfach-fokale Anfälle mit Pausen von Monaten)	40
selten (generalisierte [große] und komplex-fokale Anfälle mit Pausen von Monaten; kleine und einfach-fokale Anfälle mit Pausen von Wochen)	50–60
mittlere Häufigkeit (generalisierte [große] und komplex-fokale Anfälle mit Pausen von Wochen; kleine und einfach-fokale Anfälle mit Pausen von Tagen)	60–80
häufig (generalisierte [große] oder komplex-fokale Anfälle wöchentlich oder Serien von generalisierten Krampfanfällen, von fokal betonten oder von multifokalen Anfällen; kleine und einfach-fokale Anfälle täglich)	90–100
nach drei Jahren Anfallsfreiheit bei weiterer Notwendigkeit antikonvulsiver Behandlung	30

Ein Anfallsleiden gilt als abgeklungen, wenn ohne Medikation drei Jahre Anfallsfreiheit besteht. Ohne nachgewiesenen Hirnschaden ist dann kein GdS mehr anzunehmen.

3.2 Narkolepsie

Je nach Häufigkeit, Ausprägung und Kombination der Symptome (Tagesschläfrigkeit, Schlafattacken, Kataplexien, automatisches Verhalten im Rahmen von Ermüdungserscheinungen, Schlaflähmungen – häufig verbunden mit hypnagogen Halluzinationen) ist im Allgemeinen ein GdS von 50 bis 80 anzusetzen.

3.3 Hirntumoren

Der GdS von Hirntumoren ist vor allem von der Art und Dignität und von der Ausdehnung und Lokalisation mit ihren Auswirkungen abhängig.

Nach der Entfernung gutartiger Tumoren (z. B. Meningeom, Neurinom) richtet sich der GdS allein nach dem verbliebenen Schaden.

Bei Tumoren wie Oligodendrogliom, Ependymom, Astrozytom II, ist der GdS, wenn eine vollständige Tumorentfernung nicht gesichert ist, nicht niedriger als 50 anzusetzen.

Bei malignen Tumoren (z. B. Astrozytom III, Glioblastom, Medulloblastom) ist der GdS mit wenigstens 80 zu bewerten.

Das Abwarten einer Heilungsbewährung (von fünf Jahren) kommt in der Regel nur nach der Entfernung eines malignen Kleinhirntumors des Kindesalters (z. B. Medulloblastom) in Betracht. Der GdS beträgt während dieser Zeit (im Frühstadium) bei geringer Leistungsbeeinträchtigung 50.

3.4 Beeinträchtigungen der geistigen Leistungsfähigkeit im Kindes- und Jugendalter

Die GdS-Beurteilung der Beeinträchtigungen der geistigen Entwicklung darf nicht allein vom Ausmaß der Intelligenzminderung und von diesbezüglichen Testergebnissen ausgehen, die immer nur Teile der Behinderung
zu einem bestimmten Zeitpunkt erfassen können. Daneben muss stets auch die Persönlichkeitsentwicklung auf affektivem und emotionalem Gebiet, wie auch im Bereich des Antriebs und der Prägung durch die Umwelt mit allen Auswirkungen auf die sozialen Einordnungsmöglichkeiten berücksichtigt werden.

3.4.1 Entwicklungsstörungen im Kleinkindesalter

Die Beurteilung setzt eine standardisierte Befunderhebung mit Durchführung geeigneter Testverfahren voraus (Nachuntersuchung mit Beginn der Schulpflicht). Umschriebene Entwicklungsstörungen in den Bereichen Motorik, Sprache oder Wahrnehmung und Aufmerksamkeit

leicht, ohne wesentliche Beeinträchtigung der Gesamtentwicklung	0–10
sonst – bis zum Ausgleich – je nach Beeinträchtigung der Gesamtentwicklung	20–40
bei besonders schwerer Ausprägung	50

Globale Entwicklungsstörungen (Einschränkungen in den Bereichen Sprache und Kommunikation, Wahrnehmung und Spielverhalten, Motorik, Selbständigkeit, soziale Integration)
je nach Ausmaß der sozialen Einordnungsstörung und der Verhaltensstörung (z. B. Hyperaktivität, Aggressivität)

geringe Auswirkungen	30–40
starke Auswirkungen	

(z. B. Entwicklungsquotient [EQ] von 70 bis über 50)	50–70
schwere Auswirkungen (z. B. EQ 50 und weniger)	80–100

3.4.2 Einschränkung der geistigen Leistungsfähigkeit im Schul- und Jugendalter Kognitive Teilleistungsschwächen (z. B. Lese-Rechtschreib-Schwäche [Legasthenie], isolierte Rechenstörung)

leicht, ohne wesentliche Beeinträchtigung der Schulleistungen	0–10
sonst – auch unter Berücksichtigung von Konzentrations- und Aufmerksamkeitsstörungen – bis zum Ausgleich	20–40
bei besonders schwerer Ausprägung (selten)	50

Einschränkung der geistigen Leistungsfähigkeit mit einem Intelligenzrückstand entsprechend einem Intelligenz-Alter (I.A.) von etwa 10 bis 12 Jahren bei Erwachsenen (Intelligenzquotient [IQ] von etwa 70 bis 60)

wenn während des Schulbesuchs nur geringe Störungen, insbesondere der Auffassung, der Merkfähigkeit, der psychischen Belastbarkeit, der sozialen Einordnung, des Sprechens, der Sprache, oder anderer kognitiver Teilleistungen vorliegen	30–40
wenn sich nach Abschluss der Schule noch eine weitere Bildungsfähigkeit gezeigt hat und keine wesentlichen, die soziale Einordnung erschwerenden Persönlichkeitsstörungen bestehen	30–40
wenn ein Ausbildungsberuf unter Nutzung der Sonderregelungen für behinderte Menschen erreicht werden kann	30–40
wenn während des Schulbesuchs die oben genannten Störungen stark ausgeprägt sind oder mit einem Schulversagen zu rechnen ist	50–70
wenn nach Abschluss der Schule auf eine Beeinträchtigung der Fähigkeit zu selbständiger Lebensführung oder sozialer Einordnung geschlossen werden kann	50–70
wenn der behinderte Mensch wegen seiner Behinderung trotz beruflicher Fördermöglichkeiten (z. B. in besonderen Rehabilitationseinrichtungen) nicht in der Lage ist, sich auch unter Nutzung der Sonderregelungen für behinderte Menschen beruflich zu qualifizieren	50–70

Intelligenzmangel mit stark eingeengter Bildungsfähigkeit, erheblichen Mängeln im Spracherwerb, Intelligenzrückstand entsprechend einem I.A. unter 10 Jahren bei Erwachsenen (IQ unter 60)

bei relativ günstiger Persönlichkeitsentwicklung und sozialer Anpassungsmöglichkeit (Teilerfolg in einer Sonderschule, selbständige Lebensführung in einigen Teilbereichen und Einordnung im allgemeinen Erwerbsleben mit einfachen motorischen Fertigkeiten noch möglich)	80–90

bei stärkerer Einschränkung der Eingliederungsmöglichkeiten mit hochgradigem Mangel an Selbständigkeit und Bildungsfähigkeit, fehlender Sprachentwicklung, unabhängig von der Arbeitsmarktlage und auf Dauer Beschäftigungsmöglichkeit nur in einer Werkstatt für Behinderte 100

3.5 Verhaltens- und emotionale Störungen mit Beginn in der Kindheit und Jugend

Die Kriterien der Definitionen der ICD 10-GM Version 2011 müssen erfüllt sein. Komorbide psychische Störungen sind gesondert zu berücksichtigen. Eine Behinderung liegt erst ab Beginn der Teilhabebeeinträchtigung vor. Eine pauschale Festsetzung des GdS nach einem bestimmten Lebensalter ist nicht möglich.

3.5.1 Tief greifende Entwicklungsstörungen (insbesondere frühkindlicher Autismus, atypischer Autismus, Asperger-Syndrom)

Bei tief greifenden Entwicklungsstörungen

- ohne soziale Anpassungsschwierigkeiten beträgt der GdS 10–20,
- mit leichten sozialen Anpassungsschwierigkeiten beträgt der GdS 30–40,
- mit mittleren sozialen Anpassungsschwierigkeiten beträgt der GdS 50–70,
- mit schweren sozialen Anpassungsschwierigkeiten beträgt der GdS 80–100.

Soziale Anpassungsschwierigkeiten liegen insbesondere vor, wenn die Integrationsfähigkeit in Lebensbereiche (wie zum Beispiel Regel-Kindergarten, Regel-Schule, allgemeiner Arbeitsmarkt, öffentliches Leben, häusliches Leben) nicht ohne besondere Förderung oder Unterstützung (zum Beispiel durch Eingliederungshilfe) gegeben ist oder wenn die Betroffenen einer über das dem jeweiligen Alter entsprechende Maß hinausgehenden Beaufsichtigung bedürfen. Mittlere soziale Anpassungsschwierigkeiten liegen insbesondere vor, wenn die Integration in Lebensbereiche nicht ohne umfassende Unterstützung (zum Beispiel einen Integrationshelfer als Eingliederungshilfe) möglich ist. Schwere soziale Anpassungsschwierigkeiten liegen insbesondere vor, wenn die Integration in Lebensbereiche auch mit umfassender Unterstützung nicht möglich ist.

3.5.2 Hyperkinetische Störungen und Aufmerksamkeitsstörungen ohne Hyperaktivität

Ohne soziale Anpassungsschwierigkeiten liegt keine Teilhabebeeinträchtigung vor.

Bei sozialen Anpassungsschwierigkeiten

- ohne Auswirkung auf die Integrationsfähigkeit beträgt der GdS 10 - 20.

- mit Auswirkungen auf die Integrationsfähigkeit in mehreren Lebensbereichen (wie zum Beispiel Regel-Kindergarten, Regel-Schule, allgemeiner Arbeitsmarkt, öffentliches Leben, häusliches Leben) oder wenn die Betroffenen einer über das dem jeweiligen Alter entsprechende Maß hinausgehenden Beaufsichtigung bedürfen, beträgt der GdS 30 – 40.
- mit Auswirkungen, die die Integration in Lebensbereiche nicht ohne umfassende Unterstützung oder umfassende Beaufsichtigung ermöglichen, beträgt der GdS 50 – 70.
- mit Auswirkungen, die die Integration in Lebensbereiche auch mit umfassender Unterstützung nicht ermöglichen, beträgt der GdS 80 – 100.

Ab dem Alter von 25 Jahren beträgt der GdS regelhaft nicht mehr als 50.

3.5.3 Störungen des Sozialverhaltens und Störungen sozialer Funktionen mit Beginn in der Kindheit und Jugend sind je nach Ausmaß der Teilhabebeeinträchtigung, insbesondere der Einschränkung der sozialen Integrationsfähigkeit und dem Betreuungsaufwand, individuell zu bewerten.

3.6 Schizophrene und affektive Psychosen

Langdauernde (über ein halbes Jahr anhaltende) Psychose im floriden Stadium je nach Einbuße beruflicher und sozialer Anpassungsmöglichkeiten	50–100
Schizophrener Residualzustand (z. B. Konzentrationsstörung, Kontaktschwäche, Vitalitätseinbuße, affektive Nivellierung) mit geringen und einzelnen Restsymptomen	
ohne soziale Anpassungsschwierigkeiten	10–20
mit leichten sozialen Anpassungsschwierigkeiten	30–40
mit mittelgradigen sozialen Anpassungsschwierigkeiten	50–70
mit schweren sozialen Anpassungsschwierigkeiten	80–100
Affektive Psychose mit relativ kurz andauernden, aber häufig wiederkehrenden Phasen	
bei 1 bis 2 Phasen im Jahr von mehrwöchiger Dauer je nach Art und Ausprägung	30–50
bei häufigeren Phasen von mehrwöchiger Dauer	60–100
Nach dem Abklingen lang dauernder psychotischer Episoden ist eine Heilungsbewährung von zwei Jahren abzuwarten.	
GdS während dieser Zeit, wenn bereits mehrere manische oder manische und depressive Phasen vorangegangen sind	50
sonst	30

Eine Heilungsbewährung braucht nicht abgewartet zu werden, wenn eine monopolar verlaufene depressive Phase vorgelegen hat, die als erste Krankheitsphase oder erst mehr als zehn Jahre nach einer früheren Krankheitsphase aufgetreten ist.

3.7 Neurosen, Persönlichkeitsstörungen, Folgen psychischer Traumen

Leichtere psychovegetative oder psychische Störungen	0–20
Stärker behindernde Störungen	
mit wesentlicher Einschränkung der Erlebnis- und Gestaltungsfähigkeit (z. B. ausgeprägtere depressive, hypochondrische, asthenische oder phobische Störungen, Entwicklungen mit Krankheitswert, somatoforme Störungen)	30–40
Schwere Störungen (z. B. schwere Zwangskrankheit)	
mit mittelgradigen sozialen Anpassungsschwierigkeiten	50–70
mit schweren sozialen Anpassungsschwierigkeiten	80–100

3.8 Psychische Störungen und Verhaltensstörungen durch psychotrope Substanzen

Der schädliche Gebrauch psychotroper Substanzen ohne körperliche oder psychische Schädigung bedingt keinen Grad der Schädigungsfolgen. Die Abhängigkeit von Koffein oder Tabak sowie von Koffein und Tabak bedingt für sich allein in der Regel keine Teilhabebeeinträchtigung.

Abhängigkeit von psychotropen Substanzen liegt vor, wenn als Folge des chronischen Substanzkonsums mindestens drei der folgenden Kriterien erfüllt sind:

- starker Wunsch (Drang), die Substanz zu konsumieren,
- verminderte Kontrollfähigkeit (Kontrollverlust) den Konsum betreffend,
- Vernachlässigung anderer sozialer Aktivitäten zugunsten des Substanzkonsums,
- fortgesetzter Substanzkonsum trotz des Nachweises schädlicher Folgen,
- Toleranzentwicklung,
- körperliche Entzugssymptome nach Beenden des Substanzkonsums.

Es gelten folgende GdS-Werte:

Bei schädlichem Gebrauch von psychotropen Substanzen mit leichteren psychischen Störungen beträgt der GdS 0–20.

Bei Abhängigkeit:

- mit leichten sozialen Anpassungsschwierigkeiten beträgt der GdS 30–40,
- mit mittleren sozialen Anpassungsschwierigkeiten beträgt der GdS 50–70,
- mit schweren sozialen Anpassungsschwierigkeiten beträgt der GdS 80–100.

Ist im Fall einer Abhängigkeit, die zuvor mit einem GdS von mindestens 50 zu bewerten war, Abstinenz erreicht, muss eine Heilungsbewährung von zwei Jahren ab dem Zeitpunkt des Beginns der Abstinenz abgewartet werden. Während dieser Zeit ist ein GdS von 30 anzunehmen, es sei denn, die bleibenden psychischen oder hirnorga-

nischen Störungen rechtfertigen einen höheren GdS. Weitere Organschäden sind unter Beachtung von Teil A Nummer 2 Buchstabe e der Versorgungsmedizinischen Grundsätze zu bewerten.
Abnorme Gewohnheiten und Störungen der Impulskontrolle sind nach Teil B Nummer 3.7 zu bewerten.

3.9 Rückenmarkschäden

Unvollständige, leichte Halsmarkschädigung mit beidseits geringen motorischen und sensiblen Ausfällen, ohne Störungen der Blasen- und Mastdarmfunktion	30–60
Unvollständige Brustmark-, Lendenmark- oder Kaudaschädigung mit Teillähmung beider Beine, ohne Störungen der Blasen- und Mastdarmfunktion	30–60
Unvollständige Brustmark-, Lendenmark- oder Kaudaschädigung mit Teillähmung beider Beine und Störungen der Blasen- und/oder Mastdarmfunktion	60–80
Unvollständige Halsmarkschädigung mit gewichtigen Teillähmungen beider Arme und Beine und Störungen der Blasen- und/oder Mastdarmfunktion	100
Vollständige Halsmarkschädigung mit vollständiger Lähmung beider Arme und Beine und Störungen der Blasen- und/oder Mastdarmfunktion	100
Vollständige Brustmark-, Lendenmark-, oder Kaudaschädigung mit vollständiger Lähmung der Beine und Störungen der Blasen und/oder Mastdarmfunktion	100

3.10 Multiple Sklerose
Der GdS richtet sich vor allem nach den zerebralen und spinalen Ausfallserscheinungen. Zusätzlich ist die aus dem klinischen Verlauf sich ergebende Krankheitsaktivität zu berücksichtigen.

3.11 Polyneuropathien
Bei den Polyneuropathien ergeben sich die Funktionsbeeinträchtigungen aufgrund motorischer Ausfälle (mit Muskelatrophien), sensibler Störungen oder Kombinationen von beiden. Der GdS motorischer Ausfälle ist in Analogie zu den peripheren Nervenschäden einzuschätzen. Bei den sensiblen Störungen und Schmerzen ist zu berücksichtigen, dass schon leichte Störungen zu Beeinträchtigungen – z. B. bei Feinbewegungen – führen können.

4. Sehorgan
Die Sehbehinderung umfasst alle Störungen des Sehvermögens. Für die Beurteilung ist in erster Linie die korrigierte Sehschärfe maßgebend; daneben sind u. a. Ausfälle des Gesichtsfeldes und des Blickfeldes zu berücksichtigen.

Die Sehschärfe ist grundsätzlich entsprechend den Empfehlungen der Deutschen Ophthalmologischen Gesellschaft (DOG) nach DIN 58220 zu bestimmen; Abweichungen hiervon sind nur in Ausnahmefällen zulässig (zum Beispiel bei Bettlägerigkeit oder Kleinkindern). Die übrigen Partialfunktionen des Sehvermögens sind nur mit Geräten oder Methoden zu prüfen, die den Empfehlungen der DOG entsprechend eine gutachtenrelevante einwandfreie Beurteilung erlauben.
Hinsichtlich der Gesichtsfeldbestimmung bedeutet dies, dass zur Feststellung von Gesichtsfeldausfällen nur Ergebnisse der manuellkinetischen Perimetrie entsprechend der Marke Goldmann III/4e verwertet werden dürfen.
Bei der Beurteilung von Störungen des Sehvermögens ist darauf zu achten, dass der morphologische Befund die Sehstörungen erklärt.
Die Grundlage für die GdS-Beurteilung bei Herabsetzung der Sehschärfe bildet die »MdE-Tabelle der DOG«.

4.1	Verlust eines Auges mit dauernder, einer Behandlung nicht zugänglichen Eiterung der Augenhöhle	40
4.2	Linsenverlust	

Linsenverlust korrigiert durch intraokulare Kunstlinse oder Kontaktlinse

Linsenverlust eines Auges	
Sehschärfe 0,4 und mehr	10
Sehschärfe 0,1 bis weniger als 0,4	20
Sehschärfe weniger als 0,1	25–30
Linsenverlust beider Augen	

Beträgt der sich aus der Sehschärfe für beide Augen ergebende GdS nicht mehr als 60, ist dieser um 10 zu erhöhen.
Die GdS-Werte setzen die Verträglichkeit der Linsen voraus. Maßgebend ist der objektive Befund.
Bei Versorgung mit Starbrille ist der aus der Sehschärfe für beide Augen sich ergebende GdS um 10 zu erhöhen, bei Blindheit oder Verlust des anderen Auges um 20.
Bei Unkorrigierbarkeit richtet sich der GdS nach der Restsehschärfe.

4.3 Die augenärztliche Untersuchung umfasst die Prüfung der einäugigen und beidäugigen Sehschärfe. Sind die Ergebnisse beider Prüfungsarten unterschiedlich, so ist bei der Bewertung die beidäugige Sehschärfe als Sehschärfewert des besseren Auges anzusetzen.

MdE-Tabelle der DOG

RA Sehschärfe		1,0	0,8	0,63	0,5	0,4	0,32	0,25	0,2	0,16	0,1	0,08	0,05	0,02	0
LA		5/5	5/6	5/8	5/10	5/12	5/15	5/20	5/25	5/30	5/50	1/12	1/20	1/50	0
1,0	5/5	0	0	0	5	5	10	10	10	15	20	20	25	25	*25
0,8	5/6	0	0	5	5	10	10	10	15	20	20	25	30	30	30
0,63	5/8	0	5	10	10	10	10	15	20	20	25	30	30	30	40
0,5	5/10	5	5	10	10	10	15	20	20	25	30	30	35	40	40
0,4	5/12	5	10	10	10	20	20	25	25	30	30	35	40	50	50
0,32	5/15	10	10	10	15	20	30	30	30	40	40	40	50	50	50
0,25	5/20	10	10	15	20	25	30	40	40	40	50	50	50	60	60
0,2	5/25	10	15	20	20	25	30	40	50	50	50	60	60	70	70
0,16	5/30	15	20	20	25	30	40	40	50	60	60	60	70	80	80
0,1	5/50	20	20	25	30	30	40	50	50	60	70	70	80	90	90
0,08	1/12	20	25	30	30	35	40	50	60	60	70	80	90	90	90
0,05	1/20	25	30	30	35	40	50	50	60	70	80	90	100	100	100
0,02	1/50	25	30	30	40	50	50	60	70	80	90	90	100	100	100
0	0	*25	30	40	40	50	50	60	70	80	90	90	100	100	100

4.4 Augenmuskellähmungen, Strabismus

wenn ein Auge wegen der Doppelbilder vom Sehen ausgeschlossen werden muss 30

bei Doppelbildern nur in einigen Blickfeldbereichen bei sonst normalem Binokularsehen ergibt sich der GdS aus dem Schema von Haase und Steinhorst:

bei einseitiger Bildunterdrückung durch Gewöhnung (Exklusion) und entsprechendem Verschwinden der Doppelbilder 10

Einschränkungen der Sehschärfe (z. B. Amblyopie) oder eine erheblich entstellende Wirkung sind ggf. zusätzlich zu berücksichtigen.

Lähmung des Oberlides mit nicht korrigierbarem, vollständigem

Verschluss des Auges 30

sonst 10–20

Fehlstellungen der Lider, Verlegung der Tränenwege mit Tränenträufeln

einseitig 0–10

beidseitig 10–20

4.5	Gesichtsfeldausfälle	
	Vollständige Halbseiten- und Quadrantenausfälle	
	Homonyme Hemianopsie	40
	Bitemporale Hemianopsie	30
	Binasale Hemianopsie	
	bei beidäugigem Sehen	10
	bei Verlust des beidäugigen Sehens	30
	Homonymer Quadrant oben	20
	Homonymer Quadrant unten	30
	Vollständiger Ausfall beider unterer Gesichtsfeldhälften	60
	Ausfall einer Gesichtsfeldhälfte bei Verlust oder Blindheit des anderen Auges	
	nasal	60
	temporal	70
	Bei unvollständigen Halbseiten- und Quadrantenausfällen ist der GdS entsprechend niedriger anzusetzen.	
Gesichtsfeldeinengungen		
	Allseitige Einengung bei normalem Gesichtsfeld des anderen Auges	
	auf 10° Abstand vom Zentrum	10
	auf 5° Abstand vom Zentrum	25
	Allseitige Einengung binokular	
	auf 50° Abstand vom Zentrum	10
	auf 30° Abstand vom Zentrum	30
	auf 10° Abstand vom Zentrum	70
	auf 5° Abstand vom Zentrum	100
	Allseitige Einengung bei Fehlen des anderen Auges	
	auf 50° Abstand vom Zentrum	40
	auf 30° Abstand vom Zentrum	60
	auf 10° Abstand vom Zentrum	90
	auf 5° Abstand vom Zentrum	100
	Unregelmäßige Gesichtsfeldausfälle, Skotome im 50°-Gesichtsfeld unterhalb des horizontalen Meridians, binokular	
	mindestens 1/3 ausgefallene Fläche	20
	mindestens 2/3 ausgefallene Fläche	50
	Bei Fehlen eines Auges sind die Skotome entsprechend höher zu bewerten.	
4.6	Ausfall des Farbensinns	0
Einschränkung der Dunkeladaptation (Nachtblindheit) oder des Dämmerungssehens		0–10
4.7	Nach Hornhauttransplantationen richtet sich der GdS allein nach dem Sehvermögen.	

4.8	Nach Entfernung eines malignen Augentumors ist in den ersten fünf Jahren eine Heilungsbewährung abzuwarten; GdS während dieser Zeit	
	bei Tumorbegrenzung auf den Augapfel (auch bei Augapfelentfernung)	50
	sonst	wenigstens 80

5. Hör- und Gleichgewichtsorgan

Maßgebend für die Bewertung des GdS bei Hörstörungen ist die Herabsetzung des Sprachgehörs, deren Umfang durch Prüfung ohne Hörhilfen zu bestimmen ist. Der Beurteilung ist die von der Deutschen Gesellschaft für Hals-Nasen-Ohrenheilkunde, Kopf- und Hals-Chirurgie empfohlene Tabelle (siehe Nummer 5.2.4, Tabelle D) zugrunde zu legen. Nach Durchführung eines Ton- und Sprachaudiogramms ist der Prozentsatz des Hörverlustes aus entsprechenden Tabellen abzuleiten. Die in der GdS-Tabelle enthaltenen Werte zur Schwerhörigkeit berücksichtigen die Möglichkeit eines Teilausgleichs durch Hörhilfen mit. Sind mit der Hörstörung andere Erscheinungen verbunden, z. B. Ohrgeräusche, Gleichgewichtsstörungen, Artikulationsstörungen oder außergewöhnliche psychoreaktive Störungen, so kann der GdS entsprechend höher bewertet werden.

5.1	Angeborene oder in der Kindheit erworbene Taubheit oder an Taubheit grenzende Schwerhörigkeit mit Sprachstörungen	
	angeboren oder bis zum 7. Lebensjahr erworben (schwere Störung des Spracherwerbs, in der Regel lebenslang)	100
	später erworben (im 8. bis 18. Lebensjahr) mit schweren Sprachstörungen (schwer verständliche Lautsprache, geringer Sprachschatz)	100
	sonst je nach Sprachstörung	80–90

5.2 Hörverlust

5.2.1 Zur Ermittlung des prozentualen Hörverlustes aus den Werten der sprachaudiometrischen Untersuchung (nach Boenninghaus u. Röser 1973):

Tabelle A

			Hörverlust für Zahlen ind dB											
			< 20	ab 20	ab 25	ab 30	ab 35	ab 40	ab 45	ab 50	ab 55	ab 60	ab 65	ab 70
Gesamtwortverstehen	<	20	100	100	100	100	100	100	100	100	100	100	100	100
	ab	20	95	95	95	95	95	95	95	95	95	95	95	100
	ab	35	90	90	90	90	90	90	90	90	90	90	95	100
	ab	50	80	80	80	80	80	80	80	80	80	90	95	100
	ab	75	70	70	70	70	70	70	70	70	80	90	95	100
	ab	100	60	60	60	60	60	60	60	70	80	90	95	
	ab	125	50	50	50	50	50	50	60	70	80	90		
	ab	150	40	40	40	40	40	50	60	70	80			
	ab	175	30	30	30	30	40	50	60	70				
	ab	200	20	20	20	30	40	50	60					
	ab	225	10	10	20	30	40	50						
	ab	250	0	10	20	30	40							

Das Gesamtwortverstehen wird aus der Wortverständigungskurve errechnet. Es entsteht durch Addition der Verständnisquoten bei 60, 80 und 100 dB Lautstärke (einfaches Gesamtwortverstehen). Bei der Ermittlung von Schwerhörigkeiten bis zu einem Hörverlust von 40 % ist das gewichtete Gesamtwortverstehen (Feldmann 1988 anzuwenden: 3 × Verständnisquote bei 60dB + 2 × Verständnisquote bei 80 dB + 1 × Verständnisquote bei 100 dB. Summe dividiert durch 2.

5.2.2 Zur Ermittlung des prozentualen Hörverlustes aus dem Tonaudiogramm bei unregelmäßigem Verlauf der Tongehörskurve. Der prozentuale Hörverlust ergibt sich durch Addition der vier Teilkomponenten (4-Frequenztabelle nach Röser 1973):

Tabelle B

Tonhörverlust dB	500 Hz	1000 Hz	2000 Hz	4000 Hz
10	0	0	0	0
15	2	3	2	1
20	3	5	5	2
25	4	8	7	4
30	6	10	9	5
35	8	13	11	6

Tonhörverlust dB	500 Hz	1000 Hz	2000 Hz	4000 Hz
40	9	16	13	7
45	11	18	16	8
50	12	21	18	9
55	14	24	20	10
60	15	26	23	11
65	17	29	25	12
70	18	32	27	13
75	19	32	28	14
80	19	33	29	14
ab 85	20	35	30	15

5.2.3 Frequenztabelle nach Röser 1980 für die Beurteilung bei Hochtonverlusten vom Typ Lärmschwerhörigkeit:

Tabelle C

		Tonverlust bei 1 kHz										
	dB von	0	5	15	25	35	45	55	65	75	85	95
	bis	5	10	20	30	40	50	60	70	80	90	100
Summe bei 2 und 3 kHz	0–15	0	0	0	0		5		Hörverlust in %			
	20–35	0	0	0	5	10	20	30				
	40–55	0	0	0	10	20	25	35	45			
	60–75	0	0	10	15	25	35	40	50	60		
	80–95	0	5	15	25	30	40	50	60	70	80	
	100–115	5	15	20	30	40	45	55	70	80	90	100
	120–135	10	20	30	35	45	55	65	75	90	100	100
	140–155	20	25	35	45	50	60	75	85	95	100	100
	160–175	25	35	40	50	60	70	80	95	100	100	100
	80–195	30	40	50	55	70	80	90	100	100	100	100
	ab 200	40	45	55	65	75	90	100	100	100	100	100

5.2.4 Zur Ermittlung des GdS aus den Schwerhörigkeitsgraden für beide Ohren:

Tabelle D

<table>
<tr><td rowspan="11">Rechtes Ohr</td><td>Normalhörigkeit</td><td>0–20</td><td>0</td><td>0</td><td>10</td><td>10</td><td>15</td><td>20</td></tr>
<tr><td></td><td></td><td colspan="2">10</td><td></td><td></td><td></td><td></td></tr>
<tr><td>Geringgradige Schwerhörigkeit</td><td>20–40</td><td>0</td><td>15</td><td>20</td><td>20</td><td>30</td><td>30</td></tr>
<tr><td></td><td></td><td></td><td colspan="2">20</td><td></td><td></td><td></td></tr>
<tr><td>Mittelgradige Schwerhörigkeit</td><td>40–60</td><td>10</td><td>20</td><td>30</td><td>30</td><td>40</td><td>40</td></tr>
<tr><td></td><td></td><td></td><td></td><td colspan="2">40</td><td></td><td></td></tr>
<tr><td>Hochgradige Schwerhörigkeit</td><td>60–80</td><td>10</td><td>20</td><td>30</td><td>50</td><td>50</td><td>50</td></tr>
<tr><td></td><td></td><td></td><td></td><td></td><td colspan="2">60</td><td></td></tr>
<tr><td>An Taubheit grenzende Schwerhörigkeit</td><td>80–95</td><td>15</td><td>30</td><td>40</td><td>50</td><td>70</td><td>70</td></tr>
<tr><td></td><td></td><td></td><td></td><td></td><td></td><td colspan="2">80</td></tr>
<tr><td>Taubheit</td><td>100</td><td>20</td><td>30</td><td>40</td><td>50</td><td>70</td><td>80</td></tr>
<tr><td rowspan="2">Rechtes Ohr</td><td></td><td>Hörverlust in Prozent</td><td>0–20</td><td>20–40</td><td>40–60</td><td>60–80</td><td>80–95</td><td>100</td></tr>
<tr><td></td><td></td><td>Normalhörigkeit</td><td>Geringgradige Schwerhörigkeit</td><td>Mittelgradige Schwerhörigkeit</td><td>Hochgradige Schwerhörigkeit</td><td>An Taubheit grenzende Schwerhörigkeit</td><td>Taubheit</td></tr>
<tr><td></td><td colspan="8">Linkes Ohr</td></tr>
</table>

5.3 Gleichgewichtsstörungen
(Normabweichungen in den apparativ erhobenen neurootologischen Untersuchungsbefunden bedingen für sich allein noch keinen GdS)
ohne wesentliche Folgen

beschwerdefrei, allenfalls Gefühl der Unsicherheit bei alltäglichen Belastungen (z. B. Gehen, Bücken, Aufrichten, Kopfdrehungen, leichte Arbeiten in wechselnder Körperhaltung) leichte Unsicherheit, geringe Schwindelerscheinungen (Schwanken) bei höheren Belastungen (z. B. Heben von Lasten, Gehen im Dunkeln, abrupte Körperbewegungen) stärkere Unsicherheit mit Schwindelerscheinungen (Fallneigung, Ziehen nach einer Seite) erst bei außergewöhnlichen Belastungen (z. B. Stehen und Gehen auf Gerüsten, sportliche Übungen mit raschen Körperbewegungen) keine nennenswerten Abweichungen bei den Geh- und Stehversuchen	0–10
mit leichten Folgen	
leichte Unsicherheit, geringe Schwindelerscheinungen wie Schwanken, Stolpern, Ausfallsschritte bei alltäglichen Belastungen, stärkere Unsicherheit und Schwindelerscheinungen bei höheren Belastungen leichte Abweichungen bei den Geh- und Stehversuchen erst auf höherer Belastungsstufe	20
mit mittelgradigen Folgen	
stärkere Unsicherheit, Schwindelerscheinungen mit Fallneigung bereits bei alltäglichen Belastungen, heftiger Schwindel (mit vegetativen Erscheinungen, gelegentlich Übelkeit, Erbrechen) bei höheren und außergewöhnlichen Belastungen deutliche Abweichungen bei den Geh- und Stehversuchen bereits auf niedriger Belastungsstufe	30–40
mit schweren Folgen	
heftiger Schwindel, erhebliche Unsicherheit und Schwierigkeiten bereits beim Gehen und Stehen im Hellen und bei anderen alltäglichen Belastungen, teilweise Gehhilfe erforderlich	50–70
bei Unfähigkeit, ohne Unterstützung zu gehen oder zu stehen	80
Ohrgeräusche (Tinnitus)	
ohne nennenswerte psychische Begleiterscheinungen	0–10
mit erheblichen psychovegetativen Begleiterscheinungen	20
mit wesentlicher Einschränkung der Erlebnis- und Gestaltungsfähigkeit (z. B. ausgeprägte depressive Störungen)	30–40
mit schweren psychischen Störungen und sozialen Anpassungsschwierigkeiten	mindestens 50
Menière-Krankheit	
ein bis zwei Anfälle im Jahr	0–10
häufigere Anfälle, je nach Schweregrad	20–40
mehrmals monatlich schwere Anfälle	50
Bleibende Hörstörungen und Ohrgeräusche (Tinnitus) sind zusätzlich zu bewerten.	

5.4 Chronische Mittelohrentzündung

ohne Sekretion oder einseitige zeitweise Sekretion	0

	einseitige andauernde Sekretion oder zeitweise beidseitige Sekretion	10
	andauernd beidseitige Sekretion	20
	Radikaloperationshöhle	
	reizlos	0
	bei unvollständiger Überhäutung und ständiger Sekretion	
	einseitig	10
	beidseitig	20
5.5	Verlust einer Ohrmuschel	20

6. Nase

6.1	Völliger Verlust der Nase	50
Teilverlust der Nase, Sattelnase		
	wenig störend	10
	sonst	20–30
6.2	Stinknase (Ozaena), je nach Ausmaß der Borkenbildung und des Foetors	20–40
Verengung der Nasengänge		
	einseitig je nach Atembehinderung	0–10
	doppelseitig mit leichter bis mittelgradiger Atembehinderung	10
	doppelseitig mit starker Atembehinderung	20
Chronische Nebenhöhlenentzündung		
	leichteren Grades	
	(ohne wesentliche Neben- und Folgeerscheinungen)	0–10
	schweren Grades	
	(ständige erhebliche Eiterabsonderung, Trigeminusreizerscheinungen, Polypenbildung)	20–40
6.3	Völliger Verlust des Riechvermögens mit der damit verbundenen	
	Beeinträchtigung der Geschmackswahrnehmung	15
	Völliger Verlust des Geschmackssinns	10

7. Mundhöhle, Rachenraum und obere Luftwege

Verletzungs- und Erkrankungsfolgen an den Kiefern, Kiefergelenken und Weichteilen der Mundhöhle, einschließlich der Zunge und der Speicheldrüsen, sind nach dem Grad ihrer Auswirkung auf Sprech-, Kau- und Schluckvermögen zu beurteilen. Eine Gesichtsentstellung ist gesondert zu berücksichtigen.

7.1	Lippendefekt mit ständigem Speichelfluss	20–30
Äußere Speichelfistel, Frey-Syndrom		
	geringe Sekretion	10
	sonst	20

Störung der Speichelsekretion (vermehrter Speichelfluss, Mundtrockenheit)	0–20
7.2 Schwere Funktionsstörung der Zunge durch Gewebsverlust, narbige Fixierung oder Lähmung je nach Umfang und Artikulationsstörung	30–50
Behinderung der Mundöffnung (Schneidekantendistanz zwischen 5 und 25 mm) mit deutlicher Auswirkung auf die Nahrungsaufnahme	20–40
Kieferklemme mit Notwendigkeit der Aufnahme flüssiger oder passierter Nahrung und entsprechenden Sprechstörungen	50
7.3 Verlust eines Teiles des Unterkiefers mit schlaffer Pseudarthrose	
ohne wesentliche Beeinträchtigung der Kaufunktion und Artikulation	0–10
mit erheblicher Beeinträchtigung der Kaufunktion und Artikulation	20–50
Verlust eines Teiles des Oberkiefers	
ohne wesentliche kosmetische und funktionelle Beeinträchtigung	0–10
mit entstellender Wirkung, wesentlicher Beeinträchtigung der Nasen- und Nebenhöhlen (Borkenbildung, ständige Sekretion)	20–40
7.4 Umfassender Zahnverlust	
über 1/2 Jahr hinaus prothetisch nur unzureichend zu versorgen	10–20
Verlust erheblicher Teile des Alveolarfortsatzes mit wesentlicher, prothetisch nicht voll ausgleichbarer Funktionsbehinderung	20
7.5 Ausgedehnter Defekt des Gaumens mit gut sitzender Defektprothese	30
Verlust des Gaumens ohne Korrekturmöglichkeit durch geeignete Prothese (Störung der Nahrungsaufnahme)	50
7.6 Lippen-, Kiefer-, Gaumen- und Segelspalten bei Kindern, bis zum Abschluss der Behandlung	
Isolierte voll ausgebildete Lippenspalte (ein- oder beidseitig) bis zum Abschluss der Behandlung (in der Regel ein Jahr nach der Operation) je nach Trinkstörung, Beeinträchtigung der mimischen Muskulatur und Störung der Lautbildung	30–50
Lippen-Kieferspalte	
bis zum Abschluss der Erstbehandlung (in der Regel ein Jahr nach der Operation)	60–70
bis zum Verschluss der Kieferspalte	50
Lippen-Kiefer-Gaumenspalte	

	bis zum Abschluss der Erstbehandlung (in der Regel ein Jahr nach der Operation) unter Mitberücksichtigung der regelhaft damit verbundenen Hörstörung (Tubenfehlbelüftung) und der Störung der Nasenatmung	100
	bis zum Verschluss der Kieferspalte	50
	Komplette Gaumen- und Segelspalte ohne Kieferspalte wegen der bis zum Abschluss der Erstbehandlung (in der Regel ein Jahr nach der Operation) bestehenden mit der Lippen-Kiefer-Gaumenspalte vergleichbaren Auswirkungen	100
	Isolierte Segelspalte, submuköse Gaumenspalte bis zum Abschluss der Behandlung je nach Ausmaß der Artikulationsstörung	0–30
	Ausgeprägte Hörstörungen sind ggf. zusätzlich zu berücksichtigen.	

Nach Abschluss der Behandlung richtet sich der GdS immer nach der verbliebenen Gesundheitsstörung.

7.7	Schluckstörungen	
	ohne wesentliche Behinderung der Nahrungsaufnahme je nach Beschwerden	0–10
	mit erheblicher Behinderung der Nahrungsaufnahme je nach Auswirkung (Einschränkung der Kostform, verlängerte Essdauer)	20–40
	mit häufiger Aspiration und erheblicher Beeinträchtigung des Kräfte- und Ernährungszustandes	50–70

7.8	Verlust des Kehlkopfes	
	bei guter Ersatzstimme und ohne Begleiterscheinungen, unter Mitberücksichtigung der Beeinträchtigung der körperlichen Leistungsfähigkeit (fehlende Bauchpresse)	70
	in allen anderen Fällen	80

Anhaltende schwere Bronchitiden und Beeinträchtigungen durch Nervenlähmungen im Hals- und Schulterbereich sind zusätzlich zu berücksichtigen.

Bei Verlust des Kehlkopfes wegen eines malignen Tumors ist in den ersten fünf Jahren eine Heilungsbewährung abzuwarten; GdB bzw. GdS während dieser Zeit Teilverlust des Kehlkopfes 100

je nach Sprechfähigkeit und Beeinträchtigung der körperlichen Leistungsfähigkeit	20–50

Bei Teilverlust des Kehlkopfes wegen eines malignen Tumors ist in den ersten fünf Jahren eine Heilungsbewährung abzuwarten; GdS während dieser Zeit

bei Geschwulstentfernung im Frühstadium (T1 N0 M0)	50–60
sonst	80

7.9	Tracheostoma	
	reizlos oder mit geringen Reizerscheinungen (Tracheitis, Bronchitis), gute Sprechstimme	40
	mit erheblichen Reizerscheinungen und/oder erheblicher Beeinträchtigung der Sprechstimme bis zum Verlust der Sprechfähigkeit (z. B. bei schweren Kehlkopfveränderungen)	50–80

Einschränkungen der Atemfunktion sind ggf. zusätzlich zu berücksichtigen.

Trachealstenose ohne Tracheostoma

Der GdS ist je nach Atembehinderung analog der dauernden Einschränkung der Lungenfunktion zu beurteilen.

7.10	Funktionelle und organische Stimmstörungen (z. B. Stimmbandlähmung)	
	mit geringer belastungsabhängiger Heiserkeit	0–10
	mit dauernder Heiserkeit	20–30
	nur Flüsterstimme	40
	mit völliger Stimmlosigkeit	50

Atembehinderungen sind ggf. zusätzlich zu bewerten analog der dauernden Einschränkung der Lungenfunktion.

7.11 Artikulationsstörungen

durch Lähmungen oder Veränderungen in Mundhöhle oder Rachen

mit verständlicher Sprache	10
mit schwer verständlicher Sprache	20–40
mit unverständlicher Sprache	50

Stottern

leicht	0–10
mittelgradig, situationsunabhängig	20
schwer, auffällige Mitbewegungen	30–40
mit unverständlicher Sprache	50

Außergewöhnliche psychoreaktive Störungen einschließlich somatoformer Störungen sind ggf. zusätzlich zu berücksichtigen

8. Brustkorb, tiefere Atemwege und Lungen

Bei chronischen Krankheiten der Bronchien und des Lungenparenchyms sowie bei Brustfellschwarten richtet sich der GdS vor allem nach der klinischen Symptomatik mit ihren Auswirkungen auf den Allgemeinzustand. Außerdem sind die Einschränkung der Lungenfunktion, die Folgeerscheinungen an anderen Organsystemen (z. B. Cor pulmonale) und bei allergisch bedingten Krankheiten auch die Vermeidbarkeit der Allergene zu berücksichtigen.

8.1	Brüche und Defekte der Knochen des Brustkorbs (Rippen, Brustbein, Schlüsselbein)	
	ohne Funktionsstörungen verheilt, je nach Ausdehnung des Defektes	0–10

Rippendefekte mit Brustfellschwarten	
ohne wesentliche Funktionsstörung	0–10
bei sehr ausgedehnten Defekten einschließlich entstellender Wirkung	20
Brustfellverwachsungen und -schwarten	
ohne wesentliche Funktionsstörung	0–10
Fremdkörper im Lungengewebe oder in der Brustkorbwand	
reaktionslos eingeheilt	0
8.2 Chronische Bronchitis, Bronchiektasen	
als eigenständige Krankheiten – ohne dauernde Einschränkung der Lungenfunktion, leichte Form	
(symptomfreie Intervalle über mehrere Monate, wenig Husten, geringer Auswurf)	0–10
schwere Form	
(fast kontinuierlich ausgiebiger Husten und Auswurf, häufige akute Schübe)	20–30
Pneumokoniosen (z. B. Silikose, Asbestose)	
ohne wesentliche Einschränkung der Lungenfunktion	0–10
8.3 Krankheiten der Atmungsorgane mit dauernder Einschränkung der Lungenfunktion	
geringen Grades	
das gewöhnliche Maß übersteigende Atemnot bei mittelschwerer Belastung (z. B. forsches Gehen [5–6 km/h], mittelschwere körperliche Arbeit); statische und dynamische Messwerte der Lungenfunktionsprüfung bis zu 1/3 niedriger als die Sollwerte, Blutgaswerte im Normbereich	20–40
mittleren Grades	
das gewöhnliche Maß übersteigende Atemnot bereits bei alltäglicher leichter Belastung (z. B. Spazierengehen [3–4 km/h], Treppensteigen bis zu einem Stockwerk, leichte körperliche Arbeit); statische und dynamische Messwerte der Lungenfunktionsprüfung bis zu 2/3 niedriger als die Sollwerte, respiratorische Partialinsuffizienz	50–70
schweren Grades	
Atemnot bereits bei leichtester Belastung oder in Ruhe; statische und dynamische Messwerte der Lungenfunktionsprüfung um mehr als 2/3 niedriger als die Sollwerte, respiratorische Globalinsuffizienz	80–100

8.4 Nach einer Lungentransplantation ist eine Heilungsbewährung abzuwarten (im Allgemeinen zwei Jahre); während dieser Zeit ist ein GdS von 100 anzusetzen. Danach ist der GdS selbst bei günstigem Heilungsverlauf unter Mitberücksichtigung der erforderlichen Immunsuppression nicht niedriger als 70 zu bewerten.

Nach Entfernung eines malignen Lungentumors oder eines Bronchialtumors ist in den ersten fünf Jahren eine Heilungsbewährung abzuwarten.

	GdS während dieser Zeit wenigstens 80	
	bei Einschränkung der Lungenfunktion mittleren bis schweren Grades	90–100
8.5	Bronchialasthma ohne dauernde Einschränkung der Lungenfunktion, Hyperreagibilität mit seltenen (saisonalen) und/oder leichten Anfällen	0–20
	Hyperreagibilität mit häufigen (mehrmals pro Monat) und/oder schweren Anfällen	30–40
	Hyperreagibilität mit Serien schwerer Anfälle	50

Eine dauernde Einschränkung der Lungenfunktion ist zusätzlich zu berücksichtigen.

8.6	Bronchialasthma bei Kindern	
	geringen Grades (Hyperreagibilität mit seltenen (saisonalen) und/oder leichten Anfällen, keine dauernde Einschränkung der Atemfunktion, nicht mehr als sechs Wochen Bronchitis im Jahr)	20–40
	mittleren Grades (Hyperreagibilität mit häufigeren und/oder schweren Anfällen, leichte bis mittelgradige ständige Einschränkung der Atemfunktion, etwa 2 bis 3 Monate kontinuierliche Bronchitis im Jahr)	50–70
	schweren Grades (Hyperreagibilität mit Serien schwerer Anfälle, schwere Beeinträchtigung der Atemfunktion, mehr als 3 Monate kontinuierliche Bronchitis im Jahr)	80–100
8.7	Schlaf-Apnoe-Syndrom (Nachweis durch Untersuchung im Schlaflabor)	
	ohne Notwendigkeit einer kontinuierlichen nasalen Überdruckbeatmung	0–10
	mit Notwendigkeit einer kontinuierlichen nasalen Überdruckbeatmung	20
	bei nicht durchführbarer nasaler Überdruckbeatmung	50

Folgeerscheinungen oder Komplikationen (z. B. Herzrhythmusstörungen, Hypertonie, Cor pulmonale) sind zusätzlich zu berücksichtigen.

8.8 Tuberkulose

Tuberkulöse Pleuritis

Der GdS richtet sich nach den Folgeerscheinungen.

Lungentuberkulose

ansteckungsfähig (mehr als 6 Monate andauernd)	100

nicht ansteckungsfähig
ohne Einschränkung der Lungenfunktion 0
sonst je nach Einschränkung der Lungenfunktion.

8.9 Sarkoidose
Der GdS richtet sich nach der Aktivität mit ihren Auswirkungen auf den Allgemeinzustand und nach den Auswirkungen an den verschiedenen Organen.
Bei chronischem Verlauf mit klinischen Aktivitätszeichen und Auswirkungen auf den Allgemeinzustand ist ohne Funktionseinschränkung von betroffenen Organen ein GdS von 30 anzunehmen.

9. Herz und Kreislauf
Für die Bemessung des GdS ist weniger die Art einer Herz- oder Kreislaufkrankheit maßgeblich als die Leistungseinbuße. Bei der Beurteilung des GdS ist zunächst von dem klinischen Bild und von den Funktionseinschränkungen im Alltag auszugehen. Ergometerdaten und andere Parameter stellen Richtwerte dar, die das klinische Bild ergänzen. Elektrokardiographische Abweichungen allein gestatten keinen Rückschluss auf die Leistungseinbuße.

9.1 Krankheiten des Herzens

9.1.1 Einschränkung der Herzleistung:
1. keine wesentliche Leistungsbeeinträchtigung (keine Insuffizienzerscheinungen wie Atemnot, anginöse Schmerzen) selbst bei gewohnter stärkerer Belastung (z. B. sehr schnelles Gehen [7–8 km/h], schwere körperliche Arbeit), keine Einschränkung der Solleistung bei Ergometerbelastung; bei Kindern und Säuglingen (je nach Alter) beim Strampeln, Krabbeln, Laufen, Treppensteigen keine wesentliche Leistungsbeeinträchtigung, keine Tachypnoe,
kein Schwitzen 0–10
2. Leistungsbeeinträchtigung bei mittelschwerer Belastung (z. B. forsches Gehen [5–6 km/h], mittelschwere körperliche Arbeit), Beschwerden und Auftreten pathologischer Messdaten bei Ergometerbelastung mit 75 Watt (wenigstens 2 Minuten); bei Kindern und Säuglingen Trinkschwierigkeiten, leichtes Schwitzen, leichte Tachy- und Dyspnoe, leichte Zyanose, keine Stauungsorgane, Beschwerden und Auftreten pathologischer Messdaten
bei Ergometerbelastung mit 1 Watt/kg Körpergewicht 20–40
3. Leistungsbeeinträchtigung bereits bei alltäglicher leichter Belastung (z. B. Spazierengehen [3–4 km/h], Treppensteigen bis zu einem Stockwerk, leichte körperliche Arbeit), Beschwerden und Auftreten pathologischer Messdaten bei Ergometerbelas-

tung mit 50 Watt (wenigstens 2 Minuten); bei Kindern und Säuglingen deutliche Trinkschwierigkeiten, deutliches Schwitzen, deutliche Tachy- und Dyspnoe, deutliche Zyanose, rezidivierende pulmonale Infekte, kardial bedingte Gedeihstörungen, Beschwerden und Auftreten pathologischer Messdaten bei Ergometerbelastung mit 0,75 Watt/kg Körpergewicht	50–70
mit gelegentlich auftretenden, vorübergehend schweren Dekompensationserscheinungen	80
4. Leistungsbeeinträchtigung bereits in Ruhe (Ruheinsuffizienz, z. B. auch bei fixierter pulmonaler Hypertonie); bei Kindern und Säuglingen auch hypoxämische Anfälle, deutliche Stauungsorgane, kardiale Dystrophie	90–100

(Die für Erwachsene angegebenen Wattzahlen sind auf mittleres Lebensalter und Belastung im Sitzen bezogen.)

Liegen weitere objektive Parameter zur Leistungsbeurteilung vor, sind diese entsprechend zu berücksichtigen. Notwendige körperliche Leistungsbeschränkungen (z. B. bei höhergradiger Aortenklappenstenose, hypertrophischer obstruktiver Kardiomyopathie) sind wie Leistungsbeeinträchtigungen zu bewerten.

9.1.2 Nach operativen und anderen therapeutischen Eingriffen am Herzen ist der GdS von der bleibenden Leistungsbeeinträchtigung abhängig. Bei Herzklappenprothesen ist der GdS nicht niedriger als 30 zu bewerten; dieser Wert schließt eine Dauerbehandlung mit Antikoagulantien ein.

9.1.3 Nach einem Herzinfarkt ist der GdS von der bleibenden Leistungsbeeinträchtigung abhängig.

9.1.4 Nach Herztransplantation ist eine Heilungsbewährung abzuwarten (im Allgemeinen zwei Jahre); während dieser Zeit ist ein GdS von 100 anzusetzen. Danach ist der GdS selbst bei günstigem Heilungsverlauf unter Berücksichtigung der erforderlichen Immunsuppression nicht niedriger als 70 zu bewerten.

9.1.5 Fremdkörper im Herzmuskel oder Herzbeutel	
reaktionslos eingeheilt	0
mit Beeinträchtigung der Herzleistung	siehe oben

9.1.6 Rhythmusstörungen
Die Beurteilung des GdS richtet sich vor allem nach der Leistungsbeeinträchtigung des Herzens.
Anfallsweise auftretende hämodynamisch relevante Rhythmusstörungen (z. B. paroxysmale Tachykardien) je nach Häufigkeit, Dauer und subjektiver Beeinträchtigung

bei fehlender andauernder Leistungsbeeinträchtigung des Herzens	10–30
bei bestehender andauernder Leistungsbeeinträchtigung des Herzens sind sie entsprechend zusätzlich zu bewerten.	
nach Implantation eines Herzschrittmachers	10
nach Implantation eines Kardioverter-Defibrillators	wenigstens 50
bei ventrikulären tachykarden Rhythmusstörungen im Kindesalter ohne Implantation eines Kardioverter-Defibrillators	wenigstens 60

9.2 Gefäßkrankheiten

9.2.1 Arterielle Verschlusskrankheiten, Arterienverschlüsse an den Beinen (auch nach rekanalisierenden Maßnahmen)

mit ausreichender Restdurchblutung, Pulsausfall ohne Beschwerden oder mit geringen Beschwerden (Missempfindungen in Wade und Fuß bei raschem Gehen) ein- oder beidseitig	0–10
mit eingeschränkter Restdurchblutung (Claudicatio intermittens) Stadium II	
Schmerzen ein- oder beidseitig nach Gehen einer Wegstrecke in der Ebene von mehr als 500 m	20
Schmerzen ein- oder beidseitig nach Gehen einer Wegstrecke in der Ebene von 100 bis 500 m	30–40
Schmerzen ein- oder beidseitig nach Gehen einer Wegstrecke in der Ebene von 50 bis 100 m	50–60
Schmerzen ein- oder beidseitig nach Gehen einer Wegstrecke in der Ebene von weniger als 50 m ohne Ruheschmerz	70–80
Schmerzen nach Gehen einer Wegstrecke unter 50 m mit Ruheschmerz (Stadium III) einschließlich trophischer Störungen (Stadium IV)	
einseitig	80
beidseitig	90–100

Apparative Messmethoden (z. B. Dopplerdruck) können nur eine allgemeine Orientierung über den Schweregrad abgeben.
Bei Arterienverschlüssen an den Armen wird der GdS ebenfalls durch das Ausmaß der Beschwerden und Funktionseinschränkungen – im Vergleich mit anderen Schäden an den Armen – bestimmt.

9.2.2 Nach größeren gefäßchirurgischen Eingriffen (z. B. Prothesenimplantation) mit vollständiger Kompensation einschließlich

Dauerbehandlung mit Antikoagulantien	20
Arteriovenöse Fisteln	
Der GdS richtet sich nach den hämodynamischen Auswirkungen am Herzen und/oder in der Peripherie.	
Aneurysmen (je nach Sitz und Größe)	
ohne lokale Funktionsstörung und ohne Einschränkung der Belastbarkeit	0–10

ohne oder mit nur geringer lokaler Funktionsstörung mit Einschränkung der Belastbarkeit	20–40
große Aneurysmen wenigstens 50	

Hierzu gehören immer die dissezierenden Aneurysmen der Aorta und die großen Aneurysmen der Aorta abdominalis und der großen Beckenarterien.

9.2.3 Unkomplizierte Krampfadern	0
Chronisch-venöse Insuffizienz (z. B. bei Krampfadern), postthrombotisches Syndrom ein- oder beidseitig	
mit geringem belastungsabhängigem Ödem, nicht ulzerösen Hautveränderungen, ohne wesentliche Stauungsbeschwerden	0–10
mit erheblicher Ödembildung, häufig (mehrmals im Jahr) rezidivierenden Entzündungen	20–30
mit chronischen rezidivierenden Geschwüren, je nach Ausdehnung und Häufigkeit (einschließlich arthrogenes Stauungssyndrom)	30–50
Lymphödem	
an einer Gliedmaße	
ohne wesentliche Funktionsbehinderung, Erfordernis einer Kompressionsbandage	0–10
mit stärkerer Umfangsvermehrung (mehr als 3 cm) je nach Funktionseinschränkung	20–40
mit erheblicher Beeinträchtigung der Gebrauchsfähigkeit der betroffenen Gliedmaße, je nach Ausmaß	50–70
bei Gebrauchsunfähigkeit der ganzen Gliedmaße	80

Entstellungen bei sehr ausgeprägten Formen sind ggf. zusätzlich zu berücksichtigen.

9.3 Hypertonie (Bluthochdruck)	
leichte Form	
keine oder geringe Leistungsbeeinträchtigung (höchstens leichte Augenhintergrundveränderungen)	0–10
mittelschwere Form	
mit Organbeteiligung leichten bis mittleren Grades (Augenhintergrundveränderungen – Fundus hypertonicus I–II – und/oder Linkshypertrophie des Herzens und/oder Proteinurie), diastolischer Blutdruck mehrfach über 100 mm Hg trotz Behandlung, je nach Leistungsbeeinträchtigung	20–40
schwere Form	
mit Beteiligung mehrerer Organe (schwere Augenhintergrundveränderungen und Beeinträchtigung der Herzfunktion, der Nierenfunktion und/oder der Hirndurchblutung) je nach Art und Ausmaß der Leistungsbeeinträchtigung	50–100
maligne Form	

diastolischer Blutdruck konstant über 130 mm Hg; Fundus hypertonicus III–IV (Papillenödem, Venenstauung, Exsudate, Blutungen, schwerste arterielle Gefäßveränderungen); unter Einschluss der Organbeteiligung (Herz, Nieren, Gehirn)	100
Funktionelle kardiovaskuläre Syndrome, (z. B. orthostatische Fehlregulation)	
mit leichten Beschwerden	0
mit stärkeren Beschwerden und Kollapsneigung	10–20

10. Verdauungsorgane

10.1 Speiseröhrenkrankheiten

Traktionsdivertikel je nach Größe und Beschwerden	0–10
Pulsionsdivertikel	
ohne wesentliche Behinderung der Nahrungsaufnahme je nach Größe und Beschwerden	0–10
mit erheblicher Behinderung der Nahrungsaufnahme je nach Auswirkung auf den Allgemeinzustand	20–40
Funktionelle Stenosen der Speiseröhre (Ösophagospasmus, Achalasie)	
ohne wesentliche Behinderung der Nahrungsaufnahme	0–10
mit deutlicher Behinderung der Nahrungsaufnahme	20–40
mit erheblicher Beeinträchtigung des Kräfte- und Ernährungszustandes, häufige Aspiration	50–70
Auswirkungen auf Nachbarorgane (z. B. durch Aspiration) sind zusätzlich zu bewerten.	
Organische Stenose der Speiseröhre (z. B. angeboren, nach Laugenverätzung, Narbenstenose, peptische Striktur)	
ohne wesentliche Behinderung der Nahrungsaufnahme je nach Größe und Beschwerden	0–10
mit deutlicher Behinderung der Nahrungsaufnahme je nach Auswirkung (Einschränkung der Kostform, verlängerte Essdauer)	20–40
mit erheblicher Beeinträchtigung des Kräfte- und Ernährungszustandes	50–70
Refluxkrankheit der Speiseröhre	
mit anhaltenden Refluxbeschwerden je nach Ausmaß	10–30
Auswirkungen auf Nachbarorgane sind zusätzlich zu bewerten.	
Nach Entfernung eines malignen Speiseröhrentumors ist in den ersten fünf Jahren eine Heilungsbewährung abzuwarten. GdS während dieser Zeit	
je nach Beeinträchtigung des Kräfte- und Ernährungszustandes	80–100
Speiseröhrenersatz	
Der GdS ist nach den Auswirkungen (z. B. Schluckstörungen, Reflux, Narben) jedoch nicht unter 20 zu bewerten.	

10.2 Magen- und Darmkrankheiten

Bei organischen und funktionellen Krankheiten des Magen-Darmkanals ist der GdS nach dem Grad der Beeinträchtigung des Allgemeinzustandes, der Schwere der Organstörung und nach der Notwendigkeit besonderer Diätkost zu beurteilen. Bei allergisch bedingten Krankheiten ist auch die Vermeidbarkeit der Allergene von Bedeutung.

10.2.1 Magen- oder Zwölffingerdarmgeschwürsleiden (chronisch rezidivierende Geschwüre, Intervallbeschwerden)

mit Rezidiven in Abständen von zwei bis drei Jahren	0–10
mit häufigeren Rezidiven und Beeinträchtigung des Ernährungs- und Kräftezustandes	20–30
mit erheblichen Komplikationen (z. B. Magenausgangsstenose) und andauernder erheblicher Minderung des Ernährungs- und Kräftezustandes	40–50

Nach einer selektiven proximalen Vagotomie kommt ein GdS nur in Betracht, wenn postoperative Darmstörungen oder noch Auswirkungen des Grundleidens vorliegen.

Chronische Gastritis (histologisch gesicherte Veränderung der Magenschleimhaut)	0–10
Reizmagen (funktionelle Dyspepsie)	0–10
Teilentfernung des Magens, Gastroenterostomie	
mit guter Funktion, je nach Beschwerden	0–10
mit anhaltenden Beschwerden (z. B. Dumping-Syndrom, rezidivierendes Ulcus jejuni pepticum)	20–40
Totalentfernung des Magens	
ohne Beeinträchtigung des Kräfte- und Ernährungszustandes je nach Beschwerden	20–30
bei Beeinträchtigung des Kräfte- und Ernährungszustandes und/oder Komplikationen (z. B. Dumping-Syndrom)	40–50

Nach Entfernung eines malignen Magentumors ist eine Heilungsbewährung abzuwarten.

GdS während einer Heilungsbewährung von zwei Jahren nach Entfernung	50
eines Magenfrühkarzinoms	50
GdS während einer Heilungsbewährung von fünf Jahren nach Entfernung aller anderen malignen Magentumoren je nach Stadium und Auswirkung auf den Allgemeinzustand	80–100

10.2.2 Chronische Darmstörungen (irritabler Darm, Divertikulose, Divertikulitis, Darmteilresektion)

ohne wesentliche Beschwerden und Auswirkungen	0–10
mit stärkeren und häufig rezidivierenden oder anhaltenden Symptomen (z. B. Durchfälle, Spasmen)	20–30
mit erheblicher Minderung des Kräfte- und Ernährungszustandes	40–50

Angeborene Motilitätsstörungen des Darmes (z. B. Hirschsprung-Krankheit, neuronale Dysplasie)	
ohne wesentliche Gedeih- und Entwicklungsstörung	10–20
mit geringer Gedeih- und Entwicklungsstörung	30–40
mit mittelgradiger Gedeih- und Entwicklungsstörung	50
mit schwerer Gedeih- und Entwicklungsstörung	60–70
Kurzdarmsyndrom im Kindesalter	
mit mittelschwerer Gedeih- und Entwicklungsstörung	50–60
mit schwerer Gedeih- und Entwicklungsstörung (z. B. Notwendigkeit künstlicher Ernährung)	70–100
Colitis ulcerosa, Crohn-Krankheit (Enteritis regionalis)	
mit geringer Auswirkung (geringe Beschwerden, keine oder geringe Beeinträchtigung des Kräfte- und Ernährungszustandes, selten Durchfälle)	10–20
mit mittelschwerer Auswirkung (häufig rezidivierende oder länger anhaltende Beschwerden, geringe bis mittelschwere Beeinträchtigung des Kräfte- und Ernährungszustandes, häufiger Durchfälle)	30–40
mit schwerer Auswirkung (anhaltende oder häufig rezidivierende erhebliche Beschwerden, erhebliche Beeinträchtigung des Kräfte- und Ernährungszustandes, häufige, tägliche, auch nächtliche Durchfälle)	50–60
mit schwerster Auswirkung (häufig rezidivierende oder anhaltende schwere Beschwerden, schwere Beeinträchtigung des Kräfte- und Ernährungszustandes, ausgeprägte Anämie)	70–80
Fisteln, Stenosen, postoperative Folgezustände (z. B. Kurzdarmsyndrom, Stoma-komplikationen), extraintestinale Manifestationen (z. B. Arthritiden), bei Kindern auch Wachstums- und Entwicklungsstörungen, sind zusätzlich zu bewerten.	
Zöliakie, Sprue	
ohne wesentliche Folgeerscheinungen unter diätetischer Therapie	20
bei andauerndem, ungenügendem Ansprechen auf glutenfreie Kost (selten) sind – je nach Beeinträchtigung des Kräfte- und Ernährungszustands – höhere Werte angemessen.	
Nach Entfernung maligner Darmtumoren ist eine Heilungsbewährung abzuwarten.	
GdS während einer Heilungsbewährung von zwei Jahren nach Entfernung eines malignen Darmtumors im Stadium (T1 bis T2) N0 M0 oder von lokalisierten Darmkarzinoiden	50
mit künstlichem After (nicht nur vorübergehend angelegt)	70–80
GdS während einer Heilungsbewährung von fünf Jahren	
nach Entfernung anderer maligner Darmtumoren	wenigstens 80
mit künstlichem After (nicht nur vorübergehend angelegt)	100

10.2.3 Bauchfellverwachsungen	
ohne wesentliche Auswirkung	0–10
mit erheblichen Passagestörungen	20–30
mit häufiger rezidivierenden Ileuserscheinungen	40–50

10.2.4 Hämorrhoiden	
ohne erhebliche Beschwerden, geringe Blutungsneigung	0–10
mit häufigen rezidivierenden Entzündungen, Thrombosierungen oder stärkeren Blutungen	20
Mastdarmvorfall	
klein, reponierbar	0–10
sonst	20–40
Afterschließmuskelschwäche	
mit seltenem, nur unter besonderen Belastungen auftretendem, unwillkürlichem Stuhlabgang	10
sonst	20–40
Funktionsverlust des Afterschließmuskels wenigstens 50	
Fistel in der Umgebung des Afters	
geringe, nicht ständige Sekretion	10
sonst	20–30
Künstlicher After	
mit guter Versorgungsmöglichkeit	50
sonst (z. B. bei Bauchwandhernie, Stenose, Retraktion, Prolaps, Narben, ungünstige Position)	60–80

Bei ausgedehntem Mastdarmvorfall, künstlichem After oder stark sezernierenden Kotfisteln, die zu starker Verschmutzung führen, sind ggf. außergewöhnliche seelische Begleiterscheinungen zusätzlich zu berücksichtigen.

10.3 Krankheiten der Leber, Gallenwege und Bauchspeicheldrüse
Der GdS für Krankheiten der Leber, der Gallenwege und der Bauchspeicheldrüse wird bestimmt durch die Art und Schwere der Organveränderungen sowie der Funktionseinbußen, durch das Ausmaß der Beschwerden, die Beeinträchtigung des Allgemeinzustandes und die Notwendigkeit einer besonderen Kostform. Der serologische Nachweis von Antikörpern als Nachweis einer durchgemachten Infektion (Seronarbe) rechtfertigt allein noch keinen GdS.

10.3.1 Chronische Hepatitis
Unter dem Begriff »chronische Hepatitis« werden alle chronischen Verlaufsformen von Hepatitiden zusammengefasst (früher: »chronische Hepatitis ohne Progression« <chronisch-persistierende Hepatitis> und »chronische Hepatitis mit Progression« <chronisch aktive Hepatitis> Dazu gehören insbesondere die Virus-, die Autoimmun-, die Arzneimittel- und die kryptogene Hepatitis.

Die gutachtliche Beurteilung einer chronischen Hepatitis beruht auf dem klinischen Befund einschließlich funktionsrelevanter Laborparameter, auf der Ätiologie sowie auf dem histopathologischen Nachweis des Grades der nekroinflammatorischen Aktivität (Grading) und des Stadiums der Fibrose (Staging). Zusätzlich sind engmaschige Verlaufskontrollen und die Beachtung der Differentialdiagnose erforderlich. Dies gilt auch für geltend gemachte Verschlimmerungen im Leidensverlauf. Der GdS und die Leidensbezeichnung ergeben sich aus der nachfolgenden Tabelle, wobei bereits übliche Befindlichkeitsstörungen – nicht aber extrahepatische Manifestationen – berücksichtigt sind.

Chronische Hepatitis

ohne (klinisch-) entzündliche Aktivität	20
ehemals: chronische Hepatitis ohne Progression	
mit geringer (klinisch-) entzündlicher Aktivität	30
ehemals: chronische Hepatitis mit Progression, gering entzündliche Aktivität	
mit mäßiger (klinisch-) entzündlicher Aktivität	40
ehemals: chronische Hepatitis mit Progression, mäßig entzündliche Aktivität	
mit starker (klinisch-) entzündlicher Aktivität	
ehemals: chronische Hepatitis mit Progression, stark entzündliche Aktivität	
je nach Funktionsstörung	50–70
Alleinige Virus-Replikation (»gesunder Virusträger«)	10
bei Hepatitis-C-Virus nur nach histologischem Ausschluss einer Hepatitis.	

Bei Vorliegen eines histologischen Befundes gelten für die Virus-Hepatitiden folgende Besonderheiten:

Die histopathologische Bewertung der chronischen Virushepatitis umfasst die nekroinflammatorische Aktivität (Grading) und den Grad der Fibrose (Staging). Der GdS ergibt sich aus folgender Tabelle, wobei die genannten GdS-Werte die üblichen klinischen Auswirkungen mit umfassen.

nekro-inflammatorische Aktivität	Fibrose		
	null – gering	mäßig	stark
gering	20	20	30
mäßig	30	40	40
stark	50	60	70

Anmerkung:
Die Auswertung des histologischen Befundes soll sich an dem modifizierten histologischen Aktivitätsindex (HAI) ausrichten. Eine geringe nekro-inflammatorische Aktivität entspricht einer Punktzahl von 1 bis 5, eine mäßige nekro-inflammatorische Aktivität einer Punktzahl von 6 bis 10 und eine starke nekro-inflammatorische Aktivität einer Punktzahl von 11 bis 18. Eine fehlende bzw. geringe Fibrose entspricht einer Punktzahl 0 bis 2, eine mäßige Fibrose der Punktzahl 3 und eine starke Fibrose einer Punktzahl von 4 bis 5.
Für die Virushepatitis C gelten bei fehlender Histologie im Hinblick auf die chemischen Laborparameter folgende Besonderheiten:

ALAT-/GPT-Werte im Referenzbereich entsprechen bei nachgewiesener Hepatitis-C-Virus-Replikation einer chronischen Hepatitis ohne (klinisch-) entzündliche Aktivität.

ALAT-/GPT-Werte bis zum 3-fachen der oberen Grenze des Referenzbereichs entsprechen einer geringen (klinisch-) entzündlichen Aktivität

ALAT-/GPT-Werte vom 3-fachen bis zum 6-fachen der oberen Grenze des Referenzbereichs entsprechen einer mäßigen (klinisch-) entzündlichen Aktivität

ALAT-/GPT-Werte von mehr als dem 6-fachen der oberen Grenze des Referenzbereichs entsprechen einer starken (klinisch-) entzündlichen Aktivität

Diese Bewertungen sind nur zulässig, wenn sie sich in das klinische Gesamtbild des bisherigen Verlaufs einfügen.

10.3.2 Fibrose der Leber ohne Komplikationen	0–10
Leberzirrhose	
kompensiert	
inaktiv	30
gering aktiv	40
stärker aktiv	50
dekompensiert (Aszites, portale Stauung, hepatische Enzephalopathie)	60–100

10.3.3 Fettleber (auch nutritiv-toxisch) ohne Mesenchymreaktion	0–10

Toxischer Leberschaden

Der GdS ist je nach Aktivität und Verlauf analog zur chronischen Hepatitis oder Leberzirrhose zu beurteilen.

Zirkulatorische Störungen der Leber (z. B. Pfortaderthrombose)

Der GdS ist analog zur dekompensierten Leberzirrhose zu beurteilen.

Nach Leberteilresektion ist der GdS allein davon abhängig, ob und wieweit Funktionsbeeinträchtigungen verblieben sind.

10.3.4 Nach Entfernung eines malignen primären Lebertumors ist in den ersten fünf Jahren eine Heilungsbewährung abzuwarten; GdS während dieser Zeit 100
Nach Lebertransplantation ist eine Heilungsbewährung abzuwarten (im Allgemeinen zwei Jahre); GdS während dieser Zeit 100. Danach selbst bei günstigem Heilungsverlauf unter Berücksichtigung der erforderlichen Immunsuppression wenigstens 60

10.3.5 Primäre biliäre Zirrhose, primäre sklerosierende Cholangitis
GdS ist je nach Aktivität und Verlauf analog zur chronischen Hepatitis oder Leberzirrhose zu beurteilen.

Gallenblasen- und Gallenwegskrankheiten (Steinleiden, chronisch rezidivierende Entzündungen)

mit Koliken in Abständen von mehreren Monaten, Entzündungen in Abständen von Jahren	0–10
mit häufigeren Koliken und Entzündungen sowie mit Intervallbeschwerden	20–30
mit langanhaltenden Entzündungen oder mit Komplikationen	40–50

Angeborene intra- und extrahepatische Transportstörungen der Galle (z. B. intra-, extrahepatische Gallengangsatresie), metabolische Defekte (z. B. Meulengracht-Krankheit)

ohne Funktionsstörungen, ohne Beschwerden	0–10
mit Beschwerden (Koliken, Fettunverträglichkeit, Juckreiz), ohne Leberzirrhose	20–40
mit Leberzirrhose	50
mit dekompensierter Leberzirrhose	60–100

Folgezustände sind zusätzlich zu bewerten.

Verlust der Gallenblase ohne wesentliche Störungen	0

bei fortbestehenden Beschwerden wie bei Gallenwegskrankheiten

Nach Entfernung eines malignen Gallenblasen-, Gallenwegs- oder Papillentumors ist in den ersten fünf Jahren eine Heilungsbewährung abzuwarten; GdS während dieser Zeit

bei Gallenblasen- und Gallenwegstumor	100
bei Papillentumor	80

10.3.6 Chronische Krankheit der Bauchspeicheldrüse (exkretorische Funktion) je nach Auswirkung auf den Allgemeinzustand, Häufigkeit und Ausmaß der Schmerzen

ohne wesentlichen Beschwerden, keine Beeinträchtigung des Kräfte- und Ernährungszustandes	0–10
geringe bis erhebliche Beschwerden, geringe bis mäßige Beeinträchtigung des Kräfte- und Ernährungszustandes	20–40
starke Beschwerden, Fettstühle, deutliche bis ausgeprägte Herabsetzung des Kräfte- und Ernährungszustandes	50–80

Nach teilweiser oder vollständiger Entfernung der Bauchspeicheldrüse sind ggf. weitere Funktionsbeeinträchtigungen (z. B. bei Diabetes mellitus, Osteopathie, oder infolge chronischer Entzündungen der Gallenwege, Magenteilentfernung und Milzverlust) zusätzlich zu berücksichtigen.
Nach Entfernung eines malignen Bauchspeicheldrüsentumors ist in den ersten fünf Jahren eine Heilungsbewährung abzuwarten; GdS während dieser Zeit 100.

11. Brüche (Hernien)

11.1 Leisten- oder Schenkelbruch je nach Größe und Reponierbarkeit	
ein- oder beidseitig	0–10
bei erheblicher Einschränkung der Belastungsfähigkeit	20
11.2 Nabelbruch oder Bruch in der weißen Linie	0–10
Bauchnarbenbruch, angeborene Bauchwandbrüche und -defekte	
ohne wesentliche Beeinträchtigung, je nach Größe	0–10
mit ausgedehnter Bauchwandschwäche und fehlender oder stark eingeschränkter Bauchpresse	20
mit Beeinträchtigung der Bauchorgane bei Passagestörungen ohne erhebliche Komplikationen	20–30
bei häufigen rezidivierenden Ileuserscheinungen	40–50
Bei schweren angeborenen Bauchwanddefekten mit entspechender Beeinträchtigung der Bauch- und Brustorgane kommt auch ein höherer GdS in Betracht.	
11.3 Zwerchfellbrüche (einschl. Zwerchfellrelaxation)	
Speiseröhrengleithernie	0–10
andere kleine Zwerchfellbrüche ohne wesentliche Funktionsstörung	0–10
größere Zwerchfellbrüche je nach Funktionsstörung	20–30
Komplikationen sind zusätzlich zu bewerten.	
Angeborene Zwerchfelldefekte mit Verlagerung von inneren Organen in den Brustkorb und Minderentwicklung von Lungengewebe	
mit geringer Einschränkung der Lungenfunktion	40
sonst je nach Funktionsbeeinträchtigung der betroffenen Organe	50–100

12. Harnorgane

Die Beurteilung des GdS bei Schäden der Harnorgane richtet sich nach dem Ausmaß der Störungen der inkretorischen und exkretorischen Nierenfunktion und/oder des Harntransportes, das durch spezielle Untersuchungen zu erfassen ist.
Daneben sind die Beteiligung anderer Organe (z. B. Herz/Kreislauf, Zentralnervensystem, Skelettsystem), die Aktivität eines Entzündungs-

prozesses, die Auswirkungen auf den Allgemeinzustand und die notwendige Beschränkung in der Lebensführung zu berücksichtigen. Unter dem im Folgenden verwendeten Begriff »Funktionseinschränkung der Nieren« ist die Retention harnpflichtiger Substanzen zu verstehen.

12.1 Nierenschäden

12.1.1 Verlust, Ausfall oder Fehlen einer Niere bei Gesundheit der anderen Niere 25

Verlust, Ausfall oder Fehlen einer Niere bei Schaden der anderen Niere, ohne Einschränkung der Nierenfunktion, mit krankhaftem Harnbefund 30

Nierenfehlbildung (z. B. Erweiterung des Nierenhohlsystems bei Ureterabgangsstenose, Nierenhypoplasie, Zystennieren, Nierenzysten, Beckenniere), Nephroptose

ohne wesentliche Beschwerden und ohne Funktionseinschränkung 0–10

mit wesentlichen Beschwerden und ohne Funktionseinschränkung 20–30

Nierensteinleiden ohne Funktionseinschränkung der Niere

mit Koliken in Abständen von mehreren Monaten 0–10

mit häufigeren Koliken, Intervallbeschwerden und wiederholten Harnwegsinfekten 20–30

Nierenschäden ohne Einschränkung der Nierenfunktion (z. B. Glomerulopathien, tubulointerstitielle Nephropathien, vaskuläre Nephropathien), ohne Beschwerden, mit krankhaftem Harnbefund (Eiweiß und/oder Erythrozyten- bzw. Leukozytenausscheidung) 0–10

12.1.2 Nierenschäden ohne Einschränkung der Nierenfunktion, mit Beschwerden rezidivierende Makrohämaturie, je nach Häufigkeit 10–30

Nephrotisches Syndrom

kompensiert (keine Ödeme) 20–30

dekompensiert (mit Ödemen) 40–50

bei Systemerkrankungen mit Notwendigkeit einer immunsuppressiven Behandlung 50

12.1.3 Nierenschäden mit Einschränkung der Nierenfunktion

Eine geringfügige Einschränkung der Kreatininclearance auf 50–80 ml/min bei im Normbereich liegenden Serumkreatininwerten bedingt keinen messbaren GdS.

Nierenfunktionseinschränkung

leichten Grades

(Serumkreatininwerte unter 2 mg/dl [Kreatininclearance ca. 35–50 ml/min], Allgemeinbefinden nicht oder nicht wesentlich reduziert, keine Einschränkung der Leistungsfähigkeit) 20–30

(Serumkreatininwerte andauernd zwischen 2 und 4 mg/dl erhöht, Allgemeinbefinden wenig reduziert, leichte Einschränkung der Leistungsfähigkeit)	40
mittleren Grades (Serumkreatininwerte andauernd zwischen 4 und 8 mg/dl erhöht, Allgemeinbefinden stärker beeinträchtigt, mäßige Einschränkung der Leistungsfähigkeit)	50–70
schweren Grades (Serumkreatininwerte dauernd über 8 mg/dl, Allgemeinbefinden stark gestört, starke Einschränkung der Leistungsfähigkeit, bei Kindern keine normalen Schulleistungen mehr)	80–100
Verlust, Ausfall oder Fehlen einer Niere mit Funktionseinschränkung der anderen Niere	
leichten Grades	40–50
mittleren Grades	60–80
schweren Grades	90–100
Notwendigkeit der Dauerbehandlung mit Blutreinigungsverfahren (z. B. Hämodialyse, Peritonealdialyse)	100

Bei allen Nierenschäden mit Funktionseinschränkungen sind Sekundärleiden (z. B. Hypertonie, ausgeprägte Anämie [Hb-Wert unter 8 g/dl], Polyneuropathie, Osteopathie) zusätzlich zu bewerten.

12.1.4 Nach Nierentransplantation ist eine Heilungsbewährung abzuwarten (im Allgemeinen zwei Jahre); während dieser Zeit ist ein GdS von 100 anzusetzen. Danach ist der GdS entscheidend abhängig von der verbliebenen Funktionsstörung; unter Mitberücksichtigung der erforderlichen Immunsuppression ist jedoch der GdS nicht niedriger als 50 zu bewerten.
Nach Entfernung eines malignen Nierentumors oder Nierenbeckentumors ist eine Heilungsbewährung abzuwarten.

GdS während einer Heilungsbewährung von zwei Jahren	
nach Entfernung eines Nierenzellkarzinoms (Hypernephrom) im Stadium T1 N0 M0 (Grading G1)	50
nach Entfernung eines Nierenbeckentumors im Stadium Ta N0 M0 (Grading G1)	50
GdS während einer Heilungsbewährung von fünf Jahren nach Entfernung eines Nierenzellkarzinoms (Hypernephrom)	
im Stadium (T1 [Grading ab G2], T2) N0 M0	60
in höheren Stadien	wenigstens 80
nach Entfernung eines Nierenbeckentumors	
im Stadium (T1 bis T2) N0 M0	60
in höheren Stadien	wenigstens 80
nach Entfernung eines Nephroblastoms	
im Stadium I und II	60
in höheren Stadien	wenigstens 80

12.2 Schäden der Harnwege

12.2.1 Chronische Harnwegsentzündungen (insbesondere chronische Harnblasenentzündung)

leichten Grades (ohne wesentliche Miktionsstörungen)	0–10
stärkeren Grades (mit erheblichen und häufigen Miktionsstörungen)	20–40
chronische Harnblasenentzündung mit Schrumpfblase (Fassungsvermögen unter 100 ml, Blasentenesmen)	50–70

12.2.2 Bei Entleerungsstörungen der Blase (auch durch Harnröhrenverengung) sind Begleiterscheinungen (z. B. Hautschäden, Harnwegsentzündungen) ggf. zusätzlich zu bewerten.

Entleerungsstörungen der Blase

leichten Grades (z. B. geringe Restharnbildung, längeres Nachträufeln)	10
stärkeren Grades (z. B. Notwendigkeit manueller Entleerung, Anwendung eines Blasenschrittmachers, erhebliche Restharnbildung, schmerzhaftes Harnlassen)	20–40
mit Notwendigkeit regelmäßigen Katheterisierens, eines Dauerkatheters, eines suprapubischen Blasenfistelkatheters oder Notwendigkeit eines Urinals, ohne wesentliche Begleiterscheinungen	50

12.2.3 Nach Entfernung eines malignen Blasentumors ist eine Heilungsbewährung abzuwarten.

GdS während einer Heilungsbewährung von zwei Jahren nach Entfernung des Tumors im Frühstadium unter Belassung der Harnblase (Ta bis T1) N0 M0, Grading G1	50
GdS während einer Heilungsbewährung von fünf Jahren	
nach Entfernung im Stadium Tis oder T1 (Grading ab G2)	50
nach Entfernung in den Stadien (T2 bis T3a) N0 M0	60
mit Blasenentfernung einschließlich künstlicher Harnableitung	80
nach Entfernung in höheren Stadien	100

12.2.4 Harninkontinenz

relative	
leichter Harnabgang bei Belastung (z. B. Stressinkontinenz Grad I)	0–10
Harnabgang tags und nachts (z. B. Stressinkontinenz Grad II–III)	20–40
völlige Harninkontinenz	50
bei ungünstiger Versorgungsmöglichkeit	60–70
nach Implantation einer Sphinkterprothese mit guter Funktion	20

Harnröhren-Hautfistel der vorderen Harnröhre bei Harnkontinenz	10
Harnweg-Darmfistel bei Analkontinenz, je nach Luft- und Stuhlentleerung über die Harnröhre	30–50
Künstliche Harnableitung (ohne Nierenfunktionsstörung)	
in den Darm	30
nach außen	
mit guter Versorgungsmöglichkeit	50
sonst (z. B. bei Stenose, Retraktion, Abdichtungsproblemen)	60–80
Darmneoblase mit ausreichendem Fassungsvermögen, ohne Harnstau, ohne wesentliche Entleerungsstörungen	30

13. Männliche Geschlechtsorgane

13.1 Verlust des Penis	
Teilverlust des Penis	50
Teilverlust der Eichel	10
Verlust der Eichel	20
Sonst	30–40
Nach Entfernung eines malignen Penistumors ist in den ersten fünf Jahren eine Heilungsbewährung abzuwarten; GdS während dieser Zeit nach Entfernung im Frühstadium (T1 bis T2) N0 M0	
bei Teilverlust des Penis	50
bei Verlust des Penis	60
mit vollständiger Entfernung der Corpora cavernosa	80
nach Entfernung in höheren Stadien	90–100

13.2 Unterentwicklung, Verlust oder Schwund eines Hodens bei intaktem anderen Hoden	0
Unterentwicklung, Verlust oder vollständiger Schwund beider Hoden	
in höherem Lebensalter (etwa ab 8. Lebensjahrzehnt)	10
sonst je nach Ausgleichbarkeit des Hormonhaushalts durch Substitution	20–30
vor Abschluss der körperlichen Entwicklung	20–40
Verlust oder Schwund eines Nebenhodens	0
Verlust oder vollständiger Schwund beider Nebenhoden und/oder Zeugungsunfähigkeit (Impotentia generandi)	0
in jüngerem Lebensalter bei noch bestehendem Kinderwunsch	20
Impotentia coeundi bei nachgewiesener erfolgloser Behandlung	20

13.3 Hydrozele (sog. Wasserbruch)	0–10
Varikozele (sog. Krampfaderbruch)	0–10

13.4 Nach Entfernung eines malignen Hodentumors ist eine Heilungsbewährung abzuwarten.	
GdS während einer Heilungsbewährung von zwei Jahren	
nach Entfernung eines Seminoms oder nichtseminomatösen Tumors im Stadium (T1 bis T2) N0 M0	50

GdS während einer Heilungsbewährung von fünf Jahren nach Entfernung	
eines Seminoms im Stadium (T1 bis T2) N1 M0 bzw. T3 N0 M0	50
nach Entfernung eines nichtseminomatösen Tumors im Stadium (T1 bis T2) N1 M0 bzw. T3 N0 M0	60
in höheren Stadien	80
13.5 Chronische bakterielle Entzündung der Vorsteherdrüse oder abakterielle Prostatopathie	
ohne wesentliche Miktionsstörung	0–10
mit andauernden Miktionsstörungen und Schmerzen	20
Prostataadenom	
Der GdS richtet sich nach den Harnentleerungsstörungen und der Rückwirkung auf die Nierenfunktion.	
13.6 Nach Entfernung eines malignen Prostatatumors ist eine Heilungsbewährung abzuwarten.	
GdS während einer Heilungsbewährung von zwei Jahren	
nach Entfernung im Stadium T1a N0 M0 (Grading G1)	50
GdS während einer Heilungsbewährung von fünf Jahren	
nach Entfernung in den Stadien T1a N0 M0 (Grading ab G2) und (T1b bis T2) N0 M0	50
nach Entfernung in höheren Stadien wenigstens 80	
Maligner Prostatatumor	
ohne Notwendigkeit einer Behandlung	50
auf Dauer hormonbehandelt wenigstens 60	

14. Weibliche Geschlechtsorgane

14.1 Verlust der Brust (Mastektomie)	
einseitig	30
beidseitig	40
Segment- oder Quadrantenresektion der Brust	0–20
Funktionseinschränkungen im Schultergürtel, des Armes oder der Wirbelsäule als Operations- oder Bestrahlungsfolgen (z. B. Lymphödem, Muskeldefekte, Nervenläsionen, Fehlhaltung) sind ggf. zusätzlich zu berücksichtigen.	
Aufbauplastik zur Wiederherstellung der Brust mit Prothese je nach Ergebnis (z. B. Kapselfibrose, Dislokation der Prothese, Symmetrie)	
nach Mastektomie	
einseitig	10–30
beidseitig	20–40
nach subkutaner Mastektomie	
einseitig	10–20
beidseitig	20–30

Nach Aufbauplastik zur Wiederherstellung der Brust mit Eigengewebe kommt ein geringerer GdS in Betracht.
Nach Entfernung eines malignen Brustdrüsentumors ist in den ersten fünf Jahren eine Heilungsbewährung abzuwarten.
GdS während dieser Zeit

bei Entfernung im Stadium (T1 bis T2) pN0 M0	50
bei Entfernung im Stadium (T1 bis T2) pN1 M0	60
in höheren Stadien wenigstens 80	

Bedingen die Folgen der Operation und gegebenenfalls anderer Behandlungsmaßnahmen einen GdS von 50 oder mehr, ist der während der Heilungsbewährung anzusetzende GdS entsprechend höher zu bewerten.
Nach Entfernung eines Carcinoma in situ der Brustdrüse ist in den ersten zwei Jahren eine Heilungsbewährung abzuwarten. Der GdS beträgt während dieser Zeit 50.

14.2 Verlust der Gebärmutter und/oder Sterilität	0
in jüngerem Lebensalter bei noch bestehendem Kinderwunsch	20
Nach Entfernung eines malignen Gebärmuttertumors ist eine Heilungsbewährung abzuwarten.	
GdS während einer Heilungsbewährung von zwei Jahren nach Entfernung eines Zervixtumors (Mikrokarzinom) im Stadium T1a N0 M0	50
nach Entfernung eines Korpustumors im Frühstadium (Grading G1, Infiltration höchstens des inneren Drittels des Myometrium)	50
GdS während einer Heilungsbewährung von fünf Jahren	
nach Entfernung eines Zervixtumors	
im Stadium (T1b bis T2a) N0 M0	50
im Stadium T2b N0 M0	60
in höheren Stadien	80
nach Entfernung eines Korpustumors	
im Stadium T1 N0 M0 (Grading ab G2, Infiltration über das innere Drittel des Myometrium hinaus)	50
im Stadium T2 N0 M0	60
in höheren Stadien	80

14.3 Verlust eines Eierstockes	0
Unterentwicklung, Verlust oder Ausfall beider Eierstöcke, ohne Kinderwunsch und ohne wesentliche Auswirkung auf	
den Hormonhaushalt – immer in der Postmenopause	10
im jüngeren Lebensalter bei noch bestehendem Kinderwunsch oder bei unzureichender Ausgleichbarkeit des Hormonausfalls durch Substitution	20–30
vor Abschluss der körperlichen Entwicklung je nach Ausgleichbarkeit des Hormonausfalls	20–40

Endokrin bedingte Funktionsstörungen der Eierstöcke sind gut behandelbar, so dass im Allgemeinen anhaltende Beeinträchtigungen nicht zu erwarten sind. Selten auftretende Komplikationen (z. B. Sterilität, abnormer Haarwuchs) sind gesondert zu beurteilen.
Nach Entfernung eines malignen Eierstocktumors ist in den ersten fünf Jahren eine Heilungsbewährung abzuwarten; GdS während dieser Zeit

	nach Entfernung im Stadium T1 N0 M0	50
	in anderen Stadien	80
14.4	Chronischer oder chronisch-rezidivierender entzündlicher Prozess der Adnexe und/oder der Parametrien je nach Art, Umfang und Kombination der Auswirkungen (z. B. Adhäsionsbeschwerden, chronische Schmerzen, Kohabitationsbeschwerden)	10–40
14.5	Endometriose	
	leichten Grades (geringe Ausdehnung, keine oder nur geringe Beschwerden)	0–10
	mittleren Grades	20–40
	schweren Grades (z. B. Übergreifen auf die Nachbarorgane, starke Beschwerden, erhebliche Beeinträchtigung des Allgemeinzustandes, Sterilität)	50–60
14.6	Scheidenfisteln	
	Harnweg-Scheidenfistel	50–60
	Mastdarm-Scheidenfistel	60–70
	Harnweg-Mastdarm-Scheidenfistel (Kloakenbildung)	100
	Fisteln mit geringer funktioneller Beeinträchtigung sind entsprechend niedriger zu bewerten.	

Senkung der Scheidenwand, Vorfall der Scheide und/oder der Gebärmutter

ohne Harninkontinenz oder mit geringer Stressinkontinenz (Grad I)	0–10
mit stärkerer Harninkontinenz und/oder stärkeren Senkungsbeschwerden	20–40
mit völliger Harninkontinenz	50–60
bei ungünstiger Versorgungsmöglichkeit	70
Ulzerationen sind ggf. zusätzlich zu bewerten.	

Isolierte Senkung der Scheidenhinterwand mit leichten Defäkationsstörungen	0–10
Scheiden-Gebärmutteraplasie, ohne Plastik, nach Vollendung des 14. Lebensjahres (einschließlich Sterilität)	40

Kraurosis vulvae

geringen Grades (keine oder nur geringe Beschwerden)	0–10
mäßigen Grades (erhebliche Beschwerden, keine Sekundärveränderungen)	20–30
stärkeren Grades (starke Beschwerden, therapeutisch schwer beeinflussbare Sekundärveränderungen)	40

Vollständige Entfernung der Vulva	40
Nach Beseitigung eines malignen Scheidentumors ist in den ersten fünf Jahren eine Heilungsbewährung abzuwarten; GdS während dieser Zeit	
nach Beseitigung im Stadium T1 N0 M0	60
in höheren Stadien	80
Nach Entfernung eines malignen Tumors der äußeren Geschlechtsteile ist in den ersten fünf Jahren eine Heilungsbewährung abzuwarten; GdS während dieser Zeit	
nach Entfernung im Stadium (T1 bis T2) N0 M0	50
sonst	80

15. Stoffwechsel, innere Sekretion

In diesem Abschnitt nicht erwähnte angeborene Stoffwechselstörungen sind analog und unter Berücksichtigung ihrer vielfältigen Auswirkungen zu beurteilen. Normabweichungen der Laborwerte bedingen für sich allein noch keinen GdS.

15.1 Zuckerkrankheit (Diabetes mellitus)

Die an Diabetes erkrankten Menschen, deren Therapie regelhaft keine Hypoglykämie auslösen kann und die somit in der Lebensführung kaum beeinträchtigt sind, erleiden auch durch den Therapieaufwand keine Teilhabebeeinträchtigung, die die Feststellung eines GdS rechtfertigt. Der GdS beträgt 0.

Die an Diabetes erkrankten Menschen, deren Therapie eine Hypoglykämie auslösen kann und die durch Einschnitte in der Lebensführung beeinträchtigt sind, erleiden durch den Therapieaufwand eine signifikante Teilhabebeeinträchtigung. Der GdS beträgt 20.

Die an Diabetes erkrankten Menschen, deren Therapie eine Hypoglykämie auslösen kann, die mindestens einmal täglich eine dokumentierte Überprüfung des Blutzuckers selbst durchführen müssen und durch weitere Einschnitte in der Lebensführung beeinträchtigt sind, erleiden je nach Ausmaß des Therapieaufwands und der Güte der Stoffwechseleinstellung eine stärkere Teilhabebeeinträchtigung. Der GdS beträgt 30 bis 40.

Die an Diabetes erkrankten Menschen, die eine Insulintherapie mit täglich mindestens vier Insulininjektionen durchführen, wobei die Insulindosis in Abhängigkeit vom aktuellen Blutzucker, der folgenden Mahlzeit und der körperlichen Belastung selbständig variiert werden muss, und durch erhebliche Einschnitte gravierend in der Lebensführung beeinträchtigt sind, erleiden auf Grund dieses Therapieaufwands eine ausgeprägte Teilhabebeeinträchtigung. Die Blutzuckerselbstmessungen und Insulindosen (beziehungsweise Insulingaben über die Insulinpumpe) müssen dokumentiert sein. Der GdS beträgt 50.

Außergewöhnlich schwer regulierbare Stoffwechsellagen können jeweils höhere GdS-Werte bedingen.

15.2 Gicht
Bei der Beurteilung des GdS sind die Funktionseinschränkungen der betroffenen Gelenke, Schmerzen, Häufigkeit und Schwere der entzündlichen Schübe und eine Beteiligung der inneren Organe zu berücksichtigen.

15.3 Fettstoffwechselkrankheit
Der GdS ist grundsätzlich abhängig von dem Ausmaß der Folgekrankheiten. Bei Notwendigkeit einer LDL-Apherese 30
Alimentäre Fettsucht, Adipositas
Die Adipositas allein bedingt keinen GdS. Nur Folge- und Begleitschäden (insbesondere am kardiopulmonalen System oder am Stütz- und Bewegungsapparat) können die Annahme eines GdS begründen. Gleiches gilt für die besonderen funktionellen Auswirkungen einer Adipositas permagna.

15.4 Phenylketonurie
ohne fassbare Folgeerscheinungen

im Kindesalter bis zur Vollendung des 16. Lebensjahres	30
danach bei Notwendigkeit weiterer Diäteinnahme	10

Beim Vorliegen eines Hirnschadens ist der GdS vor allem vom Ausmaß der geistigen Behinderung und weiterer Folgen (z. B. hirnorganische Anfälle) abhängig.

15.5 Mukoviszidose (zystische Fibrose)

unter Therapie Aktivitäten, Gedeihen und Ernährung altersgemäß	20
unter Therapie Aktivitäten und Lungenfunktion leicht eingeschränkt, Gedeihen und Ernährung noch altersgemäß	30–40
Aktivitäten und Lungenfunktion deutlich eingeschränkt, häufig Gedeih- und Entwicklungsstörungen, Schulbesuch und Erwerbstätigkeit in der Regel noch möglich	50–70
schwere bis schwerste Einschränkung der Aktivitäten, der Lungenfunktion und des Ernährungszustandes	80–100

Folgekrankheiten (z. B. Diabetes mellitus, Impotenz, Leberzirrhose) sind ggf. zusätzlich zu berücksichtigen.

15.6 Schilddrüsenkrankheiten
Schilddrüsenfunktionsstörungen sind gut behandelbar, so dass in der Regel anhaltende Beeinträchtigungen nicht zu erwarten sind. Selten auftretende Organkomplikationen (z. B. Exophthalmus, Trachealstenose) sind gesondert zu beurteilen. Bei der nicht operativ behandelten Struma richtet sich der GdS nach den funktionellen Auswirkungen. Nach Entfernung eines malignen Schilddrüsentumors ist in den ersten fünf Jahren eine Heilungsbewährung abzuwarten; GdS während dieser Zeit

nach Entfernung eines papillären oder follikulären Tumors, ohne Lymphknotenbefall 50
sonst 80

Bedingt der nach der Entfernung verbliebene Organschaden einen GdS von 50 oder mehr, ist der während der Heilungsbewährung anzusetzende GdS entsprechend höher zu bewerten.

Tetanie

Sie ist gut behandelbar, so dass in der Regel dauernde Beeinträchtigungen nicht zu erwarten sind.

15.7 Chronische Nebennierenrindeninsuffizienz (Addison-Syndrom)

Sie ist gut behandelbar, so dass in der Regel dauernde Beeinträchtigungen nicht zu erwarten sind. Selten auftretende Funktionsstörungen sind analogen funktionellen Beeinträchtigungen (z. B. orthostatische Fehlregulation) entsprechend zu beurteilen.

Cushing-Syndrom

Der GdS wird bestimmt von der Muskelschwäche und den Auswirkungen an den verschiedenen Organsystemen (Hypertonie, Herzinsuffizienz, Diabetes mellitus, Osteoporose, psychische Veränderungen).

15.8 Porphyrien

Erythropoetische Porphyrie (Günther-Krankheit) 100

Hepatische Porphyrien

akut-intermittierende Porphyrie 30
Porphyria cutanea tarda ohne wesentliche Beschwerden 10

Organkomplikationen sind jeweils zusätzlich zu berücksichtigen.

16. Blut, blutbildende Organe, Immunsystem

Die Höhe des GdS bei Krankheiten des Blutes, der blutbildenden Organe und des Immunsystems richtet sich nach der Schwere der hämatologischen Veränderungen, nach den Organfunktionsstörungen, nach den Rückwirkungen auf andere Organe, nach der Auswirkung auf den Allgemeinzustand und der Häufigkeit von Infektionen.

16.1 Verlust der Milz

bei Verlust im frühen Kindesalter, dann bis zur Vollendung des 8. Lebensjahres 20
danach oder bei späterem Verlust 10

16.2 Hodgkin-Krankheit

im Stadium I bis IIIA

bei mehr als sechs Monate andauernder Therapie, bis zum Ende der Intensiv-Therapie je nach Auswirkung auf den Allgemeinzustand 60–100
nach Vollremission GdS für die Dauer von drei Jahren (Heilungsbewährung) 50

im Stadium IIIB und IV

bis zum Ende der Intensiv-Therapie	100
nach Vollremission GdS für die Dauer von drei Jahren (Heilungsbewährung)	60

16.3 Non-Hodgkin-Lymphome

16.3.1 Chronische lymphatische Leukämie und andere generalisierte niedrigmaligne Non-Hodgkin-Lymphome

mit geringen Auswirkungen (keine wesentlichen Beschwerden, keine Allgemeinsymptome, keine Behandlungsbedürftigkeit, keine wesentliche Progredienz)	30–40
mit mäßigen Auswirkungen (Behandlungsbedürftigkeit)	50–70
mit starken Auswirkungen, starke Progredienz (z. B. schwere Anämie, ausgeprägte Thrombozytopenie, rezidivierende Infektionen, starke Milzvergrößerung)	80–100

Lokalisierte niedrigmaligne Non-Hodgkin-Lymphome

nach Vollremission (Beseitigung des Tumors) für die Dauer von drei Jahren (Heilungsbewährung)	50

16.3.2 Hochmaligne Non-Hodgkin-Lymphome

bis zum Ende der Intensiv-Therapie	100
nach Vollremission GdS für die Dauer von drei Jahren (Heilungsbewährung)	80

16.4 Plasmozytom (Myelom)

mit geringen Auswirkungen (keine wesentliche Auswirkung auf den Allgemeinzustand, keine Behandlungsbedürftigkeit, ohne Beschwerden, keine wesentliche Progredienz)	30–40
mit mäßigen Auswirkungen (Behandlungsbedürftigkeit)	50–70
mit starken Auswirkungen (z. B. schwere Anämie, starke Schmerzen, Nierenfunktionseinschränkung)	80–100

16.5 Myeloproliferative und myelodysplastische/myeloproliferative Neoplasien

Auswirkungen auf andere Organsysteme sind zusätzlich zu bewerten.

16.5.1 Chronische myeloische Leukämie, BCR/ABL-positiv

Im Stadium der kompletten hämatologischen, kompletten zytogenetischen und molekularen Remission beträgt der GdS 10 – 20.

Im Stadium der kompletten hämatologischen Remission je nach Ausmaß der zytogenetischen Remission beträgt der GdS 30 – 40.

Im chronischen Stadium, auch bei Krankheitsbeginn (im ersten Jahr der Therapie), bei fehlender Remission oder bei Rezidiv je nach Organvergrößerung, Anämie, Thrombozytenzahl und in Abhängigkeit von der Intensität der Therapie beträgt der GdS 50 – 80.
In der akzelerierten Phase oder in der Blastenkrise beträgt der GdS 100.

16.5.2 Atypische chronische myeloische Leukämie, BCR/ABL-negativ; chronische Neutrophilen-Leukämie; chronische myelomonozytäre Leukämie

Im Stadium der kompletten hämatologischen Remission beträgt der GdS 40.
Im chronischen Stadium, auch bei Krankheitsbeginn (im ersten Jahr der Therapie), ist die Teilhabebeeinträchtigung insbesondere abhängig vom Ausmaß der Organvergrößerung und Anämie, der Thrombozytenzahl und der Intensität der Therapie. Der GdS beträgt 50 – 80.
In der akzelerierten Phase oder in der Blastenkrise beträgt der GdS 100.

16.5.3 Primäre Myelofibrose (Chronische idiopathische Myelofibrose)

Bei geringen Auswirkungen (keine Behandlungsbedürftigkeit) beträgt der GdS 10 – 20.
Bei mäßigen Auswirkungen (Behandlungsbedürftigkeit) beträgt der GdS 30 – 40.
Bei stärkeren Auswirkungen (insbesondere mäßige Anämie, geringe Thrombozytopenie, ausgeprägte Organomegalie) beträgt der GdS 50 – 70.
Bei starken Auswirkungen (insbesondere schwere Anämie, ausgeprägte Thrombozytopenie, exzessive Organomegalie) beträgt der GdS 80 – 100.

16.5.4 Chronische Eosinophilen-Leukämie/Hypereosinophilie-Syndrom

Die Teilhabebeeinträchtigung ist insbesondere abhängig vom Ausmaß der Organomegalie, Hautbeteiligung, Blutbildveränderungen und Nebenwirkungen der Therapie. Der GdS beträgt mindestens 50.

16.5.5 Polycythaemia vera

Bei Behandlungsbedürftigkeit
- mit regelmäßigen Aderlässen. Der GdS beträgt 10.
- mit zytoreduktiver Therapie ist die Teilhabebeeinträchtigung insbesondere abhängig vom Ausmaß der Nebenwirkungen der Therapie. Der GdS beträgt 30 – 40.

Übergänge zu anderen myeloproliferativen Erkrankungen sind analog zu diesen zu bewerten.

16.5.6 Essentielle Thrombozythämie

Bei Behandlungsbedürftigkeit

- mit Thrombozytenaggregationshemmern. Der GdS beträgt 10.
- mit zytoreduktiver Therapie ist die Teilhabebeeinträchtigung insbesondere abhängig vom Ausmaß der Nebenwirkungen der Therapie. Der GdS beträgt 30 – 40.

Übergänge zu anderen myeloproliferativen Erkrankungen sind analog zu diesen zu bewerten.

16.5.7 Die juvenile myelomonozytäre Leukämie ist analog zur akuten myeloischen Leukämie zu bewerten.

16.6 Akute Leukämien

Im ersten Jahr nach Diagnosestellung (Erstdiagnose oder Rezidiv; insbesondere während der Induktionstherapie, Konsolidierungstherapie, Erhaltungstherapie) beträgt der GdS 100.

Nach dem ersten Jahr

- bei unvollständiger klinischer Remission: Der GdS beträgt weiterhin 100,
- bei kompletter klinischer Remission unabhängig von der durchgeführten Therapie: Der GdS beträgt 80 für die Dauer von drei Jahren (Heilungsbewährung).

Danach ist der GdS nach den verbliebenen Auswirkungen (insbesondere chronische Müdigkeit, Sterilität, Neuropathien, Beeinträchtigung der Entwicklung und kognitiver Funktionen) zu bewerten.

16.7 Myelodysplastische Syndrome

mit geringen Auswirkungen (ausgeglichen und ohne wesentliche Allgemeinstörungen)	10–20
mit mäßigen Auswirkungen (z. B. gelegentliche Transfusionen)	30–40
mit stärkeren Auswirkungen (z. B. andauernde Transfusionsbedürftigkeit, rezidivierende Infektionen)	50–80
mit starken Auswirkungen (z. B. andauernde Transfusionsbedürftigkeit, häufige Infektionen, Blutungsneigung, leukämische Transformation)	100

Aplastische Anämie (auch Panmyelopathie), Agranulozytose

Der GdS bei aplastischer Anämie oder Agranulozytose ist auch nach Therapie analog zu den myelodysplastischen Syndromen zu bewerten.

16.8	Knochenmark- und Stammzelltransplantation Nach autologer Knochenmark- oder Blutstammzelltransplantation ist der GdS entsprechend der Grundkrankheit zu beurteilen. Nach allogener Knochenmarktransplantation für die Dauer von drei Jahren (Heilungsbewährung)	100

Danach ist der GdS nach den verbliebenen Auswirkungen und dem eventuellen Organschaden, jedoch nicht niedriger als 30, zu bewerten.

16.9 Anämien

Symptomatische Anämien (z. B. Eisenmangelanämie, vitaminabhängige Anämien) sind in der Regel gut behandelbar und nur vorübergehender Natur.

Therapierefraktäre Anämien (z. B. bestimmte hämolytische Anämien, Thalassämie, Erythrozytenenzymdefekte)

mit geringen Auswirkungen (ausgeglichen und ohne wesentliche Allgemeinstörungen)	0–10
mit mäßigen Auswirkungen (z. B. gelegentliche Transfusionen)	20–40
mit starken Auswirkungen (z. B. andauernde Transfusionsbedürftigkeit)	50–70

16.10 Hämophilie und entsprechende plasmatische Blutungskrankheiten (je nach Blutungsneigung)

leichte Form	
mit Restaktivität von antihämophilem Globulin (AHG) über 5 %	20
mittelschwere Form – mit 1–5 % AHG	
mit seltenen Blutungen	30–40
mit häufigen (mehrfach jährlich) ausgeprägten Blutungen	50–80
schwere Form – mit weniger als 1 % AHG	80–100

Sonstige Blutungsleiden

ohne wesentliche Auswirkungen	10
mit mäßigen Auswirkungen	20–40
mit starken Auswirkungen (starke Blutungen bereits bei leichten Traumen)	50–70
mit ständiger klinisch manifester Blutungsneigung (Spontanblutungen, Gefahr lebensbedrohlicher Blutungen)	80–100

Eine Behandlung mit Antikoagulantien ist bei der Grundkrankheit (z. B. bei Herzklappen- und Gefäßprothesen, Thrombophilie) berücksichtigt. Wenn die Grundkrankheit nicht mehr besteht bzw. keinen GdS mehr bedingt, aber eine Weiterbehandlung mit Antikoagulantien erforderlich ist, kann – analog den sonstigen Blutungsleiden – in der Regel ein GdS von 10 angenommen werden.

16.11 Immundefekte

Angeborene Defekte der humoralen und zellulären Abwehr (z. B. Adenosindesaminase-Defekt, DiGeorge-Syndrom, permanente B-Zell-Defekte, septische Granulomatose)

ohne klinische Symptomatik	0
trotz Therapie erhöhte Infektanfälligkeit, aber keine außergewöhnlichen Infektionen	20–40
trotz Therapie neben erhöhter Infektanfälligkeit auch außergewöhnliche Infektionen (ein bis zwei pro Jahr)	50

Bei schwereren Verlaufsformen kommt ein höherer GdS in Betracht.

Erworbenes Immunmangelsyndrom (HIV-Infektion)

HIV-Infektion ohne klinische Symptomatik	10

HIV-Infektion mit klinischer Symptomatik

geringe Leistungsbeeinträchtigung (z. B. bei Lymphadenopathie syndrom [LAS])	30–40
stärkere Leistungsbeeinträchtigung (z. B. bei AIDS-related complex [ARC])	50–80
schwere Leistungsbeeinträchtigung (AIDS-Vollbild)	100

17. Haut

Bei der Beurteilung des GdS von Hautkrankheiten sind Art, Ausdehnung, Sitz, Auswirkungen auf den Allgemeinzustand, Begleiterscheinungen (wie Jucken, Nässen, Brennen, unangenehme und abstoßende Gerüche) und die Rezidivbereitschaft bzw. die Chronizität sowie die Notwendigkeit wiederholter stationärer Behandlung zu berücksichtigen. Bei Hautkrankheiten mit stark schwankendem Leidensverlauf kommt ein Durchschnitts-GdS in Betracht. Bei Kindern können sich Hautkrankheiten schwerer auswirken als bei Erwachsenen.

Narben können durch Ausdehnung, Beschaffenheit (z. B. Verhärtung, Verdünnung, Narbenzüge), Sitz oder Einwirkung auf ihre Umgebung zu Störungen führen. Bei flächenhaften Narben nach Verbrennungen, Verätzungen und ähnlichem muss außerdem die Beeinträchtigung der Haut als Schutz-, Ausscheidungs- und Sinnesorgan berücksichtigt werden. Diese Störungen bestimmen die Höhe des GdS.

Bei Entstellungen ist zu berücksichtigen, dass sich Schwierigkeiten im Erwerbsleben, Unannehmlichkeiten im Verkehr mit fremden Menschen sowie seelische Konflikte ergeben können.

17.1 Ekzeme

Kontaktekzeme (z. B. irritatives und allergisches Kontaktekzem)

geringe Ausdehnung und bis zu zweimal im Jahr für wenige Wochen auftretend	0–10
Sonst	20–30

Atopisches Ekzem (»Neurodermitis constitutionalis«, »endogenes Ekzem«)

	geringe, auf die Prädilektionsstellen begrenzte Ausdehnung bis zu zweimal im Jahr für wenige Wochen auftretend	0–10
	bei länger dauerndem Bestehen	20–30
	mit generalisierten Hauterscheinungen, insbesondere Gesichtsbefall	40
	mit klinischer oder vergleichbar intensiver ambulanter Behandlungsnotwendigkeit mehrmals im Jahr	50
Seborrhoisches Ekzem		
	geringe Ausdehnung und Beschränkung auf die Prädilektionsstellen	0–10
	sonst, je nach Ausdehnung	20–30
17.2	Chronisch rezidivierende Urtikaria/Quincke-Ödem	
	selten, bis zu zweimal im Jahr auftretend, leicht vermeidbare Noxen oder Allergene	0–10
	häufiger auftretende Schübe, schwer vermeidbare Noxen oder Allergene	20–30
	schwerer chronischer, über Jahre sich hinziehender Verlauf	40–50
	Eine systemische Beteiligung z. B. des Gastrointestinaltraktes oder des Kreislaufs ist ggf. zusätzlich zu berücksichtigen.	
17.3	Akne	
Acne vulgaris		
	leichteren bis mittleren Grades	0–10
	schweren Grades mit vereinzelter Abszess- und Knotenbildung und entsprechender erheblicher kosmetischer Beeinträchtigung	20–30
	Acne conglobata	
	auf die Prädilektionsstellen begrenzte häufige Abszess- und Fistelbildungen und lokalisationsbedingte Beeinträchtigungen	30–40
	schwerste Formen mit rezidivierenden eitrigen, vernarbenden axilläringuinalen und nuchalen Abszessen (Acne triade) und ggf. zusätzlicher Beteiligung des Pilonidalsinus (Acne tetrade)	wenigstens 50
17.4	Rosazea, Rhinophym	
	geringe Ausdehnung, kosmetisch nur wenig störend	0–10
	stärkere Ausdehnung, entstellende Wirkung	20–30
17.5	Hautveränderungen bei Autoimmunkrankheiten des Bindegewebes (z. B. Lupus erythematodes, Dermatomyositis, progressive systemische Sklerodermie)	
	auf die Prädilektionsstellen begrenzt bei geringer Ausdehnung	0–10
	auf die Prädilektionsstellen begrenzt bei stärkerer Ausdehnung, je nach kosmetischer und funktioneller Auswirkung	20–40
	über die Prädilektionsstellen hinausgehend, ggf. Ulzerationen	50–70

17.6	Blasenbildende Hautkrankheiten (z. B. Pemphigus, Pemphigoide)	
	bei begrenztem Haut- und Schleimhautbefall mit geringer Ausdehnung	10
	sonst	20–40
	bei generalisiertem Haut- und Schleimhautbefall	50–80
	in fortgeschrittenen Stadien bei schwerer Beeinträchtigung des Allgemeinzustandes auch höher.	
17.7	Psoriasis vulgaris	
	auf die Prädilektionsstellen beschränkt	0–10
	ausgedehnter, aber erscheinungsfreie Intervalle von Monaten	20
	bei andauerndem ausgedehnten Befall oder stark beeinträchtigendem lokalen Befall (z. B. an den Händen)	30–50
	Eine außergewöhnliche Nagelbeteiligung (mit Zerstörung der Nagelplatten) sowie eine Gelenk- und Wirbelsäulenbeteiligung sind zusätzlich zu bewerten.	
17.8	Erythrodermien	
	bei leichter Intensität des Krankheitsprozesses	40
	bei mittlerer Intensität des Krankheitsprozesses ohne wesentliche Auswirkung auf den Allgemeinzustand	50–60
	mit stärkerer Auswirkung auf den Allgemeinzustand	70–80
17.9	Ichthyosis	
	leichte Form,	
	auf Stamm und Extremitäten weitgehend begrenzt, mit trockener Haut, mäßiger Schuppung, ohne wesentliche Verfärbung	0–10
	mittlere Form	
	auf Stamm und Extremitäten weitgehend begrenzt, mit stärkerer Schuppung und Verfärbung	20–40
	schwere Form	
	mit ausgeprägter Schuppung und Verfärbung der gesamten Haut, insbesondere der Gelenkbeugen und des Gesichts	50–80
17.10	Mykosen	
	bei begrenztem Hautbefall	0–10
	bei Befall aller Finger- und Fußnägel, ggf. mit Zerstörung von Nagelplatten	20
Chronisch rezidivierendes Erysipel		
	ohne bleibendes Lymphödem	10
	sonst, je nach Ausprägung des Lymphödems	20–40
Chronisch rezidivierender Herpes simplex		
	geringe Ausdehnung, bis zu dreimal im Jahr rezidivierend	0–10
	größere Ausdehnung, häufiger rezidivierend	20

17.11 Totaler Haarausfall
(mit Fehlen von Augenbrauen und Wimpern) 30

17.12 Naevus
Der GdS richtet sich allein nach dem Ausmaß einer eventuellen Entstellung.
Pigmentstörungen (z. B. Vitiligo)
an Händen und/oder Gesicht
gering 10
ausgedehnter 20
sonst 0

17.13 Nach Entfernung eines malignen Tumors der Haut ist in den ersten fünf Jahren eine Heilungsbewährung abzuwarten (Ausnahmen: z. B. Basalzellkarzinome, Bowen-Krankheit, Melanoma in situ); GdS während dieser Zeit
nach Entfernung eines Melanoms im Stadium I ([pT1 bis T2] pN0 M0) oder eines anderen Hauttumors in den Stadien (pT1 bis T2) pN0 bis N2 M0 50
in anderen Stadien 80

18. Haltungs- und Bewegungsorgane, rheumatische Krankheiten
18.1 Allgemeines
Dieser Abschnitt umfasst Haltungsschäden, degenerative Veränderungen, osteopenische Krankheiten, posttraumatische Zustände, chronische Osteomyelitis, entzündlich-rheumatische Krankheiten, Kollagenosen und Vaskulitiden sowie nichtentzündliche Krankheiten der Weichteile.
Der GdS für angeborene und erworbene Schäden an den Haltungs- und Bewegungsorganen wird entscheidend bestimmt durch die Auswirkungen der Funktionsbeeinträchtigungen (Bewegungsbehinderung, Minderbelastbarkeit) und die Mitbeteiligung anderer Organsysteme. Die üblicher Weise auftretenden Beschwerden sind dabei mitberücksichtigt.
Außergewöhnliche Schmerzen sind ggf. zusätzlich zu berücksichtigen. Schmerzhafte Bewegungseinschränkungen der Gelenke können schwerwiegender als eine Versteifung sein.
Bei Haltungsschäden und/oder degenerativen Veränderungen an Gliedmaßengelenken und an der Wirbelsäule (z. B. Arthrose, Osteochondrose) sind auch Gelenkschwellungen, muskuläre Verspannungen, Kontrakturen oder Atrophien zu berücksichtigen.

Mit Bild gebenden Verfahren festgestellte Veränderungen (z. B. degenerativer Art) allein rechtfertigen noch nicht die Annahme eines GdS. Ebenso kann die Tatsache, dass eine Operation an einer Gliedmaße oder an der Wirbelsäule (z. B. Meniskusoperation, Bandscheibenoperation, Synovialektomie) durchgeführt wurde, für sich allein nicht die Annahme eines GdS begründen.
Das Funktionsausmaß der Gelenke wird im Folgenden nach der Neutral-Null-Methode angegeben.
Fremdkörper beeinträchtigen die Funktion nicht, wenn sie in Muskel oder Knochen reaktionslos eingeheilt sind und durch ihre Lage keinen ungünstigen Einfluss auf Gelenke, Nerven oder Gefäße ausüben.
Der GdS bei Weichteilverletzungen richtet sich nach der Funktionseinbuße und der Beeinträchtigung des Blut- und Lymphgefäßsystems. Bei Faszienverletzungen können Muskelbrüche auftreten, die nur in seltenen Fällen einen GdS bedingen.
Bei den entzündlich-rheumatischen Krankheiten sind unter Beachtung der Krankheitsentwicklung neben der strukturellen und funktionellen Einbuße die Aktivität mit ihren Auswirkungen auf den Allgemeinzustand und die Beteiligung weiterer Organe zu berücksichtigen. Entsprechendes gilt für Kollagenosen und Vaskulitiden.
Bei ausgeprägten osteopenischen Krankheiten (z. B. Osteoporose, Osteopenie bei hormonellen Störungen, gastrointestinalen Resorptionsstörungen, Nierenschäden) ist der GdS vor allem von der Funktionsbeeinträchtigung und den Schmerzen abhängig. Eine ausschließlich messtechnisch nachgewiesene Minderung des Knochenmineralgehalts rechtfertigt noch nicht die Annahme eines GdS.

18.2.1 Entzündlich-rheumatische Krankheiten (z. B. Bechterew-Krankheit)

ohne wesentliche Funktionseinschränkung mit leichten Beschwerden	10
mit geringen Auswirkungen (leichtgradige Funktionseinbußen und Beschwerden, je nach Art und Umfang des Gelenkbefalls, geringe Krankheitsaktivität)	20–40
mit mittelgradigen Auswirkungen (dauernde erhebliche Funktionseinbußen und Beschwerden, therapeutisch schwer beeinflussbare Krankheitsaktivität)	50–70
mit schweren Auswirkungen (irreversible Funktionseinbußen, hochgradige Progredienz)	80–100

Auswirkungen über sechs Monate anhaltender aggressiver Therapien sind gegebenenfalls zusätzlich zu berücksichtigen.

18.2.2 Kollagenosen (z. B. systemischer Lupus erythematodes, progressiv-systemische Sklerose, Polymyositis/Dermatomyositis),

18.2.3 Vaskulitiden (z. B. Panarteriitis nodosa, Polymyalgia rheumatica)

Die Beurteilung des GdS bei Kollagenosen und Vaskulitiden richtet sich nach Art und Ausmaß der jeweiligen Organbeteiligung sowie den Auswirkungen auf den Allgemeinzustand, wobei auch eine Analogie zu den Muskelkrankheiten in Betracht kommen kann. Für die Dauer einer über sechs Monate anhaltenden aggressiven Therapie soll ein GdS von 50 nicht unterschritten werden.

18.3 Bei der Beurteilung nicht-entzündlicher Krankheiten der Weichteile kommt es auf Art und Ausmaß der jeweiligen Organbeteiligung sowie auf die Auswirkungen auf den Allgemeinzustand an.

18.4 Fibromyalgie

Die Fibromyalgie, das Chronische Fatigue Syndrom (CFS), die Multiple Chemical Sensitivity (MCS) und ähnliche Syndrome sind jeweils im Einzelfall entsprechend der funktionellen Auswirkungen analog zu beurteilen.

18.5 Chronische Osteomyelitis

Bei der Beurteilung des GdS sind die aus der Lokalisation und Ausdehnung des Prozesses sich ergebende Funktionsstörung, die dem Prozess innewohnende Aktivität und ihre Auswirkungen auf den Allgemeinzustand und außerdem etwaige Folgekrankheiten (z. B. Anämie, Amyloidose) zu berücksichtigen. Bei ausgeprägt schubförmigem Verlauf ist ein Durchschnitts-GdS zu bilden.

Ruhende Osteomyelitis (Inaktivität wenigstens 5 Jahre)	0–10
Chronische Osteomyelitis	
geringen Grades (eng begrenzt, mit geringer Aktivität, geringe Fisteleiterung)	mindestens 20
mittleren Grades (ausgedehnterer Prozess, häufige oder ständige Fisteleiterung, Aktivitätszeichen auch in Laborbefunden)	mindestens 50
schweren Grades (häufige schwere Schübe mit Fieber, ausgeprägter Infiltration der Weichteile, Eiterung und Sequesterabstoßung, erhebliche Aktivitätszeichen in den Laborbefunden)	mindestens 70

Eine wesentliche Besserung wegen Beruhigung des Prozesses kann erst angenommen werden, wenn nach einem Leidensverlauf von mehreren Jahren seit wenigstens zwei Jahren – nach jahrzehntelangem Verlauf seit fünf Jahren – keine Fistel mehr bestanden hat und auch aus den weiteren Befunden (einschließlich Röntgenbildern und Laborbefunden) keine Aktivitätszeichen mehr erkennbar gewesen sind. Dabei ist in der Regel der GdS nur um 20 bis 30 Punkte niedriger einzuschätzen und zwei bis vier Jahre lang noch eine weitere Heilungsbewährung abzuwarten, bis der GdS nur noch von dem verbliebenen Schaden bestimmt wird.

18.6 Muskelkrankheiten

Bei der Beurteilung des GdS ist von folgenden Funktionsbeeinträchtigungen auszugehen:

Muskelschwäche

mit geringen Auswirkungen (vorzeitige Ermüdung, gebrauchsabhängige Unsicherheiten)	20–40
mit mittelgradigen Auswirkungen (zunehmende Gelenkkontrakturen und Deformitäten, Aufrichten aus dem Liegen nicht mehr möglich, Unmöglichkeit des Treppensteigens)	50–80
mit schweren Auswirkungen (bis zur Geh- und Stehunfähigkeit und Gebrauchsunfähigkeit der Arme)	90–100

Zusätzlich sind bei einzelnen Muskelkrankheiten Auswirkungen auf innere Organe (z. B. Einschränkung der Lungenfunktion und/oder der Herzleistung durch Brustkorbdeformierung) oder Augenmuskel-, Schluck- oder Sprechstörungen (z. B. bei der Myasthenie) zu berücksichtigen.

18.7 Kleinwuchs

Körpergröße nach Abschluss des Wachstums

über 130 bis 140 cm	30–40
über 120 bis 130 cm	50

Bei 120 cm und darunter kommen entsprechend höhere Werte in Betracht. Dieser GdS ist auf harmonischen Körperbau bezogen.

Zusätzlich zu berücksichtigen sind (z. B. bei Achondroplasie, bei Osteogenesis imperfecta) mit dem Kleinwuchs verbundene Störungen wie

mangelhafte Körperproportionen,
Verbildungen der Gliedmaßen,
Störungen der Gelenkfunktion, Muskelfunktion und Statik,
neurologische Störungen,
Einschränkungen der Sinnesorgane,
endokrine Ausfälle und
außergewöhnliche psychoreaktive Störungen.

18.8 Großwuchs

Großwuchs allein rechtfertigt noch nicht die Annahme eines GdS. Auf psychoreaktive Störungen ist besonders zu achten.

18.9 Wirbelsäulenschäden

Der GdS bei angeborenen und erworbenen Wirbelsäulenschäden (einschließlich Bandscheibenschäden, Scheuermann-Krankheit, Spondylolisthesis, Spinalkanalstenose und dem sogenannten Postdiskotomiesyndrom) ergibt sich primär aus dem Ausmaß der Bewegungseinschränkung, der Wirbelsäulenverformung und -instabilität sowie aus der Anzahl der betroffenen Wirbelsäulenabschnitte.

Der Begriff Instabilität beinhaltet die abnorme Beweglichkeit zweier Wirbel gegeneinander unter physiologischer Belastung und die daraus resultierenden Weichteilveränderungen und Schmerzen. Sogenannte Wirbelsäulensyndrome (wie Schulter-Arm-Syndrom, Lumbalsyndrom, Ischialgie, sowie andere Nerven- und Muskelreizerscheinungen) können bei Instabilität und bei Einengungen des Spinalkanals oder der Zwischenwirbellöcher auftreten.

Für die Bewertung von chronisch-rezidivierenden Bandscheibensyndromen sind aussagekräftige anamnestische Daten und klinische Untersuchungsbefunde über einen ausreichend langen Zeitraum von besonderer Bedeutung. Im beschwerdefreien Intervall können die objektiven Untersuchungsbefunde nur gering ausgeprägt sein.

Wirbelsäulenschäden

ohne Bewegungseinschränkung oder Instabilität	0
mit geringen funktionellen Auswirkungen (Verformung, rezidivierende oder anhaltende Bewegungseinschränkung oder Instabilität geringen Grades, seltene und kurz dauernd auftretende leichte Wirbelsäulensyndrome)	10
mit mittelgradigen funktionellen Auswirkungen in einem Wirbelsäulenabschnitt (Verformung, häufig rezidivierende oder anhaltende Bewegungseinschränkung oder Instabilität mittleren Grades, häufig rezidivierende und über Tage andauernde Wirbelsäulensyndrome)	20
mit schweren funktionellen Auswirkungen in einem Wirbelsäulenabschnitt (Verformung, häufig rezidivierende oder anhaltende Bewegungseinschränkung oder Instabilität schweren Grades, häufig rezidivierende und Wochen andauernde ausgeprägte Wirbelsäulensyndrome)	30
mit mittelgradigen bis schweren funktionellen Auswirkungen in zwei Wirbelsäulenabschnitten	30–40
mit besonders schweren Auswirkungen (z. B. Versteifung großer Teile der Wirbelsäule; anhaltende Ruhigstellung durch Rumpforthese, die drei Wirbelsäulenabschnitte umfasst [z. B. Milwaukee-Korsett]; schwere Skoliose [ab ca. 70° nach Cobb])	50–70
bei schwerster Belastungsinsuffizienz bis zur Geh- und Stehunfähigkeit	80–100

Anhaltende Funktionsstörungen infolge Wurzelkompression mit motorischen Ausfallerscheinungen – oder auch die intermittierenden Störungen bei der Spinalkanalstenose – sowie Auswirkungen auf die inneren Organe (z. B. Atemfunktionsstörungen) sind zusätzlich zu berücksichtigen.
Bei außergewöhnlichen Schmerzsyndromen kann auch ohne nachweisbare neurologische Ausfallerscheinungen (z. B. Postdiskotomiesyndrom) ein GdS über 30 in Betracht kommen.
Das neurogene Hinken ist etwas günstiger als vergleichbare Einschränkungen des Gehvermögens bei arteriellen Verschlusskrankheiten zu bewerten.

18.10 Beckenschäden	
ohne funktionelle Auswirkungen	0
mit geringen funktionellen Auswirkungen (z. B. stabiler Beckenring, degenerative Veränderungen der Kreuz-Darmbeingelenke)	10
mit mittelgradigen funktionellen Auswirkungen (z. B. instabiler Beckenring einschließlich Sekundärarthrose)	20
mit schweren funktionellen Auswirkungen und Deformierung	30–40

18.11 Gliedmaßenschäden, Allgemeines
Der GdS bei Gliedmaßenschäden ergibt sich aus dem Vergleich mit dem GdS für entsprechende Gliedverluste. Trotz erhaltener Extremität kann der Zustand gelegentlich ungünstiger sein als der Verlust.
Die aufgeführten GdS für Gliedmaßenverluste gehen – soweit nichts anderes erwähnt ist – von günstigen Verhältnissen des Stumpfes und der benachbarten Gelenke aus. Bei ausgesprochen ungünstigen Stumpfverhältnissen, bei nicht nur vorübergehenden Stumpfkrankheiten sowie bei nicht unwesentlicher Funktionsbeeinträchtigung des benachbarten Gelenkes sind diese Sätze im allgemeinen um 10 zu erhöhen, unabhängig davon, ob Körperersatzstücke getragen werden oder nicht.
Körperersatzstücke, orthopädische und andere Hilfsmittel mindern bei Verlust und Funktionsstörungen der Gliedmaßen sowie bei Funktionseinschränkungen des Rumpfes die Auswirkungen der Behinderung, ohne dass dadurch der durch den Schaden allein bedingte GdS eine Änderung erfährt.
Bei der Bewertung des GdS von Pseudarthrosen ist zu berücksichtigen, dass straffe Pseudarthrosen günstiger sind als schlaffe.
Bei habituellen Luxationen richtet sich die Höhe des GdS außer nach der Funktionsbeeinträchtigung der Gliedmaße auch nach der Häufigkeit der Ausrenkungen.

18.12 Endoprothesen
Es werden Mindest-GdS angegeben, die für Endoprothesen bei bestmöglichem Behandlungsergebnis gelten. Bei eingeschränkter Versorgungsqualität sind höhere Werte angemessen.

Die Versorgungsqualität kann insbesondere beeinträchtigt sein durch
- Beweglichkeits- und Belastungseinschränkung,
- Nervenschädigung,
- deutliche Muskelminderung,
- ausgeprägte Narbenbildung,

Die in der GdS-Tabelle angegebenen Werte schließen die bei der jeweiligen Versorgungsart üblicherweise gebotenen Beschränkungen ein.

Hüftgelenk	
bei einseitiger Endoprothese beträgt der GdS mindestens	10
bei beidseitiger Endoprothese beträgt der GdS mindestens	20
Kniegelenk	
bei einseitiger Totalendoprothese beträgt der GdS mindestens	20
bei beidseitiger Totalendoprothese beträgt der GdS mindestens	30
bei einseitiger Teilendoprothese beträgt der GdS mindestens	10
bei beidseitiger Teilendoprothese beträgt der GdS mindestens	20
Oberes Sprunggelenk	
bei einseitiger Endoprothese beträgt der GdS mindestens	10
bei beidseitiger Endoprothese beträgt der GdS mindestens	20
Schultergelenk	
bei einseitiger Endoprothese beträgt der GdS mindestens	20
bei beidseitiger Endoprothese beträgt der GdS mindestens	40
Ellenbogengelenk	
bei einseitiger Totalendoprothese beträgt der GdS mindestens	30
bei beidseitiger Totalendoprothese beträgt der GdS mindestens	50
Kleine Gelenke	
Endoprothesen bedingen keine wesentliche Teilhabebeeinträchtigung	
Aseptische Nekrosen	
Hüftkopfnekrosen (z. B. Perthes-Krankheit) während der notwendigen Entlastung	70
Lunatum-Malazie während der notwendigen Immobilisierung	30

18.13 Schäden der oberen Gliedmaßen

Extremitätenverlust	
Verlust eines Armes und Beines	100
Verlust eines Armes im Schultergelenk oder mit sehr kurzem Oberarmstumpf	80
Unter einem sehr kurzen Oberarmstumpf ist ein Stumpf zu verstehen, der eine gleiche Funktionseinbuße wie der Verlust des Armes im Schultergelenk zur Folge hat. Das ist immer dann der Fall, wenn die Absetzungsebene in Höhe des Collum chirurgicum liegt.	
Verlust eines Armes im Oberarm oder im Ellenbogengelenk	70
Verlust eines Armes im Unterarm	50
Verlust eines Armes im Unterarm mit einer Stumpflänge bis 7 cm	60
Verlust der ganzen Hand	50

Versteifung des Schultergelenks in günstiger Stellung bei gut beweglichem Schultergürtel	30
Eine Versteifung im Schultergelenk in einem Abspreizwinkel um ca. 45° und leichter Vorhalte gilt als funktionell günstig.	
Versteifung des Schultergelenks in ungünstiger Stellung oder bei gestörter Beweglichkeit des Schultergürtels	40–50
Bewegungseinschränkung des Schultergelenks (einschließlich Schultergürtel)	
Armhebung nur bis zu 120° mit entsprechender Einschränkung der Dreh- und Spreizfähigkeit	10
Armhebung nur bis zu 90° mit entsprechender Einschränkung der Dreh- und Spreizfähigkeit	20
Instabilität des Schultergelenks	
geringen Grades, auch seltene Ausrenkung (in Abständen von 1 Jahr und mehr)	10
mittleren Grades, auch häufigere Ausrenkung	20–30
schweren Grades (auch Schlottergelenk), auch ständige Ausrenkung	40
Schlüsselbeinpseudarthrose	
straff	0–10
schlaff	20
Verkürzung des Armes bis zu 4 cm bei freier Beweglichkeit der großen Armgelenke	0
Oberarmpseudarthrose	
straff	20
schlaff	40
Riss der langen Bizepssehne	0–10
Versteifung des Ellenbogengelenks einschließlich Aufhebung der Unterarmdrehbewegung	
in günstiger Stellung	30
in ungünstiger Stellung	40–50
Die Versteifung in einem Winkel zwischen 80° und 100° bei mittlerer Pronationsstellung des Unterarms ist als günstige Gebrauchsstellung aufzufassen.	
Bewegungseinschränkung im Ellenbogengelenk	
geringen Grades (Streckung/Beugung bis 0–30–120 bei freier Unterarmdrehbeweglichkeit)	0–10
stärkeren Grades (insbesondere der Beugung einschließlich Einschränkung der Unterarmdrehbeweglichkeit)	20–30
Isolierte Aufhebung der Unterarmdrehbeweglichkeit	
in günstiger Stellung (mittlere Pronationsstellung)	10
in ungünstiger Stellung	20
in extremer Supinationsstellung	30
Ellenbogen-Schlottergelenk	40
Unterarmpseudarthrose	
straff	20
schlaff	40
Pseudarthrose der Elle oder Speiche	10–20

Versteifung des Handgelenks	
in günstiger Stellung (leichte Dorsalextension)	20
in ungünstiger Stellung	30
Bewegungseinschränkung des Handgelenks	
geringen Grades (z. B. Streckung/Beugung bis 30–0–40)	0–10
stärkeren Grades	20–30
Nicht oder mit Deformierung verheilte Brüche oder Luxationen der Handwurzelknochen oder eines oder mehrerer Mittelhandknochen mit sekundärer Funktionsbeeinträchtigung	10–30
Versteifung eines Daumengelenks in günstiger Stellung	0–10
Versteifung beider Daumengelenke und des Mittelhand-Handwurzelgelenks in günstiger Stellung	20
Versteifung eines Fingers in günstiger Stellung (mittlere Gebrauchsstellung)	0–10
Versteifungen der Finger in Streck- oder starker Beugestellung sind oft störender als ein glatter Verlust.	
Verlust des Daumenendgliedes	0
Verlust des Daumenendgliedes und des halben Grundgliedes	10
Verlust eines Daumens	25
Verlust beider Daumen	40
Verlust eines Daumens mit Mittelhandknochen	30
Verlust des Zeigefingers, Mittelfingers, Ringfingers oder Kleinfingers, auch mit Teilen des dazugehörigen Mittelhandknochens	10
Verlust von zwei Fingern	
mit Einschluss des Daumens	30
II+III, II+IV	30
sonst	25
Verlust von drei Fingern	
mit Einschluss des Daumens	40
II+III+IV	40
sonst	30
Verlust von vier Fingern	
mit Einschluss des Daumens	50
sonst	40
Verlust der Finger II bis V an beiden Händen	80
Verlust aller fünf Finger einer Hand	50
Verlust aller zehn Finger	100

Obige Sätze gelten für den Gesamtverlust der Finger bei reizlosen Stumpfverhältnissen. Bei Verlust einzelner Fingerglieder sind sie herabzusetzen, bei schlechten Stumpfverhältnissen zu erhöhen.
Fingerstümpfe im Mittel- und Endgelenk können schmerzhafte Narbenbildung und ungünstige Weichteildeckung zeigen. Empfindungsstörungen an den Fingern, besonders an Daumen und Zeigefinger, können die Gebrauchsfähigkeit der Hand wesentlich beeinträchtigen.

Nervenausfälle (vollständig)	
Armplexus	80

oberer Armplexus	50
unterer Armplexus	60
N. axillaris	30
N. thoracicus longus	20
N. musculocutaneus	20
N. radialis	
ganzer Nerv	30
mittlerer Bereich oder distal	20
N. ulnaris	
proximal oder distal	30
N. medianus	
proximal	40
distal	30
Nn. radialis und axillaris	50
Nn. radialis und ulnaris	50
Nn. radialis und medianus	50
Nn. ulnaris und medianus	50
Nn. radialis, ulnaris und medianus im Vorderarmbereich	60

Trophische Störungen sind zusätzlich zu berücksichtigen; Teilausfälle der genannten Nerven sind entsprechend geringer zu bewerten.

18.14 Schäden der unteren Gliedmaßen

Verlust beider Beine im Oberschenkel	100
Verlust eines Beines im Oberschenkel und eines Beines im Unterschenkel	100
Verlust eines Beines und Armes	100
Verlust eines Beines im Hüftgelenk oder mit sehr kurzem Oberschenkelstumpf	80

Unter einem sehr kurzen Oberschenkelstumpf ist ein Stumpf zu verstehen, der eine gleiche Funktionseinbuße wie der Verlust des Beines im Hüftgelenk bedingt. Das ist immer dann der Fall, wenn die Absetzungsebene in Höhe des Trochanter minor liegt.

Verlust eines Beines im Oberschenkel (einschließlich Absetzung nach Gritti)	70
Notwendigkeit der Entlastung des ganzen Beines (z. B. Sitzbeinabstützung)	70
Verlust eines Beines im Unterschenkel bei genügender Funktionstüchtigkeit des Stumpfes und der Gelenke	50
Notwendigkeit der Entlastung eines Unterschenkels (z. B. Schienbeinkopfabstützung)	50
Verlust eines Beines im Unterschenkel bei ungenügender Funktionstüchtigkeit des Stumpfes und der Gelenke	60
Verlust beider Beine im Unterschenkel	80
bei einseitig ungünstigen Stumpfverhältnissen	90
bei beidseitig ungünstigen Stumpfverhältnissen	100

Teilverlust eines Fußes, Absetzung	
nach Pirogow	
einseitig, guter Stumpf	40
beidseitig	70
nach Chopart	
einseitig, guter Stumpf	30
einseitig, mit Fußfehlstellung	30–50
beidseitig	60
nach Lisfranc oder im Bereich der Mittelfußknochen nach Sharp	
einseitig, guter Stumpf	30
einseitig, mit Fußfehlstellung	30–40
beidseitig	50
Verlust einer Zehe	0
Verlust einer Großzehe	10
Verlust einer Großzehe mit Verlust des Köpfchens des I. Mittelfußknochens	20
Verlust der Zehen II bis V oder I bis III	10
Verlust aller Zehen an einem Fuß	20
Verlust aller Zehen an beiden Füßen	30
Versteifung beider Hüftgelenke je nach Stellung	80–100
Versteifung eines Hüftgelenks	
in günstiger Stellung	40
Die Versteifung eines Hüftgelenks in leichter Abspreizstellung von ca. 10°, mittlerer Drehstellung und leichter Beugestellung gilt als günstig.	
in ungünstiger Stellung	50–60
Ungünstig sind Hüftgelenkversteifungen in stärkerer Adduktions-, Abduktions- oder Beugestellung.	
Bewegungseinschränkung der Hüftgelenke	
geringen Grades (z. B. Streckung/Beugung bis zu 0–10–90 mit entsprechender Einschränkung der Dreh- und Spreizfähigkeit)	
einseitig	10–20
beidseitig	20–30
mittleren Grades (z. B. Streckung/Beugung bis zu 0–30–90 mit entsprechender Einschränkung der Dreh- und Spreizfähigkeit)	
einseitig	30
beidseitig	50
stärkeren Grades	
einseitig	40
beidseitig	60–100
Hüftdysplasie (einschließlich sogenannte angeborene Hüftluxation)	
für die Dauer der vollständigen Immobilisierung	100
danach bis zum Abschluss der Spreizbehandlung	50

Anschließend und bei unbehandelten Fällen richtet sich der GdS nach der Instabilität und der Funktionsbeeinträchtigung.	
Hüftgelenksresektion je nach Funktionsstörung	50–80
Schnappende Hüfte	0–10
Beinverkürzung	
bis 2,5 cm	0
über 2,5 cm bis 4 cm	10
über 4 cm bis 6 cm	20
über 6 cm wenigstens 30	
Oberschenkelpseudarthrose	
straff	50
schlaff	70
Faszienlücke (Muskelhernie) am Oberschenkel	0–10
Versteifung beider Kniegelenke	80
Versteifung eines Kniegelenks	
in günstiger Stellung (Beugestellung von 10–15°)	30
in ungünstiger Stellung	40–60
Lockerung des Kniebandapparates	
muskulär kompensierbar	10
unvollständig kompensierbar, Gangunsicherheit	20
Versorgung mit einem Stützapparat, je nach Achsenfehlstellung	30–50
Kniescheibenbruch	
nicht knöchern verheilt ohne Funktionseinschränkung des Streckapparates	10
nicht knöchern verheilt mit Funktionseinschränkung des Streckapparates	20–40
Habituelle Kniescheibenverrenkung	
seltene Ausrenkung (in Abständen von 1 Jahr und mehr)	0–10
häufiger	20
Bewegungseinschränkung im Kniegelenk	
geringen Grades (z. B. Streckung/Beugung bis 0–0–90)	
einseitig	0–10
beidseitig	10–20
mittleren Grades (z. B. Streckung/Beugung 0–10–90)	
einseitig	20
beidseitig	40
stärkeren Grades (z. B. Streckung/Beugung 0–30–90)	
einseitig	30
beidseitig	50
Ausgeprägte Knorpelschäden der Kniegelenke (z. B. Chondromalacia patellae Stadium II–IV) mit anhaltenden Reizerscheinungen, einseitig	
ohne Bewegungseinschränkung	10–30
mit Bewegungseinschränkung	20–40

Schienbeinpseudarthrose	
straff	20–30
schlaff	40–50
Teilverlust oder Pseudarthrose des Wadenbeins	0–10
Versteifung des oberen Sprunggelenks in günstiger Stellung (Plantarflexion um 5° bis 15°)	20
Versteifung des unteren Sprunggelenks in günstiger Stellung (Mittelstellung)	10
Versteifung des oberen und unteren Sprunggelenks	
in günstiger Stellung	30
in ungünstiger Stellung	40
Bewegungseinschränkung im oberen Sprunggelenk	
geringen Grades	0
mittleren Grades (Heben/Senken 0–0–30)	10
stärkeren Grades	20
Bewegungseinschränkung im unteren Sprunggelenk	0–10
Klumpfuß je nach Funktionsstörung	
einseitig	20–40
beidseitig	30–60
Andere Fußdeformitäten	
ohne wesentliche statische Auswirkungen (z. B. Senk-Spreizfuß, Hohlfuß, Knickfuß, auch posttraumatisch)	0
mit statischer Auswirkung je nach Funktionsstörung	
geringen Grades	10
stärkeren Grades	20
Versteifung aller Zehen eines Fußes	
in günstiger Stellung	10
in ungünstiger Stellung	20
Versteifungen oder Verkrümmungen von Zehen außer der Großzehe	0
Versteifung der Großzehengelenke	
in günstiger Stellung	0–10
in ungünstiger Stellung (z. B. Plantarflexion im Grundgelenk über 10°)	20
Narben nach größeren Substanzverlusten an Ferse und Fußsohle	
mit geringer Funktionsbehinderung	10
mit starker Funktionsbehinderung	20–30
Nervenausfälle (vollständig)	
Plexus lumbosacralis	80
N. glutaeus superior	20
N. glutaeus inferior	20
N. cutaneus femoralis lat	10
N. femoralis	40
N. ischiadicus	
proximal	60
distal (Ausfall der Nn. peronaeus communis und tibialis)	50
N. peronaeus communis oder profundus	30

N. peronaeus superficialis	20
N. tibialis	30
Trophische Störungen sind zusätzlich zu berücksichtigen. Teilausfälle der genannten Nerven sind entsprechend geringer zu bewerten.	
Völlige Gebrauchsunfähigkeit eines Beines	80

cc) Teil C: Begutachtung im Sozialen Entschädigungsrecht

Inhaltsübersicht Seite

1. Grundsätze zur Begutachtung im Sozialen Entschädigungsrecht

Die Grundsätze, die im Sozialen Entschädigungsrecht zur Anerkennung einer Gesundheitsstörung als Folge einer Schädigung maßgebend sind, werden in diesem Teil der Versorgungsmedizinischen Grundsätze aufgestellt. Die Auswirkungen der als Schädigungsfolgen anerkannten Gesundheitsstörungen werden mit einem Grad der Schädigungsfolgen bewertet. Die ärztliche Bewertung der Auswirkungen der Schädigungsfolgen erfolgt nach Teil A und Teil B.

Als Voraussetzung für die ärztliche Begutachtung des ursächlichen Zusammenhangs müssen alle Tatsachen festgestellt sein. Die Feststellung der Tatsachen erfolgt unabhängig von kausalen Erwägungen. Es muss unterschieden werden zwischen ärztlicher Begutachtung im Rahmen der Tatsachenermittlung und der ärztlichen Begutachtung des ursächlichen Zusammenhangs.

2. Tatsachen für die Begutachtung des ursächlichen Zusammenhangs

2.1 Tatsachen

Vor der ärztlichen Begutachtung des ursächlichen Zusammenhangs müssen folgende Tatsachen festgestellt und voll bewiesen sein:

a) das Ereignis, das bei nachgewiesenem ursächlichem Zusammenhang das schädigende Ereignis ist,

b) die Gesundheitsstörung, die bei nachgewiesenem ursächlichem Zusammenhang die gesundheitliche Schädigung ist (primäre Gesundheitsstörung), und

c) die Gesundheitsstörung, die bei nachgewiesenem ursächlichem Zusammenhang die Schädigungsfolge ist (sekundäre Gesundheitsstörung).

2.2 Ereignis

Die in Betracht kommenden schädigenden Ereignisse unterscheiden sich je nach den Voraussetzungen der verschiedenen Gesetze des Sozialen Entschädigungsrechts. Ereignis in diesem Sinne kann sein:

a) ein zeitlich begrenztes Ereignis,
b) ein über einen längeren Zeitraum einwirkendes Ereignis (andauerndes Ereignis) oder
c) wiederkehrende Ereignisse, die sich in ihrer Gesamtheit auswirken.

Es gibt aktiv einwirkende Ereignisse und passive Ereignisse durch Unterlassen.

2.3 Primäre Gesundheitsstörung

Primäre Gesundheitsstörungen sind solche, die nach dem aktuellen Stand der medizinischen Wissenschaft durch ein unter Nummer 2.2 beschriebenes Ereignis hervorgerufen werden können und zeitlich als erste auftreten.

2.4 Sekundäre Gesundheitsstörung

Sekundäre Gesundheitsstörungen sind solche, die nach dem aktuellen Stand der medizinischen Wissenschaft aus der primären Gesundheitsstörung entstehen können.

3. Ursächlicher Zusammenhang

3.1 Allgemeines

Nur wenn die unter Nummer 2.1 genannten Tatsachen ermittelt und im Sinne von Nummer 2.1 bewiesen sind, kann die ärztliche Begutachtung des ursächlichen Zusammenhangs erfolgen. Die Gesundheitsstörungen, die vor Eintritt des schädigenden Vorgangs bestanden haben oder bei Eintritt bestehen, sind von der primären und sekundären Gesundheitsstörung abzugrenzen.

3.2 Kausalkette

Zwischen dem Ereignis, der primären und der sekundären Gesundheitsstörung muss ein nach dem aktuellen Stand der medizinischen Wissenschaft nicht unterbrochener ursächlicher Zusammenhang bestehen. Die primäre Gesundheitsstörung muss durch das Ereignis verursacht sein und die sekundäre Gesundheitsstörung muss durch die primäre Gesundheitsstörung verursacht sein. Erst in diesem Fall ist der ursächliche Zusammenhang gegeben.

3.3 Schädigendes Ereignis, gesundheitliche Schädigung, Schädigungsfolge

Ist der ursächliche Zusammenhang im Sinne von Nummer 3.2 zu bejahen, ist

a) das Ereignis das schädigende Ereignis,
b) die primäre Gesundheitsstörung die gesundheitliche Schädigung und
c) die sekundäre Gesundheitsstörung die Gesundheitsstörung als Folge der Schädigung (Schädigungsfolge).

3.4 Wahrscheinlichkeit des ursächlichen Zusammenhangs

3.4.1 Für die Annahme des ursächlichen Zusammenhangs genügt entschädigungsrechtlich die Wahrscheinlichkeit. Sie ist gegeben, wenn nach dem aktuellen Stand der medizinischen Wissenschaft mehr für als gegen einen ursächlichen Zusammenhang spricht. Es reicht für die Annahme des ursächlichen Zusammenhangs nicht aus, dass dieser nur möglich ist.

3.4.2 Haben konkurrierende Ursachen zur primären Gesundheitsstörung beigetragen und kommt einem Ereignis gegenüber der Gesamtheit der anderen Ursachen eine mindestens gleichwertige Bedeutung zu, ist alleine jenes Ereignis schädigendes Ereignis und wesentliche Ursache im entschädigungsrechtlichen Sinn.

3.4.3 Nummer 3.4.2 gilt entsprechend, wenn die sekundäre Gesundheitsstörung auf konkurrierenden Ursachen beruht.

3.4.4 Bei der Anwendung der Vermutungsregelung des § 4 Absatz 5 des Vierzehnten Buches Sozialgesetzbuch (SGB XIV) gilt Folgendes: Bei einer psychischen Gesundheitsstörung wird der ursächliche Zusammenhang kraft Gesetzes vermutet, wenn die Vermutung nicht durch einen anderen Kausalverlauf widerlegt wird (§ 4 Absatz 5 SGB XIV). Voraussetzung ist, dass die psychische Gesundheitsstörung nach einer der international anerkannten Klassifikationen (ICD-10 bzw. ICD-11 oder DSM-5) unter Verwendung der dortigen Bezeichnungen auf der Grundlage des aktuellen medizinisch-wissenschaftlichen Kenntnisstandes durch behandelnde Ärzte und Fachärzte diagnostiziert worden ist. Das schädigende Ereignis muss in seiner Art und Schwere nach den Erfahrungen der medizinischen Wissenschaft geeignet sein, diese Gesundheitsstörung zu begründen. Die Diagnosesicherung beinhaltet auch die Differenzierung zwischen Entstehung und Verschlimmerung der psychischen Gesundheitsstörung. Liegen diese Voraussetzungen vor, ist die Wahrscheinlichkeit des ursächlichen Zusammenhangs im Sinne einer Kausalitätsprüfung (Nummer 3.4.1 bis 3.4.3) zu vermuten, wenn keine Anhaltspunkte für einen anderen ursächlichen Zusammenhang vorliegen.

3.4.5 Bei Vorliegen von Anhaltspunkten für einen anderen Kausalverlauf ist die Wahrscheinlichkeit des ursächlichen Zusammenhangs nach Nummer 3.4.1 bis 3.4.3 zu prüfen.

3.4.6 Anhaltspunkte für einen anderen Kausalverlauf liegen insbesondere dann vor,

a) wenn Art und Schwere des Ereignisses nicht geeignet sind, eine psychische Gesundheitsstörung als Schädigungsfolge hervorzurufen,

b) wenn sich bei der Tatsachenfeststellung nach Nummer 2 Hinweise auf eine bereits vor dem schädigenden Ereignis bestehende psychische Gesundheitsstörung ergeben,

c) wenn sich bei der Tatsachenfeststellung nach Nummer 2 Hinweise auf ein anderes, jedoch nicht nach § 4 Absatz 1 des Vierzehnten Buches Sozialgesetzbuch zu berücksichtigendes schädigendes Ereignis ergeben, das nach Art und Schwere für sich betrachtet geeignet ist, eine psychische Gesundheitsstörung hervorzurufen, oder

d) wenn nach aktuellem medizinisch-wissenschaftlichem Kenntnisstand ein Ursachenzusammenhang zwischen einem auf die Psyche einwirkenden schädigenden Ereignis und einer psychischen Gesundheitsstörung nicht vorliegen kann, wie dies insbesondere bei der Entstehung von dementiellen und Intelligenzstörungen der Fall ist; das Auftreten einer komorbiden psychischen Gesundheitsstörung oder eine Verschlechterung der Auswirkungen von dementiellen oder Intelligenzstörungen auf die Teilhabe als Folge eines auf die Psyche einwirkenden schädigenden Ereignisses ist dadurch nicht ausgeschlossen.

4. Kann-Versorgung

4.1 Im Sozialen Entschädigungsrecht muss anhand des Sachverhaltes in jedem Einzelfall stets zuerst geprüft werden, ob nach Nummer 3.4 der ursächliche Zusammenhang mit Wahrscheinlichkeit beurteilt werden kann. Lässt sich dabei die Frage des ursächlichen Zusammenhangs bereits in ihrer Gesamtheit bejahen oder verneinen, ist die entsprechende Prüfung abgeschlossen und eine Kann-Versorgung kommt nicht in Betracht.

4.2 Lässt sich die Frage des ursächlichen Zusammenhangs im Sinne von Nummer 3.4 nicht bejahen oder verneinen, kann in Ausnahmefällen eine Gesundheitsstörung im Sinne der Kann-Versorgung als Schädigungsfolge anerkannt werden. Voraussetzung dafür ist, dass die zur Anerkennung einer Gesundheitsstörung als Folge einer Schädigung erforderliche Wahrscheinlichkeit nur deshalb nicht gegeben ist, weil über die Ursache der festgestellten Gesundheitsstörung in der medizinischen Wissenschaft Ungewissheit besteht.

4.3 Eine Kann-Versorgung kommt nur dann in Betracht, wenn die einer Gesundheitsstörung zugrundeliegende Ursache (Ätiologie) nicht durch den aktuellen Stand der medizinischen Wissenschaft gesichert ist und wenn fundierte wissenschaftliche Arbeitshypothesen einen ursächlichen Zusammenhang begründen. Eine von dem aktuellen Stand der medizinischen Wissenschaft abweichende subjektive Auffassung eines einzelnen Wissenschaftlers oder einer einzelnen Wissenschaftlerin ist nicht mit Ungewissheit in der medizinischen Wissenschaft gleichzusetzen.

4.4 Eine Kann-Versorgung rechtfertigen nicht:

a) Zweifel über den Zeitpunkt der Entstehung der Gesundheitsstörung,
b) mangelnde diagnostische Klärung,
c) unzureichende Sachverhaltsaufklärung oder
d) sonstige Ungewissheiten im Sachverhalt.

4.5 Ist die Wahrscheinlichkeit des ursächlichen Zusammenhangs nur für einen Teil einer Gesundheitsstörung gegeben, so ist zu prüfen, ob für den verbleibenden Teil der Gesundheitsstörung die Voraussetzungen für eine Kann-Versorgung vorliegen.

5. Anerkennung der Schädigungsfolge im Sinne der Entstehung und Anerkennung der Schädigungsfolge im Sinne der Verschlimmerung

5.1 Allgemeines

Bei Vorliegen des ursächlichen Zusammenhangs ist auf der Grundlage des aktuellen Stands der medizinischen Wissenschaft zu beurteilen, ob das schädigende Ereignis zur Entstehung oder zur Verschlimmerung der Gesundheitsstörung geführt hat.

5.2 Anerkennung im Sinne der Entstehung

Die Anerkennung einer Gesundheitsstörung als Schädigungsfolge im Sinne der Entstehung setzt voraus, dass keine medizinischen Tatsachen festzustellen sind, die rückblickend nach dem aktuellen Stand der medizinischen Wissenschaft belegen, dass die Gesundheitsstörung zur Zeit der Einwirkung des schädigenden Ereignisses bereits bestand.

5.3 Anerkennung im Sinne der Verschlimmerung
Wenn medizinische Tatsachen festzustellen sind, die rückblickend nach dem aktuellen Stand der medizinischen Wissenschaft belegen, dass die Gesundheitsstörung zur Zeit der Einwirkung des schädigenden Ereignisses bereits – auch unbemerkt – bestand, kommt nur eine Anerkennung der Gesundheitsstörung als Schädigungsfolge im Sinne der Verschlimmerung in Betracht. Eine solche Anerkennung setzt voraus, dass das schädigende Ereignis dazu führt,

a) dass der Zeitpunkt vorverlegt wird, an dem die Gesundheitsstörung sonst in Erscheinung getreten wäre, oder
b) dass die Gesundheitsstörung in stärkerer Ausprägung auftritt, als es sonst zu erwarten wäre.

5.4 Zunahme der Ausprägung der Gesundheitsstörung
Bei jeder weiteren Zunahme der Ausprägung der als Schädigungsfolge anerkannten Gesundheitsstörung ist zu prüfen, ob auch diese Zunahme noch ursächlich auf das schädigende Ereignis zurückzuführen ist. Bei jeder weiteren Zunahme der Ausprägung der Gesundheitsstörung muss der ursächliche Zusammenhang dieser Weiterentwicklung beurteilt werden.

6. Bestimmung des Grades der Schädigungsfolgen

6.1 Vorübergehende Gesundheitsstörungen
Vorübergehende Gesundheitsstörungen sind bei der Feststellung des Grades der Schädigungsfolgen nicht zu berücksichtigen. Als vorübergehend gilt ein Zeitraum von bis zu sechs Monaten.

6.2 Bereits bestehende Gesundheitsstörungen

6.2.1 Vor der Feststellung des Grades der Schädigungsfolgen ist zu prüfen, ob vor dem schädigenden Ereignis bereits eine Teilhabebeeinträchtigung durch eine nicht schädigungsbedingte Gesundheitsstörung (bereits bestehende Gesundheitsstörung) vorlag. Diese Teilhabebeeinträchtigung muss festgestellt werden. Auch für die Gesamtauswirkung der vorhandenen Gesundheitsstörungen ist ein Grad der Behinderung anzugeben. Der Grad der Schädigungsfolgen gibt allein das Ausmaß der Auswirkungen der Schädigungsfolgen wieder.

6.2.2 Befinden sich die bereits bestehende Gesundheitsstörung und die Schädigungsfolge an verschiedenen Körperteilen und beeinflussen sich nicht gegenseitig, hat die bereits bestehende Gesundheitsstörung keine Auswirkung auf den Grad der Schädigungsfolgen.

6.2.3 Hat die Schädigung eine Gliedmaße oder ein Organ mit bereits bestehender Gesundheitsstörung betroffen, muss der Grad der Schädigungsfolgen niedriger sein als der Grad der Behinderung, der sich aus der nun bestehenden gesamten Gesundheitsstörung ergeben würde. Der Grad der Schädigungsfolgen lässt sich dabei nicht einfach dadurch ermitteln, dass die Teilhabebeeinträchtigung der bereits bestehenden Gesundheitsstörung vom Grad der Behinderung der gesamten Gesundheitsstörung abgezogen wird. Maßgeblich ist vielmehr, zu welchen zusätzlichen Auswirkungen die Schädigung geführt hat. Wenn jedoch die bereits bestehende Gesundheitsstörung nach ihrem Umfang oder nach ihrer Art keine wesentliche Bedeutung für die gesamte Gesundheitsstörung hat, ist der Grad der Schädigungsfolgen genauso hoch wie der Grad der Behinderung, der sich aus der nun bestehenden gesamten Gesundheitsstörung ergibt.

6.2.4 Sind durch die bereits bestehende schädigungsunabhängige Gesundheitsstörung und durch die Schädigungsfolge verschiedene Organe, Gliedmaßen oder paarige Organe betroffen und verstärkt die bereits bestehende schädigungsunabhängige Gesundheitsstörung die Auswirkungen der schädigungsbedingten Funktionsstörung, ist der Grad der Schädigungsfolgen höher zu bewerten als bei isolierter Betrachtung der Schädigungsfolge.

6.3 Veränderung des Grades der Schädigungsfolgen

6.3.1 Ein schädigendes Ereignis kann zu einer zeitlich begrenzten Zunahme der Ausprägung einer Gesundheitsstörung führen und damit zu keinem oder nur zeitlich begrenzt zu einem Grad der Schädigungsfolgen.

6.3.2 Ein schädigendes Ereignis kann anhaltend, aber abgrenzbar den weiteren Verlauf der Gesundheitsstörung beeinflussen und damit zu einem gleichbleibenden Grad der Schädigungsfolgen führen.

6.3.3 Ein schädigendes Ereignis kann aber auch den weiteren Verlauf der Gesundheitsstörung richtunggebend bestimmen und damit Anlass für einen ansteigenden Grad der Schädigungsfolgen sein.

6.4 Nachfolgende Gesundheitsstörung
Eine Gesundheitsstörung, die zeitlich nach der Schädigungsfolge eingetreten ist und nicht in ursächlichem Zusammenhang mit der Schädigung steht, wird bei der Bewertung des Grades der Schädigungsfolgen nicht berücksichtigt.

7. Folgeschaden

Tritt nach einer Schädigung eine weitere Gesundheitsstörung ein und kommt der Schädigung oder deren Folgen für die Entstehung dieser Gesundheitsstörung eine mindestens gleichwertige Bedeutung gegenüber der Gesamtheit der anderen Ursachen zu, handelt es sich um einen Folgeschaden. Dieser ist bei der Feststellung des Grades der Schädigungsfolgen zu berücksichtigen. In diesem Falle ist stets zu prüfen, ob die anerkannte Schädigungsfolge auch gemäß dem gegenwärtig aktuellen Stand der medizinischen Wissenschaft anerkannt würde.

8. Folgen von medizinischen Maßnahmen

Haben diagnostische oder therapeutische Maßnahmen, die wegen Schädigungsfolgen durchgeführt werden, nachteilige gesundheitliche Folgen, so sind auch diese gesundheitlichen Folgen Schädigungsfolgen. Auch das Unterlassen einer medizinisch gebotenen Maßnahme kann zu einer gesundheitlichen Schädigung und damit zu einer Schädigungsfolge führen.

9. Absichtlich herbeigeführte Gesundheitsstörungen

Eine von der antragstellenden Person absichtlich herbeigeführte Schädigung führt entschädigungsrechtlich nicht zu einer Schädigungsfolge. Eine Selbsttötung, die

Folgen eines Selbsttötungsversuchs oder eine absichtlich herbeigeführte Gesundheitsstörung können nur dann Schädigungsfolge sein, wenn eine Beeinträchtigung der freien Willensbestimmung durch entschädigungsrechtlich geschützte Tatbestände wahrscheinlich ist.

10. Ursächlicher Zusammenhang zwischen Schädigung und Tod

10.1 Hat eine als Schädigungsfolge anerkannte Gesundheitsstörung den Tod verursacht und liegt zum Zeitpunkt des Todes eine Anerkennung der Gesundheitsstörung vor, gilt der Tod als Schädigungsfolge. Eine erneute Begutachtung der Wahrscheinlichkeit des ursächlichen Zusammenhanges ist nicht erforderlich, es sei denn, die bisherige Anerkennung ist aus heutiger Sicht zweifelsfrei unrichtig.

10.2 Stirbt eine geschädigte Person an einer im Sinne der Verschlimmerung anerkannten Gesundheitsstörung, so gilt der Tod als Schädigungsfolge, wenn die schädigungsbedingte Verschlimmerung für den Tod ursächlich gewesen ist.

10.3 Haben mehrere Gesundheitsstörungen zum Tod beigetragen und sind nicht alle diese Gesundheitsstörungen auch Schädigungsfolgen, ist zu prüfen, ob die Schädigungsfolgen eine mindestens gleichwertige Bedeutung für den Eintritt des Todes hatten. In diesem Fall gilt der Tod als Schädigungsfolge.

10.4 In Ausnahmefällen kann bei der Prüfung nach Nummer 10.2 auch der Zeitpunkt des Todes eine wichtige Rolle spielen, wenn neben den Schädigungsfolgen eine schwere, schädigungsunabhängige Gesundheitsstörung vorgelegen hat, die nach dem aktuellen Stand der medizinischen Wissenschaft ohne die Schädigungsfolgen noch nicht zu diesem Zeitpunkt, jedoch in absehbarer Zeit für sich allein zum Tode geführt hätte. In diesem Fall gilt der Tod als Schädigungsfolge, wenn die geschädigte Person ohne die Schädigungsfolgen wahrscheinlich mindestens ein Jahr länger gelebt hätte als mit den Schädigungsfolgen.

dd) Teil D: Merkzeichen

Inhaltsübersicht

1. Erhebliche Beeinträchtigung der Bewegungsfähigkeit im Straßenverkehr (Merkzeichen G)

a) Nach dem Neunten Buch Sozialgesetzbuch (SGB IX) ist zu beurteilen, ob ein behinderter Mensch infolge seiner Behinderung in seiner Bewegungsfähigkeit im Straßenverkehr erheblich beeinträchtigt ist. Hilflose und Gehörlose haben stets einen Anspruch auf unentgeltliche Beförderung im öffentlichen Personenverkehr.

b) In seiner Bewegungsfähigkeit im Straßenverkehr erheblich beeinträchtigt ist, wer infolge einer Einschränkung des Gehvermögens, auch durch innere Leiden, oder infolge von Anfällen oder von Störungen der Orientierungsfähigkeit nicht ohne erhebliche Schwierigkeiten oder nicht ohne Gefahren für sich oder andere Wegstrecken im Ortsverkehr zurückzulegen vermag, die üblicherweise noch zu Fuß zurückgelegt werden. Bei der Prüfung der Frage, ob diese Voraussetzungen vorliegen, kommt es nicht auf die konkreten örtlichen Verhältnisse des Einzelfalles an, sondern darauf, welche Wegstrecken allgemein – d.h. altersunabhängig von nicht behinderten Menschen – noch zu Fußzurückgelegt werden. Als ortsübliche Wegstrecke in diesem Sinne gilt eine Strecke von etwa zwei Kilometern, die in etwa einer halben Stunde zurückgelegt wird.

c) Auch bei Säuglingen und Kleinkindern ist die gutachtliche Beurteilung einer erheblichen Beeinträchtigung der Bewegungsfähigkeit im Straßenverkehr erforderlich. Für die Beurteilung sind dieselben Kriterien wie bei Erwachsenen mit gleichen Gesundheitsstörungen maßgebend. Es ist nicht zu prüfen, ob tatsächlich diesbezügliche behinderungsbedingte Nachteile vorliegen oderbehinderungsbedingte Mehraufwendungen entstehen.

d) Die Voraussetzungen für die Annahme einer erheblichen Beeinträchtigung der Bewegungsfähigkeit im Straßenverkehr infolge einer behinderungsbedingten Einschränkung des Gehvermögens sind als erfüllt anzusehen, wenn auf die Gehfähigkeit sich auswirkende Funktionsstörungen der unteren Gliedmaßen und/oder der Lendenwirbelsäule bestehen, die für sich einen GdB von wenigstens 50 bedingen. Darüber hinaus können die Voraussetzungen bei Behinderungen an den unteren Gliedmaßen mit einem GdB unter 50 gegeben sein, wenn diese Behinderungen sich auf die Gehfähigkeit besonders auswirken, z. B. bei Versteifung des Hüftgelenks, Versteifung des Knie-oder Fußgelenks in ungünstiger Stellung, arteriellen Verschlusskrankheiten mit einem GdB von 40. Auch bei inneren Leiden kommt es bei der Beurteilung entscheidend auf die Einschränkung des Gehvermögens an. Dementsprechend ist eine erhebliche Beeinträchtigung der Bewegungsfähigkeit vor allem bei Herzschäden mit Beeinträchtigung der Herzleistung wenigstens nach Gruppe 3 und bei Atembehinderungen mit dauernder Einschränkung der Lungenfunktion wenigstens mittleren Grades anzunehmen. Auch bei anderen inneren Leiden mit einer schweren Beeinträchtigung der körperlichen Leistungsfähigkeit, z.B. chronische Niereninsuffizienz mit ausgeprägter Anämie, sind die Voraussetzungen als erfüllt anzusehen.

e) Bei hirnorganischen Anfällen ist die Beurteilung von der Art und Häufigkeit der Anfälle sowie von der Tageszeit des Auftretens abhängig. Im Allgemeinen ist auf eine erhebliche Beeinträchtigung der Bewegungsfähigkeit erst ab einer mittleren Anfallshäufigkeit mit einem GdS von wenigstens 70 zuschließen, wenn die Anfälle überwiegend am Tage auftreten. Analoges gilt beim Diabetes mellitus mithäufigen hypoglykämischen Schocks.

f) Störungen der Orientierungsfähigkeit, die zu einer erheblichen Beeinträchtigung der Bewegungsfähigkeit führen, sind bei allen Sehbehinderungen mit einem GdB von wenigstens 70 und bei Sehbehinderungen, die einen GdB von 50 oder 60 bedingen, nur in Kombination miterheblichen Störungen der Ausgleichsfunktion (z. B. hochgradige Schwerhörigkeit beiderseits, geistige

Behinderung) anzunehmen. Bei Hörbehinderungen ist die Annahme solcher Störungen nur bei Taubheit oder an Taubheit grenzender Schwerhörigkeit im Kindesalter (in der Regel bis zum 16. Lebensjahr) oder im Erwachsenenalter bei diesen Hörstörungen in Kombination mit erheblichen Störungen der Ausgleichsfunktion (z. B. Sehbehinderung, geistige Behinderung) gerechtfertigt. Bei geistig behinderten Menschen sind entsprechende Störungen der Orientierungsfähigkeit vorauszusetzen, wenn die behinderten Menschen sich im Straßenverkehr auf Wegen, die sie nichttäglich benutzen, nur schwer zurechtfinden können. Unter diesen Umständen ist eine erhebliche Beeinträchtigung der Bewegungsfähigkeit bei geistigen Behinderungen mit einem GdB von 100 immer und mit einem GdB von 80 oder 90 in den meisten Fällen zu bejahen. Bei einem GdB unter 80 kommt eine solche Beeinträchtigung der Bewegungsfähigkeit nur in besonders gelagerten Einzelfällen in Betracht.

2. Berechtigung für eine ständige Begleitung (Merkzeichen B)

a) Für die unentgeltliche Beförderung einer Begleitperson ist nach dem SGB IX die Berechtigung für eine ständige Begleitung zu beurteilen. Auch bei Säuglingen und Kleinkindern ist die gutachtliche Beurteilung der Berechtigung für eine ständige Begleitung erforderlich. Für die Beurteilung sind dieselben Kriterien wie bei Erwachsenen mit gleichen Gesundheitsstörungen maßgebend. Es ist nicht zu prüfen, ob tatsächlich diesbezügliche behinderungsbedingte Nachteile vorliegen oderbehinderungsbedingte Mehraufwendungen entstehen.

b) Eine Berechtigung für eine ständige Begleitung ist bei schwerbehinderten Menschen (bei denen die Voraussetzungen für die Merkzeichen »G«, »Gl« oder »H« vorliegen) gegeben, die bei der Benutzung von öffentlichen Verkehrsmitteln infolge ihrer Behinderung regelmäßig auf fremde Hilfe angewiesen sind. Dementsprechend ist zu beachten, ob sie bei der Benutzung öffentlicher Verkehrsmittelregelmäßig auf fremde Hilfe beim Ein- und Aussteigen oder während der Fahrt des Verkehrsmittels angewiesen sind oder ob Hilfen zum Ausgleich von Orientierungsstörungen (z. B. bei Sehbehinderung, geistiger Behinderung) erforderlich sind.

c) Die Berechtigung für eine ständige Begleitung ist anzunehmen bei Querschnittgelähmten, Ohnhändern, Blinden und Sehbehinderten, Hörbehinderten, geistig behinderten Menschen und Anfallskranken, bei denen die Annahme einer erheblichen Beeinträchtigung der Bewegungsfähigkeit im Straßenverkehr gerechtfertigt ist.

3. *(aufgehoben)*

4. Gehörlosigkeit (Merkzeichen Gl)

Gehörlos sind nicht nur Hörbehinderte, bei denen Taubheit beiderseits vorliegt, sondern auch Hörbehinderte mit einer an Taubheit grenzenden Schwerhörigkeit beiderseits, wenn daneben schwere Sprachstörungen(schwer verständliche Lautsprache, geringer Sprachschatz) vorliegen. Das sind in der Regel Hörbehinderte, bei denen die an Taubheit grenzende Schwerhörigkeit angeboren oder in der Kindheit erworben worden ist.

IV. Gemeinsame Empfehlungen

Gemäß § 26 SGB IX vereinbaren die Rehabilitationsträger (§ 6 Abs. 1 Nr. 1 bis 5 SGB IX) Gemeinsame Empfehlungen (GE) zur Sicherung der Zusammenarbeit sowie zur Anwendung des geltenden Rechts.
Die GE werden im Rahmen der Bundesarbeitsgemeinschaft für Rehabilitation (BAR) vereinbart.
Die BAR ist als eingetragener Verein konstituiert und gemeinsame Organisation der Sozialversicherungsträger (Träger der gesetzlichen Krankenversicherung, Träger der gesetzlichen Unfallversicherung, Träger der gesetzlichen Rentenversicherung, Bundesagentur für Arbeit) und weiterer Mitglieder, namentlich die Bundesländer, die Bundesvereinigung der Deutschen Arbeitgeberverbände, der Deutsche Gewerkschaftsbund, die Bundesarbeitsgemeinschaft der Integrationsämter und Hauptfürsorgestellen, die Bundesarbeitsgemeinschaft der überörtlichen Träger der Sozialhilfe und der Eingliederungshilfe sowie die Kassenärztliche Bundesvereinigung.
Das SGB IX enthält keine Regelung zur rechtlichen Qualität und Verbindlichkeit der GE. Der Begriff »Empfehlung« bedeutet in diesem Kontext nicht, dass diese unverbindlich sind. Kommt es nicht zu einer Vereinbarung oder Änderung unzureichend gewordener Empfehlungen innerhalb von sechs Monaten, nachdem das Bundesministerium für Arbeit und Soziales (BMAS) dazu aufgefordert hat, sieht § 27 SGB IX vor, dass das BMAS Regelungen durch Rechtsverordnung, je nach Adressat:innen, mit oder ohne Zustimmung des Bundesrates bzw. im Einvernehmen mit dem Bundesministerium für Gesundheit erlässt.
Der Abschluss Gemeinsamer Empfehlungen ist den Trägern der Rehabilitation nicht gänzlich freigestellt. Es handelt sich daher um vereinbarte Verwaltungsregelungen, deren interne Bindung sich aus der Vereinbarung ergibt. Im Verhältnis zu den Leistungsberechtigten tritt dadurch eine dem Gleichbehandlungsgrundsatz dienende Selbstbindung der Verwaltung ein. Eine Abweichung zu Ungunsten der Betroffenen ist rechtswidrig.

1. »Prävention«

a) Einführung

Zusammen mit der Verabschiedung des Bundesteilhabegesetzes hat der Bundestag auch einen Entschließungsantrag der CDU/CSU und SPD vom 1. 12. 2016 angenommen. In Ziffer 5 der Entschließung zur »Stärkung des Betrieblichen Eingliederungsmanagements« wird eine Gemeinsame Empfehlung der Rehabilitationsträger zum Betrieblichen Eingliederungsmanagement mit konkreten verfahrensrechtlichen Mindeststandards durch die BAR gefordert.
Dieser Auftrag wurde mit der »Gemeinsame Empfehlung nach § 26 Abs. 2 Nr. 1 i. V. m. § 25 Abs. 1 Nr. 5 SGB IX, damit Prävention entsprechend dem in § 3 SGB IX genannten Ziel erbracht wird« (»Prävention nach § 3 SGB IX«) aus dem Jahr 2018 aufgegriffen.

Anhand des Bezugsrahmens der UN-Konvention über die Rechte von Menschen mit Behinderungen (UN-BRK) und der »Internationalen Klassifikation der Funktionsfähigkeit, Behinderung und Gesundheit« (ICF) wird entwickelt (§ 4 der GE Prävention), wie das Gebot der Prävention des § 3 SGB IX von allen Rehabilitationsträgern umgesetzt werden soll.
Die Gemeinsame Empfehlung »Prävention nach § 3 SGB IX« legt den Schwerpunkt auf den Lebensbereich Arbeit und Beschäftigung. Sie betont das ganzheitliche und bedarfsgerechte Zusammenspiel von Arbeitsschutz, Betrieblicher Gesundheitsförderung, Prävention, Rehabilitation und Teilhabe innerhalb eines inklusiven Arbeitsmarktes (§ 5 der GE).
In § 8 der Empfehlung sind Regelungen zur Information und Unterstützung von Arbeitgeber:innen und Arbeitnehmer:innen enthalten, während § 9 sich mit dem Betrieblichen Eingliederungsmanagement (BEM) gemäß § 167 Abs. 2 SGB IX befasst. Insbesondere hebt § 9 Abs. 3 der GE die Bedeutung der Verzahnung der Tätigkeiten der Rehabilitationsträger und Integrationsämter mit den Betrieben und Dienststellen hervor.

b) Text der Gemeinsamen Empfehlung

Gemeinsame Empfehlung nach § 26 Abs. 2 Nr. 1 i.V.m. § 25 Abs. 1 Nr. 5 SGB IX, damit Prävention entsprechend dem in § 3 SGB IX genannten Ziel erbracht wird

Präambel
Die Rehabilitationsträger und die Integrationsämter sind dafür verantwortlich, dass Prävention entsprechend dem in § 3 SGB IX genannten Ziel geleistet wird. Die wirkungsvolle Verfolgung dieses Ziels erfordert eine rechtzeitige Zusammenarbeit, ein abgestimmtes Vorgehen und geeignete Maßnahmen aller Beteiligten.
Diese Gemeinsame Empfehlung greift zudem die UN-Konvention über die Rechte von Menschen mit Behinderungen (UN-BRK) auf, so dass eine Ausgestaltung und Weiterentwicklung der Prävention nach § 3 SGB IX auch im Sinne der UN-BRK sichergestellt wird.
Zu diesem Zweck vereinbaren

- die gesetzlichen Krankenkassen,
- die Bundesagentur für Arbeit,
- die Träger der gesetzlichen Unfallversicherung,
- die Träger der gesetzlichen Rentenversicherung,
- die Sozialversicherung für Landwirtschaft, Forsten und Gartenbau als Träger der Alterssicherung der
- Landwirte, der landwirtschaftlichen Krankenversicherung und der landwirtschaftlichen Unfallversicherung,
- die Träger der Kriegsopferversorgung und die Träger der Kriegsopferfürsorge im Rahmen des Rechts der
- sozialen Entschädigung bei Gesundheitsschäden sowie
- die Integrationsämter in Bezug auf die Leistungen und sonstige Hilfen für schwerbehinderte Menschen
- die nachfolgende Gemeinsame Empfehlung.

Die Träger der Eingliederungshilfe und der öffentlichen Jugendhilfe orientieren sich bei der Wahrnehmung ihrer Aufgaben an dieser Gemeinsamen Empfehlung oder können ihr beitreten (vgl. § 26 Abs. 5 S. 2 SGB IX).

Der Deutsche Bundestag hat am 01.12.2016 zu dem von ihm verabschiedeten Gesetz zur Stärkung der Teilhabe und Selbstbestimmung von Menschen mit Behinderungen (Bundesteilhabegesetz – BTHG) den Entschließungsantrag der CDU/CSU und SPD angenommen. In Ziffer 5. »Stärkung des Betrieblichen Eingliederungsmanagements« heißt es:

»... Eine auf Ebene der Bundesarbeitsgemeinschaft für Rehabilitation abgeschlossene gemeinsame Empfehlung der Rehabilitationsträger zum Betrieblichen Eingliederungsmanagement, welche konkrete verfahrensrechtliche Mindeststandards verlangt, könnte für alle Verfahrensbeteiligte ein Anlass sein, die Suche nach dem für die betriebliche Situation geeigneten Verfahren aufzunehmen oder zu intensivieren und auf diesem Weg zugleich den präventiven Arbeitsschutz zu fördern. Dabei sollte insbesondere die Interessenlage kleiner und mittlerer Unternehmen berücksichtigt werden. Hier fehlt es häufig an den personellen und fachlichen Ressourcen, die für die Einführung eines Betrieblichen Eingliederungsmanagements notwendig sind. Das Bundesministerium für Arbeit und Soziales wird deshalb gebeten, die Bundesarbeitsgemeinschaft für Rehabilitation aufzufordern, eine entsprechende gemeinsame Empfehlung zum Betrieblichen Eingliederungsmanagement zu vereinbaren.«

Die Rehabilitationsträger und Integrationsämter werden diese Entschließung im Wege der Umsetzung der Regelungsinhalte dieser Gemeinsamen Empfehlung weiterführend aufgreifen. Hierbei werden im Besonderen die Interessenslagen kleiner und mittlerer Unternehmen berücksichtigt.

§ 1 Anwendungsbereich

(1) Prävention als Grundprinzip der sozialen Sicherung ist eine gesamtgesellschaftliche Aufgabe mit vielen Zuständigen und Verantwortlichen. Nach § 3 SGB IX wirken die Rehabilitationsträger und Integrationsämter bei Aufklärung, Beratung, Auskunft und Ausführung von Leistungen sowie in Zusammenarbeit mit den Arbeitgebern im Rahmen des Betrieblichen Eingliederungsmanagements darauf hin, dass der Eintritt einer Behinderung einschließlich einer chronischen Krankheit vermieden wird. Prävention nach § 3 SGB IX bildet somit ein der Rehabilitation vorgelagertes Handlungsfeld. Ein zielgerichtetes Einwirken in diesem Sinne erfordert sowohl die Zusammenarbeit der Rehabilitationsträger untereinander und mit den Integrationsämtern als auch die Zusammenarbeit der unterschiedlichen Fachbereiche innerhalb der Träger.

(2) Die Aktivitäten der Rehabilitationsträger und Integrationsämter im Bereich der Prävention zielen darauf ab, dass Risikofaktoren, Gesundheitsgefährdungen und -probleme frühestmöglich identifiziert und aufgegriffen werden. Prävention nach § 3 SGB IX bedeutet, Beeinträchtigungen der Teilhabe am Leben in der Gesellschaft vorherzusehen und ihnen aktiv entgegenzuwirken. Bei einer bereits vorliegenden Behinderung ist eine mögliche (weitere) Beeinträchtigung der Gesundheits- bzw. Teilhabesituation zu verhindern. Bezugspunkte für Prävention nach § 3 SGB IX sind die Bedarfs- und Lebenslagen des Individuums.

§ 2 Nationale Präventionsstrategie

(1) Im Interesse einer wirksamen und zielgerichteten Zusammenarbeit auf dem Gebiet der Gesundheitsförderung und Prävention haben die gesetzliche Kranken-, Unfall-, Renten- sowie soziale Pflegeversicherung untereinander und mit den Zuständigen in den Lebenswelten und weiteren Sozialversicherungsträgern eine nationale Präventionsstrategie entwickelt. Hierzu wurden bundeseinheitliche trägerübergreifende Rahmenempfehlungen (Bundesrahmenempfehlungen der nationalen Präventionskonferenz nach § 20d Abs. 3 SGB V) verabschiedet, deren wesentlicher Bezugspunkt die Lebenswelten sind. Die formulierten Ziele und Zielgruppen schließen Menschen in jeder Lebensphase ein. Gleichzeitig werden Risikogruppen wie nicht erwerbstätige Frauen und Männer, Kinder oder ältere Menschen mit gesundheitlichen Beeinträchtigungen oder ungünstigen sozialen Kontextfaktoren besonders berücksichtigt.

(2) Die Rehabilitationsträger nach § 6 Abs. 1 Nr. 1 bis 4 und 6 SGB IX und ihre Verbände bringen die Erfahrungen zu dieser Gemeinsamen Empfehlung innerhalb der Nationalen Präventionskonferenz und den auf Landesebene aktiven Steuerungsgremien ein. Sie wirken insbesondere mit der Zielstellung der Vermeidung von Beeinträchtigungen bei der Teilhabe am Leben in der Gesellschaft bei der Entwicklung und Umsetzung der nationalen Präventionsstrategie mit.

§ 3 Prinzipien der Prävention

(1) Prävention nach § 3 SGB IX beabsichtigt grundsätzlich zum einen eine Verhältnismodifikation, also eine Beeinflussung der gesellschaftlichen Rahmenbedingungen sowie der Gesundheitsrisiken, die von den Lebens- und Arbeitsbedingungen ausgehen. Zum anderen zielt sie auf eine Verhaltensmodifikation und Verbesserung der gesundheitlichen Situation, indem sie bei einzelnen Personen bzw. Gruppen von Personen ansetzt.

(2) Die betroffenen Personen sind in die Planung von Präventionsmaßnahmen aktiv einzubeziehen und ihre generellen Gesundheitskompetenzen zu fördern. Dies entspricht dem Grundprinzip der selbstbestimmten Teilhabe. Dabei können auch Selbsthilfegruppen und Selbsthilfeorganisationen von chronisch kranken Menschen und Menschen mit Behinderungen sowie Selbsthilfekontaktstellen eine wichtige unterstützende Funktion ausüben.

(3) Für den längerfristigen Erfolg von Präventionsmaßnahmen spielt die Motivation der beteiligten Personen, gesund und arbeitsfähig zu bleiben bzw. zu werden, eine zentrale Rolle. Gezielte Ansprachen durch die Rehabilitationsträger und Integrationsämter sollen gerade die Personen mit hohen gesundheitlichen Risiken motivieren und ihre Eigenverantwortung fördern.

§ 4 Berücksichtigung im Einzelfall relevanter Kontextfaktoren/ICF

(1) Die Prävention im Sinne des SGB IX basiert auf dem bio-psycho-sozialen Modell der WHO. Sowohl die Funktionsfähigkeit als auch die Behinderung eines Menschen werden hier als das Ergebnis einer komplexen Beziehung zwischen dem Menschen mit einem Gesundheitsproblem und seinen umwelt- und personenbezogenen Faktoren (Kontextfaktoren) betrachtet und mit Hilfe der Internationalen

Klassifikation der Funktionsfähigkeit, Behinderung und Gesundheit (ICF) beschrieben.
(2) Um Beeinträchtigungen der Teilhabe entgegenzuwirken, ist Prävention nach § 3 SGB IX insbesondere auch auf eine – im Lebens- und Erwerbsverlauf möglichst frühzeitige – Beeinflussung von Kontextfaktoren gerichtet. Beeinflussung bedeutet sowohl die Vermeidung und den Abbau von Barrieren als auch den Aufbau und die Erhaltung von Ressourcen. Hierbei werden gleichermaßen die individuellen Eigenschaften und Erfahrungen einer Person als auch ihre jeweilige soziale und physische Umwelt berücksichtigt.
(3) Die Rehabilitationsträger und Integrationsämter beziehen die individuellen Kontextfaktoren, sofern sie sich im Einzelfall günstig oder ungünstig auswirken, im Zuge ihrer Sachaufklärung, bei der Beratung und der Auswahl geeigneter Leistungen ein.

§ 5 Arbeit und Beschäftigung

(1) Diese Gemeinsame Empfehlung legt ihren Schwerpunkt auf den Lebensbereich der Arbeit und Beschäftigung. Damit greift sie das in den Bundesrahmenempfehlungen (im Sinne von § 2) formulierte Ziel »Gesund leben und arbeiten« auf und fokussiert in diesem Bereich die selbstbestimmte Teilhabe sowie das ganzheitliche und bedarfsgerechte Zusammenspiel von Arbeitsschutz, Betrieblicher Gesundheitsförderung, Prävention, Rehabilitation und Teilhabe innerhalb eines inklusiven Arbeitsmarktes.
(2) Die Möglichkeit zu arbeiten wirkt sich in vielfältiger Weise auf die Chancen zur Teilhabe am Leben in der Gesellschaft aus. Die Förderung und der Erhalt von bzw. die (Wieder-)Eingliederung in Arbeit und Beschäftigung eröffnen Räume für die persönliche Entwicklung, Selbstverwirklichung, Erfolgserlebnisse und die Erfahrung, gebraucht zu werden. Der Erwerb des eigenen Einkommens trägt wesentlich zur individuellen Ressourcenausstattung, materiellen Unabhängigkeit und damit zur Möglichkeit der Teilhabe am Leben in der Gesellschaft bei.
(3) Menschen in Arbeit und Beschäftigung zu bringen sowie ihre Gesundheit und Arbeitsfähigkeit nachhaltig zu erhalten, ist das gemeinsame Ziel der Rehabilitationsträger und Integrationsämter. Der Übergang von der Schule in den Beruf stellt im Erwerbsverlauf eine wichtige Phase dar. Handlungsbedarf besteht in der Stärkung von Schulbildung sowie Berufsausbildung als Präventionsmaßnahme. Bei der Förderung Jugendlicher mit schlechten Startchancen ist frühzeitig anzusetzen. Unter demografischen Gesichtspunkten muss auch den Bedarfen älter werdender Belegschaften Rechnung getragen werden. Besonderes Augenmerk ist zudem auf den immer bedeutender werdenden Bereich der psychischen Erkrankungen zu legen.
(4) Menschen mit Behinderungen sind nicht per se in ihrer Leistungsfähigkeit eingeschränkt. Sie zählen jedoch zu einer Bevölkerungsgruppe, die – zusätzlich zu individuellen gesundheitlichen Dispositionen – mit gesellschaftlichen und strukturellen Barrieren, negativen Zuschreibungen und Fehleinschätzungen konfrontiert ist.
In der UN-BRK werden Konkretisierungen der Menschenrechte für die Lebenslagen von Menschen mit Behinderungen vorgenommen. So ist die Sicherung der

Verwirklichung des Rechts auf Arbeit unter anderem durch Unterstützung bei der Arbeitssuche, beim Erhalt und der Beibehaltung eines Arbeitsplatzes sowie beim beruflichen Wiedereinstieg zu fördern. Zudem haben Menschen mit Behinderungen ein Recht auf die Gestaltung sicherer und gesunder Arbeitsbedingungen; es sind angemessene Vorkehrungen zu treffen sowie Programme für die berufliche Rehabilitation zu fördern.

§ 6 Prävention und Rehabilitation vor Rente und Pflege

(1) Prävention nach § 3 SGB IX ist ebenso wie die Rehabilitation darauf gerichtet, die Beschäftigungsfähigkeit zu erhalten sowie den vorzeitigen Eintritt von Pflegebedürftigkeit zu vermeiden und Zugängen in die Eingliederungshilfe frühzeitig entgegenzuwirken. Prävention nach § 3 SGB IX bedeutet insbesondere ein Tätigwerden und Unterstützen bevor Rehabilitationsbedürftigkeit entsteht (»Vorrang von Prävention«) und ist damit neben der Rehabilitation ein eigenständiges Handlungsfeld. Wenn besondere Gesundheitsgefährdungen vorliegen oder eine Gesundheitsproblematik bereits eingetreten ist, wird bedarfsweise eine Intervention verfolgt, die präventive und rehabilitative Leistungen sowie verschiedene Leistungsträger berücksichtigt. In diesen Fällen ist die Erkennung, Ermittlung und Koordination des Gesamtbedarfs einzelfallbezogen auszurichten. Die Rehabilitationsträger weisen im Rahmen ihrer Aufgabenerfüllung auf das Angebot der ergänzenden unabhängigen Teilhabeberatung hin.
(2) Die frühzeitige und umfassende Identifizierung von Bedarfen und die Einleitung geeigneter Maßnahmen ist eine Aufgabe, die eine systematische Kommunikation und einen Erkenntnis- bzw. Wissenstransfer zwischen den Fachkräften der Prävention und der Rehabilitation erfordert. Die Rehabilitationsträger und Integrationsämter fördern die Zusammenarbeit und Abstimmung zwischen Mitarbeitenden in diesen beiden Leistungsfeldern, sowohl innerhalb des eigenen Trägerbereiches als auch trägerübergreifend. Sie stärken hierzu die Kompetenzen der Mitarbeitenden durch Fort- und Weiterbildungsangebote.

§ 7 Identifikation des Präventionsbedarfs

(1) Der Präventionsbedarf ist in einem frühestmöglichen Stadium zu identifizieren. Die Rehabilitationsträger und Integrationsämter unterstützen in Abstimmung untereinander und mit den anderen Beteiligten die Fortentwicklung, Verbreitung und Nutzung bestehender Instrumente und Frühwarnsysteme, die Prognosen über die Entstehung und den Verlauf chronischer Erkrankungen und Behinderungen ermöglichen, z. B.

- Screening-Verfahren (z. B. Fragebögen)
- work ability index (WAI)
- Gefährdungsbeurteilung
- Gesundheitsberichte
- Gesundheitsorientierte Beratung
- Assessment-Instrumente
- Gesundheitsuntersuchungen
- arbeitsmedizinische Vorsorgeuntersuchungen
- Sozialversicherungsdaten

- Inklusionsvereinbarungen gem. § 166 SGB IX
- Betriebliches Eingliederungsmanagement gem. § 167 SGB IX.

Die Rehabilitationsträger und Integrationsämter tauschen sich über ihre Erfahrungen zu den eingesetzten oder auch geplanten neuen Instrumenten und Frühwarnsystemen fortgesetzt aus und entwickeln sie unter Nutzung der Möglichkeiten des bio-psycho-sozialen Modells der WHO weiter. Wo möglich, werden sie trägerübergreifend vereinheitlicht. Darüber hinaus ist eine trägerübergreifende Verständigung auf Indikatoren und Sachverhalte weiter zu verfolgen, die es ermöglicht, dass präventive Beratungs- und Unterstützungsbedarfe frühestmöglich identifiziert und aufgegriffen werden.

(2) Die Rehabilitationsträger und Integrationsämter unterstützen die Betriebe mit Hilfe der vorgenannten Instrumente, gesundheitliche Risiken, Risikofaktoren, strukturelle Barrieren, und Gesundheitspotenziale der Beschäftigten zu ermitteln. Wichtige Partner für die Bedarfserkennung sind die Betriebs- und Werksärzte sowie die Interessenvertretung der Schwerbehinderten. Ein aufmerksamer Blick auf alternskritische Arbeitsbereiche und -formen (z. B. Nacht- und Schichtarbeit) sowie Branchen bzw. Berufe, bei denen Verweildauern aus gesundheitlichen und motivationalen Gründen deutlich unterdurchschnittlich ausfallen (z. B. Pflege) oder die mit der Gefahr der vorzeitigen Erwerbsminderung einhergehen, ist dabei angezeigt.

(3) Im Rahmen der Bedarfsermittlung und auch der weiteren Planung und Durchführung der Prävention nach § 3 SGB IX ist die Vielfalt (»Diversity«) in Belegschaften zu beachten und eine Stigmatisierung bzw. Diskriminierung von Einzelpersonen oder Gruppen zu vermeiden. Statistisch beobachtbare sozioökonomische, behinderungsbezogene, geschlechtsbezogene, ethnische, kulturelle und andere Zusammenhänge mit Mortalität und Morbidität deuten auf ungleich verteilte Gesundheits- und Teilhabechancen hin, denen mit besonderer Sensibilität begegnet werden muss.

§ 8 Information und Unterstützung von Arbeitgeber und Arbeitnehmer

(1) Die Rehabilitationsträger und Integrationsämter wirken darauf hin, dass die Arbeitgeber und ihre Arbeitnehmer über die Möglichkeiten der Prävention informiert und zur Umsetzung in ihren Betrieben angeregt werden. Nach Möglichkeit werden bei Informationsangeboten und -veranstaltungen weitere Träger mit einbezogen, um den Betrieben gemeinsam gegenüberzutreten.

(2) Sie legen hierzu innerhalb ihrer Organisation fest, welche Stelle im Sinne einer Kontaktstelle Auskünfte und Beratung über eine weiterführende Unterstützung bei der Umsetzung leistet, z. B. Ansprechstellen nach § 12 SGB IX, Koordinierungsstellen nach § 20b Abs. 3 SGB V. Von diesen Stellen werden auch Auskünfte über die Leistungen der anderen Vereinbarungspartner gegeben und im Einzelfall der Kontakt vermittelt.

(3) Im Anhang zu dieser Gemeinsamen Empfehlung sind Beispiele für die Zusammenarbeit der Akteure im Sinne dieser Gemeinsamen Empfehlung in kurzer Form beschrieben.

§ 9 Betriebliches Eingliederungsmanagement

(1) Arbeitgeber sind nach § 167 Abs. 2 SGB IX verpflichtet, ein Betriebliches Eingliederungsmanagement einzuführen für Beschäftigte, die länger als sechs Wochen im Jahr arbeitsunfähig sind. Das Betriebliche Eingliederungsmanagement ist ein kooperativer organisierter Suchprozess, an dem die jeweils für Gesundheit und Teilhabe relevanten Akteure inner- und überbetrieblich zusammenwirken, um die Arbeitsunfähigkeit zu beenden und den Beschäftigten mit gesundheitlichen Problemen oder Behinderung möglichst dauerhaft auf einem geeigneten Arbeitsplatz einzusetzen. Bei der Verarbeitung von Daten besitzt die Einhaltung des Grundsatzes der Erforderlichkeit eine außerordentliche Bedeutung.

(2) Kommen Leistungen zur Teilhabe oder begleitende Hilfen im Arbeitsleben in Betracht, werden vom Arbeitgeber die Rehabilitationsträger und, im Zusammenhang mit schwerbehinderten oder diesen gleichgestellten Beschäftigten, das Integrationsamt hinzugezogen. Diese wirken im Einzelfall darauf hin, dass Leistungen zur Teilhabe oder begleitende Hilfen unverzüglich beantragt und fristgerecht erbracht werden.

(3) Die Rehabilitationsträger und Integrationsämter unterstützen die Arbeitgeber proaktiv bei der Implementierung des Betrieblichen Eingliederungsmanagements, ggf. als Bestandteil eines umfassenden Betrieblichen Gesundheitsmanagements. Ziel sollte dabei sein, den für die Betriebe gesetzlich verpflichtenden Arbeitsschutz und das gesetzlich verpflichtende Betriebliche Eingliederungsmanagement ggf. mit einer für Betriebe freiwilligen Betrieblichen Gesundheitsförderung zu verzahnen.

(4) Die Rehabilitationsträger und die Integrationsämter haben die Möglichkeit – auch unter Berücksichtigung der zur Verfügung stehenden Finanzmittel – Arbeitgeber bei Einführung eines Betrieblichen Eingliederungsmanagements mit einer Prämie oder einem Bonus zu fördern. Hierzu stimmen sie sich gemeinsam über Voraussetzungen sowie Art und Umfang der Förderung ab.

§ 10 Datenschutz

In Zusammenhang mit allen Aktivitäten und Maßnahmen zur Prävention nach § 3 SGB IX sind der Schutz der personenbezogenen Daten einschließlich der Sozialdaten sowie das Recht auf informationelle Selbstbestimmung im Rahmen der Wahrung der Persönlichkeitsrechte zu gewährleisten. Bei der Weitergabe von Daten sind die Einwilligungserfordernis und der Grundsatz der Erforderlichkeit der Datenverarbeitung zu beachten.

§ 11 Berichterstattung

Die Rehabilitationsträger berichten im Rahmen des Zwei-Jahresberichts entsprechend § 26 Abs. 8 SGB IX und unter Berücksichtigung der Festlegungen im Ausschuss »Gemeinsame Empfehlungen« der Bundesarbeitsgemeinschaft für Rehabilitation von ihren Erfahrungen mit dieser Gemeinsamen Empfehlung; jedoch frühestens sechs Monate nach deren In-Kraft-Treten.

§ 12 In-Kraft-Treten

(1) Diese Gemeinsame Empfehlung tritt am 01.01.2018 in Kraft und ersetzt die zuvor seit dem 01.04.2005 gültige Gemeinsame Empfehlung.

(2) Die Vereinbarungspartner und die anderen Rehabilitationsträger werden auf der Ebene der Bundesarbeitsgemeinschaft für Rehabilitation in angemessenen Zeitabständen – unter Einbeziehung der Verbände behinderter Menschen einschließlich der Verbände der freien Wohlfahrtspflege, der Selbsthilfegruppen und der Interessenvertretungen behinderter Frauen – prüfen, ob diese Empfehlung auf Grund zwischenzeitlich gewonnener Erfahrungen und eingetretener Entwicklungen verbessert oder wesentlich veränderten Verhältnissen angepasst werden muss. Für diesen Fall erklären die Vereinbarungspartner ihre Bereitschaft, unverzüglich an der Überarbeitung einer entsprechend zu ändernden Gemeinsamen Empfehlung mitzuwirken.

2. »Reha-Prozess«

a) Einführung

Im Jahr 2019 wurde die Gemeinsame Empfehlung »Reha-Prozess« von der BAR veröffentlicht. Der volle Name lautet »Gemeinsame Empfehlung zur Zuständigkeitsklärung, zur Erkennung, Ermittlung und Feststellung des Rehabilitationsbedarfs (einschließlich Grundsätzen der Instrumente zur Bedarfsermittlung), zur Teilhabeplanung und zu Anforderungen an die Durchführung von Leistungen zur Teilhabe gemäß § 26 Abs. 1 i. V. m. § 25 Abs. 1 Nr. 1 bis 3 und 6 und gemäß § 26 Abs. 2 Nr. 2, 3, 5, 7 bis 9 SGB IX«.
Der Verabschiedung ging ein längerer Diskussionsprozess voraus. Mit der Anpassung des SGB IX im Rahmen des Bundesteilhabegesetzes wurden auch die konkreten Vorgaben für Rehabilitationsleistungen präzisiert. Im Zuge dessen haben die Rehabilitationsträger in dieser Gemeinsamen Empfehlung Regelungen erarbeitet und miteinander vereinbart, wie die Vorschriften des SGB IX auszulegen und umzusetzen sind. Als untergesetzliche Regelungsebene wird so Rechtssicherheit für die Beteiligten geschaffen.

aa) Zielsetzung

Die GE »Reha-Prozess« verfolgt das Ziel, sicherzustellen, dass alle beteiligten Träger von Rehabilitationsleistungen vergleichbare Standards anwenden. Dies betrifft insbesondere die frühzeitige Bedarfserkennung sowie die Klärung der Zuständigkeiten, wobei keine Nachteile für die Leistungsberechtigten entstehen dürfen. Auf diese Weise soll eine zeitnahe Leistungsentscheidung gewährleistet werden. Darüber hinaus soll die Bedarfsermittlung möglichst umfassend erfolgen, bei komplexem Hilfebedarf eine verbindliche Teilhabeplanung umgesetzt werden, eine hohe Qualität bei der Leistungserbringung sichergestellt und die Nachsorge organisiert werden, um die Nachhaltigkeit des Rehabilitationserfolgs zu gewährleisten.

bb) Hintergrund

Die GE »Reha-Prozess« ersetzt die Gemeinsame Empfehlung zur Erkennung und Feststellung des Teilhabebedarfs, zur Teilhabeplanung und zu Anforderungen an die Durchführung von Leistungen zur Teilhabe (»Reha-Prozess«) gemäß §§ 12 Abs. 1 Nr. 1 bis 3, 13 Abs. 2 Nr. 2, 3, 5, 8 und 9 SGB IX vom 1. August 2014 sowie die Gemeinsame Empfehlung über die Ausgestaltung des in § 14 SGB IX bestimmten Verfahrens (»Zuständigkeitsklärung«) vom 28. September 2010. Die Regelungsinhalte der beiden (Alt-)Empfehlungen sind mit der Empfehlung von 2019 neu strukturiert und ergänzt worden.

cc) Inhalt

Die GE »Reha-Prozess« geht von einem »modelhaften und idealtypischen« Rehabilitationsprozess aus und teilt diesen in die folgenden Abschnitte ein:
- Bedarfserkennung (§ 10 – § 18)
- Zuständigkeitsklärung (§ 19 – § 25)
- Bedarfsermittlung und Bedarfsfeststellung (§ 26 – § 46)
- Teilhabeplanung (§ 47 – § 66)
- Leistungsentscheidung (§ 67 – § 78)
- Durchführung von Leistungen zur Teilhabe (§ 79 – § 83)
- Aktivitäten zum bzw. nach Ende einer Leistung zur Teilhabe (§ 84 – § 87)

Im Rahmen der Bedarfserkennung legt § 13 Abs. 4 der GE den Auftrag fest, dass die Träger der Rehabilitation betriebliche Akteure wie Arbeitgeber:innen, Schwerbehindertenvertretungen sowie Personal- und Betriebsräte durch geeignete Informationsangebote befähigen sollen, Veränderungen im Verhalten von Beschäftigten sowie Beeinträchtigungen in deren Aktivitäten und Teilhabe zu erkennen. Diese Akteure sollen in der Lage sein, die Betroffenen gegebenenfalls auf Hilfsangebote und Beratungsdienste hinzuweisen.

Auch im Bereich der regionalen Zusammenarbeit enthält die Gemeinsame Empfehlung Regelungen, die betriebliche Akteure unterstützen sollen. In § 16 Abs. 4 der GE wird die Entwicklung dieser Zusammenarbeit beschrieben. Demnach etablieren die Rehabilitationsträger und, wenn erforderlich, die Integrationsämter geeignete Verfahren und Strukturen, um einen kontinuierlichen und verlässlichen Informationsaustausch mit Beschäftigten mit Behinderung, Arbeitgeber:innen sowie den in § 166 SGB IX genannten betrieblichen Arbeitnehmervertretungen (Betriebs- und Personalräte) sicherzustellen. Die GE verweist dabei auch auf Instrumente wie Betriebsvereinbarungen, Inklusionsvereinbarungen, Unterweisungen sowie die Bildung von »Arbeitskreisen Gesundheit«. Diese Maßnahmen werden als geeignete Mittel im betrieblichen Kontext betrachtet, um die Früherkennung von Unterstützungsbedarf zu fördern.

Die Gemeinsame Empfehlung enthält umfassende Regelungen zur Unterstützung und Förderung der Zusammenarbeit zwischen den Rehabilitationsträgern und betrieblichen Akteuren.

Unterstützung betrieblicher Strukturen

Gemäß § 16 Abs. 5 GE sollen bestehende Organisationsstrukturen des betrieblichen Arbeits- und Gesundheitsschutzes, des betrieblichen Gesundheitswesens und der Schwerbehindertenvertretung gezielt unterstützt werden. Diese Unterstützung richtet sich speziell an schwerbehinderte Arbeitnehmer:innen in den Betrieben und Regionen. Zusätzlich sieht § 16 Abs. 6 GE vor, dass Strukturen für den Informationsaustausch mit regionalen Organisationen, wie beispielsweise Kreishandwerkerschaften, Handwerks-, Industrie- und Handelskammern, Unternehmensverbänden sowie Gewerkschaften, entwickelt werden. Ziel dieser Maßnahmen ist es, die Akteur:innen auf betrieblicher Ebene aufzuklären und so die Früherkennung eines möglichen Teilhabebedarfs zu verbessern.

Einbindung von Ärzt:innen und Arbeitsplatzinformationen

§ 26 Abs. 2 Nr. 8 SGB IX bildet die Grundlage für die Einbindung von Rehabilitationsträgern, behandelnden Ärzt:innen, sowie Betriebs- und Werksärzt:innen in die Einleitung und Umsetzung von Leistungen zur Teilhabe. Diese Vorgaben werden in § 18 der GE konkretisiert. Dort wird auch angeregt, dass berufstätige Personen bei der Antragstellung Arbeitsplatz- oder Tätigkeitsbeschreibungen sowie berufliche Anforderungsprofile vorlegen. Die inhaltlichen Anforderungen an diese Dokumente sind in Anlage 4 »Reha-Prozess« aufgeführt.

Teilnahme an Teilhabeplankonferenzen

Eine weitere wichtige Regelung findet sich in § 59 Abs. 2 der GE. Diese sieht vor, dass Vertrauenspersonen für Menschen mit Schwerbehinderung auf ausdrücklichen Wunsch der Betroffenen an Teilhabeplankonferenzen teilnehmen können. Ebenso ist es möglich, dass Personalräte oder Betriebsräte an diesen Konferenzen beteiligt werden, sofern dies den Interessen der Betroffenen dient.

Zusammenfassung

Die Gemeinsame Empfehlung »Reha-Prozess« unterstreicht die zentrale Rolle betrieblicher Akteure und Organisationen in der Erkennung, Planung und Umsetzung von Teilhabemaßnahmen. Sie fördert die Zusammenarbeit zwischen Rehabilitationsträgern und betrieblichen Strukturen, um eine nachhaltige Teilhabe und Eingliederung von Menschen mit Behinderung zu ermöglichen.

b) Text der Gemeinsamen Empfehlung – Auszug

Gemeinsame Empfehlung zur Zuständigkeitsklärung, zur Erkennung, Ermittlung und Feststellung des Rehabilitationsbedarfs (einschließlich Grundsätzen der Instrumente zur Bedarfsermittlung), zur Teilhabeplanung und zu Anforderungen an die Durchführung von Leistungen zur Teilhabe gemäß § 26 Abs. 1 i. V. m. § 25 Abs. 1 Nr. 1 bis 3 und 6 und gemäß § 26 Abs. 2 Nr. 2, 3, 5, 7 bis 9 SGB IX

§ 1 Leistungen zur Teilhabe

Leistungen zur Teilhabe am Leben in der Gesellschaft im Sinne dieser Gemeinsamen Empfehlung sind insbesondere

- Leistungen zur medizinischen Rehabilitation nach §§ 42ff. SGB IX,
- Leistungen zur Teilhabe am Arbeitsleben nach §§ 49ff. SGB IX,
- ergänzende Leistungen nach § 64 SGB IX,
- Leistungen zur Teilhabe an Bildung nach § 75 SGB IX
- Leistungen zur sozialen Teilhabe nach §§ 76ff. SGB IX sowie
- Leistungen der begleitenden Hilfen im Arbeitsleben nach § 185 Abs. 1 Nr. 3 SGB IX.

§ 2 Ablauf des Rehabilitationsprozesses

Die Aktivitäten im Zusammenhang mit dem Rehabilitationsprozess sind modellhaft und idealtypisch verschiedenen Phasen bzw. Elementen zuzuordnen:

- Bedarfserkennung (§ 10 – § 185)
- Zuständigkeitsklärung (§ 19 – § 25)
- Bedarfsermittlung und Bedarfsfeststellung (§ 26 – § 46)
- Teilhabeplanung (§ 47 – § 66)
- Leistungsentscheidung (§ 67 – § 78)
- Durchführung von Leistungen zur Teilhabe (§ 79 – § 83)
- Aktivitäten zum bzw. nach Ende einer Leistung zur Teilhabe (§ 84 – § 87)

Vorstehende Phasen bzw. Elemente greifen oftmals ineinander. So können sich insbesondere die Bedarfserkennung, die Bedarfsermittlung wie auch die Änderung/Fortschreibung des Teilhabeplans über alle jeweils nachfolgenden Phasen erstrecken. Auch ist die Teilhabeplanung teilweise ein Aspekt der Bedarfsfeststellung. Entstehen im Verlauf des Rehabilitationsprozesses, insbesondere im Rahmen der Leistungsdurchführung oder der Aktivitäten zum/nach Leistungsende, Hinweise auf einen möglichen weiteren oder darüber hinausgehen-den Bedarf an Leistungen zur Teilhabe, folgt erneut die Phase der Bedarfserkennung, ggf. der Antragstellung, der Bedarfsermittlung und -feststellung sowie ggf. der Teilhabeplanung.

§ 3 Akteure

(1) Im Mittelpunkt der Rehabilitation und Teilhabe steht der Mensch mit Behinderung. Die Rehabilitationsträger und die Integrationsämter bekennen sich zu ihrer bedeutsamen Rolle in allen Phasen des Rehabilitationsprozesses und gestalten diese mit Blick auf die Ziele des § 4 SGB IX aus. Daneben sind je nach Phase des Rehabilitationsprozesses verschiedene weitere Akteure, teilweise in unterschiedlicher Form, bedeutsam. Dies betrifft insbesondere:

- das soziale Umfeld von Menschen mit Behinderung (z. B. Angehörige),
- Jobcenter,
- Akteure der medizinisch-therapeutischen, pflegerischen, pädagogischen, sozialen Versorgung,
- Akteure aus den Bereichen der Eingliederungs- und Jugendhilfe sowie, auch mit Blick auf Leistungen zur Teilhabe an Bildung sowie zur sozialen Teilhabe, z. B. Psychosoziale Beratungsstellen, Erziehungsberatungsstellen, Jugendgerichts-

hilfe, Einrichtungen und Dienste der freien Träger, medizinisch-pädagogische Dienste, sowie aus dem Bereich der Pflege[10],
- betriebliche Akteure,
- im Auftrag der Rehabilitationsträger und der Integrationsämter tätige Gutachter/gutachterliche Dienste und Fachdienste[11],
- Akteure der Selbstvertretung und Selbsthilfe von Menschen mit Behinderung einschließlich der Angebote an ergänzender unabhängiger Teilhabeberatung nach § 32 SGB IX.

(2) In allen Phasen des Rehabilitationsprozesses und insbesondere bei der Durchführung von Leistungen zur Teilhabe sowie bei Aktivitäten zum/nach Leistungsende haben neben den vorgenannten Akteuren insbesondere die im Auftrag der Rehabilitationsträger handelnden Einrichtungen und Dienste (Leistungserbringer) wesentlichen Einfluss auf einen erfolgreichen Verlauf und Abschluss der Leistungen zur Teilhabe.

(3) Die Art der Einbindung vorstehender Akteure wird in Teil 2 näher erläutert.

§ 4 Grundsätze zur Gestaltung des Rehabilitationsprozesses

(1) Verfahren und Strukturen des Rehabilitationsprozesses sind mit dem Ziel zu gestalten, Menschen mit Behinderung in allen Lebensbereichen ein Höchstmaß an Selbstbestimmung, Inklusion und Partizipation zu ermöglichen und hierfür frühestmöglich die erforderlichen Leistungen zu erbringen. Die Menschen mit Behinderung selbst sind mit ihren Kompetenzen einzubinden. Die besonderen Bedürfnisse von Frauen, Kindern und Jugendlichen mit Behinderung sowie von Menschen mit einer (drohenden) seelischen Behinderung werden unter Beachtung ihrer konkreten Lebenssituation besonders unterstützt, um ihren spezifischen Belangen Rechnungen zu tragen.

(2) Der gesamte Rehabilitationsprozess von der Bedarfserkennung über die Durchführung bis zu nachgehen-den Aktivitäten ist durch die Rehabilitationsträger und die Integrationsämter zügig und nahtlos zu gestalten. Im Interesse einer zügigen Leistungserbringung gestalten die Rehabilitationsträger und die Integrationsämter die Erkennung und Feststellung der im Einzelfall erforderlichen Leistungen zur Teilhabe sowie die Teilhabe-planung möglichst einfach (§ 17 SGB I). Das Verwaltungsverfahren wird dazu einfach, zweckmäßig und zügig durchgeführt.

(3) Eine zielgerichtete gegenseitige Information und Kooperation der jeweils beteiligten Akteure bilden einen wichtigen Grundbaustein für eine gelingende Leistung zur Teilhabe. Die Abstimmung unter allen in § 26 Abs. 2 Nr. 8 und 9 SGB IX benannten Akteuren und ein reibungsloser Informationsfluss untereinander sind im gesamten Rehabilitationsprozess zu ermöglichen und sicherzustellen.

---

10 Pflege und Eingliederungshilfe haben auch nach Einführung des neuen Pflegebedürftigkeitsbegriffs grundsätzlich unterschiedliche Aufgaben. Die Leistungen der Pflegeversicherung und die Leistungen der Eingliederungshilfe werden deshalb nach § 13 Absatz 3 Satz 3 SGB XI wie bisher nebeneinander gewährt.

11 Einschließlich ihrer eigenen Fachdienste, insbesondere des Technischen Beratungsdienstes und der in ihrem Auftrag tätigen Integrationsfachdienste.

(4) Ausgehend vom einheitlichen Recht der Rehabilitation und Teilhabe behinderter Menschen in Teil 1 SGB IX bestehen für die Rehabilitationsträger und Integrationsämter sozialrechtlich jeweils definierte Zuständigkeiten und Leistungsvoraussetzungen. Die nachfolgenden Regelungen gelten daher nicht in gleicher Weise für alle Leistungsträger.
(5) In allen Phasen des Rehabilitationsprozesses ist die Beteiligung und Mitbestimmung des Menschen mit Behinderung unter Berücksichtigung seiner Kompetenzen sicherzustellen (vgl. z. B. auch § 8, § 11 und § 13).
(6) Zur Realisierung eines einheitlichen und nahtlosen Rehabilitationsprozesses stellen die Rehabilitationsträger und Integrationsämter unverzüglich, insbesondere durch entsprechende Verfahren und Absprachen, sicher, dass auftretende Kooperations-, Zuständigkeits- und Finanzierungsfragen einvernehmlich und rasch ergebnisorientiert geklärt werden und nicht zu Lasten der Menschen mit Behinderung gehen.

§ 6 Information, Auskunft, Beratung und Unterstützung

(1) Die Rehabilitationsträger, Jobcenter und Integrationsämter[12] unterstützen aktiv die Menschen mit Behinderung durch Leistungen zur Teilhabe, indem sie insbesondere ihre Kompetenzen und ihre Selbstbestimmung fördern. Um die aktive Mitgestaltung des Beratungsprozesses durch Menschen mit Behinderung sicherzustellen, sind diesen Menschen einerseits die Möglichkeiten der aktiven Mitarbeit zu geben. Andererseits sollen diese Menschen in die Lage versetzt werden, selbst aktiv das Beratungsgeschehen mitzugestalten. Der Mensch mit Behinderung kann jederzeit Beistand durch Personen des Vertrauens (z. B. Interessenvertreter, Peers) einbinden.
(2) Rehabilitationsträger bieten über ihre trägerspezifischen Stellen Auskünfte und Beratung zu Leistungen zur Teilhabe an[13].
(3) Bereits im Rahmen der Auskunfts- und Beratungsarbeit ist auf mögliche Rechte (z. B. Wunsch- und Wahlrecht) und Pflichten (z. B. Mitwirkungspflichten) der Menschen mit Behinderung sowie auf die ergänzende unabhängige Teilhabeberatung nach § 32 SGB IX[14] hinzuweisen. Menschen mit Behinderungen sind nach den Umständen des Einzelfalls insbesondere zu beraten über

- die Möglichkeiten der Rehabilitation und Teilhabe,
- die voraussichtlich in Betracht kommenden Leistungen zur Teilhabe, einschließlich ihrer Voraussetzungen,
- die Verwaltungsabläufe,
- die Form der Leistungserbringung, z. B. Persönliches Budget.

---

12 Im Rahmen ihres gesetzlichen Auftrages nach § 185 Abs. 1 Nr. 3 SGB IX und ihrer Zuständigkeit für die begleitenden Hilfen im Arbeitsleben zur Teilhabe schwerbehinderter Menschen, sofern der Leistungs-, Handlungs- und Unterstützungsrahmen vergleichbar mit dem der Rehabilitationsträger ist.

13 Vgl. hierzu z. B. die trägerübergreifenden Beratungsstandards, abrufbar unter www.bar-frankfurt.de > Publikationen > Empfehlungen/Vereinbarungen.

14 Kontaktdaten der Beratungsangebote der ergänzenden unabhängigen Teilhabeberatung sind auf der Website der Fachstelle Teilhabeberatung (www.teilhabeberatung.de) zu finden.

Insbesondere ist aufzuzeigen, welche Leistungen für den Menschen mit Behinderung unter Berücksichtigung seiner individuellen Beeinträchtigungen der Aktivitäten und/oder Teilhabe in Betracht kommen und welcher Rehabilitationsträger bzw. welches Integrationsamt hierfür zuständig ist.

(4) Der für die Teilhabeleistung zuständige bzw. der nach § 14 SGB IX leistende Rehabilitationsträger ist dafür verantwortlich, dass die Menschen mit Behinderung in jeder Phase des Rehabilitationsprozesses (insbesondere auch bei der Durchführung von Leistungen zur Teilhabe) einen Ansprechpartner haben, die bzw. der sie berät, unterstützt und begleitet.

(5) Die Rehabilitationsträger benennen außerdem Ansprechstellen nach § 12 Abs. 1 SGB IX, die Informations-angebote für Antragsteller bzw. Leistungsberechtigte, Arbeitgeber und andere Rehabilitationsträger vermitteln. Die Ansprechstellen haben nach § 12 SGB IX i. V. m. 15 Abs. 3 SGB I untereinander und mit anderen Sozialleistungsträgern so zusammenzuarbeiten, dass eine möglichst umfassende Auskunftserteilung durch einen Rehabilitationsträger sichergestellt ist.

§ 10 Grundsätze zur Bedarfserkennung

(1) Leistungen zur Teilhabe haben Vorrang vor Rentenleistungen sowie Leistungen infolge Pflegebedürftigkeit, weshalb ein zielgerichtetes, umfassendes und möglichst frühzeitiges Erkennen eines Bedarfs an Leistungen zur Teilhabe besonders bedeutsam ist[15].

(2) Damit Menschen mit Behinderung die für sie erforderlichen Leistungen zur Teilhabe im frühestmöglichen Stadium erhalten, ist es erforderlich, dass Anzeichen eines möglichen Bedarfs an Leistungen zur Teilhabe frühzeitig erkannt werden. Das Erkennen solcher Anzeichen ist gemeinsame Aufgabe der Rehabilitationsträger sowie aller weiteren am Rehabilitationsprozess beteiligten Akteure (§ 3). Dafür ist es notwendig, eine systematische gegenseitige Information und Kooperation in einem kontinuierlichen Entwicklungsprozess sicherzustellen (vgl. auch § 4 Abs. 3 und § 9).

(3) Leistungen zur Teilhabe[16] sind angezeigt, wenn eine individuelle Rehabilitationsbedürftigkeit und Rehabilitationsfähigkeit festgestellt ist und sich ein Rehabilitationsziel mit positiver Rehabilitationsprognose konkretisieren und formulieren lässt. Eine Rehabilitationsbedürftigkeit besteht, wenn infolge einer Schädigung der Körperfunktionen und -strukturen und/oder Beeinträchtigungen der Aktivitäten unter Berücksichtigung von personbezogenen und Umweltfaktoren die Teilhabe an Lebensbereichen bedroht oder beeinträchtigt ist[17].

---

15 Die Besonderheiten des Nach-, und Gleichrangs von Leistungen der Eingliederungshilfe im Verhältnis zu anderen Leistungen bleiben unberührt.

16 Gilt nicht für ergänzende Leistungen und Leistungen der begleitenden Hilfen im Arbeitsleben.

17 Näheres zu Begriffen und Konzept der ICF (International Classification of Functioning, Disability and Health) siehe www.dimdi.de oder »ICF-Praxisleitfaden 1 beim Zugang zur Rehabilitation« der BAR.

§ 13 Einbindung von weiteren Akteuren in die Bedarfserkennung

(1) Da die Rehabilitationsträger aufgrund der ihnen vorliegenden Informationen selbst nicht alle Fälle erkennen können, in denen ein potenzieller Teilhabebedarf besteht, sind sie auf die Mitwirkung weiterer Akteure im Rahmen der Bedarfserkennung angewiesen (vgl. § 3).

(2) Die Menschen mit Behinderung selbst, ihre Angehörigen und Personensorgeberechtigten[18] sollen in die Lage versetzt werden, einen möglichen Bedarf an Leistungen zur Teilhabe zu erkennen, um Hilfen einzufordern bzw. Beratungsdienste aufzusuchen und ggf. einen Antrag auf Leistungen zur Teilhabe zu stellen. Die Rehabilitationsträger, ihre Ansprechstellen und das Integrationsamt unterstützen hierbei insbesondere die Information und Aufklärung der Bürger zu den Leistungen der Teilhabe.

(3) Akteure der medizinisch-therapeutischen Versorgung, wie niedergelassene (Fach-)Ärzte, Ärzte in Krankenhäusern und teilstationären Angeboten, Betriebsärzte, Psychotherapeuten sowie Angehörige von Gesundheitsberufen[19] sind oft die ersten professionellen Akteure des Gesundheitssystems, die einen möglichen Bedarf an Leistungen zur Teilhabe erkennen können. Das gilt z. B. für Personen, die eine Stellungnahme nach § 35a Abs. 1a SGB VIII abzugeben haben. Diese Personen können sein:

- Arzt für Kinder- und Jugendpsychiatrie und -psychotherapie,
- Kinder- und Jugendpsychotherapeuten oder
- Arzt oder psychologischer Psychotherapeut, der über besondere Erfahrungen auf dem Gebiet seelischer Störungen bei Kindern und Jugendlichen verfügt;
- ggf. auch die Schule oder die Kindertagesstätte.
- Daher sind diese Akteure darin gezielt zu unterstützen, Menschen mit Behinderung
- über geeignete Leistungen zur Teilhabe zu beraten,
- in ihrer Motivation und Mitwirkung zur Inanspruchnahme und aktiven Teilnahme an diesen Leistungen zu bestärken und
- bei Anhaltspunkten für einen Bedarf an Leistungen zur Teilhabe bei der Antragstellung zu unterstützen oder eine Beratung zu veranlassen[20].

(4) Betriebliche Akteure, wie Arbeitgeber, Schwerbehindertenvertretungen und Personal-/Betriebsräte, sollen in die Lage versetzt werden, Veränderungen, die sie im Verhalten sowie als Beeinträchtigungen in den Aktivitäten und der Teilhabe bei Beschäftigten wahrnehmen, zu erkennen und diese Menschen ggf. auf Hilfsangebote und Beratungsdienste hinzuweisen.

(5) Wesentliche Anhaltspunkte für einen möglichen Teilhabebedarf können sich auch bei Akteuren im sozialen oder pädagogischen Kontext ergeben, wie Betreu-

---

18 Nach § 33 SGB IX zählen hierzu Eltern, Vormünder, Pfleger sowie gesetzliche Betreuer.

19 Z.B. Physiotherapeuten, Ergotherapeuten.

20 Benannte Zielstellungen gelten auch für Ärzte des öffentlichen Gesundheitsdienstes und Angehörige anderer Gesundheitsberufe oder -institutionen, z. B. psychologische Psychotherapeuten, (Sucht-)Beratungsstellen.

ern, Sozialarbeitern, sozialen Beratungsdiensten[21], Lehrern, Jugendleitern und Erziehern, sowie im Kontext der Selbstvertretung und Selbsthilfe von Menschen mit Behinderung, wie Selbsthilfegruppen/-organisationen und Interessenverbänden der Menschen mit Behinderung. Diese Akteure gilt es, entsprechend der in Abs. 4 formulierten Zielstellung der Erkennung von Beeinträchtigungen und des Umgangs damit, zu sensibilisieren.

§ 18 Einbindung der behandelnden Haus- und Fachärzte und des Betriebsarztes sowie anderer Akteure

(1) Entsprechend der Verpflichtung aus § 26 Abs. 2 Nr. 8 SGB IX informieren die Rehabilitationsträger und bei Bedarf die Integrationsämter über die Möglichkeit der Einleitung von Leistungen zur Teilhabe durch die behandelnden Hausärzte sowie durch Betriebsärzte oder binden diese in die Einleitung ein.

(2) Häufig wird eine Leistung zur Teilhabe durch den Haus- oder Facharzt angeregt bzw. eingeleitet.

(3) Genauso kann eine Teilhabeleistung z. B. in folgenden Fällen angestoßen werden:

- Einleitung von Leistungen zur medizinischen Rehabilitation auf Basis der Feststellungen der gesonderten Rehabilitationsempfehlung im Rahmen der Pflegebegutachtung (§ 18 Abs. 6 i. V. m. § 18a SGB XI)
- Durch Akteure im Krankenhaus, insbesondere die Sozialdienste, z. B. im Kontext der Anschlussrehabilitation oder eines Entlassmanagements
- Durch Akteure aus dem ambulanten Bereich (z. B. Suchtberatung, psychosoziale Beratung)
- Wenn andere Sozialleistungen beantragt werden und dabei Rehabilitationsbedarf erkannt wird (§ 9 SGB IX)
- Durch Leistungserbringer der Rehabilitation, wenn diese bisher nicht berücksichtigte Bedarfe erkennen
- Anregung von Leistungen zur Teilhabe durch die betriebliche Ebene (z. B. im Rahmen des Betrieblichen Eingliederungsmanagements)
- Kenntnis der Rehabilitationsträger über die Einleitung von Leistungen zur Teilhabe durch einen anderen Rehabilitationsträger (z. B. im Rahmen der Beantragung einer Erwerbsminderungsrente)
- Kenntnis der Rehabilitationsträger über die Prüfung von Leistungen im Rahmen eines Persönlichen Budgets durch einen anderen Rehabilitationsträger
- Im Fall der Eingliederungshilfe für seelische behinderte Kinder und Jugendliche (§ 35a SGB VIII) durch Eltern, Jugendamt, behandelnde Ärzte, Erzieher in der Kindertagesstätte, Lehrer, Beratungsstellen (Psychologische- oder Erziehungsberatungsstellen), usw.
- Kenntnis des Leistungsträgers des sozialen Entschädigungsrechts nach Erstkontakt des Betroffenen mit einer Traumaambulanz oder der Polizei bei Straftaten.

21 Suchtberatungsstellen, Sozialpsychiatrische Dienste, Ehe- und Familienberatungen, Schuldnerberatungen, Beratungsstellen zur Rehabilitation für Mütter/Väter, Frühförderstellen u. a.

(4) Soweit vorhanden, begrüßen es die Rehabilitationsträger und Integrationsämter, wenn ihnen Arbeitsplatz- bzw. Tätigkeitsbeschreibungen und/oder berufliche Anforderungsprofile im Rahmen der Antragstellung bei berufstätigen Personen mit potenziellem Teilhabebedarf übermittelt werden. Bedeutsame Inhalte einer Tätigkeitsbeschreibung finden sich beispielhaft in Anlage 4.

§ 19 Antrag, Frist für die Zuständigkeitsklärung

(1) Werden Leistungen zur Teilhabe beantragt, stellt der Rehabilitationsträger nach § 14 Abs. 1 Satz 1 SGB IX innerhalb von zwei Wochen nach Antragseingang bei ihm fest, ob er nach dem für ihn geltenden Leistungsgesetz für die Leistung zuständig ist; bei den Krankenkassen umfasst die Prüfung auch die Leistungspflicht nach § 40 Abs. 4 SGB V.

(2) Die Zwei-Wochen-Frist zur Klärung der Zuständigkeit nach § 14 Abs. 1 Satz 1 SGB IX beginnt am Tag nach Eingang des Antrages oder am Tag nach Antragsaufnahme bei dem Rehabilitationsträger (§ 26 SGB X i. V. m. § 187 Abs. 1 BGB). Ein die Frist auslösender Antrag auf Leistungen zur Teilhabe liegt vor, wenn Unterlagen vorliegen, die eine Beurteilung der Zuständigkeit ermöglichen. Hierzu gehört insbesondere, dass die Identität sowie ein konkretisierbares Leistungsbegehren des Antragstellers erkennbar sind und sich dieses konkretisierbare Leistungsbegehren unabhängig von den verwendeten Begriffen auf Leistungen zur Teilhabe i. S. v. § 4 SGB IX bezieht.

(3) In der Unfallversicherung entspricht dem Tag des Eingangs des Antrages der Tag, an dem der Träger der Unfallversicherung Kenntnis von einem voraussichtlichen Rehabilitationsbedarf erlangt. Gleiches gilt für die öffentliche Jugendhilfe und die Kriegsopferfürsorge[22].

(4) Der Rehabilitationsträger, bei dem der Antrag eingegangen ist, wird als erstangegangener Träger bezeichnet. Das gilt entsprechend für die in Abs. 3 genannten Rehabilitationsträger.

§ 31 Beteiligung anderer Rehabilitationsträger nach § 15 Abs. 2 SGB IX

(1) Die Beteiligung anderer Rehabilitationsträger nach § 15 Abs. 2 SGB IX ist erforderlich, wenn der leistende Rehabilitationsträger konkrete Anhaltspunkte dafür hat, dass hinsichtlich der vom Antrag umfassten Leistungen trägerübergreifender Rehabilitationsbedarf gegeben ist und kein Fall des § 29 (»Antragsplitting«) vorliegt. Hat der leistende Rehabilitationsträger konkrete Anhaltspunkte für einen Bedarf an nicht vom Antrag umfassten Leistungen, gelten die Regelungen der §§ 5 und 25.

(2) In den Fällen des Abs. 1 fordert der leistende Rehabilitationsträger die anderen Rehabilitationsträger, unverzüglich (§ 121 BGB) schriftlich auf, ihm entsprechende Feststellungen binnen zwei Wochen, bzw. im Fall der Begutachtung binnen zwei Wochen nach Vorliegen des Gutachtens, mitzuteilen und informiert hierüber den Antragsteller. Unter Hinweis auf die laufenden Fristen der § 14 und § 15 Abs. 4 SGB IX teilt er ihnen das Eingangsdatum des Antrags mit.

22 Dies gilt auch für die Eingliederungshilfe im Rahmen der Sozialhilfe. Ab 2020 ist die Eingliederungshilfe gem. § 108 SGB IX antragsabhängig.

(3) Die nach Abs. 2 beteiligten Rehabilitationsträger ermitteln den Rehabilitationsbedarf vertieft nach den jeweils für sie geltenden Leistungsgesetzen mit Hilfe der Instrumente nach § 13 SGB IX (vgl. Abschnitt 3). Stellen sie dabei Anhaltspunkte für Rehabilitationsbedarf für Leistungen zur Teilhabe fest, für die sie nicht zuständig sind (trägerübergreifender Rehabilitationsbedarf), informieren sie darüber den leistenden Rehabilitationsträger. Dieser greift die Anhaltspunkte im Rahmen seiner ohnehin bestehenden Koordinierungspflicht nach § 15 SGB IX auf. Die beteiligten Rehabilitationsträger stellen den ermittelten Rehabilitationsbedarf fest und teilen ihn dem leistenden Rehabilitationsträger spätestens am Tag nach Ablauf der Frist nach Abs. 2 Satz 1 schriftlich mit.
(4) Bei Beteiligung anderer Rehabilitationsträger nach Abs. 2 führt der leistende Rehabilitationsträger eine Teilhabeplanung nach den §§ 19–23 SGB IX durch. Mit Blick auf die Regelung des § 19 Abs. 1 SGB IX bedarf es keiner gesonderten trägerübergreifenden Beratung der von den beteiligten Rehabilitationsträgern mitgeteilten Feststellungen nach § 15 Abs. 2 S. 1 (am Ende) SGB IX.
(5) Erfolgt die Mitteilung nach Abs. 3 nicht fristgerecht, stellt der leistende Rehabilitationsträger den Rehabilitationsbedarf auch nach den Leistungsgesetzen der beteiligten Rehabilitationsträger fest. Dabei beachtet er die gemeinsamen Grundsätze der Bedarfsermittlung nach § 13 SGB IX. Einzelheiten dazu sind unter § 35 – § 46 (Abschnitt 3) geregelt

§ 38 Arten von Instrumenten zur Bedarfsermittlung

(1) Instrumente der Bedarfsermittlung lassen sich einteilen in systematische Arbeitsprozesse, standardisierte Arbeitsmittel sowie Begutachtungen.
(2) Systematische Arbeitsprozesse können z. B. sein Erhebungen, Analysen, Dokumentation, Planung und Ergebniskontrolle, insbesondere auch in ihrer systematischen Verbindung zueinander. Sie sorgen z. B. dafür

- Verbindungen zwischen dem Einsatz von Arbeitsmitteln nach Abs. 3 darzulegen und
- eine Verknüpfung von gewonnenen Erkenntnissen und dem Einsatz von Arbeitsmitteln herzustellen.

(3) Standardisierte Arbeitsmittel sind Hilfsmittel, die die Arbeitsprozesse unterstützen und der Generierung erforderlicher Informationen dienen. Standardisierte Arbeitsmittel sind z. B. funktionelle Prüfungen (Sehtests, Intelligenztests, Hörtests), Assessment- und Diagnoseinstrumente, Fragebögen, IT-Anwendungen, Antragsunterlagen, Befundberichte, Checklisten, Leitfäden etc. Sie sollen auf einer wissenschaftlichen Grundlage beruhen bzw. trägerübergreifend abgestimmt sein.
(4) Begutachtungen nach § 17 SGB IX stellen eine besondere Art von Instrumenten dar, die Aspekte von Absatz 2 und Absatz 3 kombinieren. Inhaltlich unterliegen sie ebenfalls den hier genannten Grundsätzen, Verfahrensaspekte sind in § 28 geregelt. Vergleiche zur Begutachtung auch die Gemeinsame Empfehlung »Begutachtung« sowie konkretisierend für den Bereich der Eingliederungshilfe die Orientierungshilfe »Behinderungsbegriff«[23] der BAGüS.

23 Verfügbar unter: www.bagues.de/spur-download/bag/orientierungshilfe_behinderungsbegriffendf_24112009.pdf.

(5) Soweit es für die Erfüllung der Anforderungen an die Bedarfsermittlung nach § 27 sowie § 36, § 39 – § 42 erforderlich ist, werden verschiedene Instrumente nach Abs. 2 bis 4 kombiniert. Für Fälle der Teilhabeplanung vgl. § 55 Abs. 3 Satz 2.

§ 39 Inhalte der Bedarfsermittlung

(1) Die Bedarfsermittlung erfolgt zunächst unabhängig von konkreten Leistungen entsprechend der Vorgaben des § 13 Abs. 2 Nr. 1–4 SGB IX, die in den nachfolgenden § 40 – § 43 konkretisiert sind. Die Erhebungen zu Beeinträchtigungen und Auswirkungen auf die Teilhabe unterliegen keiner grundsätzlichen Reihenfolge, vielmehr sind gemäß dem bio-psycho-sozialen Modell zahlreiche Querbezüge und Wechselwirkungen zu beachten. Teilhabeziele können sowohl Ausgangspunkt als auch Ergebnis von Schritten bei der Bedarfsermittlung sein. In der Eingliederungshilfe stehen Teilhabeziele nicht am Anfang der Bedarfsermittlung. Die Klärung und Festlegung von Leistungen (§ 43) steht grundsätzlich am Ende der Bedarfsermittlung und basiert auf konkretisierten Informationen zum Rehabilitationsbedarf gemäß § 40 – § 42.
(2) Im Rahmen der umfassenden Bedarfsermittlung und -feststellung ist oft eine interdisziplinäre Zusammenarbeit erforderlich. Dies bedeutet, dass Informationen durch verschiedene Disziplinen eingeholt werden (z. B. Reha-Fachkräfte, Mediziner, Psychologen) und Bedarfe im Austausch miteinander ermittelt, bewertet und festgestellt werden.

§ 41 Auswirkungen auf die Teilhabe

(1) Die Instrumente der Bedarfsermittlung erfassen, welche Auswirkung die Beeinträchtigungen (§ 40) auf die Teilhabe des Leistungsberechtigten haben. Hier wird dem Verständnis Rechnung getragen, dass die individuelle Teilhabe aus der Wechselwirkung von Körperfunktionen, Körperstrukturen, Aktivitäten und Teilhabe einerseits und Kontextfaktoren (personbezogene Faktoren, Umweltfaktoren) andererseits entsteht.
(2) Die Kontextfaktoren wirken im Einzelfall als Förderfaktor oder als Barriere. Bei der Ermittlung individueller Unterstützungs- und Rehabilitationsbedarfe sind auch sozialräumliche und/oder lebensweltliche Aspekte bedeutsam.
(3) Der Veränderlichkeit der Kontextfaktoren, der anderen Komponenten und ihrer Wechselwirkungen miteinander im Zeitverlauf wird durch einen fortgesetzten, am bio-psycho-sozialen Modell orientierten Dialog mit dem Leistungsberechtigten Rechnung getragen.

§ 42 Teilhabeziele

(1) Die Instrumente der Bedarfsermittlung erfassen, welche Ziele mit Leistungen zur Teilhabe erreicht werden sollen. Hierbei sind individuelle Teilhabeziele des Leistungsberechtigten, in Bezugnahme zu den Zielen der Leistungen zur Teilhabe (§ 4 Abs. 1 Nr. 1 bis 4 SGB IX) sowie den in der ICF genannten Lebensbereichen, maßgeblich.
(2) Zur Formulierung von Zielen nach Abs. 1 sind persönliche Ziele, Vorstellungen und Wünsche des Leistungsberechtigten vom Rehabilitationsträger zu erfragen. Individuelle Teilhabeziele sind ggf. auch erst im Verlauf der Bedarfsermittlung

gemeinsam zu entwickeln und zu konkretisieren. Der Rehabilitationsprozess insgesamt und insbesondere die Bedarfsermittlung sind an den individuellen Zielen auszurichten.
(3) Teilhabeziele sind so festzulegen, dass sie erreichbar sind und ihre Erreichung überprüft werden kann.
(4) Im Bereich der Eingliederungshilfe kann am Ende der Bedarfsermittlung eine Teilhabezielvereinbarung mit dem Leistungsberechtigten abgeschlossen werden, vgl. § 145 SGB XII bzw. § 122 SGB IX in der ab 2020 geltenden Fassung.

§ 43 Klärung erforderlicher Leistungen

(1) Die Instrumente der Bedarfsermittlung dienen auch der Klärung, welche Leistungen zur Erreichung der Ziele voraussichtlich erfolgreich sein werden. Diese Prognose ist eine begründete Aussage für das mögliche Erreichen der Teilhabeziele. Dabei werden insbesondere berücksichtigt:

- die unter § 40 und § 41 erfassten Aspekte
- bereits konkretisierte Bedarfe sowie
- der bisherige individuelle Verlauf einschließlich früherer Bedarfsfeststellungen, soweit vorhanden bzw. bekannt und erforderlich.

(2) Die Bedarfsermittlung umfasst somit auch die Frage, inwieweit und wie die individuellen Teilhabeziele nach § 42 verwirklicht werden können und mit welchen Leistungen der ermittelte Bedarf gedeckt werden kann. Die individuellen Kontextfaktoren in ihrer Eigenschaft als Förderfaktor oder Barriere werden dabei einbezogen; die Prognose geht von der bestmöglichen Förderung und Nutzung von Ressourcen und Kompetenzen aus. Neben der geeigneten Leistung zur Teilhabe ist auch der dafür voraussichtlich notwendige Zeitraum zu benennen. Zielstellung ist nicht nur, die Person zur selbstbestimmten Lebensführung und Teilhabe zu befähigen, sondern sie auch darin zu unterstützen, ihre Teilhabeziele tatsächlich zu erreichen. Hierzu sind auch Möglichkeiten der Gestaltung der Umwelt zu prüfen.
(3) Bei der konkreten Auswahl von möglichen Leistungen sind neben dem allgemeinen Wirtschaftlichkeitsgebot ggfs. ergänzende Vorgaben aus den jeweiligen Leistungsgesetzen mit zu berücksichtigen.

§ 47 Rechtsgrundlagen bei der Teilhabeplanung

Das Teilhabeplanverfahren ist in den §§ 19–23 SGB IX geregelt. Ist ein Träger der Eingliederungshilfe oder der Kinder- und Jugendhilfe für die Durchführung der Teilhabeplanung verantwortlich, gelten die Regelungen des §§ 117 ff. SGB IX (Gesamtplan) bzw. des § 36 SGB VIII (Hilfeplan) jeweils ergänzend zu denen des Teilhabeplan-verfahrens. Weitere Akteure der Teilhabeplanung sind nach § 22 SGB IX die Pflegekassen, Integrationsämter, Jobcenter oder die jeweils zuständige Betreuungsbehörde, soweit erforderlich.

§ 48 Zielstellung der Teilhabeplanung

(1) Die Teilhabeplanung ist zentral, um das in § 1 Abs. 1 SGB IX vorgegebene Ziel einer vollen, wirksamen und gleichberechtigten Teilhabe des Leistungsberechtigten zu erreichen. Sie dient dazu, Leistungen so aufeinander auszurichten dass das gesamte Verfahren nahtlos, zügig, zielorientiert und wirtschaftlich abläuft.

(2) Die Teilhabeplanung ist insbesondere auf die Erstellung und ggf. die Anpassung (Änderung, Fortschreibung) eines individuellen Teilhabeplans ausgerichtet. Der individuelle Teilhabeplan ist ein wesentliches Mittel zur Erreichung einer einheitlichen Praxis der Feststellung und Durchführung der einzelnen Leistungen zur Teil-habe innerhalb des gegliederten Systems der Rehabilitation und Teilhabe. Er dient bei Träger- und Leistungsgruppenmehrheit der Koordination mehrerer erforderlicher Leistungen zur Teilhabe und zur Kooperation der Rehabilitationsträger. Durch den Teilhabeplan werden eine bessere Verzahnung von Leistungen zur Teilhabe und die Sicherung und Nahtlosigkeit der Leistungserbringung ermöglicht.
(3) Über die Erstellung und ggf. Anpassung eines Teilhabeplans hinaus dient die Teilhabeplanung auch einer kontinuierlichen, einzelne Verwaltungsverfahren übergreifenden Planung, um die in Abs. 1 genannten Ziele bestmöglich zu erreichen.

§ 49 Grundsätze der Teilhabeplanung
(1) Die Teilhabeplanung erfolgt immer in Abstimmung mit dem Leistungsberechtigten. Der Mensch mit (drohender) Behinderung ist unter Berücksichtigung seiner individuellen kommunikativen Erfordernisse bei der Erstellung, Änderung und Fortschreibung des Teilhabeplans nach § 53 – § 57 und § 61 – § 64 zu beraten und aktiv mit einzubeziehen.
(2) Das Vorgehen bei der Teilhabeplanung ist transparent, individuell, lebensweltbezogen und zielorientiert auszurichten. Ausgehend vom individuellen Bedarf sind die Leistungen nach Inhalt, Umfang und Dauer abzustimmen. Der Prozess der trägerübergreifenden Teilhabeplanung wird konsensorientiert gestaltet. Den berechtigten Wünschen des Leistungsberechtigten wird bei der Teilhabeplanung entsprochen.
(3) Die Teilhabeplanung erfolgt unverzüglich und im Benehmen der beteiligten Rehabilitationsträger miteinander.
(4) Der Teilhabeplan bildet die Grundlage für Entscheidungen der Rehabilitationsträger über Leistungen zur Teilhabe. Er dient der Steuerung des Rehabilitationsprozesses.
(5) Sofern zur Erreichung oder Unterstützung der individuellen Teilhabeziele weitere Sozialleistungen, die nicht den Leistungen zur Teilhabe zuzuordnen sind, von Relevanz sind, sollen diese in der Teilhabeplanung berücksichtigt werden.

§ 53 Verfahren bei der Erstellung des Teilhabeplans
(1) Der für die Teilhabeplanung verantwortliche Rehabilitationsträger unterrichtet die nach § 15 SGB IX beteiligten Rehabilitationsträger unverzüglich über die Absicht, einen Teilhabeplan zu erstellen. Er teilt diesen den Anlass und die Ziele der geplanten Leistungen zur Teilhabe mit und macht die für deren Mitwirkung notwendigen Angaben.
(2) Der nach § 15 Abs. 1 SGB IX beteiligte Leistungsträger (Splitting-Adressat) teilt seine Feststellungen über die durchzuführenden Leistungen zur Teilhabe (Inhalt, Umfang, Form, Dauer) und entsprechende Unterlagen dem für die Teilhabeplanung verantwortlichen Rehabilitationsträger unverzüglich, spätestens eine Woche vor Ablauf der Sechs-Wochen-Frist nach § 69 Abs. 3 mit. Für die nach § 15 Abs. 2 SGB IX beteiligten Leistungsträger gilt die dort genannte Frist zur Mitteilung der Bedarfsfeststellung binnen zwei Wochen nach Aufforderung durch den leistenden

Rehabilitationsträger (vgl. § 31). Werden nach § 25 mehrere Verwaltungsverfahren über einen Teilhabeplan verbunden, stellen die für die jeweiligen Verwaltungsverfahren leistenden Rehabilitationsträger sicher, dass der für die Teilhabeplanung verantwortliche Rehabilitationsträger über den aktuellen Stand der Verwaltungsverfahren informiert ist.

(2a) Der für die Teilhabeplanung verantwortliche Rehabilitationsträger berücksichtigt die ihm nach Abs. 2 mitgeteilten Bedarfsfeststellungen und Informationen bei der Erstellung des Teilhabeplans. Er wirkt darauf hin, dass die beteiligten Rehabilitationsträger ihrer Verpflichtung nach Abs. 2 nachkommen.

(3) Der für die Teilhabeplanung verantwortliche Rehabilitationsträger bezieht, soweit für die Feststellung des Rehabilitationsbedarfs erforderlich, weitere Stellen nach § 22 SGB IX unter Berücksichtigung der Anforderungen des Datenschutzes und der Interessen des Antragstellers ein. Für die folgenden Stellen ist in § 22 SGB IX differenzierter geregelt, unter welchen Bedingungen sie in die Teilhabeplanung einzubeziehen sind und unter welchen Voraussetzungen sie sich ggf. zu beteiligen haben. Diese sind:

- Pflegekasse (§ 22 Abs. 2 SGB IX)
- Integrationsamt (§ 22 Abs. 3 SGB IX)
- Jobcenter (§ 22 Abs. 4 SGB IX)
- Betreuungsbehörde (§ 22 Abs. 5 SGB IX)

(4) Auf berechtigten Wunsch des Leistungsberechtigten ist den behandelnden Ärzten und ggf. auch weiteren Sachverständigen die Möglichkeit einzuräumen, bei der Erstellung, Fortschreibung und Anpassung des Teilhabeplanes beteiligt zu werden.

(5) Der für die Teilhabeplanung verantwortliche Rehabilitationsträger erstellt den Teilhabeplan nach Maßgabe der nachfolgenden § 54 – § 56 und entsprechend der in § 48 – § 50 geregelten Grundsätze.

(6) Für das Verfahren bei Beteiligung anderer Rehabilitationsträger nach § 15 SGB IX gelten ergänzend die Re-gelungen der § 29 – § 31. Werden mehrere Verwaltungsverfahren über die Teilhabeplanung verbunden, gelten die Absätze 1 und 3 bis 5 entsprechend.

§ 54 Inhaltliche Grundlagen des Teilhabeplans

(1) Der Teilhabeplan wird erstellt unter Berücksichtigung sämtlicher vorhandener Erkenntnisse zum Bedarf an Leistungen zur Teilhabe. Grundlagen können insbesondere sein: sozialmedizinische Gutachten, Stellungnahmen der Bundesagentur für Arbeit nach § 54 SGB IX, Befundberichte, Gefährdungsbeurteilungen oder Anforderungsprofile des Arbeitsplatzes bzw. der beruflichen Tätigkeit, Verordnungen sowie Erfahrungen des Leistungsberechtigten. Auch vorliegende Ergebnisse ggf. bereits durchgeführter Leistungen zur Teilhabe, wie z. B. Reha- bzw. Krankenhaus-Entlassung-/Abschlussberichte sowie Rückmeldungen und Anregungen des Leistungsberechtigten sind zu berücksichtigen.

(2) Empfehlungen der behandelnden Ärzte oder Betriebsärzte (z. B. im Befundbericht oder in Unterlagen, die der Leistungsberechtigte selbst beibringt), der Beratungsdienste (z. B. Sozialbericht), der Leistungserbringer sowie von Sachverständigen im Begutachtungsverfahren sollen angemessen berücksichtigt werden.

§ 55 Inhalt und Form des Teilhabeplans

(1) Der Teilhabeplan bedarf einschließlich seiner Anpassung der Schriftform. Er ist in allgemein verständlicher Form unter Benennung der leistungsbezogenen Rechtsnormen abzufassen und bei Bedarf in barrierefreier Form zugänglich zu machen.

(2) Im Teilhabeplan werden die nach dem individuellen Bedarf voraussichtlich erforderlichen Leistungen so zusammengefasst, dass sie nahtlos ineinandergreifen. Dies wird insbesondere dadurch erreicht, dass geeignete Leistungen ausgewählt, in eine zeitliche Reihenfolge gebracht und inhaltlich verknüpft werden. Die Leistungen sind so aufeinander auszurichten, dass das gesamte Verfahren bis zur Erreichung der Ziele der Teilhabeplanung nahtlos, zügig, wirksam und wirtschaftlich abläuft.

(3) Der individuell zu erstellende Teilhabeplan enthält unter Berücksichtigung datenschutzrechtlicher Aspekte Angaben zu

1. dem Tag des Antragseingangs beim leistenden Rehabilitationsträger und dem Ergebnis der Zuständigkeitsklärung und Beteiligung nach den §§ 14 und 15 SGB IX,
2. den Feststellungen über den individuellen Rehabilitationsbedarf auf Grundlage der Bedarfsermittlung nach § 13 SGB IX,
3. den zur individuellen Bedarfsermittlung nach § 13 SGB IX eingesetzten Instrumenten,
4. der gutachterlichen Stellungnahme der Bundesagentur für Arbeit nach § 54 SGB IX,
5. der Einbeziehung von Diensten und Einrichtungen bei der Leistungserbringung,
6. erreichbaren und überprüfbaren Teilhabezielen und deren Fortschreibung,
7. der Berücksichtigung des Wunsch- und Wahlrechts nach § 8 SGB IX, insbesondere im Hinblick auf die Ausführung von Leistungen durch ein Persönliches Budget,
8. der Dokumentation der einvernehmlichen, umfassenden und trägerübergreifenden Feststellung des Rehabilitationsbedarfs in den Fällen nach § 15 Absatz 3 Satz 1 SGB IX,
9. den Ergebnissen der Teilhabeplankonferenz nach § 20 SGB IX,
10. den Erkenntnissen aus den Mitteilungen der nach § 22 SGB IX einbezogenen anderen öffentlichen Stellen,
11. den besonderen Belangen pflegender Angehöriger bei der Erbringung von Leistungen der medizinischen Rehabilitation,
12. den Anforderungen aus der beruflichen Tätigkeit,
13. Ziel, Art, Umfang und inhaltliche Ausgestaltung der vorgesehenen Leistungen
14. voraussichtlichem Beginn und Dauer der vorgesehenen Leistungen sowie dem Ort ihrer Durchführung,
15. Sicherstellung der organisatorischen und zeitlichen (Zeitplanung) Abläufe mit Verweis auf Konkretisierung im Leistungsbescheid, insbesondere bei verzahnten und sich überschneidenden Leistungen zur Teilhabe.

Bei der Darstellung der Instrumente nach Nr. 3 geht es insbesondere darum, das Vorgehen bei der Bedarfsermittlung übersichtsmäßig darzustellen, um zu ermög-

lichen, dass im weiteren Verfahren darauf Bezug genommen werden kann. Wird während einer Bedarfsermittlung ein Bedarf für nicht vom Antrag umfasste Leistungen erkannt und ein weiterer Antrag gestellt (vgl. § 25), wird im Teilhabeplan vermerkt, dass dieser zwei unterschiedliche Verwaltungsverfahren verbindet, für die separate Verfahrensfristen gelten.
(4) Sollte es über die Inhalte des Teilhabeplans kein Einvernehmen zwischen Rehabilitationsträgern und Leistungsberechtigten geben, ist dies im Teilhabeplan zu dokumentieren. Dies betrifft insbesondere das Wunsch- und Wahlrecht. Die Dokumentation stellt keinen Verwaltungsakt dar, der Leistungsbescheid ist dessen ungeachtet zu erteilen.
(5) Der Teilhabeplan ist nach trägerübergreifend einheitlichen Vorgaben gemäß den vorangehenden Regelungen zu erstellen. Ggf. sollte für die Erstellung des Teilhabeplans ein Vordruck genutzt werden (vgl. Anlage 6).

§ 58 Teilhabeplankonferenz

(1) Besonderer Bestandteil der Teilhabeplanung kann eine Teilhabeplankonferenz sein. Die Teilhabeplankonferenz hat das Ziel, die für die Erreichung der Ziele des § 48 und für die Erstellung des Teilhabeplans notwendigen Beratungen und Abstimmungen mit dem Leistungsberechtigten, der beteiligten Rehabilitationsträger untereinander sowie gegebenenfalls mit weiteren beteiligten Stellen und Akteuren, z. B. den Leistungserbringern, zu bündeln bzw. erst zu ermöglichen. Die Durchführung einer Teilhabeplankonferenz unterstützt damit die Zusammenarbeit der Rehabilitationsträger und stärkt die Möglichkeit der Partizipation der Leistungsberechtigten.
(2) Bei Durchführung einer Teilhabeplankonferenz beträgt die Frist für die Entscheidung über die von einem Antrag umfassten Leistungen zwei Monate statt – wie in den anderen Fällen der Teilhabeplanung – sechs Wochen. (vgl. § 69 Abs. 5).
(3) Eine Teilhabeplankonferenz kann nur mit Zustimmung des Leistungsberechtigten durchgeführt werden. Die Entscheidung über die Durchführung einer Teilhabeplankonferenz trifft der für die Teilhabeplanung verantwortliche Rehabilitationsträger. Sie soll durchgeführt werden, wenn dies zur Erreichung der Zwecke nach Abs. 1 erforderlich und zweckmäßig ist. Dies kann insbesondere der Fall sein,

- bei Vielzahl von Leistungen aus verschiedenen Leistungsgruppen, großem Umfang oder langer Laufzeit der erforderlichen Leistungen, oder
- wenn die Feststellung des Bedarfs besondere Herausforderungen birgt, zum Beispiel weil widersprüchliche oder unvollständige Informationen vorliegen.

(4) Die Durchführung einer Teilhabeplankonferenz kann vom Leistungsberechtigten, von den beteiligten Rehabilitationsträgern, sowie den Jobcentern vorgeschlagen werden. Angeregt werden kann eine Teilhabeplankonferenz mit Zustimmung der Leistungsberechtigten auch durch die Leistungserbringer, die Integrationsämter und den zuständigen Betreuer bzw. die Betreuungsbehörde.
(5) Vom Vorschlag für eine Teilhabeplankonferenz nach Abs. 4 Satz 1 kann nur in den gesetzlich in § 20 Abs. 1 Satz 3 Nr. 1 bis 3 SGB IX vorgesehenen Fällen abgewichen werden. Wird vom Vorschlag eines Leistungsberechtigten abgewichen, ist dieser über die maßgeblichen Gründe dafür zu informieren und anzuhören; die Gründe für eine Abweichung sind zu dokumentieren. Die Leistungsberechtigten

dürfen bei der Leistungserbringung keine Nachteile erleiden, wenn von der Durchführung einer Teilhabeplankonferenz abgesehen wird. Abweichend von Satz 1 kann vom Vorschlag eines Leistungsberechtigten in den Fällen des § 20 Abs. 2 Satz 2 SGB IX (Leistungen an Mütter und Väter mit Behinderungen bei der Betreuung und Versorgung ihrer Kinder) nicht abgewichen werden. Diese Regelungen gelten nicht für die Anregung nach Abs. 4 Satz 2.
(6) Der Leistungsberechtigte ist vor der Durchführung der Teilhabeplankonferenz auf Angebote der ergänzenden unabhängigen Teilhabeberatung nach § 32 SGB IX hinzuweisen.

§ 59 Beteiligte der Teilhabeplankonferenz
(1) An der Teilhabeplankonferenz nehmen der Antragsteller und die beteiligten Rehabilitationsträger sowie die in Abs. 2 und 3 genannten Stellen unter den dort genannten Voraussetzungen teil.
(2) Auf Wunsch der Leistungsberechtigten nehmen Bevollmächtigte und Beistände nach §§ 12 u. 13 SGB X sowie sonstige Vertrauenspersonen an der Teilhabeplankonferenz teil. Auf Wunsch oder mit Zustimmung des Leistungsberechtigten können an der Teilhabeplankonferenz außerdem teilnehmen:
- Jobcenter
- Pflegeversicherung
- Rehabilitationsdienste und -einrichtungen
- Pflegedienste
- sonstige beteiligte Leistungserbringer
- nach § 22 SGB IX einzubeziehende Stellen

(3) Ein eigenes Vorschlagsrecht zur Teilnahme an einer Teilhabekonferenz haben die Jobcenter. Leistungserbringer können mit Zustimmung des Leistungsberechtigten ihre Teilnahme an einer Teilhabeplankonferenz insbesondere bei folgenden Fallkonstellationen vorschlagen:
- Konstellation 1: Ein Interessent stellt einen Antrag auf Leistungen zur Teilhabe am Arbeitsleben und möchte bei einem bestimmten Leistungserbringer seine Rehabilitationsleistung absolvieren.
- Konstellation 2: Aus laufenden Verfahren/Maßnahmen ergibt sich bei einem Leistungserbringer weiterer/neuer Bedarf. (ggf. hat der Leistungserbringer hier Bedarf gesehen)
- Konstellation 3: Die Beauftragung eines bestimmten Leistungserbringers wird schon frühzeitig erwogen.
- Konstellation 4: Die Durchführbarkeit einer bestimmten Planung ist abzuklären.

§ 67 Entscheidung über die vom Antrag umfassten Leistungen
(1) Die Entscheidung über die vom Antrag umfassten Leistungen (Leistungsentscheidung) trifft nach den §§ 14f. SGB IX der leistende Rehabilitationsträger, wenn er für die Leistungen insgesamt zuständig ist. Die Entscheidung wird auf Grundlage des nach den § 26 – § 31 ermittelten und festgestellten Rehabilitationsbedarfs getroffen, und ist entsprechend vor dem Hintergrund des § 13 SGB IX nachvollziehbar zu begründen.

(2) In den Fällen des Antragsplittings nach § 29 (bzw. § 15 Abs. 1 SGB IX) entscheidet der Splitting-Adressat über den gesplitteten Antragsteil.
(3) Bezieht der leistende Rehabilitationsträger andere Rehabilitationsträger nach § 31 (bzw. § 15 Abs. 2 SGB IX) ein, entscheiden diese unter den Voraussetzungen des § 15 Abs. 3 SGB IX über die jeweiligen Leistungen im eigenen Namen nach den für sie jeweils geltenden Leistungsgesetzen.
(4) Liegen in den Fällen des Abs. 3 die Voraussetzungen des § 15 Abs. 3 SGB IX nicht vor, entscheidet der leistende Rehabilitationsträger auf Grundlage des festgestellten Bedarfs im eigenen Namen.
Ob er dabei an Bedarfsfeststellungen der beteiligten Rehabilitationsträger gebunden ist, bestimmt sich nach den Vorschriften des § 15 Abs. 2 S. 2 SGB IX. Danach binden die Feststellungen den leistenden Rehabilitationsträger, wenn sie innerhalb von zwei Wochen nach Anforderung oder im Fall der Begutachtung innerhalb von zwei Wochen nach Vorliegen des Gutachtens beim leistenden Rehabilitationsträger eingegangen sind.

§ 71 Selbstbeschaffte Leistungen

Die Träger treffen geeignete Maßnahmen, damit Überschreitungen der Frist nach § 18 SGB IX möglichst vermieden werden. Insbesondere wechselseitige Information, bei Bedarf aktives Nachfragen sowie eine insgesamt optimierte Zusammenarbeit leistet einen Beitrag zur bedarfs- und fristgerechten Bewilligung von Leistungen zur Teilhabe.
Im Falle des Splittings ist der leistende Träger nach § 18 SGB IX auch für die gesplitteten Antragsteile verantwortlich (begründete Mitteilung, Kostenerstattung).

§ 79 Grundsätzliche Anforderungen an die Durchführung von Leistungen zur Teilhabe

(1) Die Menschen mit Behinderung werden in die Durchführung der Leistungen zur Teilhabe aktiv einbezogen. Die Rehabilitationsträger und Integrationsämter stellen sicher, dass die erforderlichen Leistungen zur Teilhabe zugeschnitten auf die individuelle Lebenssituation des Menschen mit Behinderung erbracht werden. Dies erfolgt unter Berücksichtigung dessen berechtigter Wünsche (insbesondere § 8 SGB IX) im Austausch mit diesen bzw. mit dessen Angehörigen bzw. gesetzlichen Vertretern zum frühestmöglichen Zeitpunkt.
(2) Mit dem Ziel der Nahtlosigkeit werden die im Einzelfall erforderlichen Leistungen durch den oder die Rehabilitationsträger bzw. die Integrationsämter unverzüglich »wie aus einer Hand« erbracht, d.h. ohne schuldhaftes Zögern und aufeinander abgestimmt. Organisatorische und verfahrensmäßige Prozesse werden durch die Rehabilitationsträger bzw. Integrationsämter daran ausgerichtet.
(3) Die Rehabilitationsträger und Integrationsämter erbringen ihre Leistungen so, dass die Menschen mit Behinderung die ihnen zustehenden Leistungen umfassend und zügig erhalten (§ 17 SGB I) und entsprechend der Zielsetzung des § 4 Abs. 2 Satz 2 SGB IX Leistungen anderer Sozialleistungsträger möglichst nicht erforderlich werden.
(4) Die Rehabilitationsträger und Integrationsämter erbringen die Leistungen nach Gegenstand, Umfang und Ausführung einheitlich, soweit sich aus den für

den jeweiligen Rehabilitationsträger/das Integrationsamt geltenden Leistungsgesetzen nichts Abweichendes ergibt (§ 7 SGB IX). Grundlage für eine einheitliche, qualitätsgesicherte Leistungserbringung nach einheitlichen Grundsätzen bildet die Gemeinsame Empfehlung »Qualitätssicherung« nach § 37 Abs. 1 SGB IX.
Darüber hinaus haben sich die Rehabilitationsträger und Integrationsämter zur Sicherung einer einheitlichen Leistungserbringung auf gemeinsame trägerübergreifende Rehabilitationskonzepte, Rahmenvereinbarungen/-empfehlungen (z. B. für die ambulante medizinische Rehabilitation bei bestimmten Indikationen) oder vergleichbare Regelungen verständigt. Die Rehabilitationsträger und Integrationsämter entwickeln diese regelmäßig weiter und verständigen sich soweit möglich auf weitere Regelungen. Soweit zur zügigen, nahtlosen und einheitlichen Leistungseinleitung und -erbringung erforderlich, streben die Rehabilitationsträger und Integrationsämter eine Vereinheitlichung der Formulare an.
(5) In den Fällen, in denen ein Teilhabeplan erstellt wurde, werden die Leistungen zur Teilhabe auf dieser Grundlage erbracht.

§ 81 Verzahnung von Leistungen zur medizinischen Rehabilitation mit Leistungen zur Teilhabe am Arbeitsleben

(1) Durch die frühzeitige Berücksichtigung der konkreten beruflichen Situation der Menschen mit Behinderung bei Leistungen zur medizinischen Rehabilitation kann eine bedarfsorientierte Empfehlung für Leistungen zur Teilhabe am Arbeitsleben aus der medizinischen Rehabilitationseinrichtung heraus erreicht werden. In diesem Verzahnungsbereich von Leistungen zur medizinischen Rehabilitation und Leistungen zur Teilhabe am Arbeits-leben kommt den Rehabilitationsberatungsdiensten der Rehabilitationsträger eine wichtige Rolle zu.
(2) Erkennt der Rehabilitationsträger oder das zuständige Jobcenter während der Durchführung einer Teilhabeleistung, dass für eine erfolgreiche Wiedereingliederung in das Erwerbsleben voraussichtlich Leistungen zur Teilhabe am Arbeitsleben erforderlich sind, hat er den Menschen mit Behinderung im Rahmen seiner Verpflichtung zur umfassenden Auskunft und Beratung hierüber zu unterrichten. Er wirkt unter Beachtung eines ggf. vorhandenen Teilhabeplans auf eine entsprechende Antragstellung bei dem seiner Auffassung nach zuständigen Rehabilitationsträger bzw. zuständigen Integrationsamt hin. Die Träger von Leistungen zur medizinischen Rehabilitation stellen sicher, dass arbeits- und berufsbezogene Fragestellungen bereits während der Leistungen zur medizinischen Rehabilitation berücksichtigt werden. Dies hat mit dem Ziel zu erfolgen, dass die für Leistungen zur Teilhabe am Arbeitsleben zuständigen Rehabilitationsträger bzw. Integrationsämter Informationen bezüglich des Erfordernisses der Einleitung entsprechender Maßnahmen erhalten.
(3) Zu den frühestmöglich einzuleitenden arbeits- und berufsbezogenen Elementen im Rahmen der medizinischen Rehabilitation zählen insbesondere

- Beratung hinsichtlich beruflicher Fragestellungen,
- arbeitsbezogene Leistungsdiagnostik,
- Arbeitsplatzanalyse und -beratung,
- berufsspezifische Belastungserprobung und ggf. Arbeitstherapie,
- arbeits- bzw. arbeitsplatzbezogene Trainingstherapie,

- Kontaktaufnahme[24] mit dem beruflichen Umfeld (Arbeitgeber, Betriebsärzte, Integrationsfachdienst etc.), z. B. zur Vorbereitung der Einleitung und Unterstützung einer Arbeitsplatzanpassung oder betrieblichen Umsetzung.

(4) Auf Basis der gewonnenen Informationen beginnt unter Einbindung des Menschen mit Behinderung unverzüglich die Prüfung der Erforderlichkeit von Leistungen zur Teilhabe am Arbeitsleben, ggf. wird ein Teilhabeplan erstellt bzw. angepasst und bei Bedarf eine Teilhabeplankonferenz durchgeführt. Der Träger der Leistungen zur Teilhabe am Arbeitsleben leitet – soweit erforderlich – während der Leistung zur medizinischen Rehabilitation (§ 10 Abs. 2 SGB IX) unter Einbindung des Menschen mit Behinderung unverzüglich eine Abklärung durch den jeweiligen (Reha-)Beratungsdienst ein. Unterbrechungen im Rehabilitationsprozess sind zu vermeiden. Deshalb sollte bei Bedarf durch den verantwortlichen Rehabilitationsträger bereits während der medizinischen Rehabilitation eine Kontaktaufnahme zu einem Leistungserbringer einer nachfolgenden Leistung zur Teilhabe am Arbeitsleben erfolgen.

(5) Ist eine berufliche Umorientierung erforderlich, hat der für Leistungen zur Teilhabe am Arbeitsleben zuständige Rehabilitationsträger unverzüglich eine geeignete Leistung anzubieten bzw. zu ermöglichen sowie auf einen kurzfristigen Beginn der Leistung hinzuwirken.

§ 82 Information und Kooperation der Rehabilitationsträger mit weiteren Akteuren

(1) Eine zielgerichtete gegenseitige Information und Kooperation der relevanten Akteure während der Durchführung von Leistungen zur Teilhabe bilden einen wichtigen Grundbaustein für eine gelingende Leistung zur Teilhabe. Daher binden die Rehabilitationsträger und im Bedarfsfall die Integrationsämter mit Einverständnis des Menschen mit Behinderung entsprechend § 26 Abs. 2 Nr. 8 SGB IX die Haus-, Fach-, Betriebsärzte bei der Durchführung von Leistungen zur Teilhabe ein. Ist die gesetzliche Rentenversicherung, die gesetzliche Unfallversicherung oder die Bundesagentur für Arbeit Rehabilitationsträger, erfolgt diese Einbindung, wenn sich die Notwendigkeit der Einholung weiterer Informationen über konkrete Anforderungen des Arbeitsplatzes des Menschen mit Behinderung ergibt, oder bei Arbeitsbelastungen, die die Erwerbsfähigkeit gefährden.

(2) Durch geeignete Verfahren bzw. Vereinbarungen gewährleisten die Rehabilitationsträger, dass die Rehabilitationseinrichtungen im Bedarfsfall während der Leistungen zur medizinischen Rehabilitation Kontakt zum behandelnden Arzt und zum zuständigen Betriebsarzt sowie ggf. anderen Beteiligten aufnehmen, um die Teilhabe am Leben in der Gesellschaft zu sichern und zu fördern.

(3) Wenn Hinweise auf die Notwendigkeit eines betrieblichen Teilhabemanagements (z. B. Betriebliches Eingliederungsmanagement, Leistungen zur Teilhabe am Arbeitsleben, Stufenweise Wiedereingliederung) bestehen, stellen die Rehabilitationsträger und Integrationsämter mit Einverständnis des Menschen mit Behin-

24 Die Kontaktaufnahme hat unter Berücksichtigung der diesbezüglichen Belange des Datenschutzes (z. B. Einwilligung des Menschen mit Behinderung oder drohender Behinderung) zu erfolgen.

derung sicher, dass Betriebsärzte sowie die einzubeziehenden betriebliche Akteure frühzeitig über alle Leistungen zur medizinischen Rehabilitation und zur Teilhabe am Arbeitsleben sowohl im Planungsstadium als auch in der Umsetzungsphase informiert und einbezogen werden, um entsprechende Aktivitäten zu ermöglichen.

§ 85 Zusammenarbeit mit Leistungserbringern und weiteren Akteuren

(1) Die Rehabilitationsträger wirken ferner darauf hin, dass die Entlassungsberichte sachgerechte Hinweise auf ggf. notwendige weitere Leistungen enthalten. Durch Auswertung der Entlassungsberichte (soweit diese den Rehabilitationsträgern unter Berücksichtigung des Datenschutzes übermittelt werden) prüfen die Rehabilitationsträger empfohlene Leistungen und leiten ggf. deren Umsetzung ein bzw. wirken auf deren Umsetzung hin.

(2) Die Rehabilitationsträger wirken insbesondere durch geeignete Mittel darauf hin, dass zum Ende einer Leistung zur medizinischen Rehabilitation die zur Unterstützung der Nachhaltigkeit des Rehabilitationserfolges erforderlichen nachgehenden Leistungen vom behandelnden Arzt bzw. dem Arzt der Rehabilitationseinrichtung empfohlen bzw. eingeleitet werden. Hierzu zählt auch die Förderung der Motivation der Inanspruchnahme durch den Menschen mit Behinderung.

(3) Nach Beendigung einer Leistung zur medizinischen Rehabilitation werden der behandelnde Arzt und der Betriebsarzt sowie beteiligte Rehabilitationsträger mit Einverständnis des Menschen mit Behinderung über die Empfehlung oder bereits eingeleitete nachgehende Leistungen zur Unterstützung der Nachhaltigkeit der Rehabilitationsleistung durch den Leistungserbringer informiert.

(4) Nach Beendigung einer Leistung zur Teilhabe am Arbeitsleben prüft der Rehabilitationsträger, inwieweit weitergehende Maßnahmen zur Unterstützung der Nachhaltigkeit, insbesondere zur Erlangung bzw. Sicherung eines Arbeits- oder Ausbildungsverhältnisses erforderlich sind, und bezieht hierbei Empfehlungen des Leistungserbringers sowie die Wünsche und die Lebenslagen des Menschen mit Behinderung ein.

(5) Die Rehabilitationsträger wirken darauf hin, dass der Mensch mit Behinderung aktivierend zu Angeboten weiterer Akteure wie z. B. von Selbsthilfegruppen beraten und bei Bedarf an entsprechende Beratungsstellen vermittelt wird, wie z. B. Integrationsfachdienste, Selbsthilfekontaktstellen. Bei der Planung von Leistungen zur Unterstützung der Nachhaltigkeit des Rehabilitationserfolges sind auf Wunsch bzw. mit Einverständnis des Menschen mit Behinderung seine Angehörigen und sein soziales Umfeld einzubinden.

V. Verhältnis von betrieblicher Mitbestimmung im BetrVG und im BPersVG zum Schwerbehindertenrecht des SGB IX

1. Einführung

Das Betriebsverfassungsgesetz (BetrVG) bildet in Betrieben die Grundlage für die Arbeit des Betriebsrats und der Jugend- und Auszubildendenvertretung. In Dienststellen öffentlicher Arbeitgeber gelten für die Tätigkeiten von Personalräten und Jugend- und Auszubildendenvertretungen die Personalvertretungsgesetze des Bundes (BPersVG) und der Länder. Betriebs- und Personalräte haben in gesetzlich festgelegten Bereichen durchsetzbare Beteiligungs- und Mitbestimmungsrechte gegenüber dem Arbeitgeber bzw. Dienstherrn. Die Wahl, Rechte und Aufgaben der Schwerbehindertenvertretung finden sich dagegen grundlegend in den §§ 177ff. SGB IX. Die Schwerbehindertenvertretung hat die Aufgabe, die Eingliederung schwerbehinderter Menschen in den Betrieb oder die Dienststelle zu fördern, ihre Interessen vor Ort zu vertreten und ihnen beratend und helfend zur Seite zu stehen (§ 178 Abs. 1 SGB IX).[25] Das BetrVG bzw. das BPersVG und das SGB IX sind zum Teil eng verwoben und beziehen sich gegenseitig aufeinander. So haben Betriebs-, Personal-, Richter-, Staatsanwalts- und Präsidialräte nach § 176 SGB IX die ausdrückliche Aufgabe, die Eingliederung schwerbehinderter Menschen zu fördern, darauf zu achten, dass der Arbeitgeber bzw. Dienstherr seine Pflichten im Zusammenhang mit schwerbehinderten Menschen erfüllt, und auf die Wahl der Schwerbehindertenvertretung hinzuwirken.

Im BetrVG und im BPersVG finden sich auch einige Regelungen zum Schutz von Beschäftigten mit Behinderungen und weitere Rechte der Schwerbehindertenvertretung. § 75 BetrVG enthält allgemeine Grundsätze für die Behandlung von Betriebsangehörigen. Danach haben **Arbeitgeber und Betriebsrat darüber zu wachen**, dass die im Betrieb tätigen Personen gerecht behandelt werden und dass insbesondere **niemand unter anderem aufgrund einer Behinderung benachteiligt wird**. Die gleiche Überwachungspflicht besteht im öffentlichen Dienst für Dienststellen und Personalvertretungen des Bundes nach § 2 Abs. 4 BPersVG. Praktisch bedeutsam sind insbesondere die Mitbestimmungsrechte von Betriebs- und Personalräten in sozialen Angelegenheiten (§ 87 BetrVG), die im Streitfall im Wege eines Einigungsstellenverfahrens oder eines gerichtlichen Beschlussverfahrens durchgesetzt werden können. So lassen sich z. B. in Betriebs-/Dienstvereinbarungen[26] Standards für die Einleitung eines betrieblichen Eingliederungsmanagements (BEM) festlegen sowie Regelungen zum Datenschutz im BEM-Verfahren und die Einbeziehung weiterer Beteiligter.[27] Der Betriebs-/Personalrat kann zudem bei der Festlegung von Arbeits- und Pausenzeiten im Betrieb/der Dienststelle mitbestimmen, ebenso wie bei der Ausgestaltung des Arbeits- und Gesundheitsschutzes (§ 87

---

25 Zu den Aufgaben der Schwerbehindertenvertretung z. B. *Winkelmann* in: HdB Arbeitsrecht, § 111 Rn. 129ff.

26 Näher zu den Regelungsmöglichkeiten in einer Betriebsvereinbarung s. *Deinert* in: HdB Arbeitsrecht, § 12.

27 Vgl. DKW-*Klebe*, § 87 Rn. 65, 259.

Abs. 1 Nr. 2, 7 BetrVG bzw. § 80 Abs. 1 Nrn. 1, 13, 16 BPersVG). Es besteht dabei ein Initiativrecht, sodass dem Arbeitgeber auch aktiv Maßnahmen vorgeschlagen werden können.[28] Die Schwerbehindertenvertretung verfügt zwar ihrerseits über Beteiligungsrechte, jedoch nicht über vergleichbare Mitbestimmungsrechte.

§ 182 SGB IX trägt den betrieblichen Interessenvertretungen und dem Arbeitgeber sowie seinem Inklusionsbeauftragten auf, eng zusammenzuarbeiten. Die **Schwerbehindertenvertretung** hat in der Folge nach § 178 SGB IX auch das Recht, an **allen Sitzungen** des Betriebs-, Personal-, Richter-, Staatsanwalts- oder Präsidialrats und deren Ausschüssen sowie am Arbeitsausschuss beratend teilzunehmen. Hierzu zählt auch, dass sie zu diesen Sitzungen eingeladen wird und in der Sitzung Stellungnahmen abgeben und Anträge stellen kann – ein Stimmrecht hat die Schwerbehindertenvertretung jedoch nicht.[29] Ebenso kann sie an den **Monatsbesprechungen** zwischen Betriebs-/Personalrat und Arbeitgeber/Dienstherr teilnehmen (§ 178 Abs. 5 SGB IX i. V. m. § 74 Abs. 1 BetrVG bzw. § 65 BPersVG). Für die Beteiligung der Schwerbehindertenvertretung kommt es nicht darauf an, ob in den Sitzungen ausdrücklich Themen behandelt werden, die speziell für schwerbehinderte Menschen von Bedeutung sind.[30] Beschlüsse des Personalrats kann die Schwerbehindertenvertretung für fünf Tage aussetzen, wenn sie hierin »eine erhebliche Beeinträchtigung wichtiger Interessen der schwerbehinderten oder ihnen gleichgestellten Beschäftigten« sieht; anschließend ist erneut über die Angelegenheit zu entscheiden (§ 42 Abs. 3 BPersVG).

Daneben existieren weitere Regelungen wie § 177 Abs. 8 SGB IX, der auf § 21a BetrVG verweist. Wird ein Betrieb gespalten, hat dessen **Schwerbehindertenvertretung** damit ein **Übergangsmandat**. Diese Regelung existierte vor dem BTHG nur für Betriebsräte, nicht jedoch für die Schwerbehindertenvertretung.[31]

§ 80 Abs. 1 Nr. 4 BetrVG bestimmt, dass die allgemeinen **Aufgaben des Betriebsrats** nicht nur die Eingliederung schwerbehinderter Menschen umfasst, sondern auch die **Förderung von Inklusionsvereinbarungen**. Der Betriebsrat erhält damit den konkreten Auftrag, sich für den Abschluss von Inklusionsvereinbarungen nach § 166 SGB IX einzusetzen.[32]

In § 88 Nr. 5 BetrVG wird darauf hingewiesen, dass freiwillige **Betriebsvereinbarungen** auch Maßnahmen zur **Eingliederung schwerbehinderter Menschen** regeln können.

In § 92 Abs. 3 Satz 2 BetrVG wurde ferner verdeutlicht, dass die Eingliederung schwerbehinderter Menschen auch bei Fragen der **Personalplanung** eine Rolle spielen.[33]

28 Vgl. DKW-*Klebe*, § 87 Rn. 25ff.
29 Vgl. FKS-SGB IX-*Krämer*, § 178 Rn. 47.
30 Vgl. FKS-SGB IX-*Krämer*, § 178 Rn. 45.
31 BT-Drs. 18/9522, S. 315.
32 Vgl. DKW-*Buschmann*, § 80 Rn. 55.
33 Vgl. DKW-*Homburg*, § 92 Rn. 28.

2. Literatur

Däubler/Klebe/Wedde (Hrsg.), BetrVG Betriebsverfassungsgesetz – Kommentar für die Praxis, 19. Aufl. 2024 (zit. DKW-Bearbeiter)

Feldes/Kohte/Stevens-Bartol (Hrsg.), SGB IX Sozialgesetzbuch Neuntes Buch – Kommentar für die Praxis, 5. Aufl. 2023 (zit. FKS-Bearbeiter)

Deinert/Wenckebach/Zwanziger (Hrsg.), Arbeitsrecht – Handbuch für die Praxis, 11. Aufl. 2023 (zit. Bearbeiter in: HdB Arbeitsrecht)

3. Gesetzestexte

a) Betriebsverfassungsgesetz (Auszug)

Vom 25. September 2001 (BGBl. I S. 2518), zuletzt geändert durch Artikel 1 des Gesetzes vom 19. Juli 2024 (BGBl. 2024 I Nr. 248).

§ 21a Übergangsmandat

(1) Wird ein Betrieb gespalten, so bleibt dessen Betriebsrat im Amt und führt die Geschäfte für die ihm bislang zugeordneten Betriebsteile weiter, soweit sie die Voraussetzungen des § 1 Abs. 1 Satz 1 erfüllen und nicht in einen Betrieb eingegliedert werden, in dem ein Betriebsrat besteht (Übergangsmandat). Der Betriebsrat hat insbesondere unverzüglich Wahlvorstände zu bestellen. Das Übergangsmandat endet, sobald in den Betriebsteilen ein neuer Betriebsrat gewählt und das Wahlergebnis bekannt gegeben ist, spätestens jedoch sechs Monate nach Wirksamwerden der Spaltung. Durch Tarifvertrag oder Betriebsvereinbarung kann das Übergangsmandat um weitere sechs Monate verlängert werden.

(2) Werden Betriebe oder Betriebsteile zu einem Betrieb zusammengefasst, so nimmt der Betriebsrat des nach der Zahl der wahlberechtigten Arbeitnehmer größten Betriebs oder Betriebsteils das Übergangsmandat wahr. Absatz 1 gilt entsprechend.

(3) Die Absätze 1 und 2 gelten auch, wenn die Spaltung oder Zusammenlegung von Betrieben und Betriebsteilen im Zusammenhang mit einer Betriebsveräußerung oder einer Umwandlung nach dem Umwandlungsgesetz erfolgt.

§ 29 Einberufung der Sitzungen

(1) Vor Ablauf einer Woche nach dem Wahltag hat der Wahlvorstand die Mitglieder des Betriebsrats zu der nach § 26 Abs. 1 vorgeschriebenen Wahl einzuberufen. Der Vorsitzende des Wahlvorstands leitet die Sitzung, bis der Betriebsrat aus seiner Mitte einen Wahlleiter bestellt hat.

(2) Die weiteren Sitzungen beruft der Vorsitzende des Betriebsrats ein. Er setzt die Tagesordnung fest und leitet die Verhandlung. Der Vorsitzende hat die Mitglieder des Betriebsrats zu den Sitzungen rechtzeitig unter Mitteilung der Tagesordnung zu laden. Dies gilt auch für die Schwerbehindertenvertretung sowie für die Jugend- und Auszubildendenvertreter, soweit sie ein Recht auf Teilnahme an der Betriebsratssitzung haben. Kann ein Mitglied des Betriebsrats oder der Jugend- und Aus-

zubildendenvertretung an der Sitzung nicht teilnehmen, so soll es dies unter Angabe der Gründe unverzüglich dem Vorsitzenden mitteilen. Der Vorsitzende hat für ein verhindertes Betriebsratsmitglied oder für einen verhinderten Jugend- und Auszubildendenvertreter das Ersatzmitglied zu laden.
(3) Der Vorsitzende hat eine Sitzung einzuberufen und den Gegenstand, dessen Beratung beantragt ist, auf die Tagesordnung zu setzen, wenn dies ein Viertel der Mitglieder des Betriebsrats oder der Arbeitgeber beantragt.
(4) Der Arbeitgeber nimmt an den Sitzungen, die auf sein Verlangen anberaumt sind, und an den Sitzungen, zu denen er ausdrücklich eingeladen ist, teil. Er kann einen Vertreter der Vereinigung der Arbeitgeber, der er angehört, hinzuziehen.

§ 30 Betriebsratssitzungen

(1) Die Sitzungen des Betriebsrats finden in der Regel während der Arbeitszeit statt. Der Betriebsrat hat bei der Ansetzung von Betriebsratssitzungen auf die betrieblichen Notwendigkeiten Rücksicht zu nehmen. Der Arbeitgeber ist vom Zeitpunkt der Sitzung vorher zu verständigen. Die Sitzungen des Betriebsrats sind nicht öffentlich. Sie finden als Präsenzsitzung statt.
(2) Abweichend von Absatz 1 Satz 5 kann die Teilnahme an einer Betriebsratssitzung mittels Video- und Telefonkonferenz erfolgen, wenn

1. die Voraussetzungen für eine solche Teilnahme in der Geschäftsordnung unter Sicherung des Vorrangs der Präsenzsitzung festgelegt sind,
2. nicht mindestens ein Viertel der Mitglieder des Betriebsrats binnen einer von dem Vorsitzenden zu bestimmenden Frist diesem gegenüber widerspricht und
3. sichergestellt ist, dass Dritte vom Inhalt der Sitzung keine Kenntnis nehmen können.

Eine Aufzeichnung der Sitzung ist unzulässig.
(3) Erfolgt die Betriebsratssitzung mit der zusätzlichen Möglichkeit der Teilnahme mittels Video- und Telefonkonferenz, gilt auch eine Teilnahme vor Ort als erforderlich.

§ 31 Teilnahme der Gewerkschaften

Auf Antrag von einem Viertel der Mitglieder des Betriebsrats kann ein Beauftragter einer im Betriebsrat vertretenen Gewerkschaft an den Sitzungen beratend teilnehmen; in diesem Fall sind der Zeitpunkt der Sitzung und die Tagesordnung der Gewerkschaft rechtzeitig mitzuteilen.

§ 32 Teilnahme der Schwerbehindertenvertretung

Die Schwerbehindertenvertretung (§ 177 des Neunten Buches Sozialgesetzbuch) kann an allen Sitzungen des Betriebsrats beratend teilnehmen.

§ 33 Beschlüsse des Betriebsrats

(1) Die Beschlüsse des Betriebsrats werden, soweit in diesem Gesetz nichts anderes bestimmt ist, mit der Mehrheit der Stimmen der anwesenden Mitglieder gefasst. Betriebsratsmitglieder, die mittels Video- und Telefonkonferenz an der Beschlussfassung teilnehmen, gelten als anwesend. Bei Stimmengleichheit ist ein Antrag abgelehnt.

(2) Der Betriebsrat ist nur beschlussfähig, wenn mindestens die Hälfte der Betriebsratsmitglieder an der Beschlussfassung teilnimmt; Stellvertretung durch Ersatzmitglieder ist zulässig.
(3) Nimmt die Jugend- und Auszubildendenvertretung an der Beschlussfassung teil, so werden die Stimmen der Jugend- und Auszubildendenvertreter bei der Feststellung der Stimmenmehrheit mitgezählt.

§ 34 Sitzungsniederschrift

(1) Über jede Verhandlung des Betriebsrats ist eine Niederschrift aufzunehmen, die mindestens den Wortlaut der Beschlüsse und die Stimmenmehrheit, mit der sie gefasst sind, enthält. Die Niederschrift ist von dem Vorsitzenden und einem weiteren Mitglied zu unterzeichnen. Der Niederschrift ist eine Anwesenheitsliste beizufügen, in die sich jeder Teilnehmer eigenhändig einzutragen hat. Nimmt ein Betriebsratsmitglied mittels Video- und Telefonkonferenz an der Sitzung teil, so hat es seine Teilnahme gegenüber dem Vorsitzenden in Textform zu bestätigen. Die Bestätigung ist der Niederschrift beizufügen.
(2) Hat der Arbeitgeber oder ein Beauftragter einer Gewerkschaft an der Sitzung teilgenommen, so ist ihm der entsprechende Teil der Niederschrift abschriftlich auszuhändigen. Einwendungen gegen die Niederschrift sind unverzüglich schriftlich zu erheben; sie sind der Niederschrift beizufügen.
(3) Die Mitglieder des Betriebsrats haben das Recht, die Unterlagen des Betriebsrats und seiner Ausschüsse jederzeit einzusehen.

§ 35 Aussetzung von Beschlüssen

(1) Erachtet die Mehrheit der Jugend- und Auszubildendenvertretung oder die Schwerbehindertenvertretung einen Beschluss des Betriebsrats als eine erhebliche Beeinträchtigung wichtiger Interessen der durch sie vertretenen Arbeitnehmer, so ist auf ihren Antrag der Beschluss auf die Dauer von einer Woche vom Zeitpunkt der Beschlussfassung an auszusetzen, damit in dieser Frist eine Verständigung, gegebenenfalls mit Hilfe der im Betrieb vertretenen Gewerkschaften, versucht werden kann.
(2) Nach Ablauf der Frist ist über die Angelegenheit neu zu beschließen. Wird der erste Beschluss bestätigt, so kann der Antrag auf Aussetzung nicht wiederholt werden; dies gilt auch, wenn der erste Beschluss nur unerheblich geändert wird.

§ 51 Geschäftsführung

(1) Für den Gesamtbetriebsrat gelten § 25 Abs. 1, die §§ 26, 27 Abs. 2 und 3, § 28 Abs. 1 Satz 1 und 3, Abs. 2, die §§ 30, 31, 34, 35, 36, 37 Abs. 1 bis 3 sowie die §§ 40 und 41 entsprechend. § 27 Abs. 1 gilt entsprechend mit der Maßgabe, dass der Gesamtbetriebsausschuss aus dem Vorsitzenden des Gesamtbetriebsrats, dessen Stellvertreter und bei Gesamtbetriebsräten mit

9 bis 16	Mitgliedern aus 3 weiteren Ausschußmitgliedern,
17 bis 24	Mitgliedern aus 5 weiteren Ausschußmitgliedern,

25 bis 36	Mitgliedern aus 7 weiteren Ausschußmitgliedern,
mehr als 36	Mitgliedern aus 9 weiteren Ausschußmitgliedern

besteht.

(2) Ist ein Gesamtbetriebsrat zu errichten, so hat der Betriebsrat der Hauptverwaltung des Unternehmens oder, soweit ein solcher Betriebsrat nicht besteht, der Betriebsrat des nach der Zahl der wahlberechtigten Arbeitnehmer größten Betriebs zu der Wahl des Vorsitzenden und des stellvertretenden Vorsitzenden des Gesamtbetriebsrats einzuladen. Der Vorsitzende des einladenden Betriebsrats hat die Sitzung zu leiten, bis der Gesamtbetriebsrat aus seiner Mitte einen Wahlleiter bestellt hat. § 29 Abs. 2 bis 4 gilt entsprechend.

(3) Die Beschlüsse des Gesamtbetriebsrats werden, soweit nichts anderes bestimmt ist, mit Mehrheit der Stimmen der anwesenden Mitglieder gefasst. Mitglieder des Gesamtbetriebsrats, die mittels Video- und Telefonkonferenz an der Beschlussfassung teilnehmen, gelten als anwesend. Bei Stimmengleichheit ist ein Antrag abgelehnt. Der Gesamtbetriebsrat ist nur beschlussfähig, wenn mindestens die Hälfte seiner Mitglieder an der Beschlussfassung teilnimmt und die Teilnehmenden mindestens die Hälfte aller Stimmen vertreten; Stellvertretung durch Ersatzmitglieder ist zulässig. § 33 Abs. 3 gilt entsprechend.

(4) Auf die Beschlussfassung des Gesamtbetriebsausschusses und weiterer Ausschüsse des Gesamtbetriebsrats ist § 33 Abs. 1 und 2 anzuwenden.

(5) Die Vorschriften über die Rechte und Pflichten des Betriebsrats gelten entsprechend für den Gesamtbetriebsrat, soweit dieses Gesetz keine besonderen Vorschriften enthält.

§ 52 Teilnahme der Gesamtschwerbehindertenvertretung

Die Gesamtschwerbehindertenvertretung (§ 180 Absatz 1 des Neunten Buches Sozialgesetzbuch) kann an allen Sitzungen des Gesamtbetriebsrats beratend teilnehmen.

§ 59 Geschäftsführung

(1) Für den Konzernbetriebsrat gelten § 25 Abs. 1, die §§ 26, 27 Abs. 2 und 3, § 28 Abs. 1 Satz 1 und 3, Abs. 2, die §§ 30, 31, 34, 35, 36, 37 Abs. 1 bis 3 sowie die §§ 40, 41 und 51 Abs. 1 Satz 2 und Abs. 3 bis 5 entsprechend.

(2) Ist ein Konzernbetriebsrat zu errichten, so hat der Gesamtbetriebsrat des herrschenden Unternehmens oder, soweit ein solcher Gesamtbetriebsrat nicht besteht, der Gesamtbetriebsrat des nach der Zahl der wahlberechtigten Arbeitnehmer größten Konzernunternehmens zu der Wahl des Vorsitzenden und des stellvertretenden Vorsitzenden des Konzernbetriebsrats einzuladen. Der Vorsitzende des einladenden Gesamtbetriebsrats hat die Sitzung zu leiten, bis der Konzernbetriebsrat aus seiner Mitte einen Wahlleiter bestellt hat. § 29 Abs. 2 bis 4 gilt entsprechend.

§ 59a Teilnahme der Konzernschwerbehindertenvertretung

Die Konzernschwerbehindertenvertretung (§ 180 Absatz 2 des Neunten Buches Sozialgesetzbuch) kann an allen Sitzungen des Konzernbetriebsrats beratend teilnehmen.

§ 74 Grundsätze für die Zusammenarbeit

(1) Arbeitgeber und Betriebsrat sollen mindestens einmal im Monat zu einer Besprechung zusammentreten. Sie haben über strittige Fragen mit dem ernsten Willen zur Einigung zu verhandeln und Vorschläge für die Beilegung von Meinungsverschiedenheiten zu machen.

(2) Maßnahmen des Arbeitskampfes zwischen Arbeitgeber und Betriebsrat sind unzulässig; Arbeitskämpfe tariffähiger Parteien werden hierdurch nicht berührt. Arbeitgeber und Betriebsrat haben Betätigungen zu unterlassen, durch die der Arbeitsablauf oder der Frieden des Betriebs beeinträchtigt werden. Sie haben jede parteipolitische Betätigung im Betrieb zu unterlassen; die Behandlung von Angelegenheiten tarifpolitischer, sozialpolitischer, umweltpolitischer und wirtschaftlicher Art, die den Betrieb oder seine Arbeitnehmer unmittelbar betreffen, wird hierdurch nicht berührt.

(3) Arbeitnehmer, die im Rahmen dieses Gesetzes Aufgaben übernehmen, werden hierdurch in der Betätigung für ihre Gewerkschaft auch im Betrieb nicht beschränkt.

§ 75 Grundsätze für die Behandlung der Betriebsangehörigen

(1) Arbeitgeber und Betriebsrat haben darüber zu wachen, dass alle im Betrieb tätigen Personen nach den Grundsätzen von Recht und Billigkeit behandelt werden, insbesondere, dass jede Benachteiligung von Personen aus Gründen ihrer Rasse oder wegen ihrer ethnischen Herkunft, ihrer Abstammung oder sonstigen Herkunft, ihrer Nationalität, ihrer Religion oder Weltanschauung, ihrer Behinderung, ihres Alters, ihrer politischen oder gewerkschaftlichen Betätigung oder Einstellung oder wegen ihres Geschlechts oder ihrer sexuellen Identität unterbleibt.

(2) Arbeitgeber und Betriebsrat haben die freie Entfaltung der Persönlichkeit der im Betrieb beschäftigten Arbeitnehmer zu schützen und zu fördern. Sie haben die Selbständigkeit und Eigeninitiative der Arbeitnehmer und Arbeitsgruppen zu fördern.

§ 79 Geheimhaltungspflicht

(1) Die Mitglieder und Ersatzmitglieder des Betriebsrats sind verpflichtet, Betriebs- oder Geschäftsgeheimnisse, die ihnen wegen ihrer Zugehörigkeit zum Betriebsrat bekannt geworden und vom Arbeitgeber ausdrücklich als geheimhaltungsbedürftig bezeichnet worden sind, nicht zu offenbaren und nicht zu verwerten. Dies gilt auch nach dem Ausscheiden aus dem Betriebsrat. Die Verpflichtung gilt nicht gegenüber Mitgliedern des Betriebsrats. Sie gilt ferner nicht gegenüber dem Gesamtbetriebsrat, dem Konzernbetriebsrat, der Bordvertretung, dem Seebetriebsrat und den Arbeitnehmervertretern im Aufsichtsrat sowie im Verfahren vor der Einigungsstelle, der tariflichen Schlichtungsstelle (§ 76 Abs. 8) oder einer betrieblichen Beschwerdestelle (§ 86).

(2) Absatz 1 gilt sinngemäß für die Mitglieder und Ersatzmitglieder des Gesamtbetriebsrats, des Konzernbetriebsrats, der Jugend- und Auszubildendenvertretung, der Gesamt-Jugend- und Auszubildendenvertretung, der Konzern-Jugend- und Auszubildendenvertretung, des Wirtschaftsausschusses, der Bordvertretung, des Seebetriebsrats, der gemäß § 3 Abs. 1 gebildeten Vertretungen der Arbeitnehmer, der Einigungsstelle, der tariflichen Schlichtungsstelle (§ 76 Abs. 8) und einer betrieblichen Beschwerdestelle (§ 86) sowie für die Vertreter von Gewerkschaften oder von Arbeitgebervereinigungen.

§ 80 Allgemeine Aufgaben

(1) Der Betriebsrat hat folgende allgemeine Aufgaben:

1. darüber zu wachen, dass die zugunsten der Arbeitnehmer geltenden Gesetze, Verordnungen, Unfallverhütungsvorschriften, Tarifverträge und Betriebsvereinbarungen durchgeführt werden;
2. Maßnahmen, die dem Betrieb und der Belegschaft dienen, beim Arbeitgeber zu beantragen;

2a. die Durchsetzung der tatsächlichen Gleichstellung von Frauen und Männern, insbesondere bei der Einstellung, Beschäftigung, Aus-, Fort- und Weiterbildung und dem beruflichen Aufstieg, zu fördern;

2b. die Vereinbarkeit von Familie und Erwerbstätigkeit zu fördern;

3. Anregungen von Arbeitnehmern und der Jugend- und Auszubildendenvertretung entgegenzunehmen und, falls sie berechtigt erscheinen, durch Verhandlungen mit dem Arbeitgeber auf eine Erledigung hinzuwirken; er hat die betreffenden Arbeitnehmer über den Stand und das Ergebnis der Verhandlungen zu unterrichten;
4. die Eingliederung schwerbehinderter Menschen einschließlich der Förderung des Abschlusses von Inklusionsvereinbarungen nach § 166 des Neunten Buches Sozialgesetzbuch und sonstiger besonders schutzbedürftiger Personen zu fördern;
5. die Wahl einer Jugend- und Auszubildendenvertretung vorzubereiten und durchzuführen und mit dieser zur Förderung der Belange der in § 60 Abs. 1 genannten Arbeitnehmer eng zusammenzuarbeiten; er kann von der Jugend- und Auszubildendenvertretung Vorschläge und Stellungnahmen anfordern;
6. die Beschäftigung älterer Arbeitnehmer im Betrieb zu fördern;
7. die Integration ausländischer Arbeitnehmer im Betrieb und das Verständnis zwischen ihnen und den deutschen Arbeitnehmern zu fördern, sowie Maßnahmen zur Bekämpfung von Rassismus und Fremdenfeindlichkeit im Betrieb zu beantragen;
8. die Beschäftigung im Betrieb zu fördern und zu sichern;
9. Maßnahmen des Arbeitsschutzes und des betrieblichen Umweltschutzes zu fördern.

(2) Zur Durchführung seiner Aufgaben nach diesem Gesetz ist der Betriebsrat rechtzeitig und umfassend vom Arbeitgeber zu unterrichten; die Unterrichtung erstreckt sich auch auf die Beschäftigung von Personen, die nicht in einem Arbeitsverhältnis zum Arbeitgeber stehen. Dem Betriebsrat sind auf Verlangen jederzeit die zur Durchführung seiner Aufgaben erforderlichen Unterlagen zur Verfügung

zu stellen; in diesem Rahmen ist der Betriebsausschuss oder ein nach § 28 gebildeter Ausschuss berechtigt, in die Listen über die Bruttolöhne und -gehälter Einblick zu nehmen. Soweit es zur ordnungsgemäßen Erfüllung der Aufgaben des Betriebsrats erforderlich ist, hat der Arbeitgeber ihm sachkundige Arbeitnehmer als Auskunftspersonen zur Verfügung zu stellen; er hat hierbei die Vorschläge des Betriebsrats zu berücksichtigen, soweit betriebliche Notwendigkeiten nicht entgegenstehen.

(3) Der Betriebsrat kann bei der Durchführung seiner Aufgaben nach näherer Vereinbarung mit dem Arbeitgeber Sachverständige hinzuziehen, soweit dies zur ordnungsgemäßen Erfüllung seiner Aufgaben erforderlich ist. Muss der Betriebsrat zur Durchführung seiner Aufgaben die Einführung oder Anwendung von Künstlicher Intelligenz beurteilen, gilt insoweit die Hinzuziehung eines Sachverständigen als erforderlich. Gleiches gilt, wenn sich Arbeitgeber und Betriebsrat auf einen ständigen Sachverständigen in Angelegenheiten nach Satz 2 einigen

(4) Für die Geheimhaltungspflicht der Auskunftspersonen und der Sachverständigen gilt § 79 entsprechend.

§ 87 Mitbestimmungsrechte

(1) Der Betriebsrat hat, soweit eine gesetzliche oder tarifliche Regelung nicht besteht, in folgenden Angelegenheiten mitzubestimmen:

1. Fragen der Ordnung des Betriebs und des Verhaltens der Arbeitnehmer im Betrieb;
2. Beginn und Ende der täglichen Arbeitszeit einschließlich der Pausen sowie Verteilung der Arbeitszeit auf die einzelnen Wochentage;
3. vorübergehende Verkürzung oder Verlängerung der betriebsüblichen Arbeitszeit;
4. Zeit, Ort und Art der Auszahlung der Arbeitsentgelte;
5. Aufstellung allgemeiner Urlaubsgrundsätze und des Urlaubsplans sowie die Festsetzung der zeitlichen Lage des Urlaubs für einzelne Arbeitnehmer, wenn zwischen dem Arbeitgeber und den beteiligten Arbeitnehmern kein Einverständnis erzielt wird;
6. Einführung und Anwendung von technischen Einrichtungen, die dazu bestimmt sind, das Verhalten oder die Leistung der Arbeitnehmer zu überwachen;
7. Regelungen über die Verhütung von Arbeitsunfällen und Berufskrankheiten sowie über den Gesundheitsschutz im Rahmen der gesetzlichen Vorschriften oder der Unfallverhütungsvorschriften;
8. Form, Ausgestaltung und Verwaltung von Sozialeinrichtungen, deren Wirkungsbereich auf den Betrieb, das Unternehmen oder den Konzern beschränkt ist;
9. Zuweisung und Kündigung von Wohnräumen, die den Arbeitnehmern mit Rücksicht auf das Bestehen eines Arbeitsverhältnisses vermietet werden, sowie die allgemeine Festlegung der Nutzungsbedingungen;
10. Fragen der betrieblichen Lohngestaltung, insbesondere die Aufstellung von Entlohnungsgrundsätzen und die Einführung und Anwendung von neuen Entlohnungsmethoden sowie deren Änderung;

11. Festsetzung der Akkord- und Prämiensätze und vergleichbarer leistungsbezogener Entgelte, einschließlich der Geldfaktoren;
12. Grundsätze über das betriebliche Vorschlagswesen;
13. Grundsätze über die Durchführung von Gruppenarbeit; Gruppenarbeit im Sinne dieser Vorschrift liegt vor, wenn im Rahmen des betrieblichen Arbeitsablaufs eine Gruppe von Arbeitnehmern eine ihr übertragene Gesamtaufgabe im Wesentlichen eigenverantwortlich erledigt.
14. Ausgestaltung von mobiler Arbeit, die mittels Informations- und Kommunikationstechnik erbracht wird.

(2) Kommt eine Einigung über eine Angelegenheit nach Absatz 1 nicht zustande, so entscheidet die Einigungsstelle. Der Spruch der Einigungsstelle ersetzt die Einigung zwischen Arbeitgeber und Betriebsrat.

§ 88 Freiwillige Betriebsvereinbarungen

Durch Betriebsvereinbarung können insbesondere geregelt werden

1. zusätzliche Maßnahmen zur Verhütung von Arbeitsunfällen und Gesundheitsschädigungen;

1a. Maßnahmen des betrieblichen Umweltschutzes;

2. die Errichtung von Sozialeinrichtungen, deren Wirkungsbereich auf den Betrieb, das Unternehmen oder den Konzern beschränkt ist;
3. Maßnahmen zur Förderung der Vermögensbildung;
4. Maßnahmen zur Integration ausländischer Arbeitnehmer sowie zur Bekämpfung von Rassismus und Fremdenfeindlichkeit im Betrieb;
5. Maßnahmen zur Eingliederung schwerbehinderter Menschen.

§ 92 Personalplanung

(1) Der Arbeitgeber hat den Betriebsrat über die Personalplanung, insbesondere über den gegenwärtigen und künftigen Personalbedarf sowie über die sich daraus ergebenden personellen Maßnahmen einschließlich der geplanten Beschäftigung von Personen, die nicht in einem Arbeitsverhältnis zum Arbeitgeber stehen, und Maßnahmen der Berufsbildung anhand von Unterlagen rechtzeitig und umfassend zu unterrichten. Er hat mit dem Betriebsrat über Art und Umfang der erforderlichen Maßnahmen und über die Vermeidung von Härten zu beraten.

(2) Der Betriebsrat kann dem Arbeitgeber Vorschläge für die Einführung einer Personalplanung und ihre Durchführung machen.

(3) Die Absätze 1 und 2 gelten entsprechend für Maßnahmen im Sinne des § 80 Abs. 1 Nr. 2a und 2b, insbesondere für die Aufstellung und Durchführung von Maßnahmen zur Förderung der Gleichstellung von Frauen und Männern. Gleiches gilt für die Eingliederung schwerbehinderter Menschen nach § 80 Absatz 1 Nummer 4.

b) Bundespersonalvertretungsgesetz (Auszug)

Vom 9. Juni 2021 (BGBl. I S. 1614), zuletzt geändert durch Artikel 8 des Gesetzes vom 20. Dezember 2023 (BGBl. 2023 I Nr. 389).

§ 2 Grundsätze der Zusammenarbeit

(1) Dienststelle und Personalvertretung arbeiten unter Beachtung der Gesetze und Tarifverträge vertrauensvoll zum Wohl der Beschäftigten und zur Erfüllung der der Dienststelle obliegenden Aufgaben zusammen.

(2) Dienststelle und Personalvertretung haben alles zu unterlassen, was geeignet ist, die Arbeit und den Frieden der Dienststelle zu beeinträchtigen. Insbesondere dürfen sie keine Maßnahmen des Arbeitskampfes gegeneinander durchführen. Die Zulässigkeit von Arbeitskämpfen tariffähiger Parteien wird hierdurch nicht berührt.

(3) Außenstehende Stellen dürfen erst angerufen werden, wenn eine Einigung in der Dienststelle nicht erzielt worden ist.

(4) Dienststelle und Personalvertretung haben darüber zu wachen, dass alle Angehörigen der Dienststelle nach Recht und Billigkeit behandelt werden. Dazu zählt insbesondere, dass jede Benachteiligung von Personen wegen ihrer ethnischen Herkunft, ihrer Abstammung oder sonstigen Herkunft, ihrer Nationalität, ihrer Religion oder Weltanschauung, ihrer Behinderung, ihres Alters, ihrer politischen oder gewerkschaftlichen Betätigung oder Einstellung oder wegen ihres Geschlechts oder ihrer sexuellen Identität unterbleibt. Dabei müssen Dienststelle und Personalvertretung sich so verhalten, dass das Vertrauen der Verwaltungsangehörigen in die Objektivität und Neutralität ihrer Amtsführung nicht beeinträchtigt wird.

(5) Die Leiterin oder der Leiter der Dienststelle und ihre oder seine Vertretung sowie die Personalvertretung und ihre Mitglieder haben jede parteipolitische Betätigung in der Dienststelle zu unterlassen; die Behandlung von Tarif-, Besoldungs- und Sozialangelegenheiten wird hierdurch nicht berührt.

§ 36 Anberaumung von Sitzungen

(1) Spätestens fünf Arbeitstage nach dem Wahltag hat der Wahlvorstand die Mitglieder des Personalrats zu den Wahlen des Vorstands und des Vorsitzes einzuberufen. Die oder der Vorsitzende des Wahlvorstands leitet die Sitzung, bis der Personalrat aus seiner Mitte eine Wahlleiterin oder einen Wahlleiter bestellt hat.

(2) Die weiteren Sitzungen beruft die oder der Vorsitzende des Personalrats ein. Sie oder er setzt die Tagesordnung fest und leitet die Verhandlung. Die oder der Vorsitzende hat die Mitglieder des Personalrats zu den Sitzungen rechtzeitig unter Mitteilung der Tagesordnung zu laden. Ist ein Mitglied des Personalrats an der Sitzungsteilnahme verhindert, hat es dies unter Angabe der Gründe unverzüglich der oder dem Vorsitzenden mitzuteilen. Die oder der Vorsitzende hat für ein verhindertes Mitglied des Personalrats das nach § 33 Absatz 1 Satz 2 eintretende Ersatzmitglied zu laden.

(3) Die oder der Vorsitzende hat eine Sitzung einzuberufen und den Gegenstand, dessen Beratung beantragt ist, auf die Tagesordnung zu setzen, wenn dies beantragt wird von

1. einem Viertel der Mitglieder des Personalrats,
2. der Mehrheit der Vertreterinnen und Vertreter einer Gruppe,
3. der Leiterin oder dem Leiter der Dienststelle,
4. der Vertrauensperson der schwerbehinderten Menschen in Angelegenheiten, die besonders schwerbehinderte Beschäftigte betreffen, oder

5. der Mehrheit der Mitglieder der Jugend- und Auszubildendenvertretung in Angelegenheiten, die besonders Beschäftigte betreffen, die das 18. Lebensjahr noch nicht vollendet haben oder sich in einer beruflichen Ausbildung befinden.

§ 37 Teilnahme- und Stimmrecht sonstiger Personen

(1) Eine Vertreterin oder ein Vertreter der Jugend- und Auszubildendenvertretung, die oder der von dieser benannt wird, und die Schwerbehindertenvertretung haben das Recht, an den Sitzungen des Personalrats beratend teilzunehmen. An der Behandlung von Angelegenheiten, die besonders Beschäftigte betreffen, die das 18. Lebensjahr noch nicht vollendet haben oder die sich in einer beruflichen Ausbildung befinden, hat die gesamte Jugend- und Auszubildendenvertretung das Recht zur beratenden Teilnahme. Bei Beschlüssen des Personalrats, die überwiegend Beschäftigte betreffen, die das 18. Lebensjahr noch nicht vollendet haben oder die sich in einer beruflichen Ausbildung befinden, haben die Jugend- und Auszubildendenvertreterinnen und -vertreter Stimmrecht. Soweit sie ein Recht auf Teilnahme an der Sitzung haben, gilt § 36 Absatz 2 Satz 3 entsprechend für die Ladung der Schwerbehindertenvertretung und der Mitglieder der Jugend- und Auszubildendenvertretung.

(2) Auf Antrag eines Viertels der Mitglieder oder der Mehrheit einer Gruppe des Personalrats kann eine Beauftragte oder ein Beauftragter einer im Personalrat vertretenen Gewerkschaft an den Sitzungen beratend teilnehmen; in diesem Fall sind der Gewerkschaft der Zeitpunkt der Sitzung und die Tagesordnung rechtzeitig mitzuteilen.

(3) Die Leiterin oder der Leiter der Dienststelle nimmt an den Sitzungen teil, die auf ihr oder sein Verlangen anberaumt worden sind oder zu denen sie oder er ausdrücklich eingeladen worden ist.

§ 38 Zeitpunkt der Sitzungen und Nichtöffentlichkeit

(1) Die Sitzungen des Personalrats finden in der Regel während der Arbeitszeit statt. Der Personalrat hat bei der Anberaumung seiner Sitzungen auf die dienstlichen Erfordernisse und auf die Arbeitszeiten seiner Mitglieder Rücksicht zu nehmen. Die Leiterin oder der Leiter der Dienststelle ist vom Zeitpunkt der Sitzung vorher zu verständigen.

(2) Die Sitzungen sind nicht öffentlich. Der Personalrat kann ihm nach § 47 zur Verfügung gestelltes Büropersonal zur Anfertigung der Niederschrift hinzuziehen.

(3) Die Sitzungen des Personalrats finden in der Regel als Präsenzsitzung in Anwesenheit seiner Mitglieder vor Ort statt. Die Sitzung kann vollständig oder unter Zuschaltung einzelner Personalratsmitglieder mittels Video- oder Telefonkonferenz durchgeführt werden, wenn

1. vorhandene Einrichtungen genutzt werden, die durch die Dienststelle zur dienstlichen Nutzung freigegeben sind,
2. nicht mindestens ein Viertel der Mitglieder oder die Mehrheit der Vertreterinnen und Vertreter einer Gruppe des Personalrats binnen einer von der oder dem Vorsitzenden zu bestimmenden Frist gegenüber der oder dem Vorsitzenden widerspricht und

3. der Personalrat geeignete organisatorische Maßnahmen trifft, um sicherzustellen, dass Dritte vom Inhalt der Sitzung keine Kenntnis nehmen können.

Eine Aufzeichnung ist unzulässig. Personalratsmitglieder, die mittels Video- oder Telefonkonferenz an Sitzungen teilnehmen, gelten als anwesend im Sinne des § 39 Absatz 1 Satz 1. § 43 Absatz 1 Satz 3 findet mit der Maßgabe Anwendung, dass die oder der Vorsitzende vor Beginn der Beratung die zugeschalteten Personalratsmitglieder feststellt und in die Anwesenheitsliste einträgt. Das Recht eines Personalratsmitglieds auf Teilnahme an der Sitzung vor Ort bleibt durch die Durchführung der Sitzung mittels Video- oder Telefonkonferenz unberührt.

§ 39 Beschlussfassung

(1) Die Beschlüsse des Personalrats werden, soweit in diesem Gesetz nichts anderes bestimmt ist, mit einfacher Stimmenmehrheit der anwesenden Mitglieder gefasst. Stimmenthaltung gilt als Ablehnung. Bei Stimmengleichheit ist ein Antrag abgelehnt.

(2) Der Personalrat ist nur beschlussfähig, wenn mindestens die Hälfte seiner Mitglieder anwesend ist; Vertretung durch Ersatzmitglieder ist zulässig.

(3) Bei der Feststellung der Stimmenmehrheit werden die Stimmen anderer anwesender Personen, die über ein Stimmrecht verfügen, mitgezählt.

(4) In der Geschäftsordnung kann die Beschlussfassung im elektronischen Verfahren vorgesehen werden. § 38 Absatz 3 Satz 2 Nummer 1 und 3 gilt entsprechend. Die Beschlussfassung im elektronischen Verfahren ist unzulässig, wenn ein Mitglied des Personalrats oder eine nach § 37 teilnahmeberechtigte Person binnen einer von der oder dem Vorsitzenden zu bestimmenden Frist gegenüber der oder dem Vorsitzenden widerspricht. Die oder der Vorsitzende gibt das Ergebnis der Beschlussfassung im elektronischen Verfahren spätestens in der nächsten Sitzung des Personalrats bekannt.

§ 40 Beschlussfassung in gemeinsamen Angelegenheiten und in Gruppenangelegenheiten

(1) Über die gemeinsamen Angelegenheiten der Beamtinnen und Beamten sowie der Arbeitnehmerinnen und Arbeitnehmer wird vom Personalrat gemeinsam beraten und beschlossen.

(2) In Angelegenheiten, die lediglich die Angehörigen einer Gruppe betreffen, sind nach gemeinsamer Beratung im Personalrat nur die Vertreterinnen und Vertreter dieser Gruppe zur Beschlussfassung berufen. Dies gilt nicht für eine Gruppe, die im Personalrat nicht vertreten ist.

(3) Absatz 2 gilt entsprechend für Angelegenheiten, die lediglich die Angehörigen zweier Gruppen betreffen.

§ 41 Ausschluss von Beratung und Beschlussfassung

(1) Ein Mitglied des Personalrats ist ausgeschlossen von der Beratung und Beschlussfassung

1. über beteiligungspflichtige Angelegenheiten, die seine persönlichen Interessen oder die seiner Angehörigen unmittelbar und individuell berühren, oder
2. über einen Antrag auf seinen Ausschluss aus dem Personalrat.

Angehörige im Sinne des Satzes 1 Nummer 1 sind die in § 20 Absatz 5 des Verwaltungsverfahrensgesetzes aufgeführten Personen. Hat ein Mitglied des Personalrats Grund zu der Annahme, dass in seiner Person ein Ausschließungsgrund vorliegt, so hat es dies der oder dem Vorsitzenden unverzüglich, spätestens jedoch vor Beginn der Beratung über die Angelegenheit anzuzeigen. Über das Vorliegen eines Ausschließungsgrundes entscheidet der Personalrat in Zweifelsfällen in Abwesenheit der oder des Betroffenen. Das betroffene Personalratsmitglied ist vorher anzuhören. Das ausgeschlossene Mitglied hat für die Dauer der Beratung und Beschlussfassung über die Angelegenheit nach Satz 1 den Sitzungsraum zu verlassen.

(2) Absatz 1 gilt entsprechend für weitere Personen, die zur Teilnahme an den Sitzungen des Personalrats berechtigt sind.

(3) Werden die den Ausschließungsgrund begründenden Umstände erst während der Sitzung bekannt, tritt ein Ersatzmitglied nach § 33 Absatz 1 Satz 2 nur ein, wenn es auf die Ladung durch die Vorsitzende oder den Vorsitzenden des Personalrats hin unverzüglich an der Sitzung teilnehmen kann.

(4) Ein Beschluss ist nichtig, wenn an der Beratung oder Beschlussfassung ein ausgeschlossenes Mitglied mitgewirkt hat, es sei denn, dass durch die Mitwirkung die Beschlussfassung nicht geändert oder beeinflusst werden konnte. Die Nichtigkeit des Beschlusses berührt die Wirksamkeit einer Maßnahme, die die Dienststelle im Vertrauen auf den Beschluss des Personalrats durchgeführt hat, nicht.

§ 42 Aussetzung von Beschlüssen

(1) Erachtet die Mehrheit der Vertreterinnen und Vertreter einer Gruppe oder der Jugend- und Auszubildendenvertretung einen Beschluss des Personalrats als eine erhebliche Beeinträchtigung wichtiger Interessen der durch sie vertretenen Beschäftigten, so ist auf ihren Antrag der Beschluss auf die Dauer von fünf Arbeitstagen vom Zeitpunkt der Beschlussfassung an auszusetzen. In dieser Frist soll, gegebenenfalls mit Hilfe der unter den Mitgliedern des Personalrats oder der Jugend- und Auszubildendenvertretung vertretenen Gewerkschaften, eine Verständigung versucht werden. Die Aussetzung eines Beschlusses nach Satz 1 hat keine Verlängerung einer Frist zur Folge.

(2) Nach Ablauf der Frist von fünf Arbeitstagen ist über die Angelegenheit neu zu beschließen. Wird der erste Beschluss bestätigt, so kann der Antrag auf Aussetzung nicht wiederholt werden.

(3) Die Absätze 1 und 2 gelten entsprechend, wenn die Schwerbehindertenvertretung einen Beschluss des Personalrats als eine erhebliche Beeinträchtigung wichtiger Interessen der schwerbehinderten oder ihnen gleichgestellten Beschäftigten erachtet.

§ 43 Protokoll

(1) Über jede Verhandlung des Personalrats ist ein Protokoll zu führen, das mindestens den Wortlaut der Beschlüsse und die Stimmenmehrheit, mit der sie gefasst sind, enthält. Das Protokoll ist von der oder dem Vorsitzenden und einem weiteren Mitglied zu unterzeichnen. Dem Protokoll ist eine Anwesenheitsliste beizufügen, in die sich jede Teilnehmerin und jeder Teilnehmer eigenhändig einzutragen hat.

(2) Haben die Leiterin oder der Leiter der Dienststelle oder Beauftragte von Gewerkschaften an der Sitzung teilgenommen, so ist ihnen der entsprechende Auszug aus dem Protokoll zuzuleiten. Einwendungen gegen das Protokoll sind unverzüglich schriftlich oder elektronisch zu erheben und dem Protokoll beizufügen.

§ 61 Befugnisse

(1) Die Personalversammlung darf Angelegenheiten behandeln, die die Dienststelle oder ihre Beschäftigten unmittelbar betreffen, insbesondere Tarif-, Besoldungs- und Sozialangelegenheiten sowie Fragen der tatsächlichen Gleichstellung von Frauen und Männern, der Vermeidung von Benachteiligungen von Menschen, die sich keinem dieser Geschlechter zuordnen, der Teilhabe von Menschen mit Behinderungen und der Vereinbarkeit von Familie, Pflege und Beruf.
(2) Die Personalversammlung kann dem Personalrat Anträge unterbreiten und zu seinen Beschlüssen Stellung nehmen.
(3) § 2 Absatz 2 und 5 gilt für die Personalversammlung entsprechend.

§ 62 Allgemeine Aufgaben

Der Personalrat hat folgende allgemeine Aufgaben:

1. Maßnahmen, die der Dienststelle und ihren Angehörigen dienen, zu beantragen,
2. darüber zu wachen, dass die zugunsten der Beschäftigten geltenden Gesetze, Verordnungen, Tarifverträge, Dienstvereinbarungen und Verwaltungsanordnungen durchgeführt werden,
3. Anregungen und Beschwerden von Beschäftigten und der Jugend- und Auszubildendenvertretung entgegenzunehmen und, falls sie berechtigt erscheinen, durch Verhandlung mit der Leiterin oder dem Leiter der Dienststelle auf ihre Erledigung hinzuwirken; der Personalrat hat die betreffenden Beschäftigten über den Stand und das Ergebnis der Verhandlungen zu unterrichten,
4. der Benachteiligung von Menschen mit Behinderungen entgegenzuwirken sowie die Inklusion und Teilhabe behinderter Menschen zu fördern, insbesondere die Eingliederung und berufliche Entwicklung schwerbehinderter und ihnen gleichgestellter Beschäftigter und sonstiger besonders schutzbedürftiger, insbesondere älterer Beschäftigter zu fördern sowie Maßnahmen zur beruflichen Förderung schwerbehinderter und ihnen gleichgestellter Beschäftigter zu beantragen,
5. die Durchsetzung der tatsächlichen Gleichstellung von Frauen und Männern zu fördern sowie Benachteiligungen von Menschen, die sich keinem dieser Geschlechter zuordnen, entgegenzuwirken, insbesondere bei der Einstellung, Beschäftigung, Aus-, Fort- und Weiterbildung und dem beruflichen Aufstieg,
6. die Vereinbarkeit von Familie, Pflege und Beruf zu fördern,
7. die Integration ausländischer Beschäftigter in die Dienststelle und das Verständnis zwischen ihnen und den deutschen Beschäftigten zu fördern sowie Maßnahmen zur Bekämpfung gruppenbezogener Menschenfeindlichkeit in der Dienststelle zu beantragen,

8. mit der Jugend- und Auszubildendenvertretung zur Förderung der Belange der Beschäftigten, die das 18. Lebensjahr noch nicht vollendet haben oder sich in einer beruflichen Ausbildung befinden, eng zusammenzuarbeiten sowie
9. Maßnahmen des Arbeitsschutzes und des Gesundheitsschutzes in der Dienststelle zu fördern.

§ 65 Monatsgespräch

Die Leiterin oder der Leiter der Dienststelle und der Personalrat sollen mindestens einmal im Monat zu einer Besprechung zusammentreten. In den Besprechungen soll auch die Gestaltung des Dienstbetriebs behandelt werden, insbesondere alle Vorgänge, die die Beschäftigten wesentlich berühren. Die Leiterin oder der Leiter der Dienststelle und der Personalrat haben über strittige Fragen mit dem ernsten Willen zur Einigung zu verhandeln und Vorschläge für die Beilegung von Meinungsverschiedenheiten zu machen.

§ 78 Mitbestimmung in Personalangelegenheiten

(1) Der Personalrat bestimmt mit in Personalangelegenheiten bei

1. Einstellung,
2. Beförderung, Verleihung eines anderen Amtes mit anderer Amtsbezeichnung beim Wechsel der Laufbahngruppe, Laufbahnwechsel,
3. Übertragung einer höher oder niedriger zu bewertenden Tätigkeit oder eines höher oder niedriger zu bewertenden Dienstpostens,
4. Eingruppierung, Höher- oder Rückgruppierung von Arbeitnehmerinnen oder Arbeitnehmern einschließlich der hiermit jeweils verbundenen Stufenzuordnung, jedoch nicht bei in das Ermessen des Arbeitgebers gestellten Stufenzuordnungen, es sei denn, es wurden allgemeine Grundsätze erlassen,
5. Versetzung zu einer anderen Dienststelle,
6. Umsetzung innerhalb der Dienstelle für mehr als drei Monate, wenn die Umsetzung mit einem Wechsel des Dienstortes verbunden ist und der neue Dienstort sich außerhalb des Einzugsgebietes im Sinne des Umzugskostenrechts befindet,
7. Abordnung, Zuweisung oder Personalgestellung für mehr als drei Monate,
8. Hinausschieben des Eintritts von Beamtinnen oder Beamten in den Ruhestand oder Weiterbeschäftigung von Arbeitnehmerinnen oder Arbeitnehmern über die Altersgrenze hinaus,
9. Anordnungen zur Wahl der Wohnung,
10. Versagung oder Widerruf der Genehmigung einer Nebentätigkeit,
11. Ablehnung eines Antrags nach den §§ 91 bis 92b oder § 95 des Bundesbeamtengesetzes auf Teilzeitbeschäftigung, Ermäßigung der regelmäßigen Arbeitszeit oder Urlaub,
12. Absehen von der Ausschreibung von Dienstposten, die besetzt werden sollen,
13. Auswahl der Teilnehmerinnen und Teilnehmer an Fortbildungsveranstaltungen mit Ausnahme der Nachbesetzung freier Plätze von Fortbildungsveranstaltungen, die in weniger als drei Arbeitstagen beginnen,
14. Bestellung von Vertrauens- oder Betriebsärztinnen und -ärzten als Beschäftigte,

15. Geltendmachung von Ersatzansprüchen gegen eine Beschäftigte oder einen Beschäftigten.

(2) In den Fällen des Absatzes 1 Nummer 15 bestimmt der Personalrat nur auf Antrag der oder des Beschäftigten mit; diese oder dieser ist von der beabsichtigten Maßnahme rechtzeitig vorher in Kenntnis zu setzen.

(3) In Personalangelegenheiten der in § 15 Absatz 2 Nummer 4 bezeichneten Beschäftigten, der Beamtinnen und Beamten auf Zeit und der Beschäftigten mit überwiegend wissenschaftlicher oder künstlerischer Tätigkeit bestimmt der Personalrat nach Absatz 1 nur mit, wenn sie es beantragen.

(4) Absatz 1 gilt nicht

1. für die in § 54 Absatz 1 des Bundesbeamtengesetzes bezeichneten Beamtinnen und Beamten und für entsprechende Arbeitnehmerinnen und Arbeitnehmer sowie
2. für Beamtenstellen von der Besoldungsgruppe A 16 an aufwärts und entsprechende Arbeitnehmerstellen.

(5) Der Personalrat kann in den Fällen des Absatzes 1 seine Zustimmung verweigern, wenn

1. die Maßnahme gegen ein Gesetz, eine Verordnung, eine Bestimmung in einem Tarifvertrag, eine gerichtliche Entscheidung, den Gleichstellungsplan oder eine Verwaltungsanordnung oder gegen eine Richtlinie im Sinne des § 80 Absatz 1 Nummer 12 verstößt,
2. die durch Tatsachen begründete Besorgnis besteht, dass durch die Maßnahme der oder die betroffene Beschäftigte oder andere Beschäftigte benachteiligt werden, ohne dass dies aus dienstlichen oder persönlichen Gründen gerechtfertigt ist, oder
3. die durch Tatsachen begründete Besorgnis besteht, dass die oder der Beschäftigte oder die Bewerberin oder der Bewerber den Frieden in der Dienststelle durch unsoziales oder gesetzwidriges Verhalten stören werde.

§ 80 Mitbestimmung in organisatorischen Angelegenheiten

(1) Der Personalrat bestimmt mit, soweit eine gesetzliche oder tarifliche Regelung nicht besteht, über

1. Beginn und Ende der täglichen Arbeitszeit und der Pausen sowie die Verteilung der Arbeitszeit auf die einzelnen Wochentage,
2. Anordnung von Dienstbereitschaft, Bereitschaftsdienst, Rufbereitschaft, Mehrarbeit und Überstunden,
3. Einführung, Änderung und Aufhebung von Arbeitszeitmodellen,
4. Gestaltung der Arbeitsplätze,
5. Einführung, Änderung und Aufhebung von Arbeitsformen außerhalb der Dienststelle,
6. Aufstellung allgemeiner Urlaubsgrundsätze und des Urlaubsplanes, Festsetzung der zeitlichen Lage des Erholungsurlaubs für einzelne Beschäftigte, wenn zwischen der Dienststelle und den beteiligten Beschäftigten kein Einverständnis erzielt wird,
7. Zeit, Ort und Art der Auszahlung der Dienstbezüge und Arbeitsentgelte,

8. Fragen der Lohngestaltung innerhalb der Dienststelle, insbesondere die Aufstellung von Entlohnungsgrundsätzen, die Einführung und Anwendung von neuen Entlohnungsmethoden und deren Änderung sowie die Festsetzung der Akkord- und Prämiensätze und vergleichbarer leistungsbezogener Entgelte, einschließlich der Geldfaktoren,
9. Durchführung der Berufsausbildung bei Arbeitnehmerinnen und Arbeitnehmern,
10. allgemeine Fragen der Fortbildung der Beschäftigten,
11. Beurteilungsrichtlinien,
12. Erlass von Richtlinien über die personelle Auswahl bei Einstellungen, Versetzungen, Umgruppierungen und Kündigungen,
13. Maßnahmen, die der Familienfreundlichkeit, der Vereinbarkeit von Familie, Pflege und Beruf, der Durchsetzung der tatsächlichen Gleichstellung von Frauen und Männern, der Vermeidung von Benachteiligungen von Menschen, die sich keinem dieser Geschlechter zuordnen, sowie der Vermeidung von Benachteiligungen von Menschen mit Behinderungen dienen, insbesondere bei der Einstellung, Beschäftigung, Aus-, Fort- und Weiterbildung und dem beruflichen Aufstieg,
14. Grundsätze über die Bewertung von anerkannten Vorschlägen im Rahmen des behördlichen oder betrieblichen Vorschlagwesens,
15. Inhalt von Personalfragebogen,
16. Maßnahmen zur Verhütung von Dienst- und Arbeitsunfällen und Berufskrankheiten sowie zum Gesundheitsschutz im Rahmen der gesetzlichen Vorschriften oder der Unfallverhütungsvorschriften,
17. Grundsätze des behördlichen oder betrieblichen Gesundheits- und Eingliederungsmanagements,
18. Regelung der Ordnung in der Dienststelle und des Verhaltens der Beschäftigten,
19. Maßnahmen zur Hebung der Arbeitsleistung oder zur Erleichterung des Arbeitsablaufs,
20. Einführung grundlegend neuer Arbeitsmethoden,
21. Einführung und Anwendung technischer Einrichtungen, die dazu bestimmt sind, das Verhalten oder die Leistung der Beschäftigten zu überwachen.

(2) Muss für Gruppen von Beschäftigten die tägliche Arbeitszeit nach Erfordernissen, die die Dienststelle nicht voraussehen kann, unregelmäßig und kurzfristig festgesetzt werden, so beschränkt sich die Mitbestimmung nach Absatz 1 Nummer 1 und 2 auf die Grundsätze für die Aufstellung der Dienstpläne, insbesondere für die Anordnung von Dienstbereitschaft, Mehrarbeit und Überstunden.

§ 96 Zusammensetzung, Amtszeit, Teilnahmerechte

(1) Die Hauptpersonalräte bei den obersten Bundesbehörden bilden die Arbeitsgemeinschaft der Hauptpersonalräte. Ist in der obersten Bundesbehörde kein Hauptpersonalrat gebildet, gilt der Gesamtpersonalrat oder, falls ein Gesamtpersonalrat nicht gebildet ist, der Personalrat der obersten Bundesbehörde als Hauptpersonalrat im Sinne dieses Kapitels.

(2) Jeder Hauptpersonalrat entsendet ein Mitglied in die Arbeitsgemeinschaft der Hauptpersonalräte und bestimmt mindestens ein Ersatzmitglied. Die Mitgliedschaft in der Arbeitsgemeinschaft der Hauptpersonalräte endet durch das Erlöschen der Mitgliedschaft in dem entsendenden Hauptpersonalrat, die Abberufung durch den entsendenden Hauptpersonalrat oder die Niederlegung des Amts in der Arbeitsgemeinschaft der Hauptpersonalräte. § 32 ist entsprechend anzuwenden.
(3) Die Arbeitsgemeinschaft der Hauptpersonalräte wählt aus ihrer Mitte bis zu zwei Vorsitzende und bis zu zwei stellvertretende Vorsitzende.
(4) Die Amtszeit der Arbeitsgemeinschaft der Hauptpersonalräte beginnt am 1. Juni des Jahres, in dem die regelmäßigen Personalratswahlen stattfinden, und endet mit dem Ablauf von vier Jahren.
(5) Ein Vertreter oder eine Vertreterin der Haupt-Jugend- und -Auszubildendenvertretungen, der oder die von diesen benannt wird, und je ein Vertreter oder eine Vertreterin der Arbeitsgemeinschaft der Schwerbehindertenvertretungen des Bundes und der Vereinigung der Schwerbehindertenvertretungen des Bundes haben das Recht, an den Sitzungen der Arbeitsgemeinschaft der Hauptpersonalräte beratend teilzunehmen.

B. UN-Behindertenrechtskonvention (UN-BRK)

I. Einführung

1. Zielsetzung: Was will die Konvention?

Der **Zweck** des Übereinkommens der Vereinten Nationen über die Rechte von Menschen mit Behinderungen (UN-Behindertenrechtskonvention – UN-BRK) ist es, die Menschenrechte und Grundfreiheiten für alle Menschen mit Behinderungen zu fördern, zu schützen und zu gewährleisten, so steht es in dem ersten Artikel der Konvention. Damit übernehmen Staaten **drei Pflichten**, wenn sie diesem Vertrag beitreten: Die Pflicht zur Achtung der Rechte,[1] zur Schutzgewährleistung[2] und zur Bereitstellung von Einrichtungen und Mitteln für die Umsetzung der Rechte.[3] Die Konvention enthält **keine neuen Rechte**, sondern regelt, wie die vorhandenen Menschenrechte auf Menschen mit Behinderungen anzuwenden sind und konkretisiert diese.[4]

Die **Grundsätze der Konvention** sind in Artikel 3 aufgeführt. Dies sind die Achtung der Menschenwürde, der individuellen Autonomie und Unabhängigkeit, die Nichtdiskriminierung, die Teilhabe an der Gesellschaft und Einbeziehung in die Gesellschaft,[5] die Achtung der Unterschiedlichkeit von Menschen mit Behinderungen und Akzeptanz von Behinderungen als Teil der menschlichen Vielfalt, die Chancengleichheit, die Zugänglichkeit (inkl. Barrierefreiheit), die Gleichberechtigung von Mann und Frau und die Achtung von Kindern mit Behinderungen. In den einzelnen Artikeln der Konvention sind nähere Bestimmungen dieser Grundsätze geregelt.

Die Konvention **überwindet das medizinische Modell von Behinderung**. Behinderung wurde früher lediglich aus der Sicht der Medizin und als individuelles Defizit betrachtet, welches Ursache für die mangelnde Teilhabe sei. Nach dem aktuellen **bio-psycho-sozialen Modell**[6] entsteht Behinderung jedoch durch gesellschaftliche Rahmenbedingungen, denen Menschen mit einer gesundheitlichen Beeinträchtigung begegnen, wie physische Barrieren, und durch das mangelnde Bewusstsein für die **Bereitstellung von angemessenen Vorkehrungen** für die besonderen Bedarfe von Menschen mit Behinderungen. Kerngedanke, der sich durch

1 Englisch: »duty to respect«.
2 Englisch: »duty to protect«.
3 Englisch: »duty to fulfill«.
4 *Banafsche* in: Deinert/Welti/Luik/Brockmann, SWK Behindertenrecht, Behindertenrechtskonvention Rn. 7.
5 Englisch: »inclusion in society«.
6 Vgl. auch die Internationale Klassifikation der Funktionsfähigkeit, Behinderung und Gesundheit (ICF), Herausgegeben vom Deutschen Institut für Medizinische Dokumentation und Information (DIMDI), Genf 2005.

die Konvention zieht, ist zudem, dass **Behindertenpolitik aus einer menschenrechtlichen Perspektive** und nicht vom Fürsorgegedanken her betrachtet werden soll. Die Konvention will die gleichberechtigte und selbstbestimmte Teilhabe von Menschen mit Behinderungen erreichen.

Eine unmittelbare Anwendung[7] kann nur für wenige Bestimmungen der Konvention angenommen werden.[8] Die Verpflichtungen richten sich vorrangig an »die Vertragsstaaten«, so dass grundsätzlich[9] kein individueller Anspruch auf eine Maßnahme besteht, sondern **der Staat die Umsetzung der Rechte gewährleisten** muss. Dies kann durch die Anpassung bestehender Gesetze und Vorschriften oder die entsprechende Auslegung der vorhandenen Regelungen erfolgen. Eine weitere Einschränkung besteht für die sogenannten **wirtschaftlichen, sozialen und kulturellen Rechte**, die in der Konvention enthalten sind. Bei der Verwirklichung dieser Rechte sind die Staaten nach Art. 4 Abs. 2 UN-BRK verpflichtet, nur unter Ausschöpfung der »verfügbaren Mittel« Maßnahmen zu treffen, »um nach und nach die volle Verwirklichung dieser Rechte zu erreichen«. Es ergibt sich folglich die Pflicht der Staaten, einen Aktionsplan zur Umsetzung der UN-BRK aufzustellen, der bestimmt, in welchem Zeitraum die Rechte verwirklicht werden sollen und wie verfügbare Mittel dafür eingesetzt werden. Deutschland hat auf Bundesebene im Jahr 2016 den zweiten Aktionsplan hierzu verabschiedet.[10] Zudem gilt auch, dass die schon erreichte Umsetzung nur weiterentwickelt werden kann; ein Rückschritt im Hinblick auf die bereits erreichte Umsetzung der Rechte verstößt gegen die Konvention.

2. Hintergrund: Wie kam es dazu?

Die Versammlung der Mitgliedstaaten der Vereinten Nationen, die Generalversammlung, hat das aus 50 Artikeln bestehende Übereinkommen über die Rechte von Menschen mit Behinderungen im Jahr 2006 verabschiedet. Zusammen mit der Konvention wurde auch ein sogenanntes Fakultativprotokoll angenommen. Dieser Entscheidung ging eine längere Entwicklung voraus.

---

7 Sog. »self-executing-norm«.

8 *Kozur/Richter*, Anmerkungen zur Geltung und Verbindlichkeit der Behindertenrechtskonvention im deutschen Recht in: Welke (Hrsg.), UN-Behindertenrechtskonvention mit rechtlichen Erläuterungen, Berlin 2012, Rn. 8, S. 84; dazu auch Kreutz/Lachwitz/Trenk-Hinterberger/*Trenk-Hinterberger*, Die UN-Behindertenrechtskonvention in der Praxis, Einführung, Rn. 39; *Welti*, Potential und Grenzen der menschenrechtskonformen Auslegung des Sozialrechts am Beispiel der UN-BRK, in: Festschrift für Wolfhard Kohte, Baden-Baden 2016.

9 In einigen Fällen sind die Normen auch unmittelbar anwendbar (»self-executing«), anerkannt für das Benachteiligungsverbot in Art. 5 Abs. 2 UN-BRK, vgl. BSG 6.3.2012 – B 1 KR 10/11 R.

10 Nationaler Aktionsplan 2.0 der Bundesregierung zur UN-Behindertenrechtskonvention (UN-BRK), verabschiedet am 28. Juni 2016 vom Bundeskabinett, verfügbar unter www.bmas.de.

Nach dem zweiten Weltkrieg wurde in den Vereinten Nationen Behindertenpolitik als Teil der Gesundheits- und Entwicklungspolitik betrachtet. Erst ab den 1970er Jahren befassten sich die Vereinten Nationen intensiver mit der Sozialpolitik und mit der Politik der Staaten für Menschen mit Behinderungen. So kam es 1971 dazu, dass die Generalversammlung eine »Erklärung der Rechte geistig behinderter Menschen«[11] und vier Jahre später die **»Erklärung der Rechte der behinderten Menschen«**[12] verabschiedete. In diesem Dokument findet sich bereits der Ansatz der UN-BRK, dass Menschen mit Behinderungen uneingeschränkt und unabhängig von der Art der Behinderung dieselben Menschenrechte genießen, wie gleichaltrige nicht behinderte Menschen und auch die Forderung nach einem Schutz vor Diskriminierung für Menschen mit Behinderungen.

Das Jahr 1981 wurde von der Generalversammlung der Vereinten Nationen zum **»Internationalen Jahr der Menschen mit Behinderungen«**[13] erklärt. Ein wichtiges Ergebnis dieses »Aktionsjahres« war die Entscheidung der Staaten, ein sog. **»Weltaktionsprogramm für Menschen mit Behinderung«** zu entwickeln. In dem Programm wurde eine weltweite Strategie vorgestellt, um die Prävention, Rehabilitation und die Förderung der Chancengleichheit von Menschen mit Behinderungen zu verbessern. Zur Erreichung dieses Ziels vereinbarten die Mitgliedstaaten die »internationale Dekade der Menschen mit Behinderungen« (1982–1993). Zum Abschluss der Dekade wurden die sogenannten **»Rahmenbestimmungen für die Herstellung der Chancengleichheit für behinderte Menschen«**[14] durch die Staatengemeinschaft verabschiedet.

Fast zehn Jahre später – im Jahr 1992 – wurde der 3. Dezember von den Vereinten Nationen zum **»Internationalen Tag der Menschen mit Behinderung«**[15] erklärt. Damit wurde ein Anlass geschaffen, dass jährlich weltweit eine breite Öffentlichkeit die Situation der Menschen mit Behinderungen thematisiert.

Auch wenn die Rahmenbestimmungen von 1993 für die Herstellung der Chancengleichheit nicht rechtsverbindlich sind, so wurde damit die Erwartung der Öffentlichkeit und der Staatengemeinschaft verbunden, diese Regeln in der nationalen Politik zu berücksichtigen. Die Rahmenbestimmungen enthalten etwa Vorgaben für die Bildungspolitik oder Maßnahmen zur beruflichen Teilhabe von Menschen mit Behinderungen.

Im Jahr 2000 wurde durch die damalige Menschenrechtskommission der Vereinten Nationen die Frage aufgeworfen, wie der Schutz von Menschen mit Behinderungen weiter verbessert werden könnte. Dazu wurde eine Studie beauftragt, die die Wirkung der bisherigen menschenrechtlichen Instrumente auf den Schutz von Menschen mit Behinderungen darstellen sollte und Empfehlungen für einen

11 UN.Doc. GA/Res. 2856 (XXVI) vom 20. Dezember 1971, Declaration on the Rights of Mentally Retarded Persons.

12 UN.Doc. GA/Res. 3447 (XXX) vom 9. Dezember 1975, Declaration on the Rights of Disabled Persons.

13 UN.Doc. A/RES/31/123 vom 16. Dezember 1976, International Year for Disabled Persons.

14 UN.Doc. A/RES/48/96 vom 20. Dezember 1993, Standard Rules on the Equalization of Opportunities for Persons with Disabilities.

15 UN.Doc. A/RES/47/3 vom 14. Oktober 1992, International Day of Disabled Persons.

zukünftigen noch umfassenderen Schutz erarbeitete.[16] Die Autoren der Studie aus dem Jahr 2002 kamen darin zum Ergebnis, dass ein **eigenständiger verbindlicher Menschenrechtsvertrag** über die Rechte von Menschen mit Behinderungen geschaffen werden sollte.
Auf Initiative von Mexico beschloss am 19. Dezember 2001 die Generalversammlung der Vereinten Nationen, einen Sonderausschuss (sog. Ad-hoc Komitee) zur Erarbeitung von Vorschlägen für eine neue Menschenrechtskonvention einzurichten.[17]
Im Dezember 2006 wurde der Generalversammlung der Entwurf für die Konvention vorgelegt, die zusammen mit einem Zusatzprotokoll (sog. Fakultativprotokoll) am 13. Dezember verabschiedet wurde.[18]
Deutschland unterzeichnete bereits am 30. März 2007 die Konvention. Die Ratifikation erfolgte mit Zustimmung von Bundestag und Bundesrat durch ein entsprechendes Bundesgesetz vom 21. Dezember 2008.[19] Die Konvention trat **in Deutschland** damit **am 26. März 2009 in Kraft**.[20] Insgesamt haben bislang 191 Staaten die Konvention ratifiziert.[21] Auch die EU ist der UN-BRK beigetreten.

3. Inhalt: Was wird geregelt?

Mit dem Übereinkommen wurden **keine »Spezialrechte«** für Menschen mit Behinderungen geschaffen, sondern die vorhandenen Menschenrechte, die bereits für alle Menschen gelten, an die besondere Situation von Menschen mit Behinderungen angepasst.[22] Dabei wurde auf bestehende Formulierungen in den Menschrechtsverträgen der Vereinten Nationen zurückgegriffen, insbesondere aus dem **Internationalen Pakt für bürgerliche und politische Rechte**[23] und dem **Pakt über wirtschaftliche, soziale und kulturelle Rechte**[24] von 1966.
Rechtlich verbindlich ist die Konvention nur in der arabischen, chinesischen, englischen, französischen, russischen und spanischen Sprachfassung (Art. 50 UN-BRK). Im Zweifel kann daher von der deutschen Übersetzung der Konvention

---

16 *Degener/Quinn/et al.*, The current use and future potential of United Nations human rights instruments in the context of disability, New York/Genf 2002.

17 UN.Doc. A/RES/56/168 vom 19. Dezember 2001, Comprehensive and integral international convention to promote and protect the rights and dignity of persons with disabilities.

18 UN.Doc. A/RES/61/106 vom 13. Dezember 2006, Convention on the Rights of Persons with Disabilities.

19 BGBl. II 2008, 1419.

20 BGBl. II 2009, 812.

21 Stand September 2024.

22 Vgl. *Banafsche* in: Deinert/Welti/Luik/Brockmann, SWK Behindertenrecht, Behindertenrechtskonvention Rn. 7 m. w. N.

23 UN.Doc. GA/Res. 2200 (XXI) vom 16. Dezember 1966; BGBl. II 1973 S. 1553, Internationaler Pakt über bürgerliche und politische Rechte.

24 UN.Doc. GA/Res. 2200 (XXI) vom 16. Dezember 1966, BGBl. II 1973 S. 1569, Internationaler Pakt über wirtschaftliche, soziale und kulturelle Rechte.

auch abgewichen werden.[25] Österreich hat inzwischen eine eigene Übersetzung[26] veröffentlicht, in der versucht wird, einzelne Begriffe deutlicher zu fassen; damit unterscheidet sich die österreichische Fassung teilweise von der deutschen.

a) Verständnis von Behinderung

Die Konvention definiert nicht ausdrücklich, was unter **Behinderung** zu verstehen ist. In der nicht rechtsverbindlichen Einleitung der Konvention – der Präambel – steht, »*dass das Verständnis von Behinderung sich ständig weiterentwickelt*« und in Artikel 1 ist erläutert, was als Behinderung zu verstehen ist. Dort heißt es: »*Zu den Menschen mit Behinderungen zählen Menschen, die langfristige körperliche, seelische, geistige oder Sinnesbeeinträchtigungen haben, welche sie in Wechselwirkung mit verschiedenen Barrieren an der vollen, wirksamen und gleichberechtigten Teilhabe an der Gesellschaft hindern können.*«

Diese Formulierung greift § 2 Abs. 1 Satz 2 SGB IX in seiner durch das Bundesteilhabegesetz (BTHG) geänderten Fassung auf und ist seit der Weiterentwicklung des Behindertengleichstellungsgesetzes auch in dessen § 3 BGG enthalten. Nach deutschem Recht muss die Beeinträchtigung mit hoher Wahrscheinlichkeit länger als sechs Monate bestehen. Die im deutschen Recht bestehende Kategorie der Schwerbehinderung findet sich in der Konvention nicht wieder, so dass die Rechte der Konvention für Menschen mit Behinderungen unabhängig vom Grad der Behinderung zu verwirklichen sind.

Artikel 3 enthält die **Grundsätze des Übereinkommens über die Rechte von Menschen mit Behinderungen**. Dies sind die Achtung der Menschenwürde, der individuellen Autonomie und Unabhängigkeit, die Nichtdiskriminierung, die Teilhabe an der Gesellschaft und Einbeziehung in die Gesellschaft, die Achtung der Unterschiedlichkeit von Menschen mit Behinderungen und ihre Akzeptanz als Teil der menschlichen Vielfalt, die Chancengleichheit, die Zugänglichkeit (Barrierefreiheit), die Gleichberechtigung von Mann und Frau und die Achtung von Kindern mit Behinderungen. In den einzelnen Artikeln der Konvention werden dann nähere Bestimmungen zur Verwirklichung dieser Grundsätze getroffen.

b) Verpflichtungen der Vertragsstaaten

Da die Konvention von den Staaten entsprechendes Handeln einfordert, werden in Art. 4 UN-BRK die **Allgemeinen Verpflichtungen** benannt. Eine grundlegende Verpflichtung besteht darin, in der nationalen Politik ein »Disability Mainstreaming« zu berücksichtigen, also den Schutz und die Förderung der Rechte von Menschen mit Behinderungen bei allen politischen Konzepten und Programmen mitzudenken. Es besteht aber auch die Pflicht, Gesetze und Verordnungen anzupassen

25 *Kotzur/Richter*, Anmerkungen zur Geltung und Verbindlichkeit der Behindertenrechtskonvention im deutschen Recht, in: Welke, UN-BRK, S. 85 f. Rn. 10.

26 BGBl. (für die Republik Österreich) III – ausgegeben am 15. 6. 2016 – Nr. 105; abrufbar unter *https://www.ris.bka.gv.at/Dokumente/BgblAuth/BGBLA_2016_III_105/BGBLA_2016_III_105.pdf*.

und die **Anwendung des bestehenden Rechts im Sinne der Konvention** durch alle Behörden, einschließlich Sozialversicherungsträger, und andere Träger öffentlicher Gewalt zu organisieren. Auch bei der Ausarbeitung und Umsetzung von Rechtsvorschriften und politischen Konzepten sind die Organisationen von Menschen mit Behinderungen aktiv von der Regierung und Verwaltung zu beteiligen.

aa) Nichtdiskriminierung und angemessene Vorkehrungen

Der Grundsatz der **Nichtdiskriminierung** aufgrund von Behinderung ist die zentrale Verpflichtung der Behindertenrechtskonvention(vgl. insbesondere Art. 3, 4 und 5 UN-BRK. Deutschland ist völkerrechtlich verpflichtet, alle Regelungen anzupassen, die eine Diskriminierung von Menschen mit Behinderungen darstellen. Die Verpflichtung erstreckt sich auch darauf, zusätzlich Regelungen zu schaffen, die einen umfassenden Diskriminierungsschutz für Menschen mit Behinderungen gegenüber Personen, Organisationen oder Unternehmen beinhalten. Artikel 2 definiert die »*Diskriminierung aufgrund von Behinderung*« als »*jede Unterscheidung, Ausschließung oder Beschränkung aufgrund von Behinderung, die zum Ziel oder zur Folge hat, dass [die Ausübung der Menschenrechte] beeinträchtigt oder vereitelt wird*«. Eine Diskriminierung liegt auch vor, wenn keine **angemessenen Vorkehrungen** getroffen werden (s. auch Art. 5 Abs. 2 UN-BRK).[27] Hierbei handelt es sich um eine strukturelle Diskriminierung, die auch ohne Absicht geschehen kann. Angemessene Vorkehrungen sind »*notwendige und geeignete Änderungen und Anpassungen, die keine unverhältnismäßige oder unbillige Belastung darstellen und die, wenn sie in einem bestimmten Fall erforderlich sind, vorgenommen werden, um zu gewährleisten, dass Menschen mit Behinderungen gleichberechtigt mit anderen alle Menschenrechte und Grundfreiheiten genießen oder ausüben können*« (Art. 2 UN-BRK). Hierbei handelt es sich um die Verpflichtung, individuelle Maßnahmen zu treffen, die ggf. ergänzend zur vorhandenen allgemeinen Barrierefreiheit oder zum Ausgleich mangelnder Barrierefreiheit getroffen werden müssen. In Deutschland ist daher das einfachgesetzliche Diskriminierungsverbot des AGG in diesem Sinne zu verstehen.[28]

Der Grundsatz der Nichtdiskriminierung ist in der Konvention neben den allgemeinen Verpflichtungen umfassender in Artikel 5 beschrieben. Die Vertragsstaaten sind danach verpflichtet, für die Bereitstellung angemessener Vorkehrungen zu sorgen und »**jede Diskriminierung aufgrund von Behinderung**« zu verbieten. Im Sinne der Rechtsprechung des EuGH[29] sind damit auch Diskriminierungen erfasst, die Personen treffen, die selbst keine Behinderung haben. Wenn etwa Arbeitnehmer wegen der Unterstützung eines Angehörigen mit einer Behinderung vom Arbeitgeber diskriminiert werden, so ist auch dieser Fall durch die Konvention erfasst und erfordert einen entsprechenden umfassenden gesetzlichen Schutz.

---

27 Siehe auch Art. 5 Abs. 2 UN-BRK; vgl. Einführung zum AGG, unter Abschnitt C.3.a).

28 Vgl. Einführung zum AGG unter Abschnitt C.3.a).

29 EuGH 17.7.2008 – C-303/06 (Coleman); *Nebe*, Beitrag A1–2011 unter *www.reha-recht.de*.

bb) Zugänglichkeit und Barrierefreiheit

Auch die Herstellung der **Zugänglichkeit und Barrierefreiheit** sind ein allgemeines Prinzip der Konvention (Art. 3 lit. f UN-BRK). In **Artikel 9** der Konvention ist eine Verpflichtung zur Herstellung der Barrierefreiheit im Bereich der physischen Umwelt (z. B. Gebäuden), der Transportmittel, der Informations- und Kommunikationstechnologie und allen öffentlich zugänglichen Einrichtungen und Diensten enthalten. Ebenfalls ausdrücklich erwähnt ist auch die Verpflichtung zur Herstellung von Zugänglichkeit und Barrierefreiheit in **Arbeitsstätten (Art. 9 Abs. 1 lit. a UN-BRK)**. Dabei geht es um ein generelles und gleichberechtigtes Zugangsrecht von Menschen mit Behinderung zu diesen Lebensbereichen der Gesellschaft, die die Grundlage für die Teilhabe sind. Der Staat ist dazu verpflichtet, Mindeststandards vorzugeben und muss mit geeigneten Mitteln und Regelungen auch die **Zugänglichkeit zu privaten Einrichtungen, die der Öffentlichkeit offenstehen,** sicherstellen.

Für den Bereich der **Informations- und Kommunikationstechnologien** soll von vornherein die Barrierefreiheit bei der Entwicklung mitgedacht werden, damit die individuelle Barrierefreiheit später möglichst einfach und kostengünstig für den Benutzer hergestellt werden kann.

Die Zugänglichkeit zu einzelnen Bereichen der Gesellschaft ist in der Konvention an verschiedenen Stellen speziell geregelt:

Art. 13 Zugang zur Justiz
Art. 21 Zugang zu Informationen
Art. 24 Zugang zur Bildung
Art. 25 Zugang zu Gesundheitsdiensten
Art. 26 Zugang zur Habilitation und Rehabilitation
Art. 27 Zugang zu Diensten der Berufsentwicklung
Art. 28 Zugang zu Systemen der sozialen Sicherung
Art. 29 Teilhabe am politischen und öffentlichen Leben
Art. 30 Teilhabe am kulturellen Leben, Erholung, Freizeit und Sport

In den Artikeln der UN-BRK sind die jeweils speziellen Anforderungen an die Barrierefreiheit in diesen Bereichen formuliert.

cc) Teilhaberechte

Die Konvention enthält umfangreiche Schutzrechte[30] für Menschen mit Behinderung und die weitestmögliche Herstellung der Selbstbestimmung.[31] Diese allein reichen für die volle Teilhabe an der Gesellschaft nicht aus, daher sind auch eine

30 Dazu gehört das Recht auf Leben (Artikel 10), die Freiheit von Folter oder grausamer, unmenschlicher oder erniedrigender Behandlung oder Strafe (Artikel 15), die Freiheit von Ausbeutung, Gewalt und Missbrauch (Artikel 16), der Schutz der Unversehrtheit der Person (Artikel 17) und der Schutz vor Sklaverei (Artikel 27).

31 Dazu gehört insbesondere das Recht auf Anerkennung vor dem Recht (Artikel 12), auf unabhängige Lebensführung (Artikel 19), auf persönliche Mobilität (Artikel 20), auf die Achtung der Privatsphäre (Artikel 22) und auf die Achtung vor Heim und Familie (Art. 23).

Reihe von Teilhabe- und Zugangsrechten in der Konvention enthalten. So das Recht auf **Teilhabe an Arbeit und Beschäftigung**, Art. 27 UN-BRK), den angemessenen Lebensstandard und sozialen Schutz (Art. 28 UN-BRK), die Teilhabe am politischen und öffentlichen Leben (Art. 29 UN-BRK) und die Teilhabe am kulturellen Leben sowie an Erholung, Freizeit und Sport (Art. 30 UN-BRK). Diese Rechte können überwiegend der Gruppe der wirtschaftlichen, sozialen und kulturellen Rechte zugeordnet werden. Teilweise handelt es sich auch lediglich um Zugänglichkeitsregeln zu bestehenden gesellschaftlichen Bereichen; diese Bestimmungen sind daher im Bereich der Konkretisierung von Freiheitsrechten einzuordnen und unterliegen nicht dem Vorbehalt der schrittweisen Umsetzung (Art. 4 Abs. 2 UN-BRK).

Art. 27 UN-BRK befasst sich mit dem Bereich **Arbeit und Beschäftigung**. Das Recht auf Teilhabe an Arbeit ist völkerrechtlich aus Artikel 23 der Allgemeinen Erklärung der Menschenrechte und den Artikeln 6, 7 und 8 des Internationalen Paktes über die wirtschaftlichen, sozialen und kulturellen Rechte von 1966 entnommen. Die UN-BRK enthält auch in diesem Bereich vor allem Regelungen zur Chancengleichheit und ein Diskriminierungsverbot für den Arbeitsmarkt, damit diese Rechte für Menschen mit Behinderungen nutzbar sind. Das nationale Recht muss sicherzustellen, dass Menschen mit Behinderungen nicht bei Entscheidungen im Zusammenhang mit der Beschäftigung (etwa Auswahl-, Einstellungs- und Beförderungsentscheidungen sowie Beschäftigungsbedingungen) diskriminiert werden. Vor allem soll damit der Zugang zum ersten Arbeitsmarkt gefördert werden. Weitere Instrumente sind die Möglichkeit der Existenzgründung (Art. 27 Abs. 1 lit. f), die Förderung der Beschäftigung im privaten Sektor durch Maßnahmen und Anreize für Arbeitgeber (Art. 27 Abs. 1 lit. h), die Ermöglichung der Arbeitserprobung (Art. 27 Abs. 1 lit. j) und der berufliche Wiedereinstieg an einen ursprünglichen Arbeitsplatz für Menschen mit Behinderungen (Art. 27 Abs. 1 lit. k). Ausdrücklich ist ein Anspruch auf »angemessene Vorkehrungen« am Arbeitsplatz zu schaffen. Dieser Anspruch kann durch Auslegung des deutschen Behindertenrechts (§ 164 Abs. 4 Nr. 4 und 5 SGB IX) für Menschen mit einer Schwerbehinderung entnommen werden. Für alle Menschen mit Behinderung ist diese Anforderung der UN-BRK aus dem AGG ableitbar.[32]

4. Rechtsdurchsetzung: Welche Wege gibt es?

Neben der Verpflichtung geeignete Daten zu sammeln (Art. 31 UN-BRK), um die Politik für Menschen mit Behinderungen auf nationaler Ebene zu messen und weiterzuentwickeln, sieht die Konvention konkrete Mechanismen zur Umsetzung und Überwachung der Verpflichtungen, ein sog. »Monitoring«, vor. Damit ist ein unabhängiger Blick auf soziale Sachverhalte und gesellschaftliche Prozesse gemeint. In diesem Verfahren wird die Umsetzung in verschiedenen Bereichen beobachtet und noch bestehender Handlungsbedarf aufgezeigt.

32 Vgl. dazu Einleitung zum AGG unter Abschnitt C.3.a).

a) Innerstaatliche Durchsetzung

Für die innerstaatliche Durchführung und Überwachung der Konvention (Art. 33 UN-BRK) in Deutschland wurde auf Bundesebene eine Anlaufstelle im Bundesministerium für Arbeit und Soziales eingerichtet, die eine Lotsenfunktion für die Verwaltung und internationalen Stellen für Fragen und Vorhaben zur Konvention hat. Die Bundesländer sind ebenfalls zur Benennung solcher Stellen auf Landesebene verpflichtet.
Die Staaten können zusätzlich einen Koordinierungsmechanismus für die Durchführung der Verpflichtungen in verschiedenen Bereichen und auf verschiedenen Ebenen einrichten. In Deutschland ist ein solcher Mechanismus bei der/dem Beauftragten der Bundesregierung für die Belange behinderter Menschen eingerichtet worden.
Zusätzlich haben die Staaten »nach Maßgabe ihres Rechts- und Verwaltungssystems« auf der einzelstaatlichen Ebene einen oder mehrere unabhängige Mechanismen zur Überwachung der Verpflichtungen aus dem Übereinkommen einzurichten. Diese Aufgabe liegt für die Bundesebene bei der Monitoring-Stelle UN-Behindertenrechtskonvention, die am Deutschen Institut für Menschenrechte e. V. in Berlin angesiedelt ist.
Die Einbeziehung der Verbände von Menschen mit Behinderungen ist im Rahmen des gesamten Überwachungsprozesses zu gewährleisten (Art. 33 Abs. 3 UN-BRK). Die Staaten sind zudem aufgefordert, zwei Jahre nach dem Inkrafttreten einen umfassenden Bericht über die getroffenen Maßnahmen und die dabei erzielten Fortschritte zu erstellen und bei den Vereinten Nationen einzureichen (Art. 35 UN-BRK). In der Folge ist dieser Bericht alle vier Jahre zu erstellen. Der erste Bericht der Bundesrepublik Deutschland[33] wurde im Jahr 2015 vom zuständigen UN-Ausschuss geprüft, der hierzu in seinen Abschließenden Bemerkungen vom 13.5.2015 (CRPD/C/DEU/CO/1) verschiedene Empfehlungen ausgesprochen hat. Am 3.10.2023 wurden die Abschließenden Bemerkungen zum kombinierten zweiten und dritten periodischen Bericht Deutschlands (CRPD/C/DEU/CO/2-3) veröffentlicht. Weitere Informationen hierzu finden sich auf der Internetseite des Deutschen Instituts für Menschenrechte.[34]

b) Internationales Monitoring

Die regelmäßigen Staatenberichte bilden die Grundlage für das internationale Monitoring der staatlichen Umsetzung. Auch hierfür wurde ein eigener **Ausschuss für die Rechte von Menschen mit Behinderungen bei den Vereinten Nationen** eingerichtet (Art. 34 UN-BRK). Dieser Ausschuss ist für die Prüfung der Staatenberichte verantwortlich und kann dazu Vorschläge und Empfehlungen an den einzelnen Staat richten (Art. 36 UN-BRK). Zusätzlich kann der Ausschuss auch allgemeine Empfehlungen abgeben, wie die einzelnen Bestimmungen der Kon-

---

33 Erster Staatenbericht der Bundesrepublik Deutschland vom Bundeskabinett beschlossen am 3. August 2011.

34 *https://www.institut-fuer-menschenrechte.de/das-institut/abteilungen/monitoring-stelle-un-behindertenrechtskonvention/staatenpruefverfahren.*

vention zu interpretieren und anzuwenden sind (Art. 39 UN-BRK). Er besteht aus 18 Mitgliedern, die für vier Jahre von der Konferenz der Vertragsstaaten (Art. 40 UN-BRK) gewählt werden. Die Konferenz der Vertragsstaaten tritt regelmäßig zusammen und befasst sich mit jeder Angelegenheit im Zusammenhang mit der Durchführung der Konvention.

c) Individualbeschwerden

Der Ausschuss für die Rechte von Menschen mit Behinderungen hat daneben noch Aufgaben nach dem **Fakultativprotokoll zum Übereinkommen über die Rechte von Menschen mit Behinderungen**. Dieses Protokoll kann von den Vertragsstaaten zusätzlich zur Konvention ratifiziert werden. Deutschland hat dies getan. Es gibt bislang eine erfolgreiche Individualbeschwerde gegen Deutschland.[35]
Mit einer Individualbeschwerde ist es für Einzelpersonen oder Personengruppen möglich, sich mit einer Mitteilung an den Ausschuss zu wenden, wenn Rechte aus der Konvention verletzt wurden. Die **Voraussetzungen für die Zulässigkeit** einer Beschwerde sind in Artikel 2 des Protokolls geregelt:[36]

- Mitteilungen dürfen nicht anonym erfolgen.
- Es darf kein Missbrauch des Beschwerderechts erfolgen, so gehört dazu etwa die unbegründete zeitliche Verzögerung der Beschwerde. Es besteht jedoch keine formelle Frist für die Abgabe der Beschwerde.
- Dieselbe Sache darf bisher noch nicht vom Ausschuss untersucht worden sein. Es darf auch keine Prüfung in anderen internationalen Verfahren (etwa dem Europäischen Gerichtshof für Menschenrechte) erfolgt sein oder nicht gleichzeitig in einem anderen internationalen Verfahren vorgelegt werden.
- Vor einer Beschwerde muss der **innerstaatliche Rechtsweg bis in die höchste mögliche Gerichtsinstanz ausgeschöpft werden**. Hiervon ist jedoch eine Ausnahme möglich, wenn Rechtsbehelfe unangemessen lange dauern oder keine wirksame Abhilfe erwarten lassen.
- Die Beschwerde darf nicht offensichtlich unbegründet sein und muss hinreichend begründet werden.
- Der Beschwerdegrund muss nach Inkrafttreten des Protokolls eingetreten sein oder noch bestehen.

Mit diesen strikten Regeln ist es für den Ausschuss möglich, sich auf die wichtigsten Fälle zu konzentrieren. Wenn die Beschwerde zulässig ist, befasst er sich in nichtöffentlicher Sitzung damit und übermittelt dem betreffenden Vertragsstaat und dem Beschwerdeführer seine Vorschläge und Empfehlungen. Es können **keine bindenden Urteile** gesprochen werden.
Neben dem Instrument der Individualbeschwerde hat der Ausschuss nach dem Zusatzprotokoll auch die Möglichkeit des selbstständigen **Untersuchungsrechts**

35 Committee on the Rights of Persons with Disabilities, Communication No. 2/2010, Liliane Gröninger et al. vs. Germany, CRPD/C/D/2/2010, Views adopted by the Committee at its eleventh session (31 March–11 April 2014).

36 Näher zu den Voraussetzungen eines Individualbeschwerdeverfahrens siehe *Groskreutz*, Beitrag D7–2013 unter *www.reha-recht.de*.

(Art. 6 des Fakultativprotokolls zur UN-BRK). Wenn der Ausschuss zuverlässige Angaben erhält, die auf schwerwiegende oder systematische Verletzungen der Konvention hinweisen, kann er eine vertrauliche Untersuchung einleiten.
Auch wenn die Mitteilungen des Ausschusses keine unmittelbare rechtliche Bindung im nationalen Recht haben, so wird die Möglichkeit zur Durchsetzung durch öffentlichen Druck in der nationalen Zivilgesellschaft und durch die internationale Staatengemeinschaft geschaffen.[37] Dieser Druck wirkt insbesondere dadurch, dass Verstöße international öffentlich geächtet und dokumentiert werden und Staaten diese Ächtung vermeiden möchten. Der Ausschuss hat damit auch mit seiner Informationspolitik die Möglichkeit »Softpower« auszuüben und den Staaten bei der Umsetzung der Verpflichtungen aus der Konvention behilflich zu sein.

d) Nationale Umsetzung – Status der Konvention im nationalen Recht

In Deutschland sind mit dem Ratifikationsgesetz (nach Art. 59 Abs. 2 des Grundgesetzes) die Behindertenrechtskonvention und das Zusatzprotokoll geltendes Recht im Range eines Bundesgesetzes geworden. Die Verwaltung muss vorhandenen **Entscheidungs- und Ermessensspielraum** bei der Gewährung von Hilfen an Menschen mit Behinderungen im Sinne der Konvention nutzen.[38] Wenn die Verwaltung zwischen verschiedenen Möglichkeiten entscheiden kann, ist die Entscheidung zu bevorzugen, die auch die Ziele der Konvention erreicht. Für **Rechtsverordnungen** bedeutet das, dass diese im Sinne der Behindertenrechtskonvention auszulegen sind.[39] Wenn dies nicht möglich ist, so sind die entsprechenden Bestimmungen, die gegen die Konvention verstoßen, nicht anzuwenden.
Der Inhalt des Übereinkommens ist auch durch die **Gerichte** bei der Interpretation des nationalen Rechts zu beachten und anzuwenden.[40] Auch die Grundrechte im Grundgesetz sind so formuliert, dass das Bundesverfassungsgericht entscheidet, wie diese im Hinblick auf einen konkreten Fall zu verstehen sind. Der Konventionstext ist für die Bestimmung von Inhalt und Umfang von Grundrechten und rechtsstaatlichen Grundsätzen des Grundgesetzes zu nutzen.[41] Dabei darf jedoch nicht der Grundrechtsschutz nach dem Grundgesetz eingeschränkt oder gemindert werden.[42] Die Begründung dafür ist, dass das Grundgesetz »völkerrechtsfreundlich« formuliert ist und daher so auszulegen ist, dass dabei Konflikte mit völkerrechtlichen Verpflichtungen der Bundesrepublik Deutschland vermieden werden.

---

37 Vgl. *Groskreutz*, Beitrag D7–2013 unter *www.reha-recht.de*.

38 *Welti*, Die UN-BRK und ihre Umsetzung in Deutschland, in: Ganner/Rieder/Voithofer/Welti (Hrsg.), Die Umsetzung der UN-Behindertenrechtskonvention in Österreich und Deutschland, S. 27, 32.

39 Zur konventionskonformen Auslegung einfachen Rechts s. BSG 24.5.2012 – B 9 V 2/11 R, Rn. 36.

40 BSG 6.3.2012 – B 1 KR 10/11 R; zu möglichen Anwendungsfeldern auch *Rosenow*, ASR 2015, 93, 96ff.

41 BVerfG 23.3.2011 – 2 BvR 882/09; s. auch BVerfG 26.7.2016 – 1 BvL 8/15.

42 Das Bundesverfassungsgericht hat dies 2004 schon für die Anwendung eines anderen Menschenrechtsvertrages, der Europäischen Menschenrechtskonvention (EMRK) so festgestellt, vgl. BVerfG 14.10.2004 – 2 BvR 1481/04 (Görgülü).

Die Konvention **bindet auch die Bundesländer** in den Bereichen, in denen die Zuständigkeit bei ihnen liegt (Art. 4 Abs. 5 UN-BRK). Dies ergibt sich auch aus der der sog. »Bundestreue« der Länder, da sie dem Ratifikationsgesetz im Bundesrat einstimmig zugestimmt haben.[43]

e) Unmittelbare Anwendbarkeit

Die Konvention ist in einigen Teilen auch für einzelne Personen unmittelbar anwendbar. Das gilt für solche Vorschriften, in denen der Adressat der Norm eindeutig bezeichnet ist und die Vorschrift inhaltlich so konkret bestimmt ist, dass sie ohne weiteren Umsetzungsakt angewendet werden kann.[44] Ein Beispiel in der Konvention ist etwa Artikel 17, in dem die Unversehrtheit der Person geregelt ist. Ebenso ist das Diskriminierungsverbot aus Art. 5 Abs. 2 UN-BRK unmittelbar anwendbar.[45] Auf die Einhaltung dieser Menschenrechte könnte man sich auch unmittelbar in einem gerichtlichen Verfahren berufen. In Deutschland sind diese unmittelbar geltenden Rechte bereits durch vorhandene Gesetze gesichert, sodass es keine Anwendung dafür gibt.

f) Kurz gefasst: Was bedeutet das für die betriebliche Praxis?

- Die Konvention richtet sich vorrangig an den Staat, der seine Gesetze und Bestimmungen im Sinne der Konvention anpassen muss. Die Ziele der Konvention sind aber auch im Arbeitsrecht bei der Auslegung von Gesetzen und Verordnungen zu berücksichtigen.
- Die Konvention festigt die menschenrechtliche Perspektive und stellt klar, dass es nicht um Fürsorge geht.
- Die Konvention gilt in Deutschland seit März 2009 im Rang eines Bundesgesetzes. Die Umsetzung erfolgt im Rahmen eines Aktionsplans, der 2016 erneuert wurde. Die Empfehlungen aus den Ergebnissen der Staatenberichtsprüfungen sind ebenfalls zu berücksichtigen.
- Die UN-BRK schafft keine neuen Rechte, sondern stellt sicher, dass die bestehenden Menschenrechte auch für Menschen mit Behinderung wirksam angewendet werden können.
- Das Prinzip der angemessenen Vorkehrungen wird durch die Konvention auch im Verhältnis zu Privatpersonen festgeschrieben.
- Art. 27 UN-BRK enthält wesentliche Vorgaben für den Bereich Arbeit und Beschäftigung.
- Die Überwachung der Umsetzung erfolgt durch ein internationales und nationales »Monitoring«. Auf internationaler Ebene wurde ein besonderer Ausschuss

43 Vgl. näher *Riedel*, Gutachten zur Wirkung der internationalen Konvention über die Rechte von Menschen mit Behinderungen und ihres Fakultativprotokolls auf das deutsche Schulsystem, S. 34ff.

44 BVerwG 16.10.1990 – 1 C 15/88.

45 *Welti*, RdLh 2012, S. 1; *Masuch*, Beitrag D5-2012 unter *www.reha-recht.de*; BSG 6.3.2012 – B 1 KR 10/11 R.

eingerichtet, der Staatenberichte prüft und Empfehlungen ausspricht. Neben allgemeinen Kommentaren kann der Ausschuss auch über Beschwerden von Einzelpersonen beraten und die Ergebnisse veröffentlichen.
- Die Konvention gibt auch für betriebliche Akteure einen Rahmen vor, auf den in einer Inklusionsvereinbarung (§ 166 SGB IX) Bezug genommen werden kann.

5. Weiterführende Literatur

Degener/Quinn et. al., The current use and future potential of United Nations human rights instruments in the context of disability, 2002.

Groskreutz, Das Individualbeschwerdeverfahren zum Internationalen Ausschuss für die Rechte von Menschen mit Behinderungen; Forum D, Beitrag D7–2013 1.3.2013 unter *www.reha-recht.de.*

Masuch, »Die UN-Behindertenrechtskonvention anwenden!«; Forum D, Beitrag D5–2012 20.3.2012 unter *www.reha-recht.de.*

Nebe, Diskriminierungsschutz erwerbstätiger Eltern behinderter Kinder – EuGH stärkt den Schutz vor drittbezogener bzw. sogenannter assoziierter Diskriminierung; EuGH 17.7.2008, C – 303/06 unter *www.reha-recht.de.*

Welke (Hrsg.), UN-Behindertenrechtskonvention mit rechtlichen Erläuterungen, 2012.

Welti, Das Diskriminierungsverbot und die »angemessenen Vorkehrungen« in der BRK – Stellenwert für die staatliche Verpflichtung zur Umsetzung der in der BRK geregelten Rechte; Rechtsdienst der Lebenshilfe (RdLh), 2012.

Welti, Die UN-BRK und ihre Umsetzung in Deutschland, in: Ganner/Rieder/Voithofer/Welti (Hrsg.), Die Umsetzung der UN-Behindertenrechtskonvention in Österreich und Deutschland, 2021, S. 27ff.

Welti/Frankenstein/Hlava, Angemessene Vorkehrungen und Sozialrecht – Gutachten erstattet für die Schlichtungsstelle nach dem Behindertengleichstellungsgesetz, 2018, unter https://www.schlichtungsstelle-bgg.de/SharedDocs/Downloads/Webs/SchliBGG/DE/AS/Forschungsgutachten.pdf?__blob=publicationFile&v=1.

II. Übereinkommen über die Rechte von Menschen mit Behinderungen – UN-Behindertenrechtskonvention und Fakultativprotokoll

1. Übereinkommen über die Rechte von Menschen mit Behinderungen (UN-Behindertenrechtskonvention)

Zwischen Deutschland, Liechtenstein, Österreich und der Schweiz abgestimmte Übersetzung

Übereinkommen über die Rechte von Menschen mit Behinderungen

Präambel

Die Vertragsstaaten dieses Übereinkommens –

a) unter Hinweis auf die in der Charta der Vereinten Nationen verkündeten Grundsätze, denen zufolge die Anerkennung der Würde und des Wertes, die allen Mitgliedern der menschlichen Gesellschaft innewohnen, sowie ihrer gleichen und unveräußerlichen Rechte die Grundlage von Freiheit, Gerechtigkeit und Frieden in der Welt bildet,

b) in der Erkenntnis, dass die Vereinten Nationen in der Allgemeinen Erklärung der Menschenrechte und in den Internationalen Menschenrechtspakten verkündet haben und übereingekommen sind, dass jeder Mensch ohne Unterschied Anspruch auf alle darin aufgeführten Rechte und Freiheiten hat,

c) bekräftigend, dass alle Menschenrechte und Grundfreiheiten allgemein gültig und unteilbar sind, einander bedingen und miteinander verknüpft sind und dass Menschen mit Behinderungen der volle Genuss dieser Rechte und Freiheiten ohne Diskriminierung garantiert werden muss,

d) unter Hinweis auf den Internationalen Pakt über wirtschaftliche, soziale und kulturelle Rechte, den Internationalen Pakt über bürgerliche und politische Rechte, das Internationale Übereinkommen zur Beseitigung jeder Form von Rassendiskriminierung, das Übereinkommen zur Beseitigung jeder Form von Diskriminierung der Frau, das Übereinkommen gegen Folter und andere grausame, unmenschliche oder erniedrigende Behandlung oder Strafe, das Übereinkommen über die Rechte des Kindes und das Internationale Übereinkommen zum Schutz der Rechte aller Wanderarbeitnehmer und ihrer Familienangehörigen,

e) in der Erkenntnis, dass das Verständnis von Behinderung sich ständig weiterentwickelt und dass Behinderung aus der Wechselwirkung zwischen Menschen mit Beeinträchtigungen und einstellungs- und umweltbedingten Barrieren entsteht, die sie an der vollen, wirksamen und gleichberechtigten Teilhabe an der Gesellschaft hindern,

f) in der Erkenntnis, dass die in dem Weltaktionsprogramm für Behinderte und den Rahmenbestimmungen für die Herstellung der Chancengleichheit für Behinderte enthaltenen Grundsätze und Leitlinien einen wichtigen Einfluss auf die Förderung, Ausarbeitung und Bewertung von politischen Konzepten,

Plänen, Programmen und Maßnahmen auf einzelstaatlicher, regionaler und internationaler Ebene zur Verbesserung der Chancengleichheit für Menschen mit Behinderungen haben,

g) nachdrücklich darauf hinweisend, wie wichtig es ist, die Behinderungsthematik zu einem festen Bestandteil der einschlägigen Strategien der nachhaltigen Entwicklung zu machen,

h) ebenso in der Erkenntnis, dass jede Diskriminierung aufgrund von Behinderung eine Verletzung der Würde und des Wertes darstellt, die jedem Menschen innewohnen,

i) ferner in der Erkenntnis der Vielfalt der Menschen mit Behinderungen,

j) in Anerkennung der Notwendigkeit, die Menschenrechte aller Menschen mit Behinderungen, einschließlich derjenigen, die intensivere Unterstützung benötigen, zu fördern und zu schützen,

k) besorgt darüber, dass sich Menschen mit Behinderungen trotz dieser verschiedenen Dokumente und Verpflichtungen in allen Teilen der Welt nach wie vor Hindernissen für ihre Teilhabe als gleichberechtigte Mitglieder der Gesellschaft sowie Verletzungen ihrer Menschenrechte gegenübersehen,

l) in Anerkennung der Bedeutung der internationalen Zusammenarbeit für die Verbesserung der Lebensbedingungen der Menschen mit Behinderungen in allen Ländern, insbesondere den Entwicklungsländern,

m) in Anerkennung des wertvollen Beitrags, den Menschen mit Behinderungen zum allgemeinen Wohl und zur Vielfalt ihrer Gemeinschaften leisten und leisten können, und in der Erkenntnis, dass die Förderung des vollen Genusses der Menschenrechte und Grundfreiheiten durch Menschen mit Behinderungen sowie ihrer uneingeschränkten Teilhabe ihr Zugehörigkeitsgefühl verstärken und zu erheblichen Fortschritten in der menschlichen, sozialen und wirtschaftlichen Entwicklung der Gesellschaft und bei der Beseitigung der Armut führen wird,

n) in der Erkenntnis, wie wichtig die individuelle Autonomie und Unabhängigkeit für Menschen mit Behinderungen ist, einschließlich der Freiheit, eigene Entscheidungen zu treffen,

o) in der Erwägung, dass Menschen mit Behinderungen die Möglichkeit haben sollen, aktiv an Entscheidungsprozessen über politische Konzepte und über Programme mitzuwirken, insbesondere wenn diese sie unmittelbar betreffen,

p) besorgt über die schwierigen Bedingungen, denen sich Menschen mit Behinderungen gegenübersehen, die mehrfachen oder verschärften Formen der Diskriminierung aufgrund der Rasse, der Hautfarbe, des Geschlechts, der Sprache, der Religion, der politischen oder sonstigen Anschauung, der nationalen, ethnischen, indigenen oder sozialen Herkunft, des Vermögens, der Geburt, des Alters oder des sonstigen Status ausgesetzt sind,

q) in der Erkenntnis, dass Frauen und Mädchen mit Behinderungen sowohl innerhalb als auch außerhalb ihres häuslichen Umfelds oft in stärkerem Maße durch Gewalt, Verletzung oder Missbrauch, Nichtbeachtung oder Vernachlässigung, Misshandlung oder Ausbeutung gefährdet sind,

r) in der Erkenntnis, dass Kinder mit Behinderungen gleichberechtigt mit anderen Kindern alle Menschenrechte und Grundfreiheiten in vollem Umfang genießen sollen, und unter Hinweis auf die zu diesem Zweck von den Vertragsstaaten des Übereinkommens über die Rechte des Kindes eingegangenen Verpflichtungen,

s) nachdrücklich darauf hinweisend, dass es notwendig ist, bei allen Anstrengungen zur Förderung des vollen Genusses der Menschenrechte und Grundfreiheiten durch Menschen mit Behinderungen die Geschlechterperspektive einzubeziehen,

t) unter besonderem Hinweis darauf, dass die Mehrzahl der Menschen mit Behinderungen in einem Zustand der Armut lebt, und diesbezüglich in der Erkenntnis, dass die nachteiligen Auswirkungen der Armut auf Menschen mit Behinderungen dringend angegangen werden müssen,

u) in dem Bewusstsein, dass Frieden und Sicherheit auf der Grundlage der uneingeschränkten Achtung der in der Charta der Vereinten Nationen enthaltenen Ziele und Grundsätze sowie der Einhaltung der anwendbaren Übereinkünfte auf dem Gebiet der Menschenrechte unabdingbar sind für den umfassenden Schutz von Menschen mit Behinderungen, insbesondere in bewaffneten Konflikten oder während ausländischer Besetzung,

v) in der Erkenntnis, wie wichtig es ist, dass Menschen mit Behinderungen vollen Zugang zur physischen, sozialen, wirtschaftlichen und kulturellen Umwelt, zu Gesundheit und Bildung sowie zu Information und Kommunikation haben, damit sie alle Menschenrechte und Grundfreiheiten voll genießen können,

w) im Hinblick darauf, dass der Einzelne gegenüber seinen Mitmenschen und der Gemeinschaft, der er angehört, Pflichten hat und gehalten ist, für die Förderung und Achtung der in der Internationalen Menschenrechtscharta anerkannten Rechte einzutreten,

x) in der Überzeugung, dass die Familie die natürliche Kernzelle der Gesellschaft ist und Anspruch auf Schutz durch Gesellschaft und Staat hat und dass Menschen mit Behinderungen und ihre Familienangehörigen den erforderlichen Schutz und die notwendige Unterstützung erhalten sollen, um es den Familien zu ermöglichen, zum vollen und gleichberechtigten Genuss der Rechte der Menschen mit Behinderungen beizutragen,

y) in der Überzeugung, dass ein umfassendes und in sich geschlossenes internationales Übereinkommen zur Förderung und zum Schutz der Rechte und der Würde von Menschen mit Behinderungen sowohl in den Entwicklungsländern als auch in den entwickelten Ländern einen maßgeblichen Beitrag zur Beseitigung der tiefgreifenden sozialen Benachteiligung von Menschen mit Behinderungen leisten und ihre Teilhabe am bürgerlichen, politischen, wirtschaftlichen, sozialen und kulturellen Leben auf der Grundlage der Chancengleichheit fördern wird –

haben Folgendes vereinbart:

Artikel 1 Zweck

Zweck dieses Übereinkommens ist es, den vollen und gleichberechtigten Genuss aller Menschenrechte und Grundfreiheiten durch alle Menschen mit Behinderungen zu fördern, zu schützen und zu gewährleisten und die Achtung der ihnen innewohnenden Würde zu fördern.

Zu den Menschen mit Behinderungen zählen Menschen, die langfristige körperliche, seelische, geistige oder Sinnesbeeinträchtigungen haben, welche sie in Wechselwirkung mit verschiedenen Barrieren an der vollen, wirksamen und gleichberechtigten Teilhabe an der Gesellschaft hindern können.

Artikel 2 Begriffsbestimmungen

Im Sinne dieses Übereinkommens

- schließt »Kommunikation« Sprachen, Textdarstellung, Brailleschrift, taktile Kommunikation, Großdruck, leicht zugängliches Multimedia sowie schriftliche, auditive, in einfache Sprache übersetzte, durch Vorleser zugänglich gemachte sowie ergänzende und alternative Formen, Mittel und Formate der Kommunikation, einschließlich leicht zugänglicher Informations- und Kommunikationstechnologie, ein;
- schließt »Sprache« gesprochene Sprachen sowie Gebärdensprachen und andere nicht gesprochene Sprachen ein;
- bedeutet »Diskriminierung aufgrund von Behinderung« jede Unterscheidung, Ausschließung oder Beschränkung aufgrund von Behinderung, die zum Ziel oder zur Folge hat, dass das auf die Gleichberechtigung mit anderen gegründete Anerkennen, Genießen oder Ausüben aller Menschenrechte und Grundfreiheiten im politischen, wirtschaftlichen, sozialen, kulturellen, bürgerlichen oder jedem anderen Bereich beeinträchtigt oder vereitelt wird. Sie umfasst alle Formen der Diskriminierung, einschließlich der Versagung angemessener Vorkehrungen;
- bedeutet »angemessene Vorkehrungen« notwendige und geeignete Änderungen und Anpassungen, die keine unverhältnismäßige oder unbillige Belastung darstellen und die, wenn sie in einem bestimmten Fall erforderlich sind, vorgenommen werden, um zu gewährleisten, dass Menschen mit Behinderungen gleichberechtigt mit anderen alle Menschenrechte und Grundfreiheiten genießen oder ausüben können;
- bedeutet »universelles Design« ein Design von Produkten, Umfeldern, Programmen und Dienstleistungen in der Weise, dass sie von allen Menschen möglichst weitgehend ohne eine Anpassung oder ein spezielles Design genutzt werden können. »Universelles Design« schließt Hilfsmittel für bestimmte Gruppen von Menschen mit Behinderungen, soweit sie benötigt werden, nicht aus.

Artikel 3 Allgemeine Grundsätze

Die Grundsätze dieses Übereinkommens sind:

a) die Achtung der dem Menschen innewohnenden Würde, seiner individuellen Autonomie, einschließlich der Freiheit, eigene Entscheidungen zu treffen, sowie seiner Unabhängigkeit;
b) die Nichtdiskriminierung;
c) die volle und wirksame Teilhabe an der Gesellschaft und Einbeziehung in die Gesellschaft;
d) die Achtung vor der Unterschiedlichkeit von Menschen mit Behinderungen und die Akzeptanz dieser Menschen als Teil der menschlichen Vielfalt und der Menschheit;

e) die Chancengleichheit;
f) die Zugänglichkeit;
g) die Gleichberechtigung von Mann und Frau;
h) die Achtung vor den sich entwickelnden Fähigkeiten von Kindern mit Behinderungen und die Achtung ihres Rechts auf Wahrung ihrer Identität.

Artikel 4 Allgemeine Verpflichtungen

(1) Die Vertragsstaaten verpflichten sich, die volle Verwirklichung aller Menschenrechte und Grundfreiheiten für alle Menschen mit Behinderungen ohne jede Diskriminierung aufgrund von Behinderung zu gewährleisten und zu fördern. Zu diesem Zweck verpflichten sich die Vertragsstaaten,

a) alle geeigneten Gesetzgebungs-, Verwaltungs- und sonstigen Maßnahmen zur Umsetzung der in diesem Übereinkommen anerkannten Rechte zu treffen;
b) alle geeigneten Maßnahmen einschließlich gesetzgeberischer Maßnahmen zur Änderung oder Aufhebung bestehender Gesetze, Verordnungen, Gepflogenheiten und Praktiken zu treffen, die eine Diskriminierung von Menschen mit Behinderungen darstellen;
c) den Schutz und die Förderung der Menschenrechte von Menschen mit Behinderungen in allen politischen Konzepten und allen Programmen zu berücksichtigen;
d) Handlungen oder Praktiken, die mit diesem Übereinkommen unvereinbar sind, zu unterlassen und dafür zu sorgen, dass die staatlichen Behörden und öffentlichen Einrichtungen im Einklang mit diesem Übereinkommen handeln;
e) alle geeigneten Maßnahmen zur Beseitigung der Diskriminierung aufgrund von Behinderung durch Personen, Organisationen oder private Unternehmen zu ergreifen;
f) Forschung und Entwicklung für Güter, Dienstleistungen, Geräte und Einrichtungen in universellem Design, wie in Artikel 2 definiert, die den besonderen Bedürfnissen von Menschen mit Behinderungen mit möglichst geringem Anpassungs- und Kostenaufwand gerecht werden, zu betreiben oder zu fördern, ihre Verfügbarkeit und Nutzung zu fördern und sich bei der Entwicklung von Normen und Richtlinien für universelles Design einzusetzen;
g) Forschung und Entwicklung für neue Technologien, die für Menschen mit Behinderungen geeignet sind, einschließlich Informations- und Kommunikationstechnologien, Mobilitätshilfen, Geräten und unterstützenden Technologien, zu betreiben oder zu fördern sowie ihre Verfügbarkeit und Nutzung zu fördern und dabei Technologien zu erschwinglichen Kosten den Vorrang zu geben;
h) für Menschen mit Behinderungen zugängliche Informationen über Mobilitätshilfen, Geräte und unterstützende Technologien, einschließlich neuer Technologien, sowie andere Formen von Hilfe, Unterstützungsdiensten und Einrichtungen zur Verfügung zu stellen;
i) die Schulung von Fachkräften und anderem mit Menschen mit Behinderungen arbeitendem Personal auf dem Gebiet der in diesem Übereinkommen anerkannten Rechte zu fördern, damit die aufgrund dieser Rechte garantierten Hilfen und Dienste besser geleistet werden können.

(2) Hinsichtlich der wirtschaftlichen, sozialen und kulturellen Rechte verpflichtet sich jeder Vertragsstaat, unter Ausschöpfung seiner verfügbaren Mittel und erforderlichenfalls im Rahmen der internationalen Zusammenarbeit Maßnahmen zu treffen, um nach und nach die volle Verwirklichung dieser Rechte zu erreichen, unbeschadet derjenigen Verpflichtungen aus diesem Übereinkommen, die nach dem Völkerrecht sofort anwendbar sind.
(3) Bei der Ausarbeitung und Umsetzung von Rechtsvorschriften und politischen Konzepten zur Durchführung dieses Übereinkommens und bei anderen Entscheidungsprozessen in Fragen, die Menschen mit Behinderungen betreffen, führen die Vertragsstaaten mit den Menschen mit Behinderungen, einschließlich Kindern mit Behinderungen, über die sie vertretenden Organisationen enge Konsultationen und beziehen sie aktiv ein.
(4) Dieses Übereinkommen lässt zur Verwirklichung der Rechte von Menschen mit Behinderungen besser geeignete Bestimmungen, die im Recht eines Vertragsstaats oder in dem für diesen Staat geltenden Völkerrecht enthalten sind, unberührt. Die in einem Vertragsstaat durch Gesetze, Übereinkommen, Verordnungen oder durch Gewohnheitsrecht anerkannten oder bestehenden Menschenrechte und Grundfreiheiten dürfen nicht unter dem Vorwand beschränkt oder außer Kraft gesetzt werden, dass dieses Übereinkommen derartige Rechte oder Freiheiten nicht oder nur in einem geringeren Ausmaß anerkenne.
(5) Die Bestimmungen dieses Übereinkommens gelten ohne Einschränkung oder Ausnahme für alle Teile eines Bundesstaats.

Artikel 5 Gleichberechtigung und Nichtdiskriminierung

(1) Die Vertragsstaaten anerkennen, dass alle Menschen vor dem Gesetz gleich sind, vom Gesetz gleich zu behandeln sind und ohne Diskriminierung Anspruch auf gleichen Schutz durch das Gesetz und gleiche Vorteile durch das Gesetz haben.
(2) Die Vertragsstaaten verbieten jede Diskriminierung aufgrund von Behinderung und garantieren Menschen mit Behinderungen gleichen und wirksamen rechtlichen Schutz vor Diskriminierung, gleichviel aus welchen Gründen.
(3) Zur Förderung der Gleichberechtigung und zur Beseitigung von Diskriminierung unternehmen die Vertragsstaaten alle geeigneten Schritte, um die Bereitstellung angemessener Vorkehrungen zu gewährleisten.
(4) Besondere Maßnahmen, die zur Beschleunigung oder Herbeiführung der tatsächlichen Gleichberechtigung von Menschen mit Behinderungen erforderlich sind, gelten nicht als Diskriminierung im Sinne dieses Übereinkommens.

Artikel 6 Frauen mit Behinderungen

(1) Die Vertragsstaaten anerkennen, dass Frauen und Mädchen mit Behinderungen mehrfacher Diskriminierung ausgesetzt sind, und ergreifen in dieser Hinsicht Maßnahmen, um zu gewährleisten, dass sie alle Menschenrechte und Grundfreiheiten voll und gleichberechtigt genießen können.
(2) Die Vertragsstaaten treffen alle geeigneten Maßnahmen zur Sicherung der vollen Entfaltung, der Förderung und der Stärkung der Autonomie der Frauen, um zu garantieren, dass sie die in diesem Übereinkommen genannten Menschenrechte und Grundfreiheiten ausüben und genießen können.

Artikel 7 Kinder mit Behinderungen

(1) Die Vertragsstaaten treffen alle erforderlichen Maßnahmen, um zu gewährleisten, dass Kinder mit Behinderungen gleichberechtigt mit anderen Kindern alle Menschenrechte und Grundfreiheiten genießen können.
(2) Bei allen Maßnahmen, die Kinder mit Behinderungen betreffen, ist das Wohl des Kindes ein Gesichtspunkt, der vorrangig zu berücksichtigen ist.
(3) Die Vertragsstaaten gewährleisten, dass Kinder mit Behinderungen das Recht haben, ihre Meinung in allen sie berührenden Angelegenheiten gleichberechtigt mit anderen Kindern frei zu äußern, wobei ihre Meinung angemessen und entsprechend ihrem Alter und ihrer Reife berücksichtigt wird, und behinderungsgerechte sowie altersgemäße Hilfe zu erhalten, damit sie dieses Recht verwirklichen können.

Artikel 8 Bewusstseinsbildung

(1) Die Vertragsstaaten verpflichten sich, sofortige, wirksame und geeignete Maßnahmen zu ergreifen, um
a) in der gesamten Gesellschaft, einschließlich auf der Ebene der Familien, das Bewusstsein für Menschen mit Behinderungen zu schärfen und die Achtung ihrer Rechte und ihrer Würde zu fördern;
b) Klischees, Vorurteile und schädliche Praktiken gegenüber Menschen mit Behinderungen, einschließlich aufgrund des Geschlechts oder des Alters, in allen Lebensbereichen zu bekämpfen;
c) das Bewusstsein für die Fähigkeiten und den Beitrag von Menschen mit Behinderungen zu fördern.
(2) Zu den diesbezüglichen Maßnahmen gehören
a) die Einleitung und dauerhafte Durchführung wirksamer Kampagnen zur Bewusstseinsbildung in der Öffentlichkeit mit dem Ziel,
   i) die Aufgeschlossenheit gegenüber den Rechten von Menschen mit Behinderungen zu erhöhen,
   ii) eine positive Wahrnehmung von Menschen mit Behinderungen und ein größeres gesellschaftliches Bewusstsein ihnen gegenüber zu fördern,
   iii) die Anerkennung der Fertigkeiten, Verdienste und Fähigkeiten von Menschen mit Behinderungen und ihres Beitrags zur Arbeitswelt und zum Arbeitsmarkt zu fördern;
b) die Förderung einer respektvollen Einstellung gegenüber den Rechten von Menschen mit Behinderungen auf allen Ebenen des Bildungssystems, auch bei allen Kindern von früher Kindheit an;
c) die Aufforderung an alle Medienorgane, Menschen mit Behinderungen in einer dem Zweck dieses Übereinkommens entsprechenden Weise darzustellen;
d) die Förderung von Schulungsprogrammen zur Schärfung des Bewusstseins für Menschen mit Behinderungen und für deren Rechte.

Artikel 9 Zugänglichkeit

(1) Um Menschen mit Behinderungen eine unabhängige Lebensführung und die volle Teilhabe in allen Lebensbereichen zu ermöglichen, treffen die Vertragsstaaten geeignete Maßnahmen mit dem Ziel, für Menschen mit Behinderungen den gleichberechtigten Zugang zur physischen Umwelt, zu Transportmitteln, Infor-

mation und Kommunikation, einschließlich Informations- und Kommunikationstechnologien und -systemen, sowie zu anderen Einrichtungen und Diensten, die der Öffentlichkeit in städtischen und ländlichen Gebieten offenstehen oder für sie bereitgestellt werden, zu gewährleisten. Diese Maßnahmen, welche die Feststellung und Beseitigung von Zugangshindernissen und -barrieren einschließen, gelten unter anderem für

a) Gebäude, Straßen, Transportmittel sowie andere Einrichtungen in Gebäuden und im Freien, einschließlich Schulen, Wohnhäusern, medizinischer Einrichtungen und Arbeitsstätten;
b) Informations-, Kommunikations- und andere Dienste, einschließlich elektronischer Dienste und Notdienste.

(2) Die Vertragsstaaten treffen außerdem geeignete Maßnahmen,

a) um Mindeststandards und Leitlinien für die Zugänglichkeit von Einrichtungen und Diensten, die der Öffentlichkeit offenstehen oder für sie bereitgestellt werden, auszuarbeiten und zu erlassen und ihre Anwendung zu überwachen;
b) um sicherzustellen, dass private Rechtsträger, die Einrichtungen und Dienste, die der Öffentlichkeit offenstehen oder für sie bereitgestellt werden, anbieten, alle Aspekte der Zugänglichkeit für Menschen mit Behinderungen berücksichtigen;
c) um betroffenen Kreisen Schulungen zu Fragen der Zugänglichkeit für Menschen mit Behinderungen anzubieten;
d) um in Gebäuden und anderen Einrichtungen, die der Öffentlichkeit offenstehen, Beschilderungen in Brailleschrift und in leicht lesbarer und verständlicher Form anzubringen;
e) um menschliche und tierische Hilfe sowie Mittelspersonen, unter anderem Personen zum Führen und Vorlesen sowie professionelle Gebärdensprachdolmetscher und -dolmetscherinnen, zur Verfügung zu stellen mit dem Ziel, den Zugang zu Gebäuden und anderen Einrichtungen, die der Öffentlichkeit offenstehen, zu erleichtern;
f) um andere geeignete Formen der Hilfe und Unterstützung für Menschen mit Behinderungen zu fördern, damit ihr Zugang zu Informationen gewährleistet wird;
g) um den Zugang von Menschen mit Behinderungen zu den neuen Informations- und Kommunikationstechnologien und -systemen, einschließlich des Internets, zu fördern;
h) um die Gestaltung, die Entwicklung, die Herstellung und den Vertrieb zugänglicher Informations- und Kommunikationstechnologien und -systeme in einem frühen Stadium zu fördern, sodass deren Zugänglichkeit mit möglichst geringem Kostenaufwand erreicht wird.

Artikel 10 Recht auf Leben

Die Vertragsstaaten bekräftigen, dass jeder Mensch ein angeborenes Recht auf Leben hat, und treffen alle erforderlichen Maßnahmen, um den wirksamen und gleichberechtigten Genuss dieses Rechts durch Menschen mit Behinderungen zu gewährleisten.

Artikel 11 Gefahrensituationen und humanitäre Notlagen

Die Vertragsstaaten ergreifen im Einklang mit ihren Verpflichtungen nach dem Völkerrecht, einschließlich des humanitären Völkerrechts und der internationalen Menschenrechtsnormen, alle erforderlichen Maßnahmen, um in Gefahrensituationen, einschließlich bewaffneter Konflikte, humanitärer Notlagen und Naturkatastrophen, den Schutz und die Sicherheit von Menschen mit Behinderungen zu gewährleisten.

Artikel 12 Gleiche Anerkennung vor dem Recht

(1) Die Vertragsstaaten bekräftigen, dass Menschen mit Behinderungen das Recht haben, überall als Rechtssubjekt anerkannt zu werden.

(2) Die Vertragsstaaten anerkennen, dass Menschen mit Behinderungen in allen Lebensbereichen gleichberechtigt mit anderen Rechts- und Handlungsfähigkeit genießen.

(3) Die Vertragsstaaten treffen geeignete Maßnahmen, um Menschen mit Behinderungen Zugang zu der Unterstützung zu verschaffen, die sie bei der Ausübung ihrer Rechts- und Handlungsfähigkeit gegebenenfalls benötigen.

(4) Die Vertragsstaaten stellen sicher, dass zu allen die Ausübung der Rechts- und Handlungsfähigkeit betreffenden Maßnahmen im Einklang mit den internationalen Menschenrechtsnormen geeignete und wirksame Sicherungen vorgesehen werden, um Missbräuche zu verhindern. Diese Sicherungen müssen gewährleisten, dass bei den Maßnahmen betreffend die Ausübung der Rechts- und Handlungsfähigkeit die Rechte, der Wille und die Präferenzen der betreffenden Person geachtet werden, es nicht zu Interessenkonflikten und missbräuchlicher Einflussnahme kommt, dass die Maßnahmen verhältnismäßig und auf die Umstände der Person zugeschnitten sind, dass sie von möglichst kurzer Dauer sind und dass sie einer regelmäßigen Überprüfung durch eine zuständige, unabhängige und unparteiische Behörde oder gerichtliche Stelle unterliegen. Die Sicherungen müssen im Hinblick auf das Ausmaß, in dem diese Maßnahmen die Rechte und Interessen der Person berühren, verhältnismäßig sein.

(5) Vorbehaltlich dieses Artikels treffen die Vertragsstaaten alle geeigneten und wirksamen Maßnahmen, um zu gewährleisten, dass Menschen mit Behinderungen das gleiche Recht wie andere haben, Eigentum zu besitzen oder zu erben, ihre finanziellen Angelegenheiten selbst zu regeln und gleichen Zugang zu Bankdarlehen, Hypotheken und anderen Finanzkrediten zu haben, und gewährleisten, dass Menschen mit Behinderungen nicht willkürlich ihr Eigentum entzogen wird.

Artikel 13 Zugang zur Justiz

(1) Die Vertragsstaaten gewährleisten Menschen mit Behinderungen gleichberechtigt mit anderen wirksamen Zugang zur Justiz, unter anderem durch verfahrensbezogene und altersgemäße Vorkehrungen, um ihre wirksame unmittelbare und mittelbare Teilnahme, einschließlich als Zeugen und Zeuginnen, an allen Gerichtsverfahren, auch in der Ermittlungsphase und in anderen Vorverfahrensphasen, zu erleichtern.

(2) Um zur Gewährleistung des wirksamen Zugangs von Menschen mit Behinderungen zur Justiz beizutragen, fördern die Vertragsstaaten geeignete Schulungen

für die im Justizwesen tätigen Personen, einschließlich des Personals von Polizei und Strafvollzug.

Artikel 14 Freiheit und Sicherheit der Person

(1) Die Vertragsstaaten gewährleisten,

a) dass Menschen mit Behinderungen gleichberechtigt mit anderen das Recht auf persönliche Freiheit und Sicherheit genießen;

b) dass Menschen mit Behinderungen gleichberechtigt mit anderen die Freiheit nicht rechtswidrig oder willkürlich entzogen wird, dass jede Freiheitsentziehung im Einklang mit dem Gesetz erfolgt und dass das Vorliegen einer Behinderung in keinem Fall eine Freiheitsentziehung rechtfertigt.

(2) Die Vertragsstaaten gewährleisten, dass Menschen mit Behinderungen, denen aufgrund eines Verfahrens ihre Freiheit entzogen wird, gleichberechtigten Anspruch auf die in den internationalen Menschenrechtsnormen vorgesehenen Garantien haben und im Einklang mit den Zielen und Grundsätzen dieses Übereinkommens behandelt werden, einschließlich durch die Bereitstellung angemessener Vorkehrungen.

Artikel 15 Freiheit von Folter oder grausamer, unmenschlicher oder erniedrigender Behandlung oder Strafe

(1) Niemand darf der Folter oder grausamer, unmenschlicher oder erniedrigender Behandlung oder Strafe unterworfen werden. Insbesondere darf niemand ohne seine freiwillige Zustimmung medizinischen oder wissenschaftlichen Versuchen unterworfen werden.

(2) Die Vertragsstaaten treffen alle wirksamen gesetzgeberischen, verwaltungsmäßigen, gerichtlichen oder sonstigen Maßnahmen, um auf der Grundlage der Gleichberechtigung zu verhindern, dass Menschen mit Behinderungen der Folter oder grausamer, unmenschlicher oder erniedrigender Behandlung oder Strafe unterworfen werden.

Artikel 16 Freiheit von Ausbeutung, Gewalt und Missbrauch

(1) Die Vertragsstaaten treffen alle geeigneten Gesetzgebungs-, Verwaltungs-, Sozial-, Bildungs- und sonstigen Maßnahmen, um Menschen mit Behinderungen sowohl innerhalb als auch außerhalb der Wohnung vor jeder Form von Ausbeutung, Gewalt und Missbrauch, einschließlich ihrer geschlechtsspezifischen Aspekte, zu schützen.

(2) Die Vertragsstaaten treffen außerdem alle geeigneten Maßnahmen, um jede Form von Ausbeutung, Gewalt und Missbrauch zu verhindern, indem sie unter anderem geeignete Formen von das Geschlecht und das Alter berücksichtigender Hilfe und Unterstützung für Menschen mit Behinderungen und ihre Familien und Betreuungspersonen gewährleisten, einschließlich durch die Bereitstellung von Informationen und Aufklärung darüber, wie Fälle von Ausbeutung, Gewalt und Missbrauch verhindert, erkannt und angezeigt werden können. Die Vertragsstaaten sorgen dafür, dass Schutzdienste das Alter, das Geschlecht und die Behinderung der betroffenen Personen berücksichtigen.

(3) Zur Verhinderung jeder Form von Ausbeutung, Gewalt und Missbrauch stellen die Vertragsstaaten sicher, dass alle Einrichtungen und Programme, die für Menschen mit Behinderungen bestimmt sind, wirksam von unabhängigen Behörden überwacht werden.
(4) Die Vertragsstaaten treffen alle geeigneten Maßnahmen, um die körperliche, kognitive und psychische Genesung, die Rehabilitation und die soziale Wiedereingliederung von Menschen mit Behinderungen, die Opfer irgendeiner Form von Ausbeutung, Gewalt oder Missbrauch werden, zu fördern, auch durch die Bereitstellung von Schutzeinrichtungen. Genesung und Wiedereingliederung müssen in einer Umgebung stattfinden, die der Gesundheit, dem Wohlergehen, der Selbstachtung, der Würde und der Autonomie des Menschen förderlich ist und geschlechts- und altersspezifischen Bedürfnissen Rechnung trägt.
(5) Die Vertragsstaaten schaffen wirksame Rechtsvorschriften und politische Konzepte, einschließlich solcher, die auf Frauen und Kinder ausgerichtet sind, um sicherzustellen, dass Fälle von Ausbeutung, Gewalt und Missbrauch gegenüber Menschen mit Behinderungen erkannt, untersucht und gegebenenfalls strafrechtlich verfolgt werden.

Artikel 17 Schutz der Unversehrtheit der Person

Jeder Mensch mit Behinderungen hat gleichberechtigt mit anderen das Recht auf Achtung seiner körperlichen und seelischen Unversehrtheit.

Artikel 18 Freizügigkeit und Staatsangehörigkeit

(1) Die Vertragsstaaten anerkennen das gleiche Recht von Menschen mit Behinderungen auf Freizügigkeit, auf freie Wahl ihres Aufenthaltsorts und auf eine Staatsangehörigkeit, indem sie unter anderem gewährleisten, dass
a) Menschen mit Behinderungen das Recht haben, eine Staatsangehörigkeit zu erwerben und ihre Staatsangehörigkeit zu wechseln, und dass ihnen diese nicht willkürlich oder aufgrund von Behinderung entzogen wird;
b) Menschen mit Behinderungen nicht aufgrund von Behinderung die Möglichkeit versagt wird, Dokumente zum Nachweis ihrer Staatsangehörigkeit oder andere Identitätsdokumente zu erhalten, zu besitzen und zu verwenden oder einschlägige Verfahren wie Einwanderungsverfahren in Anspruch zu nehmen, die gegebenenfalls erforderlich sind, um die Ausübung des Rechts auf Freizügigkeit zu erleichtern;
c) Menschen mit Behinderungen die Freiheit haben, jedes Land einschließlich ihres eigenen zu verlassen;
d) Menschen mit Behinderungen nicht willkürlich oder aufgrund von Behinderung das Recht entzogen wird, in ihr eigenes Land einzureisen.

(2) Kinder mit Behinderungen sind unverzüglich nach ihrer Geburt in ein Register einzutragen und haben das Recht auf einen Namen von Geburt an, das Recht, eine Staatsangehörigkeit zu erwerben, und soweit möglich das Recht, ihre Eltern zu kennen und von ihnen betreut zu werden.

Artikel 19 Unabhängige Lebensführung und Einbeziehung in die Gemeinschaft

Die Vertragsstaaten dieses Übereinkommens anerkennen das gleiche Recht aller Menschen mit Behinderungen, mit gleichen Wahlmöglichkeiten wie andere Menschen in der Gemeinschaft zu leben, und treffen wirksame und geeignete Maßnahmen, um Menschen mit Behinderungen den vollen Genuss dieses Rechts und ihre volle Einbeziehung in die Gemeinschaft und Teilhabe an der Gemeinschaft zu erleichtern, indem sie unter anderem gewährleisten, dass

a) Menschen mit Behinderungen gleichberechtigt die Möglichkeit haben, ihren Aufenthaltsort zu wählen und zu entscheiden, wo und mit wem sie leben, und nicht verpflichtet sind, in besonderen Wohnformen zu leben;
b) Menschen mit Behinderungen Zugang zu einer Reihe von gemeindenahen Unterstützungsdiensten zu Hause und in Einrichtungen sowie zu sonstigen gemeindenahen Unterstützungsdiensten haben, einschließlich der persönlichen Assistenz, die zur Unterstützung des Lebens in der Gemeinschaft und der Einbeziehung in die Gemeinschaft sowie zur Verhinderung von Isolation und Absonderung von der Gemeinschaft notwendig ist;
c) gemeindenahe Dienstleistungen und Einrichtungen für die Allgemeinheit Menschen mit Behinderungen auf der Grundlage der Gleichberechtigung zur Verfügung stehen und ihren Bedürfnissen Rechnung tragen.

Artikel 20 Persönliche Mobilität

Die Vertragsstaaten treffen wirksame Maßnahmen, um für Menschen mit Behinderungen persönliche Mobilität mit größtmöglicher Unabhängigkeit sicherzustellen, indem sie unter anderem

a) die persönliche Mobilität von Menschen mit Behinderungen in der Art und Weise und zum Zeitpunkt ihrer Wahl und zu erschwinglichen Kosten erleichtern;
b) den Zugang von Menschen mit Behinderungen zu hochwertigen Mobilitätshilfen, Geräten, unterstützenden Technologien und menschlicher und tierischer Hilfe sowie Mittelspersonen erleichtern, auch durch deren Bereitstellung zu erschwinglichen Kosten;
c) Menschen mit Behinderungen und Fachkräften, die mit Menschen mit Behinderungen arbeiten, Schulungen in Mobilitätsfertigkeiten anbieten;
d) Hersteller von Mobilitätshilfen, Geräten und unterstützenden Technologien ermutigen, alle Aspekte der Mobilität für Menschen mit Behinderungen zu berücksichtigen.

Artikel 21 Recht der freien Meinungsäußerung, Meinungsfreiheit und Zugang zu Informationen

Die Vertragsstaaten treffen alle geeigneten Maßnahmen, um zu gewährleisten, dass Menschen mit Behinderungen das Recht auf freie Meinungsäußerung und Meinungsfreiheit, einschließlich der Freiheit, Informationen und Gedankengut sich zu beschaffen, zu empfangen und weiterzugeben, gleichberechtigt mit anderen und durch alle von ihnen gewählten Formen der Kommunikation im Sinne des Artikels 2 ausüben können, unter anderem indem sie

a) Menschen mit Behinderungen für die Allgemeinheit bestimmte Informationen rechtzeitig und ohne zusätzliche Kosten in zugänglichen Formaten und Technologien, die für unterschiedliche Arten der Behinderung geeignet sind, zur Verfügung stellen;
b) im Umgang mit Behörden die Verwendung von Gebärdensprachen, Brailleschrift, ergänzenden und alternativen Kommunikationsformen und allen sonstigen selbst gewählten zugänglichen Mitteln, Formen und Formaten der Kommunikation durch Menschen mit Behinderungen akzeptieren und erleichtern;
c) private Rechtsträger, die, einschließlich durch das Internet, Dienste für die Allgemeinheit anbieten, dringend dazu auffordern, Informationen und Dienstleistungen in Formaten zur Verfügung zu stellen, die für Menschen mit Behinderungen zugänglich und nutzbar sind;
d) die Massenmedien, einschließlich der Anbieter von Informationen über das Internet, dazu auffordern, ihre Dienstleistungen für Menschen mit Behinderungen zugänglich zu gestalten;
e) die Verwendung von Gebärdensprachen anerkennen und fördern.

Artikel 22 Achtung der Privatsphäre

(1) Menschen mit Behinderungen dürfen unabhängig von ihrem Aufenthaltsort oder der Wohnform, in der sie leben, keinen willkürlichen oder rechtswidrigen Eingriffen in ihr Privatleben, ihre Familie, ihre Wohnung oder ihren Schriftverkehr oder andere Arten der Kommunikation oder rechtswidrigen Beeinträchtigungen ihrer Ehre oder ihres Rufes ausgesetzt werden. Menschen mit Behinderungen haben Anspruch auf rechtlichen Schutz gegen solche Eingriffe oder Beeinträchtigungen.

(2) Die Vertragsstaaten schützen auf der Grundlage der Gleichberechtigung mit anderen die Vertraulichkeit von Informationen über die Person, die Gesundheit und die Rehabilitation von Menschen mit Behinderungen.

Artikel 23 Achtung der Wohnung und der Familie

(1) Die Vertragsstaaten treffen wirksame und geeignete Maßnahmen zur Beseitigung der Diskriminierung von Menschen mit Behinderungen auf der Grundlage der Gleichberechtigung mit anderen in allen Fragen, die Ehe, Familie, Elternschaft und Partnerschaften betreffen, um zu gewährleisten, dass
a) das Recht aller Menschen mit Behinderungen im heiratsfähigen Alter, auf der Grundlage des freien und vollen Einverständnisses der künftigen Ehegatten eine Ehe zu schließen und eine Familie zu gründen, anerkannt wird;
b) das Recht von Menschen mit Behinderungen auf freie und verantwortungsbewusste Entscheidung über die Anzahl ihrer Kinder und die Geburtenabstände sowie auf Zugang zu altersgemäßer Information sowie Aufklärung über Fortpflanzung und Familienplanung anerkannt wird und ihnen die notwendigen Mittel zur Ausübung dieser Rechte zur Verfügung gestellt werden;
c) Menschen mit Behinderungen, einschließlich Kindern, gleichberechtigt mit anderen ihre Fruchtbarkeit behalten.

(2) Die Vertragsstaaten gewährleisten die Rechte und Pflichten von Menschen mit Behinderungen in Fragen der Vormundschaft, Pflegschaft, Personen- und Ver-

mögenssorge, Adoption von Kindern oder ähnlichen Rechtsinstituten, soweit das innerstaatliche Recht solche kennt; in allen Fällen ist das Wohl des Kindes ausschlaggebend. Die Vertragsstaaten unterstützen Menschen mit Behinderungen in angemessener Weise bei der Wahrnehmung ihrer elterlichen Verantwortung.

(3) Die Vertragsstaaten gewährleisten, dass Kinder mit Behinderungen gleiche Rechte in Bezug auf das Familienleben haben. Zur Verwirklichung dieser Rechte und mit dem Ziel, das Verbergen, das Aussetzen, die Vernachlässigung und die Absonderung von Kindern mit Behinderungen zu verhindern, verpflichten sich die Vertragsstaaten, Kindern mit Behinderungen und ihren Familien frühzeitig umfassende Informationen, Dienste und Unterstützung zur Verfügung zu stellen.

(4) Die Vertragsstaaten gewährleisten, dass ein Kind nicht gegen den Willen seiner Eltern von diesen getrennt wird, es sei denn, dass die zuständigen Behörden in einer gerichtlich nachprüfbaren Entscheidung nach den anzuwendenden Rechtsvorschriften und Verfahren bestimmen, dass diese Trennung zum Wohl des Kindes notwendig ist. In keinem Fall darf das Kind aufgrund einer Behinderung entweder des Kindes oder eines oder beider Elternteile von den Eltern getrennt werden.

(5) Die Vertragsstaaten verpflichten sich, in Fällen, in denen die nächsten Familienangehörigen nicht in der Lage sind, für ein Kind mit Behinderungen zu sorgen, alle Anstrengungen zu unternehmen, um andere Formen der Betreuung innerhalb der weiteren Familie und, falls dies nicht möglich ist, innerhalb der Gemeinschaft in einem familienähnlichen Umfeld zu gewährleisten.

Artikel 24 Bildung

(1) Die Vertragsstaaten anerkennen das Recht von Menschen mit Behinderungen auf Bildung. Um dieses Recht ohne Diskriminierung und auf der Grundlage der Chancengleichheit zu verwirklichen, gewährleisten die Vertragsstaaten ein integratives Bildungssystem auf allen Ebenen und lebenslanges Lernen mit dem Ziel,

a) die menschlichen Möglichkeiten sowie das Bewusstsein der Würde und das Selbstwertgefühl des Menschen voll zur Entfaltung zu bringen und die Achtung vor den Menschenrechten, den Grundfreiheiten und der menschlichen Vielfalt zu stärken;
b) Menschen mit Behinderungen ihre Persönlichkeit, ihre Begabungen und ihre Kreativität sowie ihre geistigen und körperlichen Fähigkeiten voll zur Entfaltung bringen zu lassen;
c) Menschen mit Behinderungen zur wirklichen Teilhabe an einer freien Gesellschaft zu befähigen.

(2) Bei der Verwirklichung dieses Rechts stellen die Vertragsstaaten sicher, dass

a) Menschen mit Behinderungen nicht aufgrund von Behinderung vom allgemeinen Bildungssystem ausgeschlossen werden und dass Kinder mit Behinderungen nicht aufgrund von Behinderung vom unentgeltlichen und obligatorischen Grundschulunterricht oder vom Besuch weiterführender Schulen ausgeschlossen werden;
b) Menschen mit Behinderungen gleichberechtigt mit anderen in der Gemeinschaft, in der sie leben, Zugang zu einem integrativen, hochwertigen und unentgeltlichen Unterricht an Grundschulen und weiterführenden Schulen haben;

c) angemessene Vorkehrungen für die Bedürfnisse des Einzelnen getroffen werden;
d) Menschen mit Behinderungen innerhalb des allgemeinen Bildungssystems die notwendige Unterstützung geleistet wird, um ihre erfolgreiche Bildung zu erleichtern;
e) in Übereinstimmung mit dem Ziel der vollständigen Integration wirksame individuell angepasste Unterstützungsmaßnahmen in einem Umfeld, das die bestmögliche schulische und soziale Entwicklung gestattet, angeboten werden.

(3) Die Vertragsstaaten ermöglichen Menschen mit Behinderungen, lebenspraktische Fertigkeiten und soziale Kompetenzen zu erwerben, um ihre volle und gleichberechtigte Teilhabe an der Bildung und als Mitglieder der Gemeinschaft zu erleichtern. Zu diesem Zweck ergreifen die Vertragsstaaten geeignete Maßnahmen; unter anderem

a) erleichtern sie das Erlernen von Brailleschrift, alternativer Schrift, ergänzenden und alternativen Formen, Mitteln und Formaten der Kommunikation, den Erwerb von Orientierungs- und Mobilitätsfertigkeiten sowie die Unterstützung durch andere Menschen mit Behinderungen und das Mentoring;
b) erleichtern sie das Erlernen der Gebärdensprache und die Förderung der sprachlichen Identität der Gehörlosen;
c) stellen sie sicher, dass blinden, gehörlosen oder taubblinden Menschen, insbesondere Kindern, Bildung in den Sprachen und Kommunikationsformen und mit den Kommunikationsmitteln, die für den Einzelnen am besten geeignet sind, sowie in einem Umfeld vermittelt wird, das die bestmögliche schulische und soziale Entwicklung gestattet.

(4) Um zur Verwirklichung dieses Rechts beizutragen, treffen die Vertragsstaaten geeignete Maßnahmen zur Einstellung von Lehrkräften, einschließlich solcher mit Behinderungen, die in Gebärdensprache oder Brailleschrift ausgebildet sind, und zur Schulung von Fachkräften sowie Mitarbeitern und Mitarbeiterinnen auf allen Ebenen des Bildungswesens. Diese Schulung schließt die Schärfung des Bewusstseins für Behinderungen und die Verwendung geeigneter ergänzender und alternativer Formen, Mittel und Formate der Kommunikation sowie pädagogische Verfahren und Materialien zur Unterstützung von Menschen mit Behinderungen ein.

(5) Die Vertragsstaaten stellen sicher, dass Menschen mit Behinderungen ohne Diskriminierung und gleichberechtigt mit anderen Zugang zu allgemeiner Hochschulbildung, Berufsausbildung, Erwachsenenbildung und lebenslangem Lernen haben. Zu diesem Zweck stellen die Vertragsstaaten sicher, dass für Menschen mit Behinderungen angemessene Vorkehrungen getroffen werden.

Artikel 25 Gesundheit

Die Vertragsstaaten anerkennen das Recht von Menschen mit Behinderungen auf das erreichbare Höchstmaß an Gesundheit ohne Diskriminierung aufgrund von Behinderung. Die Vertragsstaaten treffen alle geeigneten Maßnahmen, um zu gewährleisten, dass Menschen mit Behinderungen Zugang zu geschlechtsspezifischen Gesundheitsdiensten, einschließlich gesundheitlicher Rehabilitation, haben. Insbesondere

a) stellen die Vertragsparteien Menschen mit Behinderungen eine unentgeltliche oder erschwingliche Gesundheitsversorgung in derselben Bandbreite, von derselben Qualität und auf demselben Standard zur Verfügung wie anderen Menschen, einschließlich sexual- und fortpflanzungsmedizinischer Gesundheitsleistungen und der Gesamtbevölkerung zur Verfügung stehender Programme des öffentlichen Gesundheitswesens;
b) bieten die Vertragsstaaten die Gesundheitsleistungen an, die von Menschen mit Behinderungen speziell wegen ihrer Behinderungen benötigt werden, soweit angebracht, einschließlich Früherkennung und Frühintervention, sowie Leistungen, durch die, auch bei Kindern und älteren Menschen, weitere Behinderungen möglichst gering gehalten oder vermieden werden sollen;
c) bieten die Vertragsstaaten diese Gesundheitsleistungen so gemeindenah wie möglich an, auch in ländlichen Gebieten;
d) erlegen die Vertragsstaaten den Angehörigen der Gesundheitsberufe die Verpflichtung auf, Menschen mit Behinderungen eine Versorgung von gleicher Qualität wie anderen Menschen angedeihen zu lassen, namentlich auf der Grundlage der freien Einwilligung nach vorheriger Aufklärung, indem sie unter anderem durch Schulungen und den Erlass ethischer Normen für die staatliche und private Gesundheitsversorgung das Bewusstsein für die Menschenrechte, die Würde, die Autonomie und die Bedürfnisse von Menschen mit Behinderungen schärfen;
e) verbieten die Vertragsstaaten die Diskriminierung von Menschen mit Behinderungen in der Krankenversicherung und in der Lebensversicherung, soweit eine solche Versicherung nach innerstaatlichem Recht zulässig ist; solche Versicherungen sind zu fairen und angemessenen Bedingungen anzubieten;
f) verhindern die Vertragsstaaten die diskriminierende Vorenthaltung von Gesundheitsversorgung oder -leistungen oder von Nahrungsmitteln und Flüssigkeiten aufgrund von Behinderung.

Artikel 26 Habilitation und Rehabilitation

(1) Die Vertragsstaaten treffen wirksame und geeignete Maßnahmen, einschließlich durch die Unterstützung durch andere Menschen mit Behinderungen, um Menschen mit Behinderungen in die Lage zu versetzen, ein Höchstmaß an Unabhängigkeit, umfassende körperliche, geistige, soziale und berufliche Fähigkeiten sowie die volle Einbeziehung in alle Aspekte des Lebens und die volle Teilhabe an allen Aspekten des Lebens zu erreichen und zu bewahren. Zu diesem Zweck organisieren, stärken und erweitern die Vertragsstaaten umfassende Habilitations- und Rehabilitationsdienste und -programme, insbesondere auf dem Gebiet der Gesundheit, der Beschäftigung, der Bildung und der Sozialdienste, und zwar so, dass diese Leistungen und Programme

a) im frühestmöglichen Stadium einsetzen und auf einer multidisziplinären Bewertung der individuellen Bedürfnisse und Stärken beruhen;
b) die Einbeziehung in die Gemeinschaft und die Gesellschaft in allen ihren Aspekten sowie die Teilhabe daran unterstützen, freiwillig sind und Menschen mit Behinderungen so gemeindenah wie möglich zur Verfügung stehen, auch in ländlichen Gebieten.

(2) Die Vertragsstaaten fördern die Entwicklung der Aus- und Fortbildung für Fachkräfte und Mitarbeiter und Mitarbeiterinnen in Habilitations- und Rehabilitationsdiensten.
(3) Die Vertragsstaaten fördern die Verfügbarkeit, die Kenntnis und die Verwendung unterstützender Geräte und Technologien, die für Menschen mit Behinderungen bestimmt sind, für die Zwecke der Habilitation und Rehabilitation.

Artikel 27 Arbeit und Beschäftigung
(1) Die Vertragsstaaten anerkennen das gleiche Recht von Menschen mit Behinderungen auf Arbeit; dies beinhaltet das Recht auf die Möglichkeit, den Lebensunterhalt durch Arbeit zu verdienen, die in einem offenen, integrativen und für Menschen mit Behinderungen zugänglichen Arbeitsmarkt und Arbeitsumfeld frei gewählt oder angenommen wird. Die Vertragsstaaten sichern und fördern die Verwirklichung des Rechts auf Arbeit, einschließlich für Menschen, die während der Beschäftigung eine Behinderung erwerben, durch geeignete Schritte, einschließlich des Erlasses von Rechtsvorschriften, um unter anderem

a) Diskriminierung aufgrund von Behinderung in allen Angelegenheiten im Zusammenhang mit einer Beschäftigung gleich welcher Art, einschließlich der Auswahl-, Einstellungs- und Beschäftigungsbedingungen, der Weiterbeschäftigung, des beruflichen Aufstiegs sowie sicherer und gesunder Arbeitsbedingungen, zu verbieten;
b) das gleiche Recht von Menschen mit Behinderungen auf gerechte und günstige Arbeitsbedingungen, einschließlich Chancengleichheit und gleichen Entgelts für gleichwertige Arbeit, auf sichere und gesunde Arbeitsbedingungen, einschließlich Schutz vor Belästigungen, und auf Abhilfe bei Missständen zu schützen;
c) zu gewährleisten, dass Menschen mit Behinderungen ihre Arbeitnehmer- und Gewerkschaftsrechte gleichberechtigt mit anderen ausüben können;
d) Menschen mit Behinderungen wirksamen Zugang zu allgemeinen fachlichen und beruflichen Beratungsprogrammen, Stellenvermittlung sowie Berufsausbildung und Weiterbildung zu ermöglichen;
e) für Menschen mit Behinderungen Beschäftigungsmöglichkeiten und beruflichen Aufstieg auf dem Arbeitsmarkt sowie die Unterstützung bei der Arbeitssuche, beim Erhalt und der Beibehaltung eines Arbeitsplatzes und beim beruflichen Wiedereinstieg zu fördern;
f) Möglichkeiten für Selbständigkeit, Unternehmertum, die Bildung von Genossenschaften und die Gründung eines eigenen Geschäfts zu fördern;
g) Menschen mit Behinderungen im öffentlichen Sektor zu beschäftigen;
h) die Beschäftigung von Menschen mit Behinderungen im privaten Sektor durch geeignete Strategien und Maßnahmen zu fördern, wozu auch Programme für positive Maßnahmen, Anreize und andere Maßnahmen gehören können;
i) sicherzustellen, dass am Arbeitsplatz angemessene Vorkehrungen für Menschen mit Behinderungen getroffen werden;
j) das Sammeln von Arbeitserfahrung auf dem allgemeinen Arbeitsmarkt durch Menschen mit Behinderungen zu fördern;

k) Programme für die berufliche Rehabilitation, den Erhalt des Arbeitsplatzes und den beruflichen Wiedereinstieg von Menschen mit Behinderungen zu fördern.

(2) Die Vertragsstaaten stellen sicher, dass Menschen mit Behinderungen nicht in Sklaverei oder Leibeigenschaft gehalten werden und dass sie gleichberechtigt mit anderen vor Zwangs- oder Pflichtarbeit geschützt werden.

Artikel 28 Angemessener Lebensstandard und sozialer Schutz

(1) Die Vertragsstaaten anerkennen das Recht von Menschen mit Behinderungen auf einen angemessenen Lebensstandard für sich selbst und ihre Familien, einschließlich angemessener Ernährung, Bekleidung und Wohnung, sowie auf eine stetige Verbesserung der Lebensbedingungen und unternehmen geeignete Schritte zum Schutz und zur Förderung der Verwirklichung dieses Rechts ohne Diskriminierung aufgrund von Behinderung.

(2) Die Vertragsstaaten anerkennen das Recht von Menschen mit Behinderungen auf sozialen Schutz und den Genuss dieses Rechts ohne Diskriminierung aufgrund von Behinderung und unternehmen geeignete Schritte zum Schutz und zur Förderung der Verwirklichung dieses Rechts, einschließlich Maßnahmen, um

a) Menschen mit Behinderungen gleichberechtigten Zugang zur Versorgung mit sauberem Wasser und den Zugang zu geeigneten und erschwinglichen Dienstleistungen, Geräten und anderen Hilfen für Bedürfnisse im Zusammenhang mit ihrer Behinderung zu sichern;
b) Menschen mit Behinderungen, insbesondere Frauen und Mädchen sowie älteren Menschen mit Behinderungen, den Zugang zu Programmen für sozialen Schutz und Programmen zur Armutsbekämpfung zu sichern;
c) in Armut lebenden Menschen mit Behinderungen und ihren Familien den Zugang zu staatlicher Hilfe bei behinderungsbedingten Aufwendungen, einschließlich ausreichender Schulung, Beratung, finanzieller Unterstützung sowie Kurzzeitbetreuung, zu sichern;
d) Menschen mit Behinderungen den Zugang zu Programmen des sozialen Wohnungsbaus zu sichern;
e) Menschen mit Behinderungen gleichberechtigten Zugang zu Leistungen und Programmen der Altersversorgung zu sichern.

Artikel 29 Teilhabe am politischen und öffentlichen Leben

Die Vertragsstaaten garantieren Menschen mit Behinderungen die politischen Rechte sowie die Möglichkeit, diese gleichberechtigt mit anderen zu genießen, und verpflichten sich,

a) sicherzustellen, dass Menschen mit Behinderungen gleichberechtigt mit anderen wirksam und umfassend am politischen und öffentlichen Leben teilhaben können, sei es unmittelbar oder durch frei gewählte Vertreter oder Vertreterinnen, was auch das Recht und die Möglichkeit einschließt, zu wählen und gewählt zu werden; unter anderem
   i) stellen sie sicher, dass die Wahlverfahren, -einrichtungen und -materialien geeignet, zugänglich und leicht zu verstehen und zu handhaben sind;

ii) schützen sie das Recht von Menschen mit Behinderungen, bei Wahlen und Volksabstimmungen in geheimer Abstimmung ohne Einschüchterung ihre Stimme abzugeben, bei Wahlen zu kandidieren, ein Amt wirksam innezuhaben und alle öffentlichen Aufgaben auf allen Ebenen staatlicher Tätigkeit wahrzunehmen, indem sie gegebenenfalls die Nutzung unterstützender und neuer Technologien erleichtern;

iii) garantieren sie die freie Willensäußerung von Menschen mit Behinderungen als Wähler und Wählerinnen und erlauben zu diesem Zweck im Bedarfsfall auf Wunsch, dass sie sich bei der Stimmabgabe durch eine Person ihrer Wahl unterstützen lassen;

b) aktiv ein Umfeld zu fördern, in dem Menschen mit Behinderungen ohne Diskriminierung und gleichberechtigt mit anderen wirksam und umfassend an der Gestaltung der öffentlichen Angelegenheiten mitwirken können, und ihre Mitwirkung an den öffentlichen Angelegenheiten zu begünstigen, unter anderem

i) die Mitarbeit in nichtstaatlichen Organisationen und Vereinigungen, die sich mit dem öffentlichen und politischen Leben ihres Landes befassen, und an den Tätigkeiten und der Verwaltung politischer Parteien;

ii) die Bildung von Organisationen von Menschen mit Behinderungen, die sie auf internationaler, nationaler, regionaler und lokaler Ebene vertreten, und den Beitritt zu solchen Organisationen.

Artikel 30 Teilhabe am kulturellen Leben sowie an Erholung, Freizeit und Sport

(1) Die Vertragsstaaten anerkennen das Recht von Menschen mit Behinderungen, gleichberechtigt mit anderen am kulturellen Leben teilzunehmen, und treffen alle geeigneten Maßnahmen, um sicherzustellen, dass Menschen mit Behinderungen

a) Zugang zu kulturellem Material in zugänglichen Formaten haben;

b) Zugang zu Fernsehprogrammen, Filmen, Theatervorstellungen und anderen kulturellen Aktivitäten in zugänglichen Formaten haben;

c) Zugang zu Orten kultureller Darbietungen oder Dienstleistungen, wie Theatern, Museen, Kinos, Bibliotheken und Tourismusdiensten, sowie, so weit wie möglich, zu Denkmälern und Stätten von nationaler kultureller Bedeutung haben.

(2) Die Vertragsstaaten treffen geeignete Maßnahmen, um Menschen mit Behinderungen die Möglichkeit zu geben, ihr kreatives, künstlerisches und intellektuelles Potenzial zu entfalten und zu nutzen, nicht nur für sich selbst, sondern auch zur Bereicherung der Gesellschaft.

(3) Die Vertragsstaaten unternehmen alle geeigneten Schritte im Einklang mit dem Völkerrecht, um sicherzustellen, dass Gesetze zum Schutz von Rechten des geistigen Eigentums keine ungerechtfertigte oder diskriminierende Barriere für den Zugang von Menschen mit Behinderungen zu kulturellem Material darstellen.

(4) Menschen mit Behinderungen haben gleichberechtigt mit anderen Anspruch auf Anerkennung und Unterstützung ihrer spezifischen kulturellen und sprachlichen Identität, einschließlich der Gebärdensprachen und der Gehörlosenkultur.

(5) Mit dem Ziel, Menschen mit Behinderungen die gleichberechtigte Teilnahme an Erholungs-, Freizeit- und Sportaktivitäten zu ermöglichen, treffen die Vertragsstaaten geeignete Maßnahmen,

a) um Menschen mit Behinderungen zu ermutigen, so umfassend wie möglich an breitensportlichen Aktivitäten auf allen Ebenen teilzunehmen, und ihre Teilnahme zu fördern;
b) um sicherzustellen, dass Menschen mit Behinderungen die Möglichkeit haben, behinderungsspezifische Sport- und Erholungsaktivitäten zu organisieren, zu entwickeln und an solchen teilzunehmen, und zu diesem Zweck die Bereitstellung eines geeigneten Angebots an Anleitung, Training und Ressourcen auf der Grundlage der Gleichberechtigung mit anderen zu fördern;
c) um sicherzustellen, dass Menschen mit Behinderungen Zugang zu Sport-, Erholungs- und Tourismusstätten haben;
d) um sicherzustellen, dass Kinder mit Behinderungen gleichberechtigt mit anderen Kindern an Spiel-, Erholungs-, Freizeit- und Sportaktivitäten teilnehmen können, einschließlich im schulischen Bereich;
e) um sicherzustellen, dass Menschen mit Behinderungen Zugang zu Dienstleistungen der Organisatoren von Erholungs-, Tourismus-, Freizeit- und Sportaktivitäten haben.

Artikel 31 Statistik und Datensammlung

(1) Die Vertragsstaaten verpflichten sich zur Sammlung geeigneter Informationen, einschließlich statistischer Angaben und Forschungsdaten, die ihnen ermöglichen, politische Konzepte zur Durchführung dieses Übereinkommens auszuarbeiten und umzusetzen. Das Verfahren zur Sammlung und Aufbewahrung dieser Informationen muss

a) mit den gesetzlichen Schutzvorschriften, einschließlich der Rechtsvorschriften über den Datenschutz, zur Sicherung der Vertraulichkeit und der Achtung der Privatsphäre von Menschen mit Behinderungen im Einklang stehen;
b) mit den international anerkannten Normen zum Schutz der Menschenrechte und Grundfreiheiten und den ethischen Grundsätzen für die Sammlung und Nutzung statistischer Daten im Einklang stehen.

(2) Die im Einklang mit diesem Artikel gesammelten Informationen werden, soweit angebracht, aufgeschlüsselt und dazu verwendet, die Umsetzung der Verpflichtungen aus diesem Übereinkommen durch die Vertragsstaaten zu beurteilen und die Hindernisse, denen sich Menschen mit Behinderungen bei der Ausübung ihrer Rechte gegenübersehen, zu ermitteln und anzugehen.

(3) Die Vertragsstaaten übernehmen die Verantwortung für die Verbreitung dieser Statistiken und sorgen dafür, dass sie für Menschen mit Behinderungen und andere zugänglich sind.

Artikel 32 Internationale Zusammenarbeit

(1) Die Vertragsstaaten anerkennen die Bedeutung der internationalen Zusammenarbeit und deren Förderung zur Unterstützung der einzelstaatlichen Anstrengungen für die Verwirklichung des Zwecks und der Ziele dieses Übereinkommens und treffen diesbezüglich geeignete und wirksame Maßnahmen, zwischenstaatlich

sowie, soweit angebracht, in Partnerschaft mit den einschlägigen internationalen und regionalen Organisationen und der Zivilgesellschaft, insbesondere Organisationen von Menschen mit Behinderungen. Unter anderem können sie Maßnahmen ergreifen, um

a) sicherzustellen, dass die internationale Zusammenarbeit, einschließlich internationaler Entwicklungsprogramme, Menschen mit Behinderungen einbezieht und für sie zugänglich ist;
b) den Aufbau von Kapazitäten zu erleichtern und zu unterstützen, unter anderem durch den Austausch und die Weitergabe von Informationen, Erfahrungen, Ausbildungsprogrammen und vorbildlichen Praktiken;
c) die Forschungszusammenarbeit und den Zugang zu wissenschaftlichen und technischen Kenntnissen zu erleichtern;
d) soweit angebracht, technische und wirtschaftliche Hilfe zu leisten, unter anderem durch Erleichterung des Zugangs zu zugänglichen und unterstützenden Technologien und ihres Austauschs sowie durch Weitergabe von Technologien.

(2) Dieser Artikel berührt nicht die Pflicht jedes Vertragsstaats, seine Verpflichtungen aus diesem Übereinkommen zu erfüllen.

Artikel 33 Innerstaatliche Durchführung und Überwachung

(1) Die Vertragsstaaten bestimmen nach Maßgabe ihrer staatlichen Organisation eine oder mehrere staatliche Anlaufstellen für Angelegenheiten im Zusammenhang mit der Durchführung dieses Übereinkommens und prüfen sorgfältig die Schaffung oder Bestimmung eines staatlichen Koordinierungsmechanismus, der die Durchführung der entsprechenden Maßnahmen in verschiedenen Bereichen und auf verschiedenen Ebenen erleichtern soll.

(2) Die Vertragsstaaten unterhalten, stärken, bestimmen oder schaffen nach Maßgabe ihres Rechts- und Verwaltungssystems auf einzelstaatlicher Ebene für die Förderung, den Schutz und die Überwachung der Durchführung dieses Übereinkommens eine Struktur, die, je nachdem, was angebracht ist, einen oder mehrere unabhängige Mechanismen einschließt. Bei der Bestimmung oder Schaffung eines solchen Mechanismus berücksichtigen die Vertragsstaaten die Grundsätze betreffend die Rechtsstellung und die Arbeitsweise der einzelstaatlichen Institutionen zum Schutz und zur Förderung der Menschenrechte.

(3) Die Zivilgesellschaft, insbesondere Menschen mit Behinderungen und die sie vertretenden Organisationen, wird in den Überwachungsprozess einbezogen und nimmt in vollem Umfang daran teil.

Artikel 34 Ausschuss für die Rechte von Menschen mit Behinderungen

(1) Es wird ein Ausschuss für die Rechte von Menschen mit Behinderungen (im Folgenden als »Ausschuss« bezeichnet) eingesetzt, der die nachstehend festgelegten Aufgaben wahrnimmt.

(2) Der Ausschuss besteht zum Zeitpunkt des Inkrafttretens dieses Übereinkommens aus zwölf Sachverständigen. Nach sechzig weiteren Ratifikationen oder Beitritten zu dem Übereinkommen erhöht sich die Zahl der Ausschussmitglieder um sechs auf die Höchstzahl von achtzehn.

(3) Die Ausschussmitglieder sind in persönlicher Eigenschaft tätig und müssen Persönlichkeiten von hohem sittlichen Ansehen und anerkannter Sachkenntnis und Erfahrung auf dem von diesem Übereinkommen erfassten Gebiet sein. Die Vertragsstaaten sind aufgefordert, bei der Benennung ihrer Kandidaten oder Kandidatinnen Artikel 4 Absatz 3 gebührend zu berücksichtigen.

(4) Die Ausschussmitglieder werden von den Vertragsstaaten gewählt, wobei auf eine gerechte geografische Verteilung, die Vertretung der verschiedenen Kulturkreise und der hauptsächlichen Rechtssysteme, die ausgewogene Vertretung der Geschlechter und die Beteiligung von Sachverständigen mit Behinderungen zu achten ist.

(5) Die Ausschussmitglieder werden auf Sitzungen der Konferenz der Vertragsstaaten in geheimer Wahl aus einer Liste von Personen gewählt, die von den Vertragsstaaten aus dem Kreis ihrer Staatsangehörigen benannt worden sind. Auf diesen Sitzungen, die beschlussfähig sind, wenn zwei Drittel der Vertragsstaaten vertreten sind, gelten diejenigen Kandidaten oder Kandidatinnen als in den Ausschuss gewählt, welche die höchste Stimmenzahl und die absolute Stimmenmehrheit der anwesenden und abstimmenden Vertreter beziehungsweise Vertreterinnen der Vertragsstaaten auf sich vereinigen.

(6) Die erste Wahl findet spätestens sechs Monate nach Inkrafttreten dieses Übereinkommens statt. Spätestens vier Monate vor jeder Wahl fordert der Generalsekretär der Vereinten Nationen die Vertragsstaaten schriftlich auf, innerhalb von zwei Monaten ihre Benennungen einzureichen. Der Generalsekretär fertigt sodann eine alphabetische Liste aller auf diese Weise benannten Personen an, unter Angabe der Vertragsstaaten, die sie benannt haben, und übermittelt sie den Vertragsstaaten.

(7) Die Ausschussmitglieder werden für vier Jahre gewählt. Ihre einmalige Wiederwahl ist zulässig. Die Amtszeit von sechs der bei der ersten Wahl gewählten Mitglieder läuft jedoch nach zwei Jahren ab; unmittelbar nach der ersten Wahl werden die Namen dieser sechs Mitglieder von dem oder der Vorsitzenden der in Absatz 5 genannten Sitzung durch das Los bestimmt.

(8) Die Wahl der sechs zusätzlichen Ausschussmitglieder findet bei den ordentlichen Wahlen im Einklang mit den einschlägigen Bestimmungen dieses Artikels statt.

(9) Wenn ein Ausschussmitglied stirbt oder zurücktritt oder erklärt, dass es aus anderen Gründen seine Aufgaben nicht mehr wahrnehmen kann, ernennt der Vertragsstaat, der das Mitglied benannt hat, für die verbleibende Amtszeit eine andere sachverständige Person, die über die Befähigungen verfügt und die Voraussetzungen erfüllt, die in den einschlägigen Bestimmungen dieses Artikels beschrieben sind.

(10) Der Ausschuss gibt sich eine Geschäftsordnung.

(11) Der Generalsekretär der Vereinten Nationen stellt dem Ausschuss das Personal und die Einrichtungen zur Verfügung, die dieser zur wirksamen Wahrnehmung seiner Aufgaben nach diesem Übereinkommen benötigt, und beruft seine erste Sitzung ein.

(12) Die Mitglieder des nach diesem Übereinkommen eingesetzten Ausschusses erhalten mit Zustimmung der Generalversammlung der Vereinten Nationen Bezüge aus Mitteln der Vereinten Nationen zu den von der Generalversammlung unter

Berücksichtigung der Bedeutung der Aufgaben des Ausschusses zu beschließenden Bedingungen.

(13) Die Ausschussmitglieder haben Anspruch auf die Erleichterungen, Vorrechte und Immunitäten der Sachverständigen im Auftrag der Vereinten Nationen, die in den einschlägigen Abschnitten des Übereinkommens über die Vorrechte und Immunitäten der Vereinten Nationen vorgesehen sind.

Artikel 35 Berichte der Vertragsstaaten

(1) Jeder Vertragsstaat legt dem Ausschuss über den Generalsekretär der Vereinten Nationen innerhalb von zwei Jahren nach Inkrafttreten dieses Übereinkommens für den betreffenden Vertragsstaat einen umfassenden Bericht über die Maßnahmen, die er zur Erfüllung seiner Verpflichtungen aus dem Übereinkommen getroffen hat, und über die dabei erzielten Fortschritte vor.

(2) Danach legen die Vertragsstaaten mindestens alle vier Jahre und darüber hinaus jeweils auf Anforderung des Ausschusses Folgeberichte vor.

(3) Der Ausschuss beschließt gegebenenfalls Leitlinien für den Inhalt der Berichte.

(4) Ein Vertragsstaat, der dem Ausschuss einen ersten umfassenden Bericht vorgelegt hat, braucht in seinen Folgeberichten die früher mitgeteilten Angaben nicht zu wiederholen. Die Vertragsstaaten sind gebeten, ihre Berichte an den Ausschuss in einem offenen und transparenten Verfahren zu erstellen und dabei Artikel 4 Absatz 3 gebührend zu berücksichtigen.

(5) In den Berichten kann auf Faktoren und Schwierigkeiten hingewiesen werden, die das Ausmaß der Erfüllung der Verpflichtungen aus diesem Übereinkommen beeinflussen.

Artikel 36 Prüfung der Berichte

(1) Der Ausschuss prüft jeden Bericht; er kann ihn mit den ihm geeignet erscheinenden Vorschlägen und allgemeinen Empfehlungen versehen und leitet diese dem betreffenden Vertragsstaat zu. Dieser kann dem Ausschuss hierauf jede Information übermitteln, die er zu geben wünscht. Der Ausschuss kann die Vertragsstaaten um weitere Angaben über die Durchführung dieses Übereinkommens ersuchen.

(2) Liegt ein Vertragsstaat mit der Vorlage eines Berichts in erheblichem Rückstand, so kann der Ausschuss dem betreffenden Vertragsstaat notifizieren, dass die Durchführung dieses Übereinkommens im betreffenden Vertragsstaat auf der Grundlage der dem Ausschuss zur Verfügung stehenden zuverlässigen Informationen geprüft werden muss, falls der Bericht nicht innerhalb von drei Monaten nach dieser Notifikation vorgelegt wird. Der Ausschuss fordert den betreffenden Vertragsstaat auf, bei dieser Prüfung mitzuwirken. Falls der Vertragsstaat daraufhin den Bericht vorlegt, findet Absatz 1 Anwendung.

(3) Der Generalsekretär der Vereinten Nationen stellt die Berichte allen Vertragsstaaten zur Verfügung.

(4) Die Vertragsstaaten sorgen für eine weite Verbreitung ihrer Berichte im eigenen Land und erleichtern den Zugang zu den Vorschlägen und allgemeinen Empfehlungen zu diesen Berichten.

(5) Der Ausschuss übermittelt, wenn er dies für angebracht hält, den Sonderorganisationen, Fonds und Programmen der Vereinten Nationen und anderen

zuständigen Stellen Berichte der Vertragsstaaten, damit ein darin enthaltenes Ersuchen um fachliche Beratung oder Unterstützung oder ein darin enthaltener Hinweis, dass ein diesbezügliches Bedürfnis besteht, aufgegriffen werden kann; etwaige Bemerkungen und Empfehlungen des Ausschusses zu diesen Ersuchen oder Hinweisen werden beigefügt.

Artikel 37 Zusammenarbeit zwischen den Vertragsstaaten und dem Ausschuss

(1) Jeder Vertragsstaat arbeitet mit dem Ausschuss zusammen und ist seinen Mitgliedern bei der Erfüllung ihres Mandats behilflich.

(2) In seinen Beziehungen zu den Vertragsstaaten prüft der Ausschuss gebührend Möglichkeiten zur Stärkung der einzelstaatlichen Fähigkeiten zur Durchführung dieses Übereinkommens, einschließlich durch internationale Zusammenarbeit.

Artikel 38 Beziehungen des Ausschusses zu anderen Organen

Um die wirksame Durchführung dieses Übereinkommens und die internationale Zusammenarbeit auf dem von dem Übereinkommen erfassten Gebiet zu fördern,

a) haben die Sonderorganisationen und andere Organe der Vereinten Nationen das Recht, bei der Erörterung der Durchführung derjenigen Bestimmungen des Übereinkommens, die in ihren Aufgabenbereich fallen, vertreten zu sein. Der Ausschuss kann, wenn er dies für angebracht hält, Sonderorganisationen und andere zuständige Stellen einladen, sachkundige Stellungnahmen zur Durchführung des Übereinkommens auf Gebieten abzugeben, die in ihren jeweiligen Aufgabenbereich fallen. Der Ausschuss kann Sonderorganisationen und andere Organe der Vereinten Nationen einladen, ihm Berichte über die Durchführung des Übereinkommens auf den Gebieten vorzulegen, die in ihren Tätigkeitsbereich fallen;

b) konsultiert der Ausschuss bei der Wahrnehmung seines Mandats, soweit angebracht, andere einschlägige Organe, die durch internationale Menschenrechtsverträge geschaffen wurden, mit dem Ziel, die Kohärenz ihrer jeweiligen Berichterstattungsleitlinien, Vorschläge und allgemeinen Empfehlungen zu gewährleisten sowie Doppelungen und Überschneidungen bei der Durchführung ihrer Aufgaben zu vermeiden.

Artikel 39 Bericht des Ausschusses

Der Ausschuss berichtet der Generalversammlung und dem Wirtschafts- und Sozialrat alle zwei Jahre über seine Tätigkeit und kann aufgrund der Prüfung der von den Vertragsstaaten eingegangenen Berichte und Auskünfte Vorschläge machen und allgemeine Empfehlungen abgeben. Diese werden zusammen mit etwaigen Stellungnahmen der Vertragsstaaten in den Ausschussbericht aufgenommen.

Artikel 40 Konferenz der Vertragsstaaten

(1) Die Vertragsstaaten treten regelmäßig in einer Konferenz der Vertragsstaaten zusammen, um jede Angelegenheit im Zusammenhang mit der Durchführung dieses Übereinkommens zu behandeln.

(2) Die Konferenz der Vertragsstaaten wird vom Generalsekretär der Vereinten Nationen spätestens sechs Monate nach Inkrafttreten dieses Übereinkommens einberufen. Die folgenden Treffen werden vom Generalsekretär alle zwei Jahre oder auf Beschluss der Konferenz der Vertragsstaaten einberufen.

Artikel 41 Verwahrer
Der Generalsekretär der Vereinten Nationen ist Verwahrer dieses Übereinkommens.

Artikel 42 Unterzeichnung
Dieses Übereinkommen liegt für alle Staaten und für Organisationen der regionalen Integration ab dem 30. März 2007 am Sitz der Vereinten Nationen in New York zur Unterzeichnung auf.

Artikel 43 Zustimmung, gebunden zu sein
Dieses Übereinkommen bedarf der Ratifikation durch die Unterzeichnerstaaten und der förmlichen Bestätigung durch die unterzeichnenden Organisationen der regionalen Integration. Es steht allen Staaten oder Organisationen der regionalen Integration, die das Übereinkommen nicht unterzeichnet haben, zum Beitritt offen.

Artikel 44 Organisationen der regionalen Integration
(1) Der Ausdruck »Organisation der regionalen Integration« bezeichnet eine von souveränen Staaten einer bestimmten Region gebildete Organisation, der ihre Mitgliedstaaten die Zuständigkeit für von diesem Übereinkommen erfasste Angelegenheiten übertragen haben. In ihren Urkunden der förmlichen Bestätigung oder Beitrittsurkunden erklären diese Organisationen den Umfang ihrer Zuständigkeiten in Bezug auf die durch dieses Übereinkommen erfassten Angelegenheiten. Danach teilen sie dem Verwahrer jede erhebliche Änderung des Umfangs ihrer Zuständigkeiten mit.
(2) Bezugnahmen auf »Vertragsstaaten« in diesem Übereinkommen finden auf solche Organisationen im Rahmen ihrer Zuständigkeit Anwendung.
(3) Für die Zwecke des Artikels 45 Absatz 1 und des Artikels 47 Absätze 2 und 3 wird eine von einer Organisation der regionalen Integration hinterlegte Urkunde nicht mitgezählt.
(4) Organisationen der regionalen Integration können in Angelegenheiten ihrer Zuständigkeit ihr Stimmrecht in der Konferenz der Vertragsstaaten mit der Anzahl von Stimmen ausüben, die der Anzahl ihrer Mitgliedstaaten entspricht, die Vertragsparteien dieses Übereinkommens sind. Diese Organisationen üben ihr Stimmrecht nicht aus, wenn einer ihrer Mitgliedstaaten sein Stimmrecht ausübt, und umgekehrt.

Artikel 45 Inkrafttreten
(1) Dieses Übereinkommen tritt am dreißigsten Tag nach Hinterlegung der zwanzigsten Ratifikations- oder Beitrittsurkunde in Kraft.
(2) Für jeden Staat und jede Organisation der regionalen Integration, der beziehungsweise die dieses Übereinkommen nach Hinterlegung der zwanzigsten ent-

sprechenden Urkunde ratifiziert, förmlich bestätigt oder ihm beitritt, tritt das Übereinkommen am dreißigsten Tag nach Hinterlegung der eigenen Urkunde in Kraft.

Artikel 46 Vorbehalte

(1) Vorbehalte, die mit Ziel und Zweck dieses Übereinkommens unvereinbar sind, sind nicht zulässig.

(2) Vorbehalte können jederzeit zurückgenommen werden.

Artikel 47 Änderungen

(1) Jeder Vertragsstaat kann eine Änderung dieses Übereinkommens vorschlagen und beim Generalsekretär der Vereinten Nationen einreichen. Der Generalsekretär übermittelt jeden Änderungsvorschlag den Vertragsstaaten mit der Aufforderung, ihm zu notifizieren, ob sie eine Konferenz der Vertragsstaaten zur Beratung und Entscheidung über den Vorschlag befürworten. Befürwortet innerhalb von vier Monaten nach dem Datum der Übermittlung wenigstens ein Drittel der Vertragsstaaten eine solche Konferenz, so beruft der Generalsekretär die Konferenz unter der Schirmherrschaft der Vereinten Nationen ein. Jede Änderung, die von einer Mehrheit von zwei Dritteln der anwesenden und abstimmenden Vertragsstaaten beschlossen wird, wird vom Generalsekretär der Generalversammlung der Vereinten Nationen zur Genehmigung und danach allen Vertragsstaaten zur Annahme vorgelegt.

(2) Eine nach Absatz 1 beschlossene und genehmigte Änderung tritt am dreißigsten Tag nach dem Zeitpunkt in Kraft, zu dem die Anzahl der hinterlegten Annahmeurkunden zwei Drittel der Anzahl der Vertragsstaaten zum Zeitpunkt der Beschlussfassung über die Änderung erreicht. Danach tritt die Änderung für jeden Vertragsstaat am dreißigsten Tag nach Hinterlegung seiner eigenen Annahmeurkunde in Kraft. Eine Änderung ist nur für die Vertragsstaaten, die sie angenommen haben, verbindlich.

(3) Wenn die Konferenz der Vertragsstaaten dies im Konsens beschließt, tritt eine nach Absatz 1 beschlossene und genehmigte Änderung, die ausschließlich die Artikel 34, 38, 39 und 40 betrifft, für alle Vertragsstaaten am dreißigsten Tag nach dem Zeitpunkt in Kraft, zu dem die Anzahl der hinterlegten Annahmeurkunden zwei Drittel der Anzahl der Vertragsstaaten zum Zeitpunkt der Beschlussfassung über die Änderung erreicht.

Artikel 48 Kündigung

Ein Vertragsstaat kann dieses Übereinkommen durch eine an den Generalsekretär der Vereinten Nationen gerichtete schriftliche Notifikation kündigen. Die Kündigung wird ein Jahr nach Eingang der Notifikation beim Generalsekretär wirksam.

Artikel 49 Zugängliches Format

Der Wortlaut dieses Übereinkommens wird in zugänglichen Formaten zur Verfügung gestellt.

Artikel 50 Verbindliche Wortlaute

Der arabische, der chinesische, der englische, der französische, der russische und der spanische Wortlaut dieses Übereinkommens sind gleichermaßen verbindlich.

Zu Urkund dessen haben die unterzeichneten, von ihren Regierungen hierzu gehörig befugten Bevollmächtigten dieses Übereinkommen unterschrieben.

2. Fakultativprotokoll zum Übereinkommen über die Rechte von Menschen mit Behinderungen

Die Vertragsstaaten dieses Protokolls haben Folgendes vereinbart:

Artikel 1

(1) Jeder Vertragsstaat dieses Protokolls (»Vertragsstaat«) anerkennt die Zuständigkeit des Ausschusses für die Rechte von Menschen mit Behinderungen (»Ausschuss«) für die Entgegennahme und Prüfung von Mitteilungen, die von oder im Namen von seiner Hoheitsgewalt unterstehenden Einzelpersonen oder Personengruppen eingereicht werden, die behaupten, Opfer einer Verletzung des Übereinkommens durch den betreffenden Vertragsstaat zu sein.

(2) Der Ausschuss nimmt keine Mitteilung entgegen, die einen Vertragsstaat des Übereinkommens betrifft, der nicht Vertragspartei dieses Protokolls ist.

Artikel 2

Der Ausschuss erklärt eine Mitteilung für unzulässig,

a) wenn sie anonym ist;
b) wenn sie einen Missbrauch des Rechts auf Einreichung solcher Mitteilungen darstellt oder mit den Bestimmungen des Übereinkommens unvereinbar ist;
c) wenn dieselbe Sache bereits vom Ausschuss untersucht worden ist oder in einem anderen internationalen Untersuchungs- oder Streitregelungsverfahren geprüft worden ist oder geprüft wird;
d) wenn nicht alle zur Verfügung stehenden innerstaatlichen Rechtsbehelfe erschöpft worden sind. Dies gilt nicht, wenn das Verfahren bei der Anwendung solcher Rechtsbehelfe unangemessen lange dauert oder keine wirksame Abhilfe erwarten lässt;
e) wenn sie offensichtlich unbegründet ist oder nicht hinreichend begründet wird oder
f) wenn die der Mitteilung zugrunde liegenden Tatsachen vor dem Inkrafttreten dieses Protokolls für den betreffenden Vertragsstaat eingetreten sind, es sei denn, dass sie auch nach diesem Zeitpunkt weiterbestehen.

Artikel 3

Vorbehaltlich des Artikels 2 bringt der Ausschuss jede ihm zugegangene Mitteilung dem Vertragsstaat vertraulich zur Kenntnis. Der betreffende Vertragsstaat übermittelt dem Ausschuss innerhalb von sechs Monaten schriftliche Erklärungen oder

Darlegungen zur Klärung der Sache und der gegebenenfalls von ihm getroffenen Abhilfemaßnahmen.

Artikel 4

(1) Der Ausschuss kann jederzeit nach Eingang einer Mitteilung und bevor eine Entscheidung in der Sache selbst getroffen worden ist, dem betreffenden Vertragsstaat ein Gesuch zur sofortigen Prüfung übermitteln, in dem er aufgefordert wird, die vorläufigen Maßnahmen zu treffen, die gegebenenfalls erforderlich sind, um einen möglichen nicht wieder gutzumachenden Schaden für das oder die Opfer der behaupteten Verletzung abzuwenden.

(2) Übt der Ausschuss sein Ermessen nach Absatz 1 aus, so bedeutet das keine Entscheidung über die Zulässigkeit der Mitteilung oder in der Sache selbst.

Artikel 5

Der Ausschuss berät über Mitteilungen aufgrund dieses Protokolls in nichtöffentlicher Sitzung. Nach Prüfung einer Mitteilung übermittelt der Ausschuss dem betreffenden Vertragsstaat und dem Beschwerdeführer gegebenenfalls seine Vorschläge und Empfehlungen.

Artikel 6

(1) Erhält der Ausschuss zuverlässige Angaben, die auf schwerwiegende oder systematische Verletzungen der in dem Übereinkommen niedergelegten Rechte durch einen Vertragsstaat hinweisen, so fordert der Ausschuss diesen Vertragsstaat auf, bei der Prüfung der Angaben mitzuwirken und zu diesen Angaben Stellung zu nehmen.

(2) Der Ausschuss kann unter Berücksichtigung der von dem betreffenden Vertragsstaat abgegebenen Stellungnahmen sowie aller sonstigen ihm zur Verfügung stehenden zuverlässigen Angaben eines oder mehrere seiner Mitglieder beauftragen, eine Untersuchung durchzuführen und ihm sofort zu berichten. Sofern geboten, kann die Untersuchung mit Zustimmung des Vertragsstaats einen Besuch in seinem Hoheitsgebiet einschließen.

(3) Nachdem der Ausschuss die Ergebnisse einer solchen Untersuchung geprüft hat, übermittelt er sie zusammen mit etwaigen Bemerkungen und Empfehlungen dem betreffenden Vertragsstaat.

(4) Der Vertragsstaat unterbreitet innerhalb von sechs Monaten nach Eingang der vom Ausschuss übermittelten Ergebnisse, Bemerkungen und Empfehlungen dem Ausschuss seine Stellungnahmen.

(5) Eine solche Untersuchung ist vertraulich durchzuführen; die Mitwirkung des Vertragsstaats ist auf allen Verfahrensstufen anzustreben.

Artikel 7

(1) Der Ausschuss kann den betreffenden Vertragsstaat auffordern, in seinen Bericht nach Artikel 35 des Übereinkommens Einzelheiten über Maßnahmen aufzunehmen, die als Reaktion auf eine nach Artikel 6 dieses Protokolls durchgeführte Untersuchung getroffen wurden.

(2) Sofern erforderlich, kann der Ausschuss nach Ablauf des in Artikel 6 Absatz 4 genannten Zeitraums von sechs Monaten den betreffenden Vertragsstaat auffordern, ihn über die als Reaktion auf eine solche Untersuchung getroffenen Maßnahmen zu unterrichten.

Artikel 8
Jeder Vertragsstaat kann zum Zeitpunkt der Unterzeichnung oder Ratifikation dieses Protokolls oder seines Beitritts dazu erklären, dass er die in den Artikeln 6 und 7 vorgesehene Zuständigkeit des Ausschusses nicht anerkennt.

Artikel 9
Der Generalsekretär der Vereinten Nationen ist Verwahrer dieses Protokolls.

Artikel 10
Dieses Protokoll liegt für die Staaten und die Organisationen der regionalen Integration, die das Übereinkommen unterzeichnet haben, ab dem 30. März 2007 am Sitz der Vereinten Nationen in New York zur Unterzeichnung auf.

Artikel 11
Dieses Protokoll bedarf der Ratifikation durch die Unterzeichnerstaaten des Protokolls, die das Übereinkommen ratifiziert haben oder ihm beigetreten sind. Es bedarf der förmlichen Bestätigung durch die Organisationen der regionalen Integration, die das Protokoll unterzeichnet haben und das Übereinkommen förmlich bestätigt haben oder ihm beigetreten sind. Das Protokoll steht allen Staaten oder Organisationen der regionalen Integration zum Beitritt offen, die das Übereinkommen ratifiziert beziehungsweise förmlich bestätigt haben oder ihm beigetreten sind und die das Protokoll nicht unterzeichnet haben.

Artikel 12
(1) Der Ausdruck »Organisation der regionalen Integration« bezeichnet eine von souveränen Staaten einer bestimmten Region gebildete Organisation, der ihre Mitgliedstaaten die Zuständigkeit für von dem Übereinkommen und diesem Protokoll erfasste Angelegenheiten übertragen haben. In ihren Urkunden der förmlichen Bestätigung oder Beitrittsurkunden erklären diese Organisationen den Umfang ihrer Zuständigkeiten in Bezug auf die durch das Übereinkommen und dieses Protokoll erfassten Angelegenheiten. Danach teilen sie dem Verwahrer jede maßgebliche Änderung des Umfangs ihrer Zuständigkeiten mit.
(2) Bezugnahmen auf »Vertragsstaaten« in diesem Protokoll finden auf solche Organisationen im Rahmen ihrer Zuständigkeit Anwendung.
(3) Für die Zwecke des Artikels 13 Absatz 1 und des Artikels 15 Absatz 2 wird eine von einer Organisation der regionalen Integration hinterlegte Urkunde nicht mitgezählt.
(4) Organisationen der regionalen Integration können in Angelegenheiten ihrer Zuständigkeit ihr Stimmrecht bei dem Treffen der Vertragsstaaten mit der Anzahl von Stimmen ausüben, die der Anzahl ihrer Mitgliedstaaten entspricht, die Vertragsparteien dieses Protokolls sind. Diese Organisationen üben ihr Stimmrecht

nicht aus, wenn einer ihrer Mitgliedstaaten sein Stimmrecht ausübt, und umgekehrt.

Artikel 13

(1) Vorbehaltlich des Inkrafttretens des Übereinkommens tritt dieses Protokoll am dreißigsten Tag nach Hinterlegung der zehnten Ratifikations- oder Beitrittsurkunde in Kraft.

(2) Für jeden Staat und jede Organisation der regionalen Integration, der beziehungsweise die dieses Protokoll nach Hinterlegung der zehnten entsprechenden Urkunde ratifiziert, förmlich bestätigt oder ihm beitritt, tritt das Protokoll am dreißigsten Tag nach Hinterlegung der eigenen Urkunde in Kraft.

Artikel 14

(1) Vorbehalte, die mit Ziel und Zweck dieses Protokolls unvereinbar sind, sind nicht zulässig.

(2) Vorbehalte können jederzeit zurückgenommen werden.

Artikel 15

(1) Jeder Vertragsstaat kann eine Änderung dieses Protokolls vorschlagen und beim Generalsekretär der Vereinten Nationen einreichen. Der Generalsekretär übermittelt jeden Änderungsvorschlag den Vertragsstaaten mit der Aufforderung, ihm zu notifizieren, ob sie die Einberufung eines Treffens der Vertragsstaaten zur Beratung und Entscheidung über den Vorschlag befürworten. Befürwortet innerhalb von vier Monaten nach dem Datum der Übermittlung wenigstens ein Drittel der Vertragsstaaten die Einberufung eines solchen Treffens, so beruft der Generalsekretär das Treffen unter der Schirmherrschaft der Vereinten Nationen ein. Jede Änderung, die von einer Mehrheit von zwei Dritteln der anwesenden und abstimmenden Vertragsstaaten beschlossen wird, wird vom Generalsekretär der Generalversammlung der Vereinten Nationen zur Genehmigung und danach allen Vertragsstaaten zur Annahme vorgelegt.

(2) Eine nach Absatz 1 beschlossene und genehmigte Änderung tritt am dreißigsten Tag nach dem Zeitpunkt in Kraft, zu dem die Anzahl der hinterlegten Annahmeurkunden zwei Drittel der Anzahl der Vertragsstaaten zum Zeitpunkt der Beschlussfassung über die Änderung erreicht. Danach tritt die Änderung für jeden Vertragsstaat am dreißigsten Tag nach Hinterlegung seiner eigenen Annahmeurkunde in Kraft. Eine Änderung ist nur für die Vertragsstaaten, die sie angenommen haben, verbindlich.

Artikel 16

Ein Vertragsstaat kann dieses Protokoll durch eine an den Generalsekretär der Vereinten Nationen gerichtete schriftliche Notifikation kündigen. Die Kündigung wird ein Jahr nach Eingang der Notifikation beim Generalsekretär wirksam.

Artikel 17

Der Wortlaut dieses Protokolls wird in zugänglichen Formaten zur Verfügung gestellt.

Artikel 18

Der arabische, der chinesische, der englische, der französische, der russische und der spanische Wortlaut dieses Protokolls sind gleichermaßen verbindlich.

Zu Urkund dessen haben die unterzeichneten, von ihren jeweiligen Regierungen hierzu gehörig befugten Bevollmächtigten dieses Protokoll unterschrieben.

C. Allgemeines Gleichbehandlungsgesetz (AGG)

I. Einführung

1. Zielsetzung: Was will das Gesetz?

Das Allgemeine Gleichbehandlungsgesetz (AGG) zielt darauf ab, die **Benachteiligung** von Menschen u. a. aufgrund einer Behinderung im Arbeitsleben und allgemein im Zivilrechtsverkehr **zu verhindern oder zu beseitigen** (§ 1 AGG). Es dient dazu, verschiedene Antidiskriminierungsrichtlinien der EU in deutsches Recht umzusetzen. Konkret zählen hierzu die Antirassismusrichtlinie 2000/43/EG, die Gleichbehandlungsrahmenrichtlinie 2000/78/EG für den Bereich Beschäftigung und Beruf sowie die Gleichbehandlungsrichtlinien 2002/73/EG und 2004/113/EG, die die Gleichbehandlung von Männern und Frauen im Arbeitsleben und beim Zugang und der Versorgung mit Gütern und Dienstleistungen betreffen.[1] Auch wenn von diesen nur die auf das Arbeitsleben abzielende Gleichbehandlungsrahmenrichtlinie eine Diskriminierung aufgrund einer Behinderung verbietet, wollte der Gesetzgeber mit dem AGG »in den wesentlichen Bereichen des alltäglichen Rechtslebens Regelungen für alle Diskriminierungsmerkmale«[2] schaffen. Auf diese Weise sollte das Benachteiligungsverbot in Art. 3 Abs. 3 Satz 2 GG auch im Zivilrecht umgesetzt werden.

2. Hintergrund: Wie kam es dazu?

Der Schaffung des AGG ging eine langjährige Diskussion voraus. Nachdem 1994 in Art. 3 Abs. 3 Satz 2 GG das verfassungsrechtliche Verbot der Benachteiligung behinderter Menschen in das Grundgesetz aufgenommen wurde, entwickelte das »Forum behinderter Juristinnen und Juristen« einen Vorschlag für ein umfassendes Antidiskriminierungsgesetz. Der Gesetzgeber entschied sich jedoch, die Gleichstellung behinderter Menschen in zwei getrennten Gesetzen zu regeln. Während das BGG im Verhältnis zu öffentlichen Trägern gilt, sollten die zivilrechtlichen Rechtsbeziehungen in einem eigenen Gesetz geregelt werden. Die verschiedenen Vorschläge hierzu wurden wiederholt verworfen, bis man sich unter dem Druck bereits abgelaufener Umsetzungsfristen der EU-Richtlinien schließlich im Juni 2006 auf das AGG einigte, das am 18. 8. 2006 in Kraft trat.
Anlässlich seines zehnjährigen Bestehens wurde das AGG – auch vor dem Hintergrund der zwischenzeitlich von Deutschland angenommenen UN-Behinderten-

1 BT-Drs. 16/1780, S. 20.
2 BT-Drs. 16/1780, S. 26.

rechtskonvention (UN-BRK) – evaluiert.[3] Die im Oktober 2016 abgeschlossene Evaluation zeigte verschiedene Reformbedarfe auf, um das AGG an die Vorgaben der UN-BRK anzupassen. Eine Weiterentwicklung des Gesetzes steht weiterhin aus; hier ist der Gesetzgeber gefordert.

3. Inhalt: Was wird geregelt?

Das AGG regelt den Schutz von Beschäftigten mit einer Behinderung vor Benachteiligungen im Arbeitsleben (Abschnitt 2). Daneben wird auch der Schutz im Zivilrechtsverkehr, insbesondere bei Massengeschäften und bei privaten Versicherungen, erfasst (Abschnitt 3). Im Arbeitsleben werden Beschäftigte geschützt, zu denen neben Arbeitnehmern auch Auszubildende, arbeitnehmerähnliche Beschäftigte, Bewerber und ehemalige Beschäftigte zählen (§ 6 Abs. 1 AGG). Das Gesetz gilt zudem entsprechend für Beamte und Richter (§ 24 AGG).

a) Benachteiligungsverbot

Kern des AGG ist das **Benachteiligungsverbot in § 7 AGG** (bzw. § 19 AGG für den Bereich des Zivilrechtsverkehrs außerhalb des Arbeitsrechts). Eine Benachteiligung kann unmittelbar wegen der Behinderteneigenschaft erfolgen oder mittelbar, wenn sich dem Anschein nach neutrale Maßnahmen oder Kriterien für Menschen mit Behinderung besonders nachteilig auswirken (§ 3 Abs. 1 und 2 AGG). Auch Belästigungen, sexuelle Belästigungen und die Anweisung zu einer Benachteiligung stellen eine Benachteiligung dar (§ 3 Abs. 3–5 AGG). Doch nicht jede Ungleichbehandlung ist zugleich eine verbotene Diskriminierung. Die unterschiedliche Behandlung von behinderten und nichtbehinderten Beschäftigten ist zulässig, wenn dies aufgrund besonderer beruflicher Anforderungen erforderlich ist (§ 8 AGG).[4] Bei der Frage, was eine verbotene Benachteiligung i. S. v. § 7 AGG ist, müssen auch die Vorgaben der UN-BRK berücksichtigt werden. Art. 2 UAbs. 3 UN-BRK bestimmt, dass auch die Versagung angemessener Vorkehrungen eine Diskriminierung darstellen kann. Im Anschluss an ein Urteil des EuGH in der Rechtssache Ring und Skouboe Werge[5] stellte das BAG entsprechend klar, dass die Versagung angemessener Vorkehrungen auch nach § 7 AGG unzulässig sein kann.[6] Dies bedeutet, dass im Einzelfall geeignete und erforderliche Maßnahmen getroffen werden müssen, damit Menschen trotz einer Behinderung gleichberechtigt ihre Rechte ausüben und am Arbeitsleben teilhaben können (näher hierzu in der Ein-

3 Büro für Recht und Wissenschaft GbR, Evaluation des AGG, 2016, abrufbar unter *http://www.antidiskriminierungsstelle.de/SharedDocs/Downloads/DE/publikationen/AGG/AGG_Evaluation.pdf?__blob=publicationFile&v=14.*

4 Näher FKS-*Faber/Rabe-Rosendahl*, SGB IX, § 164 Rn. 99 ff.

5 EuGH 11.4.2013 – C-335/11 und C-337/11; m. Anm. *Groskreutz/Welti*, RP-Reha 1/2014, S. 25 ff.

6 BAG 19.12.2013 – 6 AZR 190/12; m. Anm. *Wenckebach*, Beitrag B15/2014 unter *www.reha-recht.de.*

führung zur UN-BRK unter Abschnitt B.I).[7] Eine angemessene Vorkehrung kann es beispielsweise sein, für sehbeeinträchtigte Menschen für eine ausreichende Beleuchtung am Arbeitsplatz zu sorgen. Ebenso sind die meisten Maßnahmen zur behindertengerechten Einrichtung von Arbeitsplätzen, wie sie von § 3a Abs. 2 Arbeitsstättenverordnung gefordert und nach § 185 Abs. 3 Nr. 2 lit. a SGB IX sowie § 26 Abs. 1 Nr. 1 Schwerbehinderten-Ausgleichsabgabenverordnung finanziell gefördert werden, zugleich angemessene Vorkehrungen i. S. v. § 7 AGG, wenn sie für den Einzelfall getroffen werden. Damit kann eine mangelnde behindertengerechte Einrichtung von Arbeitsplätzen sowohl ordnungsrechtlich als auch zivilrechtlich durch die Geltendmachung von Schadensersatzansprüchen durchgesetzt werden.
§ 7 AGG ergänzt das Verbot der Benachteiligung schwerbehinderter Beschäftigter aus § 164 Abs. 2 SGB IX und ist eng mit dem **Schwerbehindertenrecht des SGB IX** verzahnt. Für die Bedeutung und die Rechtsfolgen des Benachteiligungsverbots im SGB IX wird dort auf das AGG verwiesen.[8] Das AGG schützt jedoch nicht nur schwerbehinderte Beschäftigte, sondern alle Beschäftigten mit einer Behinderung.[9]

b) Organisationspflichten des Arbeitgebers

Damit Bewerber mit einer Behinderung nicht bereits beim Zugang zur Beschäftigung benachteiligt werden, darf eine Stellenausschreibung nach § 11 AGG nicht diskriminierend sein.
Der Arbeitgeber hat nach § 12 AGG noch weitere praxisrelevante **Organisationspflichten**. Er muss Maßnahmen treffen, damit es zu keiner Benachteiligung behinderter Beschäftigter kommt und hat hierfür seine Mitarbeiter entsprechend zu schulen. Wird ein Beschäftigter durch eine Kollegin oder einen Kollegen diskriminiert, muss der Arbeitgeber einschreiten, was im äußersten Fall sogar zur Kündigung des Mitarbeiters führen kann, der sich diskriminierend verhält. Er hat seine Beschäftigten auch vor Diskriminierungen durch Kunden oder andere Personen zu schützen.[10] Außerdem muss er eine Beschwerdestelle einrichten, an die sich Betroffene wenden können.[11]

4. Rechtsdurchsetzung: Welche Wege gibt es?

Für die Durchsetzung des Benachteiligungsverbots und der Organisationspflichten des Arbeitgebers sieht das AGG verschiedene Möglichkeiten vor.

---

7 Näher zu angemessenen Vorkehrungen im Arbeitsleben auch *Kocher/Wenckebach*, SR 2013, 17ff.
8 Vgl. FKS-*Faber/Rabe-Rosendahl*, SGB IX, § 164 Rn. 71ff.
9 *Ritz* in: Feldes/Ritz/Schmidt, Praxis der Schwerbehindertenvertretung, AGG, S. 22f.
10 Vgl. *Schmidt* in: Schiek, AGG, § 12 Rn. 9ff.
11 *Kocher* in: Schiek, AGG, § 13 Rn. 11.

a) Rechte der Beschäftigten

Wird ein Beschäftigter aufgrund einer Behinderung benachteiligt, hat er das Recht, sich bei den zuständigen Stellen im Betrieb zu **beschweren (§ 13 AGG)**. Wenn der Arbeitgeber im Falle einer Belästigung oder sexuellen Belästigung trotz Hinweis keine geeigneten Gegenmaßnahmen ergreift, kann der betroffene Arbeitnehmer ein **Leistungsverweigerungsrecht** haben, sodass er nicht weiterarbeiten muss (**§ 14 AGG**).
Praktisch relevant sind insbesondere die **Schadensersatzansprüche** aus **§ 15 AGG** gegen den Arbeitgeber, wenn dieser schuldhaft gegen das Benachteiligungsverbot verstoßen hat. Umfasst sind auch immaterielle Schäden, für die der Betroffene ein Schmerzensgeld verlangen kann. Soweit ein Tarifvertrag nichts anderes vorsieht, müssen die Ansprüche innerhalb von zwei Monaten schriftlich geltend gemacht werden (§ 15 Abs. 4 AGG).
Nimmt ein Beschäftigter diese Rechte wahr, darf er dafür nicht vom Arbeitgeber gemaßregelt oder anderweitig benachteiligt werden (§ 16 AGG). Bei der Frage, ob eine Benachteiligung i. S. v. § 7 AGG vorliegt, sieht § 22 AGG erleichterte Beweislastregelungen vor.

b) Unterstützung durch Schwerbehindertenvertretung und Betriebsrat

Es gehört zu den **Aufgaben der Schwerbehindertenvertretung in § 178 Abs. 1 Satz 2 Nr. 1 SGB IX** darüber zu wachen, dass die Gesetze zum Schutz schwerbehinderter Menschen eingehalten werden. Dazu zählen auch das Benachteiligungsverbot und die Organisationspflichten des Arbeitgebers aus dem AGG. Liegt ein Verstoß vor, kann die Schwerbehindertenvertretung den Arbeitgeber dazu auffordern, sich gesetzeskonform zu verhalten.[12] Eine vergleichbare **Überwachungsaufgabe** ergibt sich für den Betriebsrat allgemein aus **§ 80 Abs. 1 Nr. 1 BetrVG**.
§ 17 Abs. 1 AGG appelliert an die **soziale Verantwortung** aller im Betrieb vertretenen Akteure (Tarifvertragsparteien, Arbeitgeber, Beschäftigte, **Betriebsräte, Schwerbehindertenvertretung** etc.), die bei der Wahrnehmung ihrer Aufgaben und im Rahmen ihrer Möglichkeiten daran mitwirken sollen, dass niemand aufgrund einer Behinderung benachteiligt wird. Die Beteiligten sind damit aufgefordert, unabhängig von einem konkreten Anlass präventive Vorkehrungen zum Diskriminierungsschutz zu treffen und die bestehende Situation im Betrieb zu überprüfen. Der Schutz vor Benachteiligungen sollte daher Gegenstand von **Betriebs- und Inklusionsvereinbarungen** sein.
Weitergehende Handlungsmöglichkeiten bestehen für **Betriebsräte** nach **§ 17 Abs. 2 AGG**. Die Norm enthält ein **kollektives Klagerecht** für die Fälle, dass der Arbeitgeber grob gegen seine im AGG geregelten Pflichten (insbesondere §§ 7, 12 AGG) verstößt. Der Betriebsrat kann dann selbst die Einhaltung der Vorschriften vor den Arbeitsgerichten geltend machen. Aufgrund der engen Verflechtung zwischen den Vorschriften des Schwerbehindertenrechts im SGB IX und dem Benach-

12 *Däubler* in: Deinert/Welti/Luik/Brockmann, SWK Behindertenrecht, Schwerbehindertenvertretung – Überblick und Aufgaben, Rn. 24.

teiligungsverbot in § 7 AGG kann der Betriebsrat so beispielsweise auch gegen grobe Verstöße gegen die Präventionspflicht aus § 167 SGB IX oder die Prüfpflicht aus § 164 Abs. 1 SGB IX gerichtlich vorgehen.[13] Die Schwerbehindertenvertretung hat dieses Klagerecht nicht. Sie kann aber über ihre Teilnahme an Betriebsratssitzungen nach § 32 BetrVG eine entsprechende Klage anregen.[14]

c) Unterstützung durch Gewerkschaften und Antidiskriminierungsverbände

Im Betrieb vertretenen Gewerkschaften steht bei groben AGG-Verstößen des Arbeitgebers nach **§ 17 Abs. 2 AGG** das gleiche **Klagerecht** zu wie Betriebsräten. Zudem lassen sich in Tarifverträgen Maßnahmen zum Diskriminierungsschutz regeln.
Daneben können nach **§ 23 AGG Antidiskriminierungsverbände** Beschäftigte im Rahmen eines Klageverfahrens als **Beistände** unterstützen. Ob auch Gewerkschaften als Antidiskriminierungsverbände auftreten und so Beschäftigte als Beistände unterstützen können, ist insbesondere in Bezug auf arbeitsrechtliche Angelegenheiten noch nicht abschließend geklärt. Hier wird es auf den Einzelfall ankommen.[15] Daneben bieten Gewerkschaften weiterhin arbeitsgerichtlichen Rechtsschutz an.

d) Unterstützung durch Antidiskriminierungsstelle

Weiter bietet die unabhängige Antidiskriminierungsstelle des Bundes[16] (§ 25 AGG) Unterstützung, wenn jemand der Ansicht ist, diskriminiert worden zu sein. Die Antidiskriminierungsstelle informiert über rechtliche Möglichkeiten und kann weitergehende Beratung vermitteln. Außerdem kann sie zwischen den Beteiligten vermitteln, um eine einvernehmliche Lösung zu finden (§ 27 AGG).[17] Seit Juli 2022 wird sie von Ferda Atamann geleitet, die die neu geschaffene Funktion der Unabhängigen Bundesbeauftragten für Antidiskriminierung (§§ 26ff. AGG) wahrnimmt. In einem Verfahren vor der Antidiskriminierungsstelle kann die Unabhängige Bundesbeauftragte für Antidiskriminierung Stellungnahmen von den Beteiligten anfordern, sofern der Antragsteller oder die Antragstellerin zustimmt (§ 28 Abs. 3 AGG).

5. Kurz gefasst: Was ist für die betriebliche Praxis relevant?

- Das AGG enthält in § 7 AGG ein Benachteiligungsverbot und in § 12 AGG Organisationspflichten des Arbeitgebers.

---

13 FKS-*Kohte/Voigt*, SGB IX, § 85 Rn. 15.

14 FKS-*Kohte/Voigt*, SGB IX, § 85 Rn. 17.

15 Zu den Kriterien *Bertzbach* in: Däubler/Bertzbach, HK-AGG, § 23 Rn. 11c.

16 Unter *http://www.antidiskriminierungsstelle.de/*.

17 Weiter zu den Aufgaben der Antidiskriminierungsstelle vgl. *Wenckebach*, AuR 2008, S. 340ff.

- Die Versagung angemessener Vorkehrungen ist eine Benachteiligung i. S. v. § 7 AGG.
- Verstöße gegen das Benachteiligungsverbot können zu Schadensersatzansprüchen führen.
- Schwerbehindertenvertretung und Betriebsrat haben die Aufgabe, über die Einhaltung der Schutzvorschriften zu wachen und im Rahmen ihrer Handlungsmöglichkeiten das AGG umzusetzen.
- Betriebsräte und Gewerkschaften können gegen grobe Verstöße des Arbeitgebers gerichtlich vorgehen.
- Antidiskriminierungsverbände können Betroffene in Gerichtsverfahren als Beistände unterstützen.
- Neben Gewerkschaften bietet auch die staatliche Antidiskriminierungsstelle Beratung an.

6. Literatur

Däubler/Bertzbach (Hrsg.), Allgemeines Gleichbehandlungsgesetz Handkommentar, 5. Aufl. 2022.

Deinert/Welti/Luik/Brockmann (Hrsg.), StichwortKommentar Behindertenrecht, Arbeits- und Sozialrecht – Öffentliches Recht – Zivilrecht, 3. Aufl. 2022.

Feldes/Kohte/Stevens-Bartol (Hrsg.), SGB IX – Sozialgesetzbuch Neuntes Buch, Kommentar für die Praxis, 5. Aufl. 2023 (zit. FKS-*Bearbeiter:in*).

Feldes u. a., Praxis der Schwerbehindertenvertretung, 8. Aufl. 2023.

Groskreutz/Welti, Der EuGH zum Verhältnis von Krankheit und Behinderung, RP-Reha 1/2014, S. 25 ff.

Kocher/Wenckebach, § 12 AGG als Grundlage für Ansprüche auf angemessene Vorkehrungen, Soziales Recht (SR) 2013, S. 17 ff.

Schiek (Hrsg.), Allgemeines Gleichbehandlungsgesetz AGG, 2007.

Wenckebach, Was leistet die Antidiskriminierungsstelle des Bundes?, AuR 2008, S. 340 ff.

II. Gesetzestext

Allgemeines Gleichbehandlungsgesetz (AGG)

Vom 14. August 2006 (BGBl. I S. 1897), zuletzt geändert durch Artikel 15 des Gesetzes vom 22. Dezember 2023 (BGBl. 2023 I S. 414).

Inhaltsübersicht Seite

Abschnitt 1 Allgemeiner Teil

§ 1 Ziel des Gesetzes

Ziel des Gesetzes ist, Benachteiligungen aus Gründen der Rasse oder wegen der ethnischen Herkunft, des Geschlechts, der Religion oder Weltanschauung, einer Behinderung, des Alters oder der sexuellen Identität zu verhindern oder zu beseitigen.

§ 2 Anwendungsbereich

(1) Benachteiligungen aus einem in § 1 genannten Grund sind nach Maßgabe dieses Gesetzes unzulässig in Bezug auf:

1. die Bedingungen, einschließlich Auswahlkriterien und Einstellungsbedingungen, für den Zugang zu unselbstständiger und selbstständiger Erwerbstätigkeit, unabhängig von Tätigkeitsfeld und beruflicher Position, sowie für den beruflichen Aufstieg,
2. die Beschäftigungs- und Arbeitsbedingungen einschließlich Arbeitsentgelt und Entlassungsbedingungen, insbesondere in individual- und kollektivrechtlichen Vereinbarungen und Maßnahmen bei der Durchführung und Beendigung eines Beschäftigungsverhältnisses sowie beim beruflichen Aufstieg,
3. den Zugang zu allen Formen und allen Ebenen der Berufsberatung, der Berufsbildung einschließlich der Berufsausbildung, der beruflichen Weiterbildung und der Umschulung sowie der praktischen Berufserfahrung,
4. die Mitgliedschaft und Mitwirkung in einer Beschäftigten- oder Arbeitgebervereinigung oder einer Vereinigung, deren Mitglieder einer bestimmten Berufsgruppe angehören, einschließlich der Inanspruchnahme der Leistungen solcher Vereinigungen,
5. den Sozialschutz, einschließlich der sozialen Sicherheit und der Gesundheitsdienste,
6. die sozialen Vergünstigungen,
7. die Bildung,
8. den Zugang zu und die Versorgung mit Gütern und Dienstleistungen, die der Öffentlichkeit zur Verfügung stehen, einschließlich von Wohnraum.

(2) Für Leistungen nach dem Sozialgesetzbuch gelten § 33c des Ersten Buches Sozialgesetzbuch und § 19a des Vierten Buches Sozialgesetzbuch. Für die betriebliche Altersvorsorge gilt das Betriebsrentengesetz.

(3) Die Geltung sonstiger Benachteiligungsverbote oder Gebote der Gleichbehandlung wird durch dieses Gesetz nicht berührt. Dies gilt auch für öffentlichrechtliche Vorschriften, die dem Schutz bestimmter Personengruppen dienen.

(4) Für Kündigungen gelten ausschließlich die Bestimmungen zum allgemeinen und besonderen Kündigungsschutz.

§ 3 Begriffsbestimmungen

(1) Eine unmittelbare Benachteiligung liegt vor, wenn eine Person wegen eines in § 1 genannten Grundes eine weniger günstige Behandlung erfährt, als eine andere Person in einer vergleichbaren Situation erfährt, erfahren hat oder erfahren würde. Eine unmittelbare Benachteiligung wegen des Geschlechts liegt in Bezug auf § 2 Abs. 1 Nr. 1 bis 4 auch im Falle einer ungünstigeren Behandlung einer Frau wegen Schwangerschaft oder Mutterschaft vor.

(2) Eine mittelbare Benachteiligung liegt vor, wenn dem Anschein nach neutrale Vorschriften, Kriterien oder Verfahren Personen wegen eines in § 1 genannten Grundes gegenüber anderen Personen in besonderer Weise benachteiligen können, es sei denn, die betreffenden Vorschriften, Kriterien oder Verfahren sind durch ein rechtmäßiges Ziel sachlich gerechtfertigt und die Mittel sind zur Erreichung dieses Ziels angemessen und erforderlich.

(3) Eine Belästigung ist eine Benachteiligung, wenn unerwünschte Verhaltensweisen, die mit einem in § 1 genannten Grund in Zusammenhang stehen, bezwecken oder bewirken, dass die Würde der betreffenden Person verletzt und ein von Einschüchterungen, Anfeindungen, Erniedrigungen, Entwürdigungen oder Beleidigungen gekennzeichnetes Umfeld geschaffen wird.
(4) Eine sexuelle Belästigung ist eine Benachteiligung in Bezug auf § 2 Abs. 1 Nr. 1 bis 4, wenn ein unerwünschtes, sexuell bestimmtes Verhalten, wozu auch unerwünschte sexuelle Handlungen und Aufforderungen zu diesen, sexuell bestimmte körperliche Berührungen, Bemerkungen sexuellen Inhalts sowie unerwünschtes Zeigen und sichtbares Anbringen von pornographischen Darstellungen gehören, bezweckt oder bewirkt, dass die Würde der betreffenden Person verletzt wird, insbesondere wenn ein von Einschüchterungen, Anfeindungen, Erniedrigungen, Entwürdigungen oder Beleidigungen gekennzeichnetes Umfeld geschaffen wird.
(5) Die Anweisung zur Benachteiligung einer Person aus einem in § 1 genannten Grund gilt als Benachteiligung. Eine solche Anweisung liegt in Bezug auf § 2 Abs. 1 Nr. 1 bis 4 insbesondere vor, wenn jemand eine Person zu einem Verhalten bestimmt, das einen Beschäftigten oder eine Beschäftigte wegen eines in § 1 genannten Grundes benachteiligt oder benachteiligen kann.

§ 4 Unterschiedliche Behandlung wegen mehrerer Gründe
Erfolgt eine unterschiedliche Behandlung wegen mehrerer der in § 1 genannten Gründe, so kann diese unterschiedliche Behandlung nach den §§ 8 bis 10 und 20 nur gerechtfertigt werden, wenn sich die Rechtfertigung auf alle diese Gründe erstreckt, derentwegen die unterschiedliche Behandlung erfolgt.

§ 5 Positive Maßnahmen
Ungeachtet der in den §§ 8 bis 10 sowie in § 20 benannten Gründe ist eine unterschiedliche Behandlung auch zulässig, wenn durch geeignete und angemessene Maßnahmen bestehende Nachteile wegen eines in § 1 genannten Grundes verhindert oder ausgeglichen werden sollen.

Abschnitt 2 Schutz der Beschäftigten vor Benachteiligung

Unterabschnitt 1 Verbot der Benachteiligung

§ 6 Persönlicher Anwendungsbereich
(1) Beschäftigte im Sinne dieses Gesetzes sind
1. Arbeitnehmerinnen und Arbeitnehmer,
2. die zu ihrer Berufsbildung Beschäftigten,
3. Personen, die wegen ihrer wirtschaftlichen Unselbstständigkeit als arbeitnehmerähnliche Personen anzusehen sind; zu diesen gehören auch die in Heimarbeit Beschäftigten und die ihnen Gleichgestellten.

Als Beschäftigte gelten auch die Bewerberinnen und Bewerber für ein Beschäftigungsverhältnis sowie die Personen, deren Beschäftigungsverhältnis beendet ist.
(2) Arbeitgeber (Arbeitgeber und Arbeitgeberinnen) im Sinne dieses Abschnitts sind natürliche und juristische Personen sowie rechtsfähige Personengesellschaf-

ten, die Personen nach Absatz 1 beschäftigen. Werden Beschäftigte einem Dritten zur Arbeitsleistung überlassen, so gilt auch dieser als Arbeitgeber im Sinne dieses Abschnitts. Für die in Heimarbeit Beschäftigten und die ihnen Gleichgestellten tritt an die Stelle des Arbeitgebers der Auftraggeber oder Zwischenmeister.
(3) Soweit es die Bedingungen für den Zugang zur Erwerbstätigkeit sowie den beruflichen Aufstieg betrifft, gelten die Vorschriften dieses Abschnitts für Selbstständige und Organmitglieder, insbesondere Geschäftsführer oder Geschäftsführerinnen und Vorstände, entsprechend.

§ 7 Benachteiligungsverbot

(1) Beschäftigte dürfen nicht wegen eines in § 1 genannten Grundes benachteiligt werden; dies gilt auch, wenn die Person, die die Benachteiligung begeht, das Vorliegen eines in § 1 genannten Grundes bei der Benachteiligung nur annimmt.
(2) Bestimmungen in Vereinbarungen, die gegen das Benachteiligungsverbot des Absatzes 1 verstoßen, sind unwirksam.
(3) Eine Benachteiligung nach Absatz 1 durch Arbeitgeber oder Beschäftigte ist eine Verletzung vertraglicher Pflichten.

§ 8 Zulässige unterschiedliche Behandlung wegen beruflicher Anforderungen

(1) Eine unterschiedliche Behandlung wegen eines in § 1 genannten Grundes ist zulässig, wenn dieser Grund wegen der Art der auszuübenden Tätigkeit oder der Bedingungen ihrer Ausübung eine wesentliche und entscheidende berufliche Anforderung darstellt, sofern der Zweck rechtmäßig und die Anforderung angemessen ist.
(2) Die Vereinbarung einer geringeren Vergütung für gleiche oder gleichwertige Arbeit wegen eines in § 1 genannten Grundes wird nicht dadurch gerechtfertigt, dass wegen eines in § 1 genannten Grundes besondere Schutzvorschriften gelten.

§ 9 Zulässige unterschiedliche Behandlung wegen der Religion oder Weltanschauung

(1) Ungeachtet des § 8 ist eine unterschiedliche Behandlung wegen der Religion oder der Weltanschauung bei der Beschäftigung durch Religionsgemeinschaften, die ihnen zugeordneten Einrichtungen ohne Rücksicht auf ihre Rechtsform oder durch Vereinigungen, die sich die gemeinschaftliche Pflege einer Religion oder Weltanschauung zur Aufgabe machen, auch zulässig, wenn eine bestimmte Religion oder Weltanschauung unter Beachtung des Selbstverständnisses der jeweiligen Religionsgemeinschaft oder Vereinigung im Hinblick auf ihr Selbstbestimmungsrecht oder nach der Art der Tätigkeit eine gerechtfertigte berufliche Anforderung darstellt.
(2) Das Verbot unterschiedlicher Behandlung wegen der Religion oder der Weltanschauung berührt nicht das Recht der in Absatz 1 genannten Religionsgemeinschaften, der ihnen zugeordneten Einrichtungen ohne Rücksicht auf ihre Rechtsform oder der Vereinigungen, die sich die gemeinschaftliche Pflege einer Religion oder Weltanschauung zur Aufgabe machen, von ihren Beschäftigten ein loyales

und aufrichtiges Verhalten im Sinne ihres jeweiligen Selbstverständnisses verlangen zu können.

§ 10 Zulässige unterschiedliche Behandlung wegen des Alters

Ungeachtet des § 8 ist eine unterschiedliche Behandlung wegen des Alters auch zulässig, wenn sie objektiv und angemessen und durch ein legitimes Ziel gerechtfertigt ist. Die Mittel zur Erreichung dieses Ziels müssen angemessen und erforderlich sein. Derartige unterschiedliche Behandlungen können insbesondere Folgendes einschließen:

1. die Festlegung besonderer Bedingungen für den Zugang zur Beschäftigung und zur beruflichen Bildung sowie besonderer Beschäftigungs- und Arbeitsbedingungen, einschließlich der Bedingungen für Entlohnung und Beendigung des Beschäftigungsverhältnisses, um die berufliche Eingliederung von Jugendlichen, älteren Beschäftigten und Personen mit Fürsorgepflichten zu fördern oder ihren Schutz sicherzustellen,
2. die Festlegung von Mindestanforderungen an das Alter, die Berufserfahrung oder das Dienstalter für den Zugang zur Beschäftigung oder für bestimmte mit der Beschäftigung verbundene Vorteile,
3. die Festsetzung eines Höchstalters für die Einstellung auf Grund der spezifischen Ausbildungsanforderungen eines bestimmten Arbeitsplatzes oder auf Grund der Notwendigkeit einer angemessenen Beschäftigungszeit vor dem Eintritt in den Ruhestand,
4. die Festsetzung von Altersgrenzen bei den betrieblichen Systemen der sozialen Sicherheit als Voraussetzung für die Mitgliedschaft oder den Bezug von Altersrente oder von Leistungen bei Invalidität einschließlich der Festsetzung unterschiedlicher Altersgrenzen im Rahmen dieser Systeme für bestimmte Beschäftigte oder Gruppen von Beschäftigten und die Verwendung von Alterskriterien im Rahmen dieser Systeme für versicherungsmathematische Berechnungen,
5. eine Vereinbarung, die die Beendigung des Beschäftigungsverhältnisses ohne Kündigung zu einem Zeitpunkt vorsieht, zu dem der oder die Beschäftigte eine Rente wegen Alters beantragen kann; § 41 des Sechsten Buches Sozialgesetzbuch bleibt unberührt,
6. Differenzierungen von Leistungen in Sozialplänen im Sinne des Betriebsverfassungsgesetzes, wenn die Parteien eine nach Alter oder Betriebszugehörigkeit gestaffelte Abfindungsregelung geschaffen haben, in der die wesentlich vom Alter abhängenden Chancen auf dem Arbeitsmarkt durch eine verhältnismäßig starke Betonung des Lebensalters erkennbar berücksichtigt worden sind, oder Beschäftigte von den Leistungen des Sozialplans ausgeschlossen haben, die wirtschaftlich abgesichert sind, weil sie, gegebenenfalls nach Bezug von Arbeitslosengeld, rentenberechtigt sind.

Unterabschnitt 2 Organisationspflichten des Arbeitgebers

§ 11 Ausschreibung

Ein Arbeitsplatz darf nicht unter Verstoß gegen § 7 Abs. 1 ausgeschrieben werden.

§ 12 Maßnahmen und Pflichten des Arbeitgebers

(1) Der Arbeitgeber ist verpflichtet, die erforderlichen Maßnahmen zum Schutz vor Benachteiligungen wegen eines in § 1 genannten Grundes zu treffen. Dieser Schutz umfasst auch vorbeugende Maßnahmen.
(2) Der Arbeitgeber soll in geeigneter Art und Weise, insbesondere im Rahmen der beruflichen Aus- und Fortbildung, auf die Unzulässigkeit solcher Benachteiligungen hinweisen und darauf hinwirken, dass diese unterbleiben. Hat der Arbeitgeber seine Beschäftigten in geeigneter Weise zum Zwecke der Verhinderung von Benachteiligung geschult, gilt dies als Erfüllung seiner Pflichten nach Absatz 1.
(3) Verstoßen Beschäftigte gegen das Benachteiligungsverbot des § 7 Abs. 1, so hat der Arbeitgeber die im Einzelfall geeigneten, erforderlichen und angemessenen Maßnahmen zur Unterbindung der Benachteiligung wie Abmahnung, Umsetzung, Versetzung oder Kündigung zu ergreifen.
(4) Werden Beschäftigte bei der Ausübung ihrer Tätigkeit durch Dritte nach § 7 Abs. 1 benachteiligt, so hat der Arbeitgeber die im Einzelfall geeigneten, erforderlichen und angemessenen Maßnahmen zum Schutz der Beschäftigten zu ergreifen.
(5) Dieses Gesetz und § 61b des Arbeitsgerichtsgesetzes sowie Informationen über die für die Behandlung von Beschwerden nach § 13 zuständigen Stellen sind im Betrieb oder in der Dienststelle bekannt zu machen. Die Bekanntmachung kann durch Aushang oder Auslegung an geeigneter Stelle oder den Einsatz der im Betrieb oder der Dienststelle üblichen Informations- und Kommunikationstechnik erfolgen.

Unterabschnitt 3 Rechte der Beschäftigten

§ 13 Beschwerderecht

(1) Die Beschäftigten haben das Recht, sich bei den zuständigen Stellen des Betriebs, des Unternehmens oder der Dienststelle zu beschweren, wenn sie sich im Zusammenhang mit ihrem Beschäftigungsverhältnis vom Arbeitgeber, von Vorgesetzten, anderen Beschäftigten oder Dritten wegen eines in § 1 genannten Grundes benachteiligt fühlen. Die Beschwerde ist zu prüfen und das Ergebnis der oder dem beschwerdeführenden Beschäftigten mitzuteilen.
(2) Die Rechte der Arbeitnehmervertretungen bleiben unberührt.

§ 14 Leistungsverweigerungsrecht

Ergreift der Arbeitgeber keine oder offensichtlich ungeeignete Maßnahmen zur Unterbindung einer Belästigung oder sexuellen Belästigung am Arbeitsplatz, sind die betroffenen Beschäftigten berechtigt, ihre Tätigkeit ohne Verlust des Arbeitsentgelts einzustellen, soweit dies zu ihrem Schutz erforderlich ist. 2§ 273 des Bürgerlichen Gesetzbuchs bleibt unberührt.

§ 15 Entschädigung und Schadensersatz

(1) Bei einem Verstoß gegen das Benachteiligungsverbot ist der Arbeitgeber verpflichtet, den hierdurch entstandenen Schaden zu ersetzen. Dies gilt nicht, wenn der Arbeitgeber die Pflichtverletzung nicht zu vertreten hat.

(2) Wegen eines Schadens, der nicht Vermögensschaden ist, kann der oder die Beschäftigte eine angemessene Entschädigung in Geld verlangen. Die Entschädigung darf bei einer Nichteinstellung drei Monatsgehälter nicht übersteigen, wenn der oder die Beschäftigte auch bei benachteiligungsfreier Auswahl nicht eingestellt worden wäre.
(3) Der Arbeitgeber ist bei der Anwendung kollektivrechtlicher Vereinbarungen nur dann zur Entschädigung verpflichtet, wenn er vorsätzlich oder grob fahrlässig handelt.
(4) Ein Anspruch nach Absatz 1 oder 2 muss innerhalb einer Frist von zwei Monaten schriftlich geltend gemacht werden, es sei denn, die Tarifvertragsparteien haben etwas anderes vereinbart. Die Frist beginnt im Falle einer Bewerbung oder eines beruflichen Aufstiegs mit dem Zugang der Ablehnung und in den sonstigen Fällen einer Benachteiligung zu dem Zeitpunkt, in dem der oder die Beschäftigte von der Benachteiligung Kenntnis erlangt.
(5) Im Übrigen bleiben Ansprüche gegen den Arbeitgeber, die sich aus anderen Rechtsvorschriften ergeben, unberührt.
(6) Ein Verstoß des Arbeitgebers gegen das Benachteiligungsverbot des § 7 Abs. 1 begründet keinen Anspruch auf Begründung eines Beschäftigungsverhältnisses, Berufsausbildungsverhältnisses oder einen beruflichen Aufstieg, es sei denn, ein solcher ergibt sich aus einem anderen Rechtsgrund.

§ 16 Maßregelungsverbot

(1) Der Arbeitgeber darf Beschäftigte nicht wegen der Inanspruchnahme von Rechten nach diesem Abschnitt oder wegen der Weigerung, eine gegen diesen Abschnitt verstoßende Anweisung auszuführen, benachteiligen. Gleiches gilt für Personen, die den Beschäftigten hierbei unterstützen oder als Zeuginnen oder Zeugen aussagen.
(2) Die Zurückweisung oder Duldung benachteiligender Verhaltensweisen durch betroffene Beschäftigte darf nicht als Grundlage für eine Entscheidung herangezogen werden, die diese Beschäftigten berührt. Absatz 1 Satz 2 gilt entsprechend.
(3) § 22 gilt entsprechend.

Unterabschnitt 4 Ergänzende Vorschriften

§ 17 Soziale Verantwortung der Beteiligten

(1) Tarifvertragsparteien, Arbeitgeber, Beschäftigte und deren Vertretungen sind aufgefordert, im Rahmen ihrer Aufgaben und Handlungsmöglichkeiten an der Verwirklichung des in § 1 genannten Ziels mitzuwirken.
(2) In Betrieben, in denen die Voraussetzungen des § 1 Abs. 1 Satz 1 des Betriebsverfassungsgesetzes vorliegen, können bei einem groben Verstoß des Arbeitgebers gegen Vorschriften aus diesem Abschnitt der Betriebsrat oder eine im Betrieb vertretene Gewerkschaft unter der Voraussetzung des § 23 Abs. 3 Satz 1 des Betriebsverfassungsgesetzes die dort genannten Rechte gerichtlich geltend machen; § 23 Abs. 3 Satz 2 bis 5 des Betriebsverfassungsgesetzes gilt entsprechend. Mit dem Antrag dürfen nicht Ansprüche des Benachteiligten geltend gemacht werden.

§ 18 Mitgliedschaft in Vereinigungen

(1) Die Vorschriften dieses Abschnitts gelten entsprechend für die Mitgliedschaft oder die Mitwirkung in einer

1. Tarifvertragspartei,
2. Vereinigung, deren Mitglieder einer bestimmten Berufsgruppe angehören oder die eine überragende Machtstellung im wirtschaftlichen oder sozialen Bereich innehat, wenn ein grundlegendes Interesse am Erwerb der Mitgliedschaft besteht,

sowie deren jeweiligen Zusammenschlüssen.

(2) Wenn die Ablehnung einen Verstoß gegen das Benachteiligungsverbot des § 7 Abs. 1 darstellt, besteht ein Anspruch auf Mitgliedschaft oder Mitwirkung in den in Absatz 1 genannten Vereinigungen.

Abschnitt 3 Schutz vor Benachteiligung im Zivilrechtsverkehr

§ 19 Zivilrechtliches Benachteiligungsverbot

(1) Eine Benachteiligung aus Gründen der Rasse oder wegen der ethnischen Herkunft, wegen des Geschlechts, der Religion, einer Behinderung, des Alters oder der sexuellen Identität bei der Begründung, Durchführung und Beendigung zivilrechtlicher Schuldverhältnisse, die

1. typischerweise ohne Ansehen der Person zu vergleichbaren Bedingungen in einer Vielzahl von Fällen zustande kommen (Massengeschäfte) oder bei denen das Ansehen der Person nach der Art des Schuldverhältnisses eine nachrangige Bedeutung hat und die zu vergleichbaren Bedingungen in einer Vielzahl von Fällen zustande kommen oder
2. eine privatrechtliche Versicherung zum Gegenstand haben,

ist unzulässig.

(2) Eine Benachteiligung aus Gründen der Rasse oder wegen der ethnischen Herkunft ist darüber hinaus auch bei der Begründung, Durchführung und Beendigung sonstiger zivilrechtlicher Schuldverhältnisse im Sinne des § 2 Abs. 1 Nr. 5 bis 8 unzulässig.

(3) Bei der Vermietung von Wohnraum ist eine unterschiedliche Behandlung im Hinblick auf die Schaffung und Erhaltung sozial stabiler Bewohnerstrukturen und ausgewogener Siedlungsstrukturen sowie ausgeglichener wirtschaftlicher, sozialer und kultureller Verhältnisse zulässig.

(4) Die Vorschriften dieses Abschnitts finden keine Anwendung auf familien- und erbrechtliche Schuldverhältnisse.

(5) Die Vorschriften dieses Abschnitts finden keine Anwendung auf zivilrechtliche Schuldverhältnisse, bei denen ein besonderes Nähe- oder Vertrauensverhältnis der Parteien oder ihrer Angehörigen begründet wird. Bei Mietverhältnissen kann dies insbesondere der Fall sein, wenn die Parteien oder ihre Angehörigen Wohnraum auf demselben Grundstück nutzen. Die Vermietung von Wohnraum zum nicht nur vorübergehenden Gebrauch ist in der Regel kein Geschäft im Sinne des Absatzes 1 Nr. 1, wenn der Vermieter insgesamt nicht mehr als 50 Wohnungen vermietet.

§ 20 Zulässige unterschiedliche Behandlung

(1) Eine Verletzung des Benachteiligungsverbots ist nicht gegeben, wenn für eine unterschiedliche Behandlung wegen der Religion, einer Behinderung, des Alters, der sexuellen Identität oder des Geschlechts ein sachlicher Grund vorliegt. Das kann insbesondere der Fall sein, wenn die unterschiedliche Behandlung

1. der Vermeidung von Gefahren, der Verhütung von Schäden oder anderen Zwecken vergleichbarer Art dient,
2. dem Bedürfnis nach Schutz der Intimsphäre oder der persönlichen Sicherheit Rechnung trägt,
3. besondere Vorteile gewährt und ein Interesse an der Durchsetzung der Gleichbehandlung fehlt,
4. an die Religion eines Menschen anknüpft und im Hinblick auf die Ausübung der Religionsfreiheit oder auf das Selbstbestimmungsrecht der Religionsgemeinschaften, der ihnen zugeordneten Einrichtungen ohne Rücksicht auf ihre Rechtsform sowie der Vereinigungen, die sich die gemeinschaftliche Pflege einer Religion zur Aufgabe machen, unter Beachtung des jeweiligen Selbstverständnisses gerechtfertigt ist.

(2) Kosten im Zusammenhang mit Schwangerschaft und Mutterschaft dürfen auf keinen Fall zu unterschiedlichen Prämien oder Leistungen führen. Eine unterschiedliche Behandlung wegen der Religion, einer Behinderung, des Alters oder der sexuellen Identität ist im Falle des § 19 Abs. 1 Nr. 2 nur zulässig, wenn diese auf anerkannten Prinzipien risikoadäquater Kalkulation beruht, insbesondere auf einer versicherungsmathematisch ermittelten Risikobewertung unter Heranziehung statistischer Erhebungen.

§ 21 Ansprüche

(1) Der Benachteiligte kann bei einem Verstoß gegen das Benachteiligungsverbot unbeschadet weiterer Ansprüche die Beseitigung der Beeinträchtigung verlangen. Sind weitere Beeinträchtigungen zu besorgen, so kann er auf Unterlassung klagen.

(2) Bei einer Verletzung des Benachteiligungsverbots ist der Benachteiligende verpflichtet, den hierdurch entstandenen Schaden zu ersetzen. Dies gilt nicht, wenn der Benachteiligende die Pflichtverletzung nicht zu vertreten hat. Wegen eines Schadens, der nicht Vermögensschaden ist, kann der Benachteiligte eine angemessene Entschädigung in Geld verlangen.

(3) Ansprüche aus unerlaubter Handlung bleiben unberührt.

(4) Auf eine Vereinbarung, die von dem Benachteiligungsverbot abweicht, kann sich der Benachteiligende nicht berufen.

(5) Ein Anspruch nach den Absätzen 1 und 2 muss innerhalb einer Frist von zwei Monaten geltend gemacht werden. Nach Ablauf der Frist kann der Anspruch nur geltend gemacht werden, wenn der Benachteiligte ohne Verschulden an der Einhaltung der Frist verhindert war.

Abschnitt 4 Rechtsschutz

§ 22 Beweislast

Wenn im Streitfall die eine Partei Indizien beweist, die eine Benachteiligung wegen eines in § 1 genannten Grundes vermuten lassen, trägt die andere Partei die Beweislast dafür, dass kein Verstoß gegen die Bestimmungen zum Schutz vor Benachteiligung vorgelegen hat.

§ 23 Unterstützung durch Antidiskriminierungsverbände

(1) Antidiskriminierungsverbände sind Personenzusammenschlüsse, die nicht gewerbsmäßig und nicht nur vorübergehend entsprechend ihrer Satzung die besonderen Interessen von benachteiligten Personen oder Personengruppen nach Maßgabe von § 1 wahrnehmen. Die Befugnisse nach den Absätzen 2 bis 4 stehen ihnen zu, wenn sie mindestens 75 Mitglieder haben oder einen Zusammenschluss aus mindestens sieben Verbänden bilden.
(2) Antidiskriminierungsverbände sind befugt, im Rahmen ihres Satzungszwecks in gerichtlichen Verfahren als Beistände Benachteiligter in der Verhandlung aufzutreten. Im Übrigen bleiben die Vorschriften der Verfahrensordnungen, insbesondere diejenigen, nach denen Beiständen weiterer Vortrag untersagt werden kann, unberührt.
(3) Antidiskriminierungsverbänden ist im Rahmen ihres Satzungszwecks die Besorgung von Rechtsangelegenheiten Benachteiligter gestattet.
(4) Besondere Klagerechte und Vertretungsbefugnisse von Verbänden zu Gunsten von behinderten Menschen bleiben unberührt.

Abschnitt 5 Sonderregelungen für öffentlich-rechtliche Dienstverhältnisse

§ 24 Sonderregelung für öffentlich-rechtliche Dienstverhältnisse

Die Vorschriften dieses Gesetzes gelten unter Berücksichtigung ihrer besonderen Rechtsstellung entsprechend für

1. Beamtinnen und Beamte des Bundes, der Länder, der Gemeinden, der Gemeindeverbände sowie der sonstigen der Aufsicht des Bundes oder eines Landes unterstehenden Körperschaften, Anstalten und Stiftungen des öffentlichen Rechts,
2. Richterinnen und Richter des Bundes und der Länder,
3. Zivildienstleistende sowie anerkannte Kriegsdienstverweigerer, soweit ihre Heranziehung zum Zivildienst betroffen ist.

Abschnitt 6 Antidiskriminierungsstelle des Bundes und Unabhängige Bundesbeauftragte oder Unabhängiger Bundesbeauftragter für Antidiskriminierung

§ 25 Antidiskriminierungsstelle des Bundes

(1) Beim Bundesministerium für Familie, Senioren, Frauen und Jugend wird unbeschadet der Zuständigkeit der Beauftragten des Deutschen Bundestages oder der

Bundesregierung die Stelle des Bundes zum Schutz vor Benachteiligungen wegen eines in § 1 genannten Grundes (Antidiskriminierungsstelle des Bundes) errichtet.
(2) Der Antidiskriminierungsstelle des Bundes ist die für die Erfüllung ihrer Aufgaben notwendige Personal- und Sachausstattung zur Verfügung zu stellen. Sie ist im Einzelplan des Bundesministeriums für Familie, Senioren, Frauen und Jugend in einem eigenen Kapitel auszuweisen.
(3) Die Antidiskriminierungsstelle des Bundes wird von der oder dem Unabhängigen Bundesbeauftragten für Antidiskriminierung geleitet.

§ 26 Wahl der oder des Unabhängigen Bundesbeauftragten für Antidiskriminierung; Anforderungen

(1) Die oder der Unabhängige Bundesbeauftragte für Antidiskriminierung wird auf Vorschlag der Bundesregierung vom Deutschen Bundestag gewählt.
(2) Über den Vorschlag stimmt der Deutsche Bundestag ohne Aussprache ab.
(3) Die vorgeschlagene Person ist gewählt, wenn für sie mehr als die Hälfte der gesetzlichen Zahl der Mitglieder des Deutschen Bundestages gestimmt hat.
(4) Die oder der Unabhängige Bundesbeauftragte für Antidiskriminierung muss zur Erfüllung ihrer oder seiner Aufgaben, und zur Ausübung ihrer oder seiner Befugnisse über die erforderliche Qualifikation, Erfahrung und Sachkunde insbesondere im Bereich der Antidiskriminierung verfügen. Insbesondere muss sie oder er über durch einschlägige Berufserfahrung erworbene Kenntnisse des Antidiskriminierungsrechts verfügen und die Befähigung für die Laufbahn des höheren nichttechnischen Verwaltungsdienstes des Bundes haben.

§ 26a Rechtsstellung der oder des Unabhängigen Bundesbeauftragten für Antidiskriminierung

(1) Die oder der Unabhängige Bundesbeauftragte für Antidiskriminierung steht nach Maßgabe dieses Gesetzes in einem öffentlich-rechtlichen Amtsverhältnis zum Bund. Sie oder er ist bei der Ausübung ihres oder seines Amtes unabhängig und nur dem Gesetz unterworfen.
(2) Die oder der Unabhängige Bundesbeauftragte für Antidiskriminierung untersteht der Rechtsaufsicht der Bundesregierung.

§ 26b Amtszeit der oder des Unabhängigen Bundesbeauftragten für Antidiskriminierung

(1) Die Amtszeit der oder des Unabhängigen Bundesbeauftragten für Antidiskriminierung beträgt fünf Jahre.
(2) Eine einmalige Wiederwahl ist zulässig.
(3) Kommt vor Ende des Amtsverhältnisses eine Neuwahl nicht zustande, so führt die oder der bisherige Unabhängige Bundesbeauftragte für Antidiskriminierung auf Ersuchen der Bundespräsidentin oder des Bundespräsidenten die Geschäfte bis zur Neuwahl fort.

§ 26c Beginn und Ende des Amtsverhältnisses der oder des Unabhängigen Bundesbeauftragten für Antidiskriminierung; Amtseid

(1) Die oder der nach § 26 Gewählte ist von der Bundespräsidentin oder dem Bundespräsidenten zu ernennen. Das Amtsverhältnis der oder des Unabhängigen Bundesbeauftragten für Antidiskriminierung beginnt mit der Aushändigung der Ernennungsurkunde.

(2) Die oder der Unabhängige Bundesbeauftragte für Antidiskriminierung leistet vor der Bundespräsidentin oder dem Bundespräsidenten folgenden Eid: »Ich schwöre, dass ich meine Kraft dem Wohl des deutschen Volkes widmen, seinen Nutzen mehren, Schaden von ihm wenden, das Grundgesetz und die Gesetze des Bundes wahren und verteidigen, meine Pflichten gewissenhaft erfüllen und Gerechtigkeit gegen jedermann üben werde. So wahr mir Gott helfe.« Der Eid kann auch ohne religiöse Beteuerung geleistet werden.

(3) Das Amtsverhältnis endet

1. regulär mit dem Ablauf der Amtszeit oder
2. wenn die oder der Unabhängige Bundesbeauftragte für Antidiskriminierung vorzeitig aus dem Amt entlassen wird.

(4) Entlassen wird die oder der Unabhängige Bundesbeauftragte für Antidiskriminierung

1. auf eigenes Verlangen oder
2. auf Vorschlag der Bundesregierung, wenn die oder der Unabhängige Bundesbeauftragte für Antidiskriminierung eine schwere Verfehlung begangen hat oder die Voraussetzungen für die Wahrnehmung ihrer oder seiner Aufgaben nicht mehr erfüllt.

Die Entlassung erfolgt durch die Bundespräsidentin oder den Bundespräsidenten.

(5) Im Fall der Beendigung des Amtsverhältnisses vollzieht die Bundespräsidentin oder der Bundespräsident eine Urkunde. Die Entlassung wird mit der Aushändigung der Urkunde wirksam.

§ 26d Unerlaubte Handlungen und Tätigkeiten der oder des Unabhängigen Bundesbeauftragten für Antidiskriminierung

(1) Die oder der Unabhängige Bundesbeauftragte für Antidiskriminierung darf keine Handlungen vornehmen, die mit den Aufgaben des Amtes nicht zu vereinbaren sind.

(2) Die oder der Unabhängige Bundesbeauftragte für Antidiskriminierung darf während der Amtszeit und während einer anschließenden Geschäftsführung keine anderen Tätigkeiten ausüben, die mit dem Amt nicht zu vereinbaren sind, unabhängig davon, ob es entgeltliche oder unentgeltliche Tätigkeiten sind. Insbesondere darf sie oder er

1. kein besoldetes Amt, kein Gewerbe und keinen Beruf ausüben,
2. nicht dem Vorstand, Aufsichtsrat oder Verwaltungsrat eines auf Erwerb gerichteten Unternehmens, nicht einer Regierung oder einer gesetzgebenden Körperschaft des Bundes oder eines Landes angehören und
3. nicht gegen Entgelt außergerichtliche Gutachten abgeben.

§ 26e Verschwiegenheitspflicht der oder des Unabhängigen Bundesbeauftragten für Antidiskriminierung

(1) Die oder der Unabhängige Bundesbeauftragte für Antidiskriminierung ist verpflichtet, über die Angelegenheiten, die ihr oder ihm im Amt oder während einer anschließenden Geschäftsführung bekannt werden, Verschwiegenheit zu bewahren. Dies gilt nicht für Mitteilungen im dienstlichen Verkehr oder für Tatsachen, die offenkundig sind oder ihrer Bedeutung nach keiner Geheimhaltung bedürfen. Die oder der Unabhängige Bundesbeauftragte für Antidiskriminierung entscheidet nach pflichtgemäßem Ermessen, ob und inwieweit sie oder er über solche Angelegenheiten vor Gericht oder außergerichtlich aussagt oder Erklärungen abgibt.
(2) Die Pflicht zur Verschwiegenheit gilt auch nach Beendigung des Amtsverhältnisses oder nach Beendigung einer anschließenden Geschäftsführung. In Angelegenheiten, für die die Pflicht zur Verschwiegenheit gilt, darf vor Gericht oder außergerichtlich nur ausgesagt werden und dürfen Erklärungen nur abgegeben werden, wenn dies die oder der amtierende Unabhängige Bundesbeauftragte für Antidiskriminierung genehmigt hat.
(3) Unberührt bleibt die Pflicht, bei einer Gefährdung der freiheitlichen demokratischen Grundordnung für deren Erhaltung einzutreten und die gesetzlich begründete Pflicht, Straftaten anzuzeigen.

§ 26f Zeugnisverweigerungsrecht der oder des Unabhängigen Bundesbeauftragten für Antidiskriminierung

(1) Die oder der Unabhängige Bundesbeauftragte für Antidiskriminierung ist berechtigt, über Personen, die ihr oder ihm in ihrer oder seiner Eigenschaft als Leitung der Antidiskriminierungsstelle des Bundes Tatsachen anvertraut haben, sowie über diese Tatsachen selbst das Zeugnis zu verweigern. Soweit das Zeugnisverweigerungsrecht der oder des Unabhängigen Bundesbeauftragten für Antidiskriminierung reicht, darf von ihr oder ihm nicht gefordert werden, Akten oder andere Dokumente vorzulegen oder herauszugeben.
(2) Das Zeugnisverweigerungsrecht gilt auch für die der oder dem Unabhängigen Bundesbeauftragten für Antidiskriminierung zugewiesenen Beschäftigten mit der Maßgabe, dass über die Ausübung dieses Rechts die oder der Unabhängige Bundesbeauftragte für Antidiskriminierung entscheidet.

§ 26g Anspruch der oder des Unabhängigen Bundesbeauftragten für Antidiskriminierung auf Amtsbezüge, Versorgung und auf andere Leistungen

(1) Die oder der Unabhängige Bundesbeauftragte für Antidiskriminierung erhält Amtsbezüge entsprechend dem Grundgehalt der Besoldungsgruppe B 6 und den Familienzuschlag entsprechend den §§ 39 bis 41 des Bundesbesoldungsgesetzes.
(2) Der Anspruch auf die Amtsbezüge besteht für die Zeit vom ersten Tag des Monats, in dem das Amtsverhältnis beginnt, bis zum letzten Tag des Monats, in dem das Amtsverhältnis endet. Werden die Geschäfte über das Ende des Amtsverhältnisses hinaus noch bis zur Neuwahl weitergeführt, so besteht der Anspruch für die Zeit bis zum letzten Tag des Monats, in dem die Geschäftsführung endet. Bezieht die oder der Unabhängige Bundesbeauftragte für Antidiskriminierung für einen Zeitraum, für den sie oder er Amtsbezüge erhält, ein Einkommen aus einer Ver-

wendung im öffentlichen Dienst, so ruht der Anspruch auf dieses Einkommen bis zur Höhe der Amtsbezüge. Die Amtsbezüge werden monatlich im Voraus gezahlt.
(3) Für Ansprüche auf Beihilfe und Versorgung gelten § 12 Absatz 6, die §§ 13 bis 18 und 20 des Bundesministergesetzes entsprechend mit der Maßgabe, dass an die Stelle der vierjährigen Amtszeit in § 15 Absatz 1 des Bundesministergesetzes eine Amtszeit als Unabhängige Bundesbeauftragte oder Unabhängiger Bundesbeauftragter für Antidiskriminierung von fünf Jahren tritt. Ein Anspruch auf Übergangsgeld besteht längstens bis zum Ablauf des Monats, in dem die für Bundesbeamtinnen und Bundesbeamte geltende Regelaltersgrenze nach § 51 Absatz 1 und 2 des Bundesbeamtengesetzes vollendet wird. Ist § 18 Absatz 2 des Bundesministergesetzes nicht anzuwenden, weil das Beamtenverhältnis einer Bundesbeamtin oder eines Bundesbeamten nach Beendigung des Amtsverhältnisses als Unabhängige Bundesbeauftragte oder Unabhängiger Bundesbeauftragter für Antidiskriminierung fortgesetzt wird, dann ist die Amtszeit als Unabhängige Bundesbeauftragte oder Unabhängiger Bundesbeauftragter für Antidiskriminierung bei der wegen Eintritt oder Versetzung der Bundesbeamtin oder des Bundesbeamten in den Ruhestand durchzuführenden Festsetzung des Ruhegehalts als ruhegehaltfähige Dienstzeit zu berücksichtigen.
(4) Die oder der Unabhängige Bundesbeauftragte für Antidiskriminierung erhält Reisekostenvergütung und Umzugskostenvergütung entsprechend den für Bundesbeamtinnen und Bundesbeamte geltenden Vorschriften.
(5) (*weggefallen*)

§ 26h Verwendung der Geschenke an die Unabhängige Bundesbeauftragte oder den Unabhängigen Bundesbeauftragten für Antidiskriminierung

(1) Erhält die oder der Unabhängige Bundesbeauftragte für Antidiskriminierung ein Geschenk in Bezug auf das Amt, so muss sie oder er dies der Präsidentin oder dem Präsidenten des Deutschen Bundestages mitteilen.
(2) Die Präsidentin oder der Präsident des Deutschen Bundestages entscheidet über die Verwendung des Geschenks. Sie oder er kann Verfahrensvorschriften erlassen.

§ 26i Berufsbeschränkung

Die oder der Unabhängige Bundesbeauftragte für Antidiskriminierung ist verpflichtet, eine beabsichtigte Erwerbstätigkeit oder sonstige entgeltliche Beschäftigung außerhalb des öffentlichen Dienstes, die innerhalb der ersten 18 Monate nach dem Ende der Amtszeit oder einer anschließenden Geschäftsführung aufgenommen werden soll, schriftlich oder elektronisch gegenüber der Präsidentin oder dem Präsidenten des Deutschen Bundestages anzuzeigen. Die Präsidentin oder der Präsident des Deutschen Bundestages kann der oder dem Unabhängigen Bundesbeauftragten für Antidiskriminierung die beabsichtigte Erwerbstätigkeit oder sonstige entgeltliche Beschäftigung untersagen, soweit zu besorgen ist, dass öffentliche Interessen beeinträchtigt werden. Von einer Beeinträchtigung ist insbesondere dann auszugehen, wenn die beabsichtigte Erwerbstätigkeit oder sonstige entgeltliche Beschäftigung in Angelegenheiten oder Bereichen ausgeführt werden soll, in denen die oder der Unabhängige Bundesbeauftragte für Antidiskriminierung während der Amtszeit oder einer anschließenden Geschäftsführung tätig war. Eine Untersagung soll in der Regel die Dauer von einem Jahr nach dem Ende der Amtszeit oder einer anschließenden Geschäftsführung nicht überschreiten. In Fällen der schweren Beeinträchtigung öffentlicher Interessen kann eine Untersagung auch für die Dauer von bis zu 18 Monaten ausgesprochen werden.

§ 27 Aufgaben der Antidiskriminierungsstelle des Bundes

(1) Wer der Ansicht ist, wegen eines in § 1 genannten Grundes benachteiligt worden zu sein, kann sich an die Antidiskriminierungsstelle des Bundes wenden. An die Antidiskriminierungsstelle des Bundes können sich auch Beschäftigte wenden, die der Ansicht sind, benachteiligt worden zu sein auf Grund

1. der Beantragung oder Inanspruchnahme einer Freistellung von der Arbeitsleistung oder der Anpassung der Arbeitszeit als Eltern oder pflegende Angehörige nach dem Bundeselterngeld- und Elternzeitgesetz, dem Pflegezeitgesetz oder dem Familienpflegezeitgesetz,
2. des Fernbleibens von der Arbeit nach § 2 des Pflegezeitgesetzes oder
3. der Verweigerung ihrer persönlich zu erbringenden Arbeitsleistung aus dringenden familiären Gründen nach § 275 Absatz 3 des Bürgerlichen Gesetzbuchs, wenn eine Erkrankung oder ein Unfall ihre unmittelbare Anwesenheit erforderten.

(2) Die Antidiskriminierungsstelle des Bundes unterstützt auf unabhängige Weise Personen, die sich nach Absatz 1 an sie wenden, bei der Durchsetzung ihrer Rechte zum Schutz vor Benachteiligungen. Hierbei kann sie insbesondere

1. über Ansprüche und die Möglichkeiten des rechtlichen Vorgehens im Rahmen gesetzlicher Regelungen zum Schutz vor Benachteiligungen informieren,
2. Beratung durch andere Stellen vermitteln,
3. eine gütliche Beilegung zwischen den Beteiligten anstreben.

Soweit Beauftragte des Deutschen Bundestages oder der Bundesregierung zuständig sind, leitet die Antidiskriminierungsstelle des Bundes die Anliegen der in Absatz 1 genannten Personen mit deren Einverständnis unverzüglich an diese weiter.

(3) Die Antidiskriminierungsstelle des Bundes nimmt auf unabhängige Weise folgende Aufgaben wahr, soweit nicht die Zuständigkeit der Beauftragten der Bundesregierung oder des Deutschen Bundestages berührt ist:

1. Öffentlichkeitsarbeit,
2. Maßnahmen zur Verhinderung von Benachteiligungen aus den in § 1 genannten Gründen sowie von Benachteiligungen von Beschäftigten gemäß Absatz 1 Satz 2,
3. Durchführung wissenschaftlicher Untersuchungen zu diesen Benachteiligungen.

(4) Die Antidiskriminierungsstelle des Bundes und die in ihrem Zuständigkeitsbereich betroffenen Beauftragten der Bundesregierung und des Deutschen Bundestages legen gemeinsam dem Deutschen Bundestag alle vier Jahre Berichte über Benachteiligungen aus den in § 1 genannten Gründen sowie über Benachteiligungen von Beschäftigten gemäß Absatz 1 Satz 2 vor und geben Empfehlungen zur Beseitigung und Vermeidung dieser Benachteiligungen. Sie können gemeinsam wissenschaftliche Untersuchungen zu Benachteiligungen durchführen.

(5) Die Antidiskriminierungsstelle des Bundes und die in ihrem Zuständigkeitsbereich betroffenen Beauftragten der Bundesregierung und des Deutschen Bundestages sollen bei Benachteiligungen aus mehreren der in § 1 genannten Gründe zusammenarbeiten.

§ 28 Amtsbefugnisse der oder des Unabhängigen Bundesbeauftragten für Antidiskriminierung und Pflicht zur Unterstützung durch Bundesbehörden und öffentliche Stellen des Bundes

(1) Die oder der Unabhängige Bundesbeauftragte für Antidiskriminierung ist bei allen Vorhaben, die ihre oder seine Aufgaben berühren, zu beteiligen. Die Beteiligung soll möglichst frühzeitig erfolgen. Sie oder er kann der Bundesregierung Vorschläge machen und Stellungnahmen zuleiten.
(2) Die oder der Unabhängige Bundesbeauftragte für Antidiskriminierung informiert die Bundesministerien – vorbehaltlich anderweitiger gesetzlicher Bestimmungen – frühzeitig in Angelegenheiten von grundsätzlicher politischer Bedeutung, soweit Aufgaben der Bundesministerien betroffen sind.
(3) In den Fällen, in denen sich eine Person wegen einer Benachteiligung an die Antidiskriminierungsstelle des Bundes gewandt hat und die Antidiskriminierungsstelle des Bundes die gütliche Beilegung zwischen den Beteiligten anstrebt, kann die oder der Unabhängige Bundesbeauftragte für Antidiskriminierung Beteiligte um Stellungnahmen ersuchen, soweit die Person, die sich an die Antidiskriminierungsstelle des Bundes gewandt hat, hierzu ihr Einverständnis erklärt.
(4) Alle Bundesministerien, sonstigen Bundesbehörden und öffentlichen Stellen im Bereich des Bundes sind verpflichtet, die Unabhängige Bundesbeauftragte oder den Unabhängigen Bundesbeauftragten für Antidiskriminierung bei der Erfüllung der Aufgaben zu unterstützen, insbesondere die erforderlichen Auskünfte zu erteilen.

§ 29 Zusammenarbeit der Antidiskriminierungsstelle des Bundes mit Nichtregierungsorganisationen und anderen Einrichtungen

Die Antidiskriminierungsstelle des Bundes soll bei ihrer Tätigkeit Nichtregierungsorganisationen sowie Einrichtungen, die auf europäischer, Bundes-, Landes- oder regionaler Ebene zum Schutz vor Benachteiligungen wegen eines in § 1 genannten Grundes tätig sind, in geeigneter Form einbeziehen.

§ 30 Beirat der Antidiskriminierungsstelle des Bundes

(1) Zur Förderung des Dialogs mit gesellschaftlichen Gruppen und Organisationen, die sich den Schutz vor Benachteiligungen wegen eines in § 1 genannten Grundes zum Ziel gesetzt haben, wird der Antidiskriminierungsstelle des Bundes ein Beirat beigeordnet. Der Beirat berät die Antidiskriminierungsstelle des Bundes bei der Vorlage von Berichten und Empfehlungen an den Deutschen Bundestag nach § 27 Abs. 4 und kann hierzu sowie zu wissenschaftlichen Untersuchungen nach § 27 Abs. 3 Nr. 3 eigene Vorschläge unterbreiten.
(2) Das Bundesministerium für Familie, Senioren, Frauen und Jugend beruft im Einvernehmen mit der oder dem Unabhängigen Bundesbeauftragten für Antidiskriminierung sowie den entsprechend zuständigen Beauftragten der Bundesregie-

rung oder des Deutschen Bundestages die Mitglieder dieses Beirats und für jedes Mitglied eine Stellvertretung. In den Beirat sollen Vertreterinnen und Vertreter gesellschaftlicher Gruppen und Organisationen sowie Expertinnen und Experten in Benachteiligungsfragen berufen werden. Die Gesamtzahl der Mitglieder des Beirats soll 16 Personen nicht überschreiten. Der Beirat soll zu gleichen Teilen mit Frauen und Männern besetzt sein.
(3) Der Beirat gibt sich eine Geschäftsordnung, die der Zustimmung des Bundesministeriums für Familie, Senioren, Frauen und Jugend bedarf.
(4) Die Mitglieder des Beirats üben die Tätigkeit nach diesem Gesetz ehrenamtlich aus. Sie haben Anspruch auf Aufwandsentschädigung sowie Reisekostenvergütung, Tagegelder und Übernachtungsgelder. Näheres regelt die Geschäftsordnung.

Abschnitt 7 Schlussvorschriften

§ 31 Unabdingbarkeit
Von den Vorschriften dieses Gesetzes kann nicht zu Ungunsten der geschützten Personen abgewichen werden.

§ 32 Schlussbestimmung
Soweit in diesem Gesetz nicht Abweichendes bestimmt ist, gelten die allgemeinen Bestimmungen.

§ 33 Übergangsbestimmungen
(1) Bei Benachteiligungen nach den §§ 611a, 611b und 612 Abs. 3 des Bürgerlichen Gesetzbuchs oder sexuellen Belästigungen nach dem Beschäftigtenschutzgesetz ist das vor dem 18. August 2006 maßgebliche Recht anzuwenden.
(2) Bei Benachteiligungen aus Gründen der Rasse oder wegen der ethnischen Herkunft sind die §§ 19 bis 21 nicht auf Schuldverhältnisse anzuwenden, die vor dem 18. August 2006 begründet worden sind. Satz 1 gilt nicht für spätere Änderungen von Dauerschuldverhältnissen.
(3) Bei Benachteiligungen wegen des Geschlechts, der Religion, einer Behinderung, des Alters oder der sexuellen Identität sind die §§ 19 bis 21 nicht auf Schuldverhältnisse anzuwenden, die vor dem 1. Dezember 2006 begründet worden sind. Satz 1 gilt nicht für spätere Änderungen von Dauerschuldverhältnissen.
(4) Auf Schuldverhältnisse, die eine privatrechtliche Versicherung zum Gegenstand haben, ist § 19 Abs. 1 nicht anzuwenden, wenn diese vor dem 22. Dezember 2007 begründet worden sind. Satz 1 gilt nicht für spätere Änderungen solcher Schuldverhältnisse.
(5) Bei Versicherungsverhältnissen, die vor dem 21. Dezember 2012 begründet werden, ist eine unterschiedliche Behandlung wegen des Geschlechts im Falle des § 19 Absatz 1 Nummer 2 bei den Prämien oder Leistungen nur zulässig, wenn dessen Berücksichtigung bei einer auf relevanten und genauen versicherungsmathematischen und statistischen Daten beruhenden Risikobewertung ein bestimmender Faktor ist. Kosten im Zusammenhang mit Schwangerschaft und Mutterschaft dürfen auf keinen Fall zu unterschiedlichen Prämien oder Leistungen führen.

D. Behindertengleichstellungsgesetz (BGG)

I. Einführung

1. Zielsetzung: Was will das Gesetz?

a) Herstellung von Barrierefreiheit als wesentliches Ziel

Die UN-Behindertenrechtskonvention (UN-BRK) verlangt in ihrem **Art. 9**, Menschen mit einer Behinderung eine unabhängige Lebensführung und die volle Teilhabe in allen Bereichen des Lebens zu ermöglichen. Hierfür sind Maßnahmen zu ergreifen, um die **Zugänglichkeit aller Lebensbereiche** – öffentliche wie private – herzustellen und bestehende Zugangshindernisse und -barrieren festzustellen und zu beseitigen. Das Behindertengleichstellungsgesetz (BGG) ist dabei ein wichtiges Regelungswerk, um die Vorgaben der UN-BRK umzusetzen.[1] Mit seinen insgesamt 31 Paragrafen zielt das BGG darauf ab, *»die Benachteiligung von Menschen mit Behinderungen zu beseitigen und zu verhindern sowie ihre gleichberechtigte Teilhabe am Leben in der Gesellschaft zu gewährleisten und ihnen eine selbstbestimmte Lebensführung zu ermöglichen«* (§ 1 Abs. 1 BGG). Das Kernanliegen des BGG ist dabei, **Barrierefreiheit** herzustellen und vor Diskriminierungen durch Behörden zu schützen.

b) Anwendungsbereich und ergänzende (Landes-)Gesetze

Das BGG enthält, mit Ausnahme der Zielvereinbarungen in § 5 BGG und der Regelungen zu Assistenzhunden in den §§ 12e ff. BGG, fast ausschließlich Regelungen für Dienststellen und Einrichtungen der **Bundesverwaltung**. Zu diesen zählen auch einige Sozialversicherungsträger, soweit sie als bundesunmittelbare Körperschaften oder Anstalten organisiert sind. Dies trifft beispielsweise zu auf die Bundesagentur für Arbeit, die Deutsche Rentenversicherung Bund und einige bundeslandübergreifende Krankenkassen, wie die Barmer GEK und die Techniker Krankenkasse.[2] Zur digitalen Barrierefreiheit sind darüber hinaus auch andere öffentliche Stellen im Sinne des § 12 BGG verpflichtet.

Die Bundesländer haben für ihre Verwaltung eigene **Länder-BGG** geschaffen, die meist ähnliche Regelungen beinhalten wie das BGG des Bundes, teilweise aber auch weitergehende oder restriktivere Vorgaben treffen.[3] Zur Landesverwaltung zählen ebenfalls einige Sozialleistungsträger, wie die Allgemeinen Ortskrankenkassen

1 BT-Drs. 16/10808, S. 51.

2 Weitere Beispiele und Abgrenzungskriterien bei *Welti/Groskreutz/Hlava/Rambausek/Ramm/Wenckebach*, Evaluation des Behindertengleichstellungsgesetzes, BMAS-Forschungsbericht Sozialforschung 445, S. 89 ff., abrufbar unter https://www.bmas.de/DE/Service/Publikationen/Forschungsberichte/fb-445.html.

3 Hierzu *Welti u. a.*, Evaluation des BGG, S. 400 ff.

und manche Betriebskrankenkassen. Statt des nachfolgend abgedruckten BGG des Bundes kann daher auch ein Landes-BGG einschlägig sein – je nachdem, ob man es mit einem Träger der Bundes- oder Landesverwaltung zu tun hat.[4]

Geht es um die Barrierefreiheit eines Sozialleistungsträgers sind zudem stets die **sozialrechtlichen Vorgaben** zu beachten, die den Trägern teilweise strengere Pflichten auferlegen. Zu denken ist insbesondere an **§ 17 Abs. 1 Nr. 4 SGB I**, der alle Leistungsträger verpflichtet, darauf hinzuwirken, dass zum einen ihre eigenen Dienststellen und Verwaltungsgebäude frei von Barrieren sind, dass zum anderen aber auch die Leistungserbringer (Ärzte, Krankenhäuser, Rehabilitationsdienste und -einrichtungen, Anbieter von Schulungen nach dem SGB II oder SGB III, etc.) die Leistungen in barrierefreien Räumen ausführen. Diese Hinwirkungspflicht ist nicht nur ein bloßer Programmsatz, sondern kann als verbindliche Rechtspflicht verstanden werden.[5] Daneben spielen Fragen der Barrierefreiheit je nach Kontext in verschiedenen weiteren Gesetzen eine Rolle.[6]

2. Hintergrund: Wie kam es dazu?

Nachdem als Ergebnis der Verfassungskommission im Oktober 1994 der Zusatz »*Niemand darf wegen seiner Behinderung benachteiligt werden*« in **Art. 3 Abs. 3 Satz 2 GG** aufgenommen wurde, stellte sich die Frage, wie dieses grundrechtlich geschützte Benachteiligungsverbot mit Leben gefüllt werden kann. Auf einfachgesetzlicher Ebene beinhalten neben dem SGB IX über die Rehabilitation und Teilhabe behinderter Menschen und dem Allgemeinen Gleichbehandlungsgesetz (AGG) insbesondere auch das BGG des Bundes und die Länder-BGG relevante Vorgaben zur Gleichstellung behinderter Menschen und zur Barrierefreiheit.

Das BGG geht zurück auf einen Vorschlag des »Forums behinderter Juristinnen und Juristen« zu einem umfassenden Antidiskriminierungsgesetz. Die damalige Bundesregierung entschloss sich jedoch, die Gleichstellung behinderter Menschen in zwei getrennten Gesetzen zu regeln: Für die öffentlichen Träger wurde das BGG geschaffen, während im Bereich des Zivilrechts das – mit etwas Verzögerung beschlossene – AGG gelten sollte. Das BGG trat am 1. 5. 2002 in Kraft.

In den Jahren 2013 bis 2014 wurde das Gesetz wissenschaftlich evaluiert.[7] Hierbei stellte sich heraus, dass seine Regelungen in der Praxis noch zu unbekannt sind und zu selten umgesetzt werden. Außerdem zeigten sich verschiedene gesetzliche Defizite, z. B. bei der Einbeziehung von Menschen mit Lernschwierigkeiten bzw.

4 Kritisch in Bezug auf die Transparenz der Verantwortlichkeiten *Hlava*, Barrierefreie Gesundheitsversorgung, S. 311, 410; die Länder-BGG sind z. B. abgedruckt bei *Frehe/Welti*, Behindertengleichstellungsrecht; ein übersichtlicher Vergleich findet sich auf der Homepage des Deutschen Instituts für Menschenrechte unter https://www.institut-fuer-menschenrechte.de/das-institut/abteilungen/monitoring-stelle-un-behindertenrechtskonvention/bund-und-laender-im-vergleich.

5 Vgl. *Welti*, ZRP 2015, S. 184, 186; Frehe, br 1/2006, S. 7, 9; *Welti u. a.*, Evaluation des BGG, S. 459; *Engels u. a.*, Evaluierung des novellierten BGG, S. 121.

6 *Ritz/Hlava/Ramm* in: Fuchs/Ritz/Rosenow, SGB IX, BGG § 4 Rn. 7ff.

7 *Welti u. a.*, Evaluation des BGG.

einer sog. geistigen Behinderung. Insgesamt wurde das Gesetz aus dem Jahre 2002 den Vorgaben der später ratifizierten UN-BRK nicht hinreichend gerecht. Auf Grundlage der Erkenntnisse aus der Evaluation wurde das BGG daher **im Juli 2016 überarbeitetet und neugefasst.**[8] Die Änderungen sind größtenteils am 27.7.2016 in Kraft getreten. Die letzte Anpassung aus dieser Reform erfolgte zum 1.1.2018. Spätere Änderungen erfuhr das BGG durch das »Gesetz zur Verlängerung befristeter Regelungen im Arbeitsförderungsrecht und zur Umsetzung der Richtlinie (EU) 2016/2102 über den barrierefreien Zugang zu den Websites und mobilen Anwendungen öffentlicher Stellen« vom 10.7.2018.[9] Mit dem Teilhabestärkungsgesetz vom 1.7.2021 wurden schließlich Regelungen zu Assistenzhunden in die neuen §§ 12eff. BGG aufgenommen.
In der Zwischenzeit wurde das BGG ein weiteres Mal evaluiert und die Ergebnisse Ende 2022 veröffentlicht.[10] Hieraus ergab sich weiterer Anpassungsbedarf der rechtlichen Regelungen an die Vorgaben der UN-BRK. Eine Anpassung des BGG ist (auch im Koalitionsvertrag zwischen CDU, CSU und SPD für die 21. Legislaturperiode) angekündigt, wurde aber bislang noch nicht vorgenommen.

3. Inhalt: Was wird geregelt?

Das BGG regelt im Wesentlichen den barrierefreien und diskriminierungsfreien Kontakt mit Behörden der Bundesverwaltung (definiert in § 1 Abs. 1a BGG) sowie besondere Instrumente zur Rechtsdurchsetzung. Die Regelungen des BGG und seiner ergänzenden Verordnungen können darüber hinaus Vorbildcharakter für die Herstellung von Barrierefreiheit in privaten Betrieben haben. Das Instrument der Zielvereinbarungen (§ 5 BGG) kann zudem barrierefreie Betriebe fördern. Daneben enthält das Gesetz die Rechtsgrundlagen für die Arbeit des/der Behindertenbeauftragten der Bundesregierung (derzeit Jürgen Dusel). Ferner regelt es seit Juli 2021 das Recht auf Begleitung durch einen Assistenzhund in typischerweise für die Allgemeinheit zugänglichen Anlagen und Einrichtungen (von Behörden, aber auch privaten Betreibern) sowie die Ausbildung von Assistenzhunden (§§ 12eff. BGG).

a) Begriffsbestimmungen

aa) Behinderung

§ 3 BGG enthält eine Definition, was unter Behinderung zu verstehen ist. Der Begriff wurde im Zuge der Weiterentwicklung des BGG im Jahr 2016 stärker an den Wortlaut von Art. 1 UN-BRK angepasst. Behinderung entsteht danach durch eine Wechselwirkung zwischen einer gesundheitlichen Funktionsstörung und ungünstigen einstellungs- und umweltbedingten Barrieren, wenn dies dazu führen kann, dass ein Mensch daran gehindert wird, gleichberechtigt mit nichtbehinderten Men-

---

8 Zu den Änderungen vgl. *Hlava/Ramm/Welti*, SozSich 2016, S. 120ff.
9 BGBl. I S. 1117.
10 *Engels u. a.*, Evaluierung des novellierten BGG, BT-Drs. 20/4440.

schen an der Gesellschaft teilzuhaben. Der Behinderungsbegriff in § 3 BGG wurde anschließend im Zuge des Bundesteilhabegesetzes seit dem 1.1.2018 **inhaltsgleich in § 2 Abs. 1 Satz 1 SGB IX** übernommen. Das BGG unterscheidet nicht zwischen Menschen mit einer Schwerbehinderung und Menschen mit einer »leichteren« Behinderung. Auf die Feststellung eines bestimmten Grades der Behinderung kommt es ebenso wenig an.

bb) Barrierefreiheit

Eine zentrale Forderung des BGG ist die Schaffung von Barrierefreiheit. Was hierunter im Rechtssinne zu verstehen ist, definiert **§ 4 BGG**. Barrierefrei sind demnach *»gestaltete Lebensbereiche, wenn sie für Menschen mit Behinderungen in der allgemein üblichen Weise, ohne besondere Erschwernis und grundsätzlich ohne fremde Hilfe auffindbar, zugänglich und nutzbar sind«*.[11] Damit geht Barrierefreiheit weit über bauliche Maßnahmen für einen rollstuhlgerechten Zugang in ein Gebäude hinaus. Es bedeutet z. B. auch,

- dass blinde Menschen mit einem Screen-Reader die Inhalte einer Internetseite lesen können,
- dass Informationen auch in Form von Leichter Sprache bereitgestellt werden, damit sie für Menschen mit Lernschwierigkeiten verständlich sind,
- dass Bedienfelder, Klingeln und Schalter in einer Höhe angebracht sind, in der sie auch von kleinwüchsigen Menschen und Rollstuhlfahrern bedient werden können,
- dass Gefahrstellen wie Ampelübergänge und Maschinen mit visuellen und akustischen Signalen ausgestattet sind

und vieles mehr.

Dieser **umfassende Begriff** wird über den Anwendungsbereich des BGG hinaus auch in anderen Rechtsbereichen herangezogen, wenn es um die Frage geht, was Barrierefreiheit bedeutet.

b) Benachteiligungsverbot und angemessene Vorkehrungen

Ein Verbot der Benachteiligung behinderter Menschen durch öffentliche Träger beinhaltet **§ 7 Abs. 1 BGG**. Eine Benachteiligung kann **unmittelbar oder mittelbar** erfolgen und schließt auch Belästigungen mit ein. Hierbei ist zu berücksichtigen, dass Menschen zusätzlich aus weiteren Gründen diskriminiert werden können (z.B. Ausländer mit einer Behinderung) oder als Frau mit einer Behinderung besondere Bedarfe haben, die zu beachten sind (§ 2 BGG). Wird einem Menschen mit Behinderung die Begleitung durch einen Assistenzhund von einer Behörde verweigert, stellt dies ebenfalls eine Benachteiligung dar (ausdrücklich in § 12e Abs. 2 BGG).

---

11 Wie sich bestimmen lässt, welche Maßnahmen zur Barrierefreiheit rechtlich geboten sind, beschreibt *Welti*, Barrierefreiheit als Rechtsbegriff, in: Welti (Hrsg.), Rechtliche Instrumente zur Durchsetzung von Barrierefreiheit, 2013, S. 23, 28ff.

Außerdem regelt § 7 Abs. 1 Satz 4 BGG ausdrücklich, dass bei einem Verstoß gegen Vorgaben zur Barrierefreiheit die Vermutung besteht, dass eine behinderungsbedingte Benachteiligung vorliegt.
Die **Versagung angemessener Vorkehrungen** ist seit der Novellierung des BGG ebenso ausdrücklich als eine Form der Benachteiligung i. S. v. § 7 Abs. 2 BGG anerkannt. Das Konzept der angemessenen Vorkehrungen wurde insbesondere durch die UN-BRK (Art. 2 UAbs. 4) bekannt und bedeutet, dass im Einzelfall geeignete und erforderliche Maßnahmen getroffen werden, damit Menschen trotz einer Behinderung gleichberechtigt ihre Rechte ausüben können (näher unter B.I. 3. aa).

c) Pflichten zur Herstellung von Barrierefreiheit in Bundesbehörden

In den §§ 8–12d BGG sind die Verpflichtungen von Bundesbehörden zur Herstellung von Barrierefreiheit geregelt. Konkretisiert werden diese durch verschiedene Verordnungen. **§ 8 BGG** trifft Vorgaben zur **baulichen Barrierefreiheit**. Neben Regelungen für Neu-, Um- und Erweiterungsbauten finden sich dort auch Vorgaben für Bestandsgebäude und Mietobjekte, die jedoch weniger verbindlich ausgeprägt sind. Im Mietrecht regelt § 554 BGB, dass Mieter von ihren Vermietern verlangen können, dass sie barrierefreien Umbaumaßnahmen zustimmen – außer, dies wäre dem Vermieter im Einzelfall nicht zumutbar. Bei der Barrierefreiheit von Gebäuden sind auch stets die jeweiligen **Bauordnungen** der Länder zu beachten, die spezifischere Vorgaben treffen. Eine besondere Bedeutung haben in diesem Bereich die **DIN-Normen**, die konkrete Empfehlungen z. B. zur Breite von Türen und Aufzügen sowie dem Steigungswinkel von Rampen enthalten (relevant ist insbesondere die DIN 18040-1 für öffentlich zugängliche Gebäude).
Menschen mit einer Hör- oder Sprachbehinderung haben nach **§ 9 BGG** das Recht, in Verwaltungsverfahren einen Gebärdensprachdolmetscher oder andere **Kommunikationshilfen** zu verwenden und diese kostenfrei zur Verfügung gestellt zu bekommen. Das Nähere regelt die **Kommunikationshilfenverordnung (KHV)**. Diese nennt in § 3 KHV einige Kommunikationshilfen, -methoden und -mittel und bietet damit Anhaltspunkte, welche Unterstützungen beispielsweise auch im Betrieb gefordert werden könnten. Zu beachten ist dabei, dass die Deutsche Gebärdensprache und lautsprachbegleitende Gebärden nach § 6 BGG als eigenständige Sprachen anerkannt sind.
§ 10 BGG befasst sich mit dem Thema **barrierefreie Dokumente**. Blinde und sehbehinderte Menschen haben einen Anspruch darauf, dass ihnen Bescheide, öffentlich-rechtliche Verträge und Vordrucke in einem sie betreffenden Verwaltungsverfahren ohne zusätzliche Kosten barrierefrei zur Verfügung gestellt werden. Allgemein sind bei der Gestaltung solcher Dokumente die Bedürfnisse von Menschen mit einer Behinderung zu berücksichtigen. In der dazugehörigen **Verordnung über barrierefreie Dokumente (VBD)** wird u. a. konkretisiert, auf welche Weise die Zugänglichmachung erfolgen kann, nämlich in schriftlicher, elektronischer, akustischer, mündlicher oder einer anderen Weise (§ 3 Abs. 1 VBD). Wird ein Bescheid zugestellt, dann soll er möglichst gleichzeitig auch in barrierefreier Form zugänglich gemacht werden (§ 4 VBD). Geschieht dies nicht und hat die Behörde den blinden oder sehbehinderten Mensch auch nicht auf sein Wahlrecht hingewiesen,

in welcher Form die Zugänglichmachung erfolgen soll, dann kann ggf. auch nach Ablauf der Widerspruchsfrist noch gegen den Bescheid vorgegangen werden, da er nicht wahrgenommen werden konnte (sogenannte »Wiedereinsetzung in den vorigen Stand«).[12] Außerhalb des Rechtsrahmens des BGG soll mit dem von Deutschland und auch der EU unterzeichneten »Vertrag von Marrakesch« für Menschen mit einer Lese- oder Sehbehinderung ein leichterer Zugang zu barrierefreier Literatur geschaffen werden.[13]

Mit der Weiterentwicklung des BGG im Jahr 2016 wurde **§ 11 BGG** neu eingeführt, der speziell auf die Bedarfe von sog. geistig behinderten Menschen eingeht. Öffentliche Träger werden hierüber verpflichtet, Informationen vermehrt in Leichter Sprache bereitzustellen. Behörden sind im Regelfall dazu verpflichtet, mit Menschen mit einer geistigen oder seelischen Behinderung in **einfacher und verständlicher Sprache** zu kommunizieren, was auf Wunsch auch die Erläuterung von Dokumenten (wie Bescheide und Vordrucke) einschließt. Reicht dies nicht aus, soll die Erläuterung in **Leichter Sprache** erfolgen. Die Kosten dafür werden jeweils von den Behörden getragen.

Eine besondere Relevanz hat **§ 12a BGG**. Dieser richtet sich nicht nur an öffentliche Träger (Bundesbehörden), sondern darüber hinaus an alle in § 12 BGG genannten öffentlichen Stellen, zu denen u. U. auch private Einrichtungen zählen können, die überwiegend vom Bund finanziert werden oder an denen der Bund beteiligt ist. § 12a BGG regelt, dass öffentliche Stellen ihre **Internetangebote**, Apps und sonstigen Anwendungen für mobile Endgeräte, **einschließlich des Intranets,** für die Beschäftigten technisch so gestalten müssen, dass sie von Menschen mit einer Behinderung genutzt werden können (§ 12a Abs. 1 BGG). Die **Barrierefreie-Informationstechnik-Verordnung (BITV 2.0)** konkretisiert hierbei, welche technischen Standards anzuwenden sind, um eine Homepage etc. barrierefrei zu gestalten. Die BITV 2.0 wird daher auch außerhalb der Bundesverwaltung in vielen Bereichen als Maßstab verwendet, um Internetangebote für Menschen mit einer Behinderung – insbesondere blinde, sehbehinderte und geistig behinderte Menschen – zugänglich zu machen. Sie eignet sich darüber hinaus besonders dafür, die Standards zu definieren, wie das unternehmenseigene Intranet auch für Mitarbeiter:innen mit einer Behinderung barrierefrei nutzbar gemacht werden kann. Die BITV 2.0 stellt Bedingungen nach zwei Prioritäten auf, die früher in zwei Anlagen zur Verordnung festgelegt waren. Die Priorität I ist auf die vier Prinzipien Wahrnehmbarkeit, Bedienbarkeit, Verständlichkeit und Robustheit ausgerichtet. Sie umfasst beispielsweise die Bereitstellung von Text-Alternativen für Bilder, damit diese auch von blinden Menschen wahrgenommen werden können. Außerdem trifft sie Vorgaben zum »Aufblitzen« von Elementen, was für Menschen mit Epilepsie von Bedeutung ist. Weiter werden Bedingungen für eine einfache Struktur und Sprache des Angebots und zum Umgang mit Eingabefehlern bei Formular- oder Suchfunk-

12 Vgl. zu einer ähnlicher Regelung im Gerichtsverfahren: BSG vom 3.3.2009 – B 1 KR 69/08 B; *Welti u. a.*, Evaluation des BGG, S. 467; *Hlava*, jurisPR-SozR 21/2016, Anm. 5; vgl. auch Nachweise bei *Engels u. a.*, Evaluierung des novellierten BGG, S. 133.

13 Vgl. hierzu den Gesetzentwurf zur Umsetzung der Marrakesch-Richtlinie der EU in deutsches Recht, BT-Drs. 19/3071 vom 29.6.2018.

tionen aufgestellt und vieles mehr. Die weitergehenden Standards der Priorität II sind insbesondere für die zentralen Navigations- und Einstiegsangebote vorgesehen. Hier finden sich z. B. die Übersetzung von Audioinhalten in Gebärdensprache und die technische Möglichkeit, alle Elemente auch per Tastatur anzusteuern. Seit 2019 sind die meisten Standards nicht mehr in der BITV 2.0 selbst geregelt (damals in Anlage 1), sondern die Verordnung verweist hierfür zum Großteil auf die ebenfalls sehr detaillierten EU-weit geltenden Normen (§ 3 BITV 2.0). Hintergrund ist die Umsetzung der EU-Websitenrichtlinie 2016/2102.

Neben einem barrierefrei zu gestaltenden Intranet sind öffentliche Stellen als Dienstherren und Arbeitgeber nach **§ 12a Abs. 1 Satz 2 BGG** zudem verpflichtet, ihre **elektronischen Verwaltungsabläufe** wie die elektronische Aktenführung barrierefrei zu gestalten.[14] Die Umsetzung musste schrittweise bis zum 23. 6. 2021 erfolgen. Die Nutzung barrierefreier Informationstechnik ist bereits bei der Planung und Entwicklung sowie im Beschaffungsvorgang zu beachten. Nur bei einem unverhältnismäßigen technischen Aufwand kann davon abgesehen werden. Eine solche Verpflichtung kann ein Beispiel dafür sein, wie auch in privaten Betrieben die barrierefreie Gestaltung des Intranets und elektronischer Verwaltungsabläufe geregelt werden könnten.

d) Beratung und Unterstützung durch Bundesfachstelle für Barrierefreiheit

Die Bundesfachstelle für Barrierefreiheit ist die **zentrale Anlaufstelle** für Behörden **zu Fragen der Barrierefreiheit**. Darüber hinaus können sich aber beispielsweise auch Betriebe und Verbände von der Fachstelle beraten lassen (**§ 13 BGG**). Bei der Planung und Umsetzung eines barrierefreien Betriebs kann diese bei der Knappschaft-Bahn-See angesiedelte Fachstelle mit einer Erstberatung und Informationen zur Herstellung von Barrierefreiheit unterstützen.[15]

e) Zielvereinbarungen für Barrierefreiheit im Betrieb

Das Gesetz schafft zudem mit **§ 5 BGG** einen Rahmen für die Verhandlung und den Inhalt von **Zielvereinbarungen zwischen Behindertenverbänden und privaten Unternehmen**. In den Vereinbarungen lässt sich verbindlich festlegen, wie Barrierefreiheit vor Ort in den Betrieben hergestellt werden soll. Konkret können auf diese Weise ungenaue gesetzliche Vorgaben mit Blick auf die Besonderheiten vor Ort in den Betrieben präzisiert und praxistaugliche Umsetzungsschritte vereinbart werden.[16] Zielvereinbarungen i. S. d. § 5 BGG können nur von anerkannten Behindertenverbänden geschlossen werden. Die Anerkennung kann auch Gewerkschaften erteilt werden. Neben mehreren anderen Verbänden sind bislang auch der DGB und die IG Metall als Behindertenverbände anerkannt. Sie haben damit nach § 5 Abs. 1 Satz 2 BGG einen Anspruch darauf, dass Unternehmen mit ihnen über eine Zielvereinbarung ver-

14 S. auch *Hlava*, CuA 12/2020, 12 ff.

15 Nähere Informationen unter *https://www.bundesfachstelle-barrierefreiheit.de/*.

16 Vgl. auch BT-Drs. 14/7420, S. 20.

handeln. Es besteht jedoch keine gesetzliche Pflicht, dass eine Vereinbarung zustande kommt. Trotzdem kann der Abschluss von Zielvereinbarungen auch Unternehmen verschiedene Vorteile bieten (z. B. als Argument für den Arbeitgeber zur Einhaltung des Benachteiligungsverbots,[17] zur Erweiterung des Kundenstamms, mittels Zertifizierung als barrierefreier Betrieb durch die Verbände, zur Steigerung der Attraktivität als Arbeitgeber für behinderte oder ältere Fachkräfte etc.).
Zielvereinbarungen sind insgesamt eine sinnvolle Gestaltungsmöglichkeit, die unabhängig von Tarifverträgen, Betriebsvereinbarungen oder Inklusionsvereinbarungen besteht.

4. Rechtsdurchsetzung: Welche Wege gibt es?

Soweit die Vorgaben zur Herstellung von Barrierefreiheit **subjektive Ansprüche** begründen, können diese von der betroffenen Person gerichtlich geltend gemacht werden. Dies trifft beispielsweise auf die kostenfreie Bereitstellung eines Gebärdensprachdolmetschers nach § 9 Abs. 1 Satz 2 BGG zu. Die Praxis zeigt jedoch, dass Betroffene ihre Rechte aus dem BGG nur sehr selten auf dem Rechtsweg einfordern. Zudem betrifft mangelnde Barrierefreiheit nicht nur Einzelfälle, sondern eine unbestimmte Vielzahl an Menschen, und nicht jede gesetzliche Vorgabe für Behörden kann durch einen Einzelnen eingeklagt werden (sog. objektives Recht). Neben den Zielvereinbarungen nach § 5 BGG hat der Gesetzgeber daher anerkannten Behindertenverbänden, zu denen auch der DGB und die IG Metall gehören, die Möglichkeit gegeben, als Verband im eigenen Namen Verstöße gegen die Barrierefreiheit gerichtlich geltend zu machen. Die Verbände können zum einen anstelle eines konkret betroffenen Menschen mit einer Behinderung dessen Rechtsanspruch für ihn gerichtlich verfolgen (sog. **gesetzliche Prozessstandschaft, § 14 BGG**). Für den Betroffenen hat dies den Vorteil, dass er nicht selbst zum Kläger wird und ihm so die Last eines Gerichtsverfahrens abgenommen wird. Zum anderen können die Verbände aber auch von sich aus eine **Verbandsklage** erheben und die gerichtliche Feststellung eines Rechtsverstoßes verlangen **(§ 15 BGG)**.[18]
Mit der Neufassung des BGG wurde zudem über **§ 16 BGG** ein **Schlichtungsverfahren** eingeführt. Wurde jemand durch eine Bundesbehörde in seinen Rechten aus dem BGG verletzt, kann er oder sie sich an die Schlichtungsstelle wenden. Diese versucht dann, zwischen den Beteiligten zu vermitteln, um eine einvernehmliche außergerichtliche Lösung zu finden. Die Schlichtungsstelle wurde beim Bundes-Behindertenbeauftragten (aktuell Jürgen Dusel) eingerichtet. Sie steht sowohl den einzelnen Betroffenen als auch anerkannten Behindertenverbänden offen. Das Verfahren ist kostenfrei. Näheres regelt die **Behindertengleichstellungsschlichtungsverordnung (BGleiSV)**.[19]

17 Vgl. dazu auch *Welti u. a.*, Evaluation des BGG, S. 422.
18 Näher zu den Verbandsklagerechten vgl. *Hlava* in: Deinert/Welti/Luik/Brockmann, StichwortKommentar Behindertenrecht, Verbandsklage.
19 Die Schlichtungsstelle nach § 16 BGG hat die Aufgabe, Streitigkeiten zwischen Menschen mit Behinderungen und Trägern öffentlicher Gewalt zum Thema Barrierefreiheit außer-

5. Kurz gefasst: Was ist für die betriebliche Praxis relevant?

- Das BGG regelt die Barrierefreiheit von Bundesbehörden; ergänzend sind die Landesgesetze und ggf. weitere Bundesgesetze (insbesondere § 17 SGB I) zu beachten.
- Die detaillierten Regelungen in den Verordnungen zum BGG bieten auch Anhaltspunkte für die Barrierefreiheit von privaten Betrieben; dies trifft insbesondere auf Intranetangebote zu, die die technischen Standards der BITV 2.0 erfüllen sollten.
- Beratung und Unterstützung bei Fragen der Barrierefreiheit bieten die staatliche Bundesfachstelle für Barrierefreiheit, Gewerkschaften und andere Behindertenverbände.
- Anerkannte Behindertenverbände, wie auch der DGB und die IG Metall, können mit Unternehmen über Zielvereinbarungen zur Schaffung eines barrierefreien Betriebs verhandeln.
- Die anerkannten Verbände können Betroffene in Gerichtsverfahren gegen Behörden unterstützen, indem sie an ihrer Stelle selbst zum Kläger werden. Darüber hinaus können unabhängig vom Einzelfall Verbandsklagen erhoben werden.
- Ein kostenfreies Schlichtungsverfahren vor einer neutralen Stelle steht sowohl den Betroffenen als auch den anerkannten Verbänden zur Verfügung.

6. Weiterführende Literatur

Deinert/Welti/Luik/Brockmann (Hrsg.), StichwortKommentar Behindertenrecht, Arbeits- und Sozialrecht – Öffentliches Recht – Zivilrecht, 3. Aufl. 2022.

Engels/Franken/Heitzenröder/Welti/Janßen/Karatasiou/Rothe/Riegel/Trienekens/Wenckebach/Hlava/Seeland, Evaluierung des novellierten Behindertengleichstellungsgesetzes (BGG), BMAS-Forschungsbericht, 2022, Bundestagsdrucksache 20/4440, S. 7ff.

Frehe, Barrierefreie Gesundheitsversorgung, br 1/2006, S. 7ff.

Frehe/Welti (Hrsg.), Behindertengleichstellungsrecht. 3. Aufl. 2018.

Fuchs/Ritz/Rosenow (Hrsg.), SGB IX – Kommentar zum Recht behinderter Menschen, 7. Aufl. 2021.

Hlava, Chancen für die digitale Teilhabe [Digitale Inklusion], CuA 12/2020, S. 8ff.

Hlava, Welche Rechte haben Beschäftigte? [Digitale Inklusion], CuA 12/2020, S. 12ff.

Hlava, Barrierefreie Gesundheitsversorgung – Rechtliche Gewährleistung unter besonderer Berücksichtigung der Rechtsdurchsetzung, 2018.

Hlava, Barrierefreie Zugänglichmachung von Bescheiden und Urteilen, jurisPR-SozR 21/2016, Anm. 5.

gerichtlich beizulegen. Anders als viele Gerichtsverfahren sind **Schlichtungsverfahren kostenlos**. Es muss kein Rechtsbeistand eingeschaltet werden. Die Schlichtungsstelle ist zu erreichen über *www.schlichtungsstelle-bgg.de*.

Hlava/Ramm/Welti, Reform des Behindertengleichstellungsgesetzes – Stand und Perspektiven nach der Evaluation des Gesetzes, SozSich 2016, S. 120ff.

Hlava/Trienekens, Rechtsgrundlagen digitaler Teilhabe – Rechtliche Aspekte der Barrierefreiheit als Voraussetzung digitaler Teilhabe im Kontext von Menschen mit kognitiven Beeinträchtigungen, in: Kahle/Schädler (Hrsg.), Digitale Teilhabe und personenzentrierte Technologien im Kontext von Menschen mit Behinderungen, Marburg 2025, S. 47–59.

Welti (Hrsg.), Rechtliche Instrumente zur Durchsetzung von Barrierefreiheit, 2013.

Welti, Reformbedarf zur Gleichstellung und Barrierefreiheit, ZRP 2015, S. 184ff.

Welti/Frankenstein/Hlava, Angemessene Vorkehrungen und Sozialrecht, 2018.

Welti/Groskreutz/Hlava/Rambausek/Ramm/Wenckebach, Evaluation des Behindertengleichstellungsgesetzes, BMAS-Forschungsbericht Sozialforschung 455, 2014.

II. Gesetzestext

Behindertengleichstellungsgesetz (BGG)

Vom 27. April 2002 (BGBl. I S. 1467, 1468), zuletzt geändert durch Artikel 7 des Gesetzes vom 23. Mai 2022 (BGBl. I S. 760).

Inhaltsübersicht Seite

Abschnitt 1 Allgemeine Bestimmungen

§ 1 Ziel und Verantwortung der Träger öffentlicher Gewalt

(1) Ziel dieses Gesetzes ist es, die Benachteiligung von Menschen mit Behinderungen zu beseitigen und zu verhindern sowie ihre gleichberechtigte Teilhabe am Leben in der Gesellschaft zu gewährleisten und ihnen eine selbstbestimmte Lebensführung zu ermöglichen. Dabei wird ihren besonderen Bedürfnissen Rechnung getragen.

(1a) Träger öffentlicher Gewalt im Sinne dieses Gesetzes sind

1. Dienststellen und sonstige Einrichtungen der Bundesverwaltung einschließlich der bundesunmittelbaren Körperschaften, bundesunmittelbaren Anstalten und bundesunmittelbaren Stiftungen des öffentlichen Rechts,
2. Beliehene, die unter der Aufsicht des Bundes stehen, soweit sie öffentlich-rechtliche Verwaltungsaufgaben wahrnehmen, und
3. sonstige Bundesorgane, soweit sie öffentlich-rechtliche Verwaltungsaufgaben wahrnehmen.

(2) Die Träger der öffentlichen Gewalt sollen im Rahmen ihres jeweiligen Aufgabenbereichs die in Absatz 1 genannten Ziele aktiv fördern und bei der Planung von Maßnahmen beachten. Das Gleiche gilt für Landesverwaltungen, einschließlich der landesunmittelbaren Körperschaften, Anstalten und Stiftungen des öffentlichen Rechts, soweit sie Bundesrecht ausführen.

(3) Die Träger öffentlicher Gewalt sollen darauf hinwirken, dass Einrichtungen, Vereinigungen und juristische Personen des Privatrechts, an denen die Träger öffentlicher Gewalt unmittelbar oder mittelbar ganz oder überwiegend beteiligt sind, die Ziele dieses Gesetzes in angemessener Weise berücksichtigen. Gewähren Träger öffentlicher Gewalt Zuwendungen nach § 23 der Bundeshaushaltsordnung als institutionelle Förderungen, so sollen sie durch Nebenbestimmung zum Zuwendungsbescheid oder vertragliche Vereinbarung sicherstellen, dass die institutionellen Zuwendungsempfängerinnen und -empfänger die Grundzüge dieses Gesetzes anwenden. Aus der Nebenbestimmung zum Zuwendungsbescheid oder der vertraglichen Vereinbarung muss hervorgehen, welche Vorschriften anzuwenden sind. Die Sätze 2 und 3 gelten auch für den Fall, dass Stellen außerhalb der Bundes-

verwaltung mit Bundesmitteln im Wege der Zuweisung institutionell gefördert werden. Weitergehende Vorschriften bleiben von den Sätzen 1 bis 4 unberührt.
(4) Die Auslandsvertretungen des Bundes berücksichtigen die Ziele dieses Gesetzes im Rahmen der Wahrnehmung ihrer Aufgaben.

§ 2 Frauen mit Behinderungen; Benachteiligung wegen mehrerer Gründe

(1) Zur Durchsetzung der Gleichberechtigung von Frauen und Männern und zur Vermeidung von Benachteiligungen von Frauen mit Behinderungen wegen mehrerer Gründe sind die besonderen Belange von Frauen mit Behinderungen zu berücksichtigen und bestehende Benachteiligungen zu beseitigen. Dabei sind besondere Maßnahmen zur Förderung der tatsächlichen Durchsetzung der Gleichberechtigung von Frauen mit Behinderungen und zur Beseitigung bestehender Benachteiligungen zulässig.
(2) Unabhängig von Absatz 1 sind die besonderen Belange von Menschen mit Behinderungen, die von Benachteiligungen wegen einer Behinderung und wenigstens eines weiteren in § 1 des Allgemeinen Gleichbehandlungsgesetzes genannten Grundes betroffen sein können, zu berücksichtigen.

§ 3 Menschen mit Behinderungen

Menschen mit Behinderungen im Sinne dieses Gesetzes sind Menschen, die langfristige körperliche, seelische, geistige oder Sinnesbeeinträchtigungen haben, welche sie in Wechselwirkung mit einstellungs- und umweltbedingten Barrieren an der gleichberechtigten Teilhabe an der Gesellschaft hindern können. Als langfristig gilt ein Zeitraum, der mit hoher Wahrscheinlichkeit länger als sechs Monate andauert.

§ 4 Barrierefreiheit

Barrierefrei sind bauliche und sonstige Anlagen, Verkehrsmittel, technische Gebrauchsgegenstände, Systeme der Informationsverarbeitung, akustische und visuelle Informationsquellen und Kommunikationseinrichtungen sowie andere gestaltete Lebensbereiche, wenn sie für Menschen mit Behinderungen in der allgemein üblichen Weise, ohne besondere Erschwernis und grundsätzlich ohne fremde Hilfe auffindbar, zugänglich und nutzbar sind. Hierbei ist die Nutzung behinderungsbedingt notwendiger Hilfsmittel zulässig.

§ 5 Zielvereinbarungen

(1) Soweit nicht besondere gesetzliche oder verordnungsrechtliche Vorschriften entgegenstehen, sollen zur Herstellung der Barrierefreiheit Zielvereinbarungen zwischen Verbänden, die nach § 15 Absatz 3 anerkannt sind, und Unternehmen oder Unternehmensverbänden der verschiedenen Wirtschaftsbranchen für ihren jeweiligen sachlichen und räumlichen Organisations- oder Tätigkeitsbereich getroffen werden. Die anerkannten Verbände können die Aufnahme von Verhandlungen über Zielvereinbarungen verlangen.
(2) Zielvereinbarungen zur Herstellung von Barrierefreiheit enthalten insbesondere

1. die Bestimmung der Vereinbarungspartner und sonstige Regelungen zum Geltungsbereich und zur Geltungsdauer,

2. die Festlegung von Mindestbedingungen darüber, wie gestaltete Lebensbereiche im Sinne von § 4 künftig zu verändern sind, um dem Anspruch von Menschen mit Behinderungen auf Auffindbarkeit, Zugang und Nutzung zu genügen,
3. den Zeitpunkt oder einen Zeitplan zur Erfüllung der festgelegten Mindestbedingungen.

Sie können ferner eine Vertragsstrafenabrede für den Fall der Nichterfüllung oder des Verzugs enthalten.

(3) Ein Verband nach Absatz 1, der die Aufnahme von Verhandlungen verlangt, hat dies gegenüber dem Zielvereinbarungsregister (Absatz 5) unter Benennung von Verhandlungsparteien und Verhandlungsgegenstand anzuzeigen. Das Bundesministerium für Arbeit und Soziales gibt diese Anzeige auf seiner Internetseite bekannt. Innerhalb von vier Wochen nach der Bekanntgabe haben andere Verbände im Sinne des Absatzes 1 das Recht, den Verhandlungen durch Erklärung gegenüber den bisherigen Verhandlungsparteien beizutreten. Nachdem die beteiligten Verbände von Menschen mit Behinderungen eine gemeinsame Verhandlungskommission gebildet haben oder feststeht, dass nur ein Verband verhandelt, sind die Verhandlungen innerhalb von vier Wochen aufzunehmen.

(4) Ein Anspruch auf Verhandlungen nach Absatz 1 Satz 2 besteht nicht,
1. während laufender Verhandlungen im Sinne des Absatzes 3 für die nicht beigetretenen Verbände behinderter Menschen,
2. in Bezug auf diejenigen Unternehmen, die ankündigen, einer Zielvereinbarung beizutreten, über die von einem Unternehmensverband Verhandlungen geführt werden,
3. für den Geltungsbereich und die Geltungsdauer einer zustande gekommenen Zielvereinbarung,
4. in Bezug auf diejenigen Unternehmen, die einer zustande gekommenen Zielvereinbarung unter einschränkungsloser Übernahme aller Rechte und Pflichten beigetreten sind.

(5) Das Bundesministerium für Arbeit und Soziales führt ein Zielvereinbarungsregister, in das der Abschluss, die Änderung und die Aufhebung von Zielvereinbarungen nach den Absätzen 1 und 2 eingetragen werden. Der die Zielvereinbarung abschließende Verband behinderter Menschen ist verpflichtet, innerhalb eines Monats nach Abschluss einer Zielvereinbarung dem Bundesministerium für Arbeit und Soziales diese als beglaubigte Abschrift und in informationstechnisch erfassbarer Form zu übersenden sowie eine Änderung oder Aufhebung innerhalb eines Monats mitzuteilen.

§ 6 Gebärdensprache und Kommunikation von Menschen mit Hör- und Sprachbehinderungen

(1) Die Deutsche Gebärdensprache ist als eigenständige Sprache anerkannt.

(2) Lautsprachbegleitende Gebärden sind als Kommunikationsform der deutschen Sprache anerkannt.

(3) Menschen mit Hörbehinderungen (gehörlose, ertaubte und schwerhörige Menschen) und Menschen mit Sprachbehinderungen haben nach Maßgabe der

einschlägigen Gesetze das Recht, die Deutsche Gebärdensprache, lautsprachbegleitende Gebärden oder andere geeignete Kommunikationshilfen zu verwenden.

Abschnitt 2 Verpflichtung zur Gleichstellung und Barrierefreiheit

§ 7 Benachteiligungsverbot für Träger öffentlicher Gewalt

(1) Ein Träger öffentlicher Gewalt darf Menschen mit Behinderungen nicht benachteiligen. Eine Benachteiligung liegt vor, wenn Menschen mit und ohne Behinderungen ohne zwingenden Grund unterschiedlich behandelt werden und dadurch Menschen mit Behinderungen in der gleichberechtigten Teilhabe am Leben in der Gesellschaft unmittelbar oder mittelbar beeinträchtigt werden. Eine Benachteiligung liegt auch bei einer Belästigung im Sinne des § 3 Absatz 3 und 4 des Allgemeinen Gleichbehandlungsgesetzes in der jeweils geltenden Fassung vor, mit der Maßgabe, dass § 3 Absatz 4 des Allgemeinen Gleichbehandlungsgesetzes nicht auf den Anwendungsbereich des § 2 Absatz 1 Nummer 1 bis 4 des Allgemeinen Gleichbehandlungsgesetzes begrenzt ist. Bei einem Verstoß gegen eine Verpflichtung zur Herstellung von Barrierefreiheit wird das Vorliegen einer Benachteiligung widerleglich vermutet.
(2) Die Versagung angemessener Vorkehrungen für Menschen mit Behinderungen ist eine Benachteiligung im Sinne dieses Gesetzes. Angemessene Vorkehrungen sind Maßnahmen, die im Einzelfall geeignet und erforderlich sind, um zu gewährleisten, dass ein Mensch mit Behinderung gleichberechtigt mit anderen alle Rechte genießen und ausüben kann, und sie die Träger öffentlicher Gewalt nicht unverhältnismäßig oder unbillig belasten.
(3) In Bereichen bestehender Benachteiligungen von Menschen mit Behinderungen gegenüber Menschen ohne Behinderungen sind besondere Maßnahmen zum Abbau und zur Beseitigung dieser Benachteiligungen zulässig. Bei der Anwendung von Gesetzen zur tatsächlichen Durchsetzung der Gleichberechtigung von Frauen und Männern ist den besonderen Belangen von Frauen mit Behinderungen Rechnung zu tragen.
(4) Besondere Benachteiligungsverbote zu Gunsten von Menschen mit Behinderungen in anderen Rechtsvorschriften, insbesondere im Neunten Buch Sozialgesetzbuch, bleiben unberührt.

§ 8 Herstellung von Barrierefreiheit in den Bereichen Bau und Verkehr

(1) Zivile Neu-, Um- und Erweiterungsbauten im Eigentum des Bundes einschließlich der bundesunmittelbaren Körperschaften, Anstalten und Stiftungen des öffentlichen Rechts sollen entsprechend den allgemein anerkannten Regeln der Technik barrierefrei gestaltet werden. Von diesen Anforderungen kann abgewichen werden, wenn mit einer anderen Lösung in gleichem Maße die Anforderungen an die Barrierefreiheit erfüllt werden. Die landesrechtlichen Bestimmungen, insbesondere die Bauordnungen, bleiben unberührt.
(2) Der Bund einschließlich der bundesunmittelbaren Körperschaften, Anstalten und Stiftungen des öffentlichen Rechts soll anlässlich der Durchführung von investiven Baumaßnahmen nach Absatz 1 Satz 1 bauliche Barrieren in den nicht von diesen Baumaßnahmen unmittelbar betroffenen Gebäudeteilen, soweit sie dem

Publikumsverkehr dienen, feststellen und unter Berücksichtigung der baulichen Gegebenheiten abbauen, sofern der Abbau nicht eine unangemessene wirtschaftliche Belastung darstellt.

(3) Alle obersten Bundesbehörden und Verfassungsorgane erstellen über die von ihnen genutzten Gebäude, die im Eigentum des Bundes einschließlich der bundesunmittelbaren Körperschaften, Anstalten und Stiftungen des öffentlichen Rechts stehen, bis zum 30. Juni 2021 Berichte über den Stand der Barrierefreiheit dieser Bestandsgebäude und sollen verbindliche und überprüfbare Maßnahmen- und Zeitpläne zum weiteren Abbau von Barrieren erarbeiten.

(4) Der Bund einschließlich der bundesunmittelbaren Körperschaften, Anstalten und Stiftungen des öffentlichen Rechts ist verpflichtet, die Barrierefreiheit bei Anmietungen der von ihm genutzten Bauten zu berücksichtigen. Künftig sollen nur barrierefreie Bauten oder Bauten, in denen die baulichen Barrieren unter Berücksichtigung der baulichen Gegebenheiten abgebaut werden können, angemietet werden, soweit die Anmietung nicht eine unangemessene wirtschaftliche Belastung zur Folge hätte.

(5) Sonstige bauliche oder andere Anlagen, öffentliche Wege, Plätze und Straßen sowie öffentlich zugängliche Verkehrsanlagen und Beförderungsmittel im öffentlichen Personenverkehr sind nach Maßgabe der einschlägigen Rechtsvorschriften des Bundes barrierefrei zu gestalten. Weitergehende landesrechtliche Vorschriften bleiben unberührt.

§ 9 Recht auf Verwendung von Gebärdensprache und anderen Kommunikationshilfen

(1) Menschen mit Hörbehinderungen und Menschen mit Sprachbehinderungen haben nach Maßgabe der Rechtsverordnung nach Absatz 2 das Recht, mit Trägern öffentlicher Gewalt zur Wahrnehmung eigener Rechte im Verwaltungsverfahren in Deutscher Gebärdensprache, mit lautsprachbegleitenden Gebärden oder über andere geeignete Kommunikationshilfen zu kommunizieren. Auf Wunsch der Berechtigten stellen die Träger öffentlicher Gewalt die geeigneten Kommunikationshilfen im Sinne des Satzes 1 kostenfrei zur Verfügung oder tragen die hierfür notwendigen Aufwendungen.

(2) Das Bundesministerium für Arbeit und Soziales bestimmt durch Rechtsverordnung, die nicht der Zustimmung des Bundesrates bedarf,

1. Anlass und Umfang des Anspruchs auf Bereitstellung von geeigneten Kommunikationshilfen,
2. Art und Weise der Bereitstellung von geeigneten Kommunikationshilfen,
3. die Grundsätze für eine angemessene Vergütung oder eine Erstattung von notwendigen Aufwendungen für den Einsatz geeigneter Kommunikationshilfen und
4. die geeigneten Kommunikationshilfen im Sinne des Absatzes 1.

§ 10 Gestaltung von Bescheiden und Vordrucken

(1) Träger öffentlicher Gewalt haben bei der Gestaltung von Bescheiden, Allgemeinverfügungen, öffentlich-rechtlichen Verträgen und Vordrucken eine Behinderung von Menschen zu berücksichtigen. Blinde und sehbehinderte Menschen

können zur Wahrnehmung eigener Rechte im Verwaltungsverfahren nach Maßgabe der Rechtsverordnung nach Absatz 2 insbesondere verlangen, dass ihnen Bescheide, öffentlich-rechtliche Verträge und Vordrucke ohne zusätzliche Kosten auch in einer für sie wahrnehmbaren Form zugänglich gemacht werden.

(2) Das Bundesministerium für Arbeit und Soziales bestimmt durch Rechtsverordnung, die nicht der Zustimmung des Bundesrates bedarf, bei welchen Anlässen und in welcher Art und Weise die in Absatz 1 genannten Dokumente blinden und sehbehinderten Menschen zugänglich gemacht werden.

§ 11 Verständlichkeit und Leichte Sprache

(1) Träger öffentlicher Gewalt sollen mit Menschen mit geistigen Behinderungen und Menschen mit seelischen Behinderungen in einfacher und verständlicher Sprache kommunizieren. Auf Verlangen sollen sie ihnen insbesondere Bescheide, Allgemeinverfügungen, öffentlich-rechtliche Verträge und Vordrucke in einfacher und verständlicher Weise erläutern.

(2) Ist die Erläuterung nach Absatz 1 nicht ausreichend, sollen Träger öffentlicher Gewalt auf Verlangen Menschen mit geistigen Behinderungen und Menschen mit seelischen Behinderungen Bescheide, Allgemeinverfügungen, öffentlich-rechtliche Verträge und Vordrucke in Leichter Sprache erläutern.

(3) Kosten für Erläuterungen im notwendigen Umfang nach Absatz 1 oder 2 sind von dem zuständigen Träger öffentlicher Gewalt zu tragen. Der notwendige Umfang bestimmt sich nach dem individuellen Bedarf der Berechtigten.

(4) Träger öffentlicher Gewalt sollen Informationen vermehrt in Leichter Sprache bereitstellen. Die Bundesregierung wirkt darauf hin, dass die Träger öffentlicher Gewalt die Leichte Sprache stärker einsetzen und ihre Kompetenzen für das Verfassen von Texten in Leichter Sprache auf- und ausgebaut werden.

Abschnitt 2a Barrierefreie Informationstechnik öffentlicher Stellen des Bundes

§ 12 Öffentliche Stellen des Bundes

Öffentliche Stellen des Bundes sind

1. die Träger öffentlicher Gewalt,
2. sonstige Einrichtungen des öffentlichen Rechts, die als juristische Personen des öffentlichen oder des privaten Rechts zu dem besonderen Zweck gegründet worden sind, im Allgemeininteresse liegende Aufgaben nicht gewerblicher Art zu erfüllen, wenn sie
   a) überwiegend vom Bund finanziert werden,
   b) hinsichtlich ihrer Leitung oder Aufsicht dem Bund unterstehen oder
   c) ein Verwaltungs-, Leitungs- oder Aufsichtsorgan haben, das mehrheitlich aus Mitgliedern besteht, die durch den Bund ernannt worden sind, und
3. Vereinigungen, an denen mindestens eine öffentliche Stelle nach Nummer 1 oder Nummer 2 beteiligt ist, wenn
   a) die Vereinigung überwiegend vom Bund finanziert wird,
   b) die Vereinigung über den Bereich eines Landes hinaus tätig wird,

c) dem Bund die absolute Mehrheit der Anteile an der Vereinigung gehört oder

d) dem Bund die absolute Mehrheit der Stimmen an der Vereinigung zusteht.

Eine überwiegende Finanzierung durch den Bund wird angenommen, wenn er mehr als 50 Prozent der Gesamtheit der Mittel aufbringt.

§ 12a Barrierefreie Informationstechnik

(1) Öffentliche Stellen des Bundes gestalten ihre Websites und mobilen Anwendungen, einschließlich der für die Beschäftigten bestimmten Angebote im Intranet, barrierefrei. Schrittweise, spätestens bis zum 23. Juni 2021, gestalten sie ihre elektronisch unterstützten Verwaltungsabläufe, einschließlich ihrer Verfahren zur elektronischen Vorgangsbearbeitung und elektronischen Aktenführung, barrierefrei. Die grafischen Programmoberflächen sind von der barrierefreien Gestaltung umfasst.

(2) Die barrierefreie Gestaltung erfolgt nach Maßgabe der aufgrund des § 12d zu erlassenden Verordnung. Soweit diese Verordnung keine Vorgaben enthält, erfolgt die barrierefreie Gestaltung nach den anerkannten Regeln der Technik.

(3) Insbesondere bei Neuanschaffungen, Erweiterungen und Überarbeitungen ist die barrierefreie Gestaltung bereits bei der Planung, Entwicklung, Ausschreibung und Beschaffung zu berücksichtigen.

(4) Unberührt bleiben die Regelungen zur behinderungsgerechten Einrichtung und Unterhaltung der Arbeitsstätten zugunsten von Menschen mit Behinderungen in anderen Rechtsvorschriften, insbesondere im Neunten Buch Sozialgesetzbuch.

(5) Die Pflichten aus Abschnitt 2a gelten nicht für Websites und mobile Anwendungen jener öffentlichen Stellen des Bundes nach § 12 Satz 1 Nummer 2 und 3, die keine für die Öffentlichkeit wesentlichen Dienstleistungen oder speziell auf die Bedürfnisse von Menschen mit Behinderungen ausgerichtete oder für diese konzipierte Dienstleistungen anbieten.

(6) Von der barrierefreien Gestaltung können öffentliche Stellen des Bundes ausnahmsweise absehen, soweit sie durch eine barrierefreie Gestaltung unverhältnismäßig belastet würden.

(7) Der Bund wirkt darauf hin, dass gewerbsmäßige Anbieter von Websites sowie von grafischen Programmoberflächen und mobilen Anwendungen, die mit Mitteln der Informationstechnik dargestellt werden, aufgrund von Zielvereinbarungen nach § 5 Absatz 2 ihre Produkte so gestalten, dass sie barrierefrei genutzt werden können.

(8) Angebote öffentlicher Stellen im Internet, die auf Websites Dritter veröffentlicht werden, sind soweit möglich barrierefrei zu gestalten.

§ 12b Erklärung zur Barrierefreiheit

(1) Die öffentlichen Stellen des Bundes veröffentlichen eine Erklärung zur Barrierefreiheit ihrer Websites oder mobilen Anwendungen.

(2) Die Erklärung zur Barrierefreiheit enthält

1. für den Fall, dass ausnahmsweise keine vollständige barrierefreie Gestaltung erfolgt ist,

a) die Benennung der Teile des Inhalts, die nicht vollständig barrierefrei gestaltet sind,
b) die Gründe für die nicht barrierefreie Gestaltung sowie
c) gegebenenfalls einen Hinweis auf barrierefrei gestaltete Alternativen,
2. eine unmittelbar zugängliche barrierefrei gestaltete Möglichkeit, elektronisch Kontakt aufzunehmen, um noch bestehende Barrieren mitzuteilen und um Informationen zur Umsetzung der Barrierefreiheit zu erfragen,
3. einen Hinweis auf das Schlichtungsverfahren nach § 16, der
a) die Möglichkeit, ein solches Schlichtungsverfahren durchzuführen, erläutert und
b) die Verlinkung zur Schlichtungsstelle enthält.

(3) Zu veröffentlichen ist die Erklärung zur Barrierefreiheit
1. auf Websites öffentlicher Stellen des Bundes, die nicht vor dem 23. September 2018 veröffentlicht wurden: ab dem 23. September 2019,
2. auf Websites öffentlicher Stellen des Bundes, die nicht unter Nummer 1 fallen: ab dem 23. September 2020,
3. auf mobilen Anwendungen öffentlicher Stellen des Bundes: ab dem 23. Juni 2021.

(4) Die öffentliche Stelle des Bundes antwortet auf Mitteilungen oder Anfragen, die ihr aufgrund der Erklärung zur Barrierefreiheit übermittelt werden, spätestens innerhalb eines Monats.

§ 12c Berichterstattung über den Stand der Barrierefreiheit

(1) Die obersten Bundesbehörden erstatten alle drei Jahre, erstmals zum 30. Juni 2021, der Überwachungsstelle des Bundes für Barrierefreiheit von Informationstechnik (§ 13 Absatz 3) Bericht über den Stand der Barrierefreiheit
1. der Websites und mobilen Anwendungen, einschließlich der Intranetangebote, der obersten Bundesbehörden,
2. der elektronisch unterstützten Verwaltungsabläufe.

Sie erstellen verbindliche und überprüfbare Maßnahmen- und Zeitpläne zum weiteren Abbau von Barrieren ihrer Informationstechnik.

(2) Die Länder erstatten alle drei Jahre, erstmals zum 30. Juni 2021, der Überwachungsstelle des Bundes für Barrierefreiheit von Informationstechnik (§ 13 Absatz 3) Bericht über den Stand der Barrierefreiheit
1. der Websites der öffentlichen Stellen der Länder und
2. der mobilen Anwendungen der öffentlichen Stellen der Länder.

Zu berichten ist insbesondere über die Ergebnisse ihrer Überwachung nach Artikel 8 Absatz 1 bis 3 der Richtlinie (EU) 2016/2102. Art und Form des Berichts richten sich nach den Anforderungen, die auf der Grundlage des Artikels 8 Absatz 6 der Richtlinie (EU) 2016/2102 festgelegt werden.

§ 12d Verordnungsermächtigung

Das Bundesministerium für Arbeit und Soziales wird ermächtigt durch Rechtsverordnung, die nicht der Zustimmung des Bundesrates bedarf, Bestimmungen zu erlassen über

1. diejenigen Websites und mobilen Anwendungen sowie Inhalte von Websites und mobilen Anwendungen, auf die sich der Geltungsbereich der Verordnung bezieht,
2. die technischen Standards, die öffentliche Stellen des Bundes bei der barrierefreien Gestaltung anzuwenden haben, und den Zeitpunkt, ab dem diese Standards anzuwenden sind,
3. die Bereiche und Arten amtlicher Informationen, die barrierefrei zu gestalten sind,
4. die konkreten Anforderungen der Erklärung zur Barrierefreiheit,
5. die konkreten Anforderungen der Berichterstattung über den Stand der Barrierefreiheit und
6. die Einzelheiten des Überwachungsverfahrens nach § 13 Absatz 3 Satz 2 Nummer 1.

Abschnitt 2b Assistenzhunde

§ 12e Menschen mit Behinderungen in Begleitung durch Assistenzhunde

(1) Träger öffentlicher Gewalt sowie Eigentümer, Besitzer und Betreiber von beweglichen oder unbeweglichen Anlagen und Einrichtungen dürfen Menschen mit Behinderungen in Begleitung durch ihren Assistenzhund den Zutritt zu ihren typischerweise für den allgemeinen Publikums- und Benutzungsverkehr zugänglichen Anlagen und Einrichtungen nicht wegen der Begleitung durch ihren Assistenzhund verweigern, soweit nicht der Zutritt mit Assistenzhund eine unverhältnismäßige oder unbillige Belastung darstellen würde. Weitergehende Rechte von Menschen mit Behinderungen bleiben unberührt.

(2) Eine nach Absatz 1 unberechtigte Verweigerung durch Träger öffentlicher Gewalt gilt als Benachteiligung im Sinne von § 7 Absatz 1.

(3) Ein Assistenzhund ist ein unter Beachtung des Tierschutzes und des individuellen Bedarfs eines Menschen mit Behinderungen speziell ausgebildeter Hund, der aufgrund seiner Fähigkeiten und erlernten Assistenzleistungen dazu bestimmt ist, diesem Menschen die selbstbestimmte Teilhabe am gesellschaftlichen Leben zu ermöglichen, zu erleichtern oder behinderungsbedingte Nachteile auszugleichen. Dies ist der Fall, wenn der Assistenzhund

1. zusammen mit einem Menschen mit Behinderungen als Mensch-Assistenzhund-Gemeinschaft im Sinne des § 12g zertifiziert ist oder
2. von einem Träger der gesetzlichen Sozialversicherung, einem Träger nach § 6 des Neunten Buches Sozialgesetzbuch, einem Beihilfeträger, einem Träger der Heilfürsorge oder einem privaten Versicherungsunternehmen als Hilfsmittel zur Teilhabe oder zum Behinderungsausgleich anerkannt ist oder
3. im Ausland als Assistenzhund anerkannt ist und dessen Ausbildung den Anforderungen des § 12f Satz 2 entspricht oder
4. zusammen mit einem Menschen mit Behinderungen als Mensch-Assistenzhund-Gemeinschaft vor dem 1. Juli 2023
   a) in einer den Anforderungen des § 12f Satz 2 entsprechenden Weise ausgebildet und entsprechend § 12g Satz 2 erfolgreich geprüft wurde oder

b) sich in einer den Anforderungen des § 12f Satz 2 entsprechenden Ausbildung befunden hat und innerhalb von zwölf Monaten nach dem 1. Juli 2023 diese Ausbildung beendet und mit einer § 12g Satz 2 entsprechenden Prüfung erfolgreich abgeschlossen hat.

(4) Ein Assistenzhund ist als solcher zu kennzeichnen.

(5) Für den Assistenzhund ist eine Haftpflichtversicherung zur Deckung der durch ihn verursachten Personenschäden, Sachschäden und sonstigen Vermögensschäden abzuschließen und aufrechtzuerhalten.

(6) Für Blindenführhunde und andere Assistenzhunde, die als Hilfsmittel im Sinne des § 33 des Fünften Buches Sozialgesetzbuch gewährt werden, finden die §§ 12f bis 12k und die Vorgaben einer Rechtsverordnung nach § 12l Nummer 1, 2 und 4 bis 6 dieses Gesetzes keine Anwendung.

§ 12f Ausbildung von Assistenzhunden

Assistenzhund und die Gemeinschaft von Mensch und Tier (Mensch-Assistenzhund-Gemeinschaft) bedürfen einer geeigneten Ausbildung durch eine oder begleitet von einer Ausbildungsstätte für Assistenzhunde (§ 12i). Gegenstand der Ausbildung sind insbesondere die Schulung des Sozial- und Umweltverhaltens sowie des Gehorsams des Hundes, grundlegende und spezifische Hilfeleistungen des Hundes, das langfristige Funktionieren der Mensch-Assistenzhund-Gemeinschaft sowie die Vermittlung der notwendigen Kenntnisse und Fähigkeiten an den Halter, insbesondere im Hinblick auf die artgerechte Haltung des Assistenzhundes. Aufgabe der Ausbildungsstätte ist dabei nicht nur das Bereitstellen eines Assistenzhundes, sondern nach Abschluss der Ausbildung bei Bedarf auch die nachhaltige Unterstützung des Assistenzhundehalters.

§ 12g Prüfung von Assistenzhunden und der Mensch-Assistenzhund-Gemeinschaft

Der Abschluss der Ausbildung des Hundes und der Mensch-Assistenzhund-Gemeinschaft nach § 12f erfolgt durch eine Prüfung. Die Prüfung dient dazu, die Eignung als Assistenzhund und die Zusammenarbeit der Mensch-Assistenzhund-Gemeinschaft nachzuweisen. Die bestandene Prüfung ist durch ein Zertifikat eines Prüfers im Sinne von § 12j Absatz 2 zu bescheinigen.

§ 12h Haltung von Assistenzhunden

(1) Der Halter eines Assistenzhundes ist zur artgerechten Haltung des Assistenzhundes verpflichtet. Die Anforderungen des Tierschutzgesetzes in der Fassung der Bekanntmachung vom 18. Mai 2006 (BGBl. I S. 1206, 1313), das zuletzt durch Artikel 280 der Verordnung vom 19. Juni 2020 (BGBl. I S. 1328) geändert worden ist, in der jeweils geltenden Fassung sowie der Tierschutz-Hundeverordnung vom 2. Mai 2001 (BGBl. I S. 838), die zuletzt durch Artikel 3 der Verordnung vom 12. Dezember 2013 (BGBl. I S. 4145) geändert worden ist, in der jeweils geltenden Fassung, bleiben unberührt.

(2) Soweit aufgrund der Art der Behinderung oder des Alters des Menschen mit Behinderungen die artgerechte Haltung des Assistenzhundes in der Mensch-Assistenzhund-Gemeinschaft nicht sichergestellt ist, ist die Versorgung des Assistenz-

hundes durch eine weitere Bezugsperson sicherzustellen. In diesem Fall gilt diese Bezugsperson als Halter des Assistenzhundes.

§ 12i Zulassung einer Ausbildungsstätte für Assistenzhunde

Eine Ausbildungsstätte, die Assistenzhunde nach § 12f ausbildet, bedarf der Zulassung durch eine fachliche Stelle. Die Zulassung ist jährlich durch die fachliche Stelle zu überprüfen. Eine Ausbildungsstätte für Assistenzhunde ist auf Antrag zuzulassen, wenn sie

1. über eine Erlaubnis nach § 11 Absatz 1 Satz 1 Nummer 8 Buchstabe f des Tierschutzgesetzes verfügt oder, soweit eine solche Erlaubnis nicht erforderlich ist, wenn die verantwortliche Person der Ausbildungsstätte die erforderlichen Kenntnisse und Fähigkeiten besitzt,
2. über die erforderliche Sachkunde verfügt, die eine erfolgreiche Ausbildung von Assistenzhunden sowie der Mensch-Assistenzhund-Gemeinschaft erwarten lässt, und
3. die Anforderungen der Verordnung gemäß § 12l erfüllt und ein System zur Qualitätssicherung anwendet.

Der Antrag muss alle Angaben und Nachweise erhalten, die erforderlich sind, um das Vorliegen der Voraussetzungen nach Satz 2 festzustellen. Das Zulassungsverfahren folgt dem Verfahren nach DIN EN ISO/IEC 17065:20131[20]. Die Zulassung einer Ausbildungsstätte ist jeweils auf längstens fünf Jahre zu befristen. Die fachliche Stelle bescheinigt die Kompetenz und Leistungsfähigkeit der Ausbildungsstätte durch ein Zulassungszertifikat.

§ 12j Fachliche Stelle und Prüfer

(1) Als fachliche Stelle dürfen nur Zertifizierungsstellen für Produkte, Prozesse und Dienstleistungen nach DIN EN ISO/IEC 17065:2013 tätig werden, die von einer nationalen Akkreditierungsstelle im Sinne der Verordnung (EG) Nr. 765/2008 des Europäischen Parlaments und des Rates vom 9. Juli 2008 über die Vorschriften für die Akkreditierung und Marktüberwachung im Zusammenhang mit der Vermarktung von Produkten und zur Aufhebung der Verordnung (EWG) Nr. 339/93 des Rates (ABl. L 218 vom 13.8.2008, S. 30), die durch die Verordnung (EU) 2019/1020 (ABl. L 169 vom 25.6.2019, S. 1) geändert worden ist, in der jeweils geltenden Fassung akkreditiert worden sind. Die Akkreditierung ist jeweils auf längstens fünf Jahre zu befristen. Das Bundesministerium für Arbeit und Soziales übt im Anwendungsbereich dieses Gesetzes die Aufsicht über die nationale Akkreditierungsstelle aus.

(2) Als Prüfer dürfen nur Stellen, die Personen zertifizieren, nach DIN EN ISO/IEC 17024:20122[21] tätig werden, die von einer nationalen Akkreditierungsstelle im

20 Amtlicher Hinweis: Die bezeichnete technische Norm ist zu beziehen bei der Beuth Verlag GmbH, 10772 Berlin und in der Deutschen Nationalbibliothek archivmäßig gesichert, niedergelegt und einsehbar.

21 Amtlicher Hinweis: Die in § 12j Absatz 2 bezeichneten technischen Normen sind zu beziehen bei der Beuth Verlag GmbH, 10772 Berlin und in der Deutschen Nationalbibliothek archivmäßig gesichert, niedergelegt und einsehbar.

Sinne der Verordnung (EG) Nr. 765/2008 in der jeweils geltenden Fassung akkreditiert worden sind. Die Akkreditierung ist jeweils auf längstens fünf Jahre zu befristen. Ist der Prüfer zugleich als Ausbildungsstätte im Sinne von § 12i tätig, kann die Akkreditierung erteilt werden, wenn die Unabhängigkeitsanforderungen durch interne organisatorische Trennung und die Anforderungen gemäß Nummer 5.2.3 der DIN EN ISO/IEC 17024:20122 erfüllt werden. Die näheren Anforderungen an das Akkreditierungsverfahren ergeben sich aus der Verordnung gemäß § 12l.

§ 12k Studie zur Untersuchung

Das Bundesministerium für Arbeit und Soziales untersucht die Umsetzung und die Auswirkungen der §§ 12e bis 12l in den Jahren 2021 bis 2024. Im Rahmen dieser Studie können Ausgaben wie beispielsweise die Anschaffungs-, Ausbildungs- und Haltungskosten der in die Studie einbezogenen Mensch-Assistenzhund-Gemeinschaften getragen werden.

§ 12l Verordnungsermächtigung

Das Bundesministerium für Arbeit und Soziales wird ermächtigt, im Einvernehmen mit dem Bundesministerium für Ernährung und Landwirtschaft durch Rechtsverordnung, die nicht der Zustimmung des Bundesrates bedarf, Folgendes zu regeln:

1. Näheres über die erforderliche Beschaffenheit des Assistenzhundes, insbesondere Wesensmerkmale, Alter und Gesundheit des auszubildenden Hundes sowie über die vom Assistenzhund zu erbringenden Unterstützungsleistungen,
2. Näheres über die Anerkennung von am 1. Juli 2023 in Ausbildung befindlichen oder bereits ausgebildeten Assistenzhunden sowie von im Ausland anerkannten Assistenzhunden einschließlich des Verfahrens,
3. Näheres über die erforderliche Kennzeichnung des Assistenzhundes sowie zum Umfang des notwendigen Versicherungsschutzes,
4. Näheres über den Inhalt der Ausbildung nach § 12f und der Prüfung nach § 12g sowie über die Zulassung als Prüfer jeweils einschließlich des Verfahrens sowie des zu erteilenden Zertifikats,
5. Näheres über die Voraussetzungen für die Akkreditierung als fachliche Stelle einschließlich des Verfahrens,
6. nähere Voraussetzungen für die Zulassung als Ausbildungsstätte für Assistenzhunde einschließlich des Verfahrens.

Abschnitt 3 Bundesfachstelle für Barrierefreiheit

§ 13 Bundesfachstelle für Barrierefreiheit

(1) Bei der Deutschen Rentenversicherung Knappschaft-Bahn-See wird eine Bundesfachstelle für Barrierefreiheit errichtet.

(2) Die Bundesfachstelle für Barrierefreiheit ist zentrale Anlaufstelle zu Fragen der Barrierefreiheit für die Träger öffentlicher Gewalt. Sie berät darüber hinaus auch die übrigen öffentlichen Stellen des Bundes, Wirtschaft, Verbände und Zivilgesellschaft auf Anfrage. Ihre Aufgaben sind:

1. zentrale Anlaufstelle und Erstberatung,
2. Bereitstellung, Bündelung und Weiterentwicklung von unterstützenden Informationen zur Herstellung von Barrierefreiheit,
3. Unterstützung der Beteiligten bei Zielvereinbarungen nach § 5 im Rahmen der verfügbaren finanziellen und personellen Kapazitäten,
4. Aufbau eines Netzwerks,
5. Begleitung von Forschungsvorhaben zur Verbesserung der Datenlage und zur Herstellung von Barrierefreiheit und
6. Bewusstseinsbildung durch Öffentlichkeitsarbeit.

Ein Expertenkreis, dem mehrheitlich Vertreterinnen und Vertreter der Verbände von Menschen mit Behinderungen angehören, berät die Fachstelle.

(3) Bei der Bundesfachstelle Barrierefreiheit wird eine Überwachungsstelle des Bundes für Barrierefreiheit von Informationstechnik eingerichtet. Ihre Aufgaben sind,
1. periodisch zu überwachen, ob und inwiefern Websites und mobile Anwendungen öffentlicher Stellen des Bundes den Anforderungen an die Barrierefreiheit genügen,
2. die öffentlichen Stellen anlässlich der Prüfergebnisse zu beraten,
3. die Berichte der obersten Bundesbehörden und der Länder auszuwerten,
4. den Bericht der Bundesrepublik Deutschland an die Kommission nach Artikel 8 Absatz 4 bis 6 der Richtlinie (EU) 2016/2102 vorzubereiten und
5. als sachverständige Stelle die Schlichtungsstelle nach § 16 zu unterstützen.

(4) Das Bundesministerium für Arbeit und Soziales führt die Fachaufsicht über die Durchführung der in den Absätzen 2 und 3 genannten Aufgaben.

Abschnitt 4 Rechtsbehelfe

§ 14 Vertretungsbefugnisse in verwaltungs- oder sozialrechtlichen Verfahren

Werden Menschen mit Behinderungen in ihren Rechten aus § 7 Absatz 1, § 8 Absatz 1, § 9 Absatz 1, § 10 Absatz 1 Satz 2 oder § 12a, soweit die Verpflichtung von Trägern öffentlicher Gewalt zur barrierefreien Gestaltung von Websites und mobilen Anwendungen, die für die Öffentlichkeit bestimmt sind, betroffen ist, verletzt, können an ihrer Stelle und mit ihrem Einverständnis Verbände nach § 15 Absatz 3, die nicht selbst am Verfahren beteiligt sind, Rechtsschutz beantragen; Gleiches gilt bei Verstößen gegen Vorschriften des Bundesrechts, die einen Anspruch auf Herstellung von Barrierefreiheit im Sinne des § 4 oder auf Verwendung von Gebärden oder anderen Kommunikationshilfen im Sinne des § 6 Absatz 3 vorsehen. In diesen Fällen müssen alle Verfahrensvoraussetzungen wie bei einem Rechtsschutzersuchen durch den Menschen mit Behinderung selbst vorliegen.

§ 15 Verbandsklagerecht

(1) Ein nach Absatz 3 anerkannter Verband kann, ohne in seinen Rechten verletzt zu sein, Klage nach Maßgabe der Verwaltungsgerichtsordnung oder des Sozialgerichtsgesetzes erheben auf Feststellung eines Verstoßes gegen
1. das Benachteiligungsverbot für Träger der öffentlichen Gewalt nach § 7 Absatz 1 und die Verpflichtung des Bundes zur Herstellung der Barrierefreiheit in § 8 Absatz 1, § 9 Absatz 1 und § 10 Absatz 1 Satz 2 sowie in § 12a, soweit die

Verpflichtung von Trägern öffentlicher Gewalt zur barrierefreien Gestaltung von Websites und mobilen Anwendungen, die für die Öffentlichkeit bestimmt sind, betroffen ist,
2. die Vorschriften des Bundesrechts zur Herstellung der Barrierefreiheit in § 46 Abs. 1 Satz 3 und 4 der Bundeswahlordnung, § 39 Abs. 1 Satz 3 und 4 der Europawahlordnung, § 43 Abs. 2 Satz 2 der Wahlordnung für die Sozialversicherung, § 17 Abs. 1 Nr. 4 des Ersten Buches Sozialgesetzbuch, § 4 Abs. 1 Nr. 2a des Gaststättengesetzes, § 3 Nr. 1 Buchstabe d des Gemeindeverkehrsfinanzierungsgesetzes, § 3 Abs. 1 Satz 2 und § 8 Abs. 1 des Bundesfernstraßengesetzes, § 8 Abs. 3 Satz 3 und 4 sowie § 13 Abs. 2a des Personenbeförderungsgesetzes, § 2 Abs. 3 der Eisenbahn-Bau- und Betriebsordnung, § 3 Abs. 5 Satz 1 der Straßenbahn-Bau- und Betriebsordnung, §§ 19d und 20b des Luftverkehrsgesetzes oder
3. die Vorschriften des Bundesrechts zur Verwendung von Gebärdensprache oder anderer geeigneter Kommunikationshilfen in § 17 Abs. 2 des Ersten Buches Sozialgesetzbuch, § 82 des Neunten Buches Sozialgesetzbuch und § 19 Abs. 1 Satz 2 des Zehnten Buches Sozialgesetzbuch.

Satz 1 gilt nicht, wenn eine Maßnahme aufgrund einer Entscheidung in einem verwaltungs- oder sozialgerichtlichen Streitverfahren erlassen worden ist.

(2) Eine Klage ist nur zulässig, wenn der Verband durch die Maßnahme oder das Unterlassen in seinem satzungsgemäßen Aufgabenbereich berührt wird. Soweit ein Mensch mit Behinderung selbst seine Rechte durch eine Gestaltungs- oder Leistungsklage verfolgen kann oder hätte verfolgen können, kann die Klage nach Absatz 1 nur erhoben werden, wenn der Verband geltend macht, dass es sich bei der Maßnahme oder dem Unterlassen um einen Fall von allgemeiner Bedeutung handelt. Dies ist insbesondere der Fall, wenn eine Vielzahl gleich gelagerter Fälle vorliegt. Für Klagen nach Absatz 1 Satz 1 gelten die Vorschriften des 8. Abschnitts der Verwaltungsgerichtsordnung entsprechend mit der Maßgabe, dass es eines Vorverfahrens auch dann bedarf, wenn die angegriffene Maßnahme von einer obersten Bundes- oder einer obersten Landesbehörde erlassen worden ist; Gleiches gilt bei einem Unterlassen. Vor der Erhebung einer Klage nach Absatz 1 gegen einen Träger öffentlicher Gewalt hat der nach Absatz 3 anerkannte Verband ein Schlichtungsverfahren nach § 16 durchzuführen. Diese Klage ist nur zulässig, wenn keine gütliche Einigung im Schlichtungsverfahren erzielt werden konnte und dies nach § 16 Absatz 7 bescheinigt worden ist. Das Schlichtungsverfahren ersetzt ein vor der Klageerhebung durchzuführendes Vorverfahren.

(3) Auf Vorschlag der Mitglieder des Beirates für die Teilhabe behinderter Menschen, die nach § 86 Abs. 2 Satz 2, 1., 3. oder 12. Aufzählungspunkt des Neunten Buches Sozialgesetzbuch berufen sind, kann das Bundesministerium für Arbeit und Soziales die Anerkennung erteilen. Es soll die Anerkennung erteilen, wenn der vorgeschlagene Verband

1. nach seiner Satzung ideell und nicht nur vorübergehend die Belange von Menschen mit Behinderungen fördert,
2. nach der Zusammensetzung seiner Mitglieder oder Mitgliedsverbände dazu berufen ist, Interessen von Menschen mit Behinderungen auf Bundesebene zu vertreten,

3. zum Zeitpunkt der Anerkennung mindestens drei Jahre besteht und in diesem Zeitraum im Sinne der Nummer 1 tätig gewesen ist,
4. die Gewähr für eine sachgerechte Aufgabenerfüllung bietet; dabei sind Art und Umfang seiner bisherigen Tätigkeit, der Mitgliederkreis sowie die Leistungsfähigkeit des Vereines zu berücksichtigen und
5. wegen Verfolgung gemeinnütziger Zwecke nach § 5 Abs. 1 Nr. 9 des Körperschaftsteuergesetzes von der Körperschaftsteuer befreit ist.

§ 16 Schlichtungsstelle und -verfahren; Verordnungsermächtigung

(1) Bei der oder dem Beauftragten der Bundesregierung für die Belange von Menschen mit Behinderungen nach Abschnitt 5 wird eine Schlichtungsstelle zur außergerichtlichen Beilegung von Streitigkeiten nach den Absätzen 2 und 3 eingerichtet. Sie wird mit neutralen schlichtenden Personen besetzt und hat eine Geschäftsstelle. Das Verfahren der Schlichtungsstelle muss insbesondere gewährleisten, dass
1. die Schlichtungsstelle unabhängig ist und unparteiisch handelt,
2. die Verfahrensregeln für Interessierte zugänglich sind,
3. die Beteiligten des Schlichtungsverfahrens rechtliches Gehör erhalten, insbesondere Tatsachen und Bewertungen vorbringen können,
4. die schlichtenden Personen und die weiteren in der Schlichtungsstelle Beschäftigten die Vertraulichkeit der Informationen gewährleisten, von denen sie im Schlichtungsverfahren Kenntnis erhalten und
5. eine barrierefreie Kommunikation mit der Schlichtungsstelle möglich ist.

(2) Wer der Ansicht ist, in einem Recht nach diesem Gesetz durch öffentliche Stellen des Bundes oder Eigentümer, Besitzer und Betreiber von beweglichen oder unbeweglichen Anlagen und Einrichtungen verletzt worden zu sein, kann bei der Schlichtungsstelle nach Absatz 1 einen Antrag auf Einleitung eines Schlichtungsverfahrens stellen. Kommt wegen der behaupteten Rechtsverletzung auch die Einlegung eines fristgebundenen Rechtsbehelfs in Betracht, beginnt die Rechtsbehelfsfrist erst mit Beendigung des Schlichtungsverfahrens nach Absatz 7. In den Fällen des Satzes 2 ist der Schlichtungsantrag innerhalb der Rechtsbehelfsfrist zu stellen. Ist wegen der behaupteten Rechtsverletzung bereits ein Rechtsbehelf anhängig, wird dieses Verfahren bis zur Beendigung des Schlichtungsverfahrens nach Absatz 7 unterbrochen.

(3) Ein nach § 15 Absatz 3 anerkannter Verband kann bei der Schlichtungsstelle nach Absatz 1 einen Antrag auf Einleitung eines Schlichtungsverfahrens stellen, wenn er einen Verstoß eines Trägers öffentlicher Gewalt
1. gegen das Benachteiligungsverbot oder die Verpflichtung zur Herstellung von Barrierefreiheit nach § 15 Absatz 1 Satz 1 Nummer 1,
2. gegen die Vorschriften des Bundesrechts zur Herstellung der Barrierefreiheit nach § 15 Absatz 1 Satz 1 Nummer 2 oder
3. gegen die Vorschriften des Bundesrechts zur Verwendung von Gebärdensprache oder anderer geeigneter Kommunikationshilfen nach § 15 Absatz 1 Satz 1 Nummer 3

behauptet.

(4) Der Antrag nach den Absätzen 2 und 3 kann in Textform oder zur Niederschrift bei der Schlichtungsstelle gestellt werden. Diese übermittelt zur Durch-

führung des Schlichtungsverfahrens eine Abschrift des Schlichtungsantrags an die öffentliche Stelle oder den Eigentümer, Besitzer oder Betreiber von beweglichen oder unbeweglichen Anlagen oder Einrichtungen.
(5) Die schlichtende Person wirkt in jeder Phase des Verfahrens auf eine gütliche Einigung der Beteiligten hin. Sie kann einen Schlichtungsvorschlag unterbreiten. Der Schlichtungsvorschlag soll am geltenden Recht ausgerichtet sein. Die schlichtende Person kann den Einsatz von Mediation anbieten.
(6) Das Schlichtungsverfahren ist für die Beteiligten unentgeltlich.
(7) Das Schlichtungsverfahren endet mit der Einigung der Beteiligten, der Rücknahme des Schlichtungsantrags oder der Feststellung, dass keine Einigung möglich ist. Wenn keine Einigung möglich ist, endet das Schlichtungsverfahren mit der Zustellung der Bestätigung der Schlichtungsstelle an die Antragstellerin oder den Antragsteller, dass keine gütliche Einigung erzielt werden konnte.
(8) Das Bundesministerium für Arbeit und Soziales wird ermächtigt, durch Rechtsverordnung, die nicht der Zustimmung des Bundesrates bedarf, das Nähere über die Geschäftsstelle, die Besetzung und das Verfahren der Schlichtungsstelle nach den Absätzen 1, 4, 5 und 7 zu regeln sowie weitere Vorschriften über die Kosten des Verfahrens und die Entschädigung zu erlassen. Die Rechtsverordnung regelt auch das Nähere zu Tätigkeitsberichten der Schlichtungsstelle.

Abschnitt 5 Beauftragte oder Beauftragter der Bundesregierung für die Belange von Menschen mit Behinderungen

§ 17 Amt der oder des Beauftragten für die Belange von Menschen mit Behinderungen

(1) Die Bundesregierung bestellt eine Beauftragte oder einen Beauftragten für die Belange von Menschen mit Behinderungen.
(2) Der beauftragten Person ist die für die Erfüllung ihrer Aufgabe notwendige Personal- und Sachausstattung zur Verfügung zu stellen.
(3) Das Amt endet, außer im Fall der Entlassung, mit dem Zusammentreten eines neuen Bundestages.

§ 18 Aufgabe und Befugnisse

(1) Aufgabe der beauftragten Person ist es, darauf hinzuwirken, dass die Verantwortung des Bundes, für gleichwertige Lebensbedingungen für Menschen mit und ohne Behinderungen zu sorgen, in allen Bereichen des gesellschaftlichen Lebens erfüllt wird. Sie setzt sich bei der Wahrnehmung dieser Aufgabe dafür ein, dass unterschiedliche Lebensbedingungen von Frauen mit Behinderungen und Männern mit Behinderungen berücksichtigt und geschlechtsspezifische Benachteiligungen beseitigt werden.
(2) Zur Wahrnehmung der Aufgabe nach Absatz 1 beteiligen die Bundesministerien die beauftragte Person bei allen Gesetzes-, Verordnungs- und sonstigen wichtigen Vorhaben, soweit sie Fragen der Integration von Menschen mit Behinderungen behandeln oder berühren.
(3) Alle Bundesbehörden und sonstigen öffentlichen Stellen im Bereich des Bundes sind verpflichtet, die beauftragte Person bei der Erfüllung der Aufgabe zu

unterstützen, insbesondere die erforderlichen Auskünfte zu erteilen und Akteneinsicht zu gewähren. Die Bestimmungen zum Schutz personenbezogener Daten bleiben unberührt.

Abschnitt 6 Förderung der Partizipation

§ 19 Förderung der Partizipation

Der Bund fördert im Rahmen der zur Verfügung stehenden Haushaltsmittel Maßnahmen von Organisationen, die die Voraussetzungen des § 15 Absatz 3 Satz 2 Nummer 1 bis 5 erfüllen, zur Stärkung der Teilhabe von Menschen mit Behinderungen an der Gestaltung öffentlicher Angelegenheiten.

III. Verordnungen

1. Barrierefreie-Informationstechnik-Verordnung (BITV 2.0)

a) Einführung

Die »Verordnung zur Schaffung barrierefreier Informationstechnik nach dem Behindertengleichstellungsgesetz« (Barrierefreie-Informationstechnik-Verordnung – BITV 2.0) vom 12.9.2011 (BGBl. I S. 1843) wurde zuletzt durch Verordnung vom 24.10.2023 (BGBl. 2023 I Nr 286) geändert. Die BITV 2.0 wurde auf der Grundlage von § 12d Behindertengleichstellungsgesetz (BGG) erlassen.

Öffentliche Stellen des Bundes sind nach § 12a Abs. 1 Satz 1 BGG dazu verpflichtet, ihre Internetseiten und -angebote sowie ihre grafischen Programmoberflächen, Apps und sonstige informationstechnische Anwendungen für Mobilgeräte schrittweise barrierefrei zu gestalten. Unter öffentlichen Stellen werden nach § 12 BGG insbesondere Träger öffentlicher Gewalt (Bundesbehörden) i. S. v. § 1 Abs. 1a BGG verstanden. Der Begriff umfasst aber noch weitere Stellen. Dies sind zum einen sonstige Einrichtungen des öffentlichen Rechts, soweit sie überwiegend aus Bundesmitteln finanziert, vom Bund beaufsichtigt oder deren Leitungsorgan überwiegend vom Bund ernannt werden und die den Zweck verfolgen, im Allgemeininteresse liegende, nicht gewerbliche Aufgaben zu erfüllen. Zum anderen zählen auch Vereinigungen als öffentliche Stellen, an denen eine der vorgenannten Stellen beteiligt ist und die überwiegend vom Bund finanziert werden, die Tätigkeit nicht auf ein Bundesland beschränkt ist oder der Bund die absolute Mehrheit an der Vereinigung hat.[22]

Das Nähere zur Verpflichtung der öffentlichen Stellen regelt die BITV 2.0. Diese führte bis zu ihrer grundlegenden Änderung im Jahr 2019 in zwei Anlagen sehr detailliert auf, welche technischen Standards erfüllt werden müssen. Unterschieden wurde nach zwei Prioritäten (in der inzwischen weggefallenen **Anlage 1**). Die Anforderungen aus der **Priorität I** waren bei allen Angeboten von Informationstechnik zu berücksichtigen. Die technischen Bedingungen richteten sich dabei nach folgenden Prinzipien:

- Prinzip 1: **Wahrnehmbarkeit** – Die Informationen und Komponenten der Benutzerschnittstelle sind so darzustellen, dass sie von den Nutzerinnen und Nutzern wahrgenommen werden können (**Beispiel**: Für jeden Nicht-Text-Inhalt, z. B. bei Fotos, sind Alternativen in Textform bereitzustellen, damit diese auch von blinden Menschen wahrgenommen werden können).
- Prinzip 2: **Bedienbarkeit** – Die Komponenten der Benutzerschnittstelle und die Navigation müssen bedient werden können (**Beispiel**: Alle Elemente einer Internetseite müssen auch über eine Tastatur angesteuert werden können – eine reine Navigation über einen Mauszeiger erfüllt dieses Kriterium nicht – und Inhalte sollten automatisch nur so schnell wechseln, dass Nutzer auch die Möglichkeit haben, sie zu lesen).

22 Hierzu *Welti/Frankenstein/Hlava*, Angemessene Vorkehrungen und Sozialrecht, S. 63 f.

- Prinzip 3: **Verständlichkeit** – Die Informationen und die Bedienung der Benutzerschnittstelle müssen verständlich sein (**Beispiel**: Texte sollten lesbar und verständlich sein und der Aufbau einer Website vorhersehbar).
- Prinzip 4: **Robustheit** – Inhalte müssen so robust sein, dass sie von möglichst allen Benutzeragenten, einschließlich assistiver Technologien, zuverlässig interpretiert werden können (**Beispiel**: Geeignet für Einsatz von Screenreadern, Spracherkennungssoftware, alternativen Tastaturen für seh- und körperbehinderte Menschen).

Die weitergehenden Standards der **Priorität II** sollten insbesondere bei den zentralen Navigations- und Einstiegsangeboten zusätzlich erfüllt werden. Diese beziehen sich auf die Prinzipien 1–3.

Anstelle der vorgenannten Regeln in der ehemaligen Anlage 1 verweist die BITV 2.0 inzwischen auf die unionsweit einheitlichen Vorgaben der Richtlinie (EU) 2016/2102 über die Barrierefreiheit von Websites und mobilen Anwendungen öffentlicher Stellen (**EU-Webseitenrichtlinie**).[23] Als EU-Standard für Barrierefreiheit ist nun die **EN 301 549** (in der aktuellen Version V3.2.1 [2021-03]) zu beachten. Wo die EN 301 549 keine Aussagen trifft, ist für die barrierefreie Gestaltung der jeweilige Stand der Technik heranzuziehen (§ 3 Abs. 3 BITV 2.0). Bei zentralen Funktionen einer Website (Navigation, Formulare, etc.) sollen sich öffentliche Stellen darüber hinaus um ein höchstmögliches Maß an Barrierefreiheit bemühen (§ 3 Abs. 4 BITV 2.0).

Neben diesen Vorgaben sind auf der **Startseite des Internet- oder Intranetangebots** einer Bundesbehörde nach § 4 BITV 2.0 u. a. Informationen zum Inhalt und Navigationshinweise sowohl in Deutscher Gebärdensprache als auch in Leichter Sprache bereitzustellen. In der weiterhin gültigen **Anlage 2** zur BITV 2.0 werden diese Anforderungen weiter konkretisiert (z. B. statischer Hintergrund und gute Sichtbarkeit der Gestik und Mimik des Gebärdensprachdolmetschers, die Mindestauflösung des Videos und Vorgaben zur Leichten Sprache).

Aufgrund ihrer detaillierten Anforderungen und Bedingungen bildet die BITV 2.0 weiterhin auch außerhalb öffentlicher Träger einen sinnvollen Anknüpfungspunkt, um Internet- und Intranetangebote von Unternehmen barrierefrei zu gestalten. Hierauf könnte in betrieblichen Vereinbarungen Bezug genommen werden.

b) Verordnungstext

Vom 12. September 2011 (BGBl. I S. 1843), geändert durch Artikel 1 der Verordnung vom 24. Oktober 2023 (BGBl. 2023 I Nr. 286).

Inhaltsübersicht Seite

23 Näher Richtlinie und ihrer Durchsetzung: *Schrader*, br 2020, S. 145 ff.

§ 1 Ziele

(1) Die Barrierefreie-Informationstechnik-Verordnung dient dem Ziel, eine umfassend und grundsätzlich uneingeschränkt barrierefreie Gestaltung moderner Informations- und Kommunikationstechnik zu ermöglichen und zu gewährleisten.
(2) Informationen und Dienstleistungen öffentlicher Stellen, die elektronisch zur Verfügung gestellt werden, sowie elektronisch unterstützte Verwaltungsabläufe mit und innerhalb der Verwaltung, einschließlich der Verfahren zur elektronischen Aktenführung und zur elektronischen Vorgangsbearbeitung, sind für Menschen mit

§ 2 Anwendungsbereich

(1) Die Verordnung gilt unter Berücksichtigung der Umsetzungsfristen der §§ 12a bis 12c des Behindertengleichstellungsgesetzes für folgende Angebote, Anwendungen und Dienste:
1. Websites,
2. mobile Anwendungen,
3. elektronisch unterstützte Verwaltungsabläufe, einschließlich der Verfahren zur elektronischen Vorgangsbearbeitung und elektronischen Aktenführung,
4. grafische Programmoberflächen, die
   a) in die Angebote, Anwendungen und Dienste nach den Nummern 1 bis 3 integriert sind oder
   b) von den öffentlichen Stellen zur Nutzung bereitgestellt werden.

(2) Von der Anwendung dieser Verordnung ausgenommen sind folgende Inhalte von Websites und mobilen Anwendungen:
1. Reproduktionen von Stücken aus Kulturerbesammlungen, die nicht vollständig barrierefrei zugänglich gemacht werden können aufgrund
   a) der Unvereinbarkeit der Barrierefreiheitsanforderungen mit der Erhaltung des betreffenden Gegenstandes oder der Authentizität der Reproduktion oder
   b) der Nichtverfügbarkeit automatisierter und kosteneffizienter Lösungen, mit denen die betreffenden Stücke aus Kulturerbesammlungen in barrierefreie Inhalte umgewandelt werden können,
2. Archive, die weder Inhalte enthalten, die für aktive Verwaltungsverfahren benötigt werden, noch nach dem 23. September 2019 aktualisiert oder überarbeitet wurden, sowie
3. Inhalte von Websites und mobilen Anwendungen von Rundfunkanstalten des Bundesrechts, die der Wahrnehmung eines öffentlichen Sendeauftrags dienen.

(3) Für den Erhalt der Einsatzfähigkeit der Streitkräfte kann die Bundesministerin oder der Bundesminister der Verteidigung Ausnahmen von dieser Verordnung festlegen.

§ 2a Begriffsdefinitionen

(1) Websites im Sinne dieser Verordnung sind Auftritte, die
1. mit Webtechnologien, beispielsweise HTML, erstellt sind,
2. über eine individuelle Webadresse erreichbar sind und
3. mit einem Nutzeragenten, beispielsweise Browser, wiedergegeben werden können.

Zum Inhalt von Websites gehören textuelle und nicht textuelle Informationen sowie Interaktionen. Integrierte Inhalte in unterschiedlichen Formaten, beispielsweise Dokumente, Videos, Audiodateien, sowie integrierte Funktionalitäten, beispielsweise Formulare, Authentifizierungs-, Identifizierungs- und Zahlungsprozesse, sind Bestandteile von Websites. Von dieser Verordnung umfasst sind auch solche Websites, die sich ausschließlich an einen abgegrenzten Personenkreis richten, wie Intranets oder Extranets.

(2) Mobile Anwendungen im Sinne dieser Verordnung sind Programme, die auf mobilen Geräten, beispielsweise Smartphones und Tablets, installiert werden. Nicht dazu gehören Betriebssysteme und Hardware, auf denen die mobile Anwendung betrieben wird. Integrierte Inhalte in unterschiedlichen Formaten, beispielsweise Dokumente, Videos, Audiodateien, sind Bestandteile der mobilen Anwendungen.

(3) Elektronisch unterstützte Verwaltungsabläufe im Sinne dieser Verordnung sind Verfahren, die im Rahmen des Verwaltungshandelns intern oder extern angewandt werden und sich der Informations- und Kommunikationstechnik bedienen. Hierzu zählen insbesondere Verfahren zur elektronischen Vorgangsbearbeitung und elektronischen Aktenführung. Integrierte Inhalte in unterschiedlichen Formaten, beispielsweise Dokumente, Videos, Audiodateien, sind Bestandteile der elektronisch unterstützten Verwaltungsabläufe.

(4) Elektronische Vorgangsbearbeitung im Sinne dieser Verordnung ist die Unterstützung von Geschäftsprozessen und Verwaltungsabläufen durch Informations- und Kommunikationstechnik. Dazu zählen unter anderem
1. die Zuweisung und der Transport von Dokumenten an bearbeitende Personen,
2. die Bearbeitung dieser Dokumente,
3. die Darstellung von Prozessen, Organigrammen und Verantwortlichkeiten,
4. die Terminplanung und
5. die Protokollierung.

(5) Elektronische Aktenführung im Sinne dieser Verordnung ist die systematische und programmgestützte Vorhaltung und Nutzung von Dokumenten in elektronischer Form, beispielsweise mittels Dokumentenmanagementsystems.

(6) Grafische Programmoberflächen im Sinne dieser Verordnung sind webbasierte und nicht webbasierte Anwendungen einschließlich der
1. grafischen Nutzerschnittstellen auf zweidimensionalen Bildschirmen und Displays
2. grafischen Nutzerschnittstellen in dreidimensionalen virtuellen Repräsentationen oder in Echtzeit-Raum-Repräsentationen.

§ 3 Anzuwendende Standards

(1) Die in § 2 genannten Angebote, Anwendungen und Dienste der Informationstechnik sind barrierefrei zu gestalten. Dies erfordert, dass sie wahrnehmbar, bedienbar, verständlich und robust sind.

(2) Die Erfüllung der Anforderungen nach Absatz 1 wird vermutet, wenn diese Angebote, Anwendungen und Dienste

1. harmonisierten Normen oder Teilen dieser Normen entsprechen, und
2. die harmonisierten Normen oder Teile dieser Normen im Amtsblatt der Europäischen Union genannt worden sind.

(3) Soweit Nutzeranforderungen oder Teile von Angeboten, Diensten oder Anwendungen nicht von harmonisierten Normen abgedeckt sind, sind sie nach dem Stand der Technik barrierefrei zu gestalten.

(4) Für zentrale Navigations- und Einstiegsangebote sowie Angebote, die eine Nutzerinteraktion ermöglichen, beispielsweise Formulare und die Durchführung von Authentifizierungs-, Identifizierungs- und Zahlungsprozessen, soll ein höchstmögliches Maß an Barrierefreiheit angestrebt werden.

(5) Die Überwachungsstelle nach § 13 Absatz 3 des Behindertengleichstellungsgesetzes veröffentlicht auf ihrer Website regelmäßig alle zur Umsetzung dieser Verordnung erforderlichen Informationen in deutscher Sprache, insbesondere

1. aktuelle Informationen zu den zu beachtenden Standards, aus denen die Barrierefreiheitsanforderungen detailliert hervorgehen,
2. Konformitätstabellen, die einen Überblick zu den wichtigsten Barrierefreiheitsanforderungen geben,
3. Empfehlungen des Ausschusses für barrierefreie Informationstechnik nach § 5 sowie
4. weiterführende Erläuterungen.

§ 4 Erläuterungen in Deutscher Gebärdensprache und Leichter Sprache

Auf der Startseite einer Website einer öffentlichen Stelle sind nach Anlage 2 folgende Erläuterungen in Deutscher Gebärdensprache und in Leichter Sprache bereitzustellen:

1. Informationen zu den wesentlichen Inhalten,
2. Hinweise zur Navigation,
3. eine Erläuterung der wesentlichen Inhalte der Erklärung zur Barrierefreiheit,
4. Hinweise auf weitere in diesem Auftritt vorhandene Informationen in Deutscher Gebärdensprache und in Leichter Sprache.

§ 5 Ausschuss für barrierefreie Informationstechnik

(1) Bei der nach § 13 Absatz 3 des Behindertengleichstellungsgesetzes einzurichtenden Überwachungsstelle des Bundes für Barrierefreiheit von Informationstechnik wird ein Ausschuss für barrierefreie Informationstechnik eingerichtet. Der Ausschuss besteht aus fachkundigen Vertreterinnen und Vertretern aus der Überwachungsstelle, aus den Landes-Überwachungsstellen, aus Verbänden von Menschen mit Behinderungen und aus der Wirtschaft sowie weiteren fachkundigen Personen, insbesondere aus der Wissenschaft und aus öffentlichen Stellen im Sinne des § 12 des Behindertengleichstellungsgesetzes. An den Sitzungen des Ausschusses

kann eine Vertreterin oder ein Vertreter des Bundesministeriums für Arbeit und Soziales teilnehmen.

(2) Zu den Aufgaben des Ausschusses gehört es,

1. den jeweils aktuellen Stand der Technik nach § 3 Absatz 2 und 3 zu ermitteln und zu dokumentieren,
2. sonstige gesicherte Erkenntnisse zur barrierefreien Informationstechnik zu ermitteln und zu dokumentieren, insbesondere Erkenntnisse bezüglich eines höchstmöglichen Maßes an Barrierefreiheit im Sinne von § 3 Absatz 4,
3. Empfehlungen zur praktischen Umsetzung der Anforderungen nach § 3 zu erarbeiten.

Veröffentlichungen des Ausschusses in Zusammenhang mit seinen Aufgaben bedürfen der vorherigen Zustimmung des Bundesministeriums für Arbeit und Soziales.

(3) Die Überwachungsstelle beruft die Mitglieder des Ausschusses in Abstimmung mit dem Bundesministerium für Arbeit und Soziales. Die Mitgliedschaft endet mit Ablauf des dritten Kalenderjahres nach der Berufung. Die Wiederberufung nach Beendigung der Mitgliedschaft ist zulässig. Die vorzeitige Abberufung aus wichtigem Grund ist zulässig.

(4) Der Ausschuss gibt sich zur Organisation seiner Arbeit eine Geschäftsordnung, die der Zustimmung des Bundesministeriums für Arbeit und Soziales bedarf.

(5) Der Ausschuss wird bei seiner Arbeit durch eine Geschäftsstelle unterstützt. Die Geschäftsstelle wird bei der Überwachungsstelle eingerichtet. Bei der Erfüllung seiner Aufgaben wird der Ausschuss darüber hinaus durch die Informationstechnik-Dienstleister des Bundes unterstützt.

§ 6 Beratung und Unterstützung durch die Bundesfachstelle für Barrierefreiheit und die Informationstechnik-Dienstleister des Bundes

Die Bundesfachstelle für Barrierefreiheit als zentrale Anlaufstelle zu Fragen der Barrierefreiheit berät die öffentlichen Stellen des Bundes im Rahmen der Erstberatung nach § 13 Absatz 2 Satz 3 Nummer 1 des Behindertengleichstellungsgesetzes zur barrierefreien Gestaltung nach Maßgabe dieser Rechtsverordnung. Das Informationstechnikzentrum Bund und die BWI GmbH als zentrale Informationstechnik-Dienstleister der Bundesverwaltung beraten und unterstützen bei der technischen Umsetzung der IT-Barrierefreiheit.

§ 7 Erklärung zur Barrierefreiheit

(1) Die Erklärung zur Barrierefreiheit nach § 12b des Behindertengleichstellungsgesetzes ist in einem barrierefreien und maschinenlesbaren Format zu veröffentlichen und muss von der Startseite und von jeder Seite einer Website erreichbar sein. Für mobile Anwendungen ist die Erklärung an der Stelle, an der das Herunterladen der mobilen Anwendung ermöglicht wird, oder auf der Website der öffentlichen Stelle, zu veröffentlichen.

(2) Die nach § 12b Absatz 2 Nummer 2 des Behindertengleichstellungsgesetzes bereitzustellende Möglichkeit, elektronisch Kontakt aufzunehmen (Feedback-Mechanismus), soll von jeder Seite einer Website oder innerhalb der Navigation einer mobilen Anwendung unmittelbar zugänglich und einfach zu benutzen sein.

(3) Die Erklärung zur Barrierefreiheit muss umfassende, detaillierte und klar verständliche Angaben zur Vereinbarkeit der Website oder der mobilen Anwendung mit den Anforderungen zur Barrierefreiheit nach den §§ 3 und 4 enthalten.
(4) Die obligatorischen Inhalte, die im Abschnitt 1 des Anhangs zum Durchführungsbeschluss (EU) 2018/1523 der Kommission vom 11. Oktober 2018 zur Festlegung einer Mustererklärung zur Barrierefreiheit gemäß der Richtlinie (EU) 2016/2102 des Europäischen Parlaments und des Rates über den barrierefreien Zugang zu den Websites und mobilen Anwendungen öffentlicher Stellen (ABl. L 256 vom 12.10.2018, S. 103) festgelegt sind, sind in die Erklärung zur Barrierefreiheit aufzunehmen. Die öffentlichen Stellen sollen nach Möglichkeit auch Angaben zu den in Abschnitt 2 aufgeführten fakultativen Inhalten aufnehmen, insbesondere Angaben zu

1. Maßnahmen, die über die Mindestanforderungen an die barrierefreie Gestaltung hinausgehen, und
2. Maßnahmen, die zur Beseitigung von Barrieren ergriffen werden sollen.

Die Überwachungsstelle nach § 13 Absatz 3 des Behindertengleichstellungsgesetzes veröffentlicht auf ihrer Website eine Mustererklärung.
(5) Zur Erstellung der Erklärung zur Barrierefreiheit ist eine tatsächliche Bewertung der Vereinbarkeit der Website oder der mobilen Anwendung mit den in § 3 Absatz 1 bis 3 festgelegten Anforderungen vorzunehmen. In der Erklärung ist darzulegen, ob die Bewertung durch einen Dritten, beispielsweise in Form einer Zertifizierung, oder durch die öffentliche Stelle selbst vorgenommen wurde. Die Erklärung kann einen Link zu einem Bewertungsbericht enthalten.
(6) Die Erklärung zur Barrierefreiheit ist jährlich und bei jeder wesentlichen Änderung der Website oder der mobilen Anwendung zu aktualisieren.

§ 8 Überwachungsverfahren

(1) Das Überwachungsverfahren nach § 13 Absatz 3 Satz 2 Nummer 1 des Behindertengleichstellungsgesetzes ist durch die Überwachungsstelle nach § 13 Absatz 3 des Behindertengleichstellungsgesetzes durchzuführen unter Beachtung der Anforderungen der Artikel 1 bis 7 sowie des Anhangs I des Durchführungsbeschlusses (EU) 2018/1524 der Kommission vom 11. Oktober 2018 zur Festlegung einer Überwachungsmethodik und der Modalitäten für die Berichterstattung der Mitgliedstaaten gemäß der Richtlinie (EU) 2016/2102 des Europäischen Parlaments und des Rates über den barrierefreien Zugang zu Websites und mobilen Anwendungen öffentlicher Stellen (ABl. L 256 vom 12.10.2018, S. 108).
(2) Die Überwachungsstelle erfasst im Rahmen ihrer Prüfungen die Erfüllung der Voraussetzungen nach Artikel 6 der Richtlinie (EU) 2016/2102 und die Erfüllung der sich ergänzend aus § 12a des Behindertengleichstellungsgesetzes und dieser Verordnung ergebenden Anforderungen getrennt. Sie kann ergänzend auch eine Prüfung der Benutzerfreundlichkeit vornehmen.
(3) Die Überwachungsstelle kann anlassbezogene Prüfungen und Wiederholungsprüfungen vornehmen.
(4) Die Verbände und Organisationen von Menschen mit Behinderungen sowie der Ausschuss nach § 5 werden in die Entwicklung und Evaluation der Überwachungsmethoden einbezogen. Die Überwachungsstelle konsultiert bei der Aus-

wahl der zu überwachenden Websites und mobilen Anwendungen die Verbände und Organisationen von Menschen mit Behinderungen und berücksichtigt ihre Einschätzungen zu einzelnen Websites und mobile Anwendungen.

§ 9 Berichterstattung

(1) Der Bericht an die Europäische Kommission wird durch die Überwachungsstelle nach § 13 Absatz 3 des Behindertengleichstellungsgesetzes erstellt unter Beachtung der Anforderungen der Artikel 8 bis 11 sowie des Anhangs II des Durchführungsbeschlusses (EU) 2018/1524 der Kommission vom 11. Oktober 2018 zur Festlegung einer Überwachungsmethodik und der Modalitäten für die Berichterstattung der Mitgliedstaaten gemäß der Richtlinie (EU) 2016/2102 des Europäischen Parlaments und des Rates über den barrierefreien Zugang zu Websites und mobilen Anwendungen öffentlicher Stellen (ABl. L 256 vom 12.10.2018, S. 108).
(2) Der Bericht enthält neben den obligatorischen Angaben insbesondere auch Angaben über:

1. die Nutzung des Durchsetzungsverfahrens nach § 12b Absatz 2 Nummer 3 in Verbindung mit § 16 des Behindertengleichstellungsgesetzes,
2. die Inanspruchnahme der Ausnahmeregelung nach § 12a Absatz 6 des Behindertengleichstellungsgesetzes, und
3. Ergebnisse der Konsultationen der Verbände und Organisationen von Menschen mit Behinderungen.

§ 10 Folgenabschätzung

Die Verordnung ist unter Berücksichtigung der technischen Entwicklung regelmäßig zu überprüfen.

Anlage 1 *(weggefallen)*

Anlage 2 (zu § 3 Absatz 2)

(Fundstelle: BGBl. I 2011, 1859)

Teil 1

Für die Bereitstellung von Informationen in Deutscher Gebärdensprache im Internet oder Intranet gelten die folgenden Vorgaben:

1. Schatten auf dem Körper der Darstellerin oder des Darstellers sind zu vermeiden. Die Mimik und das Mundbild müssen gut sichtbar sein.
2. Der Hintergrund ist statisch zu gestalten. Ein schwarzer oder weißer Hintergrund ist zu vermeiden.
3. Der Hintergrund sowie die Kleidung und die Hände der Darstellerin oder des Darstellers stehen im Kontrast zueinander. Dabei soll die Kleidung dunkel und einfarbig sein.

4. Das Video ist durch das Logo für die Deutsche Gebärdensprache gekennzeichnet. Die farbliche Gestaltung des Logos kann dem jeweiligen Design des Auftritts angepasst werden.

   Symbol für Deutsche Gebärdensprache 1
   Quelle:
   http://www.dgs-filme.de/GWHomepage/dgslogo_ls.htm
   bzw.
   http://www.dgs-filme.de/GWHomepage/images/dgs_symbol_57.png
5. Die Auflösung beträgt mindestens 320 × 240 Pixel.
6. Die Bildfolge beträgt mindestens 25 Bilder je Sekunde.
7. Der Gebärdensprach-Film ist darüber hinaus als Datei zum Herunterladen verfügbar. Es sind Angaben zur Größe der Datei sowie zur Abspieldauer verfügbar.

Teil 2

Für die Bereitstellung von Informationen in Leichter Sprache im Internet oder Intranet gelten die folgenden Vorgaben:

1. Abkürzungen, Silbentrennung am Zeilenende, Verneinungen sowie Konjunktiv-, Passiv- und Genitiv-Konstruktionen sind zu vermeiden.
2. Die Leserinnen oder Leser sollten, soweit inhaltlich sinnvoll, persönlich angesprochen werden.
3. Begriffe sind durchgängig in gleicher Weise zu verwenden.
4. Es sind kurze, gebräuchliche Begriffe und Redewendungen zu verwenden. Abstrakte Begriffe und Fremdwörter sind zu vermeiden oder mit Hilfe konkreter Beispiele zu erläutern. Zusammengesetzte Substantive sind durch Bindestrich zu trennen.
5. Es sind kurze Sätze mit klarer Satzgliederung zu bilden.
6. Sonderzeichen und Einschübe in Klammern sind zu vermeiden.
7. Inhalte sind durch Absätze und Überschriften logisch zu strukturieren. Aufzählungen mit mehr als drei Punkten sind durch Listen zu gliedern.
8. Wichtige Inhalte sind voranzustellen.
9. Es sind klare Schriftarten mit deutlichem Kontrast und mit einer Schriftgröße von mindestens 1.2 em (120 Prozent) zu verwenden. Wichtige Informationen und Überschriften sind hervorzuheben. Es sind maximal zwei verschiedene Schriftarten zu verwenden.
10. Texte werden linksbündig ausgerichtet. Jeder Satz beginnt mit einer neuen Zeile. Der Hintergrund ist hell und einfarbig.
11. Es sind aussagekräftige Symbole und Bilder zu verwenden.

12. Anschriften sind nicht als Fließtext zu schreiben.
13. Tabellen sind übersichtlich zu gestalten.

2. Kommunikationshilfenverordnung (KHV)

a) Einführung

Die »Verordnung zur Verwendung von Gebärdensprache und anderen Kommunikationshilfen im Verwaltungsverfahren nach dem Behindertengleichstellungsgesetz« (Kommunikationshilfenverordnung – KHV) wurde im Anschluss des »Gesetzes zur Gleichstellung von Menschen mit Behinderungen« (Behindertengleichstellungsgesetz – BGG) erlassen und nach der Novellierung des BGG im November 2016 entsprechend angepasst.
Die KHV regelt

1. den Anwendungsbereich, Anlass und Umfang des Anspruchs auf Bereitstellung eines Gebärdensprachdolmetschers oder anderer geeigneter Kommunikationshilfen (§§ 1, 2 KHV),
2. die Kommunikationshilfen an sich (§ 3 KHV),
3. die Art und Weise der Bereitstellung von geeigneten Kommunikationshilfen für die Kommunikation zwischen Menschen mit Hör- oder Sprachbehinderungen und den Trägern öffentlicher Gewalt (§ 4 KHV) und
4. die Grundsätze für eine angemessene Vergütung oder eine Erstattung von notwendigen Aufwendungen für die Dolmetscherdienste oder anderer geeigneter Kommunikationshilfen (§ 5 KHV).

Der Anspruch auf Bereitstellung eines Dolmetschers für die Deutsche Gebärdensprache, für lautbegleitende Gebärden oder anderer geeigneter Kommunikationshilfen besteht zur Wahrnehmung eigener Rechte in einem Verwaltungsverfahren und zwar im Rahmen des individuellen Bedarfs (§ 2 Abs. 1 Satz 1, 2 KHV). Die verpflichteten Stellen haben einen Sicherstellungsauftrag und die Pflicht, die Kosten der Leistung zu tragen. Die Bundesfachstelle Barrierefreiheit (§ 13 BGG) hat für die Bundesbehörden die Funktion einer zentralen Beratungs- und Unterstützungsstelle.
Wie umfassend der Begriff Kommunikationshilfen gefasst ist, wird in § 3 KHV deutlich. Infrage kommen u.a. Gebärdensprachdolmetscher, Kommunikationshelfer (z.B. Schriftdolmetscher und Oraldolmetscher), Kommunikationsmethoden (z.B. Lormen und taktil wahrnehmbare Gebärden) sowie besondere Kommunikationsmittel (z.B. akustisch-technische Hilfen oder grafische Symbol-Systeme). Die Einzelheiten hierzu sind in § 3 KHV näher ausgeführt.
Die geeigneten Kommunikationshilfen sind abzugrenzen von den Hilfsmitteln für Menschen mit Hör- und Sprachbehinderungen, die grundsätzlich zum Leistungskatalog der Rehabilitationsträger gehören.

b) Verordnungstext

Vom 17. Juli 2002 (BGBl. I S. 2650), zuletzt geändert durch Artikel 12 Absatz 2 des Gesetzes vom 21. Dezember 2020 (BGBl. I S. 3229).

§ 1 Anwendungsbereich und Anlass

(1) Die Verordnung gilt für alle Menschen mit Hör- oder Sprachbehinderungen nach Maßgabe des § 3 des Behindertengleichstellungsgesetzes, die als Beteiligte eines Verwaltungsverfahrens zur Wahrnehmung eigener Rechte für die mündliche Kommunikation im Verwaltungsverfahren einen Anspruch auf Bereitstellung einer geeigneten Kommunikationshilfe haben (Berechtigte).

(2) Die Berechtigten können ihren Anspruch nach § 9 Absatz 1 des Behindertengleichstellungsgesetzes gegenüber jedem Träger öffentlicher Gewalt im Sinne des § 1 Absatz 2 Satz 1 des Behindertengleichstellungsgesetzes geltend machen.

§ 2 Umfang des Anspruchs

(1) Der Anspruch auf Bereitstellung einer geeigneten Kommunikationshilfe besteht zur Wahrnehmung eigener Rechte in einem Verwaltungsverfahren in dem dafür notwendigen Umfang. Der notwendige Umfang bestimmt sich insbesondere nach dem individuellen Bedarf der Berechtigten.

(2) Die Berechtigten haben nach Maßgabe des Absatzes 1 ein Wahlrecht hinsichtlich der zu benutzenden Kommunikationshilfe. Dies umfasst auch das Recht, eine geeignete Kommunikationshilfe selbst bereitzustellen. Die Berechtigten haben dem Träger öffentlicher Gewalt rechtzeitig mitzuteilen, inwieweit sie von ihrem Wahlrecht nach Satz 1 und 2 Gebrauch machen. Der Träger öffentlicher Gewalt kann die ausgewählte Kommunikationshilfe zurückweisen, wenn sie ungeeignet ist. Die Hör- oder Sprachbehinderung sowie die Wahlentscheidung nach Satz 1 sind aktenkundig zu machen und im weiteren Verwaltungsverfahren von Amts wegen zu berücksichtigen.

(3) Erhält der Träger öffentlicher Gewalt Kenntnis von der Hör- oder Sprachbehinderung von Berechtigten im Verwaltungsverfahren, hat er diese auf ihr Recht auf barrierefreie Kommunikation und auf ihr Wahlrecht nach Absatz 2 hinzuweisen.

(4) Zur Abwehr von unmittelbar bevorstehenden Gefahren für bedeutsame Rechtsgüter, wie etwa Leben, Gesundheit, Freiheit oder nicht unwesentliche Vermögenswerte, kann im Einzelfall von dem Einsatz einer Kommunikationshilfe abgesehen werden.

§ 3 Kommunikationshilfen

(1) Eine Kommunikationshilfe ist als geeignet anzusehen, wenn sie im konkreten Fall eine für die Wahrnehmung eigener Rechte im Verwaltungsverfahren erforderliche Verständigung sicherstellt.

(2) Als Kommunikationshilfen kommen in Betracht:

1. Gebärdensprachdolmetscherinnen und Gebärdensprachdolmetscher,
2. Kommunikationshelferinnen und Kommunikationshelfer,
3. Kommunikationsmethoden sowie
4. Kommunikationsmittel.

Kommunikationshelferinnen und Kommunikationshelfer nach Satz 1 Nummer 2 sind insbesondere
1. Schriftdolmetscherinnen und Schriftdolmetscher,
2. Simultanschriftdolmetscherinnen und Simultanschriftdolmetscher,
3. Oraldolmetscherinnen und Oraldolmetscher,
4. Kommunikationsassistentinnen und Kommunikationsassistenten oder
5. sonstige Personen des Vertrauens der Berechtigten.

Kommunikationsmethoden nach Satz 1 Nummer 3 sind insbesondere
1. Lormen und taktil wahrnehmbare Gebärden oder
2. gestützte Kommunikation für Menschen mit autistischer Störung.

Kommunikationsmittel nach Satz 1 Nummer 4 sind insbesondere
1. akustisch-technische Hilfen oder
2. grafische Symbol-Systeme.

§ 4 Art und Weise der Bereitstellung von geeigneten Kommunikationshilfen

(1) Geeignete Kommunikationshilfen werden von dem Träger öffentlicher Gewalt kostenfrei bereitgestellt, es sei denn, die Berechtigten machen von ihrem Wahlrecht nach § 2 Absatz 2 Satz 2 Gebrauch.
(2) Die Bundesfachstelle für Barrierefreiheit nach § 13 des Behindertengleichstellungsgesetzes berät und unterstützt den Träger öffentlicher Gewalt bei seiner Aufgabe nach Absatz 1.

§ 5 Grundsätze für eine angemessene Vergütung oder Erstattung

(1) Der Träger öffentlicher Gewalt richtet sich bei der Entschädigung von Gebärdensprachdolmetscherinnen und Gebärdensprachdolmetschern sowie Kommunikationshelferinnen und Kommunikationshelfern nach dem Justizvergütungs- und -entschädigungsgesetz.
(2) Eine Vergütung in Höhe des Honorars für Dolmetscher gemäß § 9 Absatz 5 und 6 des Justizvergütungs- und -entschädigungsgesetzes erhalten Gebärdensprachdolmetscherinnen und Gebärdensprachdolmetscher nach § 3 Absatz 2 Satz 1 Nummer 1 sowie Kommunikationshelferinnen und Kommunikationshelfer nach § 3 Absatz 2 Satz 1 Nummer 2, Satz 2 Nummer 1 bis 4 mit nachgewiesener abgeschlossener Berufsausbildung oder staatlicher Anerkennung für das ausgeübte Tätigkeitsfeld.
(3) Eine Vergütung in Höhe von 75 Prozent der Vergütung nach Absatz 2 erhalten Gebärdensprachdolmetscherinnen und Gebärdensprachdolmetscher nach § 3 Absatz 2 Satz 1 Nummer 1 sowie Kommunikationshelferinnen und Kommunikationshelfer nach § 3 Absatz 2 Satz 1 Nummer 2, Satz 2 Nummer 1 bis 4 mit nachgewiesener abgeschlossener Qualifizierung für das ausgeübte Tätigkeitsfeld.
(4) Eine pauschale Abgeltung in Höhe von 25 Prozent der Vergütung nach Absatz 2, mindestens aber eine Abgeltung für die entstandenen Aufwendungen erhalten Gebärdensprachdolmetscherinnen und Gebärdensprachdolmetscher nach § 3 Absatz 2 Satz 1 Nummer 1 sowie Kommunikationshelferinnen und Kommunikationshelfer nach § 3 Absatz 2 Satz 1 Nummer 2, Satz 2 Nummer 1 bis 5 ohne

nachgewiesene abgeschlossene Berufsausbildung oder Qualifizierung für das ausgeübte Tätigkeitsfeld.

(5) Für den Einsatz sonstiger Kommunikationshilfen trägt der Träger öffentlicher Gewalt die entstandenen Aufwendungen.

(6) Die Träger öffentlicher Gewalt können mit Gebärdensprachdolmetscherinnen und Gebärdensprachdolmetschern sowie Kommunikationshelferinnen und Kommunikationshelfern hinsichtlich der Vergütung und Abgeltung von den Absätzen 1 bis 4 abweichende Rahmenvereinbarungen treffen.

(7) Der Träger öffentlicher Gewalt vergütet die Leistungen unmittelbar denjenigen, die sie erbracht haben. Stellen die Berechtigten die Kommunikationshilfe nach § 2 Absatz 2 Satz 2 selbst bereit, trägt der Träger öffentlicher Gewalt die Kosten nach den Absätzen 1 bis 5 nur nach Maßgabe des § 2 Absatz 1. In diesem Fall dürfen die Berechtigten nicht auf eine Erstattung verwiesen werden, es sei denn, sie wünschen dies oder es liegt ein sonstiger besonderer Grund vor.

3. Verordnung über barrierefreie Dokumente in der Bundesverwaltung (VBD)

a) Einführung

Die Verordnung zur Zugänglichmachung von Dokumenten für blinde und sehbehinderte Menschen im Verwaltungsverfahren nach dem Behindertengleichstellungsgesetz (Verordnung über barrierefreie Dokumente in der Bundesverwaltung – VBD) vom 17.7.2002 (BGBl. I S. 2652) wurde zuletzt durch Verordnung vom 25.11.2016 (BGBl. I S. 2659) geändert. Nach § 10 Abs. 1 Satz 1 Behindertengleichstellungsgesetz (BGG) müssen Bundesbehörden i. S. v. § 1 Abs. 1a BGG[24] bei der Gestaltung folgender Dokumente eine **Behinderung von Menschen berücksichtigen**: Bescheide, Allgemeinverfügungen, öffentlich-rechtliche Verträge und Vordrucke (z. B. Antragsformulare).

Darüber hinaus haben **blinde und sehbehinderte Menschen** nach § 10 Abs. 1 Satz 2 BGG einen **Anspruch** darauf, dass ihnen in einem Verwaltungsverfahren (z. B. über die Beantragung einer Leistung) diese Dokumente auch in einer Form zugänglich gemacht werden, die für sie trotz ihrer Beeinträchtigung wahrnehmbar ist. Diese barrierefreie Zugänglichmachung darf mit keinen zusätzlichen Kosten verbunden werden. Das Nähere regelt die VBD, die auf der Grundlage von § 10 Abs. 2 BGG erlassen wurde.

§ 3 VBD beschreibt die möglichen Formen der Zugänglichmachung. Diese kann schriftlich, elektronisch (z. B. per E-Mail), akustisch, mündlich oder in sonstiger Weise erfolgen. Hierbei ist auf die individuellen Bedarfe abzustellen und die Berechtigten haben ein Wahlrecht (§ 5 VBD). Bei der Bekanntgabe von Dokumenten

24 Dies sind: Dienststellen und sonstige Einrichtungen der Bundesverwaltung, einschließlich der bundesunmittelbaren Körperschaften, Anstalten und Stiftungen des öffentlichen Rechts sowie Beliehene und sonstige Bundesorgane, soweit sie öffentlich-rechtliche Verwaltungsaufgaben wahrnehmen.

(z. B. der Zustellung eines Bescheides) sollen diese möglichst gleichzeitig auch in barrierefreier Form zugänglich gemacht werden.

b) Verordnungstext

Vom 17. Juli 2002 (BGBl. I S. 2652), geändert durch Artikel 3 der Verordnung vom 25. November 2016 (BGBl. I S. 2659).

§ 1 Anwendungsbereich

(1) Die Verordnung gilt für alle blinden Menschen und Menschen mit anderen Sehbehinderungen nach Maßgabe des § 3 des Behindertengleichstellungsgesetzes, die als Beteiligte eines Verwaltungsverfahrens zur Wahrnehmung eigener Rechte einen Anspruch darauf haben, dass ihnen Dokumente in einer für sie wahrnehmbaren Form zugänglich gemacht werden (Berechtigte).
(2) Die Berechtigten können ihren Anspruch nach § 10 Absatz 1 Satz 2 des Behindertengleichstellungsgesetzes gegenüber jedem Träger öffentlicher Gewalt im Sinne des § 1 Absatz 2 Satz 1 des Behindertengleichstellungsgesetzes geltend machen.

§ 2 Gegenstand der Zugänglichmachung

Der Anspruch nach § 10 Absatz 1 Satz 2 des Behindertengleichstellungsgesetzes umfasst Bescheide, öffentlich-rechtliche Verträge und Vordrucke (Dokumente), einschließlich der Anlagen, die die Dokumente in Bezug nehmen.

§ 3 Formen der Zugänglichmachung

(1) Die Dokumente können den Berechtigten schriftlich, elektronisch, akustisch, mündlich oder in sonstiger Weise zugänglich gemacht werden.
(2) Werden Dokumente in schriftlicher Form zugänglich gemacht, erfolgt dies in Blindenschrift oder in Großdruck. Bei Großdruck sind ein Schriftbild, eine Kontrastierung und eine Papierqualität zu wählen, die die individuelle Wahrnehmungsfähigkeit der Berechtigten ausreichend berücksichtigen.
(3) Werden Dokumente auf elektronischem Wege zugänglich gemacht, sind die Standards der Barrierefreie Informationstechnik-Verordnung maßgebend.

§ 4 Bekanntgabe

Die Dokumente sollen den Berechtigten, soweit möglich, gleichzeitig mit der Bekanntgabe auch in der für sie wahrnehmbaren Form zugänglich gemacht werden.

§ 5 Umfang des Anspruchs

(1) Berechtigte haben zur Wahrnehmung eigener Rechte im Verwaltungsverfahren einen Anspruch darauf, dass ihnen Dokumente in einer für sie wahrnehmbaren Form zugänglich gemacht werden. Dabei ist insbesondere der individuelle Bedarf der Berechtigten zu berücksichtigen.
(2) Die Berechtigten haben nach Maßgabe des Absatzes 1 ein Wahlrecht zwischen den in § 3 genannten Formen, in denen Dokumente zugänglich gemacht werden können. Die Berechtigten haben dazu dem Träger öffentlicher Gewalt rechtzeitig mitzuteilen, in welcher Form und mit welchen Maßgaben die Dokumente zugäng-

lich gemacht werden sollen. Der Träger öffentlicher Gewalt kann die ausgewählte Form, in der Dokumente zugänglich gemacht werden sollen, zurückweisen, wenn sie ungeeignet ist. Die Blindheit oder die Sehbehinderung sowie die Wahlentscheidung nach Satz 1 sind aktenkundig zu machen und im weiteren Verwaltungsverfahren von Amts wegen zu berücksichtigen.
(3) Erhält der Träger öffentlicher Gewalt Kenntnis von der Blindheit oder einer anderen Sehbehinderung von Berechtigten im Verwaltungsverfahren, hat er diese auf ihr Recht, dass ihnen Dokumente in einer für sie wahrnehmbaren Form zugänglich gemacht werden, und auf ihr Wahlrecht nach Absatz 2 Satz 1 hinzuweisen.

§ 6 Organisation und Kosten
(1) Die Dokumente können den Berechtigten durch den Träger öffentlicher Gewalt selbst, durch eine andere Behörde oder durch eine Beauftragung Dritter in einer für sie wahrnehmbaren Form zugänglich gemacht werden.
(2) Die Bundesfachstelle für Barrierefreiheit nach § 13 des Behindertengleichstellungsgesetzes berät und unterstützt die Träger öffentlicher Gewalt bei ihrer Aufgabe, blinden Menschen und Menschen mit anderen Sehbehinderungen nach Maßgabe dieser Rechtsverordnung Dokumente zugänglich zu machen.
(3) Die Vorschriften über die Kosten (Gebühren und Auslagen) öffentlich-rechtlicher Verwaltungstätigkeit bleiben unberührt. Auslagen für besondere Aufwendungen, die dadurch entstehen, dass den Berechtigten Dokumente in einer für sie wahrnehmbaren Form zugänglich gemacht werden, werden nicht erhoben.

4. Behindertengleichstellungsschlichtungsverordnung (BGleiSV)

a) Einführung

Die drei, mit dem »Gesetz zur Gleichstellung von Menschen mit Behinderungen« (Behindertengleichstellungsgesetz – BGG) 2002 eingeführten Verordnungen, wurden mit der Novellierung des BGG durch die »**Verordnung über die Schlichtungsstelle nach § 16 des Behindertengleichstellungsgesetzes und ihr Verfahren« (Behindertengleichstellungsschlichtungsverordnung – BGleiSV)** im November 2016 im Sinne der neuen Rechtslage ergänzt.
Bei der beauftragten Person der Bundesregierung für die Belange von Menschen mit Behinderungen (§ 17 BGG) wurde eine Schlichtungsstelle eingerichtet, die der außergerichtlichen Beilegung von Streitigkeiten dient. **Ziel** des Schlichtungsverfahrens ist es, für die Beteiligten des Schlichtungsverfahrens »eine rasche, einvernehmliche, außergerichtliche und unentgeltliche Streitbeilegung zu ermöglichen« (§ 1 Abs. 2 BGleiSV).
Ein Schlichtungsverfahren kann von Einzelpersonen und anerkannten Behindertenverbänden (§ 15 Abs. 3 BGG) initiiert werden. Gemäß § 16 Abs. 2 BGG kann ein Antrag auf Schlichtung gestellt werden, wenn jemand der Ansicht ist, in seinen Rechten nach dem BGG durch öffentliche Stellen des Bundes oder durch Eigentümer, Besitzer und Betreiber von beweglichen oder unbeweglichen Anlagen und

Einrichtungen verletzt worden zu sein. Darüber hinaus können die anerkannten Behindertenverbände gemäß § 16 Abs. 3 BGG einen Antrag auf Einleitung eines Schlichtungsverfahrens bei der Schlichtungsstelle stellen, wenn sie einen Verstoß eines öffentlichen Trägers gegen das Benachteiligungsverbot oder die Verpflichtung zur Herstellung von Barrierefreiheit nach § 15 Abs. 1 Satz 1 Nr. 1, gegen die Vorschriften des Bundesrechts zur Herstellung der Barrierefreiheit nach § 15 Abs. 1 Satz 1 Nr. 2 oder gegen die Vorschriften des Bundesrechts zur Verwendung von Gebärdensprache oder anderer geeigneter Kommunikationshilfen nach § 15 Abs. 1 Satz 1 Nr. 3 behauptet.

Das Verfahren ist für die Beteiligten **unentgeltlich** (§ 16 Abs. 6 BGG).

Die BGleiSV trifft Regelungen zur Geschäftsstelle, zur Besetzung, zum Verfahren, zu den Kosten des Verfahrens und zum Tätigkeitsbericht (§ 1 Abs. 1 BGleiSV).

Das Schlichtungsverfahren beginnt auf Antrag der Einzelperson oder eines anerkannten Behindertenverbandes. Der Antrag kann nach § 5 Abs. 1 Satz 1 BGleiSV in Textform oder zur Niederschrift bei der Geschäftsstelle der Schlichtungsstelle gestellt werden. Der Antrag muss den Sachverhalt, das verfolgte Ziel sowie Namen und Anschriften der Beteiligten enthalten (§ 5 Abs. 1 Satz 2 BGleiSV). Die Schlichtungsstelle unterhält dazu auch eine Internetseite, auf der ein Antragsformular barrierefrei (§ 5 Abs. 2 BGleiSV) bereitgestellt wird.

Der Ablauf des Verfahrens wird von der schlichtenden Person nach freiem Ermessen bestimmt. Ziel ist eine gütliche Einigung der Beteiligten, ggf. unter Einsatz von Mediation (näher § 8 Abs. 1, 2 BGleiSV). Kommt eine Einigung nicht zustande, unterbreitet der Schlichter unter Fristsetzung einen Schlichtungsvorschlag (§ 8 Abs. 3, 6 BGleiSV).

Das Verfahren kann schlussendlich auf verschiedene Weise enden: Eine gütliche Einigung, die Annahme eines Schlichtungsvorschlags oder der Mitteilung über die erfolglose Durchführung eines Schlichtungsverfahrens (§ 9 BGleiSV). Eine mögliche Rücknahme des Schlichtungsantrags führt ebenso zum Ende des Verfahrens.

Die Schlichtungsstelle gewährleistet eine barrierefreie Kommunikation nach dem BGG. Die KHV sowie VBD werden im Verfahren entsprechend angewendet (§ 11 BGleiSV).

Mit Ausnahme notwendiger Reisekosten (§ 13 BGleiSV) erstattet die Schlichtungsstelle den Beteiligten keine Kosten (§ 12 BGleiSV).

Jährlich wird ein Tätigkeitsbericht der Schlichtungsstelle erstellt und die Schlichtungsstelle stellt relevante Informationen auf einer barrierefreien Website bereit (§§ 14, 15 BGleiSV).

b) Verordnungstext

Vom 25. November 2016 (BGBl. I S. 2659), geändert durch Artikel 10 der Verordnung vom 2. Juni 2021 (BGBl. I S. 1387).

Inhaltsübersicht Seite

§ 1 Anwendungsbereich und Ziel

(1) Diese Verordnung trifft für Schlichtungsverfahren nach § 16 des Behindertengleichstellungsgesetzes Regelungen zur Geschäftsstelle, zur Besetzung, zum Verfahren, zu den Kosten des Verfahrens und zum Tätigkeitsbericht.
(2) Ziel ist, der Antragstellerin oder dem Antragsteller eines Schlichtungsverfahrens nach § 16 Absatz 2 oder 3 des Behindertengleichstellungsgesetzes und der öffentlichen Stellen oder dem Eigentümer, Besitzer und Betreiber von beweglichen oder unbeweglichen Anlagen und Einrichtungen im Sinne des Behindertengleichstellungsgesetzes (Beteiligte eines Schlichtungsverfahrens) eine rasche, einvernehmliche, außergerichtliche und unentgeltliche Streitbeilegung zu ermöglichen.

§ 2 Schlichtungsstelle

(1) Die Schlichtungsstelle wird bei der oder dem Beauftragten der Bundesregierung für die Belange von Menschen mit Behinderungen nach Abschnitt 5 des Behindertengleichstellungsgesetzes eingerichtet. Sie ist mit mindestens zwei schlichtenden Personen zu besetzen, die mit der außergerichtlichen Beilegung von Streitigkeiten nach § 16 Absatz 2 und 3 des Behindertengleichstellungsgesetzes betraut und für die unparteiische und faire Verfahrensführung verantwortlich sind.
(2) Für die Schlichtungsstelle ist bei der oder dem Beauftragten der Bundesregierung für die Belange von Menschen mit Behinderungen nach Abschnitt 5 des Behindertengleichstellungsgesetzes eine Geschäftsstelle einzurichten.

§ 3 Schlichtende Personen und Geschäftsverteilung

(1) Die schlichtenden Personen müssen die Befähigung zum Richteramt haben. Sie müssen über das Fachwissen, die Fähigkeiten und die Erfahrung verfügen, die für die Beilegung von Streitigkeiten in der Zuständigkeit der Schlichtungsstelle und für die Durchführung von Mediationen erforderlich sind. Die schlichtenden Personen sind unabhängig und an Weisungen nicht gebunden.
(2) Für jede schlichtende Person ist eine andere schlichtende Person als Vertretung zu bestellen.
(3) Vor jedem Geschäftsjahr ist die Geschäftsverteilung durch die schlichtenden Personen festzulegen. Eine Änderung der Geschäftsverteilung während des Geschäftsjahres ist nur aus wichtigem Grund zulässig.

(4) Das Bundesministerium für Arbeit und Soziales bestellt unter Beteiligung der oder des Beauftragten der Bundesregierung für die Belange von Menschen mit Behinderungen nach Abschnitt 5 des Behindertengleichstellungsgesetzes die schlichtenden Personen für vier Jahre. Nach Ablauf dieser Zeit bleiben die schlichtenden Personen bis zur Bestellung ihrer Nachfolgerin oder ihres Nachfolgers im Amt. Wiederbestellung ist zulässig.
(5) Unter Beteiligung der oder des Beauftragten für die Belange von Menschen mit Behinderungen nach Abschnitt 5 des Behindertengleichstellungsgesetzes kann das Bundesministerium für Arbeit und Soziales eine schlichtende Person nur abberufen, wenn
1. Tatsachen vorliegen, die eine unabhängige und unparteiische Ausübung der Tätigkeit als schlichtende Person nicht mehr erwarten lassen,
2. sie nicht nur vorübergehend an der Ausübung der Tätigkeit als schlichtende Person gehindert ist oder
3. ein vergleichbar wichtiger Grund vorliegt.
(6) Eine schlichtende Person darf nicht zur Beilegung einer Streitigkeit tätig werden, wenn ein Grund vorliegt, der geeignet ist, Misstrauen gegen ihre Unparteilichkeit zu rechtfertigen. Das Verfahren übernimmt in diesem Fall ihre Vertreterin oder ihr Vertreter.

§ 4 Verschwiegenheit

Die schlichtenden Personen und die weiteren in die Durchführung des Schlichtungsverfahrens eingebundenen Personen sind zur Verschwiegenheit verpflichtet, soweit durch Rechtsvorschrift nichts anderes geregelt ist. Die Pflicht bezieht sich auf alles, was ihnen in Ausübung ihrer Tätigkeit bekannt geworden ist. § 4 Satz 3 des Mediationsgesetzes gilt entsprechend.

§ 5 Antrag auf Einleitung eines Schlichtungsverfahrens

(1) Der Antrag auf Einleitung eines Schlichtungsverfahrens nach § 16 Absatz 2 oder 3 des Behindertengleichstellungsgesetzes kann in Textform oder zur Niederschrift bei der Geschäftsstelle der Schlichtungsstelle gestellt werden. Er muss eine Schilderung des Sachverhalts, das verfolgte Ziel, den Namen und die Anschrift der Antragstellerin oder des Antragstellers und der beteiligten öffentlichen Stelle oder des beteiligten Eigentümers, Besitzers oder Betreibers von beweglichen oder unbeweglichen Anlagen oder Einrichtungen enthalten.
(2) Die Schlichtungsstelle erstellt ein Antragsformular und stellt dieses auf ihrer Internetseite barrierefrei zur Verfügung. Dieses Antragsformular kann zur Antragstellung genutzt werden.
(3) Die Antragstellerin oder der Antragsteller kann ihren oder seinen Antrag jederzeit ohne Begründung zurücknehmen.

§ 6 Ablehnung eines Schlichtungsverfahrens

Die schlichtende Person lehnt die Durchführung eines Schlichtungsverfahrens ab, wenn die Streitigkeit nicht in die Zuständigkeit der Schlichtungsstelle fällt. Die schlichtende Person teilt der Antragstellerin oder dem Antragsteller und, sofern der Antrag bereits der Antragsgegnerin oder dem Antragsgegner übermittelt worden ist, auch dieser oder diesem die Ablehnung in Textform mit. Die Ablehnung ist kurz und verständlich zu begründen. Ist die Schlichtungsstelle der Ansicht, dass eine andere Stelle Möglichkeiten der Abhilfe anbieten könnte, kann sie eine Verweisberatung anbieten.

§ 7 Rechtliches Gehör

(1) Die Schlichtungsstelle übermittelt der Antragsgegnerin oder dem Antragsgegner eine Abschrift des Schlichtungsantrags. Die Antragsgegnerin oder der Antragsgegner kann binnen einer Frist von einem Monat ab Bekanntgabe Stellung nehmen. Die Schlichtungsstelle leitet diese Stellungnahme der antragstellenden Person zu und stellt ihr anheim, sich innerhalb einer Frist von einem Monat nach Bekanntgabe dazu zu äußern, wenn die Antragsgegnerin oder der Antragsgegner keine Abhilfe schafft.
(2) Die schlichtende Person kann die Beteiligten zu einem Schlichtungstermin einladen und die Streitigkeit mit ihnen unter freier Würdigung der Umstände mit dem Ziel der gütlichen Einigung der Beteiligten in dem Schlichtungstermin mündlich erörtern.
(3) Wenn die schlichtende Person eine weitere Aufklärung des Sachverhalts im Zusammenhang mit den Voraussetzungen der §§ 12 und 12a des Behindertengleichstellungsgesetzes für geboten hält, kann sie die Antragsgegnerin oder den Antragsgegner zur Bereitstellung ergänzender Informationen und zur Gewährung von Akteneinsicht auffordern.

§ 8 Verfahren und Schlichtungsvorschlag

(1) Die schlichtende Person bestimmt den weiteren Gang des Verfahrens nach freiem Ermessen unter Beachtung der Grundsätze der Unparteilichkeit und Billigkeit. Sie wirkt auf eine gütliche Einigung der Beteiligten hin. Die schlichtende Person kann den Beteiligten den Einsatz von Mediation zur Streitbeilegung anbieten oder einen Schlichtungsvorschlag unterbreiten. Sie kann den Beteiligten die Hinzuziehung der oder des Beauftragten der Bundesregierung für die Belange von Menschen mit Behinderungen nach Abschnitt 5 des Behindertengleichstellungsgesetzes oder anderer sachkundiger Stellen vorschlagen. Eine Hinzuziehung kommt nur in Betracht, wenn die Beteiligten zustimmen.
(2) Entscheiden sich die Beteiligten für eine Mediation, wird in der Regel die schlichtende Person als Mediatorin oder Mediator tätig. Im Fall der Einigung der Beteiligten im Rahmen der Mediation gilt § 2 Absatz 6 Satz 3 des Mediationsgesetzes mit der Maßgabe, dass die erzielte Einigung in einer Abschlussvereinbarung dokumentiert und von den Beteiligten unterschrieben wird.
(3) Kommt eine gütliche Einigung der Beteiligten nicht zustande, unterbreitet die schlichtende Person den Beteiligten einen Vorschlag zur Beilegung der Streitigkeit (Schlichtungsvorschlag), der auf der sich aus dem Schlichtungsverfahren ergebenden Sachlage beruht. Er soll am geltenden Recht ausgerichtet sein und muss geeignet sein, den Streit der Beteiligten angemessen beizulegen. Der Schlichtungsvorschlag ist kurz und verständlich zu begründen. Gibt die öffentliche Stelle keine Stellungnahme ab, kann die schlichtende Person den Beteiligten allein auf Grund des Schlichtungsantrages einen Schlichtungsvorschlag nach Absatz 2 unterbreiten.

(4) Die Schlichtungsstelle übermittelt den Beteiligten den Schlichtungsvorschlag in Textform.
(4) Die Schlichtungsstelle übermittelt den Beteiligten den Schlichtungsvorschlag in Textform.
(5) Die Schlichtungsstelle unterrichtet die Beteiligten mit der Unterbreitung des Schlichtungsvorschlags über die rechtlichen Folgen einer Annahme des Vorschlags und darüber, dass der Vorschlag nicht dem Ergebnis eines gerichtlichen Verfahrens entsprechen muss. Sie weist auf die Möglichkeit hin, den Vorschlag nicht anzunehmen und einen Rechtsbehelf einzulegen.
(6) Die Schlichtungsstelle setzt den Beteiligten eine angemessene Frist zur Annahme des Schlichtungsvorschlags. Sie soll einen Monat ab Bekanntgabe des Schlichtungsvorschlags nicht überschreiten. Die Annahme erfolgt durch Mitteilung in Textform an die Schlichtungsstelle. Nach Ablauf der Frist schließt die Schlichtungsstelle das Verfahren ab.

§ 9 Abschluss des Verfahrens
(1) Haben sich die Beteiligten gütlich geeinigt oder einen Schlichtungsvorschlag nach § 8 angenommen und eine Mitteilung der Schlichtungsstelle nach Absatz 2 erhalten, endet das Schlichtungsverfahren.
(2) Die Schlichtungsstelle übermittelt den Beteiligten jeweils eine Ausfertigung der von ihnen erzielten Abschlussvereinbarung oder den von ihnen angenommenen Schlichtungsvorschlag nach § 8 in Textform und teilt ihnen mit, dass damit das Schlichtungsverfahren beendet ist.
(3) Konnten die Beteiligten keine Einigung nach § 8 erzielen, übermittelt die Schlichtungsstelle dem Antragsteller oder der Antragstellerin in Textform eine Mitteilung über die erfolglose Durchführung des Schlichtungsverfahrens. Diese gilt als Bestätigung, dass keine gütliche Einigung nach § 16 Absatz 7 Satz 2 des Behindertengleichstellungsgesetzes erzielt werden konnte. Gleiches gilt für den Fall, dass die Schlichtungsstelle die Durchführung eines Schlichtungsverfahrens nach § 6 ablehnt.

§ 10 Verfahrensdauer
Die Schlichtungsstelle wirkt auf eine zügige Durchführung des Verfahrens hin. Ein Schlichtungsvorschlag soll in der Regel innerhalb von drei Monaten nach Antragseingang unterbreitet werden.

§ 11 Barrierefreie Kommunikation
Die Schlichtungsstelle gewährleistet eine barrierefreie Kommunikation im Sinne des Behindertengleichstellungsgesetzes mit den Beteiligten. Die Kommunikationshilfenverordnung und die Verordnung über barrierefreie Dokumente in der Bundesverwaltung finden auf das Verfahren vor der Schlichtungsstelle entsprechende Anwendung.

§ 12 Kosten des Verfahrens
Mit Ausnahme notwendiger Reisekosten nach § 13 erstattet die Schlichtungsstelle den Beteiligten keine Kosten.

§ 13 Reisekosten

Die notwendigen Reisekosten, die der Antragstellerin oder dem Antragsteller eines Schlichtungsverfahrens, die oder der einer Einladung der Schlichtungsstelle nach § 7 Absatz 2 nachkommt, entstehen, werden auf Antrag in entsprechender Anwendung des Bundesreisekostengesetzes übernommen, soweit sie nicht bereits nach anderen Vorschriften übernommen werden können. Zu den notwendigen Kosten nach Satz 1 zählen auch entsprechende Reisekosten für eine erforderliche Begleitperson. Die Erforderlichkeit beurteilt die Schlichtungsstelle nach den Umständen des Einzelfalls. Für Reisen aus dem Ausland werden Kosten nicht übernommen. Reisekosten des Antragsgegners werden nicht übernommen.

§ 14 Tätigkeitsbericht

Die Schlichtungsstelle erstellt jährlich einen Tätigkeitsbericht. Sie leitet ihn dem Bundesministerium für Arbeit und Soziales und der oder dem Beauftragten der Bundesregierung für die Belange von Menschen mit Behinderungen nach Abschnitt 5 des Behindertengleichstellungsgesetzes bis zum 31. März des Folgejahres zu.

§ 15 Information durch die Schlichtungsstelle

(1) Die Schlichtungsstelle unterhält eine barrierefreie Website, auf der mindestens diese Rechtsverordnung, ein Antragsformular nach § 5 Absatz 2 Satz 1 und ihre Tätigkeitsberichte nach § 14 veröffentlicht werden. Sie stellt klare und verständliche Informationen barrierefrei zur Verfügung, insbesondere zu den Aufgaben, zur Zuständigkeit, zur Erreichbarkeit, zu den Geschäftszeiten, zu den schlichtenden Personen und zum Ablauf des Verfahrens der Schlichtungsstelle.

(2) Auf Anfrage werden die Informationen nach Absatz 1 in Textform übermittelt.

E. Regeln zur Barrierefreiheit im Betrieb

I. Einführung

1. Zielsetzung: Was will das Gesetz?

»Barrierefreiheit« im Betrieb bedeutet, dass Arbeitsstätten und Gebäude so gestaltet sind, dass sie für alle Personen uneingeschränkt nutzbar sind. Dies schließt sowohl bauliche, technische als auch organisatorische Aspekte ein. Die entsprechenden Regelungen sind in verschiedenen Gesetzen und Vorschriften verankert, um die Teilhabe von Menschen mit Behinderungen zu gewährleisten.
Besondere Anforderungen zur behinderungsgerechten Einrichtung und Unterhaltung der Arbeitsstätten ergibt sich für schwerbehinderte Arbeitnehmer:innen aus § 164 Abs. 4 Nr. 4 SGB IX.
Unabhängig vom Grad der Behinderung gibt es den allgemeinen Grundsatz aus dem »Arbeitsschutzgesetz« (ArbSchG) für Arbeitgeber:innen, dass bei Maßnahmen des Arbeitsschutzes die speziellen Gefahren für besonders schutzbedürftige Beschäftigtengruppen zu berücksichtigen sind (§ 4 Nr. 6 ArbSchG). Diese Regelung ist in der »Arbeitsstättenverordnung« (ArbStättV) für Menschen mit Behinderungen konkretisiert worden (§ 3a Abs. 2 ArbStättV).
Bereits bei der Planung und Gestaltung der **Arbeitsstätten** oder bei deren Um- und Neubau muss eine weitgehende Barrierefreiheit berücksichtigt werden. Für Menschen mit Beeinträchtigungen werden durch eine konsequente Umsetzung dieser Ziele »Sonderwelten« überwiegend vermieden. Inklusion – statt Integration oder gar Selektion – ist eines der Leitziele, das durch barrierefreies Gestalten verwirklicht werden kann.
Die wichtigsten **Rechtsquellen** zu den Benachteiligungsverboten und der barrierefreien Arbeitsplatzgestaltung sind:

- § 164 SGB IX
- § 4 Nr. 6 ArbSchG
- § 3a Abs. 2 ArbStättV
- Technische Regeln für Arbeitsstätten (ASR; insbesondere ASR V3a.2)
- Angemessene Vorkehrungen gemäß § 7 AGG[1]

2. Hintergrund: Wie kam es dazu?

Der Gesetzgeber hat das Benachteiligungsverbot für Menschen mit Behinderungen (Art. 3 Abs. 3 Grundgesetz) im Hinblick auf das Erwerbsleben in verschiedenen Gesetzen geregelt. Dort wo die Gestaltung der Arbeitswelt die Teilhabe von Men-

1 Vgl. dazu Nr. 3a) der Einleitung zum AGG, unter Abschnitt C.

schen mit Behinderung nicht oder noch nicht zulässt, sind Maßnahmen zu ergreifen, um derartige Barrieren zu beseitigen.
Für die Einrichtung von Arbeitsstätten sind die Mindestvorschriften der **Arbeitsstättenverordnung** zu erfüllen. Sie soll für Beschäftigte mehr Schutz und Sicherheit am Arbeitsplatz bieten.

Bereits im Jahr 2016 wurden folgende Punkte ergänzt:

- Rechtsvereinfachung durch Integration der Inhalte der Bildschirmarbeitsverordnung (§ 2 und Anhang der ArbStättV Nr. 6)
- Rechtsklare Regelungen für Telearbeit (§ 2) als einer wichtigen Form mobiler Arbeit

Die Arbeitgeber:innen haben nach der Verordnung grundsätzlich eine gesetzliche Fürsorgepflicht und Verantwortung für die Sicherheit und den Schutz der Gesundheit – auch für ausgelagerte Telearbeitsplätze.

- Aufhebung der zeitlichen Einschränkung bei Definition des »Arbeitsplatzes« (§ 2)

Der Begriff des »Arbeitsplatzes« wird als Bereich definiert, in denen Beschäftigte im Rahmen ihrer Arbeit tätig sind. Bereits kurzzeitiges Arbeiten ist ausreichend, damit der Schutz der ArbStättV Anwendung findet.

- Die Regelung ist bei der konkreten Arbeitsorganisation und den Arbeitsabläufen sowie bei physischen und psychischen Belastungen in der Gefährdungsbeurteilung zur Arbeitsstättengestaltung zu berücksichtigen (§ 3).
- Ergonomische Anforderungen und Barrierefreiheit sind schon beim Einrichten des Arbeitsplatzes zu berücksichtigen (§ 3a).

Neben den unmittelbaren Arbeitsbereichen, den Zu- und Abgängen, sind auch die Sanitär-, Pausen- und Bereitschaftsräume oder Kantinen, die von Beschäftigten mit Behinderungen genutzt werden, entsprechend einzurichten.

- Anforderungen an die Unterweisung von Beschäftigten (§ 6)
- Tageslicht und Sichtverbindung (Anhang der ArbStättV Nr. 3.4)

Die **Technische Regel für Arbeitsstätten** V3a.2 »Barrierefreie Gestaltung von Arbeitsstätten« konkretisiert die Anforderungen der Arbeitsstättenverordnung im Rahmen des Anwendungsbereiches. Für die praktische Anwendung muss die ASR V3a.2 gemeinsam mit den anderen Regeln gelesen werden. Die Entwicklung der Technischen Regeln für Arbeitsstätten obliegen dem Ausschuss für Arbeitsstätten (ASTA). Der ASTA ist eine Einrichtung im Geschäftsbereich des Bundesministeriums für Arbeit und Soziales (BMAS). Der Ausschuss hat die Aufgaben,

1. dem Stand der Technik, Arbeitsmedizin und Hygiene entsprechende Regeln und sonstige gesicherte wissenschaftliche Erkenntnisse für die Sicherheit und Gesundheit der Beschäftigten in Arbeitsstätten zu ermitteln,
2. Regeln und Erkenntnisse zu ermitteln, wie die Anforderungen der Verordnung erfüllt werden können, sowie Empfehlungen für weitere Maßnahmen zur Gewährleistung der Sicherheit und zum Schutz der Gesundheit der Beschäftigten auszuarbeiten und
3. das BMAS in allen Fragen der Sicherheit und der Gesundheit der Beschäftigten in Arbeitsstätten zu beraten. Die im ASTA beschlossenen Regelungen in den einzelnen ASR werden nach inhaltlicher Prüfung durch das Ministerium (BMAS) über das Gemeinsame Ministerialblatt veröffentlicht.

3. Inhalt: Was wird geregelt?

a) Arbeitsstättenverordnung (ArbStättV)

Für die Sicherheit und den Schutz der Gesundheit der Beschäftigten sind die Mindestvorschriften der ArbStättV bei der Einrichtung und dem Betrieb von Arbeitsstätten zu erfüllen (§ 1 Abs. 1 ArbStättV). Wenn Arbeitgeber:innen Menschen mit Behinderungen beschäftigen, sind Arbeitsstätten so einzurichten und zu betreiben, dass die besonderen Belange dieser Beschäftigten im Hinblick auf die Sicherheit und den Schutz der Gesundheit berücksichtigt werden. Dabei sind auch die Arbeitsorganisation und die Arbeitszeiten behinderungsgerecht zu gestalten. Die größte Einschränkung besteht darin, dass diese Regelung nur Anwendung findet, sobald Menschen mit Behinderung beschäftigt werden.

b) Technische Regel für Arbeitsstätten (ASR) V3a.2

Die Technische Regel für Arbeitsstätten (ASR) V3a.2 »Barrierefreie Gestaltung von Arbeitsstätten« konkretisiert die Anforderungen der Arbeitsstättenverordnung, sodass die besonderen Belange beschäftigter Menschen mit Behinderungen im Hinblick auf Sicherheit und Gesundheitsschutz berücksichtigt werden.

Die Erforderlichkeit einer barrierefreien Gestaltung ergibt sich immer dann, wenn Menschen mit Behinderungen beschäftigt werden und bezieht sich nicht nur auf im Betrieb namentlich bekannte schwerbehinderte Beschäftigte, sondern auf alle Beschäftigten mit einer Behinderung. Eine barrierefreie Gestaltung der Arbeitsstätte ist gegeben, wenn in Anlehnung an § 4 BGG »bauliche und sonstige Anlagen, Transport- und Arbeitsmittel, Systeme der Informationsverarbeitung, akustische, visuelle und taktile Informationsquellen und Kommunikationseinrichtungen für Beschäftigte mit Behinderungen in der allgemein üblichen Weise, ohne besondere Erschwernisse und grundsätzlich ohne fremde Hilfe auffindbar, zugänglich und nutzbar sind.«

4. Rechtsdurchsetzung: Welche Wege gibt es?

Die Durchsetzung der Regelung des Arbeitsschutzes erfolgt durch die staatliche Gewerbeaufsicht in Zusammenarbeit mit den Unfallversicherungsträgern (§ 21 ArbSchG; § 20 SGB VII).

Auch wenn die konkreten Regelungen ausdrücklich nur gelten, wenn Menschen mit Behinderungen beschäftigt werden, stellt es jedoch einen Verstoß gegen das Benachteiligungsverbot des AGG dar, wenn eine Bewerberin bzw. ein Bewerber mit Behinderung mit Verweis auf mangelnde Barrierefreiheit zurückgewiesen wird. Die Arbeitgeber:innen sind dann nach § 15 AGG verpflichtet, einen durch Verstoß gegen das Benachteiligungsverbot entstandenen Schaden zu ersetzen. Hierzu gibt es immer wieder Rechtsfälle, in denen Bewerber:innen Schadensersatz geltend machen konnten, weil sie im Bewerbungsprozess aufgrund einer bei ihnen vorliegenden Behinderung benachteiligt worden sind oder Arbeitgeber:innen den Präventionspflichten gemäß § 164 SGB IX nicht nachgekommen sind.

5. Kurz gefasst: Was ist für die betriebliche Praxis relevant?

- Für die Beschäftigungsfähigkeit von Menschen mit Behinderungen stellen die genannten Regelungen einen wichtigen Faktor dar. Oftmals entsprechen die Anforderungen des Bauherrn für Um- und Neubauten von Gebäuden oder Arbeitsstätten nicht vollständig den Erfordernissen von Menschen mit Behinderungen.
- Die betrieblichen Interessenvertretungen (Betriebs- und Personalrat, Schwerbehindertenvertretung und Jugend- und Auszubildendenvertretung) haben hier eine besonders wichtige Aufgabe zu übernehmen. Sie müssen frühzeitig die berechtigten Interessen der Beschäftigten mit Behinderung in die Maßnahmenplanung der Arbeitgeber:innen einbringen und Überzeugungsarbeit leisten. Die Schwerbehindertenvertretung hat deshalb auch das Recht, beratend am Arbeitsschutzausschuss teilzunehmen und über die Anwendung der Arbeitsstättenverordnung zu wachen (§ 178 Abs. 4 Satz 1 SGB IX). Die Herstellung von Barrierefreiheit sollte frühzeitig in die betriebliche Planung eingebunden werden. Dazu können Inklusionsvereinbarungen nach § 166 SGB IX genutzt werden.
- Eine kritische Auseinandersetzung mit den neuen Techniken ist ebenso angebracht. Viele Unternehmen haben ihr herkömmliches Bewerbungsverfahren auf ein reines Online-Bewerbungsverfahren umgestellt. Die vermeintliche Erleichterung des Bewerbungsprozesses kann auf der anderen Seite zu einer erheblichen Benachteiligung führen. Entspricht die Internetseite für das Bewerbungsverfahren nicht den Grundanforderungen der Barrierefreie-Informationstechnik-Verordnung (BITV 2.0), haben Sehbehinderte oder Menschen mit einer Lese-Schwäche oftmals gar keine Chance auf ein persönliches Vorstellungsgespräch. Hier wird die Technik also zur Barriere.
- Arbeitgeber:innen wissen häufig nicht, dass eine von Anfang an berücksichtigte barrierefreie Arbeitsplatzgestaltung meistens keine hohen Kosten verursacht. Werden die barrierefreien Maßnahmen erst nachträglich initiiert, entstehen aufwandsbedingt oftmals deutlich höhere Kosten. Der Nutzen eines barrierefreien Betriebes kommt nicht nur den Menschen mit Behinderung zugute; alle Beschäftigten profitieren zum Beispiel von einem schwellenlosen Betrieb – es gibt weniger potenzielle Gefährdungsbereiche. Beschäftigte, die auch nur eine kurzzeitige Bewegungseinschränkung erlitten haben und nach der Gesetzesdefinition nicht als behindert gelten, haben bei barrierefreien Arbeitsplätzen auch eher die Möglichkeit, trotz dieser Einschränkung ihrer Arbeit nachzukommen.

II. Gesetzestexte, Verordnungen und Normen

1. Gesetz über Betriebsärzte, Sicherheitsingenieure und andere Fachkräfte für Arbeitssicherheit (ASiG)

Vom 12. Dezember 1973 (BGBl. I S. 1885), zuletzt geändert durch Artikel 3 Absatz 5 des Gesetzes vom 20. April 2013 (BGBl. I S. 868).

Inhaltsübersicht Seite

Erster Abschnitt

§ 1 Grundsatz

Der Arbeitgeber hat nach Maßgabe dieses Gesetzes Betriebsärzte und Fachkräfte für Arbeitssicherheit zu bestellen. Diese sollen ihn beim Arbeitsschutz und bei der Unfallverhütung unterstützen. Damit soll erreicht werden, daß

1. die dem Arbeitsschutz und der Unfallverhütung dienenden Vorschriften den besonderen Betriebsverhältnissen entsprechend angewandt werden,
2. gesicherte arbeitsmedizinische und sicherheitstechnische Erkenntnisse zur Verbesserung des Arbeitsschutzes und der Unfallverhütung verwirklicht werden können,
3. die dem Arbeitsschutz und der Unfallverhütung dienenden Maßnahmen einen möglichst hohen Wirkungsgrad erreichen.

Zweiter Abschnitt Betriebsärzte

§ 2 Bestellung von Betriebsärzten

(1) Der Arbeitgeber hat Betriebsärzte schriftlich zu bestellen und ihnen die in § 3 genannten Aufgaben zu übertragen, soweit dies erforderlich ist im Hinblick auf
1. die Betriebsart und die damit für die Arbeitnehmer verbundenen Unfall- und Gesundheitsgefahren,
2. die Zahl der beschäftigten Arbeitnehmer und die Zusammensetzung der Arbeitnehmerschaft und
3. die Betriebsorganisation, insbesondere im Hinblick auf die Zahl und die Art der für den Arbeitsschutz und die Unfallverhütung verantwortlichen Personen.

(2) Der Arbeitgeber hat dafür zu sorgen, daß die von ihm bestellten Betriebsärzte ihre Aufgaben erfüllen. Er hat sie bei der Erfüllung ihrer Aufgaben zu unterstützen; insbesondere ist er verpflichtet, ihnen, soweit dies zur Erfüllung ihrer Aufgaben erforderlich ist, Hilfspersonal sowie Räume, Einrichtungen, Geräte und Mittel zur Verfügung zu stellen. Er hat sie über den Einsatz von Personen zu unterrichten, die mit einem befristeten Arbeitsvertrag beschäftigt oder ihm zur Arbeitsleistung überlassen sind.

(3) Der Arbeitgeber hat den Betriebsärzten die zur Erfüllung ihrer Aufgaben erforderliche Fortbildung unter Berücksichtigung der betrieblichen Belange zu ermöglichen. Ist der Betriebsarzt als Arbeitnehmer eingestellt, so ist er für die Zeit der Fortbildung unter Fortentrichtung der Arbeitsvergütung von der Arbeit freizustellen. Die Kosten der Fortbildung trägt der Arbeitgeber. Ist der Betriebsarzt nicht als Arbeitnehmer eingestellt, so ist er für die Zeit der Fortbildung von der Erfüllung der ihm übertragenen Aufgaben freizustellen.

§ 3 Aufgaben der Betriebsärzte

(1) Die Betriebsärzte haben die Aufgabe, den Arbeitgeber beim Arbeitsschutz und bei der Unfallverhütung in allen Fragen des Gesundheitsschutzes zu unterstützen. Sie haben insbesondere
1. den Arbeitgeber und die sonst für den Arbeitsschutz und die Unfallverhütung verantwortlichen Personen zu beraten, insbesondere bei
   a) der Planung, Ausführung und Unterhaltung von Betriebsanlagen und von sozialen und sanitären Einrichtungen,
   b) der Beschaffung von technischen Arbeitsmitteln und der Einführung von Arbeitsverfahren und Arbeitsstoffen,
   c) der Auswahl und Erprobung von Körperschutzmitteln,

   d) arbeitsphysiologischen, arbeitspsychologischen und sonstigen ergonomischen sowie arbeitshygienischen Fragen, insbesondere des Arbeitsrhythmus, der Arbeitszeit und der Pausenregelung, der Gestaltung der Arbeitsplätze, des Arbeitsablaufs und der Arbeitsumgebung,
   e) der Organisation der »Ersten Hilfe« im Betrieb,
   f) Fragen des Arbeitsplatzwechsels sowie der Eingliederung und Wiedereingliederung Behinderter in den Arbeitsprozeß,
   g) der Beurteilung der Arbeitsbedingungen,
2. die Arbeitnehmer zu untersuchen, arbeitsmedizinisch zu beurteilen und zu beraten sowie die Untersuchungsergebnisse zu erfassen und auszuwerten,
3. die Durchführung des Arbeitsschutzes und der Unfallverhütung zu beobachten und im Zusammenhang damit
   a) die Arbeitsstätten in regelmäßigen Abständen zu begehen und festgestellte Mängel dem Arbeitgeber oder der sonst für den Arbeitsschutz und die Unfallverhütung verantwortlichen Person mitzuteilen, Maßnahmen zur Beseitigung dieser Mängel vorzuschlagen und auf deren Durchführung hinzuwirken,
   b) auf die Benutzung der Körperschutzmittel zu achten,
   c) Ursachen von arbeitsbedingten Erkrankungen zu untersuchen, die Untersuchungsergebnisse zu erfassen und auszuwerten und dem Arbeitgeber Maßnahmen zur Verhütung dieser Erkrankungen vorzuschlagen,
4. darauf hinzuwirken, daß sich alle im Betrieb Beschäftigten den Anforderungen des Arbeitsschutzes und der Unfallverhütung entsprechend verhalten, insbesondere sie über die Unfall- und Gesundheitsgefahren, denen sie bei der Arbeit ausgesetzt sind, sowie über die Einrichtungen und Maßnahmen zur Abwendung dieser Gefahren zu belehren und bei der Einsatzplanung und Schulung der Helfer in »Erster Hilfe« und des medizinischen Hilfspersonals mitzuwirken.

(2) Die Betriebsärzte haben auf Wunsch des Arbeitnehmers diesem das Ergebnis arbeitsmedizinischer Untersuchungen mitzuteilen; § 8 Abs. 1 Satz 3 bleibt unberührt.

(3) Zu den Aufgaben der Betriebsärzte gehört es nicht, Krankmeldungen der Arbeitnehmer auf ihre Berechtigung zu überprüfen.

§ 4 Anforderungen an Betriebsärzte

Der Arbeitgeber darf als Betriebsärzte nur Personen bestellen, die berechtigt sind, den ärztlichen Beruf auszuüben, und die über die zur Erfüllung der ihnen übertragenen Aufgaben erforderliche arbeitsmedizinische Fachkunde verfügen.

Dritter Abschnitt Fachkräfte für Arbeitssicherheit

§ 5 Bestellung von Fachkräften für Arbeitssicherheit

(1) Der Arbeitgeber hat Fachkräfte für Arbeitssicherheit (Sicherheitsingenieure, -techniker, -meister) schriftlich zu bestellen und ihnen die in § 6 genannten Aufgaben zu übertragen, soweit dies erforderlich ist im Hinblick auf

1. die Betriebsart und die damit für die Arbeitnehmer verbundenen Unfall- und Gesundheitsgefahren,
2. die Zahl der beschäftigten Arbeitnehmer und die Zusammensetzung der Arbeitnehmerschaft,
3. die Betriebsorganisation, insbesondere im Hinblick auf die Zahl und Art der für den Arbeitsschutz und die Unfallverhütung verantwortlichen Personen,
4. die Kenntnisse und die Schulung des Arbeitgebers oder der nach § 13 Abs. 1 Nr. 1, 2 oder 3 des Arbeitsschutzgesetzes verantwortlichen Personen in Fragen des Arbeitsschutzes.

(2) Der Arbeitgeber hat dafür zu sorgen, daß die von ihm bestellten Fachkräfte für Arbeitssicherheit ihre Aufgaben erfüllen. Er hat sie bei der Erfüllung ihrer Aufgaben zu unterstützen; insbesondere ist er verpflichtet, ihnen, soweit dies zur Erfüllung ihrer Aufgaben erforderlich ist, Hilfspersonal sowie Räume, Einrichtungen, Geräte und Mittel zur Verfügung zu stellen. Er hat sie über den Einsatz von Personen zu unterrichten, die mit einem befristeten Arbeitsvertrag beschäftigt oder ihm zur Arbeitsleistung überlassen sind.

(3) Der Arbeitgeber hat den Fachkräften für Arbeitssicherheit die zur Erfüllung ihrer Aufgaben erforderliche Fortbildung unter Berücksichtigung der betrieblichen Belange zu ermöglichen. Ist die Fachkraft für Arbeitssicherheit als Arbeitnehmer eingestellt, so ist sie für die Zeit der Fortbildung unter Fortentrichtung der Arbeitsvergütung von der Arbeit freizustellen. Die Kosten der Fortbildung trägt der Arbeitgeber. Ist die Fachkraft für Arbeitssicherheit nicht als Arbeitnehmer eingestellt, so ist sie für die Zeit der Fortbildung von der Erfüllung der ihr übertragenen Aufgaben freizustellen.

§ 6 Aufgaben der Fachkräfte für Arbeitssicherheit

Die Fachkräfte für Arbeitssicherheit haben die Aufgabe, den Arbeitgeber beim Arbeitsschutz und bei der Unfallverhütung in allen Fragen der Arbeitssicherheit einschließlich der menschengerechten Gestaltung der Arbeit zu unterstützen. Sie haben insbesondere

1. den Arbeitgeber und die sonst für den Arbeitsschutz und die Unfallverhütung verantwortlichen Personen zu beraten, insbesondere bei
   a) der Planung, Ausführung und Unterhaltung von Betriebsanlagen und von sozialen und sanitären Einrichtungen,
   b) der Beschaffung von technischen Arbeitsmitteln und der Einführung von Arbeitsverfahren und Arbeitsstoffen,
   c) der Auswahl und Erprobung von Körperschutzmitteln,
   d) der Gestaltung der Arbeitsplätze, des Arbeitsablaufs, der Arbeitsumgebung und in sonstigen Fragen der Ergonomie,
   e) der Beurteilung der Arbeitsbedingungen,
2. die Betriebsanlagen und die technischen Arbeitsmittel insbesondere vor der Inbetriebnahme und Arbeitsverfahren insbesondere vor ihrer Einführung sicherheitstechnisch zu überprüfen,
3. die Durchführung des Arbeitsschutzes und der Unfallverhütung zu beobachten und im Zusammenhang damit

a) die Arbeitsstätten in regelmäßigen Abständen zu begehen und festgestellte Mängel dem Arbeitgeber oder der sonst für den Arbeitsschutz und die Unfallverhütung verantwortlichen Person mitzuteilen, Maßnahmen zur Beseitigung dieser Mängel vorzuschlagen und auf deren Durchführung hinzuwirken,
b) auf die Benutzung der Körperschutzmittel zu achten,
c) Ursachen von Arbeitsunfällen zu untersuchen, die Untersuchungsergebnisse zu erfassen und auszuwerten und dem Arbeitgeber Maßnahmen zur Verhütung dieser Arbeitsunfälle vorzuschlagen,

4. darauf hinzuwirken, daß sich alle im Betrieb Beschäftigten den Anforderungen des Arbeitsschutzes und der Unfallverhütung entsprechend verhalten, insbesondere sie über die Unfall- und Gesundheitsgefahren, denen sie bei der Arbeit ausgesetzt sind, sowie über die Einrichtungen und Maßnahmen zur Abwendung dieser Gefahren zu belehren und bei der Schulung der Sicherheitsbeauftragten mitzuwirken.

§ 7 Anforderungen an Fachkräfte für Arbeitssicherheit

(1) Der Arbeitgeber darf als Fachkräfte für Arbeitssicherheit nur Personen bestellen, die den nachstehenden Anforderungen genügen: Der Sicherheitsingenieur muß berechtigt sein, die Berufsbezeichnung Ingenieur zu führen und über die zur Erfüllung der ihm übertragenen Aufgaben erforderliche sicherheitstechnische Fachkunde verfügen. Der Sicherheitstechniker oder -meister muß über die zur Erfüllung der ihm übertragenen Aufgaben erforderliche sicherheitstechnische Fachkunde verfügen.

(2) Die zuständige Behörde kann es im Einzelfall zulassen, daß an Stelle eines Sicherheitsingenieurs, der berechtigt ist, die Berufsbezeichnung Ingenieur zu führen, jemand bestellt werden darf, der zur Erfüllung der sich aus § 6 ergebenden Aufgaben über entsprechende Fachkenntnisse verfügt.

Vierter Abschnitt Gemeinsame Vorschriften

§ 8 Unabhängigkeit bei der Anwendung der Fachkunde

(1) Betriebsärzte und Fachkräfte für Arbeitssicherheit sind bei der Anwendung ihrer arbeitsmedizinischen und sicherheitstechnischen Fachkunde weisungsfrei. Sie dürfen wegen der Erfüllung der ihnen übertragenen Aufgaben nicht benachteiligt werden. Betriebsärzte sind nur ihrem ärztlichen Gewissen unterworfen und haben die Regeln der ärztlichen Schweigepflicht zu beachten.

(2) Betriebsärzte und Fachkräfte für Arbeitssicherheit oder, wenn für einen Betrieb mehrere Betriebsärzte oder Fachkräfte für Arbeitssicherheit bestellt sind, der leitende Betriebsarzt und die leitende Fachkraft für Arbeitssicherheit, unterstehen unmittelbar dem Leiter des Betriebs.

(3) Können sich Betriebsärzte oder Fachkräfte für Arbeitssicherheit über eine von ihnen vorgeschlagene arbeitsmedizinische oder sicherheitstechnische Maßnahme mit dem Leiter des Betriebs nicht verständigen, so können sie ihren Vorschlag unmittelbar dem Arbeitgeber und, wenn dieser eine juristische Person ist, dem zuständigen Mitglied des zur gesetzlichen Vertretung berufenen Organs unterbreiten.

Ist für einen Betrieb oder ein Unternehmen ein leitender Betriebsarzt oder eine leitende Fachkraft für Arbeitssicherheit bestellt, steht diesen das Vorschlagsrecht nach Satz 1 zu. Lehnt der Arbeitgeber oder das zuständige Mitglied des zur gesetzlichen Vertretung berufenen Organs den Vorschlag ab, so ist dies den Vorschlagenden schriftlich mitzuteilen und zu begründen; der Betriebsrat erhält eine Abschrift.

§ 9 Zusammenarbeit mit dem Betriebsrat

(1) Die Betriebsärzte und die Fachkräfte für Arbeitssicherheit haben bei der Erfüllung ihrer Aufgaben mit dem Betriebsrat zusammenzuarbeiten.
(2) Die Betriebsärzte und die Fachkräfte für Arbeitssicherheit haben den Betriebsrat über wichtige Angelegenheiten des Arbeitsschutzes und der Unfallverhütung zu unterrichten; sie haben ihm den Inhalt eines Vorschlags mitzuteilen, den sie nach § 8 Abs. 3 dem Arbeitgeber machen. Sie haben den Betriebsrat auf sein Verlangen in Angelegenheiten des Arbeitsschutzes und der Unfallverhütung zu beraten.
(3) Die Betriebsärzte und Fachkräfte für Arbeitssicherheit sind mit Zustimmung des Betriebsrats zu bestellen und abzuberufen. Das gleiche gilt, wenn deren Aufgaben erweitert oder eingeschränkt werden sollen; im übrigen gilt § 87 in Verbindung mit § 76 des Betriebsverfassungsgesetzes. Vor der Verpflichtung oder Entpflichtung eines freiberuflich tätigen Arztes, einer freiberuflich tätigen Fachkraft für Arbeitssicherheit oder eines überbetrieblichen Dienstes ist der Betriebsrat zu hören.

§ 10 Zusammenarbeit der Betriebsärzte und der Fachkräfte für Arbeitssicherheit

Die Betriebsärzte und die Fachkräfte für Arbeitssicherheit haben bei der Erfüllung ihrer Aufgaben zusammenzuarbeiten. Dazu gehört es insbesondere, gemeinsame Betriebsbegehungen vorzunehmen. Die Betriebsärzte und die Fachkräfte für Arbeitssicherheit arbeiten bei der Erfüllung ihrer Aufgaben mit den anderen im Betrieb für Angelegenheiten der technischen Sicherheit, des Gesundheits- und des Umweltschutzes beauftragten Personen zusammen.

§ 11 Arbeitsschutzausschuß

Soweit in einer sonstigen Rechtsvorschrift nichts anderes bestimmt ist, hat der Arbeitgeber in Betrieben mit mehr als zwanzig Beschäftigten einen Arbeitsschutzausschuß zu bilden; bei der Feststellung der Zahl der Beschäftigten sind Teilzeitbeschäftigte mit einer regelmäßigen wöchentlichen Arbeitszeit von nicht mehr als 20 Stunden mit 0,5 und nicht mehr als 30 Stunden mit 0,75 zu berücksichtigen. Dieser Ausschuß setzt sich zusammen aus:
dem Arbeitgeber oder einem von ihm Beauftragten,
zwei vom Betriebsrat bestimmten Betriebsratsmitgliedern,
Betriebsärzten,
Fachkräften für Arbeitssicherheit und
Sicherheitsbeauftragten nach § 22 des Siebten Buches Sozialgesetzbuch.
Der Arbeitsschutzausschuß hat die Aufgabe, Anliegen des Arbeitsschutzes und der Unfallverhütung zu beraten. Der Arbeitsschutzausschuß tritt mindestens einmal vierteljährlich zusammen.

§ 12 Behördliche Anordnungen

(1) Die zuständige Behörde kann im Einzelfall anordnen, welche Maßnahmen der Arbeitgeber zur Erfüllung der sich aus diesem Gesetz und den die gesetzlichen Pflichten näher bestimmenden Rechtsverordnungen und Unfallverhütungsvorschriften ergebenden Pflichten, insbesondere hinsichtlich der Bestellung von Betriebsärzten und Fachkräften für Arbeitssicherheit, zu treffen hat.

(2) Die zuständige Behörde hat, bevor sie eine Anordnung trifft,

1. den Arbeitgeber und den Betriebsrat zu hören und mit ihnen zu erörtern, welche Maßnahmen angebracht erscheinen und
2. dem zuständigen Träger der gesetzlichen Unfallversicherung Gelegenheit zu geben, an der Erörterung mit dem Arbeitgeber teilzunehmen und zu der von der Behörde in Aussicht genommenen Anordnung Stellung zu nehmen.

(3) Die zuständige Behörde hat dem Arbeitgeber zur Ausführung der Anordnung eine angemessene Frist zu setzen.

(4) Die zuständige Behörde hat den Betriebsrat über eine gegenüber dem Arbeitgeber getroffene Anordnung schriftlich in Kenntnis zu setzen.

§ 13 Auskunfts- und Besichtigungsrechte

(1) Der Arbeitgeber hat der zuständigen Behörde auf deren Verlangen die zur Durchführung des Gesetzes erforderlichen Auskünfte zu erteilen. Er kann die Auskunft auf solche Fragen verweigern, deren Beantwortung ihn selbst oder einen der in § 383 Abs. 1 Nr. 1 bis 3 der Zivilprozeßordnung bezeichneten Angehörigen der Gefahr strafgerichtlicher Verfolgung oder eines Verfahrens nach dem Gesetz über Ordnungswidrigkeiten aussetzen würde.

(2) Die Beauftragten der zuständigen Behörde sind berechtigt, die Arbeitsstätten während der üblichen Betriebs- und Arbeitszeit zu betreten und zu besichtigen; außerhalb dieser Zeit oder wenn sich die Arbeitsstätten in einer Wohnung befinden, dürfen sie nur zur Verhütung von dringenden Gefahren für die öffentliche Sicherheit und Ordnung betreten und besichtigt werden. Das Grundrecht der Unverletzlichkeit der Wohnung (Artikel 13 des Grundgesetzes) wird insoweit eingeschränkt.

§ 14 Ermächtigung zum Erlaß von Rechtsverordnungen

(1) Das Bundesministerium für Arbeit und Soziales kann mit Zustimmung des Bundesrates durch Rechtsverordnung bestimmen, welche Maßnahmen der Arbeitgeber zur Erfüllung der sich aus diesem Gesetz ergebenden Pflichten zu treffen hat. Soweit die Träger der gesetzlichen Unfallversicherung ermächtigt sind, die gesetzlichen Pflichten durch Unfallverhütungsvorschriften näher zu bestimmen, macht das Bundesministerium für Arbeit und Soziales von der Ermächtigung erst Gebrauch, nachdem innerhalb einer von ihm gesetzten angemessenen Frist der Träger der gesetzlichen Unfallversicherung eine entsprechende Unfallverhütungsvorschrift nicht erlassen hat oder eine unzureichend gewordene Unfallverhütungsvorschrift nicht ändert.

(2) *(weggefallen)*

§ 15 Ermächtigung zum Erlaß von allgemeinen Verwaltungsvorschriften

Das Bundesministerium für Arbeit und Soziales erläßt mit Zustimmung des Bundesrates allgemeine Verwaltungsvorschriften zu diesem Gesetz und den auf Grund des Gesetzes erlassenen Rechtsverordnungen.

§ 16 Öffentliche Verwaltung

In Verwaltungen und Betrieben des Bundes, der Länder, der Gemeinden und der sonstigen Körperschaften, Anstalten und Stiftungen des öffentlichen Rechts ist ein den Grundsätzen dieses Gesetzes gleichwertiger arbeitsmedizinischer und sicherheitstechnischer Arbeitsschutz zu gewährleisten.

§ 17 Nichtanwendung des Gesetzes

(1) Dieses Gesetz ist nicht anzuwenden, soweit Arbeitnehmer im Haushalt beschäftigt werden.

(2) Soweit im Seearbeitsgesetz und in anderen Vorschriften im Bereich der Seeschifffahrt gleichwertige Regelungen enthalten sind, gelten diese Regelungen für die Besatzungsmitglieder auf Kauffahrteischiffen unter deutscher Flagge. Soweit dieses Gesetz auf die Seeschiffahrt nicht anwendbar ist, wird das Nähere durch Rechtsverordnung geregelt.

(3) Soweit das Bergrecht diesem Gesetz gleichwertige Regelungen enthält, gelten diese Regelungen. Im übrigen gilt dieses Gesetz.

§ 18 Ausnahmen

Die zuständige Behörde kann dem Arbeitgeber gestatten, auch solche Betriebsärzte und Fachkräfte für Arbeitssicherheit zu bestellen, die noch nicht über die erforderliche Fachkunde im Sinne des § 4 oder § 7 verfügen, wenn der Arbeitgeber sich verpflichtet, in einer festzulegenden Frist den Betriebsarzt oder die Fachkraft für Arbeitssicherheit entsprechend fortbilden zu lassen.

§ 19 Überbetriebliche Dienste

Die Verpflichtung des Arbeitgebers, Betriebsärzte und Fachkräfte für Arbeitssicherheit zu bestellen, kann auch dadurch erfüllt werden, daß der Arbeitgeber einen überbetrieblichen Dienst von Betriebsärzten oder Fachkräften für Arbeitssicherheit zur Wahrnehmung der Aufgaben nach § 3 oder § 6 verpflichtet.

§ 20 Ordnungswidrigkeiten

(1) Ordnungswidrig handelt, wer vorsätzlich oder fahrlässig

1. einer vollziehbaren Anordnung nach § 12 Abs. 1 zuwiderhandelt,
2. entgegen § 13 Abs. 1 Satz 1 eine Auskunft nicht, nicht richtig oder nicht vollständig erteilt oder
3. entgegen § 13 Abs. 2 Satz 1 eine Besichtigung nicht duldet.

(2) Eine Ordnungswidrigkeit nach Absatz 1 Nr. 1 kann mit einer Geldbuße bis zu fünfundzwanzigtausend Euro, eine Ordnungswidrigkeit nach Absatz 1 Nr. 2 und 3 mit einer Geldbuße bis zu fünfhundert Euro geahndet werden.

§ 21 –

§ 22 Berlin-Klausel
Dieses Gesetz gilt nach Maßgabe des § 13 Abs. 1 des Dritten Überleitungsgesetzes vom 4. Januar 1952 (Bundesgesetzbl. I S. 1) auch im Land Berlin. Rechtsverordnungen, die auf Grund dieses Gesetzes erlassen werden, gelten im Land Berlin nach § 14 des Dritten Überleitungsgesetzes.

§ 23 Inkrafttreten
(1) Dieses Gesetz, ausgenommen § 14 und § 21, tritt am ersten Tag des auf die Verkündung folgenden zwölften Kalendermonats in Kraft. § 14 und § 21 treten am Tag nach der Verkündung des Gesetzes in Kraft.
(2) (Aufhebungsvorschrift)

2. Arbeitsstättenverordnung (ArbStättV)

Vom 12. August 2004 (BGBl. I S. 2179), zuletzt geändert durch Artikel 10 des Gesetzes vom 27. März 2024 (BGBl. 2024 I Nr. 109).

Inhaltsübersicht Seite

§ 1 Ziel, Anwendungsbereich
(1) Diese Verordnung dient der Sicherheit und dem Schutz der Gesundheit der Beschäftigten beim Einrichten und Betreiben von Arbeitsstätten.
(2) Für folgende Arbeitsstätten gelten nur § 5 und der Anhang Nummer 1.3:
1. Arbeitsstätten im Reisegewerbe und im Marktverkehr,
2. Transportmittel, die im öffentlichen Verkehr eingesetzt werden,
3. Felder, Wälder und sonstige Flächen, die zu einem land- oder forstwirtschaftlichen Betrieb gehören, aber außerhalb der von ihm bebauten Fläche liegen.

(3) Für Gemeinschaftsunterkünfte außerhalb des Geländes eines Betriebes oder einer Baustelle gelten nur
1. § 3,
2. § 3a und
3. Nummer 4.4 des Anhangs.

(4) Für Telearbeitsplätze gelten nur
1. § 3 bei der erstmaligen Beurteilung der Arbeitsbedingungen und des Arbeitsplatzes,
2. § 6 und der Anhang Nummer 6,

soweit der Arbeitsplatz von dem im Betrieb abweicht. Die in Satz 1 genannten Vorschriften gelten, soweit Anforderungen unter Beachtung der Eigenart von Telearbeitsplätzen auf diese anwendbar sind.

(5) Der Anhang Nummer 6 gilt nicht für
1. Bedienerplätze von Maschinen oder Fahrerplätze von Fahrzeugen mit Bildschirmgeräten,
2. tragbare Bildschirmgeräte für die ortsveränderliche Verwendung, die nicht regelmäßig an einem Arbeitsplatz verwendet werden,
3. Rechenmaschinen, Registrierkassen oder andere Arbeitsmittel mit einer kleinen Daten- oder Messwertanzeigevorrichtung, die zur unmittelbaren Benutzung des Arbeitsmittels erforderlich ist und
4. Schreibmaschinen klassischer Bauart mit einem Display.

(6) Diese Verordnung ist für Arbeitsstätten in Betrieben, die dem Bundesberggesetz unterliegen, nur für Bildschirmarbeitsplätze einschließlich Telearbeitsplätze anzuwenden.

(7) Das Bundeskanzleramt, das Bundesministerium des Innern, für Bau und Heimat, das Bundesministerium für Verkehr und digitale Infrastruktur, das Bundesministerium für Umwelt, Naturschutz und nukleare Sicherheit, das Bundesministerium der Verteidigung oder das Bundesministerium der Finanzen können, soweit sie hierfür jeweils zuständig sind, im Einvernehmen mit dem Bundesministerium für Arbeit und Soziales und, soweit nicht das Bundesministerium des Innern, für Bau und Heimat selbst zuständig ist, im Einvernehmen mit dem Bundesministerium des Innern, für Bau und Heimat Ausnahmen von den Vorschriften dieser Verordnung zulassen, soweit öffentliche Belange dies zwingend erfordern, insbesondere zur Aufrechterhaltung oder Wiederherstellung der öffentlichen Sicherheit. In diesem Fall ist gleichzeitig festzulegen, wie die Sicherheit und der Schutz der Gesundheit der Beschäftigten nach dieser Verordnung auf andere Weise gewährleistet werden.

§ 2 Begriffsbestimmungen

(1) Arbeitsstätten sind:
1. Arbeitsräume oder andere Orte in Gebäuden auf dem Gelände eines Betriebes,
2. Orte im Freien auf dem Gelände eines Betriebes,
3. Orte auf Baustellen,

sofern sie zur Nutzung für Arbeitsplätze vorgesehen sind.

(2) Zur Arbeitsstätte gehören insbesondere auch:
1. Orte auf dem Gelände eines Betriebes oder einer Baustelle, zu denen Beschäftigte im Rahmen ihrer Arbeit Zugang haben,
2. Verkehrswege, Fluchtwege, Notausgänge, Lager-, Maschinen- und Nebenräume, Sanitärräume, Kantinen, Pausen- und Bereitschaftsräume, Erste-Hilfe-Räume, Unterkünfte sowie

3. Einrichtungen, die dem Betreiben der Arbeitsstätte dienen, insbesondere Sicherheitsbeleuchtungen, Feuerlöscheinrichtungen, Versorgungseinrichtungen, Beleuchtungsanlagen, raumlufttechnische Anlagen, Signalanlagen, Energieverteilungsanlagen, Türen und Tore, Fahrsteige, Fahrtreppen, Laderampen und Steigleitern.

(3) Arbeitsräume sind die Räume, in denen Arbeitsplätze innerhalb von Gebäuden dauerhaft eingerichtet sind.

(4) Arbeitsplätze sind Bereiche, in denen Beschäftigte im Rahmen ihrer Arbeit tätig sind.

(5) Bildschirmarbeitsplätze sind Arbeitsplätze, die sich in Arbeitsräumen befinden und die mit Bildschirmgeräten und sonstigen Arbeitsmitteln ausgestattet sind.

(6) Bildschirmgeräte sind Funktionseinheiten, zu denen insbesondere Bildschirme zur Darstellung von visuellen Informationen, Einrichtungen zur Datenein- und -ausgabe, sonstige Steuerungs- und Kommunikationseinheiten (Rechner) sowie eine Software zur Steuerung und Umsetzung der Arbeitsaufgabe gehören.

(7) Telearbeitsplätze sind vom Arbeitgeber fest eingerichtete Bildschirmarbeitsplätze im Privatbereich der Beschäftigten, für die der Arbeitgeber eine mit den Beschäftigten vereinbarte wöchentliche Arbeitszeit und die Dauer der Einrichtung festgelegt hat. Ein Telearbeitsplatz ist vom Arbeitgeber erst dann eingerichtet, wenn Arbeitgeber und Beschäftigte die Bedingungen der Telearbeit arbeitsvertraglich oder im Rahmen einer Vereinbarung festgelegt haben und die benötigte Ausstattung des Telearbeitsplatzes mit Mobiliar, Arbeitsmitteln einschließlich der Kommunikationseinrichtungen durch den Arbeitgeber oder eine von ihm beauftragte Person im Privatbereich des Beschäftigten bereitgestellt und installiert ist.

(8) Gemeinschaftsunterkünfte im Sinne dieser Verordnung sind Unterkünfte innerhalb oder außerhalb des Geländes eines Betriebes oder einer Baustelle, die

1. den Beschäftigten durch den Arbeitgeber oder auf dessen Veranlassung durch Dritte entgeltlich oder unentgeltlich zur Verfügung gestellt werden und
2. von mehreren Beschäftigten und insgesamt von mindestens vier Personen gemeinschaftlich genutzt werden.

(9) Einrichten ist das Bereitstellen und Ausgestalten der Arbeitsstätte. Das Einrichten umfasst insbesondere:

1. bauliche Maßnahmen oder Veränderungen,
2. das Ausstatten mit Maschinen, Anlagen, anderen Arbeitsmitteln und Mobiliar sowie mit Beleuchtungs-, Lüftungs-, Heizungs-, Feuerlösch- und Versorgungseinrichtungen,
3. das Anlegen und Kennzeichnen von Verkehrs- und Fluchtwegen sowie das Kennzeichnen von Gefahrenstellen und brandschutztechnischen Ausrüstungen und
4. das Festlegen von Arbeitsplätzen.

(10) Das Betreiben von Arbeitsstätten umfasst das Benutzen, Instandhalten und Optimieren der Arbeitsstätten sowie die Organisation und Gestaltung der Arbeit einschließlich der Arbeitsabläufe in Arbeitsstätten.

(11) Instandhalten ist die Wartung, Inspektion, Instandsetzung oder Verbesserung der Arbeitsstätten zum Erhalt des baulichen und technischen Zustandes.

(12) Stand der Technik ist der Entwicklungsstand fortschrittlicher Verfahren, Einrichtungen oder Betriebsweisen, der die praktische Eignung einer Maßnahme zur Gewährleistung der Sicherheit und zum Schutz der Gesundheit der Beschäftigten gesichert erscheinen lässt. Bei der Bestimmung des Stands der Technik sind insbesondere vergleichbare Verfahren, Einrichtungen oder Betriebsweisen heranzuziehen, die mit Erfolg in der Praxis erprobt worden sind. Gleiches gilt für die Anforderungen an die Arbeitsmedizin und die Hygiene.
(13) Fachkundig ist, wer über die zur Ausübung einer in dieser Verordnung bestimmten Aufgabe erforderlichen Fachkenntnisse verfügt. Die Anforderungen an die Fachkunde sind abhängig von der jeweiligen Art der Aufgabe. Zu den Anforderungen zählen eine entsprechende Berufsausbildung, Berufserfahrung oder eine zeitnah ausgeübte entsprechende berufliche Tätigkeit. Die Fachkenntnisse sind durch Teilnahme an Schulungen auf aktuellem Stand zu halten.

§ 3 Gefährdungsbeurteilung

(1) Bei der Beurteilung der Arbeitsbedingungen nach § 5 des Arbeitsschutzgesetzes hat der Arbeitgeber zunächst festzustellen, ob die Beschäftigten Gefährdungen beim Einrichten und Betreiben von Arbeitsstätten ausgesetzt sind oder ausgesetzt sein können. Ist dies der Fall, hat er alle möglichen Gefährdungen der Sicherheit und der Gesundheit der Beschäftigten zu beurteilen und dabei die Auswirkungen der Arbeitsorganisation und der Arbeitsabläufe in der Arbeitsstätte zu berücksichtigen. Bei der Gefährdungsbeurteilung hat er die physischen und psychischen Belastungen sowie bei Bildschirmarbeitsplätzen insbesondere die Belastungen der Augen oder die Gefährdung des Sehvermögens der Beschäftigten zu berücksichtigen. Entsprechend dem Ergebnis der Gefährdungsbeurteilung hat der Arbeitgeber Maßnahmen zum Schutz der Beschäftigten gemäß den Vorschriften dieser Verordnung einschließlich ihres Anhangs nach dem Stand der Technik, Arbeitsmedizin und Hygiene festzulegen. Sonstige gesicherte arbeitswissenschaftliche Erkenntnisse sind zu berücksichtigen.
(2) Der Arbeitgeber hat sicherzustellen, dass die Gefährdungsbeurteilung fachkundig durchgeführt wird. Verfügt der Arbeitgeber nicht selbst über die entsprechenden Kenntnisse, hat er sich fachkundig beraten zu lassen.
(3) Der Arbeitgeber hat die Gefährdungsbeurteilung vor Aufnahme der Tätigkeiten zu dokumentieren. In der Dokumentation ist anzugeben, welche Gefährdungen am Arbeitsplatz auftreten können und welche Maßnahmen nach Absatz 1 Satz 4 durchgeführt werden müssen.

§ 3a Einrichten und Betreiben von Arbeitsstätten

(1) Der Arbeitgeber hat dafür zu sorgen, dass Arbeitsstätten so eingerichtet und betrieben werden, dass Gefährdungen für die Sicherheit und die Gesundheit der Beschäftigten möglichst vermieden und verbleibende Gefährdungen möglichst gering gehalten werden. Beim Einrichten und Betreiben der Arbeitsstätten hat der Arbeitgeber die Maßnahmen nach § 3 Absatz 1 durchzuführen und dabei den Stand der Technik, Arbeitsmedizin und Hygiene, die ergonomischen Anforderungen sowie insbesondere die vom Bundesministerium für Arbeit und Soziales nach § 7 Absatz 4 bekannt gemachten Regeln und Erkenntnisse zu berücksichtigen. Bei

Einhaltung der bekannt gemachten Regeln ist davon auszugehen, dass die in dieser Verordnung gestellten Anforderungen diesbezüglich erfüllt sind. Wendet der Arbeitgeber diese Regeln nicht an, so muss er durch andere Maßnahmen die gleiche Sicherheit und den gleichen Schutz der Gesundheit der Beschäftigten erreichen.

(2) Beschäftigt der Arbeitgeber Menschen mit Behinderungen, hat er die Arbeitsstätte so einzurichten und zu betreiben, dass die besonderen Belange dieser Beschäftigten im Hinblick auf die Sicherheit und den Schutz der Gesundheit berücksichtigt werden. Dies gilt insbesondere für die barrierefreie Gestaltung von Arbeitsplätzen, Sanitär-, Pausen- und Bereitschaftsräumen, Kantinen, Erste-Hilfe-Räumen und Unterkünften sowie den zugehörigen Türen, Verkehrswegen, Fluchtwegen, Notausgängen, Treppen und Orientierungssystemen, die von den Beschäftigten mit Behinderungen benutzt werden.

(3) Die zuständige Behörde kann auf schriftlichen Antrag des Arbeitgebers Ausnahmen von den Vorschriften dieser Verordnung einschließlich ihres Anhanges zulassen, wenn

1. der Arbeitgeber andere, ebenso wirksame Maßnahmen trifft oder
2. die Durchführung der Vorschrift im Einzelfall zu einer unverhältnismäßigen Härte führen würde und die Abweichung mit dem Schutz der Beschäftigten vereinbar ist.

Der Antrag des Arbeitgebers kann in Papierform oder elektronisch übermittelt werden. Bei der Beurteilung sind die Belange der kleineren Betriebe besonders zu berücksichtigen.

(4) Anforderungen in anderen Rechtsvorschriften, insbesondere im Bauordnungsrecht der Länder, gelten vorrangig, soweit sie über die Anforderungen dieser Verordnung hinausgehen.

§ 4 Besondere Anforderungen an das Betreiben von Arbeitsstätten

(1) Der Arbeitgeber hat die Arbeitsstätte instand zu halten und dafür zu sorgen, dass festgestellte Mängel unverzüglich beseitigt werden. Können Mängel, mit denen eine unmittelbare erhebliche Gefahr verbunden ist, nicht sofort beseitigt werden, hat er dafür zu sorgen, dass die gefährdeten Beschäftigten ihre Tätigkeit unverzüglich einstellen.

(2) Der Arbeitgeber hat dafür zu sorgen, dass Arbeitsstätten den hygienischen Erfordernissen entsprechend gereinigt werden. Verunreinigungen und Ablagerungen, die zu Gefährdungen führen können, sind unverzüglich zu beseitigen.

(3) Der Arbeitgeber hat die Sicherheitseinrichtungen, insbesondere Sicherheitsbeleuchtung, Brandmelde- und Feuerlöscheinrichtungen, Signalanlagen, Notaggregate und Notschalter sowie raumlufttechnische Anlagen instand zu halten und in regelmäßigen Abständen auf ihre Funktionsfähigkeit prüfen zu lassen.

(4) Der Arbeitgeber hat dafür zu sorgen, dass Verkehrswege, Fluchtwege und Notausgänge ständig freigehalten werden, damit sie jederzeit benutzbar sind. Der Arbeitgeber hat Vorkehrungen so zu treffen, dass die Beschäftigten bei Gefahr sich unverzüglich in Sicherheit bringen und schnell gerettet werden können. Der Arbeitgeber hat einen Flucht- und Rettungsplan aufzustellen, wenn Lage, Ausdehnung und Art der Benutzung der Arbeitsstätte dies erfordern. Der Plan ist an geeig-

neten Stellen in der Arbeitsstätte auszulegen oder auszuhängen. In angemessenen Zeitabständen ist entsprechend diesem Plan zu üben.
(5) Der Arbeitgeber hat beim Einrichten und Betreiben von Arbeitsstätten Mittel und Einrichtungen zur Ersten Hilfe zur Verfügung zu stellen und regelmäßig auf ihre Vollständigkeit und Verwendungsfähigkeit prüfen zu lassen.

§ 5 Nichtraucherschutz

(1) Der Arbeitgeber hat die erforderlichen Maßnahmen zu treffen, damit die nicht rauchenden Beschäftigten in Arbeitsstätten wirksam vor den Gesundheitsgefahren durch Rauche und Dämpfe von Tabak- und Cannabisprodukten sowie elektronischen Zigaretten geschützt sind. Soweit erforderlich, hat der Arbeitgeber ein allgemeines oder auf einzelne Bereiche der Arbeitsstätte beschränktes Rauchverbot zu erlassen.
(2) In Arbeitsstätten mit Publikumsverkehr hat der Arbeitgeber beim Einrichten und Betreiben von Arbeitsräumen der Natur des Betriebes entsprechende und der Art der Beschäftigung angepasste technische oder organisatorische Maßnahmen nach Absatz 1 zum Schutz der nicht rauchenden Beschäftigten zu treffen.

§ 6 Unterweisung der Beschäftigten

(1) Der Arbeitgeber hat den Beschäftigten ausreichende und angemessene Informationen anhand der Gefährdungsbeurteilung in einer für die Beschäftigten verständlichen Form und Sprache zur Verfügung zu stellen über

1. das bestimmungsgemäße Betreiben der Arbeitsstätte,
2. alle gesundheits- und sicherheitsrelevanten Fragen im Zusammenhang mit ihrer Tätigkeit,
3. Maßnahmen, die zur Gewährleistung der Sicherheit und zum Schutz der Gesundheit der Beschäftigten durchgeführt werden müssen, und
4. arbeitsplatzspezifische Maßnahmen, insbesondere bei Tätigkeiten auf Baustellen oder an Bildschirmgeräten,

und sie anhand dieser Informationen zu unterweisen.
(2) Die Unterweisung nach Absatz 1 muss sich auf Maßnahmen im Gefahrenfall erstrecken, insbesondere auf

1. die Bedienung von Sicherheits- und Warneinrichtungen,
2. die Erste Hilfe und die dazu vorgehaltenen Mittel und Einrichtungen und
3. den innerbetrieblichen Verkehr.

(3) Die Unterweisung nach Absatz 1 muss sich auf Maßnahmen der Brandverhütung und Verhaltensmaßnahmen im Brandfall erstrecken, insbesondere auf die Nutzung der Fluchtwege und Notausgänge. Diejenigen Beschäftigten, die Aufgaben der Brandbekämpfung übernehmen, hat der Arbeitgeber in der Bedienung der Feuerlöscheinrichtungen zu unterweisen.
(4) Die Unterweisungen müssen vor Aufnahme der Tätigkeit stattfinden. Danach sind sie mindestens jährlich zu wiederholen. Sie haben in einer für die Beschäftigten verständlichen Form und Sprache zu erfolgen. Unterweisungen sind unverzüglich zu wiederholen, wenn sich die Tätigkeiten der Beschäftigten, die Arbeitsorganisation, die Arbeits- und Fertigungsverfahren oder die Einrichtungen und

Betriebsweisen in der Arbeitsstätte wesentlich verändern und die Veränderung mit zusätzlichen Gefährdungen verbunden ist.

§ 7 Ausschuss für Arbeitsstätten

(1) Beim Bundesministerium für Arbeit und Soziales wird ein Ausschuss für Arbeitsstätten gebildet, in dem fachkundige Vertreter der Arbeitgeber, der Gewerkschaften, der Länderbehörden, der gesetzlichen Unfallversicherung und weitere fachkundige Personen, insbesondere der Wissenschaft, in angemessener Zahl vertreten sein sollen. Die Gesamtzahl der Mitglieder soll 16 Personen nicht überschreiten. Für jedes Mitglied ist ein stellvertretendes Mitglied zu benennen. Die Mitgliedschaft im Ausschuss für Arbeitsstätten ist ehrenamtlich.

(2) Das Bundesministerium für Arbeit und Soziales beruft die Mitglieder des Ausschusses und die stellvertretenden Mitglieder. Der Ausschuss gibt sich eine Geschäftsordnung und wählt den Vorsitzenden aus seiner Mitte. Die Geschäftsordnung und die Wahl des Vorsitzenden bedürfen der Zustimmung des Bundesministeriums für Arbeit und Soziales.

(3) Zu den Aufgaben des Ausschusses gehört es,

1. dem Stand der Technik, Arbeitsmedizin und Hygiene entsprechende Regeln und sonstige gesicherte wissenschaftliche Erkenntnisse für die Sicherheit und Gesundheit der Beschäftigten in Arbeitsstätten zu ermitteln,
2. Regeln und Erkenntnisse zu ermitteln, wie die Anforderungen dieser Verordnung erfüllt werden können, sowie Empfehlungen für weitere Maßnahmen zur Gewährleistung der Sicherheit und zum Schutz der Gesundheit der Beschäftigten auszuarbeiten und
3. das Bundesministerium für Arbeit und Soziales in allen Fragen der Sicherheit und der Gesundheit der Beschäftigten in Arbeitsstätten zu beraten.

Bei der Wahrnehmung seiner Aufgaben soll der Ausschuss die allgemeinen Grundsätze des Arbeitsschutzes nach § 4 des Arbeitsschutzgesetzes berücksichtigen. Das Arbeitsprogramm des Ausschusses für Arbeitsstätten wird mit dem Bundesministerium für Arbeit und Soziales abgestimmt. Der Ausschuss arbeitet eng mit den anderen Ausschüssen beim Bundesministerium für Arbeit und Soziales zusammen. Die Sitzungen des Ausschusses sind nicht öffentlich. Beratungs- und Abstimmungsergebnisse des Ausschusses sowie Niederschriften der Untergremien sind vertraulich zu behandeln, soweit die Erfüllung der Aufgaben, die den Untergremien oder den Mitgliedern des Ausschusses obliegen, dem nicht entgegenstehen.

(4) Das Bundesministerium für Arbeit und Soziales kann die vom Ausschuss nach Absatz 3 ermittelten Regeln und Erkenntnisse sowie Empfehlungen im Gemeinsamen Ministerialblatt bekannt machen.

(5) Die Bundesministerien sowie die zuständigen obersten Landesbehörden können zu den Sitzungen des Ausschusses Vertreter entsenden. Diesen ist auf Verlangen in der Sitzung das Wort zu erteilen.

(6) Die Geschäfte des Ausschusses führt die Bundesanstalt für Arbeitsschutz und Arbeitsmedizin.

§ 8 Übergangsvorschriften

(1) Soweit für Arbeitsstätten,

1. die am 1. Mai 1976 eingerichtet waren oder mit deren Einrichtung vor diesem Zeitpunkt begonnen worden war oder
2. die am 20. Dezember 1996 eingerichtet waren oder mit deren Einrichtung vor diesem Zeitpunkt begonnen worden war und für die zum Zeitpunkt der Einrichtung die Gewerbeordnung keine Anwendung fand,

in dieser Verordnung Anforderungen gestellt werden, die umfangreiche Änderungen der Arbeitsstätte, der Betriebseinrichtungen, Arbeitsverfahren oder Arbeitsabläufe notwendig machen, gelten hierfür bis zum 31. Dezember 2020 mindestens die entsprechenden Anforderungen des Anhangs II der Richtlinie 89/654/EWG des Rates vom 30. November 1989 über Mindestvorschriften für Sicherheit und Gesundheitsschutz in Arbeitsstätten (ABl. EG Nr. L 393 S. 1). Soweit diese Arbeitsstätten oder ihre Betriebseinrichtungen wesentlich erweitert oder umgebaut oder die Arbeitsverfahren oder Arbeitsabläufe wesentlich umgestaltet werden, hat der Arbeitgeber die erforderlichen Maßnahmen zu treffen, damit diese Änderungen, Erweiterungen oder Umgestaltungen mit den Anforderungen dieser Verordnung übereinstimmen.

(2) Bestimmungen in den vom Ausschuss für Arbeitsstätten ermittelten und vom Bundesministerium für Arbeit und Soziales im Gemeinsamen Ministerialblatt bekannt gemachten Regeln für Arbeitsstätten, die Anforderungen an den Arbeitsplatz enthalten, gelten unter Berücksichtigung der Begriffsbestimmung des Arbeitsplatzes in § 2 Absatz 2 der Arbeitsstättenverordnung vom 12. August 2004 (BGBl. I S. 2179), die zuletzt durch Artikel 282 der Verordnung vom 31. August 2015 (BGBl. I S. 1474) geändert worden ist, solange fort, bis sie vom Ausschuss für Arbeitsstätten überprüft und erforderlichenfalls vom Bundesministerium für Arbeit und Soziales im Gemeinsamen Ministerialblatt neu bekannt gemacht worden sind.

§ 9 Straftaten und Ordnungswidrigkeiten

(1) Ordnungswidrig im Sinne des § 25 Absatz 1 Nummer 1 des Arbeitsschutzgesetzes handelt, wer vorsätzlich oder fahrlässig

1. entgegen § 3 Absatz 3 eine Gefährdungsbeurteilung nicht richtig, nicht vollständig oder nicht rechtzeitig dokumentiert,
2. entgegen § 3a Absatz 1 Satz 1 nicht dafür sorgt, dass eine Arbeitsstätte in der dort vorgeschriebenen Weise eingerichtet ist oder betrieben wird,
3. entgegen § 3a Absatz 1 Satz 2 in Verbindung mit Nummer 4.1 Absatz 1 des Anhangs einen dort genannten Toilettenraum oder eine dort genannte mobile, anschlussfreie Toilettenkabine nicht oder nicht in der vorgeschriebenen Weise zur Verfügung stellt,
4. entgegen § 3a Absatz 1 Satz 2 in Verbindung mit Nummer 4.2 Absatz 1 des Anhangs einen dort genannten Pausenraum oder einen dort genannten Pausenbereich nicht oder nicht in der vorgeschriebenen Weise zur Verfügung stellt,

4a. entgegen § 3a Absatz 1 Satz 2 in Verbindung mit Nummer 4.4 Absatz 1 Satz 1 des Anhangs eine Unterkunft in den Fällen der Nummer 4.4 Absatz 1 Satz 3 des Anhangs nicht oder nicht rechtzeitig zur Verfügung stellt,
4b. entgegen § 3a Absatz 1 Satz 2 in Verbindung mit Nummer 4.4 Absatz 4 Satz 1 des Anhangs eine Unterbringung in einer Gemeinschaftsunterkunft nicht, nicht richtig, nicht vollständig oder nicht rechtzeitig dokumentiert,
5. entgegen § 3a Absatz 2 eine Arbeitsstätte nicht in der dort vorgeschriebenen Weise einrichtet oder betreibt,
6. entgegen § 4 Absatz 1 Satz 2 nicht dafür sorgt, dass die gefährdeten Beschäftigten ihre Tätigkeit unverzüglich einstellen,
7. entgegen § 4 Absatz 4 Satz 1 nicht dafür sorgt, dass Verkehrswege, Fluchtwege und Notausgänge freigehalten werden,
8. entgegen § 4 Absatz 5 ein Mittel oder eine Einrichtung zur Ersten Hilfe nicht zur Verfügung stellt,
9. entgegen § 6 Absatz 4 Satz 1 nicht sicherstellt, dass die Beschäftigten vor Aufnahme der Tätigkeit unterwiesen werden.

(2) Wer durch eine in Absatz 1 bezeichnete vorsätzliche Handlung das Leben oder die Gesundheit von Beschäftigten gefährdet, ist nach § 26 Nummer 2 des Arbeitsschutzgesetzes strafbar.

3. Technische Regel für Arbeitsstätten – Barrierefreie Gestaltung von Arbeitsstätten ASR V3a.2 (Auszug)

1. Zielstellung

Diese ASR konkretisiert die Anforderungen gemäß § 3a Abs. 2 der Arbeitsstättenverordnung. Danach hat der Arbeitgeber Arbeitsstätten so einzurichten und zu betreiben, dass die besonderen Belange der dort beschäftigten Menschen mit Behinderungen im Hinblick auf die Sicherheit und den Gesundheitsschutz berücksichtigt werden.

2. Anwendungsbereich

(1) Das Erfordernis nach barrierefreier Gestaltung von Arbeitsstätten im Hinblick auf die Sicherheit und den Gesundheitsschutz ergibt sich immer dann, wenn Menschen mit Behinderungen beschäftigt werden. Die Auswirkung der Behinderung und die daraus resultierenden individuellen Erfordernisse sind im Rahmen der Gefährdungsbeurteilung für die barrierefreie Gestaltung der Arbeitsstätte zu berücksichtigen. Es sind die Bereiche der Arbeitsstätte barrierefrei zu gestalten, zu denen die Beschäftigten mit Behinderungen Zugang haben müssen.

(2) Sind in bestehenden Arbeitsstätten die im Rahmen der Gefährdungsbeurteilung nach Absatz 1 ermittelten technischen Maßnahmen zur barrierefreien Gestaltung mit Aufwendungen verbunden, die offensichtlich unverhältnismäßig sind, so kann der Arbeitgeber auch durch organisatorische oder personenbezogene Maßnahmen die Sicherheit und den Gesundheitsschutz der Beschäftigten mit Behinderungen in vergleichbarer Weise sicherstellen.

(3) Die Pflichten des Arbeitgebers aus Absatz 1 beziehen sich nicht nur auf im Betrieb namentlich bekannte schwerbehinderte Beschäftigte, sondern auf alle Beschäftigten mit einer Behinderung. Eine Behinderung kann demnach auch dann vorliegen, wenn eine Schwerbehinderung nicht besteht (der Grad der Behinderung also weniger als 50 beträgt) oder die Feststellung einer Behinderung nicht beantragt worden ist.

Hinweise:

1. Erforderliche Anpassungsmaßnahmen von Arbeitsstätten richten sich für schwerbehinderte Beschäftigte und diesen gleichgestellte Beschäftigte mit Blick auf das behinderungsgerechte Einrichten und Betreiben von Arbeitsstätten zudem nach § 164 Absatz 4 Nummer 4 Neuntes Buch Rehabilitation und Teilhabe von Menschen mit Behinderungen (SGB IX, zuletzt geändert durch Art. 3 Abs. G v. 9. 10. 2020).
2. Das Erfordernis nach einer barrierefreien Gestaltung der Arbeitsstätte ergibt sich nicht, wenn Beschäftigte mit einer Behinderung trotz einer barrierefreien Gestaltung nicht zur Ausführung der erforderlichen Tätigkeiten fähig sind und diese Fähigkeiten auch nicht erwerben können.

3. Begriffsbestimmungen

3.1 Eine **Behinderung** liegt vor, wenn Menschen langfristige körperliche, seelische, geistige oder Sinnesbeeinträchtigungen haben, welche sie in Wechselwirkung mit einstellungs- und umweltbedingten Barrieren an der gleichberechtigten Teilhabe an der Gesellschaft hindern können. Als langfristig gilt ein Zeitraum, der mit hoher Wahrscheinlichkeit länger als sechs Monate andauert. Behinderungen können z. B. sein: eine Gehbehinderung, eine Lähmung, die die Benutzung einer Gehhilfe oder eines Rollstuhls erforderlich macht, Kleinwüchsigkeit oder eine starke Seheinschränkung, die sich mit üblichen Sehhilfen wie Brillen bzw. Kontaktlinsen nicht oder nur unzureichend kompensieren lässt. Zu Behinderungen zählen z. B. auch Schwerhörigkeit oder erhebliche Krafteinbußen durch Muskelerkrankungen.

3.2 Eine **barrierefreie Gestaltung der Arbeitsstätte** ist gegeben, wenn bauliche und sonstige Anlagen, Transport- und Arbeitsmittel, Systeme der Informationsverarbeitung, akustische, visuelle und taktile Informationsquellen und Kommunikationseinrichtungen für Beschäftigte mit Behinderungen in der allgemein üblichen Weise, ohne besondere Erschwernisse und grundsätzlich ohne fremde Hilfe zugänglich und nutzbar sind (in Anlehnung an § 4 des Gesetzes zur Gleichstellung von Menschen mit Behinderungen – Behindertengleichstellungsgesetz (BGG)).

3.3 Das **Zwei-Sinne-Prinzip** ist ein Prinzip der alternativen Wahrnehmung. Alle Informationen aus der Umwelt werden vom Menschen über die Sinne aufgenommen. Fällt ein Sinn aus, ist die entsprechende Informationsaufnahme durch einen anderen Sinn notwendig. Informationen müssen deshalb nach dem Zwei-Sinne-Prinzip mindestens für zwei der drei Sinne »Hören, Sehen, Tasten« zugänglich sein (z. B. gleichzeitige optische und akustische Alarmierung).

3.4 **Visuelle Zeichen** sind sichtbare Zeichen. Das sind kodierte Signale, z. B. Schriften, Bilder, Symbole, Handzeichen oder Leuchtzeichen (z. B. Warnleuchten).

3.5 **Akustische Zeichen** sind hörbare Zeichen. Das sind kodierte Signale, z. B. Schallzeichen (z. B. Sirene), Sprache oder Laute.

3.6 **Taktile Zeichen** sind fühl- oder tastbare Zeichen. Fühlbare Zeichen sind kodierte Signale, z. B. Bodenindikatoren, Rippen- oder Noppenplatten. Tastbare Zeichen ermöglichen eine Verständigung mit erhabenen Schriften und Symbolen (z. B. Braille'sche Blindenschrift, geprägte Reliefpläne).

4. Allgemeines

(1) Die Maßnahmen zur barrierefreien Gestaltung sind durch die individuellen Erfordernisse der Beschäftigten mit Behinderungen bestimmt. Hierbei sind technische Maßnahmen vorrangig durchzuführen.

(2) Ist das Vorliegen der Behinderung und ihrer Auswirkungen auf die Sicherheit und den Gesundheitsschutz nicht offensichtlich, kann der Arbeitgeber Informationen über zu berücksichtigende Behinderungen von Beschäftigten z. B.
direkt von den behinderten Beschäftigten,
durch die Schwerbehindertenvertretung,
durch das betriebliche Eingliederungsmanagement,
durch die Gefährdungsbeurteilung oder
durch Erkenntnisse aus Begehungen durch die Fachkraft für Arbeitssicherheit oder den Betriebsarzt
erhalten.

(3) Zum Ausgleich einer nicht mehr ausreichend vorhandenen Sinnesfähigkeit (insbesondere Sehen oder Hören) ist das Zwei-Sinne-Prinzip zu berücksichtigen.

(4) Zum Ausgleich nicht ausreichend vorhandener motorischer Fähigkeiten sind barrierefrei gestaltete alternative Maßnahmen vorzusehen, z. B.
das Öffnen einer Tür mechanisch mit Türgriffen und zusätzlich elektromechanisch mit Tastern oder durch Näherungsschalter oder
das Überwinden eines Höhenunterschiedes mittels Treppe und zusätzlich einer Rampe oder eines Aufzugs.

Hinweise:

1. An Arbeitsstätten, die ganz oder teilweise öffentlich zugänglich sind, stellt das Bauordnungsrecht der Länder auch dann Anforderungen an die Barrierefreiheit, wenn dort keine Menschen mit Behinderungen beschäftigt sind.
2. Werden Grundsätze des barrierefreien Bauens bereits bei der Planung von Baumaßnahmen berücksichtigt, können vorausschauende Lösungen die Kosten für eine nachträgliche Anpassung und einen aufwendigen Umbau von Arbeitsstätten bei einer künftigen Beschäftigung von Menschen mit Behinderungen verringern oder vermeiden.

5. Maßnahmen

Die in den folgenden Anhängen genannten Anforderungen ergänzen die jeweils genannte ASR hinsichtlich der barrierefreien Gestaltung von Arbeitsstätten. Am Ende der Absätze wird in Klammern auf den jeweils betreffenden Abschnitt der in Bezug genommenen ASR verwiesen.

Anhang A1.3: Ergänzende Anforderungen zur ASR A1.3 »Sicherheits- und Gesundheitsschutzkennzeichnung«

(1) Bei der Sicherheits- und Gesundheitsschutzkennzeichnung sind die Belange der Beschäftigten mit Behinderungen so zu berücksichtigen, dass die sicherheitsrelevanten Informationen verständlich übermittelt werden. Zum Ausgleich einer nicht mehr ausreichend vorhandenen Sinnesfähigkeit ist das Zwei-Sinne-Prinzip zu berücksichtigen. Dies wird erreicht, indem

für Beschäftigte, die visuelle Zeichen nicht wahrnehmen können, ersatzweise taktile oder akustische Zeichen bzw.

für Beschäftigte, die akustische Zeichen nicht wahrnehmen können, ersatzweise taktile oder visuelle Zeichen eingesetzt werden.

(2) Die Sicherheitsaussagen der Sicherheitszeichen (ASR A1.3 Punkt 5.1, Anhang 1) müssen für Beschäftigte mit Sehbehinderung im Sinne des Absatzes 1 taktil erfassbar oder hörbar dargestellt werden, z. B.

auf Reliefplänen oder -grundrissen, indem ihre Registriernummer (z. B. M014 für »Kopfschutz benutzen«) in Braille'scher Blindenschrift oder »Profilschrift« dargestellt ist,

mit funkgestützten Informations- oder Leitsystemen (z. B. RFID-Technologie, Inhouse Navigations- und Informationssystem).

(3) Die Sicherheitszeichen bzw. Schriftzeichen sowie die Kennzeichnung von Behältern und Rohrleitungen mit Gefahrstoffen gemäß Tabelle 3 der ASR A1.3 sind zu vergrößern, falls die Sehbehinderung eines Beschäftigten dies erfordert. (ASR A1.3 Punkt 5.1 Abs. 9; Punkt 7 Abs. 2)

(4) Sicherheitszeichen müssen für Rollstuhlbenutzer und Kleinwüchsige aus ihrer Augenhöhe erkennbar sein. (ASR A1.3 Punkt 5.1 Abs. 6)

(5) Für blinde Beschäftigte müssen taktile Kennzeichnungen in einem ausreichenden Abstand von Hindernissen und Gefahrenstellen vorhanden sein (z. B. taktil erkennbare Bodenmarkierungen bei unterlaufbaren Treppen oder Fußleisten an Absturzsicherungen). (ASR A1.3 Punkt 5.2)

(6) Für blinde Beschäftigte sind Fahrwegbegrenzungen auf dem Boden taktil erfassbar auszuführen, z. B. durch erhabene Markierungsstreifen oder unterschiedlich strukturierte Oberflächen. (ASR A1.3 Punkt 5.3 Abs. 1)

(7) Für Beschäftigte mit Hörbehinderung gemäß Absatz 1 sind die Sicherheitsaussagen der Schallzeichen taktil erfassbar oder visuell darzustellen, z. B. Vibrationsalarm (Mobiltelefon). (ASR A1.3 Punkt 5.5)

(8) Ergänzende Anforderungen an Flucht- und Rettungspläne sind in Anhang A2.3: Ergänzende Anforderungen zur ASR A2.3 »Fluchtwege und Notausgänge, Flucht- und Rettungsplan« im Absatz 5 enthalten.

Anhang A1.6: Ergänzende Anforderungen zur ASR A1.6 »Fenster, Oberlichter, lichtdurchlässige Wände«

(1) Bei der Festlegung der Anordnung und Gestaltung der Fenster, Oberlichter und lichtdurchlässigen Wände sind die besonderen Anforderungen von Beschäftigten mit Behinderungen zu berücksichtigen. Je nach Einbausituation und Auswirkung der Behinderung ist insbesondere auf Wahrnehmbarkeit, Erkennbarkeit, Erreichbarkeit und Nutzbarkeit zu achten.

(2) Für sehbehinderte und blinde Beschäftigte sind Gefährdungen durch geöffnete Fensterflügel im Aufenthaltsbereich oder im Bereich von Verkehrswegen, z. B. durch eine Begrenzung des Öffnungswinkels oder eine Absperrung des Öffnungsbereiches, während der Öffnungsdauer zu vermeiden. (ASR A1.6 Punkt 4.1.1 Absatz 4)
(3) Bedienelemente von Fenstern und Oberlichtern (z. B. Griffe oder Kurbeln bei Handbetätigung und Taster oder Schalter bei Kraftbetätigung), die von Beschäftigten mit Behinderungen benutzt werden müssen, sind je nach Auswirkung der Behinderung gemäß den Absätzen 4 bis 7 wahrnehmbar, erkennbar, erreichbar und nutzbar zu gestalten.
(4) Wahrnehmbarkeit und Erkennbarkeit der Funktion der Bedienelemente sind gegeben, wenn sie für Beschäftigte mit Sehbehinderung visuell kontrastierend und für blinde Beschäftigte taktil erfassbar gestaltet sind.
(5) Erreichbarkeit der Bedienelemente ist gegeben, wenn für kleinwüchsige Beschäftigte, für Beschäftigte, die einen Rollstuhl benutzen und für Beschäftigte deren Hand-/Arm-Motorik eingeschränkt ist, Bedienelemente in einer Höhe von 0,85 bis 1,05 m angeordnet sind. Für Beschäftigte, die einen Rollstuhl benutzen, müssen Bedienelemente so angeordnet sein, dass bei seitlicher Anfahrbarkeit ein Gang mit einer Breite von mindestens 0,90 m vorhanden ist (Abb. 1).[2]

> **Hinweis:**
> Die Erreichbarkeit der Bedienelemente darf durch Einbauten (z. B. Heizkörper, Fensterbänke) nicht eingeschränkt werden.

(6) Nutzbarkeit der Bedienelemente für handbetätigte Fenster und Oberlichter:
Für die Nutzbarkeit von Bedienelementen von handbetätigten Fenstern und Oberlichtern soll für Beschäftigte mit Einschränkungen der Hand-/Arm-Motorik die Kraftübertragung durch Formschluss zwischen Hand und Bedienelement unterstützt werden. Kombinierte Bewegungen, z. B. gleichzeitiges Drehen und Ziehen, sollen vermieden werden bzw. in Einzelbewegungen ausführbar sein.
Für Beschäftigte mit Einschränkungen der Hand-/Arm-Motorik sowie für Beschäftigte, die eine Gehhilfe oder einen Rollstuhl benutzen darf der maximale Kraftaufwand für das Öffnen oder Schließen von handbetätigten Fenstern oder Oberlichtern nicht mehr als 30 N betragen. Das maximale Drehmoment für handbetätigte Beschläge darf nicht größer als 5 Nm sein. Können die Maximalwerte für Kraft oder Drehmoment nicht eingehalten werden, sind alternative Maßnahmen, z. B. Griffverlängerungen oder kraftbetätigte Fenster und Oberlichter, vorzusehen.
(7) Nutzbarkeit der Bedienelemente für kraftbetätigte Fenster und Oberlichter ist gegeben, wenn für Beschäftigte mit Einschränkungen der Hand-/Arm-Motorik die aufzubringende Kraft für die Bedienung der Schalter und Taster 5 N nicht überschreitet.
(8) Sofern die Maßnahmen nach den Absätzen 4 bis 7 nicht geeignet sind, die Bedienelemente von Fenstern und Oberlichtern zu benutzen, sollen Fernsteuerungen (z. B. Fernbedienungen) eingesetzt werden.

---

2 Hier nicht abgebildet, siehe www.baua.de.

(9) Werden akustische oder optische Warnsignale als Schutzmaßnahme gegen mechanische Gefährdungen beim Öffnen und Schließen von kraftbetätigten Fenstern und Oberlichtern eingesetzt, ist für sehbehinderte und blinde Beschäftigte sowie für Beschäftigte mit Hörbehinderung das Zwei-Sinne-Prinzip anzuwenden. (ASR A1.6 Punkt 4.1.2 Absatz 1, 3. Spiegelstrich)
(10) Die Kennzeichnung durchsichtiger, nicht strukturierter Flächen von lichtdurchlässigen Wänden muss auch für Beschäftigte, die einen Rollstuhl benutzen und für kleinwüchsige Beschäftigte aus ihrer Augenhöhe erkennbar sein. Diese Kennzeichnung kann z. B. aus 8 cm breiten durchgehenden Streifen bestehen, die in einer Höhe von 40 bis 70 cm über dem Fußboden angebracht sind. Für Beschäftigte mit Sehbehinderung ist die Kennzeichnung visuell kontrastierend zu gestalten. (ASR A1.6 Punkt 4.3 Absatz 1)

Anhang A1.7: Ergänzende Anforderungen zur ASR A1.7 »Türen und Tore«

(1) Bei den Festlegungen zur Anordnung der Türen und Tore sowie deren Abmessungen sind die besonderen Anforderungen von Beschäftigten mit Behinderungen zu berücksichtigen. Je nach Auswirkung der Behinderung ist insbesondere auf Erkennbarkeit, Erreichbarkeit, Bedienbarkeit und Passierbarkeit zu achten.
(2) Erkennbarkeit wird erreicht, indem Türen für blinde Beschäftigte taktil wahrnehmbar (z. B. taktil eindeutig erkennbare Türblätter oder -zargen) und für Beschäftigte mit einer Sehbehinderung visuell kontrastierend gestaltet sind. Hierbei ist insbesondere auf den Kontrast zwischen Wand und Tür sowie zwischen Bedienelement und Türflügel zu achten.
(3) Erreichbarkeit von Drehflügeltüren ist gegeben, wenn für Beschäftigte, die eine Gehhilfe oder einen Rollstuhl benutzen, eine freie Bewegungsfläche sowie eine seitliche Anfahrbarkeit gemäß Abb. 1[3] gewährleistet wird. Wird die Bewegungsfläche, in die die Tür nicht aufschlägt, durch eine gegenüberliegende Wand begrenzt, muss die Breite der Bewegungsfläche von 120 cm auf 150 cm erhöht werden.
(4) Erreichbarkeit von Schiebetüren ist gegeben, wenn für Beschäftigte, die eine Gehhilfe oder einen Rollstuhl benutzen, eine freie Bewegungsfläche sowie eine seitliche Anfahrbarkeit gemäß Abb. 2[4] gewährleistet wird. Werden die Bewegungsflächen durch gegenüberliegende Wände begrenzt, muss die Breite der Bewegungsflächen von 120 cm auf 150 cm erhöht werden.
(5) Neben manuell betätigten Karusselltüren ist für Beschäftigte, die eine Gehhilfe oder einen Rollstuhl benutzen und für blinde Beschäftigte eine Drehflügel- oder eine Schiebetür anzuordnen.
(6) Kraftbetätigte Karusselltüren können von Beschäftigten, die eine Gehhilfe oder einen Rollstuhl benutzen, genutzt werden, wenn insbesondere folgende Bedingungen erfüllt sind.
Die Geschwindigkeit der Drehbewegung muss den Bedürfnissen dieser Beschäftigten angepasst werden können.
Ein automatisches Zurücksetzen der reduzierten Geschwindigkeit darf frühestens nach einer Drehung der Tür um 360° möglich sein.

---

3 Hier nicht abgebildet, siehe www.baua.de.
4 Hier nicht abgebildet, siehe www.baua.de.

Diese Karusselltüren sind baulich so zu dimensionieren, dass sie in gerader Durchfahrt befahren werden können und an jeder Stelle der Durchfahrt eine ausreichend große Bewegungsfläche von 1,30 m Länge x 1,00 m Breite gewährleistet ist.
NOT-HALT-Einrichtungen (z. B. Schalter, Taster, Sensoren) müssen erreichbar und bedienbar sein.
Die Gestaltung (z. B. Material, Struktur) des Bodenbelages innerhalb dieser Karusselltüren darf die Bewegung eines Rollstuhls oder eines Rollators in der vorgesehenen Richtung nicht beeinflussen. Für blinde Beschäftigte ist neben kraftbetätigten Karusselltüren eine Drehflügel- oder Schiebetür anzuordnen.
(7) Die Anforderungen an Schlupftüren in Torflügeln entsprechen denen an Drehflügeltüren.
(8) Werden Bewegungsmelder als Türöffner verwendet, sind bei deren Betrieb die Belange von kleinwüchsigen (Unterlaufen), blinden (Tastbereich des Langstockes) und gehbehinderten (Gehgeschwindigkeit) Beschäftigten zu berücksichtigen.
(9) Bedienelemente von Türen und Toren, z. B. Türgriffe, Schalter, elektronische Zugangssysteme (z. B. Kartenleser), Notbehelfseinrichtungen (Abschalt- und NOT-HALT-Einrichtungen), »Steuerungen mit Selbsthaltung« (Impulssteuerung) und »Steuerungen ohne Selbsthaltung« (Totmannsteuerung), müssen wahrnehmbar, erkennbar, erreichbar und nutzbar sein.
Wahrnehmbarkeit und Erkennbarkeit der Funktion werden erreicht, wenn Bedienelemente für sehbehinderte Beschäftigte kontrastreich und für blinde Beschäftigte taktil erfassbar gestaltet sind. Dabei ist ein unbeabsichtigtes Auslösen zu vermeiden. Für sehbehinderte und blinde Beschäftigte sind Sensortasten nicht zulässig.
Erreichbarkeit für kleinwüchsige Beschäftigte und für Beschäftigte, die einen Rollstuhl benutzen und deren Hand-/Arm-Motorik eingeschränkt ist, ist gegeben, wenn Bedienelemente grundsätzlich in einer Höhe von 0,85 m angeordnet sind. Schlösser und Türgriffe können z. B. leichter erreicht und benutzt werden bei Verwendung von Beschlaggarnituren, bei denen das Schloss oberhalb des Türgriffes angeordnet ist.
Erreichbarkeit für Beschäftigte, die einen Rollstuhl benutzen, ist gegeben, wenn Bedienelemente so angeordnet sind, dass eine freie Bewegungsfläche bei frontaler Anfahrbarkeit von mindestens 1,50 m x 1,50 m und bei seitlicher Anfahrbarkeit von mindestens 1,50 m x 1,20 m vorhanden ist (analog Abb. 1). Dabei müssen die Bedienelemente von kraftbetätigten Drehflügeltüren und Toren mindestens 2,50 m vor der in den Bewegungsraum aufschlagenden Tür und 1,50 m in der Gegenrichtung angebracht sein. Bedienelemente von kraftbetätigten Schiebetüren müssen sich bei frontaler Anfahrt mindestens 1,50 m vor und hinter der Schiebetür befinden.
Nutzbarkeit ist gegeben, wenn für Beschäftigte mit Einschränkung der Hand-/Arm-Motorik die maximal aufzuwendende Kraft zur Bedienung von Schaltern und Tastern 5,0 N beträgt.
Für die Nutzbarkeit von Türgriffen soll für Beschäftigte mit Einschränkungen der Hand-/Arm-Motorik die Kraftübertragung durch Formschluss zwischen Hand und Bedienelement unterstützt werden (z. B. ergonomisch geformte Griffe). Drehgriffe (z. B. Knäufe) oder eingelassene Griffe sollen nicht verwendet werden. Eine

kombinierte Bewegung (z. B. gleichzeitiges Drehen und Drücken) soll vermieden werden bzw. in Einzelbewegungen ausführbar sein.
Für das Zuziehen von Türen ist für Beschäftigte, die einen Rollstuhl benutzen, eine horizontale Griffstange als Schließhilfe geeignet.
(10) Für Beschäftigte, die eine Gehhilfe oder einen Rollstuhl benutzen oder deren Hand-/Arm-Motorik eingeschränkt ist, darf der maximale Kraftaufwand für das Öffnen von handbetätigten Türen und Toren zur Einleitung einer Bewegung, z. B. des Türblatts, und für die Bedienung handbetätigter Beschläge, z. B. des Drückers, nicht mehr als 25 N betragen. Das maximale Moment für handbetätigte Beschläge darf nicht größer als 2,5 Nm sein. Können die Maximalwerte für Kraft oder Drehmoment nicht eingehalten werden, sind kraftbetätigte Türen und Tore vorzusehen. Bei sensorisch gesteuerten Türen und Toren ist für sehbehinderte und blinde Beschäftigte sicherzustellen, dass keine Gefährdung durch das Öffnen des Flügels entsteht. Das kann erreicht werden, indem der Flügel rechtzeitig geöffnet wird oder, falls der Flügel in einen quer verlaufenden Verkehrsweg aufschlägt, beim Öffnen ein akustisches Signal ertönt.
(11) Durch das selbstständige Schließen von Türen mit Türschließern dürfen für Beschäftigte, die eine Gehhilfe oder einen Rollstuhl benutzen oder deren Hand-/Arm-/Motorik eingeschränkt ist, keine Gefährdungen entstehen. Dies kann z. B. durch die Einstellung der Schließverzögerung erreicht werden.
(12) Für Beschäftigte, die einen Rollator oder Rollstuhl benutzen oder eine Fußhebeschwäche haben, sind untere Tür- oder Toranschläge und Schwellen zu vermeiden. Sind diese technisch erforderlich, dürfen sie nicht höher als 20 mm sein. Dieser Höhenunterschied ist durch Schrägen anzugleichen (Abb. 3[5]).
(13) Für Beschäftigte, die einen Rollstuhl benutzen, ist eine lichte Durchgangsbreite von Türen und Toren von mindestens 0,90 m erforderlich. (abweichend von ASR A1.7 Punkt 4 Abs. 6)
(14) Bei Ausfall der Antriebsenergie darf für Beschäftigte mit eingeschränkter Hand-/Arm-Motorik der Kraftaufwand zum manuellen Öffnen kraftbetätigter Türen und Tore zur Einleitung einer Bewegung und ebenso für die Bedienung handbetätigter Beschläge nicht mehr als 25 N betragen. Das maximale Moment für die Bedienung handbetätigter Beschläge darf nicht größer als 2,5 Nm sein. Falls dies nicht erreicht werden kann, sind durch die Gefährdungsbeurteilung alternative Maßnahmen festzulegen (z. B. zweiter Ausgang, Patenschaften). (abweichend von ASR A1.7 Punkt 5 Abs. 2 Satz 1)
(15) Ergänzende Anforderungen hinsichtlich der Kennzeichnung von Türen und Toren im Einbahnverkehr sind in dieser ASR im Anhang A1.3 enthalten. (ASR A1.7
Punkt 5 Abs. 4)
(16) Flügel von Türen und Toren, die zu mehr als drei Viertel ihrer Fläche aus einem durchsichtigen Werkstoff bestehen, müssen durch Sicherheitsmarkierungen so gekennzeichnet sein, dass sie für Beschäftigte mit Sehbehinderung, Beschäftigte die einen Rollstuhl benutzen und für kleinwüchsige Beschäftigte aus deren Augenhöhe erkennbar sind (ASR A1.7 Punkt 5 Abs. 7). Sicherheitsmarkierungen können

5 Hier nicht abgebildet, siehe www.baua.de.

z. B. aus 8 cm breiten durchgehenden Streifen bestehen, die in einer Höhe von 40–70 cm und 120–160 cm angebracht sind. Die Hauptschließkante von rahmenlosen Glas-Drehflügeltüren ist visuell kontrastierend zu gestalten.
(17) Ist eine Quetschgefährdung für Beschäftigte, die einen Rollstuhl benutzen, zwischen den hinteren Kanten der Flügel (Nebenschließkanten) von kraftbetätigten Schiebetüren/-toren und festen Teilen der Umgebung beim Betrieb nicht bereits durch Maßnahmen nach ASR A1.7 Punkt 6 Abs. 1 auszuschließen, müssen Sicherheitsabstände von ≥ 900 mm nach Abb. 4[6] eingehalten werden. (abweichend von ASR A1.7 Punkt 6 Abs. 7 Abb. 2 und 3)
(18) Für Beschäftigte, die einen Rollstuhl benutzen, müssen Quetschstellen zwischen dem Flügel und festen Teilen der Umgebung an kraftbetätigten Dreh- und Faltflügeltüren oder –toren vermieden werden. Dazu muss der hinter dem Flügel gelegene Bereich bei größtmöglicher Flügelöffnung über seine gesamte Tiefe eine lichte Weite von mindestens 900 mm aufweisen (Abb. 5[7]) (abweichend zu ASR A1.7 Punkt 6 Abs. 8). Kann dieser Wert nicht eingehalten werden, sind weitere Sicherheitsmaßnahmen (siehe ASR A1.7 Punkt 6 Abs. 1) notwendig.
(19) Der Kraftaufwand für das manuelle Öffnen von kraftbetätigten Schiebetüren, Schnelllauftoren und Karusselltüren im Verlauf von Fluchtwegen bei Ausfall der Kraftbetätigung, z. B. bei Ausfall der Energiezufuhr, richtet sich nach Abs. 14. (abweichend von ASR A1.7 Punkt 9 Abs. 1 und Punkt 10.1 Abs. 3)
(20) Weitere Bestimmungen zur barrierefreien Gestaltung von Türen und Toren im Verlauf von Fluchtwegen sind im Anhang A2.3 dieser ASR enthalten.

Anhang A1.8: Ergänzende Anforderungen zur ASR A1.8 »Verkehrswege«
zu 4.1 Allgemeines

(1) Damit im späteren Betrieb von Verkehrswegen keine Gefährdungen für Sicherheit und Gesundheit der Beschäftigten ausgehen, ist bereits bei der Planung von Verkehrswegen die Art des Betriebes zu berücksichtigen, beispielsweise beim Einsatz von Flurförderzeugen in Schmalgängen (siehe Abschnitt 4.3 Absatz 10) oder bei der Festlegung von Verkehrsrichtungen.
(2) Verkehrswege sind übersichtlich zu führen und sollen möglichst gradlinig verlaufen.
Die Verkehrswege eines Höhenniveaus (Geschosses) müssen grundsätzlich waagerecht angelegt sein. Nicht vermeidbare Höhenunterschiede (z. B. zwischen benachbarten Gebäudeteilen oder wenn z. B. ein Gefälle zum Ableiten von Flüssigkeiten erforderlich ist) sind in Abhängigkeit vom Verkehrsaufkommen, der jeweiligen Verkehrsart und den verwendeten Transportmitteln vorzugsweise durch Schrägrampen auszugleichen. Dabei müssen Gefährdungen (z. B. durch Kippen, Auslaufen oder Wegrollen) vermieden werden
(3) Verkehrswege sind so einzurichten, dass die Belastung der Beschäftigten, die Lasten manuell transportieren, möglichst gering gehalten wird. Folgende Einflussfaktoren sind besonders in Betracht zu ziehen:
1. Länge und Neigung des Transportweges,

---
6 Hier nicht abgebildet, siehe *www.baua.de*.
7 Hier nicht abgebildet, siehe *www.baua.de*.

2. Gesamtgewicht des manuell zu bewegenden Flurförderzeuges bzw. des Transportmittels,
3. Häufigkeit der Transporttätigkeit,
4. Beschaffenheit der Rollen und Lenkeinrichtungen und
5. Positioniergenauigkeit

(4) Schrägrampen für den Fahr- und Fußgängerverkehr dürfen in Abhängigkeit von der Art der Nutzung die in Tabelle 1 aufgeführten Längsneigungen nicht überschreiten.

Tab. 1: Maximale Neigungen für unterschiedliche Nutzungsarten von Schrägrampen

	Art der Rampe	Maximale Längsneigung
1	Schrägrampen im Verlauf von Fluchtwegen	3,5° (6 %)
2	Schrägrampen beim Einsatz von Flurförderzeugen ohne Fahrantrieb bzw. manuell zu bewegender Transportmittel (bei der Neuanlage von Arbeitsstätten)	3,5° (6 %)
3	Schrägrampen im Regelfall (sofern nicht Ziffer 1 oder 2 anzuwenden ist)	5° (8 %)
4	Schrägrampen zur Anwendung im Einzelfall entsprechend Gefährdungsbeurteilung	7° (12,5 %)[8]

(5) Verkehrswege müssen eine ebene und trittsichere Oberfläche aufweisen, um Gefährdungen durch z. B. Stolpern, Umstürzen oder Wegrutschen zu vermeiden. Einbauten (z. B. Schachtabdeckungen, Roste, Abläufe) sind bündig in die Verkehrswege einzupassen. Der Oberflächenbelag ist den maximalen Beanspruchungen, z. B. durch Schleifen, Rollen, Druck, Stoß und Schlag sowie der Verkehrsbelastung, entsprechend zu wählen.

(6) Beschäftigte müssen auf Verkehrswegen vor Gefährdungen durch Absturz oder durch herabfallende Gegenstände, umstürzende Lasten oder Fahrzeuge und Transportmittel durch geeignete Maßnahmen geschützt sein (siehe ASR A2.1 »Schutz vor Absturz und herabfallenden Gegenständen, Betreten von Gefahrenbereichen«).

(7) Verkehrswegkreuzungen und -einmündungen müssen übersichtlich gestaltet und einsehbar sein. Ist dies nicht möglich, sind verkehrssichernde Maßnahmen zu ergreifen, z. B. Drehkreuze, Schranken, Ampeln, Blinkleuchten, Spiegel, Hinweisschilder. Dies gilt auch für Kreuzungen zwischen Verkehrswegen und Gleisen.

(8) Im Freien liegende Verkehrswege, insbesondere Treppen, Laderampen, Fahrsteige, Gebäudeein- und -ausgänge, müssen sicher benutzbar sein. Hierbei sind Witterungseinflüsse zu berücksichtigen. Erforderliche Schutzmaßnahmen können z. B. eine Überdachung, ein Windschutz oder ein Winterdienst sein.

8 Abweichungen von Nummer 4 sind gemäß Bauordnungsrecht der Länder möglich (z. B. bei Garagen).

Hinweis:
Ergänzende Anforderungen an Verkehrswege auf nicht durchtrittsicheren Dächern enthält ASR A2.1 »Schutz vor Absturz und herabfallenden Gegenständen, Betreten von Gefahrenbereichen«.

zu 4.2 Wege für den Fußgängerverkehr

(1) Die Breite der Wege für den Fußgängerverkehr wird aus der Anzahl der gehenden Personen, die diese nutzen müssen, und aus der Art der Nutzung (z. B. Begegnung des Personenverkehrs, Krankentransport, Tragen von Kindern, Transport von Arbeitsmitteln) ermittelt. Dabei sind die nachfolgenden Mindestbreiten nach Tabelle 2[9] nicht zu unterschreiten.

(2) Die lichte Mindestbreite des Verkehrswegs darf durch kurze Einbauten oder Einrichtungen, z. B. Feuerlöscher, Wandvorsprünge, Türflügel, Türzargen, Türdrücker und Notausgangsbeschläge, die lichten Mindestbreiten der Durchgänge und Türen nach Tabelle 2 Spalte B nicht unterschreiten.

(3) In Gebäuden, die bis zum 30. 9. 2022 errichtet worden sind oder deren Bauantragstellung bis zu diesem Termin erfolgt ist, dürfen Verkehrswege nach Tabelle 2 Nummer 1 Spalte C für bis 5 Personen mit einer lichten Mindestbreite von 0,875 m eingerichtet oder solange betrieben werden, bis die jeweiligen Bereiche dieser Arbeitsstätten wesentlich erweitert oder umgebaut werden oder nach § 3a Absatz 2 der Arbeitsstättenverordnung eine Vergrößerung erforderlich wird.

(4) In Gebäuden, die bis zum 30. 9. 2022 errichtet worden sind oder deren Bauantragstellung bis zu diesem Termin erfolgt ist, dürfen Durchgänge und Türen nach Tabelle 2 Nummer 2 Spalte B mit einer lichten Mindestbreite von 0,85 m eingerichtet oder solange betrieben werden, bis die jeweiligen Bereiche dieser Arbeitsstätten wesentlich erweitert oder umgebaut werden oder nach § 3a Absatz 2 der Arbeitsstättenverordnung eine Vergrößerung erforderlich wird.

(5) In Gebäuden, die bis zum 30. 9. 2022 errichtet worden sind oder deren Bauantragstellung bis zu diesem Termin erfolgt ist, dürfen Gänge zur Instandhaltung oder Gänge zu Betriebseinrichtungen ohne Begegnungsverkehr mit einer Mindestbreite von 0,50 m eingerichtet oder solange betrieben werden, bis die jeweiligen Bereiche dieser Arbeitsstätten wesentlich erweitert oder umgebaut werden.

(6) In Gebäuden, die bis zum 30. 9. 2022 errichtet worden sind oder deren Bauantragstellung bis zu diesem Termin erfolgt ist, dürfen Türen von Toilettenzellen und Toilettenräumen mit nur einer Toilette mit einer lichten Mindestbreite von 0,50 m eingerichtet oder solange betrieben werden, bis die jeweiligen Bereiche dieser Arbeitsstätten wesentlich erweitert oder umgebaut werden.

(7) Die lichte Höhe über Verkehrswegen soll 2,10 m betragen und darf 2,00 m nicht unterschreiten. Die lichte Höhe von Durchgängen und Türen im Verlauf von Verkehrswegen soll 2,10 m betragen und darf 1,95 m nicht unterschreiten. Dieses gilt auch bei der Verwendung von Funktionselementen, z. B. Obentürschließern. Bei wesentlichen Erweiterungen oder wesentlichen Umbauten von Bereichen durch die Verkehrswege führen, ist zu prüfen, ob die lichte Mindesthöhe von 2,10 m umgesetzt werden kann. Gänge zur Instandhaltung dürfen eine lichte

9 Hier nicht abgebildet, siehe www.baua.de.

Mindesthöhe von 1,90 m nicht unterschreiten. Eine weitere Unterschreitung der Mindesthöhe an Türen im Verlauf von Gängen zur Instandhaltung von maximal 0,10 m kann vernachlässigt werden (siehe ASR A1.7 »Türen und Tore«).

(8) Verkehrswege dürfen nicht durch einzelne Stufen unterbrochen werden. Können Höhenunterschiede nicht durch eine Schrägrampe (siehe Abschnitt 4.1 Absatz 2) ausgeglichen werden, ist eine Stufenfolge von mindestens zwei zusammenhängenden Stufen mit parallel verlaufenden Stufenkanten und gleichen Stufenabmessungen zulässig. Die Auftritte und Steigungen der Stufen sollen sich nach dem Abschnitt 4.5 Absatz 4 richten. Die Stufenfolge ist nach ASR A1.3 »Sicherheits- und Gesundheitsschutzkennzeichnung« zu kennzeichnen. Verkehrswege, die gleichzeitig als Hauptfluchtweg dienen, dürfen keine Ausgleichsstufen enthalten (siehe ASR A2.3 »Fluchtwege und Notausgänge«).

(9) Unmittelbar vor und hinter Türen müssen Treppen und Stufen einen Abstand von mindestens 1,0 m, bei aufgeschlagener Tür einen Abstand von mindestens 0,5 m einhalten (siehe Abbildung 2[10]).

zu 4.3 Wege für den Fahrzeugverkehr

(1) Fußgänger- und Fahrzeugverkehr sind so zu führen, dass Beschäftigte nicht gefährdet werden.

(2) Wege für den Fahrzeugverkehr müssen in einem Mindestabstand von 1,00 m an Türen und Toren, Durchgängen, Durchfahrten und Treppenaustritten vorbeiführen.

> **Hinweis:**
> Es hat sich bewährt, den Fußgängerverkehr in diesen Bereichen zusätzlich durch ein Geländer vom Fahrzeugverkehr zu trennen.

(3) Die Mindestbreite der Wege für den Fahrzeugverkehr berechnet sich aus der Summe (siehe Abbildung 3[11]):

1. der größten Breite des Transportmittels oder Ladegutes (aT),
2. des Randzuschlags (Z1) und
3. des Begegnungszuschlags (Z2).

Sicherheitszuschläge (Rand- und Begegnungszuschläge) sind abhängig von der Fahrgeschwindigkeit und der Kombination von Fußgänger- und Fahrzeugverkehr (siehe Tabelle 3). Bei Geschwindigkeiten des Fahrzeugverkehrs größer als 20 km/h sind größere Werte für Z1 und Z2 erforderlich.

Tab. 3: Mindestmaße von Sicherheitszuschlägen für die Verkehrswegbreiten bei Geschwindigkeiten < 20 km/h

Betriebsart	Randzuschlag	Begegnungszuschlag
Fahrzeugverkehr	2 x Z1 = 2 x 0,50 m = 1,00 m	Z2 = 0,40 m
Gemeinsamer Fußgänger- und Fahrzeugverkehr	2 x Z1 = 2 x 0,75 m = 1,50 m	Z2 = 0,40 m

10 Hier nicht abgebildet, siehe www.baua.de.

11 Hier nicht abgebildet, siehe www.baua.de.

(4) Bei einer geringen Anzahl von Verkehrsbegegnungen (ca. 10 pro h) darf die Summe aus doppeltem Rand- und einfachem Begegnungszuschlag bis auf 1,10 m herabgesetzt werden, wenn dadurch keine zusätzliche Gefährdung für die Beschäftigten entsteht. Als Verkehrsbegegnungen zählen sowohl die Begegnungen Fahrzeug-Fahrzeug als auch Fahrzeug-Fußgänger. Bei einspuriger Verkehrsführung darf der doppelte Randzuschlag nicht verringert werden.
(5) Bei manuell zu bewegenden Flurförderzeugen sind die Sicherheitszuschläge entsprechend der Gefährdungsbeurteilung festzulegen.
(6) An Kurven und zweckmäßigerweise auch an Kreuzungen ist die Breite des Verkehrsweges in Abhängigkeit von den Wenderadien der Fahrzeuge einschließlich des Ladegutes zu bemessen. Hierbei sind die entsprechenden Angaben der Hersteller zu berücksichtigen.
(7) Die Mindesthöhe über Verkehrswegen für den Fahrzeugverkehr ergibt sich aus der größten Höhe des Fahrzeugs einschließlich Ladung in Transportstellung sowie dem stehenden oder sitzenden Fahrer. Zu dieser Höhe ist ein Sicherheitszuschlag von mindestens 0,20 m anzusetzen. Die lichte Höhe muss über die gesamte Breite des Verkehrsweges, der von Transportmitteln genutzt werden kann, eingehalten werden.
(8) Werden Verkehrswege auch als Feuerwehrzufahrten genutzt, so sind diese mindestens mit einem Lichtraumprofil von 3,50 m x 3,50 m einzurichten. Sie sind ständig freizuhalten und dürfen, z. B. durch nachträgliche Einbauten, nicht eingeengt werden.
(9) Werden geeignete Personenerkennungssysteme beim Einsatz automatisch gesteuerter Transportmittel (fahrerlos betrieben) verwendet, sind Abweichungen aufgrund der Gefährdungsbeurteilung bei der Bemessung der Rand- und Begegnungszuschläge zulässig.
(10) Bei gleichzeitigem Aufenthalt von kraftbetriebenen Flurförderzeugen (z. B. Regal- und Kommissionierstapler) und Fußgängern in Schmalgängen müssen geeignete technische bzw. bauliche Schutzmaßnahmen (z. B. Personenerkennungssystem) installiert werden.

zu 4.4 Kennzeichnung und Abgrenzung von Verkehrswegen

(1) Lassen sich Gefährdungen im Verlauf von Verkehrswegen nicht durch technische Maßnahmen verhindern oder beseitigen, oder ergeben sich Gefährdungen durch den Fahrzeugverkehr aufgrund unübersichtlicher Betriebsverhältnisse (z. B. durch Arbeits- und Lagerflächen ohne feste Einbauten), sind die Verkehrswege gemäß ASR A1.3 »Sicherheits- und Gesundheitsschutzkennzeichnung« deutlich erkennbar zu kennzeichnen, z. B. Laderampenkanten an ständigen Be- und Entladestellen durch gelb-schwarze Streifen oder eine zeitlich begrenzte Gefahr ausgehend von ausgelaufener Flüssigkeit durch das Warnzeichen W011 »Warnung vor Rutschgefahr«. Eine Kennzeichnung kann entfallen, wenn die Verkehrswege durch feststehende Betriebseinrichtungen (z. B. Regale) eindeutig bestimmt sind und sich dadurch keine Gefährdungen ergeben.
(2) Zur Kenntlichmachung der Abgrenzung zwischen niveaugleichen Verkehrswegen und umgebenden Arbeits- und Lagerflächen, sowie zwischen Wegen für den Fußgänger- und Fahrzeugverkehr können verschiedene Markierungsformen (z. B. dauerhafte Farbmarkierung, Markierungsleuchten siehe ASR A1.3 »Sicherheits- und Gesundheitsschutzkennzeichnung« Abschnitt 5.3) eingesetzt werden.

(3) Wenn es das Ergebnis der Gefährdungsbeurteilung erforderlich macht, sind Geländer oder Leitplanken zur Abgrenzung zwischen niveaugleichen Verkehrswegen und umgebenden Arbeits- und Lagerflächen sowie zwischen Wegen für den Fußgänger- und Fahrzeugverkehr zu setzen.

zu 4.5 Treppen

(1) Treppen sind so zu gestalten, dass diese sicher und leicht begangen werden können. Das wird erreicht durch ausreichend große, ebene, rutschhemmende, erkennbare und tragfähige Auftrittsflächen in gleichmäßigen, mit dem Schrittmaß übereinstimmenden Abständen.

(2) Die Steigungen und Auftritte einer Treppe, die zwei Geschosse verbindet, dürfen nicht voneinander abweichen. Die Treppenstufen sollen kontrastreich und möglichst ohne störende Blendung des Benutzers ausgeleuchtet sein (siehe ASR A3.4 »Beleuchtung«).

(3) Unter Berücksichtigung der Unfallgefahren sind Treppen mit geraden Läufen solchen mit gewendelten Läufen oder gewendelten Laufteilen vorzuziehen. Treppen im Verlauf von Hauptfluchtwegen (nach ASR A2.3 »Fluchtwege und Notausgänge«) müssen über gerade Läufe verfügen. Davon abweichend sind gebogene Treppenläufe zulässig, wenn sie:

1. eine lichte Mindestbreite von maximal 1,40 m,
2. einen Innendurchmesser von mehr als 2,00 m und
3. gleiche Stufenabmessungen

aufweisen.

(4) Für Treppen (siehe Abbildung 4[12]) ergibt sich als Beziehung zwischen Schrittlänge (SL), Auftritt (a) und Steigung (s) die Schrittmaßregel SL = 2 x s + a. Für eine gute Begehbarkeit einer Treppe soll die Schrittlänge zwischen 59 cm und 65 cm betragen. In Arbeitsstätten darf die Steigung (s) zwischen 14 cm und 19 cm, der Auftritt (a) zwischen 26 cm und 32 cm und der Steigungswinkel (α) zwischen 24° und 36° variieren (siehe Tabelle 4). Die Maße sind Grenzmaße, die auch bei zulässigen Fertigungs- und Einbautoleranzen eingehalten werden müssen. Als besonders sicher begehbar haben sich Treppen erwiesen, deren Stufen einen Auftritt von 29 cm und eine Steigung von 17 cm aufweisen.

Tab. 4: Auftritte und Steigungen unterschiedlicher Treppen

Anwendungsbereich/Bauten	Auftritt (a) [cm]	Steigung (s) [cm]
Versammlungsstätten, Verwaltungsgebäude der öffentlichen Verwaltung, Schulen, Horte, Kindertageseinrichtungen, Treppen im Freien	29 bis 32	14 bis 17
gewerbliche Bauten, sonstige Gebäude	26 bis 30	16 bis 19
Hilfstreppen	21[13] bis 30	14 bis 21

12 Hier nicht abgebildet, siehe www.baua.de.

13 Bei Stufen, deren Auftritt a < 24 cm ist, muss die Unterschneidung (u) mindestens so groß sein, dass insgesamt eine Stufentiefe u + a = 24 cm erreicht wird.

(5) Hilfstreppen dürfen nur verwendet werden, wenn sie nicht arbeitstäglich begangen werden müssen. Die Nutzung von Hilfstreppen darf nur von unterwiesenen Personen erfolgen. Hilfstreppen sollen zur erhöhten Sicherheit mit zwei Handläufen ausgestattet sein.
(6) Bei Treppenläufen mit einem Steigungswinkel bis 36° muss nach höchstens 18 Trittstufen ein Zwischenpodest vorhanden sein. In begründeten Ausnahmefällen kann in Arbeitsstätten, die bis zum 30. 6. 2013 errichtet worden sind oder deren Bauantragstellung bis zu diesem Termin erfolgt ist, davon abgewichen werden bis die jeweiligen Bereiche dieser Arbeitsstätten wesentlich erweitert oder umgebaut werden. Bei Hilfstreppen mit einem Steigungswinkel größer als 36° ist nach jedem Treppenlauf mit einem Höhenunterschied von 3 m ein Zwischenpodest erforderlich.
(7) Die freien Seiten der Treppen, Treppenabsätze und Treppenöffnungen müssen durch Geländer gesichert sein. Die Höhe der Geländer muss lotrecht über der Stufenvorderkante mindestens 1,00 m betragen. Bei Absturzhöhen von mehr als 12 m muss die Geländerhöhe mindestens 1,10 m betragen (siehe ASR A2.1 »Schutz vor Absturz und herabfallenden Gegenständen, Betreten von Gefahrenbereichen«).
(8) Die Geländer müssen so ausgeführt sein, dass sie in der angebrachten Mindesthöhe eine Horizontalkraft von mindestens 500 N/m aufnehmen können.
(9) Geländer müssen so ausgeführt sein, dass Personen nicht hindurchstürzen können. Das Füllstabgeländer mit senkrecht angebrachten Stäben ist dem Knieleistengeländer vorzuziehen. Der lichte Abstand zwischen den Füllstäben darf dabei nicht mehr als 18 cm betragen (siehe ASR A2.1 »Schutz vor Absturz und herabfallenden Gegenständen, Betreten von Gefahrenbereichen«).
(10) Treppen müssen:
1. einen Handlauf haben,
2. an beiden Seiten Handläufe haben, wenn die Stufenbreite mehr als 1,5 m beträgt und zusätzlich
3. Zwischenhandläufe haben, mit denen die Stufenbreite in zwei gleiche Breitenabschnitte unterteilt wird, wenn der Abstand zwischen den Handläufen mehr als 4,0 m beträgt.

In Arbeitsstätten, die bis zum 30. 6. 2013 errichtet worden sind oder deren Bauantragstellung bis zu diesem Termin erfolgt ist, müssen Treppen mit mehr als 4 Stufen (Steigungen) mindestens einen Handlauf haben, soweit das Bauordnungsrecht der Länder einen Handlauf nicht schon bei geringerer Stufenzahl fordert oder bis die jeweiligen Bereiche dieser Arbeitsstätten wesentlich erweitert oder umgebaut werden.
(11) Treppenhandläufe müssen dem Benutzer einen sicheren Halt bieten. Hierzu wird eine ergonomische Gestaltung des Handlaufs empfohlen, die ein sicheres Umgreifen ermöglicht. Dies wird dadurch gewährleistet, dass der Durchmesser bzw. die Breite des Handlaufes zwischen 2,5 cm und 6 cm beträgt. Treppenhandläufe sollen durchgehend ausgeführt werden. Sie dürfen an den Übergängen zu Zwischenpodesten und Ebenen unterbrochen werden, wenn eine sichere Nutzung zu erwarten ist und nicht ohnehin auf Grund der Anforderungen aus dem Bauordnungsrecht eine Durchgängigkeit gefordert ist.

Handläufe sind in einer Höhe zwischen 0,80 m und 1,15 m zu führen. Ein seitlicher Mindestabstand von 5 cm zu benachbarten Bauteilen ist einzuhalten. Halterungen für Handläufe sollen an der Unterseite angeordnet sein. Die Enden der Handläufe müssen so gestaltet sein, dass Beschäftigte daran nicht hängen bleiben oder abgleiten können.

(12) Um dem Abrutschen und Hängenbleiben an den Stufenvorderkanten vorzubeugen, sollen deren Radien zwischen 2 mm und 10 mm liegen.

(13) Die Trittflächen von Treppen müssen rutschhemmend ausgeführt sein.

(14) Stolperstellen (z. B. hochstehende Kantenprofile) auf Treppen sind nicht zulässig.

zu 4.6 Steigeisengänge und Steigleitern[14]

zu 4.7 Laderampen

(1) Die Breite der Laderampe ist so zu wählen, dass – sofern Längsverkehr mit kraftbetriebenen Transportmitteln vorgesehen ist – der Mindestabstand (Randzuschlag Z1 siehe Tabelle 3) zu festen Bauteilen gewährleistet ist.

(2) Die Breite von Laderampen darf 0,80 m nicht unterschreiten.

(3) Laderampen müssen über geeignete Auf- bzw. Abgänge verfügen. Wenn betriebstechnisch möglich, sind Auf- bzw. Abgänge als Treppen oder als geneigte sicher begeh- oder befahrbare Flächen auszuführen. Die Auf- bzw. Abgänge sollen möglichst nahe an den Be- und Entladestellen angeordnet sein.

(4) Laderampen mit einer Länge von mehr als 20 m müssen, sofern betriebstechnisch möglich, an jedem Endbereich einen Abgang haben.

(5) Besteht die Gefährdung, dass Personen oder Flurförderzeuge abstürzen können (siehe ASR A2.1 »Schutz vor Absturz und herabfallenden Gegenständen, Betreten von Gefahrenbereichen«), müssen folgende Verkehrsbereiche durch Umwehrungen – vorzugsweise durch Geländer – gesichert sein:

1. Laderampenkanten, insbesondere Bereiche, die keine ständigen Be- und Entladestellen sind,
2. Seiten von Schrägrampen,
3. Treppenzugänge und
4. Laderampenkanten bei integrierten Hubtischen.

(6) Bereiche von Laderampen in denen Absturzgefahr besteht, dürfen nur von Personen betreten werden, die mit Tätigkeiten für die Dauer zum Be- bzw. Entladevorgang beauftragt sind und zuvor über die bestehenden Gefährdungen unterwiesen wurden.

zu 4.8 Fahrtreppen und Fahrsteige

> **Hinweis:**
> In Arbeitsstätten müssen Fahrtreppen und Fahrsteige hinsichtlich ihrer Beschaffenheitsanforderungen den europäischen und nationalen Vorschriften, z. B. der Neunten Verordnung zum Produktsicherheitsgesetz, entsprechen. Sie müssen für die Nutzung in Arbeitsstätten geeignet sein und sicher betrieben werden können.

14 Hier nicht abgebildet, siehe www.baua.de.

(1) Die Einbausituation und das Betreiben von Fahrtreppen und Fahrsteigen stellen Anforderungen an die Nutzungssicherheit, die auch deren Beschaffenheit betreffen kann. Daher ist beim Einrichten und Betreiben in der Arbeitsstätte im Rahmen der Gefährdungsbeurteilung die Eignung und Verwendbarkeit von Fahrtreppen und Fahrsteigen für die vorgesehene Nutzung zu prüfen und ggf. die erforderlichen baulichen Sicherungsmaßnahmen und Veränderungen am Einbauort vorzunehmen (z. B. durch Einrichtungsgegenstände zusätzlich entstandene Quetschstellen sind zu sichern). Dabei sind die Herstellerangaben (z. B. Einbau- oder Betriebsanleitung) zu berücksichtigen.
(2) Fahrtreppen oder Fahrsteige sind immer ein Teil der Verkehrswege. Sie müssen deshalb den zu- und abführenden Verkehrsströmen angepasst sein.
(3) Die Breite des Stauraums muss mindestens der Breite der Fahrtreppe oder des Fahrsteiges entsprechen. Die Breite der Fahrtreppen oder Fahrsteige ergibt sich aus der horizontal gemessenen Breite der Fahrtreppen oder Fahrsteige zwischen den Handlaufaußenseiten und einem beidseitigen Sicherheitsabstand zur Umgebung von jeweils 80 mm (siehe Abbildung 5[15]). Die Tiefe muss mindestens 2,5 m – gemessen vom Ende der Balustrade – betragen. Sie darf auf 2,0 m verringert werden, wenn der Stauraum in der Breite mindestens auf die doppelte Breite der Fahrtreppe oder des Fahrsteiges vergrößert wird.
(4) Beim Einrichten sind die nachfolgenden Maßnahmen anzuwenden:
Der senkrechte Abstand über den Stufen- oder Bandoberflächen zu festen Teilen der Umgebung (Durchgangshöhe) muss mindestens 2,3 m betragen.
Beim Umfassen des Handlaufs muss der horizontale Abstand zwischen der Handlaufaußenseite und festen Teilen der Anlage und der Umgebung mindestens 8 cm betragen.
Der horizontale Abstand zwischen Handlauf und den Kanten der Deckendurchbrüche oder den Unterkanten der Balustraden bei sich kreuzenden Fahrtreppen oder Fahrsteigen muss mindestens 40 cm betragen, soweit nicht zur Vermeidung von Verletzungen zwischen der Balustrade und den Kanten der Gefahrbereich durch Abweiser gesichert ist, die durch ihre Formgebung und ihre Anordnung den Gefahrbereich verdecken und Personen, die in den Gefahrbereich kommen, abweisen.
(5) Beim Einrichten ist sicherzustellen, dass das Besteigen der Außenseite der Balustrade verhindert wird, z. B. durch Geländer.
(6) Beim Einrichten von Fahrtreppen und Fahrsteigen in Arbeitsstätten ist darauf zu achten, dass das Stillsetzen der Anlage durch NOT-HALT-Einrichtungen an den Zu- und Abgängen zu jeder Zeit gewährleistet ist. NOT-HALT-Einrichtungen sind gut erkennbar und leicht erreichbar anzuordnen. Die Abstände zwischen den NOT-HALT-Einrichtungen dürfen 30 m bei Fahrtreppen sowie 40 m bei Fahrsteigen nicht überschreiten. Falls erforderlich, müssen zusätzliche NOT-HALT-Einrichtungen vorgesehen werden, um diese Abstände einzuhalten.
(7) Um Stolpern oder Ausrutschen zu vermeiden, müssen die angrenzenden Bodenbeläge an die Rutschhemmung der Zu- und Abgänge der Fahrtreppen und Fahrsteige angepasst sein.

15 Hier nicht abgebildet, siehe www.baua.de.

(8) Fahrtreppen und Fahrsteige dürfen (außer im Notfall) nur ein- oder ausgeschaltet werden, wenn sich auf ihnen keine Personen befinden und sollen deshalb von der Schaltstelle aus gut überblickt werden können.

(9) Von Hand bewegte Transporteinrichtungen dürfen auf Fahrtreppen und Fahrsteigen nur benutzt werden, wenn im Rahmen der Gefährdungsbeurteilung Maßnahmen festgelegt wurden, die einen sicheren Transport gewährleisten, z. B.:

Sollen auf Fahrtreppen und Fahrsteigen Transporteinrichtungen, z. B. Kofferkulis, Einkaufswagen oder Gepäckwagen befördert werden, hat der Betreiber dafür zu sorgen, dass Fahrsteige und Transporteinrichtungen aufeinander abgestimmt und besondere Maßnahmen für den sicheren Betrieb festgelegt werden, z. B. das selbsttätige Feststellen der Transporteinrichtungen auf den Fahrsteigpaletten und das Maximalgewicht der Ladung.

Damit Fahrsteige im Notfall (z. B. bei Stillstand) gefahrlos verlassen werden können, ist die Breite der Transporteinrichtungen auf die Fahrsteigbreite abzustimmen. Ein gefahrloses Verlassen der Fahrsteige ist in der Regel gegeben, wenn die Fahrsteige 0,40 m breiter als die Transporteinrichtung sind.

Zur Vermeidung von Gefährdungen, z. B. Quetschung durch nachfolgende Transporteinrichtungen, wenn sich eine vorausfahrende Transporteinrichtung nicht von der Fahrsteigpalette löst, sollen in Abstimmung mit dem Hersteller zusätzliche NOT-HALT-Einrichtungen vorgesehen werden.

Beim Mitführen von Transporteinrichtungen soll der Stauraum abweichend von Absatz 3 mindestens 5 m tief sein

Anhang A2.3: Ergänzende Anforderungen zur ASR A2.3 »Fluchtwege und Notausgänge«

(1) Bei Festlegung der Anordnung und Abmessungen der Fluchtwege und Notausgänge sind die besonderen Anforderungen von Personen mit Behinderungen zu berücksichtigen. (ASR A2.3 Punkt 5 Abs. 1)

(2) Im Falle des Bewegens in Fluchtrichtung ohne Begegnung ist für Personen mit Behinderung, die eine Gehhilfe oder einen Rollstuhl benutzen, eine lichte Mindestbreite für Fluchtwege von 1,00 m erforderlich. Dabei darf die lichte Breite des Fluchtweges stellenweise für das Einzugsgebiet

bis 5 Personen für Einbauten, Einrichtungen oder Türen,

bis 20 Personen für Türen

auf nicht weniger als 0,90 m reduziert werden. Ist eine Fluchtrichtung vorgesehen, bei der eine Begegnung mit anderen Personen mit Behinderung stattfindet, ist eine Mindestbreite für Fluchtwege von 1,50 m erforderlich. (abweichend von ASR A2.3 Punkt 5 Abs. 6)

(3) Vor Türen und Toren im Fluchtweg sind für Personen mit Behinderung, die eine Gehhilfe oder einen Rollstuhl benutzen, freie Bewegungsflächen sowie eine seitliche Anfahrbarkeit gemäß Abb. 1[16] erforderlich. Bei einer zusätzlichen Einschränkung der Hand-/Arm-Motorik ist zu prüfen, ob bei Wandstärken größer als 0,26 m eine Betätigung des Türdrückers möglich ist. Bei Einschränkungen der

16 Hier nicht abgebildet, siehe www.baua.de.

visuellen Wahrnehmung ist auf den Kontrast zwischen Wand und Tür sowie zwischen Bedienelement und Türflügel zu achten. (ASR A2.3 Punkt 7 Abs. 1)

(4) Sofern in gesicherten Bereichen in Treppenräumen ein kurzzeitiger Zwischenaufenthalt von Personen mit Behinderung, die eine Gehhilfe oder einen Rollstuhl benutzen, zu erwarten ist, müssen diese so ausgeführt sein, dass die Mindestbreite der Fluchtwege nicht eingeschränkt wird. (ASR A2.3 Punkt 4 Abs. 8)

(5) Bei der Gestaltung von Flucht- und Rettungsplänen sind die Belange der Beschäftigten mit Behinderungen so zu berücksichtigen, dass die für sie sicherheitsrelevanten Informationen verständlich übermittelt werden. Dies wird z. B. erfüllt, wenn

- Beschäftigten mit Sehbehinderung nach Anhang A1.3 Abs. 2 gestaltete Informationen ausgehändigt sind,
- für Beschäftigte mit Sehbehinderung die Größe der Zeichen gemäß Tabelle 3 der ASR A1.3 erhöht ist oder
- für Rollstuhlbenutzer und Kleinwüchsige die Flucht- und Rettungspläne aus ihrer Augenhöhe erkennbar sind.

(ASR A1.3 Punkt 6; ASR A2.3 Punkt 10 Abs. 2)

(6) Führen Fluchtwege durch Schrankenanlagen mit Drehkreuz muss für Personen mit Behinderung, die eine Gehhilfe oder einen Rollstuhl benutzen, ein alternativer Fluchtweg vorhanden sein. (abweichend von ASR A2.3 Punkt 4 Abs. 7)

(7) Für Beschäftigte, die einen Rollstuhl benutzen und deren Hand-/Arm-Motorik eingeschränkt ist, dürfen Bedienelemente einschließlich der Entriegelungseinrichtungen maximal eine Höhe von 0,85 m haben. Im begründeten Einzelfall sind andere Maße zulässig. Der maximale Kraftaufwand darf nicht mehr als 25 N oder 2,5 Nm betragen. Können die Maximalwerte für Kraft und Drehmoment nicht eingehalten werden, sind elektrische Entriegelungssysteme vorzusehen. Dabei muss die Not-Auf-Taste in einer Höhe von 0,85 m und mindestens 2,50 m vor der aufschlagenden Tür und 1,50 m in Gegenrichtung angebracht sein. (abweichend von ASR A2.3 Punkt 7 Abs. 1)

(8) Die Alarmierung von Beschäftigten mit Seh- oder Hörbehinderungen, die gefangene Räume nutzen, erfordert die Berücksichtigung des Zwei-Sinne-Prinzips. (ASR A2.3 Punkt 4 Abs. 12)

(9) Für ein sicheres Verlassen ins Freie oder in einen gesicherten Bereich können besondere organisatorische Maßnahmen für Beschäftigte mit Behinderungen erforderlich sein. Das ist z. B. die Benennung einer ausreichenden Anzahl eingewiesener Personen, die gegebenenfalls im Gefahrfall die Beschäftigten mit Behinderungen auf bestehende oder sich abzeichnende Gefahren oder Beeinträchtigungen hinweisen, sie begleiten oder ihnen behilflich sind (Patenschaften). Die notwendigen Maßnahmen sind im Rahmen der Gefährdungsbeurteilung im Einzelfall zu ermitteln und mit den an der organisatorischen Maßnahme beteiligten Beschäftigten abzustimmen.

(10) Bei Räumungsübungen sind die Belange der Beschäftigten mit Behinderungen zu berücksichtigen, z. B. Anwenden von Evakuierungshilfen. (ASR A2.3 Punkt 11 Abs. 2)

(11) Bei optischen Sicherheitsleitsystemen sind die Belange von Beschäftigten mit Sehbehinderung so zu berücksichtigen, dass die sicherheitsrelevanten Informatio-

nen auf andere Art verständlich übermittelt werden. Dies kann dadurch erreicht werden, dass diese Informationen, dem Zwei-Sinne-Prinzip folgend, zusätzlich zum visuellen über einen anderen Sinneskanal durch taktile Zeichen oder Schallzeichen aufgenommen werden können.
Möglichkeiten, die Informationen des optischen Sicherheitsleitsystems für Beschäftigte mit Sehbehinderung taktil erfassbar oder hörbar zu ergänzen sind z. B.:

- dynamisch-akustische Fluchtleitsysteme, z. B. höher oder tiefer werdende Tonfolgen für aufwärts oder abwärts führende Treppen, schneller werdende Tonfolgen für die Weiterleitung im Gebäude oder Sprachansagen zur Richtungsorientierung, oder
- Profilierung der Leitmarkierung ggf. mit Fluchtrichtungserkennung, z. B. durch deren Anstrichdicke, Riffelprofile, Einwebungen oder durch thermische Verbindung von profilierten langnachleuchtenden Leitmarkierungen in Fußbodenbelägen. Bei Leitmarkierungen in Fußböden sind Stolperstellen und Rutschgefährdungen zu vermeiden (siehe ASR A1.5 »Fußböden«).

(ASR A2.3 Punkt 8.4)

Anhang A4.3: Ergänzende Anforderungen zur ASR A4.3 »Erste-Hilfe-Räume, Mittel und Einrichtungen zur Ersten Hilfe«

(1) Beim Einrichten und Betreiben von Erste-Hilfe-Räumen und bei der Ausstattung der Arbeitsstätte mit Mitteln und Einrichtungen zur Ersten Hilfe sind die besonderen Belange von Beschäftigten mit Behinderungen zu berücksichtigen.

> **Hinweis:**
> Ist im Rahmen der Organisation der Ersten Hilfe oder im Ergebnis der Gefährdungsbeurteilung festgelegt worden, dass Beschäftigte mit Behinderungen Aufgaben der Ersten Hilfe übernehmen, müssen die Mittel und Einrichtungen zur Ersten Hilfe durch sie wahrnehmbar, erkennbar, erreichbar und benutzbar sein.

(2) Bei der Verteilung und Anbringung der Verbandkästen innerhalb der Arbeitsstätte sind im Rahmen der Organisation der Ersten Hilfe die besonderen Belange von Beschäftigten mit Behinderungen zu berücksichtigen.
Dies kann z. B. erreicht werden, indem:

- für Beschäftigte, die einen Rollstuhl benutzen, die Anfahrbarkeit gegeben ist,
- für Beschäftigte, die einen Rollstuhl benutzen und für kleinwüchsige Beschäftigte die Benutzung der Verbandkästen in einer Höhe von 0,85 m bis 1,05 m möglich ist oder
- für Beschäftigte mit einer Geh- oder Sehbehinderung ein zusätzlicher Verbandkasten an ihrem Arbeitsplatz bereitgestellt wird.

(3) Meldeeinrichtungen müssen für Beschäftigte mit Behinderungen wahrnehmbar, erkennbar, erreichbar und nutzbar sein. Dies kann z. B. durch nachfolgend aufgeführte Maßnahmen erreicht werden.

- **Wahrnehmbarkeit** und **Erkennbarkeit** der Meldeeinrichtungen sind gegeben, wenn sie für Beschäftigte mit Sehbehinderung visuell kontrastierend und für blinde Beschäftigte taktil erfassbar gestaltet sind.

- **Erreichbarkeit** der Meldeeinrichtungen ist für Beschäftigte, die einen Rollstuhl benutzen, gegeben, wenn die Anfahrbarkeit gewährleistet ist.
- **Erreichbarkeit** der Bedienelemente der Meldeeinrichtungen (wandmontiert oder Rufsäulen) ist gegeben, wenn sie für kleinwüchsige Beschäftigte und für Beschäftigte, die einen Rollstuhl benutzen, in einer Höhe von 0,85 m bis 1,05 m angeordnet sind.
- Bei der **Nutzung** von Meldeeinrichtungen sind die Belange der Beschäftigten mit Behinderungen so zu berücksichtigen, dass der Notruf verständlich übermittelt werden kann. Dies kann z. B. erreicht werden, indem
  - Beschäftigte mit Sprach- oder Hörbehinderung einen vorgefertigten Notruf absetzen können (z. B. Telefon mit Notrufeinrichtung, Notfallfax),
  - Beschäftigte, deren Hand-Arm-Motorik eingeschränkt ist, die Meldeeinrichtungen benutzen können, z. B. mit Sprachsteuerung, oder
  - Beschäftigte mit Sehbehinderung und blinde Beschäftigte ein Telefon mit Notruftaste nutzen können.

(ASR A4.3 Punkt 5.1)

(4) Für Beschäftigte, die einen Rollstuhl benutzen, ist für den Zugang zum Erste-Hilfe-Raum eine lichte Durchgangsbreite der Tür gemäß Absatz 3 Anhang A1.7: Ergänzende Anforderungen zur ASR A1.7 »Türen und Tore« zu gewährleisten. Schrägrampen zum Ausgleich von Höhenunterschieden sind gemäß Absatz 3 Anhang A1.8: Ergänzende Anforderungen zur ASR A1.8 »Verkehrswege« zu gestalten. (ASR A4.3 Punkt 6.1 Abs. 5)

Anhang A4.4: Ergänzende Anforderungen zur ASR A4.4 »Unterkünfte«

(1) Werden Beschäftigte mit Behinderungen in Unterkünften untergebracht, so sind deren besondere Belange so zu berücksichtigen, dass Sicherheit und Gesundheitsschutz gewährleistet sind.

(2) Werden bestehende Einrichtungen, wie Küchen, Vorratsräume, sanitäre Einrichtungen und Mittel zur Ersten Hilfe, von Beschäftigten mit Behinderungen benutzt, bestimmen deren individuellen Erfordernisse die Maßnahmen zur barrierefreien Gestaltung. (ASR A4.4 Punkt 4 Absatz 3)

(3) Bei der Übermittlung der Informationen (z. B. Brandschutzordnung, Alarmplan) hat der Arbeitgeber das Zwei-Sinne-Prinzip anzuwenden, wenn Bewohner mit einer Seh- oder Hörbehinderung untergebracht sind. (ASR A4.4 Punkt 4 Absatz 6)

(4) Sollen bestehende Einrichtungen, wie Hotels und Pensionen, von Beschäftigten mit Behinderungen als Unterkunft genutzt werden, bestimmen deren individuellen Erfordernisse die Möglichkeit der Nutzung. (ASR A4.4 Punkt 4 Absatz 7)

(5) Werden Beschäftigte untergebracht, die einen Rollstuhl benutzen, muss in jedem Raum, ausgenommenen dem Windfang, eine freie Bewegungsfläche von mindestens 1,50 × 1,50 m vorhanden sein. Für Beschäftigte, die eine Gehhilfe oder einen Rollator benutzen, ist eine freie Bewegungsfläche von mindestens 1,20 × 1,20 m vorzusehen. Werden zwei oder mehr Beschäftigte untergebracht, die einen Rollator oder einen Rollstuhl benutzen, ist die freie Bewegungsfläche entsprechend anzupassen. (ASR A4.4 Punkt 5.2 Absatz 1 sowie Punkt 5.4 Absatz 6 Satz 3)

(6) Die Möglichkeit zum Waschen, Trocknen und Bügeln von Kleidung sowie die Zubereitungs-, Aufbewahrungs-, Kühl- und Spülgelegenheiten müssen für blinde Beschäftigte, Kleinwüchsige und für Beschäftigte, die einen Rollstuhl benutzen, erreichbar und benutzbar sein. (ASR A4.4 Punkt 5.4 Absätze 7 und 8)

Hinweis:
Für die barrierefreie Gestaltung von Unterkünften gelten zudem die in dieser ASR V3a.2 in den jeweiligen Anhängen beschriebenen ergänzenden Anforderungen.

F. Rechtsprechungsübersicht

I. Sozialgesetzbuch Neuntes Buch, Recht der Rehabilitation und Teilhabe (SGB IX)

1. Behinderungsbegriff

LSG Baden-Württemberg 20. 7. 2018 – L 8 SB 1348/18
Der Behindertenbegriff des § 2 Abs. 1 SGB IX entspricht dem Verständnis der UN-Behindertenrechtskonvention. Wie der Gesetzgeber die Teilhabe umsetzt, ist den Vertragsstaaten überlassen.
Bereits mit der Nichteinladung des schwerbehinderten Bewerbers zum Vorstellungsgespräch bei einem öffentlichen Arbeitgeber entgegen dessen Pflicht aus § 82 Satz 2 SGB IX a. F. (jetzt § 165 Satz 3 SGB IX) ist die behinderungsbedingte Verletzung des Bewerberverfahrensanspruchs eingetreten.

2. Betriebliches Eingliederungsmanagement (BEM)

OVG Münster 5. 3. 2024 – 12 A 2175/21
Allein aus der Bewilligung einer Rente wegen voller Erwerbsminderung (auf Zeit) folgt nicht bereits ein Fehlen jeglicher leidensgerechter Beschäftigungsalternativen und eine objektive Nutzlosigkeit eines betrieblichen Eingliederungsmanagements (BEM). Hat der Arbeitnehmer bzw. die Arbeitnehmerin jedoch zum Ausdruck gebracht, an einem BEM für den Zeitraum des Rentenbezugs nicht teilzunehmen, ergibt sich daraus die Aussichtslosigkeit eines solchen Verfahrens.

LAG Düsseldorf 17. 5. 2022 – 14 Sa 825/21
Das betriebliche Eingliederungsmanagement (BEM) ist jedenfalls dann abgeschlossen, wenn sich Arbeitgeber und Arbeitnehmer einig sind, dass der Suchprozess durchgeführt ist oder nicht weiter durchgeführt werden soll. [...] So kann das BEM einvernehmlich beendet werden, und zwar unabhängig davon, wie weit es vorangebracht wurde. Es kommt dann darauf an, ob der Arbeitnehmer die notwendigen Kenntnisse über das BEM-Verfahren besaß, um beurteilen zu können, ob es beendet oder fortgesetzt werden sollte.

LAG Baden-Württemberg 10. 2. 2022 – 17 Sa 57/21
Der Arbeitgeber kann unabhängig davon, ob bereits ein zuvor durchgeführtes BEM Rückschlüsse auf die Nutzlosigkeit eines weiteren erlaubt, geltend machen, dass die Durchführung eines (weiteren) BEM keine positiven Ergebnisse hätte zeitigen können. Für die objektive Nutzlosigkeit des BEM trägt der Arbeitgeber die Darlegungs- und Beweislast. Er muss auch von sich aus zum Fehlen alternativer

Beschäftigungsmöglichkeiten oder zur Nutzlosigkeit anderer, ihm zumutbarer Maßnahmen vortragen.

BAG 7.9.2021 – 9 AZR 571/20
§ 167 Abs. 2 Satz 1 SGB IX begründet keinen Individualanspruch der betroffenen Arbeitnehmer auf Einleitung und Durchführung eines betrieblichen Eingliederungsmanagements.

LAG Berlin-Brandenburg 27.2.2019 – 17 Sa 1605/18
Führt der Arbeitgeber vor Ausspruch einer krankheitsbedingten Kündigung ein betriebliches Eingliederungsmanagement (§ 167 Abs. 2 SGB IX) nicht durch, geht dies bei einer Interessenabwägung nicht zu seinen Lasten, wenn der Arbeitnehmer sich an dem betrieblichen Eingliederungsmanagement ohnehin nicht beteiligt hätte.

BAG 28.6.2018 – 2 AZR 436/17
Die Durchführung eines BEM ist keine Voraussetzung für eine Umsetzung, selbst wenn diese mit dem Gesundheitszustand des Arbeitnehmers begründet wird.

OVG Hamburg 22.5.2018 – 5 Bs 80/18
Das Konzept des betrieblichen Wiedereingliederungsmanagements ist auch ohne ausdrückliche beamtenrechtliche Grundlage auf Beamte anwendbar. Die nähere Ausgestaltung des BEM für Beamte liegt im Rahmen des Gestaltungsspielraums des Dienstherrn.

3. Behinderungsgerechte Beschäftigung, LTA und andere Rechte

LSG Niedersachsen-Bremen 21.10.2024 – L 16 KR 131/23
Keine Kostenerstattung zulasten der Gesetzlichen Krankenversicherung für die Ausbildung eines Hundes als Assistenzhund zum Behinderungsausgleich bei Autismus, wenn die Haltung des Hundes für die Versicherte lediglich sinnvoll und nützlich ist, ihr das Rausgehen aus dem Haus erleichtert und soziale Kontakte z.B. zu anderen Hundebesitzern vereinfacht.

LAG Köln 12.9.2024 – 6 SLa 76/24
Ein Arbeitgeber ist auch dann zur Durchführung eines Präventionsverfahrens nach § 167 Abs. 1 SGB IX verpflichtet, wenn sich der schwerbehinderte Beschäftigte noch in der Probezeit befindet.

LSG Hessen 28.5.2024 – L 2 R 105/23
Rentenversicherungsträger sind für die stufenweise Wiedereingliederung nur zuständig, wenn diese unmittelbar im Anschluss an eine von diesen Trägern ge-

förderte medizinische Rehabilitationsmaßnahme erforderlich ist, um den Erfolg dieser Rehabilitationsmaßnahme zu festigen oder erst herbeizuführen.

BSG 16.5.2024 – B 1 KR 7/23
Die ohne Zusammenhang mit anderen Leistungen zur medizinischen Rehabilitation durchgeführte (isolierte) stufenweise Wiedereingliederung ist weder nach dem Recht der gesetzlichen Krankenversicherung noch nach dem Recht der gesetzlichen Rentenversicherung eine Leistung zur medizinischen Rehabilitation.
Die stufenweise Wiedereingliederung erschöpft sich nach dem SGB IX in einem an die für Leistungen zur medizinischen Rehabilitation zuständigen Rehabilitationsträger gerichteten Hinwirkungsgebot.

BAG 23.11.2023 – 8 AZR 164/22
Die Pflicht eines öffentlichen Arbeitgebers, schwerbehinderte Menschen zu einem Vorstellungsgespräch einzuladen, kann es im Einzelfall erforderlich machen, einen Ersatztermin anzubieten, wenn der Bewerber vor dem Termin unter Angabe eines hinreichend gewichtigen Grundes mitteilt, dass er verhindert ist, und dem Arbeitgeber ein Ersatztermin zumutbar ist.

LAG Rheinland-Pfalz 30.5.2022 – 3 Sa 208/21
Grundsätzlich besteht kein Anspruch des Arbeitnehmers auf Mitwirkung des Arbeitgebers an einer stufenweisen Wiedereingliederung des Arbeitnehmers in das Erwerbsleben, insbesondere ergibt sich ein solcher nicht aus dem bestehenden Arbeitsverhältnis. Vielmehr ist das Wiedereingliederungsverhältnis ein Vertragsverhältnis eigener Art, zu dessen Begründung es einer Vereinbarung zwischen Arbeitgeber und Arbeitnehmer bedarf, wobei für beide Seiten das Prinzip der Freiwilligkeit gilt.

BAG 14.10.2020 – 5 AZR 649/19
Das Angebot eines schwerbehinderten Arbeitnehmers, eine Tätigkeit zu leisten, die zwar behinderungsgerecht, aber nicht von den vertraglichen Vereinbarungen umfasst, bezieht sich nicht auf die im Sinne von § 294 BGB zu bewirkende Tätigkeit. Ein solches Angebot kann den Arbeitgeber nicht in Annahmeverzug versetzen und keinen Vergütungsanspruch aus § 615 Satz 1 in Verbindung mit § 611a Abs. 2 BGB begründen.

VGH Bayern 31.5.2019 – 3 CE 19.715
Es steht im Organisationsermessen des Dienstherrn, wenn die Aufteilung der Geschäfts- und Fachbereichsleitung im Wege eines »Job-Sharing-Modells« wieder aufgehoben und die Stellen zu einer verschmolzen werden sollen, wen er mit der Weiterführung der verbleibenden Stelle betraut und wen er auf einen anderen Dienstposten umsetzt. Bei der Umsetzung hat der Dienstherr aufgrund seiner Fürsorgepflicht in besonderer Weise die Schwerbehinderung des Beamten in seiner Ermessensentscheidung zu berücksichtigen.

BAG 16.5.2019 – 8 AZR 530/17
Nach § 81 Abs. 4 Satz 1 SGB IX a. F. kann der Arbeitgeber verpflichtet sein, an einer stufenweisen Wiedereingliederung eines/einer schwerbehinderten Beschäftigten in das Erwerbsleben dergestalt mitzuwirken, dass er diese(n) entsprechend den Vorgaben eines Wiedereingliederungsplans beschäftigt.

BAG 16.5.2019 – 6 AZR 329/18
Der Arbeitgeber darf bis zur Grenze des Rechtsmissbrauchs eine unternehmerische Entscheidung treffen, welche den bisherigen Arbeitsplatz eines schwerbehinderten Menschen durch eine Organisationsänderung entfallen lässt. Die in § 164 Abs. 4 SGB IX vorgesehenen Ansprüche schwerbehinderter Menschen sind lediglich bei der Prüfung einer Weiterbeschäftigungsmöglichkeit zu berücksichtigen.

LAG Niedersachsen 16.1.2019 – 2 Sa 567/18
Der Arbeitgeber ist gemäß § 241 Abs. 2 BGB verpflichtet, den schwerbehinderten Arbeitnehmer auf dessen Zusatzurlaub gemäß § 125 SGB IX a. F. hinzuweisen. Kommt der Arbeitgeber seinen Informations- und Hinweispflichten gemäß der Entscheidung des EuGH vom 6.11.2018 (C-684/16) nicht nach, hat der Arbeitnehmer nach §§ 280 Abs. 1 und 3, 283 BGB i. V. m. § 249 Abs. 1 BGB einen Schadensersatzanspruch in Form des Ersatzurlaubes, der sich mit Beendigung des Arbeitsverhältnisses nach § 251 Abs. 1 BGB in einen Abgeltungsanspruch umwandelt.

LAG Berlin-Brandenburg 23.5.2018 – 15 Sa 1700/17
Ein schwerbehinderter Arbeitnehmer kann nach § 164 Abs. 4 Satz 1 SGB IX auch im Rahmen einer Wiedereingliederung eine anderweitige, behinderungsgerechte Tätigkeit verlangen. Versäumt der Arbeitgeber dies schuldhaft, hat der Arbeitnehmer einen Schadensersatzanspruch in Höhe der entgangenen Vergütung.

BVerwG 23.1.2018 – 5 C 9/16
Die Ausübung einer Teilzeitbeschäftigung steht dem Anspruch auf Übernahme der Kosten einer notwendigen Arbeitsassistenz nach § 102 Abs. 4 SGB IX a. F. bzw. § 185 Abs. 5 SGB IX n. F. für eine daneben ausgeübte weitere Erwerbstätigkeit nicht entgegen.

4. Begutachtung

BSG 27.10.2022 – B 9 SB 1/20 R
Grundsätzlich steht es Betroffenen frei, eine Vertrauensperson zu einer gutachterlichen Untersuchung mitzunehmen. Das Gericht kann jedoch den Ausschluss der Vertrauensperson anordnen, wenn dies zur Aufrechterhaltung einer funktionsfähigen, wirksamen Rechtspflege erforderlich ist.

5. SBV – (Fort-)Bestand des Amtes

LAG Niedersachen 25.1.2024 – 6 TaBV 48/23

Die Abgrenzung der Zuständigkeit zwischen örtlicher SBV und Gesamt-SBV erfolgt gem. § 180 Abs. 6 SGB IX. Danach ist die Zuständigkeit der Gesamt-SBV nur gegeben, wenn die Angelegenheit das Gesamtunternehmen oder mehrere Dienststellen betrifft und kumulativ von der SBV der einzelnen Dienststelle nicht geregelt werden kann. Das gilt auch, soweit auf der personalvertretungsrechtlichen Ebene für die Angelegenheit nicht der örtliche Personalrat, sondern der Gesamtpersonalrat zuständig ist.

BAG 19.10.2022 – 7 ABR 27/21

Sinkt die Anzahl der schwerbehinderten Beschäftigten eines Betriebes unter den Schwellenwert von fünf, ist das Amt der Schwerbehindertenvertretung nicht vorzeitig beendet. Eine ausdrückliche Regelung, die das Erlöschen der SBV bei Absinken der Anzahl schwerbehinderter Beschäftigter unter den Schwellenwert nach § 177 Abs. 1 Satz 1 SGB IX vorsieht, besteht im Gesetz nicht.

LAG Berlin-Brandenburg 18.6.2021 – 12 TaBV 402/21

Das Ende der Amtsperiode des Personalrats mit der Beendigung einer fingierten Selbstständigkeit eines Dienststellenteils bzw. einer Nebenstelle mittels eines Verselbstständigungsbeschlusses bedingt auch das Ende der Amtszeit der dort gewählten SBV.

6. SBV – Beteiligungsrecht

LAG Düsseldorf 14.5.2024 – 3 TaBV 37/23

Der Betriebsrat kann seine Zustimmung zu einer Versetzung nach § 99 Abs. 2 Nr. 1 BetrVG nicht mit der Begründung verweigern, im Stellenbesetzungsverfahren seien gesetzliche Beteiligungsrechte der Schwerbehindertenvertretung nach §§ 164 Abs. 1 Satz 4, 178 Abs. 2 SGB IX verletzt worden. Vielmehr ist die SBV selbst mit den ihr gesetzlich gegebenen Mitteln in der Lage, ihre ordnungsgemäße Beteiligung sicherzustellen. Nutzt die SBV diese Rechte und Möglichkeiten nicht, ist es nicht Sache des Betriebsrats, mit der Begründung ihrer unzureichenden Beteiligung die Zustimmung zu einer personellen Maßnahme zu verweigern, gegen die die SBV selbst überhaupt nicht vorgegangen ist. Eine solche Einmischung in die Organrechte der SBV widerspräche der gesetzlichen Aufgabenverteilung.

BAG 12.12.2023 – 7 ABR 23/22

Wenn in einem Betrieb oder einer Dienstelle, für die eine Betriebs- oder Personalversammlung stattfindet, keine örtliche SBV gebildet wurde, dann kann die Gesamt-SBV das Recht wahrnehmen an der Sitzung teilzunehmen.

LAG Hamburg 22. 4. 2022 – 7 TaBV 8/21
Die Willensbildung des Arbeitgebers ist bis zum Zeitpunkt der Bekanntgabe einer Leistungsbeurteilung gegenüber dem Arbeitnehmer beeinflussbar. Daher kann die SBV bereits davor ihre Unterrichtung über die beabsichtigte Leistungsbeurteilung und ihre Anhörung dazu verlangen. Aus § 178 Abs. 2 Satz 1 SGB IX folgt kein generelles Einsichtnahmerecht der SBV in Unterlagen.

LAG Nürnberg 18. 11. 2021 – 5 Sa 211/21
Die SBV ist nur zu beteiligen, wenn Bewerber mit einem GdB unter 50 zum Zeitpunkt der Bewerbungsentscheidungen über einen positiv beschiedenen Antrag auf Gleichstellung von der Bundesagentur für Arbeit verfügen.

ArbG Hamburg 9. 11. 2021 – 5 BV 13/21
Der SBV obliegt keine informationelle Allzuständigkeit. Soweit allgemeine Interessen der Beschäftigten im Betrieb betroffen sind, obliegt deren Wahrnehmung dem Betriebsrat. Die SBV hat ein Einsichtsrecht in die Daten der Beschäftigten im Zusammenhang mit der Bewertung im Rahmen des Personal Development nur insoweit, als es um die konkrete Beurteilung von Beschäftigten mit Schwerbehinderung bzw. diesen Gleichgestellten geht.

LAG Rheinland-Pfalz 20. 10. 2021 – 7 Sa 159/21
Ob die Unterrichtungs- und Anhörungspflicht nach § 178 Abs. 2 Satz 1 SGB IX besteht, ist nach den Umständen zum Zeitpunkt der Umsetzung zu beurteilen. Ist zu diesem Zeitpunkt der von der Umsetzung betroffene Arbeitnehmer weder schwerbehindert noch über seinen Gleichstellungsantrag positiv entschieden, sind die Voraussetzungen für die Unterrichtung- und Anhörungspflicht nicht erfüllt. Eine vorsorgliche Beteiligungspflicht regelt § 178 Abs. 2 Satz 1 SGB IX nicht.

LAG Hamm 23. 4. 2021 – 13 TaBV 62/20
Die in § 178 Abs. 2 Satz 1 SGB IX verankerten Beteiligungsrechte der SBV entfallen, wenn durch die konkrete Angelegenheit die Belange Schwerbehinderter und ihnen Gleichgestellter in keiner anderen Weise berührt werden als die nicht schwerbehinderter Arbeitnehmer.

BAG 19. 12. 2018 – 7 ABR 80/16
Der Schwerbehindertenvertretung steht ein Unterrichtungs- und Anhörungsrecht zu, wenn sich ein schwerbehinderter oder gleichgestellter behinderter Mensch um eine Stelle bewirbt. Die Entscheidung über Bewerbungen und die Begründung eines Arbeitsverhältnisses ist eine personelle Einzelmaßnahme und damit eine Angelegenheit i. S. v. § 178 Abs. 2 Satz 1 SGB IX. Das Unterrichtung- und Anhörungsrecht umfasst die Teilnahme am Auswahlverfahren. Der Schwerbehindertenvertretung steht das Recht auf Einsicht in die entscheidungserheblichen Teile der Bewerbungsunterlagen und das Recht auf Teilnahme an Vorstellungsgesprächen zu.

VGH Baden-Württemberg 4.9.2018 – 4 S 142/18
Im Zurruhesetzungsverfahren führt die Verletzung des Beteiligungsrechts der Schwerbehindertenvertretung nach § 95 Abs. 2 SGB IX zur formellen Rechtswidrigkeit der Verfügung (a. A. BVerwG, Beschluss vom 20.12.2010 – 2 B 39.10 und OVG Saarland, Beschluss vom 1.7.2015 – 1 B 54/15).

BAG 20.6.2018 – 7 ABR 39/16
Eine Anhörung der örtlichen SBV ist nur erforderlich, wenn der Arbeitgeber eine Entscheidungskompetenz bezüglich des potenziellen Anhörungsgegenstandes innehat. Dies ist nicht gegeben, wenn es sich um die Einführung zentral verwalteter Verfahren handelt. Es ist dann lediglich die Hauptschwerbehindertenvertretung zu beteiligen.

LAG Berlin-Brandenburg 9.5.2018 – 23 TaBV 1699/17
Vor der Feststellung einer Gleichstellung mit einem schwerbehinderten Menschen nach § 152 SGB IX hat die SBV keine Unterrichtungs- und Anhörungsrechte. Auch die Rückwirkung der Gleichstellung nach § 151 Abs. 2 Satz 2 SGB IX auf den Tag der Antragstellung begründet keine Ansprüche der SBV: Sie ist nicht etwa vorsorglich zu beteiligen.

VGH Bayern 23.2.2018 – 6 CS 17.2556
Sind gleichzeitig zwei SBVen zu beteiligen, richtet sich der Umfang der Unterrichtung (wie bei der notwendigen Beteiligung zweier Betriebsräte) nach Reichweite und Zielrichtung der Beteiligungsrechte der jeweils zu beteiligenden SBV.

7. SBV – Kündigungen

LAG Thüringen 4.6.2024 – 1 Sa 201/23
In den ersten sechs Monaten eines Arbeitsverhältnisses ist ein Arbeitgeber nicht verpflichtet, vor Ausspruch einer Kündigung gegenüber einem schwerbehinderten Menschen ein Präventionsverfahren nach § 167 Abs. 1 SGB IX durchzuführen. Die Durchführung des Präventionsverfahrens nach § 167 Abs. 1 SGB IX ist somit keine formelle Wirksamkeitsvoraussetzung für den Ausspruch einer Kündigung.

LAG Mecklenburg-Vorpommern 7.3.2023 – 5 Sa 127/22
Die Anhörung der SBV zur Kündigung einer/eines schwerbehinderten Arbeitnehmer:in ist regelmäßig fehlerhaft, wenn der SBV lediglich das an den Personalrat bzw. Betriebsrat gerichtete Anhörungsschreiben zur Kenntnisnahme zugeschickt wird.

LAG Baden-Württemberg 10.2.2022 – 17 Sa 57/21
Die Zustimmung des Integrationsamts zur Kündigung eines schwerbehinderten Arbeitnehmers hat keine Vermutungswirkung dahingehend, dass ein BEM eine Kündigung nicht hätte verhindern können.

BAG 22.7.2021 – 2 AZR 193/21
Die durch das Integrationsamt erteilte Zustimmung zur Kündigung entfaltet für den Kündigungsschutzprozess so lange Wirksamkeit, wie sie nicht bestands- oder rechtskräftig aufgehoben worden ist.

VG Köln 15.1.2019 – 7 K 928/17
§ 91 SGB IX a. F. ist auch für die außerordentliche Kündigung mit sozialer Auslauffrist anwendbar. Die Zustimmung des Integrationsamts zur Kündigung kann nur innerhalb von 2 Wochen beantragt werden, wobei der Eingang des Antrags beim Integrationsamt maßgeblich ist. Für die Beurteilung der Frage, wann der Arbeitgeber die maßgebenden Kenntnisse erlangt hat, gelten dieselben Erwägungen und Grundsätze, die bei der Einhaltung der Frist des § 626 Abs. 2 BGB zu beachten sind. Kenntniserlangung bedeutet, dass der Kündigungsberechtigte eine zuverlässige und möglichst vollständige Kenntnis vom Kündigungssachverhalt hat, welche ihm die Entscheidung ermöglicht, ob die Fortsetzung des Arbeitsverhältnisses zumutbar ist oder nicht.

BAG 13.12.2018 – 2 AZR 378/18
Die Unwirksamkeitsfolge des § 95 Abs. 2 Satz 3 SGB IX a. F. (seit 1.1.2018: § 178 Abs. 2 Satz 3 SGB IX) tritt nicht ein, wenn der Arbeitgeber die Schwerbehindertenvertretung vor Ausspruch der Kündigung entsprechend den für die Beteiligung des Betriebsrats gemäß § 102 Abs. 1 und 2 BetrVG geltenden Grundsätzen anhört.

LAG Niedersachsen 23.10.2018 – 11 Sa 225/18
Die vom BAG als Vorfrist verstandene Frist von 3 Wochen gem. § 90 Abs. 2a, § 69 Abs. 1 Satz 2 SGB IX wird auch durch die mündliche bzw. telefonische Stellung eines Gleichstellungsantrags gewahrt.

LAG Hamm 11.10.2018 – 15 Sa 379/18
Die Unterrichtung der Schwerbehindertenvertretung gemäß § 95 Abs. 2 Satz 1 SGB IX a. F. (seit 1.1.2018: § 178 Abs. 2 Satz 1 SGB IX) ist nur dann unverzüglich und die Anhörung derselben, gemäß § 95 Abs. 2 Satz 1 SGB IX a. F. nur dann ordnungsgemäß, wenn beide zeitlich vor der Stellung des Zustimmungsantrags nach den §§ 85ff. SGB IX a. F. (seit 1.1.2018: §§ 168ff. SGB IX) vorgenommen werden.

ArbG Hamburg 12.6.2018 – 21 Ca 455/17
Gem. § 178 Abs. 2 Satz 1 SGB IX hat der Arbeitgeber die Schwerbehindertenvertretung in allen Angelegenheiten, die einen einzelnen oder die schwerbehinderten Menschen als Gruppe berühren, unverzüglich und umfassend zu unterrichten und vor einer Entscheidung anzuhören; er hat ihr die getroffene Entscheidung unverzüglich mitzuteilen.
Die Kündigung eines schwerbehinderten Menschen, die der Arbeitgeber ohne eine solche Beteiligung ausspricht, ist gem. § 178 Abs. 2 Satz 3 SGB IX unwirksam.
Die Beteiligungspflicht besteht bei jeder Kündigung eines schwerbehinderten Arbeitnehmers. Sie greift auch dann, wenn die Kündigung nicht der Zustimmung des

Integrationsamtes bedarf. Welchen Umfang die Anhörung der Schwerbehindertenvertretung haben muss, ist umstritten:

- Teilweise wird vertreten, die vom Gesetz geforderte »umfassende« Information verlange, dass die Schwerbehindertenvertretung in demselben Umfang zu unterrichten sei, wie der Betriebs- bzw. Personalrat. Der Arbeitgeber habe daher neben den notwendigen Angaben zur Person auch Angaben zu der Art der Kündigung, seinen hierfür maßgeblichen Erwägungen und gegebenenfalls bekannten Einwendungen des schwerbehinderten Beschäftigten zu machen, die dieser im Zusammenhang mit der beabsichtigten Kündigung erhoben hat.
- Andere knüpfen die Anhörung der Schwerbehindertenvertretung an weniger strenge Voraussetzungen als diejenigen des Betriebs- bzw. Personalrats und begründen dies mit dem Sinn und Zweck des Sonderkündigungsschutzes. Die Schwerbehindertenvertretung habe daher insbesondere zu überprüfen, ob die beabsichtigte Kündigung im Zusammenhang mit der Schwerbehinderung des Arbeitnehmers stehe. Eine zusätzliche Kontrolle der arbeitsrechtlichen Zulässigkeit der Kündigung sei durch den Sonderkündigungsschutz für Schwerbehinderte demgegenüber nicht bezweckt.

8. SBV – Fortbildungen/Schulungen

LArbG Berlin-Brandenburg 9.3.2021 – 11 TaBV 1371/20

Die SBV eines öffentlichen Arbeitgebers kann für ein Datenschutz-Seminar Kostenerstattung verlangen, da es sich bei Beachtung des Gebots der sparsamen Verwendung öffentlicher Mittel um eine notwendige Wissensvermittlung handelt, wenn in der Dienststelle derartige Fragestellungen zur Diskussion stehen. Eine Seminarteilnahme darf die SBV für erforderlich halten, wenn die vermittelten Kenntnisse unter Berücksichtigung der konkreten Verhältnisse im Betrieb notwendig sind. Bei neu gewählten Vertrauenspersonen ist die Schulungsbedürftigkeit anzunehmen.

9. SBV – Kosten und Sachaufwand

LAG Hessen 25.8.2020 – 16 TaBV Ga 92/20

Kosten für Berater und Sachverständige der SBV im Zusammenhang mit einer freiwillig vom Arbeitgeber zu Verhandlungen mit dem Betriebsrat hinzugezogenen SBV sind nicht erstattungsfähig.

II. UN-Behindertenrechtskonvention (UN-BRK)

EuGH 10.2.2022 – C-485/20 – HR RAIL

Der EuGH stellte in diesem Urteil klar, dass eine Versetzung auf einen anderen Arbeitsplatz ebenfalls eine angemessene Vorkehrung im Sinne der Konvention darstellen kann, wenn der Arbeitnehmer seine bisherige Tätigkeit endgültig nicht mehr ausüben und ansonsten gekündigt werden würde. Die Pflicht zur Vornahme einer solchen Maßnahme besteht auch schon während der Probezeit.

BSG 12.1.2022 – 5 C 6/20

Schwerbehinderte Menschen können sich vom Integrationsamt nach § 185 Abs. 5 SGB IX die Kosten für eine notwendige Arbeitsassistenz erstatten lassen. Das BSG stellte vorliegend fest, dass dieser Anspruch auch jenseits des Rentenalters bestehen kann. Allein das Erreichen der Regelaltersgrenze führe nicht dazu, dass diese begleitende Hilfe im Arbeitsleben nicht mehr gewährt werden müsse. Das Gericht stützt seine Argumentation auch auf Art. 27 UN-BRK, der das Recht von Menschen mit Behinderungen auf eine frei gewählte Arbeit enthält.

EGMR 26.10.2021 – Nrn. 34591/19 und 42545/19 – Toplak und Mrak/Slowenien

In dem Verfahren ging es zwar um die Verpflichtung von Behörden, schwerbehinderten Menschen durch angemessene Maßnahmen die Teilnahme an Wahlen zum EU-Parlament und einem nationalen Referendum zu ermöglichen. Die Entscheidung ist aber auch für die Barrierefreiheit von betrieblichen Wahlen relevant (näher dazu Rabe-Rosendahl/Kohte, HSI-Report 4/2021, S. 18).

BAG 7.9.2021 – 9 AZR 571/20

Arbeitgeber sind bei langzeiterkrankten Arbeitnehmern unter den Voraussetzungen des § 167 Abs. 2 SGB IX verpflichtet, ein Betriebliches Eingliederungsmanagement (BEM) durchzuführen. Die BAG-Richter sind hier der Ansicht, dass die betroffenen Arbeitnehmer daraus aber keinen eigenen Anspruch auf Durchführung eines BEM herleiten können. Dabei vertritt das BAG (entgegen mancher Literaturstimmen) auch die Ansicht, dass das BEM keine angemessene Vorkehrung im Sinne der UN-BRK sei, sondern lediglich eine »Verfahrensregelung«.

EuGH 15.7.2021 – C-795/19 – Tartu Vangla

In dem Urteil ging es im Ergebnis darum, dass ein Arbeitnehmer (hier ein Strafvollzugsbeamter) nicht pauschal aufgrund einer Hörminderung gekündigt werden darf, nur weil das Rest-Hörvermögen unter einer gesetzlich festgelegten Schwelle liegt. Es muss vielmehr zunächst im Einzelfall geprüft werden, ob der Arbeitnehmer trotz Hörminderung weiter in der Lage ist, seine Tätigkeit auszuüben. Dabei ist auch zu berücksichtigen, dass der Arbeitgeber angemessene Vorkehrungen treffen muss.

EGMR 10.9.2020 – Nr. 59751/15 – G.L./Italien

Die UN-BRK verpflichtet die Vertragsstaaten dazu, die volle Eingliederung und Teilhabe von Menschen mit Behinderungen am gesellschaftlichen Leben zu fördern. Dies umfasst auch angemessene Vorkehrungen, um Kommunikations- und Mobilitätshindernisse zu überwinden. Die Entscheidung des EGMR betrifft die Gewährung einer Lernhilfe für eine Grundschülerin mit Behinderung, die ihr zu Unrecht verweigert wurde. Der Gerichtshof weist in dem Zusammenhang auf die hohe Bedeutung der Schulbildung für die Inklusion hin. In Randnummer 71 heißt es dazu, »dass die Diskriminierung, unter der die Klägerin leidet, umso schwerwiegender ist, als sie im Zusammenhang mit der Grundschulbildung stattfand, die die Grundlage für Bildung und soziale Integration und die ersten Erfahrungen des Zusammenlebens bildet – und die in den meisten Ländern obligatorisch ist«. Menschen mit einer Behinderung muss eine gleichwertige Ausbildung ermöglicht werden, wie sie Menschen ohne eine Behinderung offensteht (zum Urteil vgl. Jessolat, HSI-Report 3/2020, S. 44ff.). Diese Aussage lässt sich auch auf die Berufsausbildung übertragen.

BAG 25.6.2020 – 8 AZR 75/19

Das BAG hatte in diesem Urteil mit deutlichem Bezug auf die UN-BRK klargestellt, dass ein öffentlicher Arbeitgeber nach § 82 SGB IX (a.F., jetzt in § 165 Satz 3 SGB IX) auch bei einer internen Stellenausschreibung verpflichtet ist, interne Bewerber:innen mit einer Schwerbehinderung zu einem Vorstellungsgespräch einzuladen, sofern sie oder er nicht offensichtlich ungeeignet ist. Dies folgert das BAG aus einer Auslegung des SGB IX im Lichte von Art. 5 Abs. 3, Art. 27 Abs. 1 und Art. 2 UAbs. 3 UN-BRK sowie auch Art. 5 der Gleichbehandlungsrahmenrichtlinie 2000/78/EG (Rn. 40ff.).

EuGH 11.9.2019 – C-397/18 – Nobel Plastiques Ibérica

In dem Fall kam es zu mehreren betriebsbedingten Kündigungen. Als Auswahlkriterien für die zu kündigenden Arbeitnehmer:innen wurden u.a. die Produktivität der Abteilung, inwieweit die Beschäftigten flexibel auf anderen Arbeitsplätzen einsetzbar sind und die Fehlzeiten herangezogen. Da Menschen mit Behinderung bei solchen Kriterien besonders benachteiligt werden, stellte dies nach dem EuGH eine mittelbare Diskriminierung dar, außer aber der Arbeitgeber hatte zuvor angemessene Vorkehrungen vorgenommen. Der EuGH bezieht sich in seinem Urteil auf die Gleichbehandlungsrahmenrichtlinie 2000/78/EG und nicht speziell auf die UN-BRK. Diese wäre hier aber ebenfalls einschlägig gewesen und definiert näher, was unter angemessenen Vorkehrungen zu verstehen ist.

SG Osnabrück – 26.7.2019 – S 43 AL 68/19 ER

Die Förderung einer Zweitausbildung zur Erzieherin ist auch bei einer Behinderung nicht geboten, wenn die Betroffene im Beruf ihrer ersten Ausbildung als sozialpädagogische Assistentin vermittelbar ist. Es besteht kein Anspruch auf die bestmögliche, sondern nur auf die notwendige Förderung. Ein Anspruch ergibt sich auch nicht aus Art. 27 Abs. 1 UN-BRK, der einen diskriminierungsfreien Zugang zu anderen bzw. den Wechsel des Berufsfelds garantiert. Für das Recht der

Rentenversicherung sieht das SG Lüneburg dies allerdings anders (vom 7.7.2015 – S 33 R 226/15 ER).

VG Minden 14.6.2019 – 6 K 3300/18
Schwerbehinderte Menschen können vom Integrationsamt die Kostenübernahme für eine notwendige Arbeitsassistenz beanspruchen (§ 185 Abs. 5 SGB IX). Dafür muss er oder sie sich aber im Arbeitsleben befinden. Bei der Auslegung dieses Begriffs kommt es auf den »gesellschaftlichen bzw. sozialen Rahmen« an, »in dem sich die berufliche Tätigkeit vollzieht« (Rn. 32 des Urteils). Art. 27 UN-BRK, der die Teilhabe am Arbeitsleben fordert, ist dabei als Auslegungshilfe heranzuziehen (Rn. 49).

LSG Baden-Württemberg 20.7.2018 – L 8 SB 1348/18
Nach § 2 Abs. 1 Satz 1 SGB IX sind Menschen mit Behinderung solche Menschen, die körperliche, seelische, geistige oder Sinnesbeeinträchtigungen haben, die sie in Wechselwirkung mit einstellungs- und umweltbedingten Barrieren an der gleichberechtigten Teilhabe an der Gesellschaft mit hoher Wahrscheinlichkeit länger als sechs Monate hindern können. Eine Beeinträchtigung in diesem Sinne liegt nach § 2 Abs. 1 Satz 2 SGB IX vor, wenn der Körper- und Gesundheitszustand von dem für das Lebensalter typischen Zustand abweicht. Diese ab 1.1.2018 geltende Neufassung des Behindertenbegriffs entspricht dem Verständnis der UN-Konvention über die Rechte von Menschen mit Behinderungen (UN-BRK) vom 13.12.2006 (in Deutschland ratifiziert mit Gesetz vom 21.12.2008, BGBl. II, S. 1419, in Kraft getreten ab 5.6.2009 durch Bekanntmachung BGBl. II, S. 812), wie der Begründung des Gesetzentwurfs zum Bundesteilhabegesetz zu entnehmen ist.

VG Dresden 19.6.2018 – 5 L 152/18
Die Vergabe von Noten über das Sozialverhalten (Kopfnoten) eines lernzielgleich integrativ unterrichteten Schülers verstößt nicht gegen Art. 5 UN-BRK.

LAG Berlin-Brandenburg 9.5.2018 – 23 TaBV 1699/17
Nach der Systematik des Teils 3 des SGB IX sind im Kapitel 5 (§§ 176–183 SGB IX) Rechte und Pflichten verschiedener gewählter Vertretungen der Beschäftigten einschließlich der Schwerbehindertenvertretung geregelt. Der Regelung über die Aufgaben der Schwerbehindertenvertretung in § 178 geht die Regelung über ihre Wahl in § 177 voraus. Dadurch wird nach der Gesetzessystematik deutlich, dass die Schwerbehindertenvertretung zuständig für die wahlberechtigten Beschäftigten ist, d.h. für diejenigen schwerbehinderten und ihnen gleichgestellten Menschen, deren Status bereits feststeht.
Eine Erweiterung des Beteiligungsrechts für diejenigen Beschäftigten, die nur potenziell gleichgestellt werden können, ist weder dem Wortlaut noch der Systematik des § 178 SGB IX zu entnehmen.
Dies ergibt sich auch daraus, dass in § 178 Abs. 1 Satz 3 SGB IX als eine der Aufgaben der Schwerbehindertenvertretung die Unterstützung von Beschäftigten geregelt ist, die noch nicht als schwerbehinderte oder ihnen gleichgestellte Beschäftigte anerkannt sind, sondern diese Anerkennung erst durch entsprechende

Antragstellung erreichen wollen. Hätte der Gesetzgeber eine Zuständigkeit der Schwerbehindertenvertretung und ein Beteiligungsrecht nach § 178 Abs. 2 SGB IX auch bezogen auf diese Antragsteller regeln wollen, deren Status noch nicht festgestellt ist, hätte dies einer ausdrücklichen Regelung bedurft.
Die Schwerbehindertenvertretung kann ihre vorsorgliche Beteiligung schließlich nicht bei europarechts- und völkerrechtskonformer Auslegung des § 178 Abs. 2 SGB IX beanspruchen. Ihre Beteiligung ist keine verpflichtende angemessene Vorkehrung im Sinne des Art. 5 der Richtlinie 2000/78/EG und des Art. 27 lit. e und i UN-BRK.

VGH Baden-Württemberg 4. 5. 2018 – 4 S 1394/17
Art. 5 Abs. 2 UN-BRK entspricht im Wesentlichen dem Regelungsgehalt des Art. 3 Abs. 3 Satz 2 GG. Die gesetzliche Höchstaltersgrenze zur Verbeamtung diskriminiert Schwerbehinderte nicht per se. Denn nicht jede Schwerbehinderung ist mit einer Verzögerung der Ausbildung und Einstellung in das Beamtenverhältnis verbunden.

LSG Niedersachsen-Bremen 25. 4. 2018 – L 13 SB 127/16
Unter Berücksichtigung der Rechtsprechung des Bundessozialgerichts (BSG 11. 8. 2015, B 9 SB 1/14 R) gebietet der umfassende Behindertenbegriff im Sinne des § 2 Abs. 1 Satz 1 SGB IX im Lichte sowohl des verfassungsrechtlichen als auch des unmittelbar anwendbaren UN-konventionsrechtlichen Diskriminierungsverbots (Art. 3 Abs. 3 Satz 2 GG; Art. 5 Abs. 2 UN-BRK, hierzu BSGE 110, 194 = SozR 4–1100 Art 3 Nr. 69 Rn. 31) die Einbeziehung aller körperlichen, geistigen und seelischen Beeinträchtigungen. Den nicht erwähnten Behinderungen sind die Regelbeispiele als Vergleichsmaßstab zur Seite zu stellen.
Anspruch auf den Nachteilsausgleich G hat deshalb auch ein schwerbehinderter Mensch, der nach Prüfung des einzelnen Falles aufgrund anderer Erkrankungen als den in Teil D Nr. 1d bis f VMG genannten Regelfällen dem beispielhaft aufgeführten Personenkreis mit gleich schweren Auswirkungen auf die Gehfunktion gleichzustellen ist. Dies gilt auch für psychosomatische oder psychische Behinderungen und Krankheitsbilder.

LSG Baden-Württemberg 22. 2. 2018 – L 7 SO 3516/14
Art. 19UN-BRK begründet keinen subjektiven Anspruch des behinderten Menschen auf Gewährung von Sozialleistungen. Er verdrängt weder den Mehrkostenvorbehalt des § 9 Abs. 2 Satz 3 SGB XII noch den des § 13 Abs. 1 Satz 3 SGB XII.

III. Allgemeines Gleichbehandlungsgesetz (AGG)

BAG 2.6.2022 – 8 AZR 191/21
Verstößt ein Arbeitgeber gegen Verfahrensvorschriften zum Schutz von Menschen mit Behinderungen, kann das die Vermutung begründen, dass eine Diskriminierung vorliegt. Das BAG hat entschieden, dass dazu auch ein Verstoß gegen die in § 168 SGB IX enthaltene Pflicht, vor der Kündigung eines schwerbehinderten Menschen die Zustimmung des Integrationsamts einzuholen, zählt. Damit in einem solchen Fall bei der Kündigung eine behinderungsbezogene Benachteiligung vermutet werden kann, muss die Schwerbehinderung dem Arbeitgeber zum Zeitpunkt der Kündigung allerdings bekannt bzw. sie für ihn »offenkundig« gewesen sein.

BAG 25.11.2021 – 8 AZR 313/20
Öffentliche Arbeitgeber haben nach § 165 Satz 1 SGB IX den Arbeitsagenturen freie Stellen frühzeitig zu melden, wenn keine interne Stellenbesetzung in Frage kommt. Nimmt der Arbeitgeber keine ordnungsgemäße Mitteilung vor und wird ein schwerbehinderter Bewerber abgelehnt, kann dies eine Vermutung für eine Diskriminierung wegen einer Behinderung sein. Es reicht dafür nicht aus, wenn das Stellenangebot nur über die Jobbörse der Bundesagentur für Arbeit veröffentlicht wird.

LAG Baden-Württemberg 28.7.2021 – 4 Sa 68/20
Arbeitnehmer:innen müssen im Rahmen eines BEM auf die Art und den Umfang der erhobenen Daten hingewiesen werden und die Datenverarbeitung muss datenschutzkonform erfolgen. Um ein ordnungsgemäßes BEM durchzuführen, ist es nicht erforderlich, die im Verfahren bekanntgegebenen Diagnosedaten anderen Vertretern des Arbeitgebers außerhalb des Verfahrens mitzuteilen.

BAG 1.7.2021 – 8 AZR 297/20
Wird ein schwerbehinderter Bewerber schriftlich zu einem Vorstellungsgespräch eingeladen und kommt der Brief nicht bei ihm an, stellt das noch keine Benachteiligung wegen seiner Behinderung dar. Hiervon ist nach dem BAG erst auszugehen, wenn der Arbeitgeber nicht alles ihm Mögliche und Zumutbare versucht hat, damit die Einladung rechtzeitig zugeht. Der Arbeitgeber ist hierbei nicht verpflichtet, dass Einladungsschreiben per Einschreiben mit Rückschein zu versenden.

BAG 17.12.2020 – 8 AZR 171/20
Eine Einladungspflicht zu einem Vorstellungsgespräch setzt voraus, dass der öffentliche Arbeitgeber rechtzeitig davon erfährt, dass der/die Bewerber:in schwerbehindert ist. Hierfür muss die Information im Regelfall in der Bewerbung selbst bzw. spätestens bis zum Ende der Bewerbungsfrist erfolgen. Eine Ausnahme kann vorliegen, wenn es dem Arbeitgeber auch bei späterer Mitteilung noch zumutbar ist, die Einladung vorzunehmen.

LAG Düsseldorf 9. 12. 2020 – 12 Sa 554/20
Ein Arbeitgeber muss nach einem bereits durchgeführten betrieblichen Eingliederungsmanagement (BEM) ein weiteres BEM durchführen, wenn die/der Arbeitnehmer:in danach innerhalb eines Jahres erneut sechs Wochen arbeitsunfähig erkrankt.

BAG 26. 11. 2020 – 8 AZR 59/20
Öffentliche Arbeitgeber sind nach § 165 Satz 3 SGB IX dazu verpflichtet, schwerbehinderte Stellenbewerber:innen zu einem Vorstellungsgespräch einzuladen, sofern sie für die ausgeschriebene Stelle nicht offensichtlich ungeeignet sind. Wie das BAG vorliegend feststellte, ist ein Verzicht des Betroffenen auf die Einladung nicht möglich bzw. entbindet den Arbeitgeber nicht davon, ihn dennoch einzuladen.

BAG 27. 8. 2020 – 8 AZR 45/19
Die Einladungspflicht öffentlicher Arbeitgeber gilt in einem mehrstufigen Auswahlverfahren (z. B. erste Stufe: Vorstellungsgespräch; zweite Stufe: Assessment-Center) auch für die höheren Stufen des Verfahrens. Der im Gesetz verwendete Begriff »Vorstellungsgespräch« muss weit ausgelegt werden.

BAG 28. 7. 2020 – 1 AZR 590/18
Wird in einem Sozialplan die Höhe einer Abfindung aufgrund betriebsbedingter Kündigung in Abhängigkeit vom »frühestmöglichen Rentenbeginn« berechnet – erhalten also diejenigen, die näher an der Altersrente sind, eine geringere Abfindung –, werden schwerbehinderte Beschäftigte dadurch wegen ihrer Behinderung benachteiligt. Schwerbehinderte Menschen haben nämlich die Möglichkeit unter bestimmten Voraussetzungen früher in Rente zu gehen. Eine solche Sozialplanregelung ist auch nicht gerechtfertigt, da die frühere Rentenberechtigung die Schwierigkeiten und Risiken ausgleichen soll, die schwerbehinderte Arbeitnehmer ohnehin aufgrund ihrer Behinderung haben. Das BAG erkannte daher eine Diskriminierung nach § 75 BetrVG, der dasselbe Benachteiligungsverbot wie § 1 AGG enthält.

BAG 28. 5. 2020 – 8 AZR 170/19
Wird ein geeigneter schwerbehinderter Bewerber entgegen der Pflicht eines öffentlichen Arbeitgebers nicht zum Vorstellungsgespräch eingeladen, kann er einen Anspruch auf Schadensersatz haben. Das BAG hat entschieden, dass es bei der Höhe des Schmerzensgeldes (§ 15 Abs. 2 AGG) nicht darauf ankommt, dass der Arbeitgeber über viele Jahre mehr schwerbehinderte Menschen beschäftigt hat, als er formal als Mindestanforderung müsste. Auch spielt es keine Rolle, ob die ausgeschriebene Stelle befristet oder unbefristet war.

BAG 23. 1. 2020 – 8 AZR 484/18
Im vorliegenden Fall wurde eine elektronische Bewerbung eines schwerbehinderten Menschen von einem öffentlichen Arbeitgeber übersehen, da das Mailpostfach der Behörde voll war. Das BAG sah dies als keinen ausreichenden Grund an, um

einen Schadensersatzanspruch wegen Nichteinladung zum Vorstellungsgespräch abzulehnen.

LAG Köln 23. 1. 2020 – 7 Sa 471/19

Das Gericht hat zum einen entschieden, dass ein Arbeitnehmer in der Regel keinen Anspruch darauf hat, bei einem Gespräch im Rahmen des Betrieblichen Eingliederungsmanagements (BEM) seinen Rechtsanwalt mitzunehmen. Zum anderen hatte es festgestellt, dass kein Rechtsverstoß vorliegt, wenn bei einem BEM-Gespräch gegenüber dem rentennahen betroffenen Arbeitnehmer der Vorschlag geäußert wird, sich mit einem Mitarbeiter über das betriebliche »Freiwilligenprogramm«, in dessen Rahmen Aufhebungsverträge vermittelt werden, auszutauschen.

LAG Mecklenburg-Vorpommern 7. 1. 2020 – 5 Sa 95/19

Der Erfolg eines Gerichtsverfahrens hängt oft von der Frage ab, wer was beweisen kann bzw. muss. Um Beweisfragen ging es auch in diesem Urteil, wo es um eine begehrte Entschädigung wegen Nichteinladung zum Vorstellungsgespräch ging. Das Gericht stellte fest, dass ein öffentlicher Arbeitgeber eine Einladung zum Vorstellungsgespräch auch gegenüber einem schwerbehinderten Bewerber weder förmlich zustellen noch den Zugang der Einladung nachweisen muss.

LAG Rheinland-Pfalz 3. 12. 2019 – 8 Sa 187/19

Es kann vorkommen, dass ein noch laufendes Bewerbungsverfahren abgebrochen wird, da die Stelle intern besetzt wird. Erfolgt der Abbruch der Stellenausschreibung, da ein Beschäftigter aufgrund einer BEM-Maßnahme auf den ausgeschriebenen Arbeitsplatz versetzt wird, dann kann man nicht davon ausgehen, dass ein anderer (externer) Bewerber mit einer Schwerbehinderung wegen seiner Behinderung benachteiligt worden wäre.

LAG Berlin-Brandenburg 29. 8. 2019 – 10 Sa 563/19

Eine Befristung ohne sachlichen Grund wie einer Elternzeitvertretung o. ä. ist nach § 14 Abs. 2 Satz 2 Teilzeit- und Befristungsgesetz nicht erlaubt, wenn mit dem Arbeitgeber bereits früher ein Beschäftigungsverhältnis bestanden hatte. Würde ein Arbeitgeber gegen das Vorbeschäftigungsverbot verstoßen, wenn er einen bestimmten schwerbehinderten Menschen einstellen würde, dann kann von ihm nicht verlangt werden, dass er diesen zum Vorstellungsgespräch einlädt.

OVG NRW 12. 10. 2018 – 6 A 384/16

Die Einstellungshöchstaltersgrenze ist eine Benachteiligung wegen des Alters im Sinne des § 1 AGG. Nach § 10 Satz 1 AGG ist eine unterschiedliche Behandlung wegen des Alters zulässig, wenn sie objektiv und angemessen und durch ein legitimes Ziel gerechtfertigt ist. Nach Satz 2 müssen die Mittel zur Erreichung des Ziels angemessen und erforderlich sein. Das Interesse des Dienstherrn an einer angemessenen Beschäftigungszeit vor dem Eintritt in den Ruhestand, das der Höchstaltersgrenze nach § 39a Abs. 1 HG NRW 2016 zugrunde liegt, stellt ein legitimes Ziel im Sinne von § 10 Satz 1 AGG, Art. 6 Abs. 1 RL 2000/78/EG dar.

Eine Höchstaltersgrenze für den Zugang zum Beamtenverhältnis für Hochschullehrer stellt dem Grunde nach ein geeignetes und erforderliches Mittel dar, um eine angemessene, die Versorgung rechtfertigende Lebensdienstzeit sicherzustellen. Die Höchstaltersgrenze des vollendeten 50. Lebensjahres ist in Anbetracht des unionsrechtlich anerkannten weiten Spielraums des Verordnungsgebers auch angemessen im Sinne von § 10 Satz 2 AGG.

LAG Köln 23.8.2018 – 6 Sa 147/18
Lädt ein öffentlicher Arbeitgeber einen schwerbehinderten Bewerber – entgegen seiner Pflicht aus § 165 Satz 3 SGB IX – nicht zum Vorstellungsgespräch ein, steht die behinderungsbedingte Verletzung des Bewerberverfahrensanspruchs fest.
Wurden die Chancen eines schwerbehinderten Bewerbers bereits durch ein diskriminierendes Verfahren beeinträchtigt, kommt es nicht mehr darauf an, ob die (Schwer-)Behinderung bei der abschließenden Einstellungsentscheidung noch eine nachweisbare Rolle gespielt hat.
Ein öffentlicher Arbeitgeber kann sich bei einer Nichteinladung eines schwerbehinderten Bewerbers zum Vorstellungsgespräch zur Entlastung nach § 22 AGG nicht darauf berufen, er habe seine behördeninternen Abläufe so schlecht organisiert, dass den sorgfältig ausgebildeten und geschulten Mitarbeitern wiederholt Bewerbungen abhandenkommen können.

OVG Rheinland-Pfalz 8.6.2018 – 2 A 11817/17
Ein Verstoß gegen das Benachteiligungsverbot des § 7 AGG setzt voraus, dass ein Kausalzusammenhang zwischen einem Nachteil und einem Merkmal im Sinne des § 1 AGG vorliegt. Der Betroffene muss also »wegen« des geschützten Merkmals nach § 1 AGG eine weniger günstige Behandlung erfahren haben als eine andere Person in einer vergleichbaren Situation erfahren hätte, § 3 Abs. 1 AGG.
In Bezug auf den Nachweis dieser Kausalität kommt dem durch das Allgemeine Gleichbehandlungsgesetz Geschützten die Beweiserleichterung des § 22 AGG zu Gute. Einerseits gibt es zwar keinen Erfahrungssatz, wonach jeder Nachteil auf diskriminierenden Motiven beruht. Der Nachweis alleine, einer geschützten Gruppe anzugehören und von einem Nachteil betroffen zu sein, vermag für sich genommen noch nicht die Vermutung der Kausalität zu begründen.
Andererseits hat der Betroffene regelmäßig keinen Einblick in interne Entscheidungsprozesse. Außerdem wird bei einer Entscheidung häufig ein Motivbündel Entscheidungsgrundlage sein, dessen einzelne Bestandteile nicht offen zu Tage liegen. Nach § 22 AGG genügt es deshalb zum Nachweis der Kausalität, wenn derjenige, der einen Nachteil erfahren hat, im Streitfall Indizien beweist, die eine Benachteiligung wegen eines in § 1 AGG genannten Grundes vermuten lassen. Gelingt dies, trägt die andere Partei die Beweislast dafür, dass kein Verstoß gegen die Bestimmungen zum Schutz vor Benachteiligung vorgelegen hat.

LAG Berlin-Brandenburg 9.5.2018 – 23 TaBV 1699/17
Die Schwerbehindertenvertretung hat keinen kollektivrechtlichen Anspruch auf ihre vorsorgliche Beteiligung bei einer Umsetzung gemäß § 178 Abs. 2 Satz 1 SGB IX i.V.m. § 151 Abs. 2 Satz 2 SGB IX, solange über die Gleichstellung des

betroffenen Arbeitnehmers mit einem schwerbehinderten Menschen noch nicht konstitutiv entschieden worden ist. Die Rückwirkung eines positiven Gleichstellungsbescheids auf den Tag der Antragstellung gemäß § 151 Abs. 2 Satz 2 SGB IX wirkt sich kollektivrechtlich nicht aus.

BAG 25.4.2018 – 2 AZR 6/18
Ein wichtiger Grund zur außerordentlichen Kündigung mit notwendiger Auslauffrist eines nach § 34 Abs. 2 Satz 1 des Tarifvertrags für den öffentlichen Dienst der Länder (TV-L) ordentlich unkündbaren Arbeitsverhältnisses kann – vorbehaltlich einer umfassenden Interessenabwägung im Einzelfall – vorliegen, wenn damit zu rechnen ist, der Arbeitgeber werde für mehr als ein Drittel der jährlichen Arbeitstage Entgeltfortzahlung im Krankheitsfall leisten müssen.

BAG 18.5.2017 – 8 AZR 74/16
Die in § 15 Abs. 4 AGG bestimmte Ausschlussfrist ist – auch in Kombination mit der für den Entschädigungsanspruch nach § 15 Abs. 2 AGG maßgeblichen Klagefrist des § 61b ArbGG – mit den Vorgaben des Unionsrechts vereinbar.

Stichwortverzeichnis